KB272750

시민언론 창간론

; 언론의 미래와 전략

시민언론 창간론

; 언론의 미래와 전략

김영재

* 이 책은 삼성언론재단의 저술지원으로 발간되었습니다.

머리말

오늘날 신문산업은 일반적으로 사양산업이라고 한다. 인터넷 등 대안미디어의 발달로 독자들의 신문이탈이 가속화되고 있다. 광고주 또한 신문을 하나둘 떠나면서 뿌리부터 서서히 붕괴될 조짐을 보인다. 이는 비단 한국신문만의 현상이 아니라 전세계적인 현상이다. 신문은 제 몸 하나조차 건사하기에도 벅차다. 그런데도 신문산업과 언론정책은 시대를 거슬러 퇴행한다.

정치권력은 정권안보와 권력재창출의 교두보 확보를 위해, 재벌은 방송지배에 따른 영향력 확대를 위해, 거대 신문사는 배타적 여론지배로 언론권력 · 언론파시즘의 강화라는 목적아래 이명박 정부가 미디어법을 개정하자 수구언론은 방송시장 진입을 기정사실화한다.

신문이 시대를 역행하여 방송을 넘보는 것은 '축복'이 아니라 '재앙'이다. 신문은 방송으로 사업다각화를 기도할 때가 아니라 언론개혁을 다시 다잡아 '신문 살리기'에 올인할 시점이다. '대마불사(大馬不死)'라는 환상을 좇아 방송시장을 기웃기웃할 것이 아니라 21세기의 저널리즘으로 진화를 추구하여야 한다.

신뢰회복으로 '신문 살리기' 올인

한국언론이 당면한 가장 시급한 현안은 신뢰의 회복이다. 2009년 5월 고 노무현 전대통령의 투신자살, 2008년 6월 미국산 광우병 쇠고기 수입자유화와 관련한 촛불시위 보도에서 언론은 독자 편이 아니라, 철저히 기득권 편임을 공공연히 드러냈다. 극단적인 '정파성'으로 독자의 불신이 가중되었다. 독자들은 평생절독운동과 광고주철회운동 등으로 격렬한 수용자운동을 전개했다. 정치검찰이 수사에 착수하고, 열렬독자가 검거되었다.

이는 아직도 신문이 위기의 본질은 제대로 깨닫지 못하고 있음을 말한다. 독자들의 격정적인 거부가 없어도 신문은 망해가는 형국인데, 신문 스스로 독자를 내치면서 다른 한편으론 "신문을 살리자"며 아우성이다. 이런 환경에서는 독자가 없는 게 당연하다. 망해가는 것이 지극히 정상이다. 오히려 신문이 잘된다면 그게 더 비정상적이다.

언론학자나 언론산업 전문가들은 신문 위기의 원인으로 △최고경영자의 경영능력 부족 △신문사 조직의 위계적 폐쇄성과 유연성 부족 △신문업계의 인적 유동성 부족 △상위 3개 신문의 시장독과점 △전국지와 지방지의 극심한 불균형 △시대의 패러다임(*paradigm*)에 뒤진 언론인들의 고루한 의식구조 △독자의 욕구에 부응하지 못하는 구태의연한 뉴스 포맷과 콘텐츠 △인터넷 등 뉴미디어의 활성화 △신문의 질적 저하에 따른 독자들의 불신 △산업적 논리가 아니라 정치적 논리에 따른 정부의 미디어 정책 실패 △수구언론·족벌신문의 여론독과점 타파에 초점을 맞춘 언론개혁운동의 왜곡 등을 든다.

신문이 위기를 극복하기 위해선 근원적으로는 신문의 패러다임을 바꿔야 한다. 미디어시장은 변혁의 소용돌이가 가장 첨예하다. 신문 또한 시대의 변혁에 걸맞게 변신하여야 한다. 웹2.0 시대의 도래와 함께 미디어2.0으로의 탈바꿈이 그것이다. 이 책에서는 이를 "시민언론"이라 한다.

시민언론은 온라인에 바탕을 둔 오프라인 신문이다. 그렇다고 기존 언론처럼 아날로그 신문이라고 이해하면 안된다. 시민언론은 웹2.0을 구현하는 매체다. 웹2.0은 공유·참여·개방을 이데올로기로 한다. 기존 언론이 사업자 중심의 웹1.0 언론이라면, 시민언론은 독자에게 신문을 개방하여 독자가 만들고, 독자와 함께하는 수용자 중심의 언론이다.

"金榮在의 市民言論 創刊論"은 △웹2.0 시대의 미디어2.0 언론상을 제안 △'사람의 향기'가 나는 휴먼 저널리즘 구현 △21세기형 '디지로그 신문'의 창조와 건설 △세계 최초의 창의적인 오프라인 시민언론 창간 △언론산업의 위기극복 대안을 현실적으로 제시한다. 시민언론이라는 획기적인 언론제도로 점점 사양산업으로 전락하는 언론시장을 근본적으로 개혁할 이데올로기를 제안하고자 저술되었다. 이 책은 한국언론으로 하여금 성장산업으로의 희망을 얘기하는 단초를 제공한다.

신문창간론 덧붙여 경영합리화 견인

이 책은 본론 「시민언론 창간론」과 부록 「신문창간론 연구」로 구성되어 있다. 「시민언론 창간론」은 지방신문으로서의 시민언론을 창간하기 위한 당위성과 창간과정, 창간여건분석, 창간포인트, 사업계획 및 신문경영 예시 모델 등을 지방언론을 중심으로 분석한다.

첫째 갈래인 ①~④는 서론 부분으로 이 책의 오리엔테이션 성격을 지닌다. 시민언론에 대한 개념을 설명하고, 그 가능성을 조감해본다. 그리고 왜 하필이면 지방에서의 시민언론이며, 민주언론운동으로서의 시민언론 창간이 지닌 의미를 살펴본다.

둘째 갈래인 ⑤~⑩은 지방신문의 △경영실태 △지면 △자본 등 현실을 분석한다. 지방언론이 지닌 제도적·구조적 모순을 도출해 말로만 지방언론의 육성을 부르짖고, 실제로는 사이비언론이라는 굴레를 씌워 목조르기를 하는 언론현실을 고발한다. 또한 지방신문의 시장실패 원인을 살펴보고, 그 대안으로 제시한다.

셋째 갈래인 ⑪~⑭에서는 언론정책을 분석 비판한다. 특히 노무현 정권의 지방장악 속셈에서 기인한 지방분권정책에 편승해, '지방언론 살리기'란 명목으로 정언유착을 도모하는 기회주의적인 지방언론의 작태를 신랄하게 비판한다.

넷째 갈래인 ⑮~⑱은 신문산업도 결국 사람사업인 점을 감안, 사람에 대한 문제를 집중적으로 탐구한다. 굽은 언론을 바로 세우기 위해서는 기자가 자각하여야 하며, 그러기 위해서는 선비정신에서 기자정신을 찾을 것을, 신문경영주에게는 합리적인 사람관리 방안을 궁구한다.

다섯째 갈래인 ⑲~㉒는 새 신문이 지향해야 할 언론제도의 개혁론을 설파한다. 특히 시민언론을 구현하기 위해선 언론인들이 기능적으로 반드시 갖춰야 할 △통합뉴스룸으로의 편집국 개혁 △취재기법에서의 CAR를 활용한 탐사보도 △뉴저널리즘 시대의 인터넷취재보도 등에 대해 개괄한다.

여섯째 갈래인 ㉓~㉖은 이 책의 결론 부분으로서 신문기업에서 가장 핵심적인 역할을 수행하고 있는 언론기업 CEO론을 살펴보고 시도민주 신문창간론을 진단하고, 구체적인 시민언론상을 도출해 독자들에게 선보인다.

「신문창간론 연구」는 한국언론사상 최초로 신문창간론에 대해 체계적·과학적으로 천착했다. 제1장은 서론으로 신문창간의 의미를 짚어 보았고, 제2장에서는 신문창간에 앞서 신문기업의 최고 경영자와 언론인들이 지녀야 할 언론철학과 비전을 신문 경영권과 편집권을 중심으로 살펴봤다. 제3장은 신문창간의 토대를 이루는 골조로서 사업성과 사업환경을 분석하였고, 제4장은 신문창간의 실무를 다뤘다. 제5장은 결론과 연구를 요약했다.

언론개혁의 대안을 제시한 교양서

나는 이 책은 무엇보다 독자 여러분의 바른 언론 인식에 기여했으면 한다. 예로부터 귀 명창이라는 말이 있다. 진정한 명창(名唱)이 탄생하기 위해서는 소리꾼의 소리를 들을 줄 아는 청자(聽者)가 전제되어야 한다. 마찬가지로 독자 여러분들이 이 책을 통해 시민언론에 대한 이해의 폭을 넓힐 때 제도언론은 더 이상 독자를 우습게보거나 깔보지 못하며, 나아가 독자 위에 군림할 수 없다.

오늘날 한국언론이 기만으로 독자를 상대로 농간을 부리는 것은 독자가 언론에 대해 무비판적이기 때문이다. 독자들도 이제는 언론에 대해 깨어 있을 필요가 있다. 이 책은 독자가 객체가 아니라, 언론의 참 주인이라는 사실을 깨우쳐준다. 그런 의미에서 이 책은 언론개혁의 실질적 대안을 제시하는 교양서라 할 수 있다.

이 책은 대중서와 학술서 사이의 가교로서 언론 현업과 언론학계를 잇는다. 독자들은 한국은 물론 전세계 언론계와 언론학계에 새로운 포맷과 아젠다를 제안하는 아카데미즘과 저널리즘을 동시에 습득할 수 있다. 이 책은 언론의 소박한 실천 매뉴얼일 뿐 아니라, 언론의 미래를 읽을 수 있는 담론을 담고 있다.

따라서 언론사주나 경영진, CEO, 예비 창업주에게는 신문경영론의 부교재이자 언론산업의 실무도서로 기능한다. 특히 예비 신문창업주에게 민주적인 언론의 창출과 신문경영의 합리화·효율화를 안내한다. 언론인들에게는 시민언론이라는 새 패러다임의 언론모형을 제시해 신문산업이 나아갈 방향을 일러주고 있어, 한계에 부딪힌 언론사의 구조적인 불황을 제도적으로 타개할 메시지를 전한다.

뿐만 아니라 이 책은 21세기형 맞춤신문의 패러다임을 얘기하고 있어 언론학도나 언론학자들도 일독할 필요가 있다. 언론학도나 언론학자들은 이 책을 통해 시민언론은 무엇인지, 또 현실에서 어떻게 구현되어야 할 것인지 등에 대한 기초자료를 탐구할 수 있다. 이 책은 신문창간에 대한 실무를 소개함으로써 언론학도나 언론연구자들에게는 언론학의 지평을 넓히는 데 기여한다.

모쪼록 이 책을 계기로 독자 여러분들은 시민언론에 대한 이해의 폭을 넓혔으면 한다. 특히 언론을 언론이라 생각하지 않고, 잿밥에만 관심을 쏟는 언론정상배·모리배·행상배들에게는 이번 기회를 빌려 언론계를 스스로 떠날 것을 권고한다. 언론이란 결코 그대들이 함부로 흐릴 수 없는 사회적 책임을 지닌 제도이다. 언론인들에게도 언론의 사명을 되새기는 언론윤리·기자윤리를 다시 한 번 다잡아 언론행위에 임할 것을 거듭 부탁드린다.

언론발전에 획기적으로 기여할 지침서

이 책은 시민언론이라는 녹색언론·환경언론을 구현하자는 저자의 창의적인 신개념의 설득 커뮤니케이션 도서이다. 따라서 각 갈래와 마당 글에서 일부는 논리가 중첩되기도 한다. 서술에서는 기존의 무미건조한 글쓰기 방식을 탈피했다. 누구나 쉽게 읽을 수 있고 이해할 수 있는 이야기형 기사체 쓰기를 도입했다. 교열에서도 대중들의 눈에 익은 매스미디어의 일반적인 교열 방식을 취해 가독성에 편리함과 용이성을 더했다.

이 책은 나의 인생관과 세계관, 언론관이 오롯이 담긴 시민언론의 '설계서'이자 '종합보고서'이다. 동시에 지난 20여 년 간 시민언론의 창간을 위해 정열을 쏟고, 내 인생을 투자해왔던 '자기소개서'이자 세월이 묻은 '회고록'이라 할 수 있다. 무릇 지식이란 나 혼자 알고 있는 것보다 대중과 함께 공유할 때 비로소 지식으로서의 생명과 가치를 지닌다. 나는 독자 여러분과 함께 시민언론을 완성해 나가고자 한다.

끝으로 책이 발간될 수 있도록 언론인저술기금을 지원해주신 삼성언론재단에 진심으로 감사드린다. 아울러 기꺼이 책을 출판해준 이담북스와 정성을 다해 책을 만들어준 편집부에도 고마움을 전한다.

대한민국 91년 10월 중추

대덕산 매자골에서

김영재 씀.

차례

〈표〉 차례

〈서식〉 차례

〈그림〉 차례

〈사진〉 차례

첫째 갈래

시민언론 서설

“시민언론은 단순한 언론이 아니다. 사람의 뜨거운 피와 정이 흐르는 사람을 위한, 사람에 의한, 사람의 언론이다. 인간커뮤니케이션을 구현하는 사람저널리즘이 시민언론이다. 시민언론은 뉴스와 정보가 인간을 지배하는 것이 아니라 사람을 위해 존재하는 세상을 건설한다. 시민언론에서의 주제는 곧 사람이다. 시민언론은 사람만이 세상에서 가장 존귀한 존재라는 인간선언을 역설한 저널리즘이다.”

[1] 여는 말

민주주의 견인 언론 / 블루오션 신문 / 시민언론 창간운동

[2] 시민언론 이론

❶ 시민언론 개념

시민언론소개 / 이론적 토대와 근거

❷ 시민언론 성격

온 · 오프라인 신문 / 독자참여 신문

❸ 시민언론 특성

상호작용 매체 / 시민저널리스트 / 1인 미디어 저널

❹ 미디어2.0 신문

집단지성 언론 / 차세대 미디어 / 열린 언론

❺ 시민언론 발전 3단계

📖 붙임: 미래의 신문

[3] 시민언론 환경

❶ 지방신문과 시민언론

지방지의 역할 / 단세포 언론

❷ 공공저널리즘과 시민언론

공공저널리즘 배경 / 공공저널리즘 특징 / 공공저널리즘과 기존 언론의 차이점 / 공공저널리즘 정착운동

[4] 지역언론개혁과 민주언론운동

시민운동과 지식인 / 개인주의 의식구조 / 구체적인 운동 목표

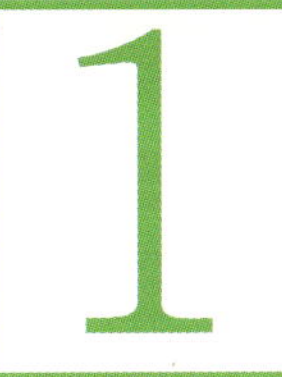

여는 말

이 글은 오리엔테이션적인 성격을 지닌다. 왜 시민언론의 창간을 제안하는지, 제안자는 또 어떤 사람인지, 앞으로 글의 전개는 어떻게 할지 등 시민언론의 당위성과 필요성을 알아본다.

민주주의 견인 언론

열쇳말
- 상호 커뮤니케이션
- 시민저널리즘
- 독자의 신문

나는 오늘 참으로 벅찬 가슴으로 독자 여러분에게 "진리와 함께, 민중과 함께, 역사와 함께" 하는 새 신문을 건설하자고 제안할 것이다. 그것은 다름 아닌 사람이 주인된 시민언론의 창간이다. 시민언론의 창간은 지난 1989년부터 고민해왔던 나의 오랜 꿈이자 간절한 소망이며, 동시에 나의 양심과 행동을 규정하는 삶의 목표이기도 하다. 나는 본격적인 글의 전개에 앞서 이 글이 지닌 의미에 대해 간략히 말씀드리고자 한다.

먼저 시민언론이란 무엇인가 하는 것이다. 시민언론이란 한마디로 언론의 수용자인 시민이 언론사 경영의 실질적인 전반과 보도의 기본방향, 의제 설정 등 신문제작에 직접 참여해 독자 중심의 쌍방향 커뮤니케이션을 온전하게 구현하는 신문을 말한다.

<사진 1> 오프라인 오마이뉴스

OhmyNews.com

오마이뉴스

This Week Special

'이슬람 문명의 창고' 불타고 있는가

한국 대통령, 미국 '포로'되다

영변폭격설 · 주한미군철수 · 경제위기설 등 3각입체작전에 굴복 "파병"

"도와줘야 북핵문제 해결도움"에 '국가운명 미국 손에 맡긴셈' 비난

정계개편은 반전(反戰)을 타고 온다?

↳ "모든 시민이 기자다"라는 구호로 온라인에서 시민기자제를 처음 시도해 전세계적으로 성공한 〈오마이뉴스〉. 오프라인에서는 시민언론에 대한 이해부족으로 그저 그런 언론에 머물고 있다. 〈오마이뉴스〉, 제47호, 2003년 4월 4일자.

시민언론은 이름만 단순히 '시민'을 갖다 붙인 언론이 아니다. 김병철은 시민언론의 개념을 "시민 중심, 이슈 중심의 저널리즘 구현을 통해 언론과 시민 간의 괴리를 극복하고, 언론과 시민을 연결시키는 데 주안점을 둔 언론"이라고 말했다. 그는 "시민언론은 정치사회적 문제에 대한 공론장의 활성화, 즉 공공의 문제에 대한 시민들의 민주적 참여와 공공토의를 활성화시키는 것을 목적으로 한다. 따

라서 실천적 차원에서 시민언론은 언론보도에 시민의 참여를 제도적으로 보장하고 시민생활과 밀접한 의제를 발굴해 이를 토의하기 위한 토론의 장을 제공하는 등 시민중심의 보도방식을 추구하는 언론" 이라고 규정했다(김병철, 2005, 152~155쪽).

시민언론을 창간하기 위해선 시민의 개념과 시민이 구성하고 있는 사회에 대한 철학적·이념적 성찰이 전제되어야 한다. 그냥 이름만 '시민'을 차용해 시민언론이라 해서는 시장에서 생존할 수 없다. 그동안 "지역명+시민일보(신문)"가 난무했으나, 하나같이 도깨비언론·쓰레기언론을 면치 못한 까닭이 여기에 있다. 명실상부하게 '시민' 이라는 이데올로기를 구현하는 시민언론이어야만 비로소 시민언론이라 할 수 있다. 이 글에서는 이를 전제한 신문창간론을 전개하고 있음을 간과해서는 안된다. 이는 매우 근본적이고 본질적인 요소다. 따라서 이하의 글과 본문에서는 이를 새삼스레 왈가왈부하지 않는다.

"金榮在의 市民言論 創刊論"은 오프라인 신문에서 본격적인 디지털 저널리즘의 전개에 앞서 과도기적 신문창간을 제안한다. 따라서 이 글에서 말하는 시민언론은 언론의 비전과 언론산업의 패러다임을 창조적으로 재해석해 언론개혁의 실천적 대안으로 제시하는 새로운 개념의 언론이다. 21세기 지식정보사회의 저널리즘은 온라인이건 오프라인이건 독자와 쌍방향 커뮤니케이션을 실현하지 않으면 존재의 의미도, 시장에서의 생존도 불가능하다. 시민언론은 온라인에서의 시민저널리즘 개념을 오프라인에 구현하는 매체이다.

시민언론은 시민에 의한, 시민을 위한, 시민의 신문이다. 따라서 시민언론은 웹2.0 시대의 미디어2.0 언론이라 할 수 있다. 미디어2.0 언론은 언론을 언론인으로부터 독자와 주주에게로 되돌리는 열린 매체이다. 언론의 패러다임을 '독자의 신문'으로 전환한 매체로서 독자와 주주가 신문제작뿐 아니라 경영에도 직접 참여한다. 독자와 주주가 실질적으로 신문을 지배하는 21세기형 맞춤신문이 시민언론이다.

시민언론의 가장 큰 특징은 독자가 신문의 경영뿐 아니라 제작에까지 직접으로 참여한다는 사실이다. 독자는 매체의 참 주인이다. 그동안 독자는 단순히 매체의 소비자로만 규정되었다. 이는 주체와 객체가 완전히 뒤바뀐 꼴이다. 독자가 찬밥신세로 전락하고, 언론은 언론인과 언론사의 것이 됐다. 독자의 의견은 고작 오피니언면이라는 궁색한 지면에, 그나마 편집자의 손에 의해 재구성되어 반영되었다.

독자의 의견과 사상이 제대로 반영되지 못하다 보니 시민의 외침은 더욱 격렬해지기 마련이다. 독자의 의견이 커뮤니케이션의 유통현장에서 자극적인 행동을 동반하여야만 눈길을 준다. 이를테면 시위가 과격해야만 언론이 관심을 갖는 데, 이번에는 우르르 떼거리로 몰려들어 과열보도를 쏟아낸다. 이러한 냄비보도·소나기보도로 독자의 의견은 다시 침소봉대되거나 왜곡되어 본질이 실종되기 일쑤이다.

언론산업이 다매체 다채널로 재편되면서 치열하게 전개되는 시장경쟁에서 살아남으려면 독자와의 밀착이 불가피하다. 이를 간과하고서는 21세기 지식정보산업의 총아로 생존하기란 구조적으로 불가능하다. 독자를 상전처럼 모시지 않고, 여전히 머슴처럼 여기는 한 신문의 도태를 막을 순 없다. 말로만 아니라 명실상부하게 독자가 매체의 주인으로 자리매김할 때 신문의 내일을 얘기할 수 있다.

시민언론에서는 독자가 신문제작에 제도적으로 참여하므로 어떠한 경우에도 독자의 생각이 편집자나 언론기업에 의해 분식되는 일이 없다. 시민언론은 독자의 의견을 언론사의 입맛에 따라 가감하지 않고, 솔직하게 수용하여 우리 사회에 유통시키는 언론제도이다.

독자를 위해 독자가 만들고, 독자가 소비하는 시민언론은 신개념의 언론이다. 산업적으로도 고객의 가치에 의해 새롭게 창조되는 시장에 바탕을 둠으로써 양적 경쟁을 탈피하고, 질적 경쟁만을 추구하는 신문이다. 시민언론은 시장전략을 공급자 위주에서 고객 중심으로, 물적 경쟁에서 가치혁신에 중점을 둔다.

시민언론을 시민언론답게 하는 이유는 할 말은 하고, 쓸 것은 쓰는 언론정신이 왜곡되거나 훼손되지 않기 때문이다. 그 전제는 제도적으로 경영과 편집이 분리된 공익적 구조다. 신문사가 광고나 자본으로부터 독립되어 명실상부한 편집권의 독립이 실현되어야 한다. 그러기 위해서는 자본주와 종사자, 독자가 지분을 공동 소유할 필요가 있다.

블루오션 신문

열쇳말
- 제로섬 게임
- 저전거일보
- 디지로그 신문

우리가 건설하고자 제안하는 시민언론은 언론의 개념이 기존의 카테고리에 갇힌 폐쇄적인 언론이 아니라, 그 외연을 인간커뮤니케이션에까지 확장한 신개념의 언론이다. 또 산업적으로도 블루오션(*blue ocean*)을 지향한다. 블루오션이란 레드오션(*red ocean*)에 대립하는 개념으로 가치혁신에 의해 새로 창조된 전인미답의 시장을 일컫는다. 블루오션은 시장이 물적인 경쟁에 의해서가 아니라 고객의 가치창조에 의해 형성된다. 블루오션은 높은 수익과 깊은 잠재력, 무한 성장이 존재하는 파워풀한 시장이다.

1중대·2중대·3중대 언론으로 도토리 키 재기를 하고 있는 한국언론시장은 전형적인 레드오션이다. 우리 언론은 천편일률적으로 보수성과 안정성이라는 미명하에 획일적인 몰골이다. 이로 인해 시장에선 제로섬 게임이 불가피하다. 독재정권 시절엔 카르텔을 형성, 공존이 가능했지만 IMF 이후에는 본격적인 시장경제가 도입되면서 '네 죽고 내 살기'가 피할 수 없게 됐다.

레드오션은 제로섬 게임(*zero-sum game*)처럼 한정된 시장의 점유율을 둘러싸고 치열한 경쟁을 통해 상대방을 이겨야 내가 살 수 있는 시장이다. 피 튀기는 혈투가 벌어지는 핏빛 바다다(최성환, 조선일보, 2005년 4월 23일자, D2면). 반면 블루오션은 경쟁자가 없는 시장을 창출해 혼자 독점한다. 블루오션에는 높은 수익과 빠른 성장을 가능케 하는 엄청난 기회가 존재한다(김위찬 · Renée Mauborgne, 2005).

시민언론은 '블루오션 신문'이다. 기존 언론이 천편일률적이고 획일적인 틀에 갇혀 자전거일보, 비데일보로 제 살 뜯기식 무한 공멸의 길로 내달을 때, 시민언론은 시대를 선도하는 매체기업으로서 독자와 함께 성장의 바다로 나아간다. 기존의 한정된 시장에서 수익창출을 위해 피 튀기며 싸울 필요도 없다. 독자들에게 어느 누구도 모방할 수 없는 차별적 가치를 제공, 경쟁할 상대가 존재하지 않는 독자적인 시장을 창출하는 것이다.

새 신문의 블루오션 전략은 협의로는 시민언론의 안정적인 수익창출을 보장함으로써 신문경영의 정상화를 조기에 정착시킨다. 시민언론이 조기에 경영안정을 이룸으로써 광의로는 언론자유의 확대에 기여하고, 여론 유통의 활성화라는 부대 효과를 낳는다.

시민언론 창간운동

✍ 열쇳말
- 블루오션
- 밀운불우
- 민주언론

"金榮在의 市民言論 創刊論"은 언론산업에서도 "블루오션이 있다"라는 사실을 전제한다. 다만 이런 현상은 더 이상 신문이 이대로는 안 된다는 사실을 전제한다. 그러나 현실은 분명 전세계적으로 신문산업이 점차 사양화되어가고 있음을 부인할 수 없다. 그러면 어떻게 할 것인가 하는 것이다.

이 글은 여기에 대한 해답을 명쾌하게 제시한다. 신문산업이 시대의 변혁에 맞춰 변화하고 진화하면 어떻게든 살아남을 수 있다. 20세기의 아날로그에서 21세기 디지털로 전환되는 시대에 걸맞은 디지로그 신문(*digilog newspaper*)이 그것이다. 디지털과 아날로그가 6대 4의 비율로 결합한 새 시대의 언론을 이 글에서는 '시민언론'이라 칭한다.

나는 나와 같은 생각을 지닌 언론인 예닐곱만 있다면 민주언론·자주언론을 건설할 수 있다. 나의 신문창간 제안을 제대로 이해못한 많은 사람들은 "돈이 있나"를 먼저 묻는다. 나는 돈이 없어 신문을 못 만든 게 아니라 사람이 없어 신문을 못 만든다고 생각한다. 신문은 돈이 만드는 게 아니라 사람이 만든다. 돈이 신문을 만들면 돈 없으면 신문이 망하지만 사람이 신문을 만들면 돈 없어도 신문이 망하지 않는다.

『주역(周易)』의 「풍천소축괘」에는 '밀운불우'라는 말이 있다. 하늘은 온통 먹구름으로 가득 덮여 금방 비라도 쏟아질 것 같지만, 결코 비는 내리지 않는다는 말이다. 「상전(象典)」은 하늘이 구름을 모으는 현상이라고 풀이한다. 무릇 아직 조금 모았기에 비는 내리지 않는다는 것이다(『周易』, 乾下巽上, 風天小畜卦; 小畜, 亨. 密雲不雨, 自我西郊).

강태공(姜太公)은 무려 80여 년의 세월을 낚은 후에야 출사를 했다. 나는 지난 1989년 이래 절치부심하며 시민언론의 창간을 꿈꾸며 세월을 보냈다. 아직도 그때가 오질 않고 있다. 공자(孔子)는 『논어(論語)』에서 진실은 외롭지 않다고 했다. 누군가가 언젠가는 반드시 알아줄 것이라고 했다(論語, 里仁篇: 德不孤 必有隣). 나는 이 말에 마음의 위로를 담는다.

그러나 아무리 하늘이 큰 인물을 내기 위해서는 먼저 그의 마음을 고뇌하게 하고, 그의 살과 뼈를 고달프게 하며, 그의 배를 굶주리게 하고, 그의 몸을 곤궁하게 하며, 또한 하는 일마다 어긋나고 뒤틀어지게 함으로써 그의 마음을 분발시키고, 타고난 성정(性情)을 강인하게 만들며, 그의 부족한 능력을 키워주는 것(『孟子』, 告子章句 下)이라고는 하나, 이를 지속적으로 감내하기란 참으로 버겁다.

나는 다시금 지역사회의 언론인과 지식인들에게 그 멍에를 함께 나눠질 것을 호소한다. 진정으로 원하는 진실로 가득한 사람이 모여 간절히 갈구하면 그것은 반드시 이뤄진다. 『노자(老子)』는 진리란 늦을지언정 반드시 이뤄진다[『老子』, 第41章; 大器晩成]고 했다. 이 말을 정신적 자양분으로 삼아 민주언론 공동체의 건설을 위한 지혜를 모을 수 있도록 많은 독자 여러분들과 언론인들의 참여를 기대한다.

❀2004. 11. 10. / 2007. 6. 15. 더함.

시민언론 이론

이 글에서 제안하는 시민언론이란 어떤 신문인지를 독자들에게 소개한다. 즉 시민언론이란 시민에 의한, 시민을 위한, 시민의 언론이며, 그것은 다름 아닌 민주·민족·민중언론의 구현이라는 개념을 풀어낸다.

무릇 어떤 이름에 대한 개념과 정의에는 그 사물이나 이데올로기가 지향하는 총체적인 의미가 내포돼 있다. 따라서 개념을 어떻게 규정할 것인가는 매우 중요한 의미를 지닌다. 개념의 규정에 따라 그 본질이 좌우되기 때문이다. 시민언론의 창간을 제안하고 있는 이 기사도 마찬가지다. 그것은 이 기사가 구체적으로 어떤 신문의 창간을 제안하고 있는가를 말해준다. 이번 회에서는 시민언론이 성립하는 바탕의 토대인 이데올로기적인 개념 규정을 명확히 함으로써 독자 여러분들을 시민언론의 세계로 초대한다.

❶ 시민언론 개념

시민언론 소개

> ✍ 열쇳말
> - 시민의 신문
> - 열린 언론
> - 독자주주기자

『순자(荀子)』는 "하늘이 백성을 낳았는데 그것은 결코 임금을 위해서가 아니다. 하늘이 임금을 세운 것은 오로지 백성을 위해서다(荀子, 大略篇; 天之生民 非爲君也. 天之立君 以爲民也)"라고 했다. 언론 또한 마찬가지다. 언론의 존재양식은 민중을 위한 제도라는 데 있다. 언론은 마땅히 우리 사회 구성원 모두를 아울러 사랑하며 서로서로 이롭게 해주어야 할 의무가 있다(『墨子』, 天志篇; 兼相愛 交相利). 그러나 오늘날 언론에서 그 참 주인이라 할 민중은 없다. 독자는 없고 오로지 광고주가 언론을 쥐락펴락한다. 언론은 언론인과 언론사주의 것으로 전락했다. 시민언론의 필요성은 여기에서 비롯된다.

시민언론이란 우리가 일상적으로 접하는 오프라인에서의 시민에 의한, 시민을 위한, 시민의 언론이다. 간추리면 명실상부하게 주권재민을 실현하는 언론이다. 언론자본의 소유구조가 시민에게 개방된 민주언론이다. 자본주의 체제에서의 언론은 필연적으로 자본에 그 성격이 지배받는다. 따라서 공익성을 담보하는 불특정 다수의 시민과 언론산업에 종사하는 언론인이 공동주주로서의 자격을 획득하여 언론의 본질에 대한 발언권을 지닐 필요가 있다. 이는 언론이 자본주의 이익을 일방적으로 옹호하는 사적 미디어라는 성격을 불식할 유일한 대안이다.

한국의 언론자본은 족벌언론·사주언론, 종교언론, 공공주언론, 토호언론 형태를 띤다. <조선 · 중앙 · 동아일보(조중동)>를 비롯한 주요 매체는 족벌언론 · 사주언론이다. 종교언론은 매스미디어 선교에 눈을 뜬 기독교 계통의 자본이 주류를 이루고 있으며, <KBS> · <MBC> · <연합뉴스> 등 공공주언론은 공공의 이익을 도외시하고 '권력의 시녀'로 전락, 해바라기 언론 · 철밥통 언론의 전형을 보인다. 지방언론은 대개 토호세력에 의해 지배받는 '토호언론'이다. 이러한 자본구조 하에서 언론의 사명을 기대하기란 구조적으로 불가능하다. 사적 영역의 매체는 자본의 이익을 위해, 공적 영역의 매체는 권력과 종업원의 이익 확보를 위해 언론을 사용(私用)한다(관련기사 ☞7 지방신문 자본론 참조).

시민언론은 이를 제도적으로 거부하고, 언론의 목적 구현에 기여하는 매체다. 시민언론의 자본 주체는 시민이다. 여기서의 시민은 단순히 행정구역상 도시에 거주하는 주민만이 아니다. 사회과학적 개념으로 부르주아 계급의 시민뿐 아니라 노동자 · 농민 · 도시서민 등 프롤레타리아트의 민중까지를 포함한다. 시민언론은 국가 구성원 모두를 포괄적으로 아우르며, 그 주체가 된다. 시민언론은 자본이 시민들에게 공개되어 있어 원하는 사람이면 누구나 주주로서 신문경영에 직접 참여할 수 있는 열린 경영 요건을 갖춘다.

시민언론이 지향하는 자본구성은 시민주주와 종업원 주주, 언론경영주가 적절하게 서로를 견제할 수 있을 정도로 지분을 분할하여 소유한다. 독자주주가 신문의 경영과 제작에 실질적으로 참여할 권리를 공식적으로 갖는다. 독자주주가 신문 소유주, 즉 자본주 자격으로 정당하게 신문에 참여함으로써 언론의 나아갈 바를 항시 감시하고 감독하는 권한을 지니므로, 독자의 알권리를 왜곡 조작하기란 원천적으로 불가능하다.

시민언론은 이른바 온라인 저널리즘에서의 시민언론을 오프라인 종이신문에 재현한 것이라고 보면 된다. 따라서 독자는 시민기자·독자기자·주주기자 등 다양한 이름과 그 방법으로 언론경영과 언론생산에 직접 참여할 수 있다. 이 가운데 '댓글 저널리즘'과 '공공저널리즘'에 의한 독자의 참여는 가장 일반적인 형태에서의 독자참여 유형이다.

그동안 기존 언론에서 시민은 철저히 소외되었다. 오로지 광고의 대상이 되는 소비자, 흥미 유발을 위한 독자, 이슈에 대한 아웃사이더 등으로 대우받았다. 독자로서의 소비자 주권은 고사하고 미디어가 전하는 메시지를 무비판적으로 받아들이는 사람으로만 여겨졌으며, 언론은 사주와 종사자들의 전유물인양 인식되었다. 시민언론에서는 독자가 뉴스의 생산자이면서 동시에 소비자 역할을 수행한다. 독자가 미디어에 대한 주권을 지닌 메시지 수용자이면서도, 그 내용에 대해 직접적으로 관여할 수 있는 자격을 지닌 것으로 본다. 시민언론에서는 뉴스의 생산과정에 시민의 참여가 보장되는 민중언론을 실현한다.

기존 언론에서는 시민언론의 구현이 비단 시민언론만의 몫이 아니라고 한다. 기존 언론 또한 시민언론을 구현한다고 강변한다. 그 증거로 오피니언이라는 타이틀 아래 게재되는 독자면을 예로 든다. 독자면은 수용자 주권의 실현을 빌미로 판매와 광고 확대를 위한 속셈으로 게재하는 지면이다. 독자의 액세스권(*right of access*)을 실천하는 수준의 시민참여를 시민언론이라 할 수 없다. 그것은 독자면에 게재되는 독자투고의 성격이 말해준다.

기존 언론의 독자투고면은 기본적으로 독자면을 관리하는 편집자의 게이트키핑을 통과한 기사만 게재된다. 이때 게이트키퍼는 자사의 편집방침을 반영한다. 따라서 독자면에 게재되는 내용은 결국 해당 언론사의 편집방침이 반영된 기사다. 파렴치하게도 "외부 필자의 글은 본지의 방침과 다를 수 있습니다"라는 문구로 독자를 기만한다. 시민언론에서는 이러한 '독자 기만극'이 존재할 수 없다.

시민언론을 시민언론답게 하는 것은 시민언론이 수용자의 알권리에 부응하는 신문이며, 동시에 독자주권인 알권리(*the right to know*)와 액세스권을 구현하는 매체라는 점이다. 알권리란 대체로 개인과 언론이 국가나 공공기관, 사회단체 등 모든 정보원으로부터 정보를 공개토록 요구하고, 일반적인 정보를 수집할 수 있는 권리이며, 정보의 자유라고 할 수 있다. 이때 언론은 당연히 알릴 권리를 지닌다.

액세스권은 매스미디어를 소유하지 않은 독자가 매스미디어에 자유로이 접근하여 이용할 수 있는 권리로서, 보도매체접근이용권이다. 개인이 공공적인 여론형성에 자유롭게 참여하기 위해서는 아무런 조건 없이 액세스권이 인정돼야 한다. 시민언론에서는 독자의 액세스권은 물론 반론권, 정정보도청구권, 반론보도청구권 등 독자의 알권리와 액세스권이 다양한 형태로 보장되어 있으므로 여론형성에 문제가 있을 수 없다.

미디어가 생산하는 메시지가 언론인의 통제하에 있는 저널리즘 문화를 시민언론이라 할 수 없다. 시민언론은 독자의 의견을 고스란히 지면에 담는다. 본지의 편집방침과는 상관없이 사회적 공론으로 인정될 수만 있다면 있는 그대로 독자의 의견을 존중한다. 시민언론은 '독자주주기자'가 메시지 생산의 실질적인 주체가 된다. 시민언론에 종사하는 언론인의 경우는 시민들의 '담론 · 의견'이 저널리즘에 입각한 사회적 공공성을 지닌 건강한 커뮤니케이션으로 유통될 수 있도록 보조하는 데 불과하다. 이는 시민언론이 기존 언론과 차별화되는 가장 큰 요소이다.

이론적 토대와 근거

열쇳말
- 대안언론
- 독립언론
- 대체언론

시민언론은 기존 언론의 모순을 극복하고 시민사회운동을 추동하는 의미에서 대안언론이라 할 수 있다. 유선영은 "대안언론의 개념에 대한 정의는 다양하다"며 다음과 같이 소개했다. "서구에서는 대안미디어, 언더그라운드언론, 급진언론, 급진대안미디어, 시민미디어, 풀뿌리 미디어 등으로 부르지만, 한국에서는 민중언론, 민주언론, 민족언론, 진보언론, 개혁언론, 시민미디어, 풀뿌리 미디어 등이라고 한다. 그것은 서구에서는 대안언론이 지향하고 있는 목표와 이념, 편집방향 등이 반자본주의라는 경제적 이념성을 강조하고 있는 것에 비해 한국에서는 반패권주의라는 정치적 이념성을 더 중요시하기 때문이다(유선영, 2005, 20쪽)."

최영묵은 대안언론의 성격과 흐름에 대해 아래와 같이 얘기한다. 즉 "대안언론은 정치적으로는 기존 언론에 대한 '대항(*counter*)', 경제적으로는 자본주의의 시장논리 극복이라는 '대안(*alternative*)' 성격을 지닌다. 대안언론의 근원은 러시아 혁명시기 레닌(Vladimir Il'ich Lenin)이 주창했던 '정치신문이론'을 모태로 한다. 신문을 집단적 선전자, 선동자, 그리고 조직자로 재정립하고자 했던 레닌의 언론관은 마오쩌뚱(毛澤東)에 의해 '대중신문론'으로 계승됐다. 이후 대안언론이론은 마뗼라르(Armand Mattleart)의 '참여미디어론', 그람시(Antonio Gramsci)의 '대항헤게모니이론', 브레히트 엔젠스 베르기의 '해방미디어론', 존 다우닝(John Downing)의 '자주미디어론', 라보이 바브록 등의 '대안언론' 등 남미와 아프리카 등 제3세계권을 거쳐 서구사회에까지 확산되어 사회변혁의 도구로서 언론의 역할과 기능을 재조명하는 논쟁을 불러일으켰다"(최영묵, 2005, 42~43쪽)는 것이다.

시민언론이 대안언론을 지향한다고 하여 외부의 재정지원을 거절한다거나, 광고를 싣지 않는 것, 비전문인 중심의 생산 따위는 도입하지 않는다. 자립적으로 시장생존을 도모하고자 기꺼이 상업적 광고를 게재하며, 그 어느 누구보다 수준 높은 전문언론인으로 매체를 제작해 독자의 알권리를 충족한다. 수익을 목적으로 한 상업광고를 게재하며, 사업적 이윤의 극대화를 추구하면서 공익과의 조화를 꾀한다. 인적 구성 또한 어느 누구보다 프로페셔널한 인재가 참여한다. 그런 의미에서 시민언론은 대안언론이라기보다는 기존 언론의 대체언론이라는 말이 보다 적확할 것이다.

시민언론은 기존 언론과 대안언론의 특성을 동시에 지녔다. 정치사회적 이데올로기로는 민주·민중언론을 지향한다. 문화경제적으로는 개혁·진보언론으로서 풀뿌리 미디어다. 대안언론의 미디어적 특성을 지니되 어디까지나 자본주의라는 시장경제에 토대를 둔 제도권 언론이다. 즉 시민언론은 기존 언론 틀 안에서의 대안언론이다. 그렇다고 기존 언론처럼 스스로의 틀 속에 매몰되거나 동화되거나 종속되어서는 안 된다.

김승수는 한국언론이 지향해야 할 목표로 '독립언론'을 제시했다. 독립언론은 시민언론이 적극적으로 수용할 가치를 내포하고 있다. 시민언론이 독립언론에서 벤치마킹하여야 할 가치는 다음과 같다.

① 독립언론은 다른 자본과는 어떠한 연계도 없어야 한다.
② 독립언론은 특정 정권이나 정당, 정치인 등과는 연계가 없어야 하며, 이들을 단순히 취재보도의 대상으로만 여겨야 한다.
③ 독립언론은 소유와 경영이 분리되어, 경영의 투명성을 확보해야 한다.
④ 독립언론의 편집권은 독립적이며, 공정하게 행사되어야 한다.
⑤ 독립언론은 기자의 양심을 최대한 보장하고, 이들의 창의성·비판성·실험정신을 신문편집의 원칙으로 삼아야 한다.
⑥ 독립언론은 광고주에게 재정을 의탁해서는 안된다. 구독료가 신문재정의 50% 정도는 되어야 한다.
⑦ 독립언론은 독자의 자유로운 선택을 절대 존중하며, 다양한 방식의 참여언론을 지향하여야 한다.
⑧ 독립언론은 특정한 이념·가치·지식에 의존하거나 신봉하기 위해 그 반대편에 있는 것들을 비난하고 공격하지 않아야 한다.
⑨ 독립언론은 지역적·인종적·종교적·교육적·성적 편견을 배척하고, 공정한 잣대로 보도하며 논평한다. 특히 서울과 지역의 차이를 인정하되 불평등한 관계를 해소시키는 데 기여해야 한다.
⑩ 독립언론은 민족주권의 신봉자, 국가주권의 지지자 역할을 하여야 하며, 결코 다른 나라에 의지하지 않는 언론을 말한다(김승수, 2004, 40~41쪽).

시민언론은 이를 기꺼이 수용한다. 시민언론은 생물(生物)과 같다. 화석(化石)처럼 고착화되어 있는 것이 아니라, 유연하게 환경변화에 능동적으로 적응한다. 그 전제는 편집권의 독립과 소유와 경영을 분리한다. 편집권의 독립으로 언론의 자유가 강물처럼 넘쳐날 때 신문의 사명은 비로소 열매를 맺는다.

저널리즘 현상이 인간사회를 투영하고 반영하는 것이라면 고착화된 삶은 결코 감동을 줄 수 없다. 언론이란 날마다 해마다 시시각각 변화하는 사물과 사실을 담는 그릇이다. 언론이 화석처럼 굳어 있으면 시대적 소명을 담기란 불가능하다. 생물처럼 유연성을 지니지 못하면 시장에서의 생존은 불가능하다.

❷ 시민언론 성격

온 · 오프라인 신문

> 열쇳말
> - 퍼스널 미디어
> - 자웅동체 신문
> - 오디언스 창출

신문산업은 빅뱅이라 할 만큼 지난 100년간의 변화보다 1년간의 변화가 더 극심하다. 뉴미디어(*new media*)와 올드미디어(*old media*)가 융합하면서 UCC · DMB · IPTV · 유비미디어(*ubi media*) · 와이브로(WiBro) · 모바일 미디어 등도 더 이상 낯설지 않다. 이는 21세기의 신문산업이 지향해야 할 디지털 저널리즘의 패러다임을 압축적으로 상징해 준다. 뉴스의 소비가 매스미디어에서 분중화된 퍼스널 미디어(*personal media*)로 옮아간다. 따라서 정보 또한 뉴스에서 콘텐츠로의 전환이 불가피하다.

바야흐로 오프라인 저널리즘이 온라인 미디어의 특성을 수용한 디지털화를 추구하지 않으면 시장에서 생존할 수 없는 환경이 도래했다. 디지털화의 첫걸음은 인터넷과의 공생이다. 쌍방향 미디어와 정보 콘텐츠화 추구라는 현실적 목표에다가 종합 지식정보산업으로서의 저널리즘이 지닌 가치와 브랜드 파워(*Brand Power*)를 겸비해야 한다. 신문산업의 시장생존은 언론의 공익성 · 공공성이라는 도덕성을 지속적으로 간직하면서, 동시에 언론산업을 둘러싼 환경변화에 능숙하게 적응하는 데서 비롯된다. 따라서 온라인에 바탕을 둔 오프라인

신문이라는 프레임은 정당하고도 선진적인 목표이다.

온라인과 오프라인은 별개가 아니다. 자웅동체(雌雄同體)이다. 21세기의 대중미디어는 어떤 언론도 온라인, 오프라인이라는 한쪽 다리만으로는 설 수 없다. 새의 두 날개처럼 온·오프라인이라는 두 다리가 있어야만 격랑을 헤쳐갈 수 있다.

시민언론은 인터넷 저널리즘에서의 쌍방향성을 오프라인 미디어에 구현한다. 그렇다고 시민언론이 온라인 저널리즘을 무턱대고 판박이 하는 것은 아니다. 그 본질은 어디까지나 저널리즘에서의 민주적인 가치관을 수용하자는 것이지, 윤리적 문제라든가, 기사의 신뢰성, 익명성 뒤에 숨은 부정확성 등을 받아들이자는 것은 아니다. 시민언론은 어디까지나 오프라인 매체이다.

시민언론은 올드미디어가 아니다. 비록 그 형태는 기존 언론처럼 오프라인 매체의 형상을 하고 있으나, 표현하는 내용과 방법은 최첨단을 지향하는 뉴미디어이다. 시민언론은 과거 신문의 전통적 독자 개념을 넘어서 새로운 오디언스(*audience*)를 창출하고, 새로운 광고주를 만들어낸다. 시민언론은 신문을 기반으로 하는 멀티플랫폼 포토폴리오를 구성하는 21세기 종합 지식정보산업체이다.

따라서 시민언론 뉴스의 형식과 구조 및 특성은 첫째, 시·공간의 제약 없이 실시간 보도를 원칙으로 한다. 둘째, 하이퍼텍스트 구조의 뉴스를 지향한다. 주요 뉴스, 심층보도의 자료를 지면에 표기해 오프라인 기사와는 별도로 독자에게 맞춤뉴스를 제공함으로써 뉴스의 부가가치를 높인다. 셋째, 뉴스가 텍스트뿐만 아니라 사진, 동영상 등 다양한 방법으로 게재한다. 넷째, 댓글 등 상호작용성 기재를 활용한 뉴스를 생산·제작한다. 다섯째, 뉴스의 데이터베이스화를 통한 재생산이 가능한 구조를 지닌다.

<표 1> 뉴스의 가치관 변화

	과거의 뉴스	현재 및 미래의 뉴스
뉴스 가치의 변화	• 사실관계의 전달	• 쇼핑, 레저, 여행 등 일상의 결합
	• 신문, 방송 등이 취사선택한 정보	• 사실과 트렌드, 상업성을 고려한 가치 • 언제, 어디서나 삶의 형식 · 내용을 규정
	• 정치 · 사회 · 경제 등 언론사가 정의해 놓은 틀에서 다뤄지는 내용 • 신속성 · 정확성 · 공정성이 뉴스의 가치를 좌우	• 지식대중, 유사매체 등 언론사를 대체하는 새로운 저널리스트에 의해 양산, 수진, 유통되는 정보 • 뉴스만이 아닌 콘텐츠의 복합체. 다양성 · 독창성 · 경제성이 뉴스가치를 결정
뉴스 생산과정의 변화	• 데스크의 하향지시, 부서회의	• 기자가 생산은 물론 데스킹까지 수행
	• 현장 취재, 현장 전송 혹은 귀사 후 뉴스 생산	• 현장과 현장을 다원화 • 지식대중과 정보 네트워크 활용
	• 뉴스제작이 언론사로 모여서 통제와 원칙하에 오픈됨 • 기자는 '생산'만 담당	• 현재의 데스크는 소규모의 에디터로 분할 • 소규모의 에디터는 현장과 직접 연결됨 • 데스크는 기사의 흐름만 체크→기자가 직접 소통 담당
취재방식의 변화	• 기자(언론사)가 직접 취재원 접촉	• 직접 또는 간접적이며 다원적인 취재원 접촉
	• 대면, 전화, 서신 등 지속적이고 장기적이며 원초적인 정보 취득	• 디바이스가 입체적으로 동원 • 평등한 네트워크 기반
	• 기자의 정보 확보는 연고주의에 의존하며, 기자는 전체 상황을 해석하여 뉴스를 생산 • 오류, 비판에 대해 기자가 전적으로 책임지지만, 정보유통은 일방적인 과정을 거침	• 기자는 정보를 해석하고 정의, 정리하는 데 더욱 다양한 전문가와 데이터베이스를 활용 • 뉴스에 대한 지식대중의 평가, 그 피드백 과정이 지속적인 뉴스생산을 자극

출처: 최진순, 『한국신문의 뉴미디어 혁신』, 박문각, 2007, 47~49쪽.

독자참여 신문

열쇠말
- 가문여론 사회공론
- 뉴스개념의 확대
- 의사소통기구 강화

시민언론의 이념적 목표는 무엇보다 국민들의 자유로운 의견을 가감없이 담자는 것이다. 그동안 언론은 국민들의 의견을 자신들의 입맛에 맞도록 가공했다. 이는 언론의 횡포이며 권력 남용이었다. 언론의 자유는 사상과 양심의 자유를 핵으로 한다. 민주국가라면 모든 국민은 자신의 책임하에 자유롭게 말할 권리를 지녀야 한다. 다수의 의견이라 하여 소수의 의견을 핍박하거나 무시할 수 없다. 소수의 의견도 다수의 의견 못지않게 정론으로 대우를 받아야 한다는 것이 시민언론의 정신이다.

한국언론이 자신의 입맛에 맞는 기사와 사실은 대대적으로 지면에 도배질을 하고, 그렇지 않는 것에 대해서는 일방적으로 비난·매도하는 것은 왜곡·조작 차원을 넘어 언론범죄다. 언론이 온 국민의 영혼에 '식칼테러'를 자행하는 것과 다를 바 없다. 수구적인 족벌언론이 시장의 지배적 권력을 악용, '가문여론'을 '사회공론'으로 위장하고, 소위 진보적 지식인 사회라는 동네에서는 자신의 의견과 다르다 하여 적으로 규정하는 흑백논리를 타파하지 않는 한 여론 민주화는 아득하다.

시민언론은 유아독존적인 도그마를 고집하지 않는다. 모든 커뮤니케이션에서 일방통행은 있을 수 없다. 다수의 의견에 소수가 따르고, 소수의 의견에 다수가 따르는 메커니즘으로 신문을 제작한다. 그러기 위해선 뉴스의 개념을 근본적으로 달리한다. 종래에 뉴스는 언론사가 수집하여 가공한 정보만을 의미했다. 시민언론에서는 기존 언론이 정한 폐쇄적인 뉴스 개념을 탈피하여 열린 마인드에 입각한 뉴스 개념을 도입한다. 기존 언론의 독점적이고 폐쇄적인 언론관을 극복하여 뉴스가 특정 소수의 전유물이 아니라, 이 땅을 딛고 사는 모든 이와 사물이 평등하게 공유함으로써 참 민주주의를 구현한다.

그동안 우리 사회의 기득권 세력은 여론을 배타적으로 지배함으로써 대대손손 떵떵거리며 사는 밑천을 확보할 수 있었다. 자주적인 의식을 지닌 투사가 일제에 맞서 민족해방투쟁이라는 형극의 길을 마다 않을 때, 이들은 실력양성주의라는 그럴 듯한 말로 체제 내에 안주하여 호의호식했다. 해방이 되자 왜정에 빌붙었던 기회주의 근성을 발휘, 재빨리 기독교로 개종하고, 미국을 주인으로 섬기면서 이 땅을 지배한 상류층으로서의 권리와 특혜를 누렸다. 독재정권이 출범하자 반공을 빌미로 홀로 우국충정의 애국자인양 행세하면서 기꺼이 그 주구·시녀 노릇을 마다치 않았다.

이처럼 이들이 자신의 실체를 숨기고 민중들을 기만하여 이 땅을 지배할 수 있게 된 것은 전적으로 뉴스의 생산구조를 독점할 수 있었기에 가능했다. 뉴스의 개념을 스스로 자신들이 설정한 한계에 따르고, 생산 또한 자신들이 규정한 바에 따라야 했으므로 기존 언론의 정보는 필연적으로 이들을 보호하는 도구로 사용될 수밖에 없었다. 시민언론에서는 뉴스에 대한 해석권을 전적으로 보편적인 민중들이 소유하고 판단하고 통제하므로 그와 같은 왜곡된 언론행위가 있을 수 없다. 시민언론은 민중들의 자유로운 의사소통기구로 작용한다.

시민언론을 구현하기 위한 핵심적 요소는 시민, 즉 독자의 참여를 어떻게 제도적으로 보장하는가에 달려있다. 독자의 참여가 제도적으로 보장되지 않으면 그것은 시민언론이 아니다. 인터넷 저널리즘처럼 댓글 달기나 게시판, 토론포럼, 채팅방, 메신저, 취재기자의 이메일 등과 같은 각종 제도를 통해 오프라인에서의 독자의 참여를 보장한다. 다양한 상호기제를 통해 효율적인 '독자와의 대화'를 시도하고, 지면에 충실히 반영한다.

시민언론은 기자가 독자에게 전달하는 수직적인 뉴스의 흐름을 독자가 기자에게 수평적으로 전달한다. 독자는 뉴스의 생산에서부터 소비까지 주체적으로 활동한다. 따라서 시민언론의 뉴스 시스템은 기존 언론처럼 고착화되어 있는 것이 아니다. 파워풀하다. 능동적이고, 생동적이다. 언제나 생생한 뉴스가 넘쳐난다. 여기서 가장 중요한 것은 그 모든 뉴스가 시민들의 삶에 꼭 필요하고 절실한 정보라는 점이다. 시민언론의 뉴스 시스템은 저널리즘이 새롭게 진화한 형태라 하겠다.

❸ 시민언론 특성

상호작용 매체

> ✍ *열쇳말*
> - 상호작용성
> - 양방향 언론
> - 독자 서비스

시민언론이 지닌 사뭇 중요한 특성은 상호작용성을 바탕으로 독자가 직접 언론생산에 참여함으로써 미디어 이용자로 하여금 사회적 이슈나 공공의 문제 해결을 위한 여론과 논의에 적극적으로 나서게 하는 것이다. 저널리즘의 이론에서 보면 시민언론은 대안적 공론장으로 기능하는 매체다.

전남식은 디지털 미디어가 지닌 상호작용성(*interactivity*)을 "송신자(*sender*)가 수신자(*receiver*)에게 일방적으로 메시지를 보내던 시절은 지났다. 수용자는 자신이 원하는 정보를 선별적으로 접할 수 있으며, 미디어를 이용하는 사람이라면 누구나 즉각적이고 상호적인 피드백(*feed back*)에 따라 수시로 메시지를 주고받는다. 상호작용성은 일대일

커뮤니케이션뿐만 아니라 다수의 사람들 사이에서도 동시에 쌍방향 커뮤니케이션을 할 수 있음을 의미한다. 이런 상황에서는 송신자와 수신자의 구분이 무의미하다. 실시간으로 상호교신이 이뤄지기 때문에 송신자가 곧 수신자이고, 수신자가 곧 송신자이다"라고 설명했다(전남식, 2006, 138~139쪽).

시민언론의 존재에 대한 이론의 철학적·이념적 틀은 기본적으로 상호작용성에서 근거한다. 상호작용 커뮤니케이션은 저널리즘이 어느 일방에 의해 전개되는 것이 아니다. 매체와 소비자 사이에 양방향으로 서로 교감·소통하면서 이뤄진다. 커뮤니케이션이 쌍방향으로 작용함으로써 매체 이용자가 보다 적극적으로 자신이 원하는 정보를 취사선택하게 할 수 있으며, 다양한 선택을 가능하게 한다. 매체사는 매체 이용자가 추구하는 정보의 내용을 쉽고 지속적으로 파악할 수 있어 정보를 추가하거나 쉽게 갱신할 수 있도록 해준다. 또한 개인간의 커뮤니케이션을 활성화하여 정보의 질적 내용을 향상하는 특징을 지닌다.

21세기의 저널리즘에서는 근본적으로 정보의 일방향 송출은 존재할 수 없다. 어떤 형태로든 독자와의 상호작용을 하지 않고선 시장생존을 할 수 없는 미디어 환경이 도래했다. 독자의 존재는 정보의 소비자이면서 동시에 생산자로 기능한다. 아날로그 시대의 저널리즘에선 생산자와 소비가 뚜렷이 구분되고, 미디어는 언론인들에 의해 주도되었다. 그러나 디지털 저널리즘 시대엔 그 구분이 사라지고, 오히려 정보 소비자가 미디어를 지배한다.

독자를 늘 정보를 소비만 해주는 피동적인 객체로 규정하면, 그 저널리즘은 존재의 터전을 잃는다. 독자가 없는 것이다. 독자의 참여가 어떠한 형식으로 전개되든, 그건 상관 않는다. 다만 확실한 것은 독자가 실질적으로, 직접적으로 지면의 제작과 운용에 참여하여야 한다. 즉 언론이 언론인들의 전유물에서 독자와 함께 공유하는 매체로의 그 성격이 진화하여야 한다는 것이다. 독자와의 상호작용을 배제할 수 없는 까닭에 시민언론을 '참여 저널리즘(*participatory journalism*)'이라 한다.

시민언론에서는 송신자와 수신자, 정보생산자와 소비자, 매체의 지배자와 피지배자라는 관계는 성립되지 않는다. 기존 언론은 극소수 정보제공자로부터 다수의 정보수용자에게로 정보가 일방적으로 흘러갔지만, 시민언론에서는 누구나 정보를 보내고 받는다. 따라서 특정인이나 특정기관, 특정계급이 독점적·배타적으로 지배했던 미디어가 해방된 것이라고 할 수 있다.

양방향성 상호작용 커뮤니케이션은 신문의 패러다임을 공급자 중심에서 수용자 중심으로 옮기게 한다. 상호작용은 독자와 매체 사이에 수직적 커뮤니케이션만 존재했던 것을 탈피하고, 독자와 매체 사이의 평등하고 대등한 관계인 수평적 커뮤니케이션으로 전환하는 것을 뜻한다. 상호작용 커뮤니케이션은 독자로 하여금 언론의 참여성을 통해 사회성을 구현한다.

시민언론은 수용자가 만들어 가는 시스템이다. 수용자가 자유롭게 참여하고 자신들의 의견을 진솔하게 표현함으로써 기존 언론이 독점해왔던 의제설정기능을 공유한다. 시민언론은 언론으로부터 소외되었던 민중이 주체가 되어 자신의 경험이나 이웃의 이야기를 기사화함으로써 시·공간을 초월하여 언제 어디서나 밑으로부터의 이슈를 생생하게 들려준다.

독자의 언론참여를 제도화하기 위해선 언론의 전 영역, 즉 인간의 삶과 관련된 모든 분야에 독자가 기고할 수 있는 고정란을 의무화한다. 독자는 취재보도는 물론 편집, 칼럼, 사설에까지도 자신들의 의견을 말할 수 있다. 각종 상담뿐만 아니라 민원에 이르기까지 독자와 함께 한다. 독자 혼자 해결하지 못하는 문제에 대해선 사회적 의미를 지닌 사안이라면 독자를 대신해 본질을 개선하고 해결하는 데 앞장선다. 시민언론의 독자 서비스는 말로만이 아니라 행동으로 실천한다.

<그림 1> 새로운 신문을 향한 혁신 흐름

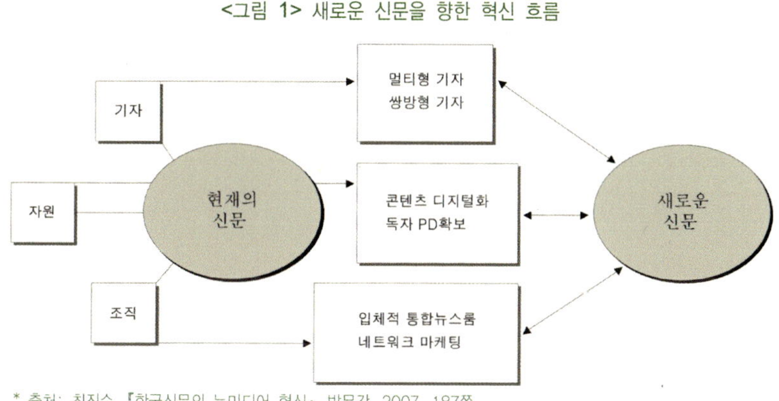

* 출처: 최진순, 『한국신문의 뉴미디어 혁신』, 박문각, 2007, 187쪽.

시민저널리스트

> 열쇳말
> - 시민언론인
> - 댓글저널리즘
> - 미디어 중매자

시민언론은 시민의 참여와 쌍방향 커뮤니케이션을 완벽하게 보장하는 세계에서 최초로 시도되는 오프라인에서의 시민참여형 신문이다. 시민언론의 핵심은 시민기자 · 독자기자 · 주주기자제의 도입과 실현이다. 언론은 결코 언론인의 전유물이 아니다. 시민저널리스트는 누구나 자신의 의견을 자유롭게 말할 수 있는 권리를 지닌다. 시민기자는 기사의 정보가 정확성에 근거하고 있다면 아무런 조건 없이 사실보도는 물론 의견기사까지도 자신이 해석하는 바를 지면에 게재할 수 있다. 시민언론은 이에 아무런 제약을 두지 않는다.

시민언론에서의 주축 언론인은 언론 종사자가 아니라 일반 시민저널리스트들이다. 시민언론인이 언론을 지배하는 것은 이미 시대적 대세이다. 지난 2003년 1월에 발생한 미국의 이라크 침략전쟁, 2004년 12월 인도네시아·태국·스리랑카 등 남아시아를 휩쓴 쓰나미 파동, 2005년 8월 허리케인 카트리나가 뉴올리언즈 등 미국 동남부를 강타했을 때 사건을 보도하는 과정에서 기존 언론인보다 시민저널리스트의 기사가 더 정확했고 풍부했다.

이는 시민저널리스트가 생산하는 정보가 제도권 내에서 재가공되어 유통되는 뉴스보다 때로는 더 가치가 있음을 보여주는 증좌다. 시민저널리스트는 비록 그 신분이 아마추어이지만 개인 각자의 전문성을 바탕으로 기존 언론인에 못지않은 취재역량을 지녔다. 따라서 시민언론의 제작과정은 기존 언론과는 패러다임을 달리한다.

최종적으로는 독자가 오프라인 신문에 게재될 모든 기사를 취사·선택하겠지만, 그 과도기적 단계에서는 편집국에 종사하는 전문언론인들이 뉴스거리를 선정해 인터넷에 공개하고, 이를 독자가 취사·선택케 한다. 편집국에 집대성된 모든 정보와 기사는 편집자의 게이트키핑 과정을 거쳐 기사로의 생명력을 갖췄다면 인터넷에 게재한다. 이때 기사의 제목달기와 레이아웃, 크기 결정, 교열 등은 직업언론인에 의해 분류, 구분될 것이지만, 기사의 내용과 제작·생산의 아이템이나 주제설정, 기술 등은 기본적으로 독자의 몫이다.

시민언론의 이와 같은 제작방식은 이미 독일과 오스트리아에서는 시행되고 있다. 김택환은 "세계적 고급지 가운데 하나인 <프랑크푸르트 알게마이너 짜이퉁(Frankfurter Allgemeiner Zeitung)>과 <포랄베르크(Vorarlberg)> 등은 자사 웹사이트에 한 이슈에 대한 기사를 미리 게재한 후 이에 대한 네티즌의 의견과 평가를 함께 묶어 종이신문에 기사화한다"고 소개한다(김택환, 2008, 39쪽). 뉴스의 소비자를 언론제작에 직접 참여시키는 열린 취재시스템을 구현하는 것이다.

시민기자가 작성한 기사는 기사로서의 완성도와 엄격한 윤리적 요건을 갖췄는지에 대해 검토가 이뤄지면, 독자의 검증을 받게 된다. 독자는 인터넷에 게재된 기사를 읽어보고, 100자 이내의 댓글로 자신의 의견을 개진할 수 있다. '댓글 저널리즘'은 시민언론을 시민언론답게 하는 아주 중요한 요소이다. 독자는 시민언론의 모든 취재보도기사·사설·칼럼 등에 대해 자신의 의견을 표명할 권리를 지닌다. 독자의 댓글은 여론의 향방을 바로 피드백 해준다는 점에서, 독자가 사안을 어떻게 바라보고 해석하는지를 정확하게 알 수 있게 해준다는 점에서 큰 의미를 지닌다.

시민언론은 독자의 댓글 가운데 사실을 정확하게 반영하는 서로 다른 의견을 독자의 실명과 함께 지면에 게재한다. 월간 통계를 뽑아 가장 활발히 참여한 우수 독자를 선별하여 기념품을 주고, 자질 있는 인재는 시민언론 종사자로 특채하는 등 독자 참여를 제도적으로 유도해 '댓글 저널리즘'의 활성화를 도모한다. 시민언론과 인터넷 저널리즘의 가장 큰 차이점은 인터넷 저널리즘이 익명성이라는 온라인의 특성으로 즉흥적이고 비이성적인 데 반해, 시민언론은 전문 저널리스트에 의한 저널리즘으로서의 신뢰성과 윤리성을 지닌다는 점이다.

1인 미디어 저널

> ✍ 열쇳말
> - 이종미디어 탄생
> - 블로그 저널리즘
> - 정보확산 추구

언론을 둘러싼 정보통신기술의 발달로 오늘날 누구나 언제 어디서든지 마음만 먹으면 뉴스를 생산하고 소비할 수 있는 물적 토대를 갖췄다. 시민들은 노트북 · PDA · 디지털 카메라 · MP3 · PMP · 휴대전화 등 모바일 기기를 이용해 개인미디어를 창출, 직접 언론활동을 한다. 2008년 6월 대한민국의 서울에선 이명박 정부의 미국산 쇠고기 수입강행에 반대하는 촛불집회를 누리꾼들이 실시간 중계하는 과정에서 1인 미디어로서의 시민언론이 우리의 삶에 착근화되고 있음을 보여 줬다.

여기에다 언론과 통신, 통신과 방송 등이 융합(*convergence*)하면서 이종미디어를 속속 낳는다. 매스미디어는 융합과 확산이라는 대중화 · 개인화 과정을 거치면서 점차 퍼스널 미디어화된다. 언제 어디서나 누구나 원하기만 하면 정보를 손쉽게 얻을 수 있을 뿐만 아니라 생산할 수도 있는 환경이 도래했다. 1인 미디어 시대가 그것이다. 1인 미디어는 유비쿼터스 시대의 저널리즘 문화를 태동시키면서 새로운 풀뿌리 미디어로 기능한다.

1인 미디어의 대표주자는 블로그(*blog*)이다. 오늘날 블로그는 방송과 신문의 고유영역까지 깊숙이 침투해오고 있다. 블로그는 대중미디어의 위상을 흔드는 가장 강력한 경쟁자이다. 따라서 블로그를 저널리즘에 어떻게 접목시킬까 하는 것은 21세기 디지털 미디어가 당면한 과제다. 시민언론의 미디어 전략은 저널리즘으로서의 공신력을 부여할만한 블로그를 지면과 연계해 저변을 폭발적으로 증대시키는 '상생 저널리즘'을 추구한다. 블로그의 언론화로 지면의 품질을 보완하고, 개개인을 독자화하면서 동시에 광고주를 개발한다.

시민언론은 독자기자 · 주주기자 · 시민기자 시스템을 제도적으로 네트워크화하기 위해 단기적으로는 독자포털을 제공하고, 장기적으로는 독자블로그를 개설토록 한다. 독자는 오프라인에서의 원고투고와 FAX에서부터 인터넷, 모바일 등 다양한 방법으로 뉴스제보와 생산에 참여할 수 있다. 독자포털은 독자가 뉴스나 사진, 동영상 등을 제보하면, 뉴스가치를 지닌 정보를 기사로 게재하거나, 담당기자가 보충취재를 통해 기사화 하는 뉴스생산 시스템이다. 독자블로그는 시민언론이 지닌 데이터베이스를 제공, 독자가 이를 통해 뉴스를 주체적으로 생산하고 관리하는 종합적인 1인 미디어를 일컫는다.

시민기자는 독자면에 자신의 의견기사를 투고하거나, 혹은 탐사보도와 기획취재 · 기동취재 등 공공저널리즘 수행 프로그램 등으로 기사 생산에 직접 참여하고, 그 효과를 더불어 함께 누린다. 시민언론에서는 기사가 정보에서 콘텐츠 개념으로 전환한다. 기사와 정보를 텍스트는 물론 맞춤뉴스로의 가공, 영상매체로의 제작 등 멀티미디어화 · 콘텐츠화로 재가공해 서비스함으로써 수익의 극대화와 정보의 확산을 추구한다.

❹ 미디어2.0 신문

집단지성 언론

> 열쇳말
> - 네트워크 저널리즘
> - 대화의 언론
> - 디지털형 언론매체

미국의 뉴미디어 칼럼니스트인 제프 자비스(Jeff Jarvis)는 2020년 신문의 모습을 뉴스기업, 블로그, 검색엔진, 독자가 함께하는 '네트워크 저널리즘(*network journalism*)'으로 전망했다. 네트워크 저널리즘이란 기자와 독자가 상호작용하면서 함께 기사를 완성해나가는 언론을 말한다. 상호작용에는 링크를 필요한 정보 공유, 댓글을 매개로 한 묻고 답하기, 오류 수정 등을 포함한다. 이때 기사는 기존 언론 보도처럼 고정된 채 머무는 것이 아니라 이슈가 진행됨에 따라 지속적으로 업데이트되고 갱신된다. 한마디로 기사가 살아있는 것이다. 기사는 1회용 소비로 끝나는 것이 아니라 사태의 본질이 해결될 때까지 끊임없이 문제를 제기한다(윤정주, 2008, 33쪽 재인용).

시민언론은 시민사회의 생산적인 담론을 촉진하고, 다양한 관점을 포용하는 새로운 방향으로 정보를 제공하는 21세기형 맞춤신문이다. 시민언론은 기존의 일방언론, 권위언론에서 탈피해 쌍방향언론, 대화언론, 듣는 언론을 지향한다. 시민언론은 뉴스의 개념을 종래의 '정보의 언론(*journalism of information*)'에서 쌍방향의 토론을 유도하는 '대화의 언론(*journalism of conversation*)'으로의 전환한다.

시민언론을 가장 특징짓게 하는 것은 언론행위가 기존 언론처럼 일방적 통행이 아니라 독자의 참여 속에 전개되는 대화언론이라는 점이다. 풀뿌리 저널리즘(*grassroots journalism*) 운동가인 미국의 댄 길모어(Dan Gillmor)는 21세기의 언론은 독자가 참여하지 않으면 결코 존재할 수 없다고 했다.

시민언론은 독자와 대화하는 상호소통 저널리즘이다. 오늘날 대부분의 신문은 기사 말미에 기자의 이메일을 표시해 '독자와의 대화'라는 창을 열어 놓았다. 일부 신문사의 경우는 한 걸음 더 나아가 기자블로그 등을 개설, 취재 배경을 설명하는 등 독자 서비스를 실시한다. 그러나 현실은 대부분 형식적이거나 유명무실하다. 언론사는 독자와 대화를 해야 한다고 생각하는 데도, 언론인들은 오불관언이다. 독자와의 소통을 외면하고 아직도 '기자는 독자 위에 군림하는 존재'라는 왜곡된 가치관에서 벗어나지 못한다. 겉으로 드러난 핑계는 "바쁘다", "업무가 과중하다"지만, 그 심연에는 기자와 언론사의 권위주의가 똬리를 틀고 있다.

독자의 참여를 외면할 수 없는 또다른 현실적 이유는 정확성 때문이다. 독자는 기자보다 더 똑똑하다. 독자는 불특정 다수이고 기자는 한 사람이다. 독자는 집단지성이다. 집단지성은 지식창조의 패러다임을 개인에서 불특정 다수로 전환한다. 지식의 창조력이 극소수의 전문가에서 대중적인 보통 사람들에게로 이전됐다. '위키피디아(wikipedia)'는 집단지성이 어떻게 조직되고, 규정되며, 현실화되고 있는지를 단적으로 보여준다. 21세기 저널리즘의 운영체계 또한 여기서 예외일 수 없다. 독자는 저널리스트가 쓴 설익은 기사를 읽고 있어야 할 필요가 없다는 것을 깨닫는 순간 언론에 등을 돌리고, 자신이 직접 뉴스를 만들려고 한다(Dan Gilmor, 2006, 213쪽).

아날로그 신문은 커뮤니케이션의 유통이 일 대 다수라는 고착화된 틀에 매인 매체다. 지식정보가 넘쳐나는 21세기 미디어시장에서 정보의 유통이 폐쇄적으로 운영되면 독자에게 다가갈 수 없다. 일 대 일이든, 일 대 다수든, 다수 대 다수든 누구나 원하는 대로, 자신들이 효율적으로 수용할 수 있는 여건에 맞게 정보가 유통될 수 있어야 한다. 시민언론은 수용자가 원하는 대로 커뮤니케이션이 원활하게 운영되는 것을 전제로 한 디지털형 매체이다.

차세대 미디어

열쇳말
- 언론 패러다임
- 디지로그 신문
- 재매개 미디어

독자에게 정보라는 매개물을 전하는 성공적인 커뮤니케이션을 수행하기 위해서는 표현할 그릇과 방법이 시의적절해야 한다. 그런 의미에서 시민언론은 올드미디어가 아니다. 비록 그 형태는 기존 언론과 마찬가지로 오프라인 매체의 형상을 하고 있으나, 패러다임과 내용은 최첨단을 지향하는 뉴미디어이다. 온라인 저널리즘에 기반한 오프라인 신문이 시민언론이다. 시민언론의 좌표는 차세대 미디어를 독창적으로 창조해 가는 현재 진행형 미디어다.

<표 2> 미디어 변화에 따른 커뮤니케이션 양식의 변화

	인쇄미디어 1980년 이전	방송 1980~1990년대	인터넷 1990년대 중반 이후	디지털·멀티·디지털 21세기
사회특성	공동체사회	대중사회	네트워크사회 지구촌사회	유동적 네트워크사회 지구촌사회
민주주의	대의민주주의	대의민주주의	숙의민주주의	랜덤민주주의
주요 언어	문자·텍스트	말·영상	문자·영상	동영상·영상·이모티콘
정보속성	심층적 인지적	단편적 인상적	심층적 이슈메이킹 복제성	단편성, 순간성·일시성, 화제성, 다매체성, 복제성
정보소통양식	대량전달 다양성, 유사성	대량전달 획일성, 동질성	집단적 커뮤니티	개인화 커뮤니티
정보 확산속도	1일 주기	시간 주기	즉시성	실시간성
정보의 존재양식	고정성, 정기성, 비첨가성, 일방성	저장성, 비첨가성, 일방성	환기성, 순간성, 첨가성, 상호작용성	순간성, 이동성, 첨가성, 상호작용성
네트워크	소수 대 다수 중앙집중성	소수 대 다수 중앙집중성	1대 1, 1대 다수, 1대 소수, 커뮤니티·카페 동호회	1대 1, 1대 다수, 1대 소수, 개인 네트워크·인맥
정보생산주체	엘리트 미디어 생산자	엘리트 미디어 생산자 홍보·PR전문가	네티즌 클럽·동호회 논객	개인 블로그·누리꾼 팬덤·클럽
정보방향	하향식 대량생산 동질성	하향식 대량생산 획일성·동질성	상향식 맞춤형 생산다양성	상향식 주문형 생산 다양성, 분산성
수용자 특성	공중	대중	공중(分衆/多衆)	팬/팬덤
	엘리트의 권위 순응	이미지 소비	저항적 실천	참여적 행동/수행
수용자 역할	정보 수용자	정보 소비자	생산자, 유통자	프로슈머, 생산자, 유통자
소구 모드	비판적 이성	감성	참여적 이성과 감성	참여적 감성 유희적 감수성
문화 특징	대중문화	대중문화	하위문화	민속문화
미디어	면대면 전화, 편지, 대자보, 벽보, 사진	면대면 전화, 카메라, VCR, 녹음기	인터넷, 유선전화, VCR, 카메라	인터넷, 휴대전화, PDA, 디지털카메라, MP3, 캠코더, SMS(문자·메시지), 메신저(IM)
관심사	정치, 노동, 경제, 사회적 이슈 등 대인사회운동	정치, 사회, 문화 등 시민운동	환경, 여성, 섹슈얼리티, 인권 등 신사회운동	개인사·신변잡기, 대중문화, 전지국적 NGO운동 범국가적 시민연대

출처: 유선영, 『한국의 대안미디어』, 한국언론재단, 2005, 131쪽.

위의 <표>에서 시민언론의 좌표는 인터넷 시대 이후의 언론 패러다임에 둔다. 기존 언론이 1980년대 이전의 인쇄미디어 마인드에서 벗어나지 못하고 있음에 비해, 오프라인에서 인터넷 이후의 멀티미디어 매체를 건설하자는 것이 시민언론의 창간 의지다. 이것은 격변하는 디지털 시대의 언론이 궁극적으로 추구해야 할 시대적 과제임에는 틀림없다.

아날로그 신문이 21세기의 미래사회에서도 여전히 저널리즘의 총아로 존재하기 위해선 디지털 매체로의 변혁이 불가피하다. 시민언론은 디지털 매체로의 변혁과정에서 그 전단계에 존재하는 '디지로그 신문'이다. 디지로그 신문(*digi*[tal]+[ana]*log newspaper*)이란 기존 언론에 비해 1.5세대가 진화한 언론이다. 미디어발달사를 보면 새로운 미디어는 늘 기존 미디어를 모방하면서 출범한다. 그러나 사회의 진화와 함께 새롭게 탄생한 미디어는 올드미디어가 되고, 다시 올드미디어가 개량된 뉴미디어가 나타난다.

뉴미디어라 하여 어느 날 갑자기 하늘로부터 뚝 떨어지는 것은 아니다. 올드미디어가 곧 뉴미디어이다. 하나의 미디어는 다른 미디어들과 끊임없이 서로 영향을 주고받으며 변화한다. 뉴미디어는 별종이 아니라 올드미디어의 온고이지신(溫故而知新)이다. 즉 뉴미디어의 탄생은 기존 미디어에 새로운 기술이 접목되어 하나하나 진화의 과정은 거친다. 기존 미디어를 모태로 점진적 기술변화에 따른 현실적응을 거치면서 진화된 매체의 모습을 드러낸다. 이때 미디어 플랫폼의 진보에 따른 걸맞은 내용이 더해질 때 비로소 올드미디어는 뉴미디어로 재탄생한다. 최첨단 미디어는 기존 미디어의 재매개(*remediation*)를 통해 새로운 개념의 미디어를 창출하는 것이다.

열린 언론

> ✍ 열쇳말
> - 참여 공유 개방
> - 네트워크 저널리즘
> - 차세대 미디어

미디어환경에서 웹2.0은 거스를 수 없는 시대적 패러다임이다. 웹2.0은 차세대 인터넷의 새로운 버전(*version*)이다. 기존의 인터넷이 네트워크와 네트워크의 연결과 검색에 주안점을 뒀던 웹1.0이라면, 웹2.0은 네트워크를 네티즌에게 자유롭게 개방함으로써 그들의 참여를 이끌어내고, 그들과 함께 정보를 공유함으로써 폭발적인 부가가치를 창출한다. 웹2.0은 참여와 개방, 그리고 공유의 힘으로 제2의 인터넷혁명을 추동한다. 웹2.0 시대에는 중앙 집권에서 사용자 중심의 분산구조로, 공급자 중심에서 사용자 중심으로 미디어의 패러다임이 바뀐다.

웹2.0에서의 미디어는 사람과 사람을 잇는 매개로 진화한다. 따라서 언론이 언론인과 언론사의 중심에서 독자와 수용자에게로 권력이 이동한다. 독자는 일방적인 정보수용자에서 능동적인 소비자이면서 동시에 생산자라는 위치를 갖는다. 독자의 참여에 의해 정보가 생성·진화하는 웹2.0 시대의 저널리즘은 '닫힌 언론'이 아니라 '열린 언론'이다.

현재 한국의 신문산업이 거대한 몰락의 블랙홀로 빨려 들고 있는 것은 변화된 시대적 사조를 거부하고, 언론권력 체제에서의 안주, 내지는 복원을 끊임없이 도모하고 있는 데에 따른 '문명충돌'에 그 원인이 있다. 웹2.0 시대의 정신을 바르게 인식한다면 미디어2.0으로 전환해야 한다. 미디어2.0은 미디어를 통제하는 주체가 언론사나 언론인으로부터 독자·시청자에게로 이양된 언론을 말한다. 미디어에 담는 내용 또한 마땅히 독자나 시청자가 현실적으로 요구하는 정보

콘텐츠이어야 함은 중언부언할 필요조차 없다.

사용자가 직접 콘텐츠를 만들고[參與], 누리꾼끼리 콘텐츠를 서로 나누며[共有], 웹사이트 운영자는 사이트를 모두에게 오픈하는[開放] 웹2.0 정신에 충실한 매체로의 변혁만이 언론의 미래를 담보한다(우병현, 조선일보, 2006년 10월 21일자, B3면). 독자가 만들고, 독자끼리 나누며, 독자에게 개방하는 시민언론은 미디어2.0으로 진화한 언론이다. 모든 뉴스정보의 가치와 기준을 독자 중심으로 사고하고 실천하는 시민언론 외에는 다른 대안이 있을 수 없다.

우리가 창간하고자 하는 시민언론이란 바로 웹2.0을 구현하는 미디어2.0 신문이다. 시민언론은 현실적으로는 온라인 저널리즘과 오프라인 매체의 경계선에 위치한 과도기적 언론이나, 결국에는 온라인 모델을 추구하는 오프라인 미디어이다. 이는 시대사조이며, 시대적 소명이다. 신문산업이 구태의연한 아날로그식 언론패러다임을 고집하는 한 시장에서의 퇴출은 불가피하다. 신문시장은 바야흐로 새로운 시대사조에 맞는 매체의 창간을 요구한다.

요컨대 시민언론을 도입해야 할 이론적 바탕의 근거는 온라인 저널리즘의 활성화에서도 찾을 수 있다. 인터넷의 눈부신 발달은 기존의 20세기적인 미디어 패러다임으로는 21세기 디지털 정보사회를 선도하는 매체기업으로서의 생존을 담보할 수 없게 한다. 신문이 종합 지식정보산업의 총아로 그 지위를 계속 향유코자 한다면 인터넷과의 융합된 새로운 미디어 개념의 창출이 불가피하다. 시민언론은 그 전단계의 매체이다. 본질적으로 시민언론은 오프라인에 기반하되, 제작형태나 편집내용은 온라인 저널리즘에 뿌리를 둔다.

시민언론 창간을 도모하려는 언론기업 CEO를 위해 다시 한 번 강조하면 저널리즘 환경이 급속히 온라인의 영향 아래 편입되면서 독자와 긴밀한 유대감과 대화관계, 상호작용 커뮤니케이션 체계를 구축하지 못한 미디어기업은 시장도태가 불가피한 시대가 도래했음을 간과해서는 안된다. 이제 공중들의 집단지성(*collective intelligence*)과 군중소싱(*crowd sourcing*)을 활용하지 못하면 전통적 저널리즘은 설 자리가 없다는 얘기다(이종수, 2008, 15～16쪽).

역사의 현장을 첫 목격하고 기록하는 시민저널리스트의 저널리즘 활동이 활성화되면서 네트워크 저널리즘(*network journalism*), 참여저널리즘(*participatory journalism*), 프로암 저널리즘(*pro－am journalism*), 투트랙 저널리즘(*tow－track journalism*)이라는 용어가 낯설지만은 않게 되었다. 오늘날 선진적인 미디어기업은 이미 뉴스의 기획과 제작단계에서 독자의 참여를 기정사실화하고, 그 효율적인 방안 모색에 여념이 없다. 따라서 미디어는 어떻게 독자와 함께할 것인가는 진지하게 모색하고, 그 실천방안을 궁구할 때이다.

<표 3> 오프라인신문 · 시민언론 · 온라인신문 패러다임 비교

내용	(미디어)	오프라인신문	시민언론	온라인신문
언론 이념	시대적 패러다임	웹1.0(아날로그)	미디어2.0(멀티미디어 디지로그)	웹2.0(디지털)
	미디어 정신	폐쇄적, 일방적, 권위적 저널리즘	개방적, 능동적, 독자 서비스 저널리즘	개방, 참여, 공유의 시민저널리즘
	운영형태	관료적 · 중앙집중적 조직형태	권한 분산형 정보서비스형 체계	비조직적 · 모자이크적 구성
	매체 성격	매체 분화의 정점	온 · 오프라인 통합	매체 융합의 정점
언론 환경	법적 지위	매체의 사회적 성격에 따른 차별적 규제를 받는 언론기관	매체의 사회적 성격에 따른 차별적 규제를 받는 종합지식정보서비스업체	개방 · 병렬형 구조의 기술적 특성으로 인한 규제의 한계를 지닌 인터넷 사업체
	산업적 특성	규모의 경제 실현	규모의 경제와 범위의 경제 동시 실현	규모의 경제와 범위의 경제 동시 실현
	시장진입 장벽	메시지 전달단계의 체계성, 높은 진입장벽	메시지 전달단계의 체계성, 높은 진입장벽	비공식적 커뮤니케이션, 낮은 진입장벽
미디어 통제 주체		미디어 운영주체(언론사 · 언론인)	미디어 이용주체(독자)	수용자(네티즌)
미디어 존재양식		한 가지 규칙이 모든 제품에 통용	한 가지 규칙이 모든 제품에 통용	소비자에 따라 다양화한 상품
소유 방식		사적 · 공적 소유 공존	사적 · 공적 소유 공존	영리적 소유와 비영리적 소유 방식간의 경쟁관계
커뮤니케이션	개념	언론	언론 + 콘텐츠 서비스	콘텐츠 서비스
	형태	강제적	강제적 + 자발적 선택	선택적
	방향	일방적	쌍방적	쌍방적
	효과	노출(독자 · 시청자수), 비교적 제한적	노출(독자 · 시청자수), 비교적 제한적	접속(방문)수, 동시 다발적
	메시지	게이트키핑	게이트키핑	게이트키핑 과정이 거의 없음
뉴스	유형	경성뉴스(정치, 경제 중심)	경성뉴스(정치, 경제 중심) + 연성뉴스(문화, 생활중심)	연성뉴스(문화, 생활중심)
	형태	종합시사 뉴스	종합시사 뉴스 + 맞춤뉴스	맞춤뉴스
	존재형식	패키지형 정보	패키지형 정보	네트워크상의 정보
텍스트의 구성방식		일반 텍스트(plain text)	일반 텍스트(plain text) + 하이퍼텍스트	하이퍼텍스트
기사	전달 형태	일방적 뉴스 전달	일방적 뉴스 전달 + 쌍방적 맞춤 뉴스	쌍방적 맞춤 뉴스
	생산자	엘리트 기자	엘리트 기자 + 일반독자(네티즌)	엘리트 기자 + 일반독자(네티즌)
	구성방식	선형적 텍스트 위주	비선형적인 텍스트, 음성, 동영상 중심	비선형적인 텍스트, 음성, 동영상 중심
	신뢰도	높다	높다	낮다
	선별권	신문사(기자)	신문사(기자) + 독자(이용자)	독자(이용자)
	영향력	신문판매부수	신문판매부수 + 기사의 클릭수	기사의 클릭수
	편집 논리	신문사 논리(공익실현)	신문사 논리(공익실현)	수용자 입장(이해관계)

내용 \ 미디어		오프라인신문	시민언론	온라인신문
기사	기사의 네거티브	통일성의 법칙	통일성의 법칙	선택에 의한 개연성
의제설정(여론형성)과정		위로부터(Up – bottom)	위로부터(Up – bottom) + 아래로부터(Bottom – up)	아래로부터(Bottom – up)
공론장		물리적 제약과 역할의 구분이 혼재	물리적인 제약이 없으며 누구나 자유롭고 평등함	물리적인 제약이 없으며 누구나 자유롭고 평등함
편집제작 논리		사회적 사명감에 충실	사회적 사명감에 충실	개별적 욕구충족에 충실
미디어 철학		공익적 접근	공익적 접근	상업적 접근
수용자	독자분류	구독자 및 정보소비자로 제한적	정보소비자 및 생산자로 제한적	이용자 및 네티즌으로 개방적
	행동	수동적	자발적, 능동적	능동적
	특성	익명의 大衆	불특정 다수	차별화된 小衆
	권리	언론의 자유(알권리)	알권리 + 알릴권리	정보이용권(정보공개)
	통제	매우 낮음	매우 낮음	매우 높음
정보주체의 성격		정보생산자와 수용자 분리	정보생산자와 이용자의 역할 공존	정보생산자와 이용자의 역할 공존
언어시장		각국 중심의 자국어	각국 중심의 자국어	자국어/영어
생산조직 유형		피라미드 조직	피자형 조직	피자형 조직
상품의 특성		1회 소비후 상품가치 하락	1회 소비후 상품가치 하락	무한재생 이용 후에도 상품가치 보존
시장의 범위	공간	Closed(clubs)	Closed(clubs)	Global Market
	시간	발행주기내 한정 시간, 동시적	발행주기내 한정 시간, 동시적	무한시간, 비동시적
미디어 시장	시장형태	레드오션	블루오션 시장창출	블루오션
	경쟁방식	양적 경쟁	질적 경쟁	질적 경쟁
	수익구조	구독료 + 광고료 + 기타	구독료 + 광고료 + 부가서비스 + 기타	회비 + 광고료 + 전자상거래 + 라이센스 + 부가서비스
	광고타깃방식	대량의 수용자에게 광고	타깃 수용자를 대상으로 광고	소수의 수용자에게 맞춤광고
	규제모델	국가 · 시장 · 시민사회 3원모델	국가 · 시장 · 시민사회 3원모델	시장 · 시민사회 2원모델
	유통방식	한번 제작하여 한 방식으로 공급	한번 제작해 다양한 방식으로 공급	한번 제작해 다양한 방식으로 공급
	마케팅 초점	지각과 고려에 초점을 맞춘 마케팅	선호, 구매, 그리고 보유에 초점을 맞춘 마케팅(기사별 단가, 클릭별 단가)	선호, 구매, 그리고 보유에 초점을 맞춘 마케팅(기사별 단가, 클릭별 단가)
구현 매체		종이신문 · TV 등	종이신문 · 컴퓨터 등	컴퓨터
유통채널		신문사→지국(가판)→소비자	신문사→지국(가판)→소비자	신문사→소비자

↳ 차별화된 小衆이란 특정한 취향을 가진 사람이나 전문 집단들에 의해 형성된 인간집단이라는 의미로 기존 大衆을 쪼개는 分衆과는 다른 개념이다. 즉 분중은 수동적으로 나누어진 대중이지만, 소중은 능동적 자발적으로 형성된 '소수의 수용자 집단'을 의미한다.

↳↳ 출처: 성동규, 『사이버 포르노의 현실적 규제 연구』, 한국언론연구원, 1997, 6쪽. 및 최낙진, 『인터넷신문』, 세계사, 2000, 81쪽. 및 박성호, 『인터넷 미디어의 이해와 활용』, 커뮤니케이션북스, 2002, 19쪽, 104쪽, 112쪽. 및 김춘옥, 『언론학의 개념 20가지』, 커뮤니케이션북스, 2005, 35쪽 재구성.

⑤ 시민언론 발전 3단계

✍ 열쇳말
- 기자주도형
- 공동형
- 시민주도형

시민언론은 대체로 3단계의 발전 단계를 가진다. 첫째는 기존 언론인 주도형이다. 기존 언론 시스템에 시민저널리즘의 체제와 형식을 도입하는 단계다. 전문 언론인이 매체의 제작 및 유통, 운영 등에서 우선권을 지니고 진행한다.

둘째는 기존 언론인과 시민언론인이 동등한 자격으로 공동제작하는 형태이다. 비로소 본격적인 시민언론이 전개되는 과정이다. 언론의 패러다임을 차세대의 미디어로 진화시킬 수 있다.

셋째는 시민언론인 중심이다. 시민언론의 가장 진화된 단계이다. 명실상부한 독자의 신문을 구현할 수 있다. 기존 언론인들은 시민언론인들의 기능적인 보조자로서 기능한다.

시민언론은 창간 주체, 즉 기존의 편집국 종사자들의 수준에 따라 구체적인 발전단계를 거칠 수 있다. 시민언론의 제도와 운영 등에 대한 구조적 이해가 부족한 상태에서의 시민언론 도입은 실패하기 쉽다. 신문창간 인력이 얼마만큼 21세기 저널리즘의 패러다임을 이해하고, 사회과학적인 매체경영 마인드를 지녔느냐에 따라 그에 적합한 단계의 시스템을 채택해야 소기의 성과를 얻을 수 있다.

❀2004. 12. 1. / 2006. 5. 1. 더함.

붙임: 미래의 신문

✍ 열쇳말
- 편재미디어
- e-Paper
- 유비미디어

2007년 3월 이탈리아의 카살레지오 어쏘씨아티(Casaleggio Associati)라는 회사가 제작한 「프로메테우스 미디어 혁명(*Prometeus Media Revolution*)」이라는 동영상 UCC에는 2011년이 되면 플라스틱 페이퍼신문이 등장하고, 2015년에는 기존 종이신문과 지상파방송이 퇴출될 것으로 예언한다. 『미디어 미래 리포트 2006(*Future of Media Report 2006*)』은 유비쿼터스 미디어 시대의 도래를 예견한다. 즉 언제 어디에서나 존재하는 편재미디어가 전개되어 벽이나 의복을 포함한 모든 것이 미디어 기능을 가지게 될 것이라고 전망한다(김영주, 2007, 25쪽).

가까운 미래. 이른 아침에 일어난 홍길동 씨는 조간신문을 읽기 위해 A4 용지 크기에 두께가 0.5㎝ 정도 되는 화면의 휴대용 컴퓨터 단말기에 접속한다. A 신문사에서 신문구독자에게 무상으로 나눠준 전용 단말기이다.

단말기는 한 가족당 2개까지는 공짜다. 자신의 아이디(ID)와 비밀번호를 입력하자 순식간에 기사가 뜬다. 컴퓨터 화면에 뜬 기사는 마치 종이신문을 보는 것과 같이 편집되어 있고, 또 종이신문을 넘기는 것과 같이 화면이 한 페이지씩 넘어가도록 디자인되어 있다.

물론 터치스크린 방식이다. 집에서 신문을 보던 홍 씨는 출근길 지하철에서도 서류가방에서 단말기를 꺼내 기사를 읽는다. 회사에 도착해서는 사무실에 비치돼 있는 여러 언론사의 컴퓨터 단말기로 아침기사를 대충 훑어보고, 회사의 주가 동향 보고서를 작성하기 위해 필요한 부분을 프린트했다.

이와 같은 미래의 신문 모습은 미국의 스티븐 스필버그(Steven Spielberg) 감독이 2002년에 만든 영화 「마이너리티 리포트(Minority Report)」에도 나온다. 주인공 존 앤더튼(Tom Cruise 분)이 당국의 추적을 피해 지하철로 숨어든다. 이때 지하철 승객 중 일부가 신문을 보고 있는데, 이 신문이 바로 e-Paper(*electronic paper*)가 실용화된 제품이다.

신문기사가 실시간으로 전송되는 정보로 업데이트되며, 텍스트는 물론 그래픽, 사진, 심지어 동영상으로까지 나타난다. 이미 지명수배가 된 주인공은 결국 신문을 통해 정체가 드러나 다시 달아날 수밖에 없다.

<사진 2> 영화 「마이너리티 리포트」의 컴퓨터신문

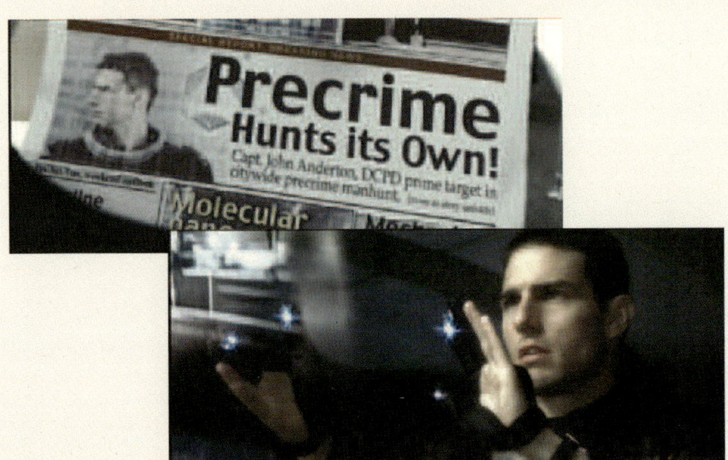

사진은 존 앤더튼이 유리 컴퓨터(Glass Computer)에 촉각 디스플레이 장갑(Haptic Glove)을 끼고 제스처로 파일 등을 처리하고 있다.

미래의 신문은 유비쿼터스(*ubiquitous*)에 기반한 유비미디어로 진화될 전망이다. 유비쿼터스란 언제 어디서나 컴퓨터로 네트워크에 접속하여 업무를 수행할 수 있는 것을 말한다. 정보통신기술과 유전공학·생체공학기술 등이 최첨단 인공지능 컴퓨터와 융합한 유비쿼터스 시대의 미디어는 이제까지 인류가 경험해보지 못했던 전혀 새로운 형태로 전개될 것임을 영화는 미리 보여준다.

❀2007. 2. 10. / 2008. 6. 10. 더함.

3 시민언론 환경

이번 회에서는 왜 하필이면 지방에서 시민언론 창간을 제안하는지 그 속내를 들어본다. 그리고 시민언론을 얘기하면서 빼놓을 수 없는 공공 저널리즘도 탐구해본다.

❶ 지방신문과 시민언론

이 글에서는 시민언론이 지방언론으로 존재한다. 왜 하필 지방에서 시민언론인가. 그것은 먼저 시민언론이 전세계에서 어느 누구도 시도해 본 적이 없는 필자의 창조적 언론이기 때문이다. 시민언론은 완성된 틀이 아니라 시민의 삶 속에서 만들어가야 하는 '실험언론'이다. 또한 신문산업은 초기에 거대한 자본이 소요되는 장치산업이라는 특징이 있다. 중앙일간지를 창간하려면 수백억 원의 자금이 소요된다. 반면 지방언론은 수십억 원만 있으면 가능하다.

현실적으로 시민언론을 구현할 환경은 지방이 더 적합하다는 것을 역설적으로 의미한다. 더구나 서울에 비해 고루하고 수구적이며, 보수적이라는 지방에서 시민언론이 창간된다면, 대한민국 방방곡곡은 물론 전세계 어느 곳에서나 가능하다. 이 글이 지방에서 시민언론

창간을 제안하는 이유 또한 여기서도 찾을 수 있다. 따라서 이 제안서는 비록 어느 한 지방에서의 종합일간지 창간을 담론으로 삼고 있으나, 그 내용은 전국 어느 곳, 어느 대상의 신문이든지 시민언론의 아이디어를 벤치마킹한다면 합리적이고 창조적인 새 신문 창간에는 무리가 없을 것이다.

지방지의 역할

열쇳말
- 지방지의 사명
- 독자적인 매체
- 생활신문 지향

지방언론(이하의 글에서는 지방지 · 지방신문 · 지방언론 · 지역신문 · 지역언론 등은 같은 의미를 지닌 개념으로 사용한다)은 이미 시장에서의 실패로 퇴출기로에 서 있다. 속된 말로 '이래도 망하고, 저래도 망하는 형국'이다. 어차피 망할 바엔 시민언론으로 전환을 시도해 볼 필요가 있다. 밑져야 본전이다. 시민언론화하기 위해선 기존의 지방언론이 수행해야 할 원론적인 사명부터 다시 한 번 점검할 필요가 있다.

첫째, 지방언론은 지역사회 또는 공동체를 묶어내는 사회조직화의 핵심적 요소로 기능한다. 둘째, 지역사회의 정체성을 확보하고 비전을 제시한다. 셋째, 지역사회 주민들의 의견을 대변 · 반영하며, 지역사회의 이익을 보호 · 신장한다. 넷째, 지역사회의 문제와 과제를 올바르게 진단하고, 그 해결방안을 제시한다. 다섯째, 지역주민의 의식개발, 특히 지방자치제의 정착 및 발전과 관련하여 가치의식의 배양, 지역공동체 의식 함양 및 나아가 자치기반의 건설과 확충에 이바지한다. 여섯째, 지역문화를 보존하고, 개발하고, 전승하는 기능을 수행해야 한다(한국언론학회, 1995, 538쪽).

지방언론의 존재 토대는 지역민이어야 한다. 지방언론은 친절한 이웃처럼 지역민들이 쉽게 접근할 수 있고, 또 지역민에게 늘 개방돼 있어야 한다. 정보의 획득 · 광고 게재 · 독자 투고 · 취재에의 참여 등을 제도적으로 보장해야 한다. 현재의 지방언론은 독자의 참여를 원천봉쇄하고 있다. 지방지가 오로지 신문 종사자들의 특권화돼 있으며, 언론제작자가 보내주는 뉴스의 소비자로만 독자가 한정되어 있다.

지방신문은 친절해야 한다. 신문이 친절하다 함은 지역성의 확보이다. 지방신문은 지역공동체의 삶을 얘기해주듯 들려주는 생활신문이어야 한다. 생활신문은 언론의 패러다임을 인간의 일상적인 삶에 초점을 맞춘 신문이다. 사람 사는 사람의 냄새가 나는 신문이 생활신문이다.

생활신문의 주인은 바로 지역주민이다. 생활신문의 하이라이트는 지역주민이 지면에 얼마만큼 등장하느냐이다. 미국의 지역신문 편집자들은 보통 사람의 이름이 최소한 3번은 지역신문에 등장해야 한다고 한다. 즉 태어났을 때, 결혼할 때, 사망했을 때가 그것이다(Jock Lauterer, 2006, 272쪽). 한국에서는 환갑 때도 지면에 한번 등장할 필요가 있다. 이는 지방신문의 지역주민 밀착을 단적으로 보여주는 사례다.

지방신문은 전국지의 소규모 축소판형이 아니다. 중앙지의 복사판 신문이 아니라 독자적인 성격과 생명력을 지닌 매체이다. 그동안 중앙지의 흉내 내기에 급급하던 지방언론은 정체성이 결여돼 경쟁력을 상실하고 존폐의 기로에 처해있다. 관공서나 기업체가 제공하는 홍보성 보도자료에 의존하는 '발표 저널리즘'에 안주했으며, 정작 시민이 필요로 하는 뉴스의 발굴을 외면했다. 언론 종사자 또한 권위주의와 매너리즘에 빠져 있어 독자로부터 외면받는 처지로의 전락을 자초했다.

지역 사회의 공기로 작동해야 할 언론의 기능이 토착세력과의 유착, 권력화됨으로써 다양한 정보와 여론 형성을 통한 지역사회의 발전에 기여하는 공적 기능은 마비되었다. 언론으로서의 순기능은 고사하고 역기능과 모순이 더 많은 셈이다. 이런 지방언론에 공적자금 투입 등으로 '지방언론 살리자'는 캠페인은 밑 빠진 독에 물 붓기와 다를 바 없다. 시민언론은 몰락 일보 직전에 있는 지방언론의 유일한 대안이다.

단세포 언론

> ✍ *열쇳말*
> - IMF와 패러다임
> - 지방신문의 돈타령
> - 풀뿌리언론의 위기

IMF 이전의 한국언론은 권·재·언 유착에 따른 특혜경영을 신문경영의 전부로 인식했다. 그러나 IMF 이후 무리한 증면, 독자 확보를 위한 과당경쟁, 윤전기 등에 대한 신규 과잉투자, 과다한 차입경영, 재벌 또는 개인의 소유집중에서 기인하는 신문산업의 경영위기는 언론의 사회적 존립근거 자체를 위협한다. IMF는 확대경영·주먹구구경영·특혜경영을 추구했던 제도언론에게는 재앙이었다. 이는 그나마 중앙지 얘기다.

지방지는 아직도 IMF가 뭔지, 신문경영이 위기인지 아닌지도 모른다. 다만 신문경영의 체감지수가 워낙 좋지 않으니까 '공적자금 달라'는 돈타령만 해댄다(관련기사 ☞13 지역신문발전기금 지원논리의 허실 참조). 지방언론은 '코뿔소언론'이다. '단세포언론'이다. 외고집·옹고집에 갇혀 있다. 폐쇄적이다. 도무지 깨어날 줄 모른다.

타조알처럼 단단하기 그지없는 껍질에 자신을 숨기고, 주위의 충고나 의견엔 귀 기울일 생각은 애시당초부터 없다. 앞뒤를 가리지 않고 스스로 정한 방향으로만 내닫는다. 앞으로 가든, 뒤로 가든 상관 않는다. 오로지 '나 홀로' 마이웨이이다.

지방언론이 경영위기를 이성적 · 합리적으로 깨닫고 그 돌파구를 찾으려면 원인부터 정확히 진단해야 한다. 그런데도 지방언론은 아직도 자기 개혁은 외면한 채 신문경영의 위기를 정부와 중앙지, 독자 등 '남의 탓'으로만 돌리는 오류에서 헤어나지 못한다. 이따위 무지하고 안일한 자세로는 경영위기를 극복할 수 없다.

지방언론을 둘러싼 경영환경이 첩첩산중임에도 개혁할 생각은 않고, '지방언론의 몰락=지방의 몰락'이라는 단세포적인 캠페인 전개에만 몰두하는 것은 자기기만의 극치이다. 그럼에도 불행은 지방신문의 몰락을 "나 몰라라"할 수 없다는 데 있다. 지방언론은 풀뿌리 민주주의를 담보하는 기간제도(基幹制度)이다. 지방언론의 몰락은 단순히 지방신문의 몰락만을 의미하는 것은 아니다. 그것은 풀뿌리 민주주의라는 지방자치의 몰락을 동반할 우려가 있다. 지방언론의 몰락을 결코 좌시할 수 없는 이유다.

지방언론 개혁의 대안으로 제시하는 시민언론의 이론적 틀을 종합하면 시민언론은 현실에 존재하는 신문이되, 그 이상형은 미래의 신문을 구현하는 매체이다. 시민언론의 특징은 첫째, 뉴스의 구조가 단순히 텍스트만이 아니라 사진과 동영상, 음성 등으로도 제작된다. 둘째, 시민언론의 이데올로기는 기존 언론의 권위주의적인 일방향 커뮤니케이션이 아니라 독자가 주인이 되는 쌍방향 커뮤니케이션을 구현한다. 셋째, 기사의 생산이 소수의 언론인에 의존하지 않고 전문성을 가진 개인미디어·1인 미디어에도 개방함으로써 독자의 알권리와 액세스권을 실질적으로 보장한다. 넷째, 정보가 사실을 단순하게 중계하기 급급한 단편적인 정보나열형이 아니라, 문제의 근원까지 추적·해결하는 탐사보도·공공저널리즘을 수행한다. 다섯째, 미디어의 소유구조가 특정 재벌이나 가문, 단체, 종업원 등에 의해 지배받지 않고, 문자 그대로 온 국민에게 개방돼 있다. 우리가 창간하고자 하는 것은 바로 이 같은 언론이다.

시민언론은 '짝퉁언론'이 아니다. 짝퉁언론이란 언론의 겉모습만 언론 모양을 한 사이비언론을 일컫는다. 시민언론은 '명품언론'이다. 명품언론이란 사람의 가슴과 땀으로 사람을 위해 사람의 혼이 깃든 정확하고 정직한 언론이다. 언론의 사명을 권·재·언 기득권에 저당 잡히고 스스로 언론이기를 포기한 기회주의 언론이 아니다. 시민언론은 '정품언론'이다. 정품언론은 정론을 생산하는 고급언론을 뜻한다. 시민언론은 '일방통행언론'이 아니다. 일방통행언론이란 뉴스의 가치기준을 독자의 입장에서가 아니라 언론사의 이익을 잣대로 재단하는 사익추구 언론이다. 시민언론은 '상호작용언론'이다. 상호작용언론이란 뉴스를 독자와 함께 만들고 유통시키는 공공성과 공익성을 실현하는 언론이다. 시민언론은 '획일언론'이 아니다. 획일언론이란 여론을 풀빵기계에서 찍어내듯 어느 한목소리만 유통시키는 무책임한 언론을 말한다. 시민언론은 '전문언론'이다. 전문언론이란 언론인의 책임성있는 전문성을 바탕으로 인간에 대한 신뢰성을 부여하는 가치있는 언론이다.

시민언론은 언론의 자존심과 자긍심을 지닌 매체이다. 나보다는 우리를 생각하는 '이웃환경 저널리즘'이다. 언론의 정도를 따른다.

언론의 자유를 수호하며 언론에 따르는 책임과 의무를 다하여 언론의 자주적 독립을 쟁취한다. 결코 언론의 특권이나 특혜를 주장하거나 향유하지 아니하며, 기필코 경영의 투명성을 확보해 민주언론을 건설한다. 상업적 기회주의를 거부하며 보도와 비판이라는 언론행위에서 성역을 인정하지 않는다. 겸허한 자세로 끊임없는 자기비판을 통해 자아성찰을 할 것이며, 언론인의 직업윤리를 다잡고, 취재시스템의 선진화를 추구하는 '선진언론(先進言論)'이다.

결국 요약하면 시민언론이란 우리 사회의 기득권층을 위한 신문이 아니라, '보통 사람들'이 인간다운 공동체를 꾸리기 위해 창간하는 기층민중의 언론이다. 시민언론은 '사람언론'이다. 사람언론이라 함은 언론이 사람을 위해 존재하는 것을 의미한다. 자유와 정의, 진리가 사람을 위해 존재하고 기능한다. 어떠한 이유로도 사람다운 가치가 훼손되거나 훼절되어선 안된다. 휴머니즘은 시민언론이 추구하는 본질적인 이데올로기이다. 시민언론의 창간은 사람언론을 현실에서 구현하자는 민주운동이다.

시민언론은 몰락하고 있는 지방언론이 언론개혁의 실질적 대안으로 구현해야 할 21세기형 미디어이다. 현재의 지방언론 시스템으로는 시민언론의 실현이 구조적으로 불가능하다. 지방언론을 지배한 언론사 사주나 간부들의 권위주의적이고도 고루한 언론관이 시민언론의 실현에 걸림돌로 작용한다. 지방언론에 종사하는 언론인들의 시대에 뒤진 자질 또한 시민언론의 시스템을 뒷받침하기에는 역부족이다. 시민언론의 실현은 새 신문의 창간밖에 달리 길이 없다. 이에 글쓴이는 진리와 함께, 역사와 함께, 민중과 함께 하는 시민언론의 창간을 제안하는 바이다.

❷ 공공저널리즘과 시민언론

현대 미국언론계에는 공공저널리즘과 풀뿌리 미디어관이 풍미한다. 이 언론이론은 미디어1.0이라 할 기존 언론의 패러다임이 한 단계 더 진화한 미디어1.5 언론이론이다. 이번 절에서는 미디어2.0 언론인 시민언론의 이해를 돕고, 또 구체적이고도 실질적인 신문제작에서의 이론적 뒷받침을 위해 공공저널리즘의 기초를 소개한다.

공공저널리즘 배경

열쇠말
- 공동체언론
- 행동주의
- 미국언론

윤영태는 "시민언론의 이론적 토대는 언론학적으로 수용자주권론뿐 아니라 커뮤니케이션권리(알권리 · 액세스권)론, 시민저널리즘(*civic journalism*), 공공저널리즘(*public journalism*), 신공공주의모델 등을 중심으로 전개된다"고 지적하고, "이들 언론학의 용어는 그 내용과 표현이 각기 상이함에도, 미디어 이념과 철학은 결국 같은 토대에 뿌리를 둔다"고 주장했다(윤영태, 2005, 332쪽).

시민언론에서 공공저널리즘을 주목하는 것은 기사 생산에 독자가 제도적으로 참여하는 이론의 틀을 제공해주기 때문이다. 시민언론에서는 일반 독자가 댓글기사로 지면의 제작에 참여할 수 있지만, 공공저널리즘은 시민을 보다 깊숙이 참여시켜 지역사회가 지닌 문제점을 능동적으로 해결할 수 있게 한다. 공공저널리즘은 독자의 소극적 참여가 아니라, 적극적이며 능동적인 기사 생산의 일환이다.

공공저널리즘을 달리 말하면 '시민저널리즘'이라고도 한다. 이는 광의에서의 개념이며, 이 글에서는 시민저널리즘 〉 공공저널리즘이라는 범주에 포함된 이데올로기로 본다. 공공저널리즘이나 시민저널리즘은 모두 시민의 공공생활을 강조하면서 시민 참여를 증대시키고, 공동체 문제 해결에 언론이 적극 나선다는 점에서 목표나 지향점이 같다(안병길, 2003, 22쪽). 공공저널리즘은 일반 독자의 의견을 상당 부분 지면에 반영하고, 공공문제에 자유롭고 공개적으로 토론할 수 있는 장을 마련한다는 취지에서 비롯되었다.

안병길은 "공공저널리즘은 시민언론을 구성하는 요소 가운데 하나이다. 공공저널리즘은 언론의 공공성 또는 공익성을 강조하면서 취재 및 보도자세, 보도시각 등에서 언론의 주체를 언론인 · 언론사가 아니라 시민이나 공중으로 여기는 언론양식이다. 공공저널리즘은 미국에서 '언론의 공적 기능 상실'과 독자나 시청자 수 감소 등으로 인한 '언론산업의 경제적 위기'라는 두 가지 토양 위에서 태동한 '실천적 언론방식'이다. 공공저널리즘은 협의에서의 '시민과 함께 하는 시민저널리즘'이라 할 수 있다. 시민, 즉 독자와 함께 호흡하고 대화하며, 쌍방향 커뮤니케이션을 통해 지역 이슈를 해결해나가는 '공동체 언론'이 공공저널리즘이다"라고 개념을 정의했다(안병길, 2003, 12～13쪽).

정태철은 "공공저널리즘의 기원은 1988년 미국 조지아주 콜럼버스시에서 발행되는 <렛지인콰이어(Ledge Enquire)>지가 제3자의 관찰자적 입장에서 사실을 보도하는 종래의 언론자세를 탈피하고, 사회문제에 언론이 적극 개입하는 행동주의 입장(*activist model*)을 채택한 데서 비롯된다. 이 신문은 시민의 생활을 향상시키는 데 기여하여야 한다는 신문경영방침을 정하고, 이에 따른 보도활동을 전개했다. 이는 세상일을 객관적이고 사실에 입각하여 보도하여야 한다는 것이 불문율처럼 된 언론의 대원칙을 파격적으로 깨뜨린 것이었다. 신문이 시민문제에 개입하여 마치 시민단체처럼 문제를 해결하겠다고 나서는 것은 대단히 획기적인 발상이었다"고 탄생 배경을 설명했다(정태철, 1999, 440~441쪽).

한국에서의 공공저널리즘 전도사인 김민남은 "공공저널리즘의 이론가인 미국 뉴욕대학교 언론학부 자이 로센(Jay Rosen) 교수에 의하면 공공저널리즘이 탄생한 배경에는 미국언론이 당면한 경제적(*economic*), 기술적(*technology*), 정치적(*political*), 직업적(*occupational*), 정신적(*spiritual*), 그리고 지적(*intellectual*) 측면에서 비롯되었다"고 소개한다(김민남, 1998, 41쪽).

현재 미국언론은 경제적으로는 독자의 감소와 함께 수익이 줄어들고 있으며, 매체의 집중도가 높아가고 있어 시장의 논리가 크게 위축되고 있다. 기술적으로는 새로운 미디어의 끊임없는 도전과 등장으로 수용자와 광고시장을 빼앗기는 결과를 빚고 있다. 정치적으로는 대중의 공공참여와 관심이 줄어들고 있으며, 정치적 무관심이 팽배해지고 있다. 또한 언론인의 직업환경이 열악해지고 있고, 전문직종으로서 그들이 갖는 가치판단의 기준 등도 불분명해지고 있다.

미국 언론인들이 갖고 있는 정신적 문제 또는 신념체계 역시 많은 문제점을 안고 있다. 즉 저널리즘이 사회에 어떻게 기여해야 하며, 누구를 위한 기여인가를 고민하지 않는다는 것이다. 그러한 결과로 미국언론에는 정치나 사회현상에 대한 냉소주의가 만연해 있고, 대안 없는 비판만 가득 차 있다는 설명이다. 결국 미국 언론인들은 자신들의 생각을 올바르게 표현할 언어능력의 부재에 봉착해 있으며,

나아가 현상을 바라보고 해석하는 데 필요한 신중하고 사려 깊은 사고방식이 부족하다는 지적이다(김민남, 1998, 42쪽).

이와 같은 사회적 배경 아래 탄생한 공공저널리즘의 사명은 민주주의의 수단으로서의 언론이 강조된다. 뿐만 아니라 시민생활에 언론이 참여해 시민들의 공공생활을 향상시키고, 미디어와 시민을 연계해 시민을 스스로 지역의 문제를 해결하는 데 앞장서는 공공서비스 정신을 요구한다. 미국의 학자들은 공공저널리즘의 새로운 사명으로 사회갈등의 조정자(*mediator*), 안내견(*guide dog*)으로서의 역할 등으로 규정했다.

공공저널리즘의 개념은 여기에서 기인한다. 공공저널리즘은 언론이 시민들에게 공공생활과 자신들이 살고 있는 지역문제 등에 대한 토론의 장을 제공할 뿐 아니라 시민들의 관심사를 언론보도의 중심적 의제(*agenda*)로 삼고자 한다. 이는 기존 언론의 취재관행이나 보도태도와는 상당히 거리가 먼 것으로, 언론 본래의 모습으로 한 발자국 더 다가서려고 하는 보도태도이다(김민남, 1998, 27쪽).

따라서 공공저널리즘은 다음과 같은 언론의 사회적 책임과 의무를 바탕으로 성립한다고 정리할 수 있다.

- 언론은 사회를 단결시키는 데 노력해야지 갈등과 문화를 조장해서는 안된다.
- 언론은 시민들이 알고 싶어하고, 관심을 가지고 있는 뉴스를 제공해야지, 엘리트 의식에 사로잡혀 자신들의 뉴스판단 기준에만 맞춘 뉴스를 제공하면 안된다.
- 언론사와 언론인들은 국민과 공익을 위한 서비스맨이지 스스로 권력화되어서는 안된다.

공공저널리즘 특징

열쇳말
- 지역사회 저널리즘
- 문제해결 저널리즘
- 시민중심 저널리즘

공공저널리즘은 현재의 저널리즘이 시민을 소외시키며 저널리스트나 전문가들만의 장에 머문다고 비판한다. 또한 기존의 저널리즘은 지역사회 시민들의 실생활과 관련된 문제에 주목하지 않으며, 제기된 이슈의 해결점을 모색하기보다는 일회적이고 대안 없는 비판만 제기한다고 본다. 이런 점에서 공공저널리즘은 언론활동의 중심을 전문가에서 지역주민 또는 시민에게로 돌리려는 시도라고 할 수 있다. 이는 언론과 수용자, 그리고 언론과 지역사회에 대한 새로운 관계를 모색하려는 시도이기도 하다(김민남, 1998, 31쪽).

흔히 공공저널리즘을 시민저널리즘, 공동체 저널리즘(*communitarian journalism*), 공공서비스 저널리즘(*public service journalism*), 대화 저널리즘(*conversational journalism*), 지역사회 저널리즘(*community journalism*) 등으로 부르기도 한다. 이런 공공저널리즘의 개념이 함의하는 것은 언론에서의 주인은 곧 '시민'이라는 민주정신이다.

공공저널리즘의 특징은 첫째, 언론의 중심에 있는 시민이 있는 점이다. 둘째, 시민과의 대화를 통해 시민 속으로 파고드는 '대화 저널리즘'이다. 셋째, 독자와 함께 만들어 가는 '쌍방향 언론'이다. 넷째, 문제점만 들춰내는 데 그치는 것이 아니라 실천적으로 문제해결을 위해 나서는 '문제해결 저널리즘'이라는 점이다. 요컨대 공공저널리즘은 저널리즘이 지역사회의 공공문제 해결을 위한 참여와 시민들의 저널리즘 참여로 민주주의를 위한 새로운 역할 모색을 하는 것이라고 요약할 수 있다(안병길, 2003, 27쪽).

공공저널리즘에서 빼놓을 수 없는 것은 상호작용성이다. 즉 기존의 언론이 정보를 일방적으로 전달하는 일방향·단방향 미디어였다면 공공저널리즘은 독자가 신문제작에 직접 참여하는 쌍방향성·상호작용성·양방향성 성격을 지녔다.

공공저널리즘은 독자가 직접적·실질적으로 언론제작에 관여할 뿐 아니라 독자 스스로의 필요에 의해 뉴스를 생산하고 소비한다. 신문 기사가 신문사 사주나 메시지 제작자의 입장에서 뉴스 수용자에게 일방적으로 전달하기보다는 수신자, 즉 뉴스 소비자의 관점에서 뉴스와 기사가 제작되고, 이들의 생활에 맞게 전달되어야 한다.

따라서 뉴스의 가치는 일반 시민의 입장에서 취재와 보도가 이뤄져야 한다. 기존 언론에서는 얼마나 많은 독자를 확보하여 영향력을 확보할 것인가에 초점이 맞춰져 있다면 공공저널리즘에서는 독자가 어떤 뉴스와 기사를 요구하고, 또 어떻게 접근할 것인가 하는 점에 초점을 둔다. 공공저널리즘은 21세기의 언론이 구현해야 할 신문의 새로운 패러다임이자 미래상이라 하는 까닭이다.

공공저널리즘과 기존 언론의 차이점

> 열쇳말
> - 과정지향적 보도
> - 수평적 관계유지
> - 시민언론인 보좌

기존의 전통적 저널리즘이나 공공저널리즘이 시민사회 또는 지역사회의 주요한 공공영역 또는 공론장으로서의 지위와 기능을 가지고 있다는 점에서는 기본적으로 차이가 없다. 그러나 공공저널리즘은 기존의 전통적 저널리즘과는 근본적으로 다른 차이점을 지니고 있다. 그 구체적인 차이점은 다음과 같다(김민남, 1998, 35~40쪽).

<표 4> 공공저널리즘과 전통적 저널리즘의 비교

공공저널리스트의 신념	전통적 저널리스트의 신념
현재의 저널리즘이 제대로의 기능을 발휘하지 못하기 때문에 중요한 변화가 일어나지 않으면 안 된다.	저널리즘의 전통은 여전히 훌륭하다. 개선의 여지가 있다면 그것은 일부 관행이다.
이러한 상황에서는 실험과 창의성은 절대적으로 필요하다. 과거의 습관은 신성시될 수도 있지만 윤리적 핵심가치와 민주주의 작동 방식에 대한 이해가 전제될 때 그것은 언제나 변하기 마련이다.	실험은 비윤리적 행위, 편견, 부주의 등으로 저널리즘의 기준선을 일탈할 위험성이 있다. 더구나 실험정신은 흔히 일시적인 유행현상과 비슷한 경우가 많다.
시민들은 공공생활에 보다 더 지적인 참여가 제대로 이루어지기를 원한다. 그러나 그들 앞에는 너무나 많은 장애물이 가로놓여 있다.	미디어와 정치적 생활은 참여의 기회를 충분히 제공해주고 있다. 사람들이 움직이지 않거나 그냥 불평만 한다면 그것 역시 그들 자신의 선택이다.
시민들은 언론 그 자체 안에서 보다 큰 그들의 공간을 가질 권리가 있다. 언론은 여기에 침묵을 지켜왔지만 시민들의 관심사 쪽으로 재정향(*reorient*)해야 한다.	뉴스제작은 전문직업이다. 신문을 만드는 것은 언론인들이지 독자가 아니다. 시민들이 뉴스의 판단, 취재 대상의 선택 등을 하게 하는 것은 본래의 직무를 외면하는 것으로 시민에의 영합행위이다.
공공생활은 제대로 작동되어야 하며, 저널리즘은 그러한 공공생활이 작동되도록 하는 역할을 수행해야 한다.	될 수만 있다면 공공생활이 제대로 작동되는 것은 좋은 일이다. 그러나 공공생활이 작동될 수 있도록 하는 것은 언론의 역할 밖이며, 언론이 그것을 할 수 있다고 생각하는 것은 위험하다.

출처: Arthur Charity, *Doing Public Journalism*, 10쪽(김민남, 『공공저널리즘과 한국언론』, 커뮤니케이션북스, 1998, 38쪽 재인용).

전통적 저널리즘은 결과나 이벤트 지향의 보도를 하나, 공공저널리즘은 과정 지향적인 보도양식에 무게를 둔다. 지역사회의 문제나 쟁점에 접근하는 방식도 전통적 저널리즘과 구분된다. 공공저널리즘은 미디어보다는 시민 중심으로 한다. 시민들에게 정보와 지식을 전달할 뿐 아니라 그들의 진솔한 목소리를 들으려고 노력한다. 시민포럼, 포커스 그룹의 조직 등 시민사회의 담론을 듣기 위한 새로운 취재방식을 찾아냄으로써 획기적인 취재·보도 관행의 변화를 시도한다. 말하자면 시민들의 입장에서 그날그날 의제를 결정하려고 애쓸 뿐만 아니라 지역사회의 쟁점과 문제를 발굴하려는 것이다.

공공저널리즘은 언론인과 수용자, 언론과 지역사회와의 관계에도 변화를 가져온다. 미디어와 수용자가 공공영역을 공유하게 됨으로써 언론인과 수용자는 전통적 저널리즘에서는 일방적으로 정보를 주는 쪽과 받는 쪽이라는 수직적 관계를 유지했으나 공공저널리즘에서는 수평적 관계를 유지한다. 저널리스트의 위치도 제3자적 관찰자에서 시민의 위치로 바뀐다. 공공저널리즘에서의 저널리스트는 취재보도는 물론 시민과 공동체의 이슈에 참여해 문제를 함께 해결하는 참여자의 역할을 맡는다.

공공저널리즘의 언론활동은 일반시민 · 독자주주 · 통신원 · 시민논설위원 등이 주도적으로 참여함으로써 이뤄진다. 공공저널리즘에 종사하는 언론인은 시민기자단의 언론행위가 바람직한 저널리즘 기능을 수행하는지 등에 대해 적절히 조정해주고, 보좌해준다. 사회발전을 추동하기 위해 어떤 아젠다(*agenda*)를 제시할 지와 그에 따른 시민들의 참여와 활성화 방안 등을 기획하는 역할을 수행한다. 공공저널리즘에서의 기자의 역할은 업무적 · 기능적으로 취재와 편집을 동시에 수행하는 멀티미디어 저널리스트를 지향하며, 마치 오케스트라의 지휘자처럼 자기가 맡은 바의 전문분야에 대해 시민저널리스트의 언론활동을 종합하는 편집자, 보조자의 임무를 지닌다.

언론수용자도 종래에는 광고의 대상이 되는 소비자, 흥미 유발을 위한 독자, 사건들에 대한 방관자 등 미디어 메시지를 무비판적으로 받아들이는 사람으로 여겼으나, 공공저널리즘에서는 미디어 메시지 수용자인 동시에 그 내용 결정에 직접적인 관여를 하는 이중적인 역할을 수행하는 사람으로 본다.

공공저널리즘 정착운동

열쇳말
- 기회주의 상업언론
- 전달저널리즘
- 행동언론

공공저널리즘은 굳이 시민언론이 아니라 할지라도 기회주의적 상업주의에 찌든 한국언론의 개혁 모델 가운데 하나이다. 이를 언론의 실무, 특히 미국에서처럼 한국의 지방신문에 적용이 가능할 것인가를 생각해보기로 하자.

안병길은 “공공저널리즘은 몰락 일보 직전에 있는 지방언론이 기댈 유일한 활로”라고 말했다. 그는 “공공저널리즘을 한국의 지방신문에 곧바로 적용시키기 위해서는 무엇보다도 언론사 소유주 및 경영진의 확신과 모험정신이 요구된다. 소유주와 경영진의 강력한 실천 의지는 공공저널리즘을 구현하는 데 있어서 매우 중요한 요인이다. 편집국 간부들의 공공저널리즘에 대한 이해와 실현 의지도 필요하다. 모든 변화에는 위험이 수반된다. 지방언론이 이러한 변화에 따른 위험을 책임질 각오가 돼 있지 않다면 프로그램을 추진해 나가기가 어렵다”고 지적했다(안병길, 2003, 116~117쪽).

공공저널리즘을 실현하려면 권위주의적이고 고루한 사고방식에 젖어 있는 기자들의 인식도 바뀌어야 한다. 기자는 더 이상 사회적 선도자나 계몽자가 아닐 뿐 아니라, 군림하는 자는 더더욱 아니다. 기자는 지역사회의 봉사자 또는 연결자로서 시민의 삶을 우선적으로 하여야 한다. 취재보도 관행에도 근본적인 인식전환이 있어야 한다. 관공서나 지방유지 중심의 취재원을 평범한 시민에게로 전환해야 한다. 출입처의 보도자료보다는 시민의 생생한 목소리에 귀를 기울여야 하고, 주관적인 뉴스 밸류 측정에 따라 기사를 작성하기보다는 관찰과 듣기에 바탕을 두고 취재를 하여야 공공저널리즘을 지면에 구현할 수 있다(안병길, 2003, 117쪽).

현재의 지방신문에서 공공저널리즘을 당장 적용할 수 있을까? 이에 대한 해답은 지방신문 CEO나 언론 종사자들의 자질과 역량 등을 감안할 때 아무래도 유보할 수밖에 없다. 그래서 우리는 새 신문의 창간으로 공공저널리즘을 구현해 보려고 한다.

공공저널리즘은 보도를 통해 공공 이슈에 대한 시민의 관심과 참여, 숙의를 북돋우는 소극적 시민언론이다. 우리가 창간하고자 하는 언론은 그와 같은 기획을 넘어 보다 능동적으로 저널리즘이 다루는 모든 영역에서 시민들의 참여를 확대하고 심화시키는 언론이다.

언론이 매체와 독자 사이의 '전달 저널리즘'에서 벗어나, 독자와 독자 사이에 사회적 여론이 활발하게 유통하는 '대화 저널리즘'을 지향한다. 시민언론은 사회적 공론(社會的 公論)을 말로만 부르짖는 '캠페인 언론'이 아니라 지역사회의 공동체 단위가 행동으로 실천하는 '행동언론'을 지향함으로써 '살아있는 언론'으로 기능하길 희망한다.

❀2005. 5. 4. / 2006. 11. 11. 더함.

지역언론개혁과 민주언론운동

보수건 진보건 가릴 것 없이 시민언론을 제대로 수용하지 못하는 지방사회를 비판한다. 아울러 시민언론이 지닌 의미를 살펴보고, 시민언론을 구현하기 위해 민주언론운동을 생각해본다.

이번 회는 시민언론을 창간할 범시민운동으로 민주언론운동 환경을 점검한다. 지방언론개혁의 실천적 대안으로 제시하는 시민언론의 창간운동이 현실에서 구체화되기 위해선 독자의 성원이 불가피하다. 시민언론운동은 원칙적으로는 지역사회의 언론인들이 감당해야 할 몫이다. 여기에다 양심적인 시민사회세력과 지역언론학자가 더해야 한다. 그런데 문제는 지역사회의 양심적인 언론인들이나 시민사회운동세력과 지역언론학자 등의 관심이 전혀 없다는 사실이다. 이 글에서는 지역언론인들과 시민사회의 민주언론운동에 대해 살펴보기로 한다.

시민운동과 지식인

열쇳말
- 권력의 나팔수
- 시민사회
- 언론비판

시민운동세력의 일부는 김대중 정부 이후 권력에 편입되면서 떡고물에만 관심 있지, 운동에는 무관심하다. 일부는 권력을 대신해 보수나 수구세력과 싸워주는 용병으로 전락했다. 운동의 순수성과 도덕성이 왜곡되어 권력의 주구, 전위대 노릇으로 전락했다. 물론 그 명분은 언제나 공익과 공공성이었다. 하지만 실제로는 정치권력과 '코드'를 맞춤으로써 기꺼이 '권력의 나팔수' 노릇을 한 대가로 주어질 반대급부에 관심이 집중돼 있다. 권력은 시민운동가를 재도권의 권력자로 둔갑시킴으로써 운동의 본질과 도덕성을 정치적으로 악용했다.

운동의 본질에는 관심이 없고 젯밥에만 혈안이 된 '사이비 시민사회'를 극히 일부라 할지라도 좌시할 수 없다. 왜냐하면 그것이 머잖아 시민사회 전체를 오염시킬 것이기 때문이다. 일탈한 일부 시민사회가 입으로만 자유의 명분과 정의의 도덕성, 진리의 정당성을 전세낸 양 행세하면서 실제론 개인의 영달과 권력화에만 골몰하는 것은 시민운동의 자기모순이다.

언론개혁이 개혁 중의 개혁이라면, 언론개혁 가운데 언론개혁은 대안매체의 건설이다. 시민언론 창간은 언론개혁운동의 실제적 대안을 제시하는 양심적인 공론이다. 언론개혁이 우리 시대 지식인에게 부여한 시대적 소명이라면, 언론개혁을 완성해내는 것은 막연한 구호로서의 운동이 아니라 현실적·구체적 대안을 제시하는 것이어야 한다. 시민운동이 시민언론 창간을 외면한다면 그것은 지극히 이율배반적인 '짝퉁운동'이다. 겉모습만 운동의 얼굴을 한 무늬만의 시민단체가 개혁을 입에 담고, 공공성을 운운하는 것이라는 비판에서 자유로울 수 없을 것이다.

시민사회는 명분과 도덕성, 정당성을 잃어버리면 존재의 터전이 사라진다. 시민사회는 추구하는바 노선이 선명해야 명분을 얻을 수 있고, 명분이 뚜렷해야 도덕성을 지닐 수 있으며, 도덕성이 확고해야 비로소 정당성을 말할 수 있다. 따라서 시민운동은 장삼이사(張三李四) 중구난방(衆口難防) 떠든다고 되는 게 아니다. 시민운동으로서의 철학적 개념에 대한 폭넓은 사고와 전문적 지식, 그것을 담아내는 역량 등을 결집해야 운동다운 운동을 할 수 있다.

붕어마냥 입으로만 하는 운동의 시대는 지났다. 괴발개발의 '언어의 향연', '문자의 나열'이 '개혁의 언설'로 대접받던 시대도 지났다. 웹2.0의 도래와 더불어 시민사회운동의 패러다임도 몇몇 소수의 명망가 중심에서 시민연대운동으로, 다시 분중화된 시민 개개인의 운동으로 전환됐다. 이러한 시대를 맞아 글쓴이는 독자들께 시민언론의 건설운동을 직접 호소한다. 이 시리즈의 완성은 글쓴이 혼자가 아니라 독자의 참여가 있어야만 비로소 가능하다.

지역사회의 지식인들의 맹성을 촉구하지 않을 수 없다. 현대사회에서 지식인은 스타다. 스타는 언론에 의해 만들어지기도 하지만 버림받기도 한다. 언론의 버림을 받은 스타는 하루아침에 몰락의 나락으로 떨어진다. 지식인이 이름을 날리면서 유명한 스타가 되려면 언론이 필수적이다. 따라서 지식인은 대부분 언론에 대해 말하기를 꺼린다. 언론의 약점을 들추어내거나 질타하면 언론으로부터 외면당하기 때문이다. 언론으로부터 버림받으면 스타에서 무명인사로 전락한다. 이를 각오하지 않고서는 비판할 수 없다. 지식인에게 있어서 언론비판은 화약을 지고 불 속으로 뛰어드는 것과 같다는 소린 여기서 나온다.

그럼에도 지식인이 언론비판을 외면할 수 없는 것은 그것이 사적이 아니라 공적 영역이기 때문이다. 지식인의 언론비판은 무사안일과 복지부동의 타성에 젖어 있는 언론을 개혁하는 밑거름이자 불쏘

시개이다. 지식인의 사명과 역할은 공익에 봉사하는 데 있다. 지식인이 공익을 외면하고 자신의 이익만 좇는다면 지역사회의 내일을 얘기할 수 없다. 지식인의 멍에는 괴롭고 힘든 법이나 치열한 자기희생이 전제될 때 지식인의 가치관은 금강석처럼 밝고 곱게 빛난다.

개인주의 의식구조

열쇳말
- 지역언론개혁운동
- 민주언론건설
- 제도언론

글쓴이가 전개하는 이 운동의 주체는 지역사회의 언론인들이다. 이들이 호응하지 않는 것은 참으로 통탄하고 개탄할 일이다. 글쓴이는 민주언론의 창출에 대해 냉소적으로 외면하는 지역사회의 언론인들을 존경할 수 없다. 개인주의의 만연화로 공동체의 삶에 대해서 "나 몰라라"하는 언론인들의 자학적인 의무 포기와 외면과 침묵은, 격려는 고사하고 오히려 젊은 열정까지 가로막는다.

특히, "잘해 봐라", "아직도 꿈꾸고 있나"는 등의 냉소적인 반응은 운동의 힘을 뺀다. 하지만 결코 포기할 수 없는 것은 이 운동만이 왜곡된 지역사회의 공동체 삶을 바로 잡을 첩경이기 때문이다. 글쓴이는 또 언론산업으로도 얼마든지 시장에서 성공할 수 있다는 것을 한국언론사에 증명하고 싶다. 시민언론은 레드오션이 아니라 블루오션에 기반하므로 결코 빈소리가 아니다. 하지만 냉엄한 현실은 지난 20여 년 동안 그 누구도 이를 이해하지 못한다는 사실이다.

지역언론개혁운동과 민주언론건설을 충분히 이해하고 공감하여야 할 일부 언론운동가들의 폐쇄적이고 자학적인 가치관 또한 지적하지 않을 수 없다. "내가 운동하던 '고난의 시절'에 당신들은 잘 먹고 잘 살았으니, 나와 운동에 대한 지지와 성원은 당연하다"라는 삐뚤어진

심사는 조금도 도움이 되지 않는다. 이는 운동의 순수성을 훼손한다.

더더욱 경악할 일은 이들의 의식구조와 사고가 지극히 편향되고 경도돼 있다는 것이다. 대체로 저널리즘을 수행했던 태생의 한계를 벗어나지 못한다. 즉 수구언론 출신은 수구언론적인 습성에서, 제도언론 출신은 제도언론적인 관행에서 해방되지 못하고, 정체성에 매몰돼 있다. 그와 같은 가치관으로 시민언론운동에 뛰어들기 때문에 운동의 올바른 방향정립을 하지 못한다. 비현실적일 수밖에 없다. 오로지 운동 흉내만 낼 따름이다.

이들은 자신의 기득권을 지키기 위해 더욱더 폐쇄적으로 치닫는다. 언론인 생활을 수십 년간 했고, 또 언론운동 지도자를 역임했다는 화려한 경력만 내세운다. 참으로 비극적인 것은 실제에 있어서는 유능하지도 않고, 지도자로서도 자질과 역량을 갖추지 못하면서도 오로지 과거의 경력과 이름만을 내세워 시민운동에 '군림'하려 든다는 점이다.

운동은 자기희생의 과정이며 봉사임에도 극히 일부는 또 어느 자리로 가기 위한 사다리나 징검다리 정도로 여기기도 한다. 운동을 계산하며 한다. 내게 무슨 이득이 있으며, 불리한 점은 무엇일까를 주판알 튕기듯이 셈을 한 후 하므로, 순수할 리 만무하다. 일부 시민언론운동 경험자들의 부도덕성과 아집이 그나마 겨우 태동한 운동의 씨앗을 스스로 짓누르는 걸림돌이 되는 연유다.

여기에다 지역사회 언론경영주들의 교묘한 저지음모까지 가세한다. 그동안 부동산 투기를 기반으로 했던 주택건설업과 호화·사치·향락 서비스업, 그리고 소비재 유통산업에 의존했던 지역의 거품경제가 IMF 이후 잇따라 쓰러지고 있다. 그 여파로 지방언론 또한 광고시장에서 부도라는 유탄을 맞고 급속히 몰락하고 있다. 언론의 젖줄이었던 지역경제의 붕괴는 지방언론의 몰락 원인 가운데 외적인 조건이다. 보다 중요한 본질적 원인으로는 지방언론이 지닌 내적 문제점을 들 수 있다.

지방언론의 몰락은 언론사주·CEO가 언론산업에 대한 정체성을 상실한 것에서부터 비롯된다. 독재정권의 붕괴와 함께 우리 사회에 민주화가 도래하면서 언론은 무한경쟁시대에 접어들었다. 1990년대 중반 이후 중앙지의 전면 가로쓰기를 필두로 섹션 발행과 판형 변화, 증면에 이은 지방판 현지인쇄 등 공격적인 마케팅으로 지방신문을 벼랑으로 몰아갔다. 지방신문은 마치 남의 일인 양 '강 건너 불구경'했다.

설상가상으로 잇단 지역신문과 정보지의 창간은 지방신문의 광고시장을 크게 잠식했으며, 최근에는 무료신문마저 가세해 그 입지를 더욱 옥죈다. 그뿐인가. 2000년대 이후 인터넷 등은 새로운 대안매체로 급속히 부상하면서 기존 언론의 설 자리를 잠식한다. 뉴미디어 시대의 본격적인 도래와 함께 새로운 언론환경에 적응하지 못한 올드미디어는 퇴조의 조짐을 보인다.

사정이 이러한데도 무능하기 그지없는 지방언론의 경영진과 사주는 그 탓을 오로지 언론노동자들에게 돌리고, 정리해고라는 전가의 보도를 휘둘러 고용불안을 조성한다. 지방언론이 바로 서기 위해서는 언론사주·CEO부터 무지에서 벗어나야 한다. 오늘날 지방언론의 붕괴는 광고수가와 신문판매 가격 담합, 발행 부수 미공개, 특혜금융, 세제혜택 등을 통해 언론시장의 원리를 왜곡시켜왔던 제도언론의 언론시장 실패 때문이었다. IMF 이후 관료(權力)·자본(財閥)·

언론(知識人)의 권·재·언 삼각동맹이 자본시장에서 더 이상 먹혀들지 않게 된 데서 지방언론의 위기는 비롯되었다고 봐야 한다.

독점자본의 노예화가 된 무능한 간부진 또한 지방언론을 망하게 하는 데 크게 일조했다. 지방언론 경영위기의 상당부분은 언론사 간부들의 매너리즘에 젖은 무사안일과 복지부동한 무지에서 기인한다. "광고가 없어 신문사가 망했다"는 반언론적이며 몰가치적인 무지는 '지역성'에 빌붙은 지방 언론인들의 자학적인 패배주의에서 헤어나지 못하는 아주 저급한 발상이며, 극단적인 자기변명이다. 무능한 간부들이 자리보전을 위해 개혁에 저항하고, 보수화라는 미명아래 아부나 하며 생존을 도모하는 현실을 타파하지 않고선 지방신문의 내일을 얘기할 수 없다. 이들이 언론시스템을 장악하고 있는 한 지방언론개혁은 공염불에 그친다.

구체적인 운동 목표

열쇠말
- 언론개혁
- 시민언론운동
- 언론노동자

이처럼 시민언론 창간운동을 둘러싼 환경은 한마디로 첩첩산중이다. 현실적으로 극복해야 할 난관이 하나 둘 아니다. 하지만 한 가지 희망적인 것은 시대사조가 시민언론의 창간을 외면하지 않는다는 것이다. 기득권에 편입되어 현 체제를 고수하려는 수구(守舊·*adherence to traditional customs*)가 보수(保守·*conservativeness*)로 위장하고, 진보(進步·*progress*)를 개혁(改革·*reformation*)이라 우기고 있지만, 알게 모르게 어둠의 동토를 뚫고 지역사회에도 혁신(革新·*innovation*)과 혁명(革命·*revolution*)의 바람이 스며들고 있다.

더 이상 수구가 보수의 자릴 꿰차고 있어서는 안된다. 수구는 자신의 정체성이 탄로날까봐 걸핏하면 진보를 '좌파', '빨갱이'로 매도하는 등 이데올로기에 광적으로 흥분한다. 매카시적인 수구 이데올로기를 제어하기 위해선 보수가 진보로 우겨선 안된다. 수구가 달아준 '짝퉁 진보'를 무슨 훈장인양 여기는 사이 진짜 진보의 싹을 자신도 모르게 짓누르는 우를 범한다. 우리 사회의 주류로 뿌리 내리고 있는 수구를 역사로부터 퇴출시키기 위해선 보수가 자성하고 각성하여 제자리를 찾아야 한다. 언론은 그 혁명의 진원지이어야 한다.

21세기는 국가가 독점해왔던 권력체계가 국가와 시민운동세력이 분점하는 시대로 전환된다. 우리 사회에도 국가 공권력의 직접적인 규제는 점차 완화되고, 시민 스스로 자율적 규제를 강화하는 시민사회의 역할이 점차 증대된다. 시민운동의 중요성이 그만큼 커진다. 시민운동가는 그 역할만큼 주어진 책임과 의무와 도덕성을 더욱 무겁게 느껴야 한다. 이를 간과하면 시민운동은 설 자리가 없다.

시민사회는 개혁의 주체다. 개혁은 이 땅의 화두이다. 특히 언론개혁은 미룰 수 없는 과제다. 그러나 앞서도 지적했듯이 지역사회에서 언론경영주는 언론경영의 실패를 언론노동자에게 돌려 언론개혁을 주도할 언론노동자들을 무력화시키고 있다. 걸핏하면 경제난을 핑계로 '사람 자르기'라는 '전가의 보도'를 휘둘러 일거에 언론을 제압한다. 독립적이고 주체적이어야 할 언론인들이 '명퇴'의 칼날에 숨죽이며 기회주의적으로 눈치 보기에 급급하도록 한다. 본말이 전도된 경영진의 횡포이며, 반언론적인 망동의 극치이다.

우리 사회의 실재적인 권력으로 자리 잡고 있는 언론권력에 대항해 누가 언론개혁을 추동할 수 있을까. 지역사회의 언론개혁운동은 시민운동가의 몫도 아니요, 독자들의 몫도 아니다. 오로지 지역 언론인들의 몫이다. 지역 언론인들은 무기력을 떨치고 일어나 언론개혁운동에 그 역량을 모아야 한다. 지역 언론인들이 더 이상 처참하게 형해화되고, 지역언론이 불신의 대상으로 전락하는 것은 언론인의 자긍심과 긍지는 고사하고, 인간의 존엄마저 포기하라는 것과 다를 바 없다.

시민사회운동세력이 기득권 세력인 제도언론에 맞서 언론개혁을 엮어내기란 양적·질적인 운동역량으로 보아 불가능하다. 언론의 1차적 주체인 지역 언론인들이 날로 악화되고 있는 지역언론의 언론환경을 자각할 때, 시민언론운동은 새로운 대안을 구체적으로 가질 수 있다. 이에 참 언론인들이 자유롭고 창의적인 지혜를 모아 수구적인 지방언론의 허상을 깨뜨리는 언론개혁을 일궈낼 민주언론운동 구심체의 창설을 제안하는 바이다.

시민언론운동의 구심체를 통해 참 언론인의 언론이며, 온 국민의 신문인 '대안언론'을 건설해야 한다. 진보적이며 개혁적인 새 매체의 건설은 시민언론운동의 궁극적인 목표이다. 지역사회의 양심적인 언론인들이 민주언론운동이라는 이념적 정체성을 지닌 구심체를 통해 정기적으로 민주언론을 연구하고, 현실사회에 대한 개혁적 담론을 진지하게 성찰할 때 비로소 건강한 도덕성을 지닌 매체의 현실화를 구체화 할 수 있다. 이를 창출하기 위해서는 참 언론인들이 모여 지혜를 모아야 할 때이다.

❀2004. 11. 24. / 2007. 11. 22. 더함.

둘째 갈래

지방신문론

“지방신문은 어디에 있는가. 신문은 사양산업이라는 데, 특히 지방에서 왜 끊임없이 창간되고 있는 것일까. 지방사회는 언론자유의 사각지대인가 아니면 과잉지역인가. 지방신문의 창간여건과 그 현실은 어떠한가. 지방신문을 둘러싼 이와 같은 물음은 물음과 물음으로 이어진다. 지방신문 창간 미스터리를 규정하기 위해 지방신문의 경영실태와 지면, 자본 등을 점검해보고, 실패원인을 진단하며 위기극복 방안을 알아본다.”

지방신문 경영론

시민언론의 창간사업을 전개하기 위한 전제로 지방언론의 사업환경분석에 초점을 맞춘다. 이 글에서는 지방언론이 지닌 경영패러다임에서 비롯되는 모순점과 그 실태를 중점적으로 해부한다.

❶ 경영 현황

두 번째 파트에서 다룰 주요 내용은 새 신문, 즉 시민언론의 창간사업을 전개하기 위한 전제로 지방언론의 실태를 진단해보고, 지방언론 자본의 정체성과 의미를 분석해 본다. 아울러 과열·난립을 이유로 일부에서 제기하는 지방지의 구조조정론이 지닌 속셈을 규명한다.

시장재편

열쇳말
- 신문시장
- 위기의 신문
- 구조조정

신문산업이 위기다. 세계적으로 인터넷과 방송 등 대안미디어 발달은 신문 독자의 이탈을 가속화시키고 있다. 영상매체 세대가 주류를 형성하는 미디어시장에서 인쇄매체는 사양화에 접어들었다는 평가다.

독일의 신문은 살아남기 위해 △인원 감축 △자회사 통폐합 △지면 축소 △경비절감 등 기존 매체의 다이어트에 중점을 두고 신문산업에 닥친 위기를 극복하려고 한다. 다른 한편으론 △일요신문 창간 △독자클럽 결성 △인터넷 강화 등 공격적 경영에 나서기도 한다. 미국신문은 △온라인뉴스 투자 확대 △24시간 뉴스생산 체제 구축 △1면 강화 △장거리 저널리즘(*long-time journalism*) 추구 △지면 개편 △틈새 광고시장 개척 △독자요구 반영 △뉴스 전달 플랫폼 기능 강화 △고객 세분화에 따른 맞춤서비스 실시 △사업다각화 확대 △젊은층 독자개발 및 NIE 확대 △문화의 다양성 반영 △가판시장 정비 △타깃마케팅 · 광고 할인제도 도입 · 삽지시장 흡수 · 구독 판촉 세일 강화 등 능동적 마케팅 전개로 신문불황을 극복하려고 한다(홍창의 외, 2009, 114~115쪽).

한국의 신문시장도 '부익부 빈익빈', '메이저 VS 마이너'로 급속히 재편되면서 중앙지는 살아남기 위해 △지면 혁신 △편집 쇄신 △차별화 추구 △장 · 단기 경영전략 수립 △조직 개편 △업무 표준화 확립 △독자관리 개선 △수익모델 개발 △사업 조정 등을 추진한다. 당면한 경영난을 타개하기 위한 구조조정과 발전계획을 수립하는 등 경영혁신에 박차를 가하면서 다른 한편으론 저널리즘의 질 향상과 마케팅의 강화로 신문산업의 위기를 극복하려는 것이다.

신문 위기를 극복하려는 각 언론사의 경영합리화 · 과학화 · 효율화 방안은 대체로 강도 높은 구조조정과 내핍경영의 정착 등으로 요약할 수 있다. 편집국 조직을 아날로그에서 멀티미디어 지향으로 개혁하고, 인터넷 등 디지털 미디어화에 자원을 집중하며, 공동판매와 제작, 광고영업 등을 통해 불필요한 경비절감방안을 모색하는 따위이다. 구체적인 개혁실행 방안으론 지역뉴스를 강화하고, 독자시장을 세분화해 틈새시장을 확보하는 전략을 도입할 필요가 있다.

뿐만 아니라 전통적인 언론의 강점이었던 기획기사와 탐사보도를 더욱 확대·심화시켜 지역사회의 생산적인 담론을 제공하는 정보콘텐츠를 육성시킴으로써 지식정보사회의 중추 미디어로서의 기능과 역할을 다해야 한다. 특히 독자와의 쌍방향 커뮤니케이션을 구현할 수 있도록 편집국을 개혁하고, 디지털 미디어 특성에 걸맞은 유용한 정보생산 시스템을 갖춰야만 신문의 위기탈출을 궁구해 볼 수 있다. 단적으로 경쟁력 있는 뉴스의 콘텐츠화 없이 신문의 위기를 구할 방법은 없다.

경영 실정

열쇳말
- 신문경영
- 지방신문 CEO
- 모라토리엄

그러면 지방신문이 처한 현실부터 진단해 보기로 하자. 다음의 <표>는 지방지의 경영현상을 구체적인 숫자로 압축해 보여주고 있다.

지역 일간지의 자산과 매출액, 영업이익, 경상이익, 당기순이익이 해마다 큰 폭으로 감소하고 있어 살림살이가 쪼그라들고 있다. 쓰임새는 점점 많아지는데 들어오는 돈은 점점 줄어든다. 집안 형편이 말이 아니다. 허리띠를 바짝 졸라매야 하는 내핍경영과 구조조정이 불가피한 현실이다. 그 시기를 놓치면 몰락은 불 보듯 뻔하다.

지방신문 CEO 가운데 위기의식 경영마인드를 지닌 사람은 찾기 힘들다. 아직도 지방사회에 영향력을 발휘하면 어떻게 되겠지 하는 막연한 권위의식으로 신문경영을 한다. 지방지는 경영위기를 남의 일 인양 여기고 무대책을 상대책으로 여긴다. 도무지 경영난을 타개

<표 5> 2007년도 지방신문의 자산 및 매출액 현황

단위: 백만원

구분 / 매체	자산현황			매출액현황		
	자산총계	부채총계	자본총계	매출액	경상이익	당기순이익
강원도민	9,803	5,800	4,003	12,187	111	46
강원일보	15,196	11,018	4,178	17,435	151	67
경남신문	10,979	3,746	7,233	10,039	-1,511	-1,511
경인일보	11,770	8,049	3,720	19,551	137	137
광주일보	77,901	98,382	-20,481	17,740	-611	-611
국제신문	8,168	16,962	-8,794	22,493	11,503	11,503
대전일보	13,784	13,269	115	9,837	-565	-565
매일신문	39,863	68,974	-29,110	38,327	195	195
부산일보	66,813	19,286	47,528	53,365	-5,956	-5,956
영남일보	23,822	9,255	14,566	17,584	335	269
인천일보	12,947	8,031	4,916	5,352	-3,324	-3,324
전남일보	16,983	22,078	-5,095	9,224	-976	-976
제주일보	18,123	26,202	-8,079	11,040	-999	-999
합계	325,752	311,052	10,275	244,174	-1,510	-1,725

* 출처: 『2008 한국신문방송연감』, 한국언론재단, 2008.

할 구체적인 대안을 마련할 마음이 조금도 없다. 권력이나 기득권 세력에게 "경영이 어렵다"는 타령만 하소연할 뿐이다. 그러면서 은행에겐 "참아라. 빌린 돈은 갚겠다"는 협박성 다짐으로 면피하고자 한다. 무지경영·배짱경영으로 일관하는 것이다.

위의 <표>를 분석하면 지방신문은 부채가 자산보다 더 많아 빚으로 기업을 꾸려가고 있다. 이자는 고사하고 원금 갚기에도 급급하다. 기업은 경영활동에서 발생하는 각종 비용을 보전하고 이익을 낼 수 있는 수익성이 흑자인 경우라야 기업활동의 연속성을 담보할 수 있다. 지방신문은 수익성이 마이너스이며, 성장성 또한 마이너스이다. 언론기업이 시장에서 독자적으로 생존할 수 없는 환경에 처해 있음을 여실히 증명한다.

<표 6> 2007년도 지방신문의 안정성 · 수익성 · 성장성 분석지표

단위: %

구분 / 매체	안정성 지표			수익성 지표			성장성 지표		
	유동비율	차입금 의존도	부채비율	총자산 순이익률	매출액 영업이익률	매출액 순이익률	영업이익 증가율	매출액 증가율	당기순익 증가율
강원도민	163.59	23.85	144.88	0.48	1.47	0.38	−49.25	−3.75	−65.48
강원일보	111.19	21.32	263.70	0.47	0.80	0.39	−32.31	4.24	−18.20
경남신문	218.79	7.20	51.80	−13.04	0.47	−15.05	−87.76	2.84	적자지속
경인일보	173.22	25.17	228.15	0.02	−0.82	0.01	적자전환	10.75	−99.44
광주일보	17.99	55.21	자본잠식	당기순 손실	당기영업 손실	당기순 손실	당기영업 손실	−0.48	당기순 손실
국제신문	70.47	13.61	자본잠식	131.41	영업손실	51.14	영업손실	−1.67	당기순손실
대전일보	76.44	53.94	12,050.25	당기순 손실	영업손실	당기순 손실	당기영업 손실	−1.54	당기순 손실
매일신문	113.00	104.76	자본잠식	0.46	영업손실	0.51	영업손실	−19.11	391.78
부산일보	198.11	14.32	40.58	−8.17	−11.46	−11.16	손실	−7.97	손실
영남일보	115.92	18.43	62.82	1.40	0.86	1.90	−82.95	−20.36	−60.07
인천일보	28.50	18.20	163.40	−389.50	−35.40	−62.10	영업손실	−12.54	당기순손실
전남일보	32.95	66.83	−433.32	5.45	당기영업 손실	10.58	당기영업 손실	−4.66	전기순 손실
제주일보	7.49	74.46	자본잠식	당기순 손실	0.16	당기순 손실	전기영업 손실	3.29	적자지속

* 출처: 한국언론재단, 2007, 200, 203, 206쪽.

기업에서 가장 중요한 것은 안정성과 수익성, 성장성에 대한 분석이다. 기업의 성장과 발전은 기업존속의 필수적 조건이며 경제적, 사회적 환경변화의 적응력으로서 수익성과도 밀접한 관계가 있다. 성장성은 일정기간 중 기업의 자산규모 또는 매출규모 등이 얼마나 증가 또는 감소했는가를 나타내는 비율로 기업의 경쟁력이나 미래의 수익창출능력을 간접적으로 나타내는 지표이다(이창훈, 2007, 18~20쪽).

수익성은 기업이 경영활동에서 발생하는 각종 비율을 보전하고 이익을 낼 수 있는 능력이다. 안전성은 기업이 얼마만큼 건실하게 성장할 바탕을 갖추었는가를 분석하는 기법이다. 안정성 비율은 기업의 내적인 단기지급능력은 물론 장기적으로 경기변동과 시장상태의 변화 등 대외적인 경제환경에 대응할 수 있는 능력을 일컫는다. 안정성 분석에서는 단기채무의 변제능력이나 자금 사정에 대한 정보를 제공하는 분석과 장기부채 사용에 따른 원리금 상환능력, 즉 채무불이행 위험에 관한 정보를 제공하는 안정성 분석으로 대별할 수 있다.

신문경영의 안정성 측면에서 단기 채무의 변제능력에 대한 정보를 알려주는 유동성 비율이 200% 이상을 권장하고 있는 데, 지방신문은 71.9%에 불과해 그 신용등급이 의심스럽다. 기업이 처한 자금사정의 형편을 말해주는 부채비율은 평균 4,851.5%로 거덜난 것과 마찬가지이며, 몇몇 언론사의 경우는 모라토리엄 상태와 다를 바 없다. 결국 위의 <표>에서는 껍데기뿐인 지방신문의 적나라한 허상을 보여준다.

지방지는 한마디로 총체적 부실이다. 중앙지의 치열한 자구노력을 멀끔히 구경만 한다. 자신의 발등에 떨어진 불이 아니라 남의 일인 양 여긴다. 시장에서 살아남기 위해 뼈를 깎는 처절한 구조조정을 외면한다. 변화와 혁신의 허리케인 속에서도 천하태평 무풍지대를 구가한다. 지방지 스스로는 아무런 구조조정도, 아무런 자구 노력도 하지 않고 오로지 "지방언론을 살리자"며 '돈타령'만 해댄다. 이따위 후안무치가 지방신문경영의 윤리적·현실적 한계이다. 이런 까닭으로 지방지는 중앙지로부터, 혹은 독자들로부터 '3류'라는 업신여김과 더불어 멸시의 대상으로까지 전락한다.

자본주의 체제의 미디어 환경에서 최고의 선은 적정한 이윤의 창출이다. 이윤을 창출하지 못하는 기업은 악이다. 이윤을 창출하여 종업원과 함께 성장의 과실을 나누고, 보다 큰 발전을 위해 재투자를 마다 않아야 한다. 신문 또한 마찬가지다. 이익을 창출하지 못하는 언론사는 우수한 기자를 채용할 수도, 양질의 기사생산에 필요한 경제적 지원도, 언론의 독립성도 유지하기 어렵다. 자본과 권력으로부터 저널리즘의 본령을 지키기 위해서라도 경영의 안정은 필요불가결한 조건이다.

❷ 문제점

정체성 위기

✍ 열쇳말
- 고비용 저효율
- 주먹구구 경영
- 지방문화 창달

지방신문은 현재 존재의 의미가 의심스럽다. 지방언론을 둘러싼 경영환경은 죽느냐 사느냐의 갈림길에 서 있다. 그것은 첫째, 신문경영의 패러다임 실종에서 그 원인을 찾을 수 있다. 지방언론은 문화산업이라는 미명하에 저생산성에 기반한 아날로그식 체제를 유지하며, 언론 내용과 서비스정신 또한 제도언론화 · 언론기관화 · 특권화를 지향해 신문개혁과 경영개선 전망이 불투명하다.

둘째, 고비용 저효율의 경영난맥상이 만성적으로 고질화되어 생산성의 한계를 노출한다. 소수정예를 표방하면서도 생산력이 뒷받침되지 않는 저임금화 정책으로 부실화를 초래한다. 과다인원 · 과다설비에 의존한 확대경영으로 경쟁력 또한 상실했다. 1차 산업적인 생산 시스템을 유지하는 한 '백약이 무효'인 상태에까지 이르렀다.

셋째, 디지털 시대 언론기업의 비전이 없다. 언론환경은 급속히 디지털화 · 정보화로 치닫고 있으나 경영주의 무능으로 아예 무감각하다. CEO의 무지는 지방언론으로 하여금 시장연착륙을 불가능하게 했으며, 기자 등 종사자의 자질낙후로 독자생존이 어려운 사면초가에 몰리고 있다.

넷째, 생명력 있는 지면을 제작하지 못해 독자들로부터는 "볼 게 없다", "성의 없다"라는 냉혹한 평가를 받으며, 있던 독자마저 중앙지와 인터넷 등 대안미디어 · 무료신문 등에 빼앗기고 있다. 그동안 계도지를 연계고리로 한 관(官)과의 유착으로 공존공생을 도모해 왔으나 민주화 이후 그조차 어려운 환경으로 접어들고 있다. 독자이탈에 이은 광고주마저 속속 지방지를 떠나고 있으며, 수익은 요원해 자본을 야금야금 갉아먹으며 연명한다. 주먹구구식 경영은 재래시장 배추장수의 경영기법보다 못하며, 주재기자의 보증금을 종자돈으로 삼아 신문사를 운영하기도 한다.

대부분의 지방언론 사주가 무소불위의 황제처럼 군림하는 가운데 '경영의 투명성'이니, '편집권의 독립'이니 하는 말은 사치스런 언어로 전락하기 마련이다. 신문사가 이 꼴이니 자연 지방언론에 종사하는 기자들의 사명과 윤리의식 또한 낮아 비판정신을 지닌 언론인으로서의 역할을 기대하기란 애초부터 구조적으로 불가능하다.

지방언론에서는 시장경제의 원리가 작동하지 않는다. 신문사는 기업으로서의 자본잠식은 물론 부도, 법정관리, 심지어는 파산에도 아랑곳하지 않고 꿋꿋이 신문을 발행하고, 광고와 판매영업을 정상적으로 수행한다. 도대체 자본주의 체제에서 세계 어느 나라의 어느 기업이 그와 같은 신통방통한 경영을 할 수 있을까. 오로지 대한민국의 신문사만이 그럴 수 있다. 대한민국 건국이래 신문기업이 자본의 논리에 따라 스스로 폐간한 경우는 손꼽을 정도다. 이는 신문기업이 지극히 비정상적으로 운영되고 있음을 뜻한다.

지방언론은 창간과 동시에 총체적으로 부실화로 치닫는다. 저임금 → 눈덩이 부채 → 적자경영 → 판매 부수 감소 → 광고매출 격감 등 빈곤의 악순환에서 탈피하지 못한다. 신문의 품질이 연륜이 쌓이면서 점점 좋아지는 것이 아니라, 지령을 거듭할수록 점점 떨어지는 역현상을 보인다.

그런데도 스스로 문 닫을 줄 모른다. 그것은 지방언론 사주가 누리는 사회적 특권을 포기할 수 없기 때문이다. 기업이야 빈사상태에 들건 말건 사주는 언론사란 간판만 쥐고 있으면 된다. 신문사를 모기업의 방패막이로 활용하면서, 동시에 자기 자신과 소유기업의 이익을 위해 필요할 경우 지역여론을 특정방향으로 유도하기도 한다. 어디 그뿐인가. 때론 해당기관에 대한 압력행사의 수단으로도 활용이 가능하니, 지방신문 사주는 한마디로 지역사회에서 무소불위의 권력자로 등극하는 셈이다. 사주에게 있어서 지방신문은 사회적 신분상승이나 영향력 행사가 보장된 권력기관이므로 결코 포기할 까닭이 없다.

창간과 동시에 망해 가는 사업임에도 지방신문이 끊이질 않고 창간되는 실질적 이유는 여기에 있다. 물론 새 신문이 창간될 때마다 내세우는 구호는 한결같이 "지방언론 · 지방문화 창달"이지만, 그것은 겉으로 내세우기 위한 겉치레 수사일 때가 더 빈번하다.

자진통폐합론의 함정

열쇳말
- 지방신문 난립
- 시장진입 강화
- 기득권 지키기

사이비 지방언론은 퇴출되어야 한다. 최근 일부 지방신문은 "신문법이 지방신문의 난립을 부추기고 있다"며 발행조건의 강화를 주장하는 망언마저 서슴지 않는다. 이들은 "지방신문 시장이 한정된 독자와 광고시장에 수용할 수 있는 '용량'을 초과했다"며 "다수의 신문사가 존재함으로써 개별신문의 질을 하락시키고, 비정상적인 경영을 유발한다"고 주장한다. 이는 자신들의 밥그릇을 지키기 위한 치졸한 논리로서 언론의 자유를 송두리째 부정하는 파렴치한 주장이다. 지방언론이 심각한 자기부정을 통해 심하게 뒤틀리고 왜곡된 가치관을 드러내는 것으로 개탄하지 않을 수 없다(관련기사 ☞ 11 지방지의 위기극복 방안 참조).

지방신문의 난립은 기존의 지방언론이 제호만 다를 뿐 실제의 내용에서는 하나라는 사실에서 기인한다. 지방신문 시장에서 전국민이 신문구독자라면 "시장의 포화" 운운은 성립할 수 있다. 지역신문발전위원회가 조사한 자료에 따르면 대구경북지역의 경우 지방지 구독률이 전체 평균의 5.2%에 불과한 데 대구는 18.0%, 경북은 6.8%에 그친다(지역신문발전위원회, 2005). 이는 기존 상품과는 차별화된 제품으로 반에 해당하는 비구독자 시장을 개척하기 여하에 따라 얼마든지 시장의 확대가 가능하다는 것을 의미한다. 때문에 지방지 시장의 포화론은 정당성을 얻기 어렵다. 따라서 난립이란 표현은 옳지 않다. 신문다운 신문이 없는 게 문제지 단순히 신문만 많다고 문제가 되는 것은 아니다. 설령 조폭이나 부동산 투기꾼이 소유한 신문사가 존재한다 할지라도 그것 또한 그들의 알권리를 실현하는 것으

<표 7> 2005년 대구경북 가구별 신문구독률 현황

단위: %

구분	전국지	지방 일간지	경제지	스포츠지	지역 주간지	구독하는 신문없음
전국 평균	41.5	5.2	3.1	2.1	0.6	57.0
대구	34.0	18.0	2.4	2.8	-	53.4
경북	30.6	6.8	1.3	1.8	1.8	66.3

↳ 대구경북의 지역신문 애독률이 전국 평균을 월등히 상회하고 있는 것은 지역민들이 지역신문에 대한 애정이 많다는 것을 뜻하는 것으로써, 새 신문이 지역민들의 욕구에만 부응한다면 시장환경이 비교적 양호한 것을 뜻함.
↳↳ 출처: 지역신문발전위원회, 『2005 지역신문 구독자 조사』, 2005, 34쪽.

로, 그 언론자유 또한 보장되어야 한다. 조폭도, 부동산 투기꾼도 그들의 목소리를 낼 권리를 지닌다. 그들의 목소리에 문제가 많다고 하여 "신문을 규제해야 한다"는 것은 한강이 오염됐다고 한강을 없애자는 소리와 같다. 언론의 자유를 근본적으로 부정하는 것이다. 그들 언론에 문제가 있다면 독자가 시장에서 퇴출시키면 된다.

강준만은 우후죽순 무분별하게 난립한 지역신문의 해소 방안으로 지역신문 구독률이 5%에도 미치지 못하는 지역의 신문시장에 전국지의 지방진출을 제안했다. 그 가운데 특히 국민주신문인 <한겨레>가 먼저 시범을 보일 것을 촉구하면서 동시에 자율적 통폐합으로 과열난립한 지역신문의 교통정리방안을 내놨다(강준만, 2008, 201~202쪽). 이는 지방신문시장과 전국지의 경영 메커니즘에 대한 무지에서 기인한 탁상공론이다. 과열난립된 지방지가 문제시 되는 것은 언론의 기능과 역할을 좀먹으며 기생하는 '쓰레기언론'의 발호 때문이지, 단지 신문의 숫자가 많다고 "과열난립"이라 규정하는 것은 모순이다.

쓰레기언론을 뿌리 뽑기 위해서는 전국지의 로컬화나 지방언론의 통폐합만으로 문제가 해결되지 않는다. 보다 근원적으로 지방언론의 저널리즘 개념부터 패러다임을 새롭게 정의해야 한다. 다른 한편 제도적으론 언론개혁을 통해 비정상적인 절차와 관행으로 언론이 누리는 사회적 특혜를 원천봉쇄해야 한다. 현행 신문법이 쓰레기언론의 발호에 치명적인 허점을 지니고 있는 것을 제도적으로 보완해야 한다. 그것은 신문시장을 신문인들에게 전면적으로 개방하는 것이다.

신문법이 강제하는 제작설비의 확보 등으로 지방신문 시장의 진입 장벽을 높이는 것은 아무런 도움이 되질 않는다. 편법에 능한 언론 모리배들은 신문법의 맹점을 교묘히 악용, 신문제작시설은 리스와 임대, 대쇄계약 등으로 해결하고, 사무실 임차보증금과 사원모집광고 1회 게재비용만 마련되면 무일푼으로도 신문을 창간한다.

따라서 현실적으로 언론모리배들의 발호를 막기 위해서는 오히려 신문설비의 공동이용을 양성화·활성화시켜, 신문인이 신문경영을 할 수 있는 공공재적인 토양을 마련, 확충하는 것이 가장 좋다. 신문을 완전 개방하게 되면 신문은 신문인들에 의해 조직될 것이고, 신문인들이 지배한 신문인들의 마당에 언론브로커들은 감히 범접을 하지 못한다.

신문난립을 이유로 시장진입을 강화해야 한다는 논리가 노리는 속셈은 결국 기존 지방언론의 기득권을 지키자는 얘기로 귀결된다. 사이비 지방언론이 횡행하는 것은 권력이 법의 집행을 방기해서이지 결코 단속할 법규가 없어서가 아니다. 형법을 비롯한 현행 법률만으로도 얼마든지 탈법신문·일탈언론을 규제할 수 있다. 그러므로 이는 지방언론의 발전을 근본적으로 부정하는 '밥그릇 챙기기'라 하겠다. 물론 월급도 제대로 주지 않는 신문사, 건설수주 등 모회사의 이권개입을 위해 창간한 신문사, 주재기자의 보증금을 종자돈으로 언론브로커 짓을 마다치 않는 언론사 등은 퇴출되어야 마땅하다.

사이비언론과 우량언론이 시장을 공유한다고 동반부실을 초래한다는 논리는 자가당착의 궤변으로 보편적인 타당성을 지닐 수 없다. 그것은 지나친 논리비약이다. 건강한 지방언론, 양심적인 지방언론이란 편집과 경영이, 경영과 소유가 분리된 신문사를 말한다. 지방언론에서의 공공성과 공익성은 아무리 강조되어도 모자람이 없으며, 편집의 자유와 독립은 제도적으로 보장돼야 한다. 이를 외면하는 '위장언론'은 시장의 힘으로 퇴출돼야 한다. 찰거머리처럼 달라붙어 잘 떼어지지 않는다고 권력이 언론의 퇴출을 대행할 때 필연적으로 언론의 자유는 심각하게 훼손되고 위협받기 마련이다.

노파심에서 한마디 덧붙이면 과열·난립을 이유로 인위적인 시장퇴출은 바람직하지 않다고 하여 함량미달의 무늬만의 신문조차 언론자유란 미명하에 성역처럼 두라는 얘기는 아니다. 이 유령언론은 언론의 자유를 논하기 이전에 종량제를 적용, '쓰레기 소각장'으로 보내야 할 명제이다. 다만 여기서 논하는 요체는 과열난립을 이유로 시장진입의 강화를 주장하는 것은 반언론적인 기존 언론의 철밥통 수호가 그 속셈이라는 것이다.

신문은 난립이 문제가 아니라 확일화가 더 근본적인 문제다. 김택환의 다음 기사는 획일화에서 탈피, 다양성을 추구하는 세계의 신문의 실정을 단적으로 보여준다.

"세계에서 신문판매전이 가장 치열한 런던의 아침. 〈타임스(The Times)〉, 〈가디언(The Guardian)〉, 〈데일리메일(Daily Mail)〉, 〈선(The Sun)〉 등 10여 개의 신문이 판매전쟁을 치른다. 고급지와 대중지, 대판과 타블로이드판, 좌파지와 우파지, 여성선호신문과 남성선호신문, 싼 신문과 비싼 신문, 유료신문과 무료신문 등 어디 하나 유사한 신문이 없다. 각 신문은 자기만의 개성과 차별화를 통해 타깃 독자들을 공략하고 있을 뿐 아니라 다양한 서비스로 독자들의 눈길을 끌려고 안간힘이다. 선진 신문들의 차별화 전략은 이뿐이 아니다. 국제기사가 강점인 스위스 취리히의 〈노이에 취리히 차이퉁(Neue Zrcher Zeitung)〉은 고급 정보를 고가에 제공한다는 명품 전략으로 전 세계 오피니언 리더 18만 명을 독자로 확보하고 있다. 독일어를 쓰는 인구 10만 명의 도시에서 전 세계 여론을 움직이는 것이다. 반면 〈타임스〉는 10년 전 '고급지는 비싸다'라는 통념을 깨고 45페니에서 20페니로 신문 값을 대폭 내려 많은 독자에게서 뜨거운 반응을 얻었다. 양질의 상품을 보다 싼값에 서비스한다는 전통적인 시장원리를 감안한 결정이었다(김택환, 중앙일보, 2004년 2월 12일자, 21면)."

구조적 모순점

열쇳말
- 제1지 선도지
- 제2지 추종지
- 제3지 아류지

참고로 한국의 지방언론이 지닌 구조적인 특징을 보면 제1지인 선도지가 있고, 그 아래 선도지를 따라가는 추종지와 선도지를 벤치마킹하는 아류지가 있다. 선도지는 대개 5공 때 1도 1사의 독점시장을 발판으로 시장을 선점한 기득권 신문으로써, 지방언론시장에서는 절대적인 강자로 군림하며, 막강한 영향력을 발휘한다. 선도지는 제도언론으로 지방에서는 언론기관과 토호언론권력으로 기능하며, 독자 위에 군림하려 든다. 이들은 패거리 의식도 강해 지방언론 발전과 친목도모라는 명분으로 배타적인 언론단체를 결성, 공동이익 수호에도 한목소리를 낸다.

추종지는 대개 5공 이전에는 선도지와 함께 언론기관으로 군림하며, 지방언론시장에서 공존했으나, 전두환 정권의 1도 1사에 걸려 폐간됐다가 87년 6월민주항쟁 이후 언론자유화 때 복간된 매체다. 추종지의 속성은 제도언론 지향, 언론기관화 추구라는 점에서는 토호권력화된 선도지와 다를 바 없다. 또한 어떻게 하든 하루빨리 제1지를 따라잡겠다는 조급증과 라이벌 의식으로 선도지와의 '일란성 쌍둥이' 꼴을 목표로 한다. 이들은 5공의 피해자임을 자임하면서도 제1지가 제도언론으로서의 배타적 특권의식을 향유하는 왜곡된 언론관에 대해 비판은 고사하고, 오히려 적극적 · 능동적으로 기득권에 편입되어 자신들이 과거에 향유했던 언론특혜의 복원을 기도한다.

아류지는 기존 언론을 흉내 내기에 급급한 언론이다. 대개 6 · 29 이후 창간된 이들 신문은 '무늬만 언론'이지, 언론의 사명과 기능, 언론으로서의 역할, 언론관 등을 기대할 수 없는 신문이다. 신문제작의 포맷을 오로지 선도지에 두고, 선도지를 흉내 내기에 급급하며, 제1지의 구태의연 · 무사안일 · 기고만장 · 오만방자한 언론관까지 벤치마킹한다. 언론으로서의 도덕성을 상실한 아류지는 있어도 그만, 없어도 그만이 아니라, 없는 게 낫다는 소리를 듣는다. 독자들 사이에서는 아류지에 대해 자원낭비만 초래하는 '쓰레기언론'이라는 혹독한 평가마저 마다치 않는다. 한마디로 아류지는 언론의 자유를 갉아먹고 사는 언론기생충이라는 것이다.

지방지에 대한 글쓴이의 이와 같은 냉혹한 비판은 신문의 기본 틀인 페이지네이션에서도 금방 사실로 드러난다. 대구경북지역 발행신문을 예로 보면 제호만 다를 뿐 1중대 2중대 3중대 언론으로 천편일률적인 현실을 극명히 알 수 있다. 아래의 <표>는 일란성 쌍둥이인 지방신문의 형식적인 실태를 웅변한다.

<표 8> 대구경북 지방지 페이지네이션 실태

면 \ 매체	每日新聞	영남일보	대구신문	大邱日報	대구연합일보	경북매일신문	경북일보	경북도민일보	日刊 大邱慶北	慶道日報	경상매일신문
1	종합	종합	종합	종합	종합	종합	종합	종합	종합	종합	종합
2	〃	〃 (뉴스&이슈)	〃	〃	〃	정치	〃	〃	〃	〃	사회
3	〃	특집	특집	〃	행정 (자치무대)	행정 (자치마당)	〃	〃	행정 (자치행정)	〃	〃
4	사회	종합 (뉴스&이슈)	사회	정치	제2사회 (대구)	사회	〃	사회	제2사회 (포항)	사회	제2사회 (경북지방)
5	〃	〃	〃	사회	사회	〃	사회	〃	사회	〃	〃
6	정치	사회	제2사회 (경북)	〃	제2사회 (경북)	제2사회 (대구)	〃	제2사회 (동/남부)	〃	제2사회 (경북지방)	〃
7	전면광고	〃	〃	〃 (로컬/매트로)	〃	〃 (포항)	제2사회 (포항/울릉)	〃 (중/서부)	제2사회 (대구)	〃	생활 (건강/복지)
8	제2사회 (전국)	제2사회 (경북)	〃	제2사회 (경북)	〃	경제	〃 (경주)	〃 (경북북부)	〃 (경북)	〃	경제
9	특집	전면광고	경제	〃	〃	특집	〃 (대구)	〃 (대구)	〃 (경북)	경제	〃
10	제2사회 (대구경북)	제2사회 (경북)	〃	경제	경제	제2사회 (경북종합)	〃 (경북지역)	생활 (건강)	〃 (경북)	〃 (생활경제)	정치
11	전면광고	전면광고	주식시세	〃	생활 (건강)	〃 (동/남부)	〃 (경북지역)	대중문화 (영화)	건강(헬스)	문화	국제
12	제2사회 (경북)	경제	국제	아파트시세	스포츠	〃 (중/남부)	문화	방송	정치	생활 (건강)	TV/연예
13	기획	〃 (유통)	문화 (대중문화)	전면광고	방송/문화	〃 (북부)	TV/연예	〃	경제 (지역경제)	TV	스포츠
14	사회 (대학)	전면광고	스포츠	특집	동정 (일과사람)	스포츠	전면광고	경제	국제	동정 (사람들)	동정 (더불어…)
15	경제	주식시세	방송/연예	문화	오피니언	여성/생활	주식시세	〃	스포츠	오피니언	오피니언
16	〃	국제 (월드)	동정 (사람과…)	TV/방송	전면광고	TV/영화	경제	스포츠	특집	전면광고	전면광고
17	〃	전면광고	〃	국제	09. 6. 22.	특집	〃	국제	TV	09. 6. 19.	09. 6. 19.
18	전면광고	문화	오피니언	스포츠		동정 (사람들)	스포츠	동정 (삶과사람)	동정 (사람들)		
19	주식시세	TV프로	〃	〃		오피니언 (열린마당)	국제	오피니언	오피니언		
20	국제	스포츠	전면광고	동정 (사람)		전면광고	동정 (사람들)	전면광고	전면광고		
21	아파트시세	전면광고	09. 6. 19.	대중문화		09. 6. 19.	〃	09. 6. 19.	09. 6. 19.		
22	문화	동정 (사람)		오피니언			오피니언 (여론광장)				
23	〃	오피니언		〃			〃				
24	여성/생활	전면광고		전면광고			전면광고				
25	TV/방송	09. 6. 19.		09. 6. 19.			09. 6. 23.				
26	스포츠										
27	〃										
28	동정 (사람과세상)										
29	전면광고										
30	오피니언										
31	〃										
32	전면광고										
날짜	09. 6. 19.										

❀2004. 12. 15. / 2009. 7. 7. 더함.

지방지 지면분석

지방신문은 지면을 중앙지를 복사하고, 이를 다시 또 복사한다. 지방신문이 지방화에 대한 패러다임을 상실한 채 신문을 제작하는 까닭으로 독자가 감소한다는 것이 이 글의 요체이다.

❶ 지방지의 초상화

지방신문은 전국지도 아니고, 그렇다고 지역지도 아닌 어정쩡한 정체성으로 독자들로부터 외면을 받는다. 대안미디어의 급속한 발달은 언론산업의 특권적 메리트를 급속히 감소시킨다. 지방언론은 이러한 외적 위기에다 내적으로도 기득권에 유착했던 20세기적 언론 패러다임에서 헤어나지 못한 지방언론 종사자들의 특권의식이 몰락을 가속화한다. 상황이 이러한데도 지방언론은 무엇이 위기이고, 그 원인은 또한 무엇인지조차 모르고 있어 그 앞날을 더 암담하게 한다. 이 글은 지난 회에서 논한 지방신문의 경영실태 분석에 이어 편집 및 보도 측면에서의 지방신문 위기론을 살펴본다.

"새끼OO일보"

열쇳말
- 메이저신문 모방
- 언론기관 행세
- 독자코드 거부

언론개혁이 국가적 화두로 떠오른 오늘날 지방신문은 대체로 개혁의 사각지대에서 독버섯처럼 음습하게 자란다. 다른 한편으론 △중앙일간지의 공격적인 시장 판촉공세 △지역에 뿌리내리지 못한 정체성 등으로 퇴출 일보 직전이라며, 지방언론의 육성이라는 명분 아래 눈먼 돈, 즉 공적자금을 요구한다.

지방의 토호세력으로 군림하면서 관언유착으로 기득권의 마름머슴 노릇을 자행했던 지방언론이 뼈아픈 자기성찰도 없이, 혹독한 자아비판도 없이, 자신의 경영실패를 시종일관 남의 탓으로 돌리고, "지방언론을 살리자"며 공적자금을 요구하는 것은 뭔가 잘못돼도 크게 잘못됐다.

지방언론은 그동안 일부 메이저신문의 논조와 관점을 그대로 베껴 수구적이고 반동적인 이데올로기를 확대재생산해 왔다. 그래서 일부 지방언론은 "새끼○ ○일보"라는 힐난마저 듣는 처지다. 지방언론은 망국적인 지역감정을 부추기며 지역의 정치적 대세론을 무비판적으로 추종하거나, 그 안에 안주하며 숙주처럼 기생해왔다. 경영난을 빌미로 기자정신에서 공공성을 팽개친 채 사리사욕 추구를 당연시 해왔다. 공기로서의 역할과 사명을 다하겠다는 생각은 고사하고 무사안일과 매너리즘에 빠져 지역민에게 봉사는 공익의 제도로서가 아니라, 지역민에 군림하려 드는 언론기관으로 다가왔다.

오늘날 지방언론이 초토화되는 것은 단순히 IMF 여파나 중앙일간지의 공세, 지방언론 육성을 외면한 정부 때문만은 아니다. 그것은 겉으로 드러난 표면적인 이유일 뿐 보다 본질적으로는 지방언론이 지닌 구조적 모순에서 비롯된다. 독자는 이미 열 발자국 앞서 나가고 있는데, 지방언론은 겨우 두세 걸음 앞서가며 "내 뒤를 따라오는 독자가 없다"고 아우성이다.

한마디로 지방신문은 독자와 코드가 전혀 맞질 않는다. 주민들에게 생활필수품처럼 요긴한 것으로 인식되지도 못한다. 있어도 그만 없어도 그만이 아니라, 오히려 없는 게 낫다는 인식이 팽배할 정도로 불신을 받는다. 이런 지방언론이 사회정의를 구현하기란 요원하며, 또 언론으로서의 사명과 역할을 다 하길 기대하는 것은 애시당초부터 불가능하다.

그 가운데 가장 심각한 것은 대부분의 지방신문이 논조나 편집이념, 내용에 있어서 전국지와 차별화를 하지 못한다는 점이다. 지방신문의 논조는 대부분 중앙지를 본떠 서울여론을 확대재생산하기 일쑤다. 예컨대 지난 2009년 1월 20일 서울시 용산구 용산4구역 재개발 현장에서 보상비 현실화를 요구하며 농성중이던 철거민 6명이 경찰과 용역깡패의 폭압적인 진압으로 사망한 사건이 발생했다. 그 무렵인 1월 19일 250만 대구시민 가운데 약 65%에 해당하는 160만 시민이 음용하는 매곡·두류정수장이 1.4-다이옥산에 오염된 수돗물 대재앙이 또 발생했다.

문제는 지금부터다. 대구경북지역 지방신문이라면 마땅히 수돗물 오염사태를 집중적으로 다뤄야 했다. 물론 이명박 정부의 이성을 잃은 폭압적인 민중탄압으로 고귀한 인명이 희생된 것은 사회적으로 큰 여론화되기에 손색이 없다. 전국지라면 이에 포커스를 맞춘 보도를 하는 것은 너무나 당연하다. 하지만 지방언론은 그게 아니다. 더구나 대구지역 수돗물은 지난 91년 3월 두산전자의 페놀누출 사건을 시발로 94년 1월엔 낙동강 수계에서 결코 검출되어선 안될 벤젠과 틀루엔 등이, 2004년 6월엔 대곡·두류정수장에서 1.4－다이옥산이, 2006년 7월엔 퍼클로이드가, 2008년 3월엔 다시 페놀에 오염되는 등 맹독성 발암추정 화학물질에 오염되는 사고가 잇따라 발생했다.

한두 번도 아니고 160만 대구시민이 매순간 마셔야 하는 수돗물이 오염되고 있는데도 지방언론은 제대로 의제설정을 하지 못하고, 지역여론화를 이끌어내지 못한 채 단발성 중계방송 보도에 급급했다. 언론이 제구실을 하지 못해 얼마나 시민을 얕 잡아 봤으면 대구시장이 "5분간 끓이면 50%, 10분간만 끓이면 90%가 휘발되니까 끓여서 드십시요"라는 것을 대책이라고 발표할 수 있을까? 이는 대구시장이 대구경북지역 지역민을 대표하는 언론을 모독하는 짓이다. 그런데도 지방신문은 대구시정의 엉터리 행정을 비판하지도, 맹탕 대책의 허구성도 제대로 짚지 못했다.

당연히 대구경북지역 신문이라면 지역의 수돗물 오염 사태를 집중적으로 부각, 전국적 의제화에 기여하여야 했다. 지역민을 위해 존재한다는 지방언론이 수돗물 오염사태는 단순보도에 그치고, 용산철거민사태를 더 크게 집중적으로 다뤄 사회적 여론화 전파에 안간힘인 것은 스스로의 가치관과 정체성을 부정하는 증거다. 물론 도시서민·빈민을 죽음의 벼랑으로 몰아가는 이명박 정부의 비인간적인 개발정책은 온 국민이 분노해야 할 만행임은 틀림없다. 그렇다고 160만 대구시민이 단 한순간도 마시지 않을 수 없는 수돗물이 맹독성 화학물질에 오염됐다는 뉴스 또한 결코 용산사태와는 감히 견줄 수 없다. 이는 의제설정 보도기능을 전혀 발휘하지 못하는 지방언론의 현주소를 극명히 보여주는 사례다. 지역언론은 창피한 줄 알아야 한다.

수돗물 오염사태와 용산철거민사태를 보도하는 대구경북지역 언론의 보도는 서울언론을 아무런 비판의식 없이 무비판적으로 수용하여 확대재생산해온 관행에서 비롯됐다. 정신적 사대주의와 패배주의에 노출된 지방언론의 문제점은 여기서 그치지 않는다. 참혹하게도 신문의 본질적 목적이라 할 여론형성의 기능을 스스로 포기한다. 일부 메이저 지방신문을 제외하곤 지방신문엔 자신의 목소리가 없다 해도 그다지 실례는 아닐듯하다.

우선 지방신문엔 논설위원이 없다. 신문사에 논설위원이 없다면 독자들은 고개를 갸웃할 것이다. 많은 지방신문사에선 논설위원을 형식적으로 운영하거나, 아니면 객원 위주로 촉탁 운영한다. 언론인으로서 제대로 검증도 받지 않은 사람에게 신문사의 가장 중요한 언론행위인 칼럼은 물론 사설까지도 주문생산 의뢰한다. 이들이 생산해 내는 목소리는 저널리즘으로서의 함량미달이거나, 서울여론을 고스란히 복사한 것이 대부분이다. 신문사를 대표하는 논조를 외부 인력을 통해 대신하는 행위를 결코 언론이라 할 수 없는 노릇이다.

김중석은 지방지의 문제점에 대해 "전국지보다는 읽을거리가 적고, 디자인 등에서도 세련되지 못한 투박한 신문으로 여겨져 독자들로부터 외면받았다. 편집과 기사의 제작방향이 모호할 뿐 아니라 정론직필을 하는 공정한 언론으로도 인식되지 못했다. 지역기사를 다룰 때에도 지역이기주의나 지역감정을 부추기는 등 독자들의 감정에 영합하는 선정주의적 태도를 보인다. 이런 품질저하와 중앙지 답습, 지역민들에게 친근감을 주기 위한 지역뉴스 개발의 부재가 지역민들로부터 외면받고 있는 원인"이라고 지적했다(김중석, 2004, 115쪽).

지방지와 전국지

> ✍ 열쇳말
> - 조중동 베끼기
> - 비판신문 기만
> - 극우세력 추종

지방신문은 대개 매일 20~32면을 발행한다. 외형적인 모습은 2~5면을 정치·행정 및 사회 기사로 채우는 종합면, 2~4개 면의 경제면, 문화면 2~3개, 스포츠면 2개, 기획특집면 2~5개, 오피니언면 1~2개, 지역뉴스면 2~6개, 인물동정면 1개 면 등으로 구성된다. 만평과 4단 만화를 비롯한 컷이나 각 지면의 콘텐츠도 전국지와 별반 다를 바 없다. 1면 상단에 실리고 있는 제호형태도 전국지와 차별화를 발견할 수 없다. 1~3개의 사설이 게재되고, TV프로그램 안내, 주식시세표, 날씨, 섹션란 등도 구성이나 편집형태가 전국지와 거의 같다.

지방신문은 중앙지를 추종한다. 지방언론을 선도하는 제1지가 중앙지를 리카피하면, 눈치를 보고 있던 제2지도 이에 뒤질세라 중앙지를 복제한다. 제3지와 제4지는 중앙지를 모방한 제1지를 다시 한 번 더 복사한다. 문제는 복사기에서 카피를 하면 할수록 원본에 비해 품질이 조악하게 된다는 사실이다.

지방언론이 복사품의 원본으로 삼는 것은 <조중동>이다. <조중동>은 언론 가운데 가장 원시적인 자본조직인 족벌언론이다. 족벌언론은 사회적 제도인 언론을 아무런 검증도 없이 자자손손 대대로 대물림한다. 언론이라는 부와 권력을 세습한 <조중동>은 자신들의 이권 보호를 위해선 필연적으로 수구적일 수밖에 없다. 따라서 <조중동>이 지향하는 이데올로기는 수구에 닿아 있다. 수구언론이다. 이런 신문이 현실에서 지방언론의 신문제작 반면교사로 기능한다는 것은 비극이다.

<조중동>은 그다지 본받을 가치가 없다. <조중동>은 우리 사회

에서 시급히 퇴출시켜야 할 언론권력이다. 한국사회의 여론시장을 60% 이상 배타적으로 독과점하는 <조중동>은 한국의 역사 전개에서 긍정적으로 작용하기보다는 부정적으로 더 많이 기능했다. 가령 <조선일보>와 <동아일보>의 태생적 뿌리는 '친일 부역언론'에 닿아 있다. 반면 <중앙일보>는 '재벌의 바람막이'라는 시녀언론의 한계성을 내포하고 있다.

친일지배세력의 '언론보국'을 위해 창간된 <조선일보>와 <동아일보>, 재벌의 선전선동대라는 사명으로 출범한 <중앙일보>는 역사투쟁에서 단 한 번도 민중의 편이 된 적이 없었다. 오로지 기득권의 편에 서서 민중의 역사를 억압하고 탄압하는 도구로 임무를 수행했다. 민주화를 쟁취한 오늘날에는 적반하장격으로 애국을 전세 낸 양 역사의 주체라며 진실을 기만하여 독자들을 속인다.

<조중동>은 스스로 '비판신문'임을 자임한다. 특히 DJ · 노무현 정권 들어 이들은 "국민의 알권리를 위해 권력 남용을 고발 한다"는 명분 아래 비판적인 언론활동을 하고 있으나, 그 실제는 대개 수구세력의 기득권 옹호를 위한 정치투쟁 이외에는 아무런 의미가 없다. 비판언론 활동이 민주주의의 발전과 심화를 위해 권력을 감시하고 비판하는 것이 아니라, 자신들의 사익(私益 · 社益)과 기득권 세력의 독점적 이익 수호에 복무하기 위해 언론을 악용하는 것이다.

<조중동>이 비판신문 운운하는 것은 자기기만의 극치이다. 족벌언론은 이런 허위의식으로 국민들을 속이고, 자신들의 사적 여론을 사회의 공적 여론으로 조작해 유통시켜 왔다. 국민들은 <조중동>의 기만에 속수무책으로 속아왔다. 그것은 여론시장을 이들 족벌언론이 배타적으로 장악해 한목소리를 동일하게 냄으로써 국민들이 그

것이 진실인양 착각한 데 따른 것이다.

물론 <조중동>이라 하여 비(非)만 있고 시(是)가 전혀 없다는 것은 아니다. 시가 있기도 하다. 예컨대 파시스트 일제에 대한 치열한 항거와 이승만 독재정권에 대한 저항, 박정희 정권하의 언론자유투쟁 등이다. 그러나 그 또한 <조중동>에 종사했던 언론종사자들의 투쟁이었지 결코 신문사의 것은 아니다. 투쟁의 영광은 기꺼이 그 형극의 길을 마다치 않았던 언론인들의 것이어야 한다. 언론인들의 피어린 투쟁 이면에는 언론지사를 언론으로부터 쫓아냄으로써 그 저항의식의 말살을 기도하고, 이를 매개로 권력과 타협했던 언론사의 숨은 간계가 있다. 이제 와서 언론사가 언론인들의 투쟁을 개혁의 훈장이라며 가로채겠다는 것은 너무 파렴치한 짓이다.

사정이 이러함에도 백 번 양보하여 수구언론의 쥐꼬리만한 공적을 인정한다고 하더라도 전제되어야 할 것이 있다. 그것은 친일 주구언론으로서의 언론범죄와 독재정권의 시녀 노릇을 했던 과거사에 대한 진솔한 사과다.

과거를 뼈아프게 자성하지 않고 미래를 논한다는 것은 거짓이며 기만이다. <조중동>이 과거사에 대한 아무런 해명·자성도 없이 한국의 주류언론으로 기능하는 것은 일본 극우세력의 역사왜곡과 마찬가지다. <조중동>이 한국사회에서 있어도 그만 없어도 그만이라는 별 볼일 없는 신문이라면 모를까 국민들의 정신세계와 의식구조에 막대한 영향력을 행사하는 신문이라는 데에 문제의 심각성이 있다. <조중동>이 한국사회를 지배하는 책임 있는 주류언론으로 기능하기 위해서는 그에 걸맞은 공익적 제도로 기능하여야 하며, 그 첫걸음은 언론의 공공성을 담보하는 개혁이 전제돼야 한다. 그러기 위해선 과거사에 대한 자아비판이 선행되어야 한다.

지방신문은 아무런 비판의식도 없이 이와 같은 <조중동>의 이데올로기를 확대재생산한다. 지방신문에 있어서 <조중동>은 메인 프레임으로 신격화되어 그 표준으로 작용한다. 언론재벌 · 재벌언론인 <조중동>이 확대재생산해 내는 이데올로기는 천박한 황금만능주의와 상업적 자사이기주의에 매몰된 기득권의 옹호이다. 지방언론은 <조중동>이 언론권력 · 언론파시즘 체제로 군림하고 있는 것 또한 본 뜬다. 지역사회에선 자신이 곧 언론권력 · 언론파시즘의 실세인양 행세하려 든다. "<조중동>이 하면 나도 한다"는 것이 지방언론의 지표이다.

지방언론의 무소신과 무철학은 지방과 서울의 이익이 첨예하게 부딪힐 때도 <조중동>이 중앙의 이익을 대변하는 것을 버젓이 되받아 중계방송한다. 뉴스도 뉴스 같지 않은 것으로 뉴스장사를 한다. 장사가 될 턱이 없다. 그런데도 그 탓을 오로지 독자들의 중앙지 지향성 탓으로 돌린다. 지방언론의 이런 책임회피는 몰려드는 독자들에게 오지 말라고 발길질을 해대는 것과 진배없다. 스스로 독자를 내치면서 독자가 없다고 아우성인 것이 지방언론의 현주소다.

언론수용자들은 신문의 신뢰도와 만족도, 공정성, 심층성 및 언론의 역할과 기능 수행에 관한 조사에서 지방신문에 대해 긍정적이거나 호의적으로 평가하지 않는다. 한마디로 지방신문은 언론으로서 함량미달이라는 것이다. 이러한 냉혹한 평가에서 지방신문이 처한 현실을 엿볼 수 있다(한국언론재단, 『2006 언론수용자 의식조사』, 2006).

❷ 중앙지의 자화상

언론 사대주의

열쇠말
- 부역언론 근성
- 미국언론 맹종
- 민족가치관 왜곡

김승수는 "한국언론은 △정보의 동질화 추구 △정보조작 △흑백논리 △우열논리 △무지와 무책임 △색깔론 △인신공격 또는 미화 △추측과 예단 △이중잣대 △'위기' 조성과 '적' 만들기 △신화 만들기 △외국 정보원 의존 등으로 여론조작을 하고 있으며, △권력자 행세 △불평등의 재생산 △연고주의 조장 △자사 이익 챙기기 △이익 주고받기 △반공주의 조성 △사대주의 · 식민주의 △언론 근시증 유발 등으로 언론 파시즘체제의 기능을 수행한다"고 비판했다(김승수, 2002, 12~13쪽). 여기서 가장 심각한 것은 사대주의 · 식민주의 근성이다.

우리 사회엔 미국적 가치관이 메인 프레임으로 작용한다. 이를 널리 퍼뜨려 국민들의 정신을 오염시킨 주범은 바로 언론이다. 한국언론은 기꺼이 '미국의 앞잡이' 노릇을 마다 않는다. 한국언론이 전파하는 미국적 가치관은 심각하게 왜곡되고 굴절된 비상식적이다. 그것은 한국의 주류언론이 왜정시대에 '일본의 앞잡이'를 했던 친일언론으로부터 비롯된 원죄라 하겠다. 이들은 일본의 제국주의에 기생하며 민족의 알권리를 판 대가로 호의호식을 추구했다. 해방이 되자 부역언론의 죄과가 드러날까를 두려워하며 재빨리 미국에 빌붙었다. 섬기는 주인이 일본서 미국으로 바뀐 것이다.

식민지 시대의 노예근성을 버리지 못한 '사대주의 언론'은 '미국의 똥도 좋은 것'이라는 무분별한 왜곡된 가치관을 사회화했다. 왜정시대엔 '일제언론'을 추종하고, 오늘날엔 '미국언론'을 맹종하는 한국언론은 정작 본받아야 할 미국언론의 가치관은 멀리한다.

현장르포, 해외취재 등을 빙자한 사대주의·식민주의 언론이 쏟아내는 이데올로기는 "'미제'=좋은 것, '국산'=나쁜 것"이라는 이분법적 가치관의 확산이다. 이들은 서방선진국은 무조건 위대한 것으로 칭송하면서, 자국문화는 저열한 것으로 폄하하고 매도한다. 국민들로 하여금 패배주의와 무기력에 젖게 하는 것이다. 언론이 사대주의를 심화시킴으로써 자주적인 민중의식의 발아를 싹부터 말살해 복종적인 정신적 노예화를 기도한다. 그것은 민중을 억압함으로써 자신들의 이권을 공고히 하려는 속셈에서 기인한 민족정신 말살음모라 할 수 있다.

이는 지극히 반민주적인 가치관이다. 미국적인 가치관의 본질은 결과보다는 과정을 중시한다. 한국언론에서는 과정이 무시된다. 과정을 좇다 보면 자신들의 친일범죄 행각이 드러나기 때문이다.

한국언론과 미국언론

열쇳말
- 독점자본 주구언론
- 패권주의 봉사언론
- 전문직 종사자

한국언론이 섬기는 미국언론은 세계화라는 이름 아래 독점화를 추구한다. 미디어의 소유 집중화·복합 기업화는 몇몇 미디어 재벌에 의해 배타적으로 장악되어 미국적 가치관을 세계에 퍼뜨리면서 동시에 이윤추구의 극대화를 꾀한다. 신자유주의적 민주주의라는 이념하에 돈만 된다면 제3세계의 전통과 문화 파괴도 서슴지 않는다. 세계의 패권을 지배하는 이데올로기로 기능하기 위해선 감시하고 비판해야 할 대상인 정치권력과 글로벌기업 간의 동맹도 마다 않는다.

에드워드 허먼(Edward S. Herman)과 노엄 촘스키(Noam Chomsky)는 "미국언론은 언론을 통제하고 자금을 지원하는 사회의 강력한 이익집단을 위해 봉사하고 선전하는 기능을 수행한다"고 비판한다. 즉 "미국의 주류언론이 이데올로기를 관장하는 중요한 기관으로 작용하고, 극소수의 지배 엘리트에 의해 장악되어 자신들의 여론을 온 국민들의 여론으로 만들기 위해 교묘한 방법으로 시민의식을 조작함으로써 끊임없이 동의를 생산해낸다"는 것이다.

미국언론을 지배한 이들은 자신들의 생각과 맞는 인력을 선발하고, 편집자와 기자들에게 제도권의 정책에 부합하여 뉴스가치를 규정하고, 그 우선순위를 내면화하여 언론활동을 장악한다. 허먼과 촘스키는 "미국언론이 소수의 권력자와 언론자본가, 광고주, 관료, 기업인 등에 의해 지배됨으로써 언론으로부터 소외된 일반 대중은 선전과 통제의 대상으로 전락했고, 미디어는 그 중간 매개자로서 작용한다"고 개탄했다(Edward S. Herman · Noam Chomsky, 2002).

서방언론이 정확한 정보와 균형 잡힌 논평을 통해 권력에 대한 감시와 견제를 하는 언론본연의 기능에 머무르지 않고, 스스로 권력화되어 사회적 가치와 이데올로기의 검열관 위치에서 자신들이 원하는 방향으로 국가를 이끌어 가려는 것은 모순의 극치이다(박경만, 2005, 4~5쪽).

미국언론이 미국민중을 기만하고 미국사회를 지배한 소수의 기득권층 계급의 공고화를 위한 선전도구로 기능하는 것은 세계적 불행이다. 미국언론은 미국의 일탈을 견제하고 지구촌 가족의 정의와 양심을 대변할 책임과 의무가 있다. 20세기 말 소련의 붕괴 이후 미국은 세계의 '패권국가'로 군림하면서 "'테러'를 근절한다"는 명분 아래 타인의 삶은 근본적으로 파괴하는 침략전쟁마저 서슴지 않는 '깡패국가'로 치닫고 있다. 사회주의권이 건재했을 땐 미국의 탈선과 방종은 소련이 견제했으나, 오늘날은 지구상 어디에서도 미국의 패륜과 일탈을 막을 힘이 없다. 세계의 정의로 기능했던 미국이 세계 민중에게 진짜로 큰 테러를 저지르는 테러리스트가 되었음을 의미한다.

미국언론이 세계의 언론으로서의 사명을 저버리고, 미국을 지배한 세력의 침략주의적 패권주의에 봉사하는 시녀로 전락한 것은 재앙이다. 미국언론이 지구촌의 깡패국가를 지향하는 이데올로기를 선전선동하는 주구언론으로 존재하는 것은 역사의 비극이다.

미국의 미디어 기업은 상업적인 이윤을 위해서는 인간의 정신을 뿌리째 황폐화시키는 야만적인 행동도 사양하지 않는다. 그런데도 미국언론이 망하지 않고 건재한 것은 '전문직 종사자'라는 언론인들의 건전한 양식이 굳건히 버티고 있기 때문이다. 비록 미국언론은 추악한 상업주의 몰골이지만, 미국언론에 종사하는 언론인들은 청교도적인 양심을 바탕으로 인류 공동의 가치 수호를 위해 언론행위를 전개하려고 분투한다. 미국언론이 지구촌 가족에게 그래도 언론으로서의 체면치레를 할 수 있는 것의 도덕적 원천은 여기에 있다.

기회주의적 상업언론

열쇳말
- 사익추구 언론
- 언론파시즘 신봉
- 비판정신 실종

한국언론은 미국언론의 이와 같은 본질은 본받을 생각은 않고, 껍데기만 닮으려 한다. 한국언론은 미국으로부터 기독교를 잘못 받아들여 물신적 기회주의가 난무하는 종교로 왜곡한 것처럼, 민주주의를 잘

못 받아들여 자신의 의무는 외면한 채 권리만을 주장하는 것처럼, 자본주의를 잘못 받아들여 천박한 상업주의를 만연화시키는 것처럼, 언론의 자유를 잘못 받아들여 자사 이익의 옹호를 잣대로 공론시장을 더럽힌다.

그로 인해 시장에서는 공익이라는 본질은 간데없고, 사익만 추구하는 기회주의로 일관한다. 한국언론에서는 민중보다는 기득권 세력을 위해 봉사하는 것을 당연시한다. 언론 자신이 스스로 권력으로 인식하는 것에 부끄럽게 여기거나 창피한 줄 모른다. 국민들로 하여금 언론은 우리 편이 아니라는 사실을 확인시켜 주는 꼴이다.

한국언론은 또 직함중심의 인물보도로 '감투공화국'을 만들고, 그것도 모자라 기득권에 빌붙은 해바라기 어용지식인들의 기회주의자를 양산하는 등 우리 사회의 가치관을 흐리는 매개가 된다. 뿐만 아니라 △냄비보도로 여론을 왜곡 조작하고 △무분별한 반공주의 보도를 남발함으로써 진짜 반공주의를 가로막아, 마침내 그토록 신줏단지 모시듯 하는 국가보안법 위반하는 짓을 서슴지 않으며 △사실과 진실을 외면하는 것도 모자라 뉴스를 작문까지 해댄다. 뉴스를 오락화 시켜 진실을 외면하고, 기득권에 맹목적으로 복종케 하는 이데올로기를 확대재생산한다. 세계화라는 미명아래 민족의 이익보다는 친미·친서방 강대국의 이익에 봉사하는 반민족적 언론행위를 정당시한다.

주체성을 상실하고 출세주의적 노예근성에 사로잡혀 있는 한국언론은 변화를 외면하며 개혁을 가로막고 진보를 증오한다. 있는 것을 없는 것으로, 없는 것을 있는 것으로 만들어내는 '떼거리 저널리즘'으로 뉴스장사를 하는 한국언론은 자사의 이익에는 '열린 언론'을,

국민의 이익에는 '닫힌 언론'을 지향한다. 이런 패륜적 가치관을 정당시함으로써 한국언론은 언론이 아니라 때론 국민을 헤치는 흉기로 둔갑한다.

오늘날 언론사는 독자 위에 권력기관으로 군림한다. 공익성을 담보해야 할 언론이 몇몇 족벌 · 종교재단 · 토호권력에 의해 배타적으로 지배됨으로써 사적 이익을 추구하는 매체로 변질됐다. 공공의 제도가 사적 제도로 변질됨에 따라 수용자의 인격권과 생존권이 크게 침해되었다. 소수의 몇몇에 의한 여론의 독과점적 지배현상이 고착화되면서 언론파시즘은 고삐 풀린 망아지모양 우리 사회를 마구 휘젓는다. 언론은 각종 특혜를 누리며 기득권 보호를 위한 바람막이 역할을 함으로써 시민사회에 군림하는 권력집단으로서의 역할을 공고히 하려 든다.

이런 한국언론을 본받아 지방언론도 지역사회에서 토호권력으로 군림하려 드는 것을 당연시한다. 중앙지의 '대통령 만들기'를 모방해 지방언론은 특정세력의 지방의회 · 시정 · 도정 등의 싹쓸이 공작을 서슴지 않는다. 지역사회를 장악한 기득권 세력끼리 똘똘 뭉쳐 '형님', '동생'하면서 개혁에 저항한다. 강자에게는 한없이 굴종하고 약자에게는 무자비한 쇠망치를 휘두른다. 민중의 이익을 위해 토호세력의 부정과 비리를 비판하지 않는다. 지방언론의 잔인한 횡포는 고스란히 지면에 재현된다.

비판정신이 사라진 지면은 언론이 아니다. 선전지나 '찌라시'이다. 지방신문은 언론으로서의 생명력을 지니지 못했다. 생명력이 없는 신문은 볼 게 없다. 볼 게 없는 지방신문을 독자들이 찾을 리 없는 것은 너무나 당연하다.

❸ 개선안 모색

인식제고 개선

> ✍ 열쇳말
> - 지면정체성 상실
> - 행정기사 범람
> - 반전국지 행세

지방신문의 독자는 어떤 사람들일까? 한국언론재단이 발간한 『2006 언론수용자 의식조사』에 따르면 수용자들은 신문기사가 '정치적으로 편파적(60.5%)'이고, '국민 이익보다 자기회사 이익을 우선(60.4%)'하며, '선정적이고 흥미 위주로 편집(60.1%)'하고, '대책 제시 없이 비판 일변도(58.7%)'라고 평가했다. 수용자들은 또 '정치 · 경제에 대한 비판이 미흡(59.0%)'하며, '신문사의 잘못을 인정하는 정정보도가 부족(55.1%)'하고, '부유층과 권력층의 입장을 대변(55.9%)'한다고 지적했다. 이밖에 한국의 신문기사는 '사실보도와 기자 의견의 구분 모호(56.2%),' '기자의 전문성 부족(43.5%)', '오보가 많다(39.0%)'고 지적해, 언론이 신뢰성을 지니지 못한 것으로 나타났다(한국언론재단, 2006, 70~73쪽).

김영욱은 "지방언론은 한국언론의 이와 같은 점을 신줏단지 모시듯 하며 리카피한다. 품질이 조작해지는 것은 너무나 당연하다. 설상가상으로 지방언론은 지면의 정체성마저 상실하고, '성의없는 지면제작'으로 일관한다. 지면의 모양뿐만 아니라 내용에 대한 다양성과 충실도, 정확성, 기획성, 공공성, 공익성 등의 평가에서도 전국지에 비할 바 못된다. 통신기사 의존율은 전체 지면의 면적 기준으로 중앙지의 3.6%보다 훨씬 높은 21.7%에 이른다"고 개탄한다(김영욱, 2001, 117~124쪽).

<표 9> 신문기사에 대한 수용자의 평가

단위: %

	전혀 그렇지 않다	별로 그렇지 않다	대체로 그렇다	매우 그렇다	4점 척도 평균(점)
정치적으로 편파적	2.0	30.3	46.7	13.8	2.78
국민이익보다 자사이익 우선	2.6	31.3	45.6	14.8	2.77
선정적이고 흥미 위주로 기사편집	3.8	31.7	45.4	14.7	2.74
대책 제시 없이 비판 일변도	2.1	31.9	47.6	11.1	2.73
정치·경제에 대한 비판 미흡	2.5	33.4	47.0	12.0	2.72
신문사의 잘못을 인정하는 정정보도 미흡	1.8	35.7	41.3	13.8	2.72
부유층과 권력층 입장대변	2.7	35.3	41.3	14.6	2.72
사실보도와 기사의견의 구분모호	1.8	34.5	44.8	11.4	2.71
기자들의 전문성 부족	3.9	43.6	36.4	7.1	2.51
오보가 많음	3.4	49.4	32.7	6.3	2.46

출처: 한국언론재단, 『2006 언론수용자 의식조사』, 72쪽.

지방지를 구성하는 지면은 크게 두 부분으로 나뉜다. <연합뉴스> 기사와 천편일률적인 행정기관(시청·경찰청·교육청 등)에서 제공하는 행정관련 기사가 그것이다. 지방지는 60% 이상을 <연합뉴스>에 의존한다. 문제는 <연합뉴스>의 기사 완성도가 그다지 높지 않다. 따라서 <연합뉴스>를 게재할 때에는 세심한 검토가 요구된다. 지방지는 무턱대고 이를 전재한다.

지방신문의 지역뉴스면은 대개 행정기관이 제공하는 보도자료를 재가공해 지면을 메운다. 관에서 제공하는 행사위주의 전시성 보도로 '공무원형 신문'이라는 비아냥을 듣기도 한다. 기자가 관에서 배포하는 보도자료를 베껴 쓰다 보니 때로는 행정용어가 걸러지지 않고 버젓이 지면에 게재된다. 이는 행정기관의 공지사항을 모은 프로파간다(*propaganda*), 즉 선전언론(宣傳言論)이지, 언론이 취재보도한 지면이라 할 수 없다.

공무원형 신문이 지역사회 주민들에게 환영받을 리 없다. 지역민들이 지방신문에 요구하는 지역뉴스란 단편적인 사실보도에 그치지 않고, 심층성과 전문성, 공정성과 공익성을 담보하는 의제설정기능이 강화된 지면이다. 지역민들은 단편적인 정보나열형 보도기사보다는 진솔한 목소리를 담아내는 의견기사를 원한다. 지방신문이 그 취재체계를 지역주민 밀착형으로 전환하지 않고, 지역신문 살리자고 호소하는 것은 어불성설이다.

지역민들은 또 지방신문이 자신들의 의견을 정확하게 전달하기는 커녕 냉담과 무관심으로 일관한다고 비판한다. 지방신문은 곧잘 금권과 관권의 하수인이 되어 지역의 여론을 왜곡·조작하는 행위를 마다 않는다. 그것은 지방신문이 지방언론으로서의 특수성과 경쟁력을 살려 독자와 광고주를 확보해 자생력 있는 신문으로 성장하는 것을 외면하고, 지방언론이 지닌 권력을 이용해 지역의 관권과 기업체와의 유착으로 시장생존을 도모한 것에서 비롯된 현상이다.

지방언론이 전국지에 밀리지 않고 언론시장에서 살아남기 위해선 전국지와 지방지, 지방지와 지방지 사이의 차별화밖에 없다. 어정쩡하게 통신기사에 의존해 전국뉴스와 혼합 제작할 경우 상세하고도 심층적인 전국뉴스를 다루는 전국지에 경쟁력이 떨어질 수밖에 없다. 지방지는 최소한 그 지방에서는 지역뉴스의 주된 생산자가 되어야 한다. 지방신문이 해당 지역의 뉴스에서조차 주독지로서의 역할을 수행하지 못한다면 지방지가 설 언덕은 없다.

지방지에 지역성을 주문하면 일부 지역언론인들은 기삿거리가 없다고 핑계 댄다. 이는 지역성 기사가 무엇인지도 모르는 무지에서 비롯된 언론관이다. 피아노 건반은 88개이다. 기타는 6줄이다. 훌륭한 연주자는 건반이나 기타의 줄 수가 많고 적음을 탓하지 않는다. 오로지 주어진 여건을 활용해 음악을 창조해낸다. 지역사회의 기사 또한 마찬가지다. 시급히 버려야 할 것은 중앙지·전국지에 중독된 낡은 언론관이다. 기자의 눈을 어디에 두느냐에 따라 지역사회에 밀착한 기사는 얼마든지 있다(Jock Lauterer, 2006, 178쪽).

중앙뉴스, 전국뉴스도 지방의 주체적인 시각에서 재해석해 보도할 필요가 있다. 국제 커뮤니케이션에서 서방선진국의 메이저 언론사가 제공하는 뉴스를 우리의 주체적인 시각에서 재해석해 보도해야 하듯이 전국뉴스, 중앙뉴스를 지역뉴스의 가치관과 지역적 시각이란 측면에서 재해석해 보도할 필요가 있다. 전국지와의 차별화된 지면을 제작하고 지방지의 정체성을 확보하지 않고, 중앙뉴스 중심의 종속적인 지면구성으로는 지방신문의 미래를 담보할 수 없다.

장명석은 "독자들은 본능적으로 자신의 삶과 밀접한 생활정보에 많은 관심을 보인다. 생활경제나 지역문화, 레저, 교육 등 지역민에 밀착한 기사를 요구한다. 지방신문은 지역민의 욕구에 부응하는 커뮤니티 페이퍼로서의 제작태도를 확립할 필요가 있다. 그것만이 지방신문의 경쟁력을 회복하는 첩경이다. 어중간한 '반(半) 전국지' 노릇으로는 설 땅이 없다. 전국지가 '일반상품'이라면 지방지는 '특수상품'이어야 하고, 전국지가 '보통상품'이라면 지방지는 '전문상품'이어야 한다. 지방신문이 지역민들의 '생활필수품'으로 기능할 수 있을 때 비로소 지방신문의 살길이 열릴 것"이라고 충고했다(장명석, 1996, 56쪽).

지방신문은 지역의 이슈를 개발한 피처기사의 확대와 지역의 실정에 기반한 특색 있는 지면의 제작을 도입해야 한다. 대구경북을 예로 들면 대구지역 신문에는 지역의 특화산업인 섬유면과 광학산업면에 있어야 하며, 농어촌 지역을 대상으로 한 신문에는 농어촌면이, 포항지역에는 철강공단과 어업수산 및 해양면이, 구미지역에는 전자산업면이, 안동지역에는 국학과 농업, 문화관광산업면의 지면개발 등이 그것이다. 이런 노력을 보여주지도 않고 무조건 "지방신문이 안 된다"는 넋두리는 설득력이 없다.

의식구조 개혁

열쇠말
- 특권의식 탈피
- 편집권 독립
- 지역민신문 지향

지방신문의 지면개혁은 지방언론 종사자들의 의식구조 개혁에서부터 실마리를 찾아야 한다. 언론인이 폐쇄적인 특권의식에 젖어 있는 마인드를 탈피하지 못하는 한 지방언론의 개혁은 없다. 무지하면서도 고루한 마음가짐으로는 지식정보산업으로 탈바꿈하는 시대적 변화에 적응할 수 없다. 보다 진보적인 사고로 열린 마인드를 지닐 때 비로소 독자와 정보유통의 쌍방향 커뮤니케이션을 실천할 수 있다. 기자가 뉴스감을 정하는 과정, 이른바 게이트키핑을 통해 정보를 독점적으로 해석하고, 또 독점적 생산한다는 배타적인 생각을 버리지 않는 한 시대에 낙오한 언론인이 될 수밖에 없다.

기사는 결코 기자에 의해 고의적으로나 임의적으로 만들어서는 안 된다. 기자가 뉴스를 만든다는 오만한 생각에서 벗어나지 않는 한 언론 민주화는 제도적으로 불가능하다. 기자는 있는 사실을 성실하게 전해주면 된다. 그것이 기자가 할 일이자, 기자의 역할이다.

둘째, 편집권의 독립을 제도적으로 보장해야 한다. 편집권의 독립은 한국언론에서 언론개혁의 1순위로 실천해야 할 문제지만, 지방언론에서는 0순위이다. 중앙지는 기사를 왜곡조작하기 위해선 형식적이나마 꽤 복잡한 절차를 요하지만, 지방지에서는 언론사주나 CEO의 노골적이며 단순한 말 한마디에 지면이 춤춘다. 지방신문 사주나 CEO가 황제처럼 아무런 간섭도 받지 않고 지면을 쥐락펴락하는 한 지방신문의 경영난 탈피는 요원하다.

셋째는 편집국의 조직을 시대의 흐름에 맞게 개혁해야 한다. 현대사회에서 독자들이 신문에 요구하는 것은 단순한 정보의 나열이 아니다. 전문화된 정보, 알권리를 실현하는 심층보도, 공동체의 삶을 실현하기 위한 쌍방향 커뮤니케이션의 구현 등이다. 전문성과 사명감이 결여된 빈약한 기자인력, 출입처 위주의 취재관행, 전무한 전문기자 및 대기자, 정형화된 편집과 스트레오화된 취재보도 시스템으론 독자들의 욕구를 지면에 담을 수 없다. 지방언론의 편집국을 21세기 디지털 시대의 지식정보산업에 걸맞은 시스템으로 바꿀 때 지면개혁을 담보할 수 있다(김영재, 1997, 158쪽).

지방신문이 시장퇴출을 면하고 살아남기 위한 생존조건은 단 하나다. 있어도 그만, 없어도 그만이 아니라 지역주민과 함께 동고동락하는 것이다. 주민이 울 때 같이 울고, 주민이 웃을 때 같이 웃을 수 있는 신문이 될 때 지방신문의 내일을 얘기할 수 있다. 오로지 지역민이 원하는 기사, 지역주민이 피부로 느끼는 기사를 제공하는 일이야말로 지방신문의 존재 이유다.

지방언론의 지면이 출입처와 보도자료에 근거한 정보나열형 기사에서 벗어나지 못하면 그 미래는 없다. 지방언론의 종사자, 특히 지방언론 사주나 CEO는 스트레오 타입화된 지방신문의 지면이 언론상품의 소비자인 독자들로부터 외면받아 시장에서 퇴출되고 있음을 깨달아야 한다. 따라서 지방신문의 지면개혁은 지방언론 살리기의 본질적 요소다. 지방신문의 질 향상이라는 개혁을 구현해야 할 근본적인 출발점은 지방언론 기자 자신의 몫임을 확고히 할 필요가 있다. 지방언론사는 기자들의 자구 노력을 제도적으로 뒷받침해야 한다. 그 과정에서 지방신문 사주나 CEO가 '콩 놔라 팥 놔라' 간섭하는 순간부터 모든 개혁이 도루묵임을 명심하여야 할 것이다.

❀2004. 12. 22. / 2007. 12. 27. 더함.

7 지방신문 자본론

언론의 본질은 자본의 성격에 따라 가름 된다. 지방언론을 구성하는 언론자본 분석을 통해 언론이 보수적이고 반개혁적일 수밖에 없는 한계성을 지적한다. 나아가 시민언론과 우리사주언론을 그 대안으로 제시한다.

신문자본과 신문성격

열쇳말
- 언론재벌 매체
- 재벌언론 매체
- 종교자본 매체

지난 1998년 김영삼 정권의 '국가부도'로 야기된 'IMF 구제금융사태'는 한국사에서 큰 획을 긋는 일대 사건이었다. IMF는 우리 사회와 역사의 패러다임을 'IMF 이전'과 'IMF 이후'로 구분할 만큼 중요한 의미를 지닌다. IMF는 비단 경제에서만 아니라 정치 · 사회 · 문화 · 종교 · 교육 · 언론 · 과학 등 한국인의 삶에 직접적으로 심대한 영향을 끼쳤으며, 그 여파는 아직도 진행중이다.

언론자본은 매체의 본질을 규정하는 잣대다. 자본이 어떤 성격을 지녔느냐에 따라 논조와 보도방향, 언론의 사명과 기능 및 역할, 임무 등이 규정된다. 다시 말해 언론자본이 어떠하냐에 따라 언론의 성격이 결정되는 것이다. 그러면 언론자본의 종류부터 살펴보고, 지방언론을 둘러싼 언론자본의 실체를 규명해 보자.

한국 신문기업의 자본은 사적영역의 자본을 지닌 매체(독점언론자본매체, 독점재벌매체, 종교자본매체, 토착자본매체, 주재기자매체, 사원주주매체)와 공적영역의 자본을 지닌 매체, 즉 △공영매체 △국민매체로 구분할 수 있다. 이들 자본이 지닌 성격을 살펴보면 대체로 다음과 같이 정의할 수 있다(김승수, 2002, 226~232쪽 참조).

사적영역의 자본매체는 개인이나 법인 등이 매체기업의 주주가 되어 사적 이익을 극대화하는 언론을 말한다. 사영매체 대주주는 신문의 편집, 경영 등 모든 것을 장악한다. 사영매체자본으로는 독점언론자본매체, 독점재벌매체, 종교자본매체, 토착자본매체, 주재기자자본매체, 사원주주매체 등을 들 수 있다. 독점언론자본매체는 대개 언론재벌을 일컫는다. 언론재벌은 신문시장을 독과점적으로 지배할 뿐 아니라 여론시장을 좌우한다. <조선일보>는 독점언론자본의 전형이다. <조선일보>는 신문을 발판으로 잡지, 출판, 인쇄는 물론 호텔, 부동산, 골프장 등을 계열기업으로 거느리고 있는 재벌급 언론사이다.

<중앙일보>와 <동아일보>는 독점언론자본매체이면서 동시에 독점재벌매체의 성격을 지닌다. 독점재벌매체는 재벌언론으로서 모기업의 방패막이와 성장의 교두보라는 목적아래 설립된 언론이다. <중앙일보>는 삼성그룹에서 계열분리되어 이건희 회장의 매제인 홍석현 회장의 보광그룹에 편입된 재벌언론이다. <동아일보>는 고려중앙학원과 삼양사그룹, 경방그룹과 특수관계를 맺는 재벌언론이다. 재벌언론매체는 언론의 사명이나 역할, 기능보다는 그룹차원에서의 홍보조정기구라는 성격을 더 많이 지닌다.

따라서 이들의 신문경영은 경제적 동기와는 거리가 멀다. 방만한

문어발 경영과 물량위주가 그 특징이다. 재벌언론은 IMF 이후 언론산업이 자본만 빨아들이는 거대한 블랙홀로 인식되면서 재벌자본이 철수하자 급격히 설 자리를 잃고 군소언론으로 전락했다. 현대그룹은 <문화일보>에서, 한화그룹은 <경향신문>에서, 롯데그룹은 <국제신문>에서 손을 뗐고, 대우그룹과 갑을그룹은 모기업의 몰락과 함께 <부산매일신문>은 부도 이후 폐간되었으며, <영남일보>는 법정관리로 연명하다가 다시 동양종합건설이라는 건설업체의 계열사로 편입되었다.

종교자본매체는 종교기관이나 단체, 또는 종교인이 소유, 운영하는 매체로 <기독교방송(CBS)>, <평화방송(PBS)>, <불교방송(BBS)> 등과 같은 종교방송, <국민일보>, <스포츠투데이>, <파이낸셜뉴스>, <세계일보>, <매일신문>과 같은 일간지 등이 포함된다. 이들 매체는 종단의 이익을 최우선적 가치로 한다. 다종교 사회에서 종교 간의 경쟁에서 우위를 점하기 위해, 소속 종단이나 종교의 영향력 확대를 위해, 종교기관의 재산보호나 외부세력의 공격에 대비하기 위한 목적에서 운영되는 종교자본 매체의 경영이나 편집 또한 일반 사주언론이나 족벌언론보다 더 독립적이거나 투명하다고는 볼 수 없다.

한국사회에서 부와 권력을 거머쥔 지배집단으로 성장한 일부 종교자본은 종교 본연의 사업 외에 학교, 언론, 병원, 기업, 스포츠 등으로 재벌의 문어발식 경영을 답습한다. 정치적으로도 상당한 영향력을 행사하며, 언론은 여기에 힘을 보탠다. 우리 사회를 실질적으로 지배하는 권력집단으로 성장한 종교집단이 기득권의 유지와 옹호, 확대를 위해 언론을 지배하는 것은 종교의 본질에도 맞지 않을 뿐 아니라, 반언론적인 매체기업의 속성을 고스란히 드러낸다는 점에서 결코 간과할 수 없는 문제다.

토착자본매체는 지방의 중소기업인, 토호, 자본가, 지주 등이 결합한 자본을 말한다. 토착자본매체는 지방언론을 대부분 장악한다. 토착자본을 구성하는 성격은 지방의 중소건설업자나 백화점 등이 많다. 이들 업종은 관의 허가를 많이 필요로 한다. 일부에서는 이들이 허가권을 쥔 지방정부와의 관·재·언 유착관계를 원활하게 하기 위해 지방언론 사업에 나서는 것이 아닌가 하는 의혹을 제기한다. 염불보다는 잿밥에만 관심이 있는 토착자본의 성격으로 지방언론은 시장에 비해 우후죽순 난립하는 한 원인으로 작용한다. 악어와 악어새처럼 지방의 토호세력을 유지·보호하기 위해 설립된 이들 언론이 제구실을 다하지 못하리라는 것은 두말할 나위 없다.

주재기자자본매체는 지방주재기자들의 지국보증금으로 설립·운영되는 매체다. 이들은 대부분 간판뿐인 신문을 면치 못한다. 내용적으로 조악하기는 물론 언론의 사명이나 윤리 따위는 호사스런 수식어에 그친다. 언론으로서의 긍정적인 사회적 영향력은 전무할 뿐만 아니라 언론문화를 오염시키는 그 해악은 이루 말할 수 없이 크다. 우리 사회의 양식을 갉아먹으며 기생하는 주재기자자본매체가 근절되지 않고 기승을 부리는 것은 언론의 타락을 부추기는 권력의 용인과, 지방주재기자들이 언론이라는 미명으로 일선 시군의 기자실을 장악하여 관·언 유착을 통한 이권 확보에만 혈안이 되어 있기 때문이다.

공적영역의 자본을 지닌 매체로는 사원주주매체, 국민주주매체, 공공주주매체 등을 들 수 있다. 사원주주매체는 사주가 독식하던 주주를 종업원에게 개방한 매체를 일컫는다. 한화그룹이 철수한 <경향신문>이 77.23%, 국영언론에서 사원주주매체로 탈바꿈한 <서울신문>이 39.0%, 현대그룹으로부터 독립한 <문화일보>가 38.46%, 국민주신문으로 출범했던 <한겨레>는 30.26%를 종업원들이 소유함으로써 사원주주매체라 할 수 있다. 사원주주매체는 기업경영의 이익과 리스크가 전부 종업원에게 귀속된다. 공익보다는 사원의 이익이 우선시 되는 특성을 지닌다.

국민주주매체는 지분이 공개되어 다수의 국민에게 있고, 경영과 편집이 독립된 형태의 매체를 말한다. 우리나라에서는 한때 <한겨레>가 유일하게 국민주주매체였던 적이 있었다. 이런 매체는 이윤실현이 목적이 아니라 지배체제를 감시하고 시민과 노동자의 보편적인 이익 추구가 그 목적이다. 국민자본매체의 가장 큰 문제점은 주객이 전도되어 온 국민이 주인인 것을 빌미로 너도나도 주인행세를 해 경영권이 표류하기 쉽다는 점이다. 이 같은 경영권의 누수로 인해 국민매체는 무사안일하고 방만한 경영에 빠져 언론기업의 효율성을 달성하기 어렵다(김승수, 2002, 231쪽).

공공주주매체란 국가기관이 직접 소유하거나 투자한 매체를 말한다. <한국방송(KBS)>, <문화방송(MBC)>, <연합뉴스> 등이다. 이들은 대체로 규모가 크고, 시장지배력이 상당하지만 정부가 사실상 사장을 임명하므로 정치권력의 하부수단이 될 우려가 많다. 정부가 직접적으로 여론시장에 개입하여 지배적인 여론을 확대재생산함으로써 민주적 여론형성에 나쁜 영향을 준다.

또한 공공주주매체는 일반적으로 경영이 관료화를 지향하며, 전근대적이고 방만하여 비효율적이라는 비판에서 자유롭지 못하다. 정치적 독립, 경영의 합리화를 전제로 하지 않는 공공주주매체는 극단적으로 말해 언론의 진흥이 아니라, 언론자유를 좀먹는 해충이라 하겠다. 소유와 경영, 경영과 편집의 분리는 공공주주매체가 당면한 과제다.*)

토호자본과 지방지

열쇳말
- 토착자본 매체
- 신문자본 검증
- 주재기자 매체

지방의 언론자본이 언론을 매개로 토착기업과 정치인·관료 등과 연합, 서로의 이권을 주고받는 것은 부패, 아니 범죄다. 많은 지역신문사들은 토착세력의 한 축을 형성하면서 합리적인 경영이나 시장전략이 아닌 부당이득을 취득하거나 기득권 유지를 위한 목적으로 신문을 경영한다. 좀 비약해서 말한다면 부동산, 건설사, 유통업체 등을 발판으로 자본을 축적한 지역의 토착세력이 지방신문을 경영함으로써 세도가로서의 명망을 얻는 한편 이권개입, 기업활동 보호 등을 속셈으로 신문을 운영하고 있다 해도 틀린 말은 아니다.

따라서 언론개혁 차원에서 모든 언론사의 자본이 지닌 성격을 검증할 필요성이 제기된다. 이는 민주주의의 건강성을 담보하기 위해 필연적으로 실천해야 할 과제다. 자본주의의 천국이라는 미국에서는 금융자본에 진출하려면 반드시 자본에 대해 설명해야 한다. 경제의 실핏줄이자 신경이라는 금융산업에 투자하기 위해서는 그 자본이 깨끗한지, 도덕성은 지녔는지를 미리 검증한다.

하물며 민주주의의 동맥이자 신경인 언론산업에 투자하는 자본의

---

*) 이로 인해 공공주주매체의 사유화 논란이 일고 있다. 공공주주매체를 무조건 사유화하는 것은 매우 위험하기 그지없다. 공공주주매체가 지닌 불합리성과 비효율을 제거하고, 공적 기능을 강화해 공공주주매체의 사명을 확대하는 것이 오히려 현명한 대안이다.

성격이 어떤 것인지에 대해서는 새삼 거론할 필요가 없다. 모름지기 언론산업에 투자하는 자본은 그 성격을 공개적으로 소명해야 한다. 깨끗한 자본이 깨끗한 언론산업을 구현하며, 공공성의 제고라는 형태로 나타난다. 시장경제 패러다임이 근본적으로 적용되지 않는 지방언론 자본에 대해서는 더더욱 세세히 따져봐야 한다. 특히 최근 건설업자 · 환경산업자본의 신문시장 진출을 눈여겨 볼 대목이다(관련기사 ☞ 붙임: 건설자본과 지방신문 참조).

언론자본 공개

> ✍ 열쇳말
> - 사주의 마름머슴
> - 언론인의 사병화
> - 공공성 훼손파괴

현대 자본주의 사회에서 기업은 자본의 이익에 복무하기 위해 존재한다. 언론기업 또한 예외가 아니다. 지방언론에서 언론사주는 황제로 군림한다. 사주의 말 한마디는 법이요 진리며 길이다. 무소불위의 이 권력을 통제할 장치는 아무것도 없다. 중앙지 사주는 그래도 쳐다보는 눈이 많으니까 스스로 자제하는 척 흉내라도 내지만, 지방언론 사주는 아무런 견제장치도 없으니, 모든 게 제 입맛대로다. 개혁의 사각지대에서 독버섯처럼 기생하며 언론인으로서는 고사하고, 차마 건전한 상식을 지닌 인간이 지녀야 할 최소한의 도덕성마저 보여주지 못하는 것이 다반사다. 언론을 언론으로 여기지 않고, 언론인을 마름머슴처럼 사병화하여 자신의 이익만을 위해 존재하는 도구로 만드는 것이 21세기 지방화의 첫머리를 연다는 대한민국 지방언론 사주의 빗나간 자화상이다.

언론은 공익적인 제도를 지닌 사회적 시스템이다. 언론의 공익성을 담보하기 위해서는 언론기업에 투자하는 자본에 대한 검증이 불가피한 이유가 여기에 있다. 언론기업은 비록 사기업이라 할지라도 언론이 지닌 공공성을 결코 사유화할 수 없다. 정부의 언론개혁정책은 언론이 사적 매체라 하더라도 공적 제도임을 간과하지 않는 것이어야 한다. 언론자본의 투명화를 통해 언론의 공공성을 담보하는 실질적인 언론개혁을 구현해야 한다. 언론자본은 공익성에 복무해야 한다는 언론의 사명을 제도적으로 시스템화할 필요가 있다. 언론자본에 대해 방치한 언론개혁은 하나마나 한 도루묵 개혁이다. 개혁의 칼바람이 지나고 나면 자본의 회귀성은 원상대로 금방 회복시키기 마련이다.

시민과 우리사주의 결합은 이상적인 언론자본의 형태이다. 언론사주가 배타적으로 독점하고 있는 언론자본을 이들에게 공개해야 한다. 불특정 다수의 시민이 수용자로서, 또는 주주로서 언론에 대해 공식적으로 참여할 장치가 제도적으로 보장되고, 언론기업 종사자가 언론사주와 대등한 자격으로 언론기업에 참여할 권리를 지닐 때, 사주 1인을 위한 사적 이익추구의 망령에서 해방될 수 있다.

❀2004. 12. 29.

붙임: 건설자본과 지방신문

> 열쇳말
> - 모기업위 방패막이
> - 언론사주 신분세탁
> - 토호자본의 홍위병

지방신문 시장이 시한부 생명을 살고 있는데도 새 신문은 끊임없이 창간된다. 특히 TK지역의 경우는 건설자본의 지방 일간지 창간 붐이 절정을 이룬다. 포항의 중견 건설업체였던 동양종합건설(대표 배성노)이 대구의 〈영남일보〉를 인수한 이래, 포항에서 도토리 키재기를 해왔던 고만고만한 건설업체가 앞서거니 뒤서거니 일간지 시장에 진출을 하고 있다.

건설자본이나 환경산업의 신문시장 진출은 바람직하지 않다. 관으로부터 인·허가와 관리·감독이 가장 많은 이들은 언론을 소유함으로써 여러 기관으로부터 간섭과 감독을 피할 수 있다. 또한 뉴스의 취재보도라는 이름아래 사전에 개발정보를 빼낼 수 있을 뿐 아니라 공사수주에도 이용이 가능하다. 나아가 언론을 통해 라이벌 경쟁사의 업무동태를 낱낱이 파악할 수 있으며, 영업조차 좌지우지할 수 있는 힘을 지닌다.

여기에다 덤으로 지역언론과는 동업자라는 '침묵의 카르텔'로 사업의 방패막이를 한다. 하루아침에 지역사회의 유력한 기관장으로 신분세탁도 가능하다. 지역사회의 공식적인 유지로서 토호권력으로 군림할 수도 있다. 이런 속셈으로 신문시장에 진출하는 것 아니냐는 말은 상당한 설득력을 지닌다. 그것은 이들 자본이 투자된 신문이 수행하는 언론의 역할을 보면 확연히 알 수 있다.

그렇다고 지방언론 운영에 큰돈이 드는가 하면 그것도 아니다. 소수정예라는 명분하에 최소한의 인원으로 편집진을 꾸리고, 기사의 주력은 통신과 각 시군별로 주재기자를 계약해 지면을 메운다. 이때 모자라는 기사는 인터넷 등에서 무단 퍼오기와 적당한 짜깁기로 메우면 그만이다.

이러한 신문사의 본사 규모는 편집부 기자 5~6명, 취재기자 5~6명, 총무·경리 및 판매·광고담당 직원 2~3명 등 12~15명 안팎과 주재기자 등으로 구성돼 있다. 신문경영에서 가장 큰 명목을 차지하는 인건비는 겨우 최저생계비 남짓한 수준에서 결정되므로 그다지 걱정할 필요가 없다. 주재기자는 보증금을 받고 유료신문판매부수와 광고유치 할당으로 급여를 상쇄하고도, 오히려 얼마간씩 매월 수금할 수 있어 인건비 부담이 전혀 없을 뿐만 아니라 지면을 공짜(?)로 메워주므로 많으면 많을수록 좋다.

이들 신문은 판매와 광고 등 신문사의 수입에는 그다지 관심이 없다. 오로지 신문만 찍어내면 그만이다. 한 달 운영경비라야 인건비＋신문제작비＋관리비 등 6,000여만 원이면 족하다. 이 정도 금액은 지방주재기자들에게 떠넘긴 신문판매대금과 광고유치비용 등으로 3,000여만 원을 떠넘길 수도 있다. 본사를 먹여 살리는 먹이사슬 역할을 하고 있는 주재기자로 인해 신문은 자립경영도 가능하다는 얘기다.

신문에 투자하는 돈은 결국 창간시 약간 소요되는 소모성 경비와 월 2,000여만~3,000여만 원만 부담하면 졸지에 지역언론 사주로 신분세탁이 가능하다. 3,000여만 원의 투자로 한낱 토건업자 취급밖에 받지 못했던 건설자본주가 졸지에 지역사회의 기관장, 유지, 명사로 대우를 받을 수 있다. 사정이 이와 같으니 너도나도 신문을 하고 싶어 안달이다.

지방신문이 지역세도가·토호자본의 방패막이·홍위병으로 전락한 언론사에서는 독자확대나 경영합리화 같은 시장생존을 위한 신문 본래의 활동에는 심혈을 기울일 필요가 없다. 그 대신 언론인들은 사주의 심부름꾼, 마름머슴을 각오하지 않으면 안된다. 사주 대신 권력에 로비하는 데 동원되거나, 이권을 챙기기 위한 브로커가 되기도 한다.

언론인의 정체성이 사주를 위한 충견(忠犬)으로 전락함으로써 언론정신이 심각하게 훼손될 각오를 하지 않으면 안된다. 사정이 이와 같은데 무슨 기자의 사명을 찾고, 언론윤리를 운운한다는 것은 한낱 '빛 좋은 개살구'에 불과하다. 언론인의 정체성이 없는 신문은 이미 언론이 아니다. 언론이 아닌 신문사에서 언론을 찾는 것은 산에 가서 고래를 잡겠다는 소리와 다를 바 없다.

❀2007. 4. 6.

지방신문과 사이비언론

사이비언론은 이유 여하를 막론하고 척결되어야 할 명제다. 우리 사회에서 회자되는 사이비언론 논쟁은 대부분 언론에 대한 불신을 초래해 언론을 길들이게 하려는 음모가 작용한다.

❶ 사이비언론인

사이비언론의 사회정치학

열쇳말
- 사이비언론 척결
- 지역언론 비리만연
- 정언유착 기자숙청

동서고금을 막론하고 새로운 권력이 등장할 때마다 단골메뉴처럼 등장하는 구호가 있다. 바로 개혁이다. 이들이 표방하는 개혁이란 자신을 기준으로 이전의 것은 낡고 고루하다고 매도하여 폐기하고, 자신이 제시하는 이데올로기를 새로운 이념의 표준으로 하는 것을 말한다. 그 과정에서 필연적으로 권력은 언론을 장악하려 드는 데, 그 명분으로는 사이비언론의 척결을 표방한다. 이때 지방언론은 어김없이 사이비언론이란 낙인이 찍혀 걸려든다.

권력의 잣대로는 지방언론은 늘 사이비언론이다. 언론전문지 <미디어오늘>이 2001~2005년까지 전국 각 지방검찰청에 입건된 사이비언론인의 실태를 분석한 자료에 따르면 지난 5년 동안 각종 비리 혐의로 입건된 언론인은 351명이며, 이 중 225명이 구속되었다. 2004년도 기준 지역일간신문 평균종사자 수(102.8명)와 비교할 때 각각 3.4배와 2.2배에 해당하는 것으로, 이 기간 동안 사법처리된 언론인이 지역일간신문 두서너 개의 종사자 수와 비슷한 규모다.

<그림 2> 1990년 이후 현직 언론인이 연루된 형사사건의 전국 현황

이와는 별도로 <미디어오늘>이 지난 1990년부터 2005년까지 현직 언론인이 연루돼 사법처리된 형사사건 176건을 분석한 자료를 보면 수원지법이 32건으로 가장 많았고, 서울지법 21건, 의정부지원 20건, 인천지법 8건, 춘천지법 6건 등 수도권이 전체의 반을 넘었다. 충청권은 대전지법이 23건을 기록해 전국 2위를, 청주법은 13건이었다. 호남권에서는 광주지법이 16건, 전주지법이 14건을 기록했고, 영남권에서는 대구지법이 7건으로 가장 많았고, 창원지법 5건, 부산지법 3건, 울산과 안동지원이 각각 1건을 기록했다.

언론인들의 비리 유형은 △공갈 및 공갈미수 △사기 △변호사법 위반 △업무상 배임 △업무상 횡령 △사문서 위조 및 동행사 △알선수재 등 비리의 종합백화점을 방불케 했다. 이들에게 적용된 공갈·사기·횡령·변호사법 위반 혐의 등은 조직적이고 필연적인 범죄라는 것을 극단적으로 보여준다(김성완, 미디어오늘, 2006년 4월 12일자).

가령 지방신문이 기자를 선발할 때, 특히 주재기자일 경우는 기자로서의 자질은 부차적인 문제다. 누가 인맥이 많은가. 광고영업을 얼마나 잘할 수 있는가가 최우선적인 선발기준이 된다. 광고 리베이트를 급여의 대체 수단으로 여기는 현실에서 언론의 사명과 언론윤리를 운운한다는 것은 곤욕스러운 현실이다. 신문사가 '기자'라는 완장을 채워주는 대신, 수입의 일정 부분을 책임 지운다. 사정이 이와 같으니 지역언론인들의 비리는 '누구나 먼지 털면 날 수밖에 없는 구조'다. 이쯤 되면 '지방언론=사이비언론'이다. 물론 이 명제는 정당성을 지니지 못한다.

언론의 전형적인 사이비 행각은 구린내 나는 곳에 가서 사진 몇 장 찍고 기사화 하겠다며 금품을 요구하거나, 혹은 대가성 광고게재를 강요하다가 덜컥 쇠고랑 찬다. 그 이면에는 쥐꼬리만한 월급조차 제대로 지급하지 않는 언론사주 문제가 있다. 언론인들을 무더기로 범죄의 구렁텅이로 몰아넣는 악덕사주 가운데 일부는 명목상 책정해 놓은 임금의 지불 흉내는 고사하고, 심지어 “사이비 행각으로 뜯은 돈을 나눠 갖자”며 달려드는 파렴치한마저 버젓이 존재한다.

사이비기자는 언론인이라는 직책을 이용, 비리를 저지르는 언론인을 지칭한다. 사이비기자는 비리 유형에 따라 다양하다. 이권개입형은 언론사의 후광을 악용해 이권에 개입, 반대급부를 챙기는 기자다. 기업형은 언론사의 운영자금을 조달하기 위해 비리를 저지르는 기자인데, 주로 사주・경영주・간부층이 많다. 공갈형은 취재대상의 약점을 캐낸 뒤, 보도하지 않는다는 조건으로 금품을 뜯어내는 기자를 말하며, 주로 사진을 주요 무기로 삼는다. 권언유착형은 권력과의 유착으로 출세와 개인의 영달을 도모하는 악질적인 정치형 사이비기자이다. 산언유착형은 재계와의 유착으로 돈을 뜯는 고단수의 사이비기자이다.

사이비기자는 언론인이 아니라 범죄자이다. 사이비언론사는 언론사가 아니라 범죄집단이다. 언론모리배와 범죄의 소굴을 척결하려면 그 우두머리부터 교수대로 보내야 한다. 현실에선 범죄집단의 머리와 몸통은 놔두고, 촉수 노릇을 하는 깃털만을 잡아들인다. 대개의 경우 사이비언론이라면 그 본질인 사이비언론사로 인식하는 것이 아니라, 사이비언론인으로 왜곡해 인식한다.

사이비언론 논쟁에는 권력만 나서는 게 아니다. 권력의 음모에 맞서야 할 언론사가 나서 ‘사이비’라는 낙인찍기를 서슴지 않는다. 권력과 유착된 제도언론일수록 더욱 민감하게 반응한다. 가령 신규 매체의 기자가 기자실에 출입하려면 기존 언론사 출입기자들은 “어중이떠중이 아무나 들어 올 수 없다"며 기를 쓰고 반대한다. 이 정치적인 언사 이면에는 기자실을 고수함으로써 발생하는 '특혜'를 빼앗기지 않으려는 속셈이 도사리고 있다.

이때 겉으로 내세우는 명분은 언제나 "사이비언론과 함께 할 수 없다"는 구호다. 중앙지가 지방지를, 지방지가 신생 지방신문을, 신생 지방지가 다시 지역 주간신문을 사이비언론이라 매도하면서 배척한다. 한국언론의 이러한 사이비언론 논쟁은, 그것이 국민의 알권리와 언론의 자유를 언론 스스로 파괴하고, 훼손한다는 데 문제가 있다. 곧 권력이 비판적인 언론을 해체하려고 할 때의 수법을 기꺼이 언론이 대신해 주는 꼴이다.

그렇다고 오해하지는 마시라. 결코 사이비언론이 정당하다는 것은 아니다. 사이비는 백해무익하다. 공자(孔子)는 "썩은 나무는 조각할 수 없으며, 썩은 흙으로 쌓은 담장은 흙손질도 하지 못한다(『論語』, 公冶長篇; 朽木 不可雕也 糞土之牆 不可杇也)"고 하여 사이비의 무용성을 지적했다.

사이비언론 시스템

열쇳말
- 무늬만의 언론사
- 생계형과 축재형
- 언론범죄 척결

사이비언론은 껍데기는 언론의 모양을 하나, 실제로는 언론의 역할과 사명을 수행하지 않는다. 무늬만 언론이다. 사이비언론은 언론이 아니다. 언론을 가장한 '위장언론'이다. 이런 신문에선 정직과 정의란 찾아볼 수 없다. 무늬만의 언론이 언론을 가장하고, 언론이란 그늘아래 자신들의 위선을 드러낸다. 사이비언론을 독자들이 구별하기란 녹녹치 않다. 교묘히 참 언론이란 정품을 흉내 내는 짝퉁이기 때문이다. 복제해

내는 솜씨가 워낙 뛰어나 전문가가 아니면 누구나 속기 십상이다.

그러나 지방언론에선 사이비언론을 가려내기란 그다지 어렵지 않다. 지방지 가운데 일부는 확실히 사이비 유형의 범주에 드는 언론사도 있다. 지방언론의 실존을 좀 더 적나라하게 말한다면, 지방언론은 생존을 도모하기 위해 은밀히 광고청탁을 한다. 관공서에서 계도지라는 명목으로 봐주는 신문대금은 공식적인 관언유착의 대가성임에는 분명하다. 지역사회에서 조금이라도 비판을 가하려다 보면 '형님', '동생'이라는 얼굴로 전개되는 로비로 기사가 분식 · 왜곡되기 일쑤다.

김중석은 "지방지에서 벌어지는 사이비 행각은 대개 책이나 광고 강요, 신문판매 요구 등 이권개입이 주종을 이룬다. 중앙지처럼 아파트 특혜분양을 받고, 홍보성 기사를 써준 대가로 주식 뇌물을 챙기고, 권력으로부터 특혜를 받아 회사 키우고, 언론을 발판 삼아 정계로 진출해 권력의 편에서 호의호식하는 구조적이고 제도적인 사이비는 엄두도 내지 못한다. 현재의 지방언론으로는 사주의 이익을 위해 국가 권력이나 기업의 약점을 파헤칠만한 인재도 없고, 그럴 엄두도 못 낸다. 말하자면 지방지의 사이비가 '생계형 사이비'라면 중앙지의 사이비는 '축재형 사이비'다"라고 증언한다(김중석, 2004, 16~17쪽).

지방지가 생계형 사이비언론이라 할지라도 동정할 필요는 없다. 차제에 지방지에게 덧씌워진 사이비라는 굴레를 걷어내고 그 도덕성을 깨끗이 할 필요가 있다. 이를 위해선 빗나간 지방언론 사주의 언론관부터 정화해야 한다. 프랑스의 작가이자 저널리스트였던 오노레 드 발자크(Honoré de Balzac)는 "신문사의 사장, 주필을 하는 사람은 야심가, 사업가, 순수한 신문인으로 나뉜다"고 했다. 그는 "야심가와 사업가 부류는 사회적으로 명사가 되지만, 순수한 신문인은 신문인으로 살고 신문인으로 죽는다"고 했다(Honoré de Balzac, 1999, 28쪽).

배병화는 "지방신문이 사이비언론으로 지목돼 개혁의 대상으로 몰리는 이유는 간단하다. 그것은 지방신문이 정론을 펴지 못하고 사주의 뜻대로만 움직이는 것을 당연시하기 때문이다. 지방언론 사주가 노리는 이권의 주구로서 곡필을 일삼는 지방언론이 자주 사회적 물의를 빚어온 점도 작용했다. 지방토호세력이 운영하는 신문사일수록 그 폐해는 더욱 크다. 부동산업을 하거나, 건설업을 하거나, 백화점을 갖고 있거나, 사립학교를 운영하는 사람이면 누구나 신문을 추겨들고 싶어 한다. 권력의 바람막이로, 때로는 권력창출의 도구로 신문보다 더 매력적인 사회제도가 없기 때문이다. 지역발전에 이바지하고 지역문화 창달에 앞장서겠다는 사명감이나 다짐보다는 목적이 다른 데 있는 사주들이 적지 않다. 토착 상공인들이 부패기업의 방패막이로 어떤 유형의 기업보다 지방신문을 더 매력적으로 보고 있다고 보면 대충 맞는 말이다. 지방신문 사주가 이런 패러다임으로 신문을 경영하고 있으니 지방신문은 구조적으로 사이비언론으로 전락할 개연성이 다분한 채 출범한다"고 말한다(배병화, 2003, 1~2쪽).

여기에다 다른 한편에서는 "월급은 주지 않아도 좋으니 제발 기자로 근무만 할 수 있게 해 달라"라고 애원하는 일탈한 언론인들의 윤리도 가세한다. 이는 노골적으로 드러내 놓고 "나 사이비언론인이오"라고 광고하는 것과 다를 바 없다. 언론인이 아니라 '언론모리배'이다.

이들이 뿌리는 언론해악은 언론의 '일탈'이 아니라 언론을 가장한 범죄이다. 악화가 양화를 구축하듯 일부 지방언론과 주재기자 가운데는 다수의 언론모리배가 독사처럼 똬리를 틀고 앉아 언론범죄를 저지른다. 언론범죄는 언론산업의 환경정화를 위해서라도 시급히 척결해야 한다.

❷ 쓰레기언론사

유령언론 난무

> ✍ 열쇳말
> - 경계선 구분모호
> - 초슬림 살림살이
> - 도깨비언론 출현

지방신문의 실체적 진실 가운데 하나는 숫적으로 절대다수의 언론사가 '유령언론'이라는 사실이다. 유령언론은 '도깨비언론'과 '쓰레기언론'으로 나뉠 수 있다. 도깨비언론은 신문의 내용은 어느 정도 정론을 담고 있으나, 사세의 약화로 경영정상화를 구축하지 못해 보급이 제대로 되지 않는 언론이다. 이런 언론사는 민주주의의 기본 원리인 여론시장의 다양화를 위해 지역신문발전지원기금을 적극적으로 지원, 활성화시킬 필요가 있다.

반면 쓰레기언론은 언론종량제 실시의 대상이 될 언론이다. 신문독자는 일반 가정독자가 행정관청이나 기관, 단체 등의 독자보다 더 많은 것이 상식이다. 그런데 쓰레기언론사의 경우는 정반대다. 그 원인은 쓰레기언론이 신문으로서의 가치를 지니지 못하기 때문이다.

도깨비언론과 쓰레기언론의 공통점은 독자는 없고 광고주만 있는 신문사라는 사실이다. 둘 다 빈약한 자본과 경영난에 시달린다. 대개 주재기자의 보증금과 주재기자에게 떠안긴 광고할당금이 주력 재정이다. 여기에다 경영주의 능력에 따라 지방자치단체가 제공하는 홍보예산이 큰 수익원으로 차지한다.

궁극적으로 도깨비언론인가, 아니면 쓰레기언론인가는 전적으로 CEO와 언론사 종사자들에게 달려 있다. 그들의 선택 여하에 따라 도깨비언론일수도, 쓰레기언론일수도 있다. 분명한 것은 도깨비언론은 몰라도 쓰레기언론은 백해무익하다는 얘기다. 인터넷에서 남의 기사를 도둑질하고, 방송을 받아 적고, 타신문의 기사를 무단전재 베끼고, 보도자료를 단순재가공하는 신문은 자원을 낭비하는 쓰레기언론이다. 스스로 신문사의 간판을 내리는 게 사회에 기여하는 것이다. 많은 신문이 자신이 단순히 독자가 없는 도깨비언론인지, 아니면 자원을 갉아먹고 있는 쓰레기언론인지 되돌아 봐야 할 때이다.

쓰레기언론 발호

열쇳말
- 정치목적 창간
- 파행경영 자행
- 제호장사 속셈

본질적으로 자본의 언론시장 참여는 정치적 목적과 경제적 목적이라는 두 가지 측면에서 이뤄진다. 정치적 목적은 언론이라는 제도를 통해 사회적 권력을 획득하기 위한 하나의 수단과 방법을 말하며, 경제적 목적이란 이윤창출이 그것이다. 지방지는 현실적으로 규모의 경제를 실현해 언론시장에서 자본의 확대를 도모하기란 매우 어려운 구조다.

따라서 지방자본의 언론산업 진출은 정치적 목적성을 강하게 띤다. 지역사회에서 강력한 사회적 제도를 소유함으로써 파생되는 부수적 이윤의 확보가 그것이다. 우리 사회는 언론과의 유착을 도모하지 못해서 안달인 사회지도층과 지식인 그룹이 있다. 언론만 소유하면 누구나 이들의 전폭적 지지와 우군화 세력을 동시에 획득할 수 있다. 지방토호 자본으로 하여금 언론산업을 쉽게 포기할 수 없게 하는 요소다.

전형적인 사이비 언론사의 출현과정은 빌린 자본금 5,000만 원으로 법인을 설립하고, 주재기자의 보증금으로 운영자금을 조달해 신문사 간판을 내건다. 필요한 인력은 다른 언론사의 구조조정에서 퇴사한 자와 휴·폐업 신문사, 다른 신문사 등에서 데려오면 된다. 신문창간→재정난→임금체불→자본주 물색→발행중단으로 이어지는 '사이비언론'의 주된 운영자금은 주재기자들로부터 지대 선납금을 빌미로 수백만 원에서 수천만 원까지 받은 보증금이다.

신문제작은 인터넷신문의 뉴스서비스를 무단 퍼오기 해 짜깁기하고, 때론 라디오 뉴스 녹취로 기사를 만든다. 기자가 뉴스를 취재보도하는 것이 아니라, 인터넷과 라디오로 뉴스를 제조 생산해 낸다. 일부 쓰레기언론 사주들의 상상을 초월한 사이비 행각은 돈만 된다면 물불을 가리지 않는다. 어깨건, 파렴치한 범법자건 가리지 않고 '기자증'을 판매(?)한다. 사정이 이렇다보니 기사와 광고 맞바꾸기는 차라리 순진한 '애교(?)'라 할 정도다.

이런 언론은 엄밀히 말해 사이비언론이 아니라 쓰레기언론이다. 쓰레기언론을 바라보는 사회의 시각은 냉혹하기 그지없다. 문제는 이와 같은 언론현상에 의해 파생되는, 즉 지방언론에 종사하는 언론인들의 정체성에 대한 위기와 혼란이다. 쓰레기언론 자본주는 언론의 시장실패에 대해 그다지 관심이 없다. 언론이 저널리즘으로서의 정기능을 하는가 안하는가에 대해서는 더더구나 관심 밖이다. 그들은 단지 신문사라는 간판만 쥐고 있으면 된다. 신문기업이란 방패막이만 있으면 자신이 원하는 소기의 목적은 언제든지 어떠한 형태로든 쉽게 달성할 수 있기 때문이다.

여기서 멍들고 상처만 입는 것은 그 언론사에 소속된 언론인들이다. 그들은 추악한 토호자본의 언론외적 목적에 포로가 되어 저널리스트로서의 정체성을 상실하고, 나아가 전직의 기회마저 잃어 인생의 실패자가 되기 일쑤이다. 많은 청춘들은 지방언론의 창달이라는 푸른 꿈을 안고 젊은 나이에 언론인의 길에 들어선다. 그런데 신문사가 하는 짓거리란 매일매일 정도를 벗어난 짓만 골라서 다 한다. 세월이 흘러간다. 사이비언론·도깨비신문·쓰레기언론에 몸담았다는 이유 하나만으로 사회가 보는 눈초리는 차갑기만 하다. 쥐꼬리만한 박봉에 시달리다가 전직할 기회를 놓치고, 나이가 들면 인생의 실패자란 꼬리표를 뗄래야 뗄 수 없다.

사회는 쓰레기언론에 몸담았던 언론인들을 마치 범죄집단에 몸담았던 사람처럼 취급한다. 많은 언론인들이 언론인으로서의 모멸감과 언론에 대한 환멸을 느낀다. 쓰레기언론의 폐해가 오죽했으면 노동조합을 통해 자신들이 만든 신문을 대상으로 폐간투쟁까지 나섰을까? 이는 쓰레기언론으로 전락한 사이비언론의 파행경영의 형태와 수준이 상상을 초월하는 것임을 상징적으로 말해준다.

언론이란 이름 아래 사리사욕을 채우려는 목적으로 악덕 언론브로커가 설치는 것은 제호장사로 한밑천 챙기려는 속셈도 작용한다. 일례로 주재기자 생활을 하다가 일간지를 창간해 건설업자에게 수십억대에 신문사를 팔아넘긴 어느 언론사주는 신문사를 넘긴지 1년 여만에 다른 제호로 같은 지역에서 또 신문사를 만들고, 인수자를 찾아다니고 있다는 소문도 파다하다(장현철, 미디어오늘, 1996년 5월 1일자, 8면).

명품언론과 짝퉁언론

> ✍ 열쇳말
> - 일방적 언론매도
> - 지방지 탈출러시
> - 언론공해 근절책

우리 대중가요계엔 이미테이션 가수가 있다. 가수 '나훈아(羅勳兒)'의 실존에 근거한 '너훈아'가 그것이다. '나훈아'와 '너훈아'는 각기 독립된 정체성과 의미를 지닌다. '나훈아'는 '너훈아'가 존재함으로써 그 가치가 더욱 부각된다. '나훈아'는 '너훈아'를 멸시하지 않는다. '너훈아'를 왜곡하려 들지도 않는다. '나훈아'는 '너훈아'를 '노래시장'에서 공존하는 상생의 동반자로 인식한다.

스스로 '나훈아'를 자임하는 서울언론은 결코 그렇지 않다. '나훈아'처럼 정품도 아니면서, 명품은 더더구나 아니면서 지방언론을 비품, 곧 '짝퉁언론'이라 하여 매도하고, 종사자들은 지방언론을 벌레 보듯 한다. 참으로 모순의 극치다. 지방언론은 서울언론의 이데올로 그 공세를 타파하는 권력투쟁을 마다치 않아야 한다. 지방언론 스스로 자립적이고 창의적인 언론으로서의 홀로서기에 대한 각성과 의지가 요구된다.

우리 속담에 "사람은 서울로 가고, 말은 제주도로 보내라"라는 말이 있다. '사람=중앙', '말=지방'이라는 함의가 내포하는 이 말에 전적으로 동의할 수 없으나, 그것이 한국사회의 한 단면을 표현하고 있는 언어라는 점에서는 진리라 인정하지 않을 수 없다. 흔히 21세기를 글로벌 시대라 한다. 지구촌 시대의 핵심적 키워드는 지방화이다. 지방화는 21세기를 담보한다. '사람=서울', '말=제주도'라는 속담은 이제 그 효력을 상실할 때이다.

IMF 이후 언론산업은 급속히 요동치고 있다. 언론산업이 이른바 '부익부 빈익빈'으로 재편되면서 언론계도 '떠나고 싶은 언론사'와

'남고 싶은 언론사'로 나뉘고 있다. 언론산업이 메이저신문과 마이너신문으로 양극화가 심화되는 과정에서 지방신문은 생존만 할 수 있게 해달라고 애원하는 처지다. 다른 한편에서는 언론산업의 핵심적 주체라 할 지방언론인들이 마이너신문도 좋다며 언제든지 떠날 기회만 달라고 한다.

지방언론인들이 지방언론을 탈출하려고 하는 이유는 내일이라는 희망을 볼 수 없기 때문이다. 열악한 재정구조는 현실적인 삶을 보장해줄 수 없고, 사주나 CEO가 배타적으로 휘둘러 대는 편집권 유린은 언론인으로서의 최소한의 긍지와 자존심을 짓밟아 언론자유 의지를 송두리째 말살한다. 사이비언론인 비슷한 눈으로 보는 독자들의 따가운 정서와 인식은 맥이 풀리게 한다. 21세기 세계화 · 지방화 시대에 지방의 파수꾼으로서의 영예와 자긍심으로 종사해야 할 지방언론인들이 스스로를 '2류', '3류'라 여기도록 만들어 서울로 옮겨갈 마음이 들게 하는 것은 '지방언론＝사이비언론'이라는 사회의 편견과 독자들의 외면도 한 원인을 차지한다.

지방신문이 사이비라는 낙인으로부터 벗어나 사이비언론 신세를 모면하기 위해서는 무엇보다도 지방신문의 사주가 언론인들을 마름머슴 · 홍위병처럼 여겨서는 안된다. 지방언론을 자신의 사익을 지키는 파수꾼, 방패막이, 경호견 · 사냥견으로 생각해서도 안된다. 신문경영의 합리화 · 과학화를 각성하여야 한다. 주먹구구식 경영마인드로는 제도적 · 구조적으로 지방신문＝사이비언론이란 굴레에서 벗어나지 못한다.

사유를 원칙으로 하는 자본주의 체제하의 상업신문에서, 합리적 경영의 뒷받침이 없는 훌륭한 내용이란 기대할 수 없다. 튼튼한 경영이 좋은 내용의 신문을 만드는 것인지, 좋은 내용의 신문이 흑자 경영을 낳게 하는지는 닭과 달걀의 관계만큼이나 선후를 구분하기가 매우 미묘한 문제이지만 양자가 불가분의 관계인 것만은 틀림없다. 신문도 하나의 상품이다. 매일 불량품만 쏟아낸다면 어떻게 할 것인가. 종량제를 적용해 문을 닫든지 아니면 제도적 개선을 통해 좋은 품질의 생산품이 나오도록 해야 한다.

김영재는 "한국의 지방신문은 기로에 서 있다. 표현의 자유에서 비롯되는 발행의 자유가 영업의 자유, 발행인의 자유로 전락돼 언론사 사주와 언론기업의 이익 추구에만 혈안이다. 사이비언론이 아니라는 일부 언론의 사이비언론 행위는 단호히 배척되어야 한다. 언론의 자유를 좀 먹는 일부 사이비언론의 탈언론 행위도 마땅히 척결되어야 한다"고 개탄했다(김영재, 1997, 140～141쪽).

언론의 자유가 양보할 수 없는 것이라면 신문산업의 부실은 모든 자유를 가장 자유롭게 할 자유를 침탈하는 요소라 아니할 수 없다. 때문에 독자들로부터 회자되는 언론공해는 언론의 자유를 지키라는 질타의 소리다. 온전한 언론의 자유를 실현하기 위해, 올곧은 국민정신이라는 인간의 자주적 정신건강을 보호하기 위해, 하나밖에 없는 지구의 환경보전과 자원재활용을 위해서라도 언론종량제를 실시하라는 주문은 설득력을 지닌다.

❀2005. 1. 5. / 2006. 3. 27. 더함.

📖 붙임: 신문판매론

✍ 열쇳말
- 푸시서비스 실시
- 신문활동의 핵심
- 독자가 신문완성

기존 언론이 가만히 앉아서 독자의 선택을 기다리는 미디어라면 시민언론은 적극적으로 독자를 찾아가는 매체다.

신문이 독자에게 전달되지 않으면 신문으로서의 생명력을 지닐 수 없다. 독자가 없는 신문은 유령신문이다. 신문판매는 윤전기에서 쇄출된 신문을 독자에게 전달하기까지의 유통과정을 말한다. 신문의 판매는 신문내용을 독자에게 전달하고 판매수입과 광고수익을 보장하는 신문활동의 핵심이다. 독자들의 신문구독행위는 주변의 영향, 사회·문화적 환경, 나아가 생산자와 생산물의 관계, 즉 신문사 및 신문내용에 대한 관계까지 포함돼 있다.

지방신문에 대해 독자들의 인식은 한마디로 "볼 게 없다", "신문이 신문 같지 않다"는 것이다. 언론에 대한 만족도와 신뢰도가 바닥이다. 매체의 공공성, 정확성, 심층성 등 보도의 질과 양에서 언론다운 언론의 역할과 기능을 수행하지 못한 데서 비롯된 원인이다. 독자의 지방신문 이탈이 봇물을 이룬다. 그나마 다행인 것은 대구경북지역의 경우는 아직도 지방신문이 40여 % 포인트 대의 시장마켓을 장악하고 있다. 지방신문이 하기에 따라 얼마든지 시장생존이 가능하다는 것을 일깨워주는 키워드다.

많은 지방지는 유령언론이다. 그 실체가 없다. 독자는 없고 광고만 있는 신문이 부지기수다. 신문의 본질적 의미는 언론인이 제작하나, 최종적으로는 독자가 완성한다. 신문을 만드는 것은 신문사와 언론인이지만, 언론으로서 생명력은 독자에 의해서다. 독자는 신문을 신문답게 하는 가장 중요한 요소이다.

독자가 없는 신문은 신문이 아니다. 신문의 꼴을 한 전단지이다. 시장에서 신문판매는 그다지 녹녹치 않다. 이 글에서는 신문인이 지녀야 할 신문판매에 대한 기본적 소양을 전한다(김영재, 1997, 159~165쪽).

1. 판매정책의 방향

무한경쟁시대의 신문판매 시장에서 승리하기 위해서는 △판매부서에 최우수 인력을 배치하고 △독자들의 신문구독패턴을 조사 분석하여 사회 및 신문환경의 변화와 함께 독자행위의 변화 가능성을 예측, 장기적인 판매전략을 확립하고 △지면을 타지와 차별화(기사내용의 세분화·다양화, 편집의 시각화·컬러화, 판매배달의 신속화·정확화 등)하여 △독자의 입장에서 알기 쉽고 도움이 되는 신문을 제작도록 한다.

2. 판매사원의 조건

판매사원은 업무에 정통해야 함은 물론 무엇보다 사람을 관리할 줄 아는 능력을 지녀야 한다. 지국을 경영지도할 수 있도록 지국 업무에 대해서도 정통해야 한다. 신문의 판매부진은 일차적으로 판매국장과 편집국장의 책임이고 일선에서는 판매부 사원과 지국장의 책임이다.

모든 신문종사자는 신문기업의 수익성을 생각하며 신문활동에 임해야 한다. 특히 신문제작자는 항상 독자들이 무엇을 요구하고 있는지를 염두에 두고 좋은 신문을 제작해 정확한 시간 내에 배달이 가능하도록 해야 한다.

3. 효율적인 지국경영방안

첫째, 지국이 성공하기 위해서는 관할구역을 과학적, 합리적으로 구성해야 한다. 판매국의 성공여부는 계획적인 지국 구획 업무가 그 첫걸음이다. 둘째, 지국 종사자에 대한 교육을 강화한다. 교육은 사명감을 고취하고 효율적인 판매기법, 서비스강화 등 직업교육을 집중적으로 개발 교육한다. 셋째, 병독지냐 주독지냐에 따라 공동배달방안 등을 강구한다. 넷째, 지국 종사원들의 환경개선과 후생복지방안을 연구한다.

4. 현행 신문판매의 문제점

① 획일적 판매시장 전략

- 독자시장이 세분화되고 있음에도 신문은 여전히 비차별적인 판매전략을 고수한다. 그 결과 각 신문의 기본적인 중점구독 시장전략과 가격면에서 획일성을 벗어나지 못한다.
- 구독시장에 대한 차별적 전략의 부재로 능동적으로 대응하지 못한다.

② 취약한 경쟁구조

- 공정한 신문경쟁체제를 기피한다.
- 가격담합이나 불리한 광고요율은 신문산업의 차별화를 저해하는 요인으로 작용

한다.

- 발행 부수의 비공개는 합리적 경쟁구조를 정착시키는 데 가장 큰 장애요인으로 대두된다.

③ 판매촉진전략의 부재

- 신문산업은 기존의 '팔리는 신문'에서 '파는 신문'으로 전환되어야 함에도 여전히 기존의 제작자 중심의 판매촉진 전략을 고수한다.
- '자전거일보', '비데일보' 등 물량공세로 시장왜곡을 마다 않는다.

5. 판매체계의 개선방안

① 기본방향

- 구독시장의 지역적, 연령적, 취향적 특성에 따라 신문판매시장의 차별화를 유도함으로써 신문시장의 전반적인 확장과 함께 다원화된 광고시장에 부응한다.
- 차별적인 신문가격전략과 합리적인 광고요율 정책으로 신문시장의 공정한 경쟁구조를 조성한다.
- 구독자층의 다양한 구매력과 다각적인 고객지향적 판매촉진 전략을 수립함으로써 신문구매력을 높인다.

② 구독시장 활성화 방안

가. 판매시장의 차별화 전략

- 신문시장을 다변화하고 시장경쟁력을 확보하기 위해 다양한 구독자층을 대상으로 차별화된 시장전략을 추구다. 신문 성격의 차별화, 구독료의 차별적 운용을 기한다.
- 지역별, 계층별, 연령별, 구독성향별로 독자시장을 차별화한다.
- 획일적인 가격체제에서 탈피, 신문가격의 차별화를 꾀한다.

나. 독자관리체계의 과학화

- 신문의 차별화 전략이 효과적으로 이루어지기 위해서는 철저하고 체계적인 독자관리 및 분석이 필요하다.
- 지사·지국 단위로 분산되어 있는 고객관리 정보를 본사 차원에서 DB를 구축하여 통합 관리한다.

다. 판매촉진전략의 활성화

- 체계적인 독자관리 체제를 바탕으로 판매촉진을 위한 다양한 고객판촉 전략을 수립한다.
- 구독자 회원제를 실시한다. 구독자 회원에게는 비구독자와 구별, 각종 인센티브를 제공한다. 이 경우 구독자를 일반독자, 우량독자(구독료 성실납부자, 신규독자 확보에 기여한 독자), 장기독자 등으로 구분하여 차등적인 우대기회를 제공한다.
- 문화교육 프로그램과 독자관리를 연계시켜 문화행사를 단순한 수익사업뿐만 아니라 독자관리적 측면에서 운용한다.
- 장기독자에 대한 인센티브를 제공한다. 구독료 할인제도, 신문사 발행 간행물의 무료배포 혹은 할인, 각종 연극 영화 문화행사 할인티켓 제공 및 무료초대 등을 고려한다.

라. 지방지의 활로개척

- 지역생활권 신문으로 정착시킨다. 지방지는 병독지를 지향함으로써 '1가구 2신문'이라는 보완적 위상 갖는다. 기사정보를 지역 시장정보, 부동산, 행사 등 지역생활정보 중심으로 대폭 전환한다.
- 기획기사를 전문으로 하는 신디케이트를 설립, 활용한다. 이는 신문의 위상제고와 질적수준향상, 독자들에게 다양한 정보제공 등의 이점이 있다.
- 지역생활권 중심으로 광고 시장을 개발한다. 특히 실용적 가치가 높은 정보성 광고를 집중적으로 개발함으로써 전국지와 광고면에서 차별성을 확보한다.
- 지방신문의 공동판매, 공동광고 등을 검토한다.

③ 유통체계의 개선방안

배달인력난과 인건비 상승, 교통난, 보급소의 영세성 등 국내 신문산업이 안고 있는 유통체계를 개선하기 위해 다각적인 방안을 도입한다.

가. 보급소 기능의 강화

현재의 지사·지국·보급소는 지역단위의 고객관리에 관한 상당한 노하우를 갖고 있으나 영세성으로 운영에 어려움을 겪고 있다. 독자중심의 신문환경에 대응하려면 지사와 보급소를 본사의 총괄적인 독자관리 체제에 참여시킬 필요가 있다. 보급소의 사무자동화 수준을 한 단계 높이고 컴퓨터 통신망을 연결함으로써 독자관리나 독자시장정보에 관한 유기적 교환이 가능하도록 한다. 보급소 직원의 고객서비스 교육을 확대 강화함으로써 보급소를 고객서비스의 전진기지화 한다.

나. 신문배달체계의 통합적 운영

각 지방신문이 공동으로 직면하고 있는 배달난을 극복하기 위해 배달체계의 통합운영 방안을 모색한다. 독립배급사를 설립한다. 독립배급사는 가판과 택배를 전담하고, 신문사는 관리만 전담한다. 독립배급사는 복수업체이어야만 경쟁적 운영을 통해 생산성을 높일 수 있다.

아울러 공동배달망을 건설한다. 독립배급사의 대안으로 신문사들 간의 공동출자방식에 따라 배달망 구축방법이다. 이 경우는 신문사가 직접 자본과 인력을 공동으로 출자하여 공동배달망을 구축, 모든 회원사의 신문은 통합적으로 배포하는 방식이므로 신문사간 상충하는 이해를 조정하는 문제가 선결되어야 한다.

다. 신문운송체제의 공동운영

신문배달체제의 합리화와 함께 신문운송체제의 공동운영을 위해 (가칭)공영운송전담기구를 설립한다. 신문발행과 동시에 발행 부수 확인이 가능하고, 신문판매소로 직접 공급할 수 있으므로 ABC를 조기 정착시킬 수 있으며, 운송경비의 절감을 도모할 수 있다.

라. 가판운영체제의 개선

국내 신문은 대부분 가정택배에 의존하고 있다. 배달난을 해소하기 위해 가판 활성화를 도모할 시점이다. 가판 진열방식을 개선하여 업주와 고객 모두에게 시각적 소구력을 높인다. 신문자동판매기 보급을 활성화한다.

❀1994. 11. 3.

지방신문의 실패원인 진단

한국의 지방신문은 너나 할 것 없이 대부분 시장으로부터 퇴출 압박을 받고 있다. 이번 회에서는 한국의 지방신문이 왜 시장에서 실패했는지 그 원인을 진단하고, 나아가 지방신문의 앞날을 모색해본다.

지방신문 위기론

열쇳말
- 프로파간다
- 시한부생명
- 노비어천가

지방신문의 위기는 어제오늘 제기된 일이 아니다. 이미 45년 전인 1964년부터 △중앙지의 지방침투 △서울광고주의 횡포 △중앙관청의 차별대우 때문에 지방지가 위기로 내몰린다는 지적이 제기됐다. 1969년에는 전국지 모방 성격이 지방신문의 발전을 막는다는 경고가 있었다. 1971년, 1973년, 1975년에는 지방신문의 경영쇄신 및 지면 혁신에 대한 문제가 지방언론 개혁론 차원에서 논의가 됐다(김영욱, 2001, 12~13쪽).

지방신문의 위기론은 전두환 정권이 실시한 1도 1사에 힘입어 1980년대에는 쏙 들어간다. 대신 획기적인 발전의 기회를 맞았다. 지방언론은 이때 외형 확장에만 주력함으로써 자립의 기회를 스스로 걷어찼다. 1990년대 들어 언론산업에 자율경쟁체제가 도입되면서 치열한 시장경쟁과 함께 다시 "지방언론 이대론 안된다"는 위기론이 나타났다.

김영욱은 "지방언론이 처한 악순환을 해결하기 위해선 그동안 수많은 처방이 제시됐다. 경영·판매 측면의 제안으로는 △부채비율 등 자산구조의 개선 △출판, 데이터베이스 등 부대사업의 확대 △지역언론사간 공동 협력체제 구축 △광고 활성화를 위한 새로운 전략 수립 △독자서비스 개선 등이 회자됐다. 조직 측면에서는 교육투자 및 우수 인력의 확보와 인력관리 개선 등이 제안됐다. 편집·보도 측면에서 가장 강조되는 것은 지역 주민의 욕구를 반영하는 지역밀착 보도의 확대와 지역성이다. 미디어정책 측면의 제안으로는 △소유구조 개혁 △경영투명성 확보를 위한 조치 △지방지 지원 등이 논의됐다"고 지적했다(김영욱, 2001, 15쪽).

지방신문의 위기는 멀리는 지방언론제도의 탄생과 더불어 시작됐다 해도 과언이 아니다. 근래에는 87년 6월민주대항쟁 이후부터였다. 5공의 '1도 1사'라는 언론정책은 언론시장의 배타적 독점을 권력이 제도적으로 보장했다. 이를 모태로 성립됐던 지방언론은 언론이 아니라 독재정권의 프로파간다(*propaganda*)였다. 이 시기엔 '언론'이 없었다. 언론으로 행세하고 있던 제도언론은 무늬만 언론이었지 실체는 언론의 얼굴을 한 언론기관이었으며, 전두환 정권의 한 축을 이루는 통치기구였다. 언론이 없었으므로 언론경영 또한 당연히 없었다.

6공 이후 언론이 개방되자 권력의 특혜와 보살핌에 안주해왔던 5공언론은 경영 패러다임을 잃고 우왕좌왕했다. 잇따라 신규언론이 창·복간되면서 언론산업은 경쟁체제를 구축했으며, 제도언론은 차층 독점적 시장위치를 상실했다. 여기에다 생활정보지의 등장, 인터넷의 확산, 텔레비전을 비롯한 영상미디어의 성장, 라이프스타일(*life style*)의 변화 등으로 독자마저 줄어들었다. 설상가상으로 경기의 퇴조와 함께 신문광고 매출이 둔화되자 아무런 대책도 지니지 못했던 지방신문은 급속히 몰락했다.

특히 자본주의화와 시장주의를 요구하는 IMF는 저승사자였다. 지방신문은 IMF 이후 대부분 '중증 환자'로 전락했다. 노무현 정부가 출범하자 지방신문은 언제부터 노무현 팬이 되었는지 지방분권이라는 정치적 이데올로기에 편승, "지방언론을 살리자"고 부르짖었다. 이는 지방언론 살리기로 '특혜'를 챙기려는 지방언론과 반대급부로 들려줄 '노비어천가'를 통해 권력의 기반을 공고히 하려는 정치권력의 속궁합이 빚어낸 허위 이데올로기이다.

이번 장에서는 지방신문이 왜 실패했는지 그 원인을 진단하고, 이어 위기극복방안의 허실을 차례로 논구해 본다. 노무현 정권하에서 조각조작 단편적으로 중구난방 논의되었던 '지방언론 살리기'를 시급히 반추하여 지방언론이 나아갈 바를 진지하게 모색하여야 하는 이유는 노 정권에 이은, 즉 이명박 정부가 신자유주의에 언론을 시장정책 위주로 재편함으로써 공익성이 급속히 퇴조하고, <조중동>의 지배가 더욱 공고히 되며, 그 틈에 지방언론의 구조적인 고사가 심화되기 때문에 이를 체계적으로 따져볼 필요가 있다. 그러면 지방신문의 실패원인부터 분석해보기로 하자.

시장실패 요인

✍ 열쇳말
- 전무한 언론정책
- 떼쓰기 언론장사
- 경영마인드 개혁

지방신문의 위기는 외적 문제와 내적 문제로 구분할 수 있다. 류한호는 "외적 요인으로는 △시장규모의 영세성과 수익모델의 부재 △정부정책의 미흡 △언론산업이 지닌 구조적 문제 △중앙지의 시장 침투 △광고주의 서울집중 △광고시장의 미개척과 과당경쟁 등을 들었다. 내적 요인으로는 경영전략 차원에서의 문제점으로 △지방신문의 비전제시와 경영전략의 부재 △지방언론인의 자질 미달과 의식구조 낙후 △하드웨어 중심의 투자 △주먹구구식 불투명한 경영 △기회주의적 상업주의와 자사 이기주의 추구에 따른 불신 등에서 그 원인을 찾았다. 또한 저널리즘 차원에서는 △지방신문의 정체성 확립 실패 △상품차별화 전략 부재 △틈새시장 전략 추구 실패 등으로 시장실패를 거듭한다"고 주장했다(류한호, 2005, 201~214쪽).

<사진 3> 『신문지원제도』 연구서

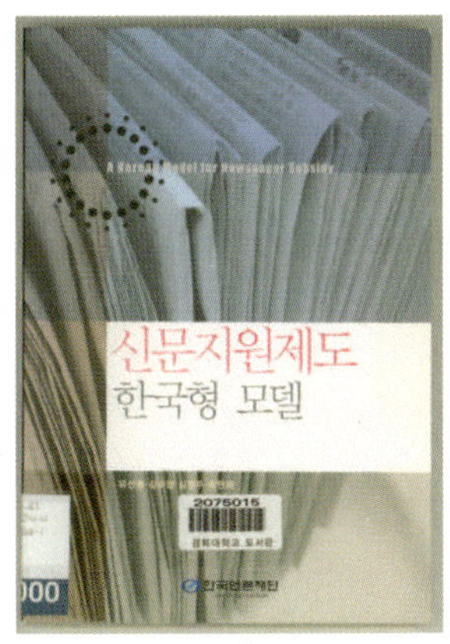

출처: 유선영 외, 『신문지원제도』, 한국언론재단, 2004.

지난 2004년 2월 '지역신문발전특별법'이 국회를 통과함에 따라 지역신문지원제도의 이론적 정립을 위해 한국언론재단이 발간한 『신문지원제도』라는 연구서는 지방신문의 실패요인을 다음과 같이 분석한다.

<표 10> 지역신문의 시장실패 요인

기본요인	- 중앙집중화된 정치, 경제, 사회, 문화 시스템 - 전반적인 신문 열독률의 감소와 신문산업의 퇴조
지역요인	- 지역경제의 자립도 및 지역경제 기반 취약 - 지역 인구의 감소에 따른 신문유료구독시장 및 광고시장의 협소화 - 중앙의 정치・행정으로부터 미분화 - 지역의 정치・경제・언론이 유착되어 토호세력으로서의 지배블록을 형성하여 지역민들이 지역언론에 대해 불신
시장요인	- 지역 토호세력으로서 지배력 강화와 확대를 위한 신문의 난립으로 과열경쟁구도와 지역민의 낮은 신문 열독율 - 방송, 케이블TV, 인터넷, 무가지, 생활정보지 등 타매체에 의한 광고시장 잠식 - 지역민들의 중앙지향성으로 인한 전국지 선호 풍조 만연 - 전국지의 지방 분사체제 확립 및 무차별 시장 침투전략으로 인한 경쟁력 상실
지역신문 요인	- 전국지에 비해 현저한 신문품질의 저하 - 토호세력 추구의 신문사주가 지면을 사유화하는 데 따른 '이권에의 동원' 등에 의한 폐해 - 경영의 비합리성(시장의 선택에 의한 퇴출 불가능) - 불법적 판매 행위 및 광고 강요 등 사이비 행각 만연화

출처: 유선영 외, 『신문지원제도』, 한국언론재단, 2004, 52~53쪽.

지방신문의 시장 실패 문제는 전국지의 시장침투나 지배, 혹은 이권추구, 사주의 지면사유화 등 어느 것 하나가 더 중요하거나 결정적인 요인이라고 말하기 어려울 만큼 복잡 다양하다. 결국 지방신문의 정상화는 이런 문제점을 동시다발적으로 해소하지 않고서는 난제를 풀기가 어렵다는 것을 웅변한다.

지방신문의 시장실패 요인은 정부의 언론정책 등 제도적으로 풀어야 할 문제와 지방언론 스스로가 풀어야 할 문제로 나뉠 수 있다. △중앙집중화된 정치, 경제, 사회, 문화 시스템 △중앙의 정치・행정으로부터 미분화 등은 지방분권정책의 실현 등으로 해소가 가능하다. △지역경제의 자립도 및 경제기반 취약 △지역 인구의 감소에 따른 신문유료구독시장 및 광고시장의 협소화 등은 지방정부가 아니면 풀 수 없는 문제다.

외적 요인은 제도의 개혁 등으로 비교적 쉽게 문제점을 해소할 수 있다. 문제는 지방신문이 지닌 문제점을 과연 지방신문 스스로 풀 수 있느냐다. 지방신문이 스스로의 모순을 해결할 수 없으면 지방언론 살리기는 아무런 의미가 없다. 이미 회생이 불가능하다고 판명된 의식불명 환자에 대해 기적이나 요행 따위를 바라며 막대한 돈을 들여 시술하는 것과 다를 바 없기 때문이다.

그러면 지방신문 스스로가 풀어야 할 문제는 무엇이냐는 것이다. 자명한 것은 천지가 개벽하지 않는 한 현재의 지방언론 시스템과 지방언론 사주나 경영주, 언론종사자 등이 지닌 마인드로는 스스로에게 닥친 문제점을 풀 수 없다는 것이다.

예컨대 △전반적인 신문 열독율의 감소와 신문산업의 퇴조 △지역민들의 중앙지향성으로 인한 전국지 선호 풍조 만연 등은 지방신문의 품질을 담보하지 못한 탓에서 기인하는 원인이다. 조악하기 그지없는 품질의 상품을 생산해 놓고선 소비자가 사가지 않는다고 투정을 부리는 것은 떼쓰기이지 장사가 아니다. IMF 이후 도래한 자본주의화 시장에서 5공 때처럼 공무원형 언론장사는 더 이상 통하지 않는다. 그런데도 지방신문은 이를 간과하고 그 탓을 오로지 지역민에게로 돌리는 억지를 부린다.

지방언론이 지역의 정치 · 경제 · 언론이 유착되어 토호세력으로서의 지배블록을 형성한 데 따른 지역민들의 불신 문제는 지방언론의 도덕성을 극단적으로 상징한다. 신문은 공익에 봉사하는 서비스산업이다. 그런데도 한국의 신문산업은 독자 위에 군림하는 언론기관으로 행세하려 든다. 언론산업이 스스로 거대한 언론권력화를 추구했다. 독자들은 집단적으로 신문산업 자체에 대한 외면으로 언론권력화를 거부했다. 수용자 주권의 구현이 그것이다. 신문 열독률이 감소하는 근본적인 원인은 여기에 있다.

△토착 지대추구 세력으로서 지배력 강화와 확대를 위한 신문의 난립으로 빚어지는 과열경쟁구도와 지역민의 낮은 신문 열독률 △토호세력 추구의 신문사주가 지면을 사유화하는 데 따른 이권에의 동원 등에 의한 폐해 △시장의 선택에 의한 퇴출 불가능 등 경영의 비합리성 문제 등도 지방언론 사주의 경영 패러다임에서 문제가 비롯된다고 진단해도 무방하다. 지방신문 사주가 언론이 지닌 영향력에 더 큰 관심을 가지고 언론외적인 사리사욕을 위해 신문을 경영하는 한 지방신문의 미래는 없다. 지방신문이 시장의 선택에 의해 퇴출이 가능할 때 비로소 건강한 지방신문의 바로 서기가 구현된다.

△방송, 케이블TV, 인터넷, 무가지, 생활정보지 등 타 매체에 의한 광고시장 잠식 △전국지의 지방 분사체제 확립 및 무차별 시장 침투전략으로 인한 경쟁력 상실 문제는 합리적·과학적인 경영으로 풀어야 한다. 주먹구구 경영으로 일관하는 신문경영의 마인드 개혁이 필요하다. 전문 경영인을 영입해야 한다. 신문산업에 확고한 철학적 마인드를 지니고, 경영에도 일가견 있는 전문가의 육성과 영입이 불가피하다. 신문산업이 세습되는 족벌경영과 배추장수 문서보다 못한 누더기 장부에 의존하면서 신문의 미래를 운운하는 것은 난센스다.

언론인들의 윤리와 자질문제도 재검토되어야 한다. 경영난을 빌미로 자행되는 지방언론의 불법적 판매 행위 및 광고 강요 등 각종 사이비 행각의 만연화는 시급히 극복해야 할 윤리적 문제이자 언론인들의 자질 문제이다. 지방언론이 생존을 빌미로 한 사이비 행각을 근절하고 자성하지 않고 그럭저럭 눈감고 넘어갈 때, 독자로부터

'불량언론'이란 인식을 뿌리 깊게 내리게 한다.

지방언론에 대한 부정적 이미지는 돌이킬 수 없는 천형을 각인시킨다. 이는 지방언론의 설 자리를 근본부터 부정하는 요인으로 작용한다. 지방언론이 내일을 열려면 관과 지방토호가 유착된 신문이 아니라, 지방의 풀뿌리 민주주의를 선도하고 지역민들의 삶을 보다듬어 주는 지역주민 생활신문으로 거듭나야 한다.

지금까지 논의된 내용은 결국 지방신문은 상품도 상품 같지 않은 신문을 만들어 경영마인드도 지니지 않은 채 엉거주춤 시장에 나가 어설픈 모습으로 영업한다. 장사가 잘 안되는 것이 너무나 당연하다. 지방신문은 자신을 돌아볼 줄 모르고 되레 소비들을 향해 "장사가 안된다"고 패악질을 해댄다. 그러면서 "이젠 나도 모르겠으니 죽이든지 살리든지 맘대로 하라"는 것이다. 이런 무대가리가 21세기 지방신문의 현주소다.

지역언론인 문제

열쇳말
- 책임전가 급급
- 고루한 언론관
- 자기이름 확립

지방신문의 실패 원인 가운데 가장 근원적이며 심각한 것은 함량미달·자질부족의 지방언론인 문제다. 유선영 등이 지방언론 종사자들을 대상으로 지방신문의 시장 실패요인에 대해 5점을 척도로 조사한 바에 따르면 △지역광고시장의 협소(4.59) △열악한 재정구조(4.54) △전국지의 지역시장 지배(4.53) △지역신문의 난립(4.37) △구독자 감소(4.34) 등을 들었다. 그리고는 △소유구조 불건전성(3.9) △비민주적 운영(3.67) △기자전문성과 자질(3.58) △편집권 독립(3.43) △지역성 부족(3.23) 등을 보조적 이유로 말했다(유선영 외, 2004, 55쪽).

이는 한마디로 지방신문의 몰락이 '내 탓이 아니라, 네 탓이다'라는 소리다. 지역언론인들의 현실인식은 앞뒤가 뒤바뀐 가치관이다. 신문산업은 본질적으로 사람의 손과 머리에 의존하는 원시적 형태의 사람사업이다. 아무리 컴퓨터화·자동화를 추구한다고 해도 뉴스에 대한 본질적인 가치판단과, 정보가 지닌 효율성을 평가, 분석하는 것은 사람에 의존할 수밖에 없다. 신문기업은 정보라는 최첨단의 가치관을 유통시키는 산업임에도 제도적으로는 사람이라는 시스템에 의존하는 한계를 지녔다.

미디어 조직은 사람의 창의성을 토대로 성립한다. 신문조직은 오직 시스템 설계자가 입력한 대로 일하는 존재에 불과하다. 하지만 사람은 상상력과 창의력을 지녔다. 사람은 현대경영에서 살아남기 위해 필요한 핵심적 요소를 제공한다. 희망과 두려움, 꿈과 좌절 같은 복잡한 감정을 가진 사람이 바로 미디어 조직을 이룬다. 사람은 작업의 질(*quality*)을 통제할 수 있다. 효율성을 추구하는 미디어 경영자라면 창의적이고 생산적인 활동을 위해 조직 구성원을 조직의 전통적 구조와 기능을 결합시키기를 게을리 않는다(Alan B. Albarran 외, 2006, 195~196쪽).

따라서 지방언론을 둘러싼 문제점에 대한 원인과, 개선, 대안 역시 사람에게서 찾아야 한다. 지방신문을 구성하고 있는 지방신문 사주·경영진과 지방신문 종사자에서 해결방안을 모색해야 한다는 얘기다. 누누이 말하지만 지방신문 사주나 경영자가 신문에는 관심이 없고, 언론사주로써 향유하는 사회적 권력에만 관심을 지니고 있는 한, 지방신문 개혁은 요원하다. 무지하기 그지없는 언론인들이 지방신문을 꿰차고 있는 한, 이 또한 지방신문의 바로서기는 꿈도 꿀 수 없다. 이런 현실에서 지역언론인들이 시장실패 원인을 내부에서보다 외부에서 찾는 것은 어불성설이다.

지방언론의 실패 원인에 대한 진단과 해법이 도출되었다. 지방신문의 사주가 언론외적인 영향력의 확대를 위해 지방신문을 경영해서는 안된다. 지방신문을 지방문화의 창달과 지역민의 여론을 담는 공기로 인식하여야 한다. 과학적인 경영시스템을 도입하는 데도 주저하지 않아야 한다. 권·재·언 유착에 의한 경영은 구시대의 유물이라는 경영 패러다임을 탈피하지 못하면 자생력을 지닌 지방신문은 요원하다.

지방언론 종사자들은 공익에 봉사한다는 자긍심과 긍지로 전문성을 한층 심화시켜야 한다. 끊임없는 자기개발을 통해 신문의 품질을 향상하는 데 투자를 게을리해서는 안된다. 무지하기 그지없는 언론인이 자리를 꿰차고 거드럼이나 피우면서 독자들을 우습게보고, 군림하려들 때 지방언론은 몰락의 늪에서 벗어날 수 없다.

인터넷 등 정보통신의 발달로 정보의 게이트키핑을 통한 언론의 권력화는 박물관에서나 볼 수 있는 구시대적 유물이다. 지방언론인들이 아직도 자신들이 권력의 실체인양 환상과 착각 속에서 헤어나지 못하는 것은 아이러니다. 독자들이 언론인들의 권위를 인정했던 것은 매체사의 영향력 때문이었지, 결코 언론인들을 존경해서가 아니었다. 현실적으로 OO신문, OO일보의 OOO 기자, OOO 논설위원 등이 그 신문사를 두고 독자와 대등한 야인이 되었을 때, 언론인으로 재직하던 때만큼 행세하며 대접받을 수 있는 사람은 몇 사람이나 될까.

단연코 말하거니와 우리나라 언론인들은 자기 이름이 없다. 자신이 몸담고 있는 언론사의 이름만 있을 뿐 정작 언론행위의 본질적 주체인 언론인은 없다. 언론인은 언론사를 떠나는 순간 그 생명력도 끝난다. 이에 언론인들은 생존을 위해 조직인으로 변신한다. 언론인이 조직인으로 전락할 때 언론자유는 밑바탕에서부터 붕괴위기로 내몰린다. 언론인이 이름의 존속을 유지해야 하는 까닭이다. 언론인들은 이를 겸허하게 받아들이며, 깊게 자성할 터이다.

발전전략 키포인트

열쇳말
- 유착관계 청산
- 토호세력 비판
- 지역민과 동화

신문이 정보를 유통시켰던 기능 하나만으로도 장사할 수 있었던 시대는 지났다. 매체시장에서 신문은 더 이상 정보유통 사업자가 아니다. 인터넷의 포털이 그 기능을 대신한다. 신문은 정보콘텐츠 생산자로의 변신이 요구된다. 신문이 21세기의 매체시장에서 생존하려면 그동안 축적했던 노하우를 살려 종합 지식정보산업체를 지향해야 한다.

선진국 신문은 이미 '뉴스(*newspaper*)'의 포기를 선언했다. 실시간으로 정보가 넘쳐 흘러나는 시대에 뉴스장사로 생존을 기도할 시대는 지났다는 것이다. 영국의 <인디펜던트(The Independent)> 편집장 사이먼 켈러(Simon Kelner)는 "이제 더 이상 '신문(*newspaper*)'이 아니라 의견을 앞세우는 '견문(*viewspaper*)'을 지향해야 한다"고 주장했다(Peter J. Anderson · Geoff Ward, 2007, 125쪽).

당장 단순한 정보나열형 지면부터 바꿔야 한다. 신문에 게재된 정보가 전문성과 심층성을 지녀야 한다. 그동안 신문은 정보의 나열만으로 신문장사를 해왔다. 예컨대 야구기사를 보면 '누가 이기고, 누가 졌다'는 식의 결과보도를 위주로 한다. 정보의 홍수가 넘쳐나는 인터넷 시대에 단순한 정보형 보도는 경쟁력을 상실했다. 신문산업이 구조적 불황에서 헤어나지 못하는 근본적인 원인은 경쟁력을 상실한 보도기능을 아직도 고집하는 데에도 있다.

신문산업은 결과보도는 물론 경기의 승부처, 감독과 선수의 유기적인 경기력 등을 종합적으로 해석하는 통합형 기사를 제공해야 한다. 신문이 전하는 정보는 단순한 결과만이 아니라 그 과정과 원인 등 전체를 입체적이고 능동적으로 조감하는 기사를 게재하여야 비로소 정보매체로서의 경쟁력을 지닌다.

지방신문은 정보와 융합한 기사, 읽을거리화 된 콘텐츠 위주의 '일간잡지 저널리즘' 형태로 진화되어야 한다. 신문산업이 이러한 것을 전제한 연후에 지방언론 살리기를 요구해야 한다. 그리고 지역민들에게도 중앙지 지향성의 타파를 호소하는 게 지방지가 당면한 난제 해법의 순서이다.

지방신문의 발전전략은 이처럼 간단하다. 먼저 지역사회를 장악한 토호세력과의 유착 관계를 청산해야 한다. 지역성에 볼모로 잡혀 애향심이라는 명분 아래 애완견 노릇에서 탈피하지 못하면 그 미래는 암울하다. 지방신문은 '감시견 저널리즘'의 적극적인 실현으로 신문의 사명을 완수해야 한다. 기존의 보도태도를 전면적으로 청산할 필요가 있다. 지방신문이 지역에서 '형님 먼저 아우 먼저'식의 보도에서 탈피하지 못하면 언론의 시장 존재는 불가능하다.

지방행정기관과 지방의회, 지역 토호세력 등에 대한 감시와 비판을 강화하며, 다른 한편으로는 지역민들의 공통관심사에 대한 보도를 획기적으로 늘려야 한다. 지역민이 필요로 하는 기사, 지역민의 실제적인 삶에 도움이 되는 기사, 지역민의 생활과 함께하는 기사를 발굴하지 않고선 지방신문이 설 자리가 없다.

종이신문과 인터넷신문과의 차별화도 도입해야 한다. 지방지의 인터넷신문은 종이신문의 보조매체로 그친다. 이를 분화해야 한다. 인터넷신문엔 속보 위주의 정보형 기사를 게재하고, 종이신문엔 해설 및 분석형 기사를 게재하는 '윈윈' 전략의 도입 따위다. 인터넷신문의 활성화 없이 종이신문의 가치 극대화는 불가능하다. 인터넷신문도 살리고, 종이신문도 살리는 방법은 두 매체에 대한 기능과 역할의 분리전략뿐이다.

❀2005. 1. 26. / 2009. 3. 3. 더함.

지방지의 위기극복 방안

지방신문은 시장에서 상품으로 소비자에게 그 가치를 인정받지 못한다. 지방지가 차별화 실패와 독자들의 정보수요 욕구를 무시하기 때문이다. 이번 회에서는 지방신문의 위기 극복방안을 생각해본다.

❶ 차별화 실시

차별화 정책

열쇳말
- 안면관계 구독
- 틈새시장 겨냥
- 질적개선 노력

지방신문이 당면한 위기 요인은 전회에서 설명했다. 이번에는 지방신문을 살리기 위한 근본적인 정책의 대안을 모색한다.

지방신문이 당면한 위기극복을 위해선 우선 위기를 불러오는 요인이 무엇인지 그 전반을 정확하게 인식할 필요가 있다. 다음의 <그림>은 지방신문의 구조적 모순을 압축적으로 보여준다. 지방신문이 위기를 극복하려면 어느 것 하나 소홀히 할 수 없음을 얘기하고 있다.

<그림 3> 지역신문사의 구조적 모순 관계도

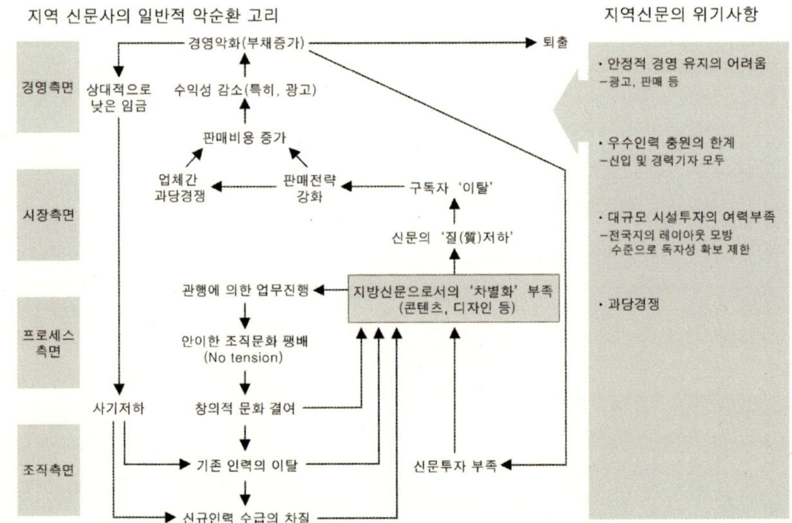

* 출처: 최정수, 『기금지원 3년 이대로는 안된다』, 지역신문협회 세미나 발제문, 2007; 양문석, 『지역일간지의 유통과 판매현황 분석』, 한국언론재단, 2007, 64쪽 재인용.

먼저 지방신문은 시장에서 상품으로 소비자에게 그 가치를 인정받지 못한다. 그것은 지방지가 차별화 실패와 독자들의 정보수요 욕구를 무시하기 때문이다. 그러면 지방신문의 위기극복 방안의 하나로 차별화 문제부터 풀어보기로 하자.

지방신문의 개혁은 독자의 특성부터 이해해야 한다. 한국광고주협회가 지방신문 5개 사의 독자를 무작위로 선택해 조사한 자료는 지방신문의 구독 이유를 다음과 같이 들었다.

<표 11> 지방신문 구독 동기

단위: %

구독계기	A신문	B신문	C신문	D신문	E신문
지역사회를 잘 알려주기 때문에	50.0	47.4	67.1	44.9	55.6
주위사람 또는 친지의 권유로	41.7	26.3	2.1	9.0	22.2
유익하고 흥미있는 기사가 많아서	8.3	-	2.1	1.1	11.1
전부터 보던 신문이어서	-	10.5	2.1	11.2	11.1
석간이라서	-	-	0.7	1.1	-
지국의 권유와 독려로	-	-	10.0	21.3	-
신문사의 판촉물 등의 제공으로	-	-	4.3	5.6	-
신문의 평판 및 이미지가 좋아서	-	5.3	2.9	2.2	-

출처: '2001년 인쇄매체 수용자 조사', 한국광고주협회.

위의 <표>에서 독자들은 지방신문의 질을 나타내는 "유익하고 흥미있는 기사가 많아서"와 "신문의 평판 및 이미지가 좋아서" 구독한다는 대답은 미미했다. 독자가 지방신문을 좋아서 보는 게 아니라 마지못해 구독한다는 속설을 여지없이 보여주는 증거이다. 독자는 종사자와의 안면, 인간관계 때문에 지방신문을 구독한다고 해석할 수 있는 대목이다.

이는 역으로 지방신문이 경쟁력을 지닌 상품이 아니라는 것을 여실히 드러내는 증표이다. 시장에서의 상품구조가 부실하기 짝이 없는 제품으로 안정적 성장을 추구하기란 구조적으로 불가능하다. 이 자료는 지방신문이 지닌 모순을 압축하여 보여준다. 또한 지방신문의 발전방안을 마련할 토대를 도출해 낼 수 있게 한다.

지방지가 시장에서 경쟁력을 지니려면 제품의 질 향상을 통한 차별화부터 시행하여야 한다. 오늘날 신문은 더 이상 매스미디어의 시대가 아니라 퍼스널 미디어 · 계층미디어 시대에 접어들었다. 미디어 시장에서 자신만의 틈새시장을 겨냥하지 않고서는 존재할 수 없다.

전국지 추종으로는 지방신문의 자리가 없다는 얘기다. 지방신문은 전국지와의 차별화를 통해 시장에서의 생존을 모색하여야 한다.

지방신문의 차별화는 첫째, 전국지와 구분을 할 필요가 있다. 차재영 등은 "현재 지방신문은 지역성을 강화하는 쪽으로 변화를 모색하고 있기는 하나 엄격히 말하면 차별화 흉내만 내는 수준이다. 지방신문은 여전히 광역시나 도청 소재지를 중심으로 한 개 혹은 두 개 시·도를 취재 및 배포구역으로 삼고, 정치 중심적인 전국지 편집 스타일을 모방한다. 독자들은 전국지에 비해 차별성이 없고, 읽을거리가 풍부하거나 레이아웃이 뛰어나지 않은 지방지를 구독할 이유가 없다"고 말한다(차재영 외, 2004, 30쪽).

둘째, 정치·이념적으로도 진보지·중도지·보수지 등으로 분화돼야 한다. 이는 비단 지방지에 국한된 문제가 아니라 한국언론 전반과 관련된 속성이다. 한국언론은 하나같이 중도지를 표방하나 실제에 있어서는 수구반동지 모습이다. 좀 고상한 말로는 보수지라 자처하며, 토호세력이나 기득권층의 권익옹호를 위해 존재한다. 지방지에서 지역민의 삶을 담는 언론은 없다. 지방신문의 시장전략이라는 측면에서 보면 토호세력도 신문은 1부독자고, 지역민도 신문은 1부독자라는 대등한 관계다. 아무리 그가 토호세력이라 할지라도 독자로서의 신문소비는 1부에 그친다. 그런데도 지방신문은 지역민을 외면하고, 토호세력의 눈치만 본다. 이런 지방지가 설자리를 잃게 됨은 당연한 결과이다. 물론 토호세력은 광고주로 기능하는 점은 있으나 판매전략에 비하면 그것은 지엽적인 일이다. 판매가 활성화되어 많은 독자를 거느리게 되면 광고는 저절로 따라온다. 지방지가 토호의 눈높이를 기준으로 신문경영을 하는 것은 단견 중의 단견이다.

셋째, 대중지와 권위지로 질적 분화가 불가피하다. 지방지가 권위지로 탈바꿈하기 위해선 언론종사자의 질을 대폭 향상해야 하는 어려움을 지닌다. 현실적으로 지방지가 <뉴욕타임스>나 <워싱턴포스트>, <보스턴글로브(The Boston Globe)>처럼 권위지로 분화하기란 매우 어렵다. 그러나 지방지가 과감한 투자를 통해 <조중동>을 능가하는 권위지로 탈바꿈하면, 그 신문은 시장에서의 자생적인 영향력과 경쟁력을 지닐 것임은 의심할 여지가 없다. 지방지가 <조중동>을 능가하는 권위지를 만들 수 있을까 하는 것은 인식의 폭이 <조중동>을 확대의식한 자학적인 자기비하이며, <조중동>의 이데올로그에 포로가 된 자기패배주의에 물든 사고다. 합리적인 투자와 과학적인 경영만 뒷받침된다면 지방지라도 얼마든지 <조중동>을 능가하는 권위지 창출이 가능하다. 지방지의 권위지화는 지역의 특색을 살린 명품화 전략이다.

넷째, 지방지가 지리적으로도 광역권 신문 · 대도시 신문 · 소도시 주간 지역신문 등으로 분화돼야 한다. 임영호는 "지방지의 지리적 분화는 지역밀착보도에 근거한다. 지방신문이 발행지 외에 광대한 배후지의 시 · 군 지역에 제공하는 뉴스는 대개 취재 외에 광고업무까지 담당하는 한두 명의 주재기자가 송고하는 극히 미미한 수준이다. 그 대부분은 행정기관에서 제공하는 행정홍보 · 공시자료를 재가공한 것으로 뉴스로서의 가치에 의문성을 지니게 한다"고 지적했다(임영호, 2002, 65~105쪽).

뉴스의 양과 질에서도 해당지역에서 발행되는 소지역신문에는 미치지 못한다. 그럴 바에는 차라리 발행지 대도시에만 집중함으로써 주민들에게 보다 충실한 뉴스 서비스를 제공하는 전략이 훨씬 낫다.

인구밀도가 높은 대도시 지역 주민의 정보 수요를 고려해 교통이나 산업, 환경, 생활면에서 밀접한 관계가 있는 인근 지역만을 대상으로 시장규모를 줄일 경우 오히려 관리비용을 절감하고, 독자들의 호응을 얻는 기사를 집중 게재할 수 있어 수익성을 크게 향상시켜 경영 개선을 기할 수 있다.

언론학에서는 뉴스의 가치를 정하는 기준으로 근접성이라는 게 있다. 사람들은 보통 먼 곳에서 일어난 사건보다는 지리적으로 가까운 곳에서 일어난 사건, 또한 먼 곳에서 발생한 사건이라 할지라도 심리적으로 자신들과 유사한 환경에서 발생한 사건에 대해 보다 많은 관심을 갖는다. 이는 뉴스 선택에서 매우 중요한 잣대로 작용한다. 지방신문에서는 서울뉴스 중심으로 지면이 제작되어 이 원칙이 무시된다.

주재기자제도 개선

> 열쇳말
> - 지방주재기자 철수
> - 취재시스템 개혁
> - 획일적 지면 탈피

신문의 지리적 분화는 제도적으로 전국지에도 적용해야 한다. 가령 지역신문발전지원정책이 고사상태에 빠진 지역신문 살리기라면 전국지에 지방주재기자의 철수를 요구해야 한다. 전국지의 지방취재는 필요할 경우 통신사 뉴스에 의하던가, 아니면 본사 기자가 출장 와서 직접 취재하는 시스템으로 개혁하는 따위다.

전국지의 지방취재시스템을 이렇게 개혁할 경우 통신사와 지방지가 함께 사는 '윈윈 개혁'이 된다. 전국지 또한 없어지는 지방면 대신에 특화된 전국면의 확대를 가져와 실질적인 증면 효과를 가져 온다. 한마디로 일석삼조(一石三鳥)의 언론정책이다.

정부가 직접 나서 이를 제도적으로 시행하기란 매우 어려울 것으로 보인다. 만일 언론개혁을 추구하는 시민사회세력이나 정치권력이 이를 주문한다면 기존의 제도언론은 일제히 "언론탄압"이라고 저항하고 봉기할 것이다. 그렇지 않아도 언론개혁이라는 명분에 밀려 울며 겨자 먹기로 개혁의 흉내라도 낼 수밖에 없는 차에 뺨 한 대 맞은 격으로 화풀이를 해댈 빌미를 제공한다. '언론개혁'이란 본질은 오간 데 없고, 언론탄압이라는 논쟁만 침소봉대시켜 개혁의 실종을 도모하려는 속셈인 것이다.

전두환 독재정권의 언론정책 가운데 전국지의 지방주재기자 철폐는 본질적인 언론자유의 확보라는 측면에서 되살릴 필요가 있다. 물론 5공정권이 단행한 지방주재기자 철폐는 언론자유의 확대가 아니라 언론사의 영향력 권한 비대를 축소시키기 위한 정치적 목적에서 기인한 언론탄압임은 중언부언할 필요가 없다. 우리가 제기하는 전국지의 지방주재기자 철수는 언론상황이 5공언론과 다른 차원에서 제시되는 '지방언론 살리기'의 근본적인 개혁적 정책임을 상기해야 한다.

현재처럼 두세 명의 지방주재기자를 두고, 1~2개 면의 지방면을 배정하는 시스템을 계속 유지한다면 독점자본은 앞세운 전국지의 지방침투를 제도적으로나 인위적으로도 막기는 매우 어렵다. 언젠가는 여론시장이 소수의 전국지에 지배될 것임은 시간문제이다. 이를 자본주의라는 명분하에 방치하는 것은 언론의 자유가 아니라 언론의 방기이다.

차별화를 추진하면 지방지의 과열난립은 성립되지 않는다. 차별화는 언론의 자유와 언론의 폭을 획기적으로 다양하고 폭넓게 여는 요인이다. 지방지의 과열난립은 제호만 다를 뿐 그 내용이 천편일률 획일적이기에 문제가 된다. 지방지가 전국지와 차별화하고, 정치·이념적으로나 질적으로, 지리적으로 분화될 때 다양한 여론을 담는 매체를 지닐 수 있다. 온 국민의 여론을 반영한다는 면에서도 매우 바람직하다.

❷ 제도적 개혁

지방언론인

✍ *열쇳말*

- 종사자 자질향상
- 전문성 강화
- 교육훈련 다변화

지방지는 독자의 성향과 기호를 정확히 파악해 지면에 충실히 반영하기보다는 과거부터 전승된 취재편집 관행을 좇아 언론인 중심으로 신문을 제작한다. 독자가 어떤 뉴스를 원하고, 어떤 정보에 흥미를 느끼는지에 관한 조사는 성공적인 신문 마케팅에 필수적인 요소다. 지방신문은 무관심·무감각하다. 지방신문이 과학적인 독자분석에 소홀한 것은 경영상의 어려움으로 여력이 없어서라기보다는 "이것이 왜 필요한지"에 대해 무지하기 때문이다. 지방언론 CEO나 언론인들은 지방신문의 경영을 아직도 독자보다는 지역의 유지나 관에 유착해 풀려는 구시대적 언론관에서 헤어나지 못한다.

장호순은 "지방신문은 지역사회의 여론, 다시 말해 독자와 광고주의 요구를 정확히 파악해 그것을 바탕으로 신문을 제작해야 한다. 독자와 광고주가 무엇을 원하는지 과학적 조사를 토대로 신문제작을 함으로써 당면한 경영위기를 돌파할 수 있다. 바로 공익적 기능과 상업적 기능이 상호 조화를 이루는 것을 말한다. 지방신문은 국민의 알권리를 대신하고 공정하게 여론을 형성해야 한다. 공익적인 기능을 통해 지역사회의 신뢰를 얻고, 독자와 광고주의 요구에 부응하는 상업적 기능을 겸비할 때 비로소 시장에서 자생력을 지닐 수 있다"고 지적했다(장호순, 2001, 147쪽).

독자와 광고주를 만족시키지 못하는 것은 일차적으로 지방신문의 종사자들의 자질이 조악한 데서 그 원인을 찾을 수 있다. 지방신문 종사자들의 자질향상을 위한 투자는 대폭 증대돼야 한다. 지방신문의 열악한 경영 상태는 인력 확보와 시설투자에 악영향을 준다. 낮은 임금 수준이 지방언론의 발전을 가로막는 가장 큰 암초다. 생존급에도 미치지 못하는 저임에 바탕을 둔 소수정예 인력정책은 지방신문의 부실화를 초래하는 원인 중의 원인이다. 저임금에 시달리는 지방언론인에게 언론인의 긍지와 사기를 기대한다는 것은 어불성설이다. 그들의 이직이 빈번하게 이뤄지는 것은 필연적인 결과이며, 우수한 인재를 충원할 수 없으면 신문의 질이 떨어지는 것은 상식이다. 궁극적으로 독자로부터 아예 외면당하는 결과를 초래한다. 구독자 이탈→경영 악화→저임금 소수정예→기존 인력 유출 및 신규 인력 수급난→신문의 경쟁력 약화→구독자 이탈이라는 악순환의 고리를 끊지 않고 지방신문의 미래를 얘기할 수 없다(차재영 외, 2004, 30~31쪽).

지방언론 종사자들의 자질향상을 위한 전문성 강화 교육과 교육훈련에 과감한 투자와 지원을 아껴서는 안된다. 정부의 지역신문발전 지원정책은 집중적으로 여기에 초점을 맞춰야 한다. 그에 앞서 지역언론인들의 자성이 요구된다. 언론인이란 지역민에 군림하는 존재가 아니라 공익에 봉사하는 사람, 지역민의 이익을 위해 투쟁하는 사람이라는 자기성찰을 요한다. 지역언론인들의 자각 없이는 지방언론 개혁이란 있을 수 없다. 모름지기 자신이 처한 위치를 냉혹하게 되돌아 본 다음 개혁에 나서야 한다. 윤리적으로나 도덕적으로도 이미 파산한 구시대적 지방언론인이 개혁을 운운한다면 자가당착의 모순이다.

지방언론 제도

열쇠말
- 신문진입장벽 제거
- 적자생존 원리도입
- 참신문인 참여유도

다음으로 정부는 정기간행물의 법적·제도적 개선과 개혁으로 지방지가 공동배달뿐만 아니라 윤전설비·시설 등의 공동이용을 통해 인쇄·제작, 광고영업과 수익사업 전개 등 공동투자, 공동경영이 가능하도록 지원해야 한다. 지방신문의 공동판매 등 유통망 개선은 지역신문발전지원정책으로 곧 가시화될 전망이다. 정부의 언론정책은 여기서 그칠 것이 아니라 시설·윤전설비·광고영업·사업추진 등 지방신문의 공동경영을 허용해 한국신문시장의 완전 개방을 추진할 필요가 있다(관련기사 ☞ 5 지방신문 경영론 참조).

신문산업은 초기에 시장진입비용이 막대하게 소요되는 장치산업이다. 수십억 원에서 수백억 원이라는 거금의 투자가 요구된다. 우리나라 신문시장은 대자본가가 아니면 시장진입이 매우 어려운 구조다. 이는 신문산업의 본질을 제도적으로 왜곡하는 첫 번째 요인이다. 언론의 자유는 공익을 위한 제도라는 데 그 본질적 목적이 있다. 그러나 한국에서는 발행인의 것으로 오인돼 신문이 사적 이익추구를 위한 도구로 변질된다. 자본가는 신문산업에 투자된 자본의 논리를 들어 언론의 알릴 권리를 국민의 알권리에 우선함으로써 언론자유가 지닌 이데올로기를 왜곡한다. 자본가는 기업성을 들먹이며 시장에서의 생존을 빌미로 공공재를 마구잡이 유린해 사적 이윤추구의 도구로 활용한다.

이를 타파하기 위해선 신문사의 조판·제판·윤전설비의 공동사용과 광고영업 및 수익사업의 공동전개 등을 허용해 신문시장을 전면적으로 개방해야 한다. 누구나 편집국 인력만 소유하면 신문창간을 자유롭게 할 수 있도록 언론의 자유를 대폭 개방하면 돈이 없어 신문창간에서 소외되었던 참 신문인들의 신문창간이 활기를 띤다. 참 신문인들의 언론활동이 활성화되면 사이비 언론자본의 언론시장 진입 현상은 절로 사라진다. 나아가 언론시장의 완전개방은 신문의 질적 향상으로 이어져 여론 다양화에 의한 민주주의의 성장을 견인한다.

신문시장의 진입장벽을 획기적으로 낮추면 시장의 논리로 신문산업의 퇴출 또한 가능하다. 신문시장의 완전개방은 백화제방의 자유언론을 만개하게 한다. 시장진입이 쉬운 탓으로 너도나도 신문산업에 뛰어들 것임은 자명하다. 얼핏 보면 언론산업의 과열과 난립으로 비칠 수도 있다. 그러나 시장에서 독자와 광고주의 수요 욕구에 부응하지 못하는 신문은 곧 시장 메커니즘으로 쉽게 퇴출이 이뤄지게 되므로, 과열 난립에 따른 부작용은 그리 염려하지 않아도 된다. 오히려 시간이 지날수록 시장질서에 의해 건전하게 재편된다.

현재 일부 지방신문이 과열 난립된 탓으로 빚는 부작용은 시장의 원리가 신문산업의 퇴출에 작용되지 않기 때문이다. 모든 신문이 제호만 다를 뿐 하나같이 '일란성 쌍둥이' 꼴이니, 시장에서의 퇴출이 이뤄질 까닭이 없다. 시장의 완전개방화가 되면 획일적인 얼굴은 시스템적으로 존재할 수 없다. 모든 신문은 제 살길을 찾아 각개 약진할 수밖에 없다. 그 과정에서 적자생존의 원리가 도입될 것이므로, 과열 난립이란 있을 수 없다.

신문시장의 공동판매·공동설비이용·공동영업은 재정적으로 열악한 지방신문과 마이너신문에게 시장에서 생존할 기회를 제도적으로 제공할 것이다. 언론시장의 완전 개방은 지방언론과 마이너신문으로 하여금 장치산업에 투자되는 비용에서 자유롭게 하여 경영난에서 벗어나, 뉴스의 생산이라는 언론산업의 본연에 충실할 수 있도록 한다.

<조중동>이 배타적으로 여론을 독과점한 언론 현실을 이대로 방기하면 아마도 5년 내에 <조중동>을 제외한 모든 신문이 시장에서 사실상 퇴출될 것이다. 소수의 여론이 강점하는 민주주의의 왜곡을 방지하기 위해서라도 언론시장의 완전 개방은 선택의 여지가 없다. 그것만이 현실적으로 언론시장을 배타적으로 지배하는 <조중동>의 여론독과점 체제 폐해를 근본적으로 혁파할 핵심적 키워드다. 지방신문의 공동판매제도 도입에서 나아가 언론시장의 완전개방을 촉구하는 이유가 여기에 있다.

'선 개혁 후 지원'

> 열쇳말
> - 사기업지원 부당
> - 쓰레기언론 퇴출
> - 언론개혁 선주문

노무현 정권의 언론개혁 중 가시적인 성과로 논의되는 '지방언론 살리기'는 본질과는 전혀 다른 모습으로 전개되는 것도 문제다. 지방언론 살리기 논자들의 논지는 "언론시장에서 자금력을 앞세운 중앙지, 다시 말해 <조중동>의 무차별 공략으로 지방지가 빈사 일보 직전이므로 '공적자금'을 투입해서라도, 아니면 긴급히 '지방언론육성기금'을 조정해 지방지를 살려야 한다"는 소리다. 풀뿌리 민주주의의 실현과 지방여론의 활성화를 위해 지방언론의 중요성은 백 번 강조해도 틀린 말은 아니다.

정부가 직접 나서는 정책을 실행하기 위해서는 먼저 간과하지 않으면 안될 것이 있다. 그것은 자본주의 체제를 지향하는 시장에 정부가 인위적으로 개입하는 것이 옳으냐에 대한 논의부터 해야 한다. 물론 보다 큰 틀에서의 민주주의를 신장시키기 위해서는 정부가 개입할 명분과 권리가 있다. 하지만 현재의 지방언론 시스템에서는 결코 개입할 명분이 없다.

지방지가 정부의 지원을 요구하기 위해서는 무엇보다도 상품으로서의 가치와 경쟁력 있는 제품을 만들고 난 연후의 얘기다. 지방지가 언론시장에서 점차 도태되는 것은 <조중동>의 무차별 공세가 그 일차적인 원인이 아니라, 지방지 자체가 언론시장에서 경쟁력을 지니지 못한 것이 더 큰 원인이다. 지방언론 살리기의 초점은 이에 맞춰져야 한다. 그런데도 정작 이 문제는 논의되지 않고 돈타령이 본질인양 처음부터 끝까지 회자된다.

사기업이 시장에서 실패한 책임을 정부가 떠맡을 이유가 하등 없다. 국민들의 피땀인 공적자금을 밑 빠진 독에 쏟아 붓는 것은 지방언론의 육성이 아니라 권력 남용이며, 국민 혈세의 탕진이다. 뿐만 아니라 지방언론의 홀로서기를 약화시키는 원흉으로 작용하는 요인이 된다. 정부가 언론을 직접 지원하는 것은 또 언론의 자유를 근본적으로 침탈할 개연성이 매우 높다. 이 또한 경계하지 않을 수 없다.

100만 원도 채 안 되는 기자 월급을 지급하면서 언론사 간판을 내건 '쓰레기언론'부터 시장에서 퇴출시켜야 한다. 이를 굳이 정부가 지원해 살려두어야 할 이유가 없다.

정부가 지방언론을 지원하기 전에 언론개혁을 먼저 주문해야 한다. 반민주적이고 반언론적인 언론자세부터 엄중히 단죄되어야 한다. 언론이 진리에 대해, 민중에 대해, 역사에 대해 무책임하게 타락한 도덕성과 사회적 책임을 개혁하지 않으면 단 한푼도 지원해선 안된다.

지방지의 위기극복, 아니 한국언론산업에 드리워진 먹구름을 헤쳐나가기 위해선 언론인들이 이런 냉혹한 현실을 얼마만큼 절실하게 자각하고 자성하느냐에 달려있다. 이를 애써 외면하고, 미디어산업이 아날로그에서 디지털로 전환하는 시대 탓이라고 여기는 언론관으론 21세기 언론시장 생존을 장담할 수 없다. 언론에 대한 지배권력은 이미 수용자의 손으로 넘어 간 지 오래다. 언론인들이 '우물 안의 개구리' 마냥 아직도 언론을 언론인의 것이라는 썩은 동아줄을 잡고 있는 한 언론개혁은 여전히 '쇠귀에 경 읽기'다. 그것은 곧 언론산업의 몰락을 의미한다. 지방지의 돈타령은 언론개혁이 선행된 이후에 논의될 사항이다.

❀2005. 2. 2.

셋째 갈래

언론정책 분석

“현대사회에서 언론의 지지가 없는 지배세력은 존재할 수가 없다. 따라서 지배세력은 수단과 방법을 가리지 않고 언론을 우군화하는 데 모든 역량을 쏟는다. 언론은 그들에게 협력하는 대가로 자신의 잇속을 챙긴다. 이는 창녀와 다를 바 없다. 사람이 주인된 시민언론은 단연코 창녀언론이기를 거부한다. 지방지의 시장실패는 지방언론 스스로가 감당해야 할 몫이다. 지방신문 CEO와 지방언론 종사자의 무능이 그 일차적 원인이지, 결코 독자나 지역사회가 그 탓일 수는 없다. 지방지가 몰락의 책임을 외부로 돌리면 지방신문의 미래는 없다.”

한국언론과 언론개혁

지방지가 신줏단지 모시듯 하며, 언론의 반면교사로 삼는 한국언론의 실상을 독자들에게 고발한다. 걸핏하면 지방언론을 사이비언론이라고 매도하는 한국언론의 본질을 적나라하게 폭로한다.

오늘날 신문산업은 전세계적으로 독자들로부터 그다지 호응을 받지 못하는 신세다. 신문산업이 급속히 발달하는 미디어 패러다임에 적응하지 못해 정보의 생산과 유통방식에서 낙후된 탓이다. 신문산업은 독자가 요구하는 정보 니즈(*needs*)도 상실했다. 미디어 환경은 숨 가쁘게 변하고 있는데도 여전히 호랑이 담배 피우던 시절의 마인드에 젖어 있다. 한 사람의 독자를 더 불러 모아도 시원찮을 판국에 스스로가 독자를 내쫓는다. 이번 회의 주제는 한국언론의 정체성에 관한 탐구이다.

❶ 신문산업 현실

신문퇴출 논쟁

> ✍ 열쇳말
> • 미디어 컨버전스
> • 경영합리화 달성
> • 신문미래 낙관

저널리즘의 패러다임이 아날로그에서 디지털로 전환하면서 신문과 방송, 그리고 통신이 융합된 자웅동체의 미디어가 속출한다. 미디어 컨버전스를 모태로 한 이종(異種)의 뉴미디어가 기존 미디어를 밀어내고 있다. 수용자 또한 올드미디어에서 뉴미디어로 대탈출한다. 이는 무엇을 말하는가? 구태의연한 신문은 시장생존을 담보할 수 없다는 소리다.

최근 인터넷 등 대안미디어의 활성화로 신문산업이 도태될 것 아니냐는 위기의식에 대해 <애틀랜타 저널 컨스티튜션(Atalnta Journal Constitution)>의 존 멜롯(John C. Mellott) 발행인은 "신문과 웹사이트는 각기 달리 작동하는 미디어이다. 어느 한쪽이 다른 한쪽을 완전하게 대체할 수 있는 성질이 아니다. 신문은 신문대로, 웹사이트는 웹사이트대로 시대에 맞게 발전해 나갈 것"이라며 신문의 미래를 낙관했다.

요즘 사람들은 하기 좋은 말로 종이신문의 미래를 암울하게 얘기하는 것을 첨단 지식인양 여긴다. 지난 1981년 미국 CNN방송 창업자 테드 터너(Ted Tunner)는 "향후 10년 내에 종이신문은 사라질 것"이라고 예언했다. 1990년대 들어서자마자 마이크로소프트(Micro Soft)사의 빌 게이츠(Bill Gates) 회장은 "2000년에는 인터넷이 종이신문을 대신할 것"이라고 전망했다. 반면 <시카고 선타임즈(Chicago

Sun Times)>의 마크 호능(Mark Hornung) 부사장은 "화장실이 있는 한 종이신문은 사라지지 않는다"고 일갈했다. 누구의 말이 맞았나?

신문이 사양산업이라고 하여 무조건 그 미래가 암담한 것은 아니다. 신문은 문자가 사라지지 않는 한 인류의 지식저장창고로 영원할 것이다. 현실적으로도 주류신문에 대한 틈새시장을 노린 대안신문은 매년 두 배 이상씩 성장한다. 탐사보도와 지역성을 강화한 신문의 성장도 완만하게나마 상승 추세다. 시대의 변화에 적응한 신문은 살아남을 것이며, 그렇지 못한 신문사는 망한다는 것을 역으로 보여주는 사례다.

"신문은 미디어시장으로부터 퇴출될 것인가"에 대한 정답은 "그렇지 않다"이다. 사회가 디지털화 되면 뉴스정보의 수요는 증가된다. 요체는 신문산업이 종합 지식정보산업체로서의 변혁을 할 수 있느냐 없느냐이다. 다만 그 과정에서 아날로적인 신문의 퇴출은 어느 누구도 막을 수 없다. 현재 신문산업이 고전하고 있는 것은 아날로그와 디지털 패러다임 사이의 과도기적 현상이라고 할 수 있다.

미국이나 유럽·일본 등 선진 시장의 큰 흐름은 작은 신문이다. 작은 신문이란 지역지를 의미한다. 신문산업이 규모의 경제에서, 다시 말해 장치산업에서 탈피하여 최대한 슬림화된 조직으로 경영 효율성을 도모한다. 그 저변의 토대는 지역성의 강화이다. 웹2.0처럼 독자의 목소리를 소중하게 생각하고, 성실하게 대변하며, 토호세력의 입장에서가 아니라 지역민의 처지에서 바른말을 한다면, 신문의 미래는 탄탄하다.

물론 신문경영 측면에서는 판매와 광고 유치경비의 최소화, 수익의 극대화를 꾀하는 경영합리화를 달성해야 한다. 신문조직을 뉴미디어의 뉴스생산 유통구조에 적합하도록 과학화를 추구해야 한다. 현실적으로 '신문유통원' 등 공동판매망을 적극 활용하고, 지방신문 광고 미디어랩 설립 등을 통해 광고영업의 활성화를 기하며, 공동인쇄시설 활용으로 경비를 절감한다면 신문이 '밑 빠진 독에 물 붓기'만은 아니다. 지방지가 이런 노력을 게을리하면서 장사가 안된다는 타령만 지겹게 늘어놓는 것은 배부른 투정밖에 안된다.

따라서 신문이 사양산업이라고 중구난방 "암담하다"고 진단하는 것은 지나친 자기학대이다. 음성사주학(音聲四柱學)이라는 것이 있다. 사람은 말하는 대로 이뤄진다. 긍정적인 생각으로 긍정적으로 말하면 긍정적인 결과를 빚으며, 부정적인 생각으로 부정적으로 말하면 부정적인 결과를 낳는다. 멀쩡한 사람도 "자신이 암에 걸렸다"고 믿고, 또 그렇게 말하면 실제로 암에 걸린다는 것이 음성사주학이다.

신문산업의 미래에 대해 어떤 사고방식을 갖느냐 하는 것은 결국 신문산업을 근본적으로 어떻게 볼 것인가 하는 철학적 마인드와 관련된다. 신문산업에 애정을 지닌 신문인이라면 그 미래를 낙관할 것이며, 미련을 버린 사람이라면 부정적인 언설을 쏟아낸다. 부정의 목소리는 예나 지금이나 요란스러운 법이다. 큰 목소리에 현혹되어서는 안 된다. 자고로 진실은 언제나 조용한 목소리에 있다. 그렇다고 두 손 놓고 감나무 밑에 누워만 있으라는 말은 결코 아니다. 부단히 미래의 불확실성에 대해 위기의식을 갖고 경계의 고삐를 늦추지 말고, 시장생존의 경쟁력을 지닐 수 있도록 노력해야 한다. 그와 같은 최선을 다한 후에야 신문의 미래를 책임 있게 운위할 수 있다.

독자이탈 대안

열쇳말
- 정확한 현실인식
- 뉴스형태의 진화
- 멀티미디어화 추구

독자가 신문을 떠나는 엄혹한 현실을 부인할 신문인은 없다. 신문에 종사하는 사람이라면 누구나 다 인정한다. 문제는 "왜 그럴까?", "방법은 없을까?"에 대한 솔직한 대답은 많지 않다. 신문인들은 "신문이 사양산업이다"라고 소리치는 데는 큰 목소리를 내지만, 정작 그 원인을 정확히 짚어내고, 그에 바탕한 미래에의 생존전략과 과학적인 대안 제시에는 입을 꾹 다문다. 참으로 신기하다. 자신의 밥줄이 언제 떨어질지 모르는 데도 태무심한 것이다.

신문산업이 미래를 건설하려면 우선 그에 대한 현실부터 정확히 인식해야 한다. "인터넷 때문에 신문이 안된다"는 막연한 구호로 신문의 미래를 얘기하겠다는 것은 너무 무책임한 담론이다. 신문의 위기는 신문산업이 지닌 자체적인 문제를 해소한 연후에 사회경제적인 측면에서의 탈출구를 모색해야 한다. 이 글에서는 신문산업의 현실분석을 통해 신문발전의 해방구를 찾아보려고 한다.

독자의 신문이탈은 각종 데이터로도 증명이 된다. 한국언론재단이 전국민 5,000명의 성인 남녀를 대상으로 조사한 제14회 미디어의 영향과 신뢰도 조사보고서인 『2008 언론수용자 의식조사』는 독자들이 신문을 읽지 않는 것에서도 신문의 퇴조 현상이 적나라하게 드러난다.

<표 12> 매체의 이용률과 평균 이용시간

매체	신문	TV뉴스	라디오	인터넷	잡지 · 서적
주간이용률(%)	24.0	116.7	40.4	82.0	4.9
하루 이용시간 (이용자 평균, 분)	41.1	125.2	88.9	110.5	21.6

출처: 오수정, 『2008 언론수용자 의식조사』, 한국언론재단, 2008, 47쪽.

한국언론재단이 전국민 1,200명을 대상으로 조사한 데이터에서도 신문구독률과 독자의 일일 평균 열독시간이 점차 감소하는 것으로 드러났다. 신문구독률은 1996년 900만 가구 69%에서 2006년엔 640만 가구 40%로 뚝 떨어졌다. 전문가들은 뉴스의 수요가 늘었는데도 신문구독률이 감소한 것은 인터넷 때문이라고 진단했다. 물론 인터넷도 한 원인일 수 있다. 그러나 그것이 전부는 아니다. 가정신문 구독률은 인터넷이 활성화되기 이전인 1986년에도 감소했다. 따라서 신문시장이 줄어든 것은 신문자체가 지닌 문제에서 원인을 찾아야 한다. 매체 전달력의 하락, 유통파워의 하락, 늘어난 매체 소비력을 소화할 만한 유연성 부족 등이 더 큰 원인이라고 이상국의 보고서는 증언한다(이상국, 2006, 186쪽).

미디어 전문가들은 지난 10년간(1996~2005) 신문시장은 3분의 1로 줄었지만, 앞으로 5년 내(2005~2010) 다시 절반으로 줄어들 것으로 전망했다. 신문사의 절반이 문 닫거나, 기자의 절반이 구조조정 대상으로 전락한다는 것이다. 신문산업은 연쇄 감원, 고용 불안, 시장 축소에 따른 초긴축 경영이 보편화된다는 얘기다.

이러한 조사결과는 현재의 신문이 올드미디어로서 저녁노을 속의 매체임을 단적으로 보여준다. 역으로 해석하면 신문이 21세기 디지털 미디어 시대에 시장에서 생존하려면 정보의 개념과 신문제작의 패러다임

<표 13> 신문 가구 정기구독률 변화 추이

조사연도	1996	1998	2000	2002	2004	2006	2008
구독률(%)	69.3	64.5	59.8	52.9	48.3	40.0	36.8
열독시간(분)	43.5	40.8	35.1	37.3	34.3	25.1	24.0

출처: 오수정, 『2008 언론수용자 의식조사』, 한국언론재단, 2008, 47쪽.

을 달리할 필요가 있음을 강력하게 시사한다. 독자들은 신문을 대신해 인터넷을 차세대 미디어의 대표주자로 여긴다. 신문은 인터넷의 특성과 장점을 차용하지 못하면 정보산업에서 탈락될 수밖에 없다.

독자가 신문을 멀리하는 것은 인터넷을 비롯한 다른 대안매체로도 필요한 정보를 얻을 수 있기 때문이다. 신문이 시장에서 퇴출되지 않으려면 독자가 원하는 것이 무엇이고, 또 그것을 어떻게 줄지 고민하여야 할 처지다. 그러면 독자들은 구체적으로 무엇을 원하느냐 하는 것이다.

인터넷 등 대안미디어와 디지털 멀티미디어의 활성화로 인해 국민들의 뉴스소비는 크게 변하고 있다. 정치 · 경제 · 사회 · 문화 등 기존 언론의 공적 · 사회적 뉴스기능은 약화되고, 생활정보 · 사적인 흥미를 충족시키는 뉴스가 시장을 넓혀간다. 뉴스를 수용하는 틀에서부터 변혁의 파고가 일고 있다. 독자들은 더 이상 일방적 · 대량적으로 전해주는 기존 언론의 뉴스를 단순히 수용하는 데 그치는 것이 아니다. 뉴스서비스가 쌍방향적 · 개인적 형태로 진화되면서 정보를 적극적 · 능동적으로 받아들인다.

한국언론재단이 2006년 11월 17일부터 12월 1일까지 전국민 1,201명을 대상으로 국민들의 뉴스소비 형태를 조사한 자료에 따르면 국민들은 무거운 주제의 경성뉴스보다는 생활정보와 환경/건강, 문화/교육, 읽을거리 등 연성뉴스를 선호하는 것으로 드러났다. 이는 신문뉴스의 취사선택에서 그 기준을 제시하는 것으로 독자가 무엇을 원하고 있는지를 극명히 보여준다.

<표 14> 국민들의 주 관심분야(5점 척도 평균)

순위	분야	평균	남자	여자
1	날씨	**3.73**	3.64	**3.81**
2	의료/건강	3.61	3.46	3.76
3	사회	3.55	3.61	3.49
4	경제	3.49	3.72	3.26
5	스포츠	3.36	**3.84**	2.90
6	자연재해/사고	3.33	3.33	3.33
7	국내 정치	3.24	3.47	3.02
8	여가/취미	3.12	3.04	3.21
9	연예/오락	3.10	2.91	3.29
10	환경	3.10	3.03	3.17
11	부동산/재테크	3.08	3.15	3.01
12	교육/양육	3.06	2.89	3.22
13	국제뉴스	2.92	3.12	2.74
14	문화/예술	2.89	2.79	2.99
15	논평/사설/칼럼	2.87	3.01	2.73
16	과학/기술	2.84	2.93	2.75
17	통일/북한	2.82	2.97	2.68
18	외교/통상	2.79	2.96	2.62
19	교통/도로상황	2.63	2.74	2.52
20	인물/보통사람	2.62	2.61	2.62
21	광고	2.49	2.43	2.56
22	만화/소설/운세/퍼즐	2.42	2.40	2.43

기자의 역할과 임무 또한 시대에 걸맞은 패러다임으로의 변혁이 불가피하다. 멀티미디어 시대의 저널리스트는 뉴스의 생산자라기보다는 뉴스콘텐츠의 제작자라는 개념이 더 적합하다. 21세기의 저널리스트가 이러한 미디어환경에 적응하지 못하면 존재할 수 없다. 미

디어기업 또한 생산성을 담보할 수 없어 마침내 시장퇴출이라는 재앙을 피하지 못한다.

이상국은 "신문업계에 몰아닥칠 쓰나미에서 살아남으려면 기자 1인이 취재와 편집·디자인·교열·인터넷 등의 업무를 동시에 수행할 수 있는 멀티미디어화 기능의 숙지가 전제되어야 한다. 신문기업은 정보를 전달하는 지식산업 전문기업으로서의 철저한 독자 서비스 마인드로 무장해야 한다. 매체는 뉴미디어와의 창의적인 차별화 전략을 통해 시장경쟁력을 담보하여야 한다"고 진단한다(이상국, 2006, 189쪽).

그 가운데 가장 중요한 것은 독자와 공감하지 않는 신문은 시장에서 생존할 수 없는 환경이 도래한 사실을 자각하는 것이다. 독자가 원하는 신문을 제작하라는 것은 시대적 소명이다. 독자중심의 신문제작은 상호작용성에 근거한다. 독자를 신문제작의 옴부즈맨으로 위촉, 그들의 사고방식을 분석하고, 그것을 근거로 독자가 원하는 기사를 기획·개발하지 않으면 안된다.

오늘날 신문 독자는 기존 언론사의 일방적인 푸시 정보를 원하지 않는다. 디지털과 온라인을 넘나드는 새로운 뉴스 소비자는 주문형 뉴스, 맞춤뉴스, 개인화된 뉴스 등을 원한다. 아날로그라는 우물 안에 안주해있는 주류미디어는 소비자의 욕구에 부응하지 못했다. 아니 굳이 소비자가 무엇을 원하는 지도 알려고 하지 않는다. 참으로 가관인 것은 아직도 자신들이 언론기관이며, 기자로서 독자 위에 군림하려는 습성을 전혀 버리지도 않았고, 버릴 생각도 없다는 점이다. 이런 신문이 독자의 외면을 받는 것은 너무나 자연스러운 일이다.

뉴스 소비자는 언제, 어디서든지, 자신이 원하고 필요한 콘텐츠를 위해 미디어 형태와 상관없이 편리하고 저렴하며 접근이 쉬운 매체로 이동한다(유선영 외, 2006, 30쪽). 때문에 신문산업이 이와 같은 뉴스 서비스 패턴을 간과하고선 시장퇴출을 막을 방법이 없다. 공중이 원하는 대로, 원하는 바를 제공한 연후에 시장 운운해야 정상이다.

❷ 언론개혁 과제

한국언론의 모순실태

열쇳말
- 수구언론 시녀언론
- 족벌언론 폐지언론
- 혁명언론 클린언론

한국언론은 지방언론을 걸핏하면 사이비언론이라고 매도한다. 이는 누워서 침 뱉기다. 중앙지는 지방지가 그 일거수일투족을 벤치마킹한다는 점에서 반면교사다. 논리적으로 비약한다면 지방언론이 사이비언론화된 것은 중앙지가 폐지언론, 불량언론화 되었기 때문이다. 이 글에서는 왜 "한국언론이 개혁되지 않으면 안되는가"라는 사실을 논증한다.

순황(筍況)은 "근본이 흐트러져 있으면 말단을 다스릴 수 없다. 도탑게 대해야 할 대상을 야박하게 대하고, 야박하게 대해야 할 대상을 도탑게 대하면 일을 그르친다(『荀子』, 勸學篇; 其本亂而末治者否矣 其所厚者薄 而其所薄者厚 未之有也)"고 했다. 지방언론이 말(末)이면 서울언론은 본(本)이다. 언론에 문제가 있다면 본부터 바로잡고 바로 세워야 한다. 그것이 상식이다.

본은 본다워야 한다. 그래야만 말의 일탈을 꾸짖고 나무랄 수 있다. 본이 본답지 못하면서 말의 허물을 탓하고 나서는 것은 모순이다. 말[지방언론]이 사이비언론이라면, 그런 본[서울언론]은 불량언론이다.

이명박 정부가 4·9총선 8일 만에 전격적으로 '미국산 쇠고기 수입개방 전면자유화'를 단행하자 수구언론은 일제히 대통령과 미국 정부의 입노릇을 대변하고 나섰다. 한나라당이 야당이었던 DJ와 노무현 정권 시절의 논조와는 정반대되는 것이었다. 당시에는 하나같이 미국산 쇠고기의 광우병 위험을 경고하며 수입중단을 요구했다. 그런데 이번에는 동일한 사안을 두고 "안전하다"며 이명박 정부를 거들고 나섰다. 이쯤 되면 언론이라 하기에는 정체성이 아리송하다.

<사진 4> 조중동의 야누스 보도

과학상식 / 인간 광우병

병걸린 쇠고기 먹으면 감염… 사망률 100%

광우병 소처럼 뇌에 구멍… 英 113명 걸려

한국은 다행히 광우병 안전지대로 꼽힌다. 그러나 우리나라 사람의 식생활 습관을 살펴보면 광우병에서 완전히 자유롭지 않다. 우리는 광우병을 일으키는 것으로 알려진 '프리온(Prion)' 단백질의 함량이 가장 높은 부위인 소의 뇌나 척수 및 내장을 많이 섭취하고 있다. 또 육회나 간, 처녑 등 날고기를 즐기는 식습관도 갖고 있다.

특히 최근 연구 결과, 한국인은 광우병에 걸린 쇠고기를 먹었을 경우 '변종 크로이츠펠트 야콥프병(nvCJD)'에 감염될 가능성이 높은 유전 형질을 갖고 있는 것으로 밝혀졌다. 유럽은 인구의 48%, 우리나라는 인구의 98%가 nvCJD에 걸리기 쉬운 유전 형질을 보유하고 있다.

/김용선 한림의대 교수

◇나폴레옹보다 무서워…

〈조선일보〉, 2007년 4월 22일, 1면

"수입 쇠고기, 美 국내용과 같다"

정부 긴급회견 "광우병 괴담 터무니없어"

〈조선일보〉, 2008년 5월 3일, 1면

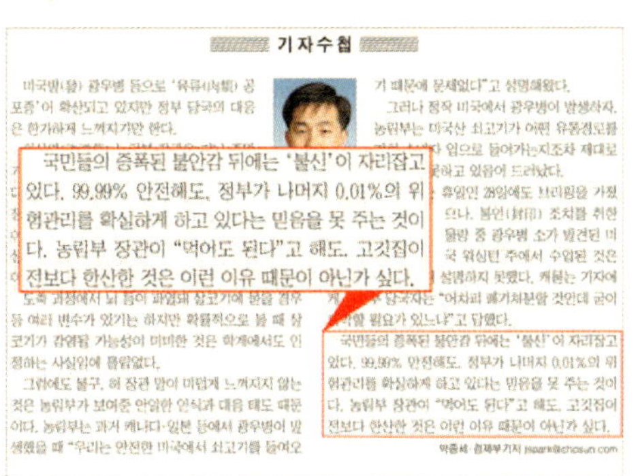

기자수첩

국민들의 증폭된 불안감 뒤에는 '불신'이 자리잡고 있다. 99.99% 안전해도, 정부가 나머지 0.01%의 위험관리를 확실하게 하고 있다는 믿음을 못 주는 것이다. 농림부 장관이 "먹어도 된다"고 해도, 고깃집이 전보다 한산한 것은 이런 이유 때문이 아닌가 싶다.

〈조선일보〉, 2003년 12월 29일, 3면

유통 중인 쇠고기는 괜찮을까

광우병 국내대책 '소걸음'

"현재 국내에서 유통 중인 쇠고기는 안전한가." 이 질문에 1백% '예'라고 장담할 수 있는 사람은 아무도 없다. 광우병 자체가 원인과 감염 경로가 완전히 밝혀진 병이 아니기 때문이다. 따라서 모든 대책은 수백만분의 1의 확률에 대비해 이뤄져야 하는데 정부 대책이 미온적이란 지적이 나오고 있다.

〈중앙일보〉, 2003년 12월 26일, 1면

정부 "미국 쇠고기 안전"

광우병 위험물질 제거 - 국내서도 철저히 검사

MB "정치 논리로 접근해 불안 증폭해선 안돼"

〈중앙일보〉, 2008년 5월 3일, 1면

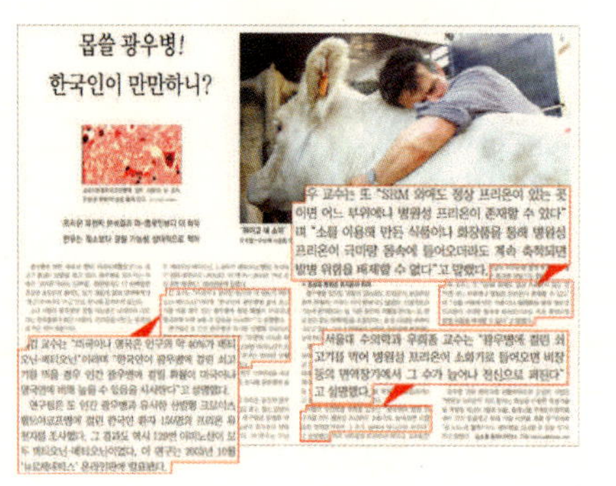
몹쓸 광우병! 한국인이 만만하니?

우 교수는 또 "SRM 외에도 정상 프리온이 있는 곳 어떤 어느 부위에나 병원성 프리온이 존재할 수 있다"며 "소를 이용해 만든 식품이나 화장품을 통해 병원성 프리온이 극미량 몸속에 들어오더라도 계속 축적되면 발병 위험을 배제할 수 없다"고 말했다.

〈동아일보〉, 2007년 3월 23일, 24면

정부 "美쇠고기 괴담 근거없어"

"광우병 위험물질 제거뒤 수입" 적극 해명

李대통령 "정치 논리로 불안 키워선 안돼"

〈동아일보〉, 2008년 5월 3일, 1면

출처: 민주언론시민연합이 개설한 조중동 왜곡보도 사례 모음 사이트 http://www.realcjd.net

자, 어떤가. 한국의 주류언론을 국민의 알권리에 부응하는 '공익언론'이라 하기에는 저어하지 않는가 말이다. 걸핏하면 상업적으로 '빨갱이' 딱지를 덧씌워 신문장사를 즐겨하는 <조선일보>는 이번에도 예외 없이 '안보 상업주의'를 들고 나왔다. <조선일보>는 '2MB' 정부의 미친 소 수입자유화를 규탄하는 촛불집회를 「정부는 '쇠고기'를 '미선이 · 효순이 사건'처럼 키울 셈인가(2008년 5월 5일자, 사설)」라며 반미로 몰아갔다.

기회주의적 상업언론인 <중앙일보>는 2001년부터 정부의 뒷북치는 광우병 대책을 국민의 안전한 먹을거리 수호라는 입장에서 비판해왔다. 누리꾼들이 강부자 · 강금실 · 고소영 내각이 검역주권을 포기했다고 지탄하자 「인터넷 괴담이 호도하는 여론(2008년 5월 5일자, 사설)」이라고 매도하고 나섰다.

'MB일보'를 자임하는 <동아일보>의 보도는 참으로 가관이다. 역시 DJ정부 시절인 2001년 1월부터 「광우병 안전지대 아니다」, 「뭐? 미국산 늙은 쇠고기 한국만 먹는다고?(2007년 7월)」 등에 이르기까지 기사와 사설, 칼럼 등을 통해 미국산 쇠고기의 광우병 안전성 문제에 가장 맹렬하게 위험 경각심을 전파했던 이 신문은 「유언비어, 거짓말, 미신에 포위된 나라(2008년 5월 7일자, 사설)」라며 표리부동한 보도태도를 보였다. 누리꾼들은 "미친 언론"이란 달갑잖은 별명을 붙여 줬고, <동아일보>는 그게 자랑인지 흉인지도 모르고 영예의 훈장처럼 여긴다.

왜정시대엔 친일 외세의 첨병 노릇을 했으며, 오늘날에는 숭미 사대주의로 일관하는 수구언론(물론 껍데기는 '반공언론'으로 가리고 있다)이 버젓이 민족언론으로 위장한다. 기꺼이 독재정권의 선전선동대 나팔수 노릇을 마다치 않았던 '시녀언론'이 민주언론으로 둔갑하여 국민들을 기만한다. 한국언론의 메인프레임이 이러하므로 불량언론이라는 규정은 정당성의 근거를 지닌다.

글쓴이가 제안하는 시민언론 창간은 기존 언론의 정체성을 전적으로 부인하는 데서 출발한다. 시민언론은 한국언론의 존재 자체를 거부하는 '혁명언론'이자 쓰레기언론을 깨끗하게 쓸어내는 '청소언론'이며, 국민들의 정신건강을 지키는 '웰빙언론'·'클린언론'이다. 시민언론은 원론적으로는 민중과 언론인의 힘에 의해 건설되고 창조되어야 하나, 소수의 자본가가 참여하는 '쿠데타언론'으로서도 존재가 가능하다.

한국언론의 모순을 보다 총체적으로 상술하면 대체로 다음과 같이 정리할 수 있다.

① 한국언론은 부동산, 증권 등 이른바 재테크에 상당한 자금을 투자하면서 자금의 출처 등에 대해서는 철저히 '모르쇠'로 함구한다. 불투명한 자본구조는 언론의 자유를 훼손하는 요인으로 작용한다.

② 한국언론은 '세계화'라는 미명하에 독점적인 언론자본의 집중화와 수구적인 이데올로기의 확대재생산으로 지배블럭의 공고화를 기도한다. 자신들의 시장실패 원인을 정부의 매체정책 탓으로 돌리고, 시장 폐쇄를 통한 이윤추구에 몰두한다.

③ 한국언론은 정부의 정당한 세무조사마저 '언론탄압'이라며 거부한다. 뿐만 아니라 △주식의 우회증여로 상속세 및 증여세 탈루 △광고료, 판매수입의 누락 등으로 소득세, 법인세 포탈 △부당내부거래 △부동산 제3자 명의 매입 등 불법과 비리를 저지른다. 언론 스스로 부패의 온상이 되어 사회환경 감시기능은 그만큼 퇴화했다.

④ 한국언론은 경영투명성도 떨어지고, 경영효율성도 매우 낮다. '고비용－저효율'을 특징으로 한다. 권력과 재벌, 언론이 구축한 삼각동맹체제를 믿고 신문경영을 함으로써 수익성이 전혀 없는 거대한 부실기업임에도 도산하지 않는다.

⑤ 한국언론은 천박한 황금만능주의를 신봉한다. 돈이 된다 싶으면 주식투자는 물론 부동산 투기, 복권사업 추진 등 물불을 가리지 않는다. 이런 까닭으로 언론윤리 따위는 헌신짝처럼 여긴다.

⑥ 한국언론은 시장이 정체된 상황에서 '과잉생산－과당경쟁－저수익'이라는 문제점을 안고 있다. 언론이 극단적인 상업주의로 치달은 결과 기자가 사주의 이익 보호를 위해 보도에 동원된다.

⑦ 한국언론은 국민으로부터 '선출되지 않은 권력'으로 기능한다. 사회 전반에 막강한 영향력을 실제적으로 휘두르면서도 아무런 책임을 지지 않는다. 메이저언론을

중심으로 '여론의 획일화'라는 카르텔을 형성, 언론파시즘체제의 공고화와 그 확산을 기도한다.

⑧ 한국언론은 독점적 · 배타적 권력으로 기능하며, 언론권력에 도전하는 세력에 대해서는 수단과 방법을 가리지 않고 무참하게 짓밟는다. 자신의 이익에 반하면 국가와 국민의 이익조차 사익과 바꾸기를 주저하지 않는다.

⑨ 한국언론은 개혁을 저지하기 위해서는 부당한 권력과의 물밑거래, 국민의 알권리를 헌납한 반대급부 챙기기, 친일 · 친미 등 외세 끌어들이기 등도 마다치 않는다. '계도지'는 관언유착의 공식적인 창구 역할을 한다. 정부가 나랏돈으로 신문을 구입해 통반장 등에게 무료로 나눠주는 계도지는 특히 지방일간지와 자치단체간의 현금거래로 정보를 담합하는 매개로 작용한다.

⑩ 한국언론은 사주나 경영진이 언론자유의 신장은커녕 오히려 '편집권 독립', '언론자유의 발전'을 저해한다. 사주의 권력화는 일부 족벌 · 세습언론만의 문제가 아니라 지방언론에서 그 폐해가 더 심각하다. 지역사회의 토호세력인 지방일간지의 사주는 언론의 자유를 본질부터 훼손시킨다.

⑪ 한국언론은 △부가가치세 면제 △법인세법상 손비 인정 △사업소세 감면 △특별소비세 면제 △국민주택채권 매입 면제 △도시철도채권 매입 면제 △우편요금 할인 △소득세 감면 등의 특혜를 받는다. 여기에다 사적으로 은밀하게 금융기관에 압력을 가해 △특혜 대출 △이자 탕감 등의 비리도 종종 저지른다.

⑫ 한국언론은 법과 제도로부터 치외법권지대에 있다. 발행부수공사제도(ABC)를 외면해 신문발행부수, 유가부수 등은 발행인조차 제대로 알지 못한다. 경쟁력을 상실한 매체가 시장에서 퇴출되지 않는 시스템을 초래했다.

⑬ 한국언론은 자전거 · 비데 · 칼라TV · 백화점 상품권 등 고가의 경품으로 시장을 교란하는 상업주의적 물량경쟁에 의존한다. 신문의 품질경쟁은 않고 언론 외적인 시장경쟁에 이전투구하는 기회주의적인 상업주의를 지향한다.

⑭ 한국언론은 비효율적이며 착취적인 판매시스템을 지녔다. 현대판 '노비계약문서'라 일컫는 보급소와의 불평등 계약을 강요하고, 보급소는 다시 배달 노동자를 착취함으로써 이윤을 얻어내는 체제를 유지한다.

⑮ 한국언론은 광고주에게 덤터기를 뒤집어씌운 '바가지 광고료'를 가장 큰 수입원으로 한다. 광고료 산정의 기초 자료가 되는 유가발행부수 통계조차 없다. 광고료는 세계적 권위지인 〈뉴욕타임스〉나 세계 최고의 발행부수를 자랑하는 〈요미우리신문〉보다 더 비싸다. 매체기업이 광고주에게 덧씌운 바가지요금은 고스란히 소비자에게 전가돼, 결국은 국민들의 호주머니를 터는 결과를 초래한다.

⑯ 한국언론은 정치적으로는 지역파당주의, 이념적으로는 극우 · 보수 · 반공주의, 경

제적으로는 재벌 추종이라는 획일성 체질을 지녔다. 언론의 성장 토양이 계급대립, 지역갈등, 소수 특권세력을 위한 다수 민중의 희생, 친일・숭미사대주의를 배경으로 한다.

⑰ 한국언론은 사회적 현안에 대해 일제히 한목소리를 낸다. '정보의 동질화'로 획일적인 대중적인 파급 효과의 극대화를 추구한다. 자신들의 의견과 반대하거나 불리한 여론에 대해서는 철저히 무시하거나 묵살한다.

⑱ 한국언론은 자신에게 유리한 정보는 침소봉대하여 확대재생산한다. 반면 불리한 정보는 공격 또는 미화, 신화 만들기 등을 통해 본질을 흐리게 함으로써, 결국은 제도언론의 사익을 보호한다.

⑲ 한국언론은 '마녀사냥식' 흑백논리를 신봉하는 '코뿔소언론'이다. 노사관계나 남북문제 등에 있어서는 내편, 네 편 '편 가르기' 보도를 한다. 내편이 아니면 때에 따라서는 "빨갱이"라는 색깔을 덧칠해 '좌경', '용공', '친북' 등으로 몰아붙인다. 말로는 '통일' 운운하나 실제에는 '냉전'을 추구하며, 민족의 생존권을 안보 상업주의로 활용한다.

⑳ 한국언론은 우열논리를 신봉한다. 국제적으로는 미국 중심, 인종적으로는 백인, 종교적으로는 기독교, 교육은 이른바 '일류', 또는 '명문'을 중심으로 서열화해 보도한다. 사람의 몸조차 뚱뚱한 몸은 열등한 것으로, 날씬한 몸은 우등한 것으로 취급해 차별화 한다(김승수, 2002, 268쪽).

㉑ 한국언론은 무지와 선정주의, 자사이기주의를 보도의 기본적인 시각으로 한다. 보도방향이 편파적이며 불공정하고, 부정확하다. 정확한 사실에 근거해 보도하는 것이 아니라, 작문성 보도마저 버젓이 해놓고는 나중에 '아니면 말고'식의 무책임으로 일관한다.

㉒ 한국언론은 자신의 목적달성을 위해서는 외국정보원을 과대 포장하기 일쑤다. 외국 취재원의 말을 본말이 전도될 정도로 입맛에 맞는 부분만 발췌해 사용하고, 때에 따라서는 지나치게 '신화'와 '권위'를 부여함으로써 왜곡된 자신들의 견해를 정당화한다.

㉓ 한국언론은 식민주의적 사대주의 근성에 젖어 있기도 한다. 민족의 주체성보다는 의타성, 허무성, 무능력 등을 지나치게 강조함으로써 제 것은 못났다는 패배주의를 만연시켜 외세에 빌붙는다. 외세와 결탁한 내부 침략세력의 주구로 기능하는 한국언론은 주요 현안이 대두되면 '왜 미국의 뜻을 좇지 않는가'라며 역정을 낸다.

㉔ 한국언론은 '카멜레온언론'으로서 '사회정의의 구현'과는 거리가 먼 행태를 보인다. 권력이나 금력, 또는 지식인들에게는 철저히 굴종하고, 약자에게는 가혹하리만치 기만하거나 탄압으로 일관한다. 힘이 있는 곳에는 아부하고, 힘이 없는 곳에

는 잔인하기 그지없는 '하이에나언론'이다.

㉕ 한국언론은 △표적보도 △추측보도 △가치중립적 보도 △후속보도의 회피 등을 통해 이른바 '본질 흐리기'와 '물타기' 보도로 사실을 왜곡 조작하기도 한다. 이러한 보도행위를 통해 결국은 언론이 의도한 목적을 달성한다.

<미디어오늘>이 창간 10주년을 맞아 한국언론학회와 공동으로 20대~50대의 독자들을 선정, 포커스그룹 인터뷰로 조사한 자료에 따르면 "독자들은 한국신문이 △공정성이 떨어진다(편파적이다) △상업적인 성격이 강하다(광고와 광고성 기사가 너무 많다) △실생활과 너무 동떨어진 것 같다 △선정적이고 흥미 위주다(제목이 자극적이다) △기사 내용을 못 믿겠다(신뢰도가 떨어진다) △느리다(속보성이 뒤진다)"고 지적했다. 한국신문이 무엇을 개선해야할지를 말해주는 대목이다(반현, 미디어오늘, 2005년 6월 1일자, 8면).

이민웅은 한국언론이 지닌 문제점을 다음과 같이 정리했다.

① 객관성·공정성과 관련된 비판
- 오보 및 왜곡보도, 심지어 속임수 보도
- 불공정 보도: 정치권력, 경제세력, 사회집단에 대한 편향보도
- 정실주의(*favoritism*) 보도
- 기회주의적 양시양비론(兩是兩非論)
- 내용의 진실성이나 타당성을 무시한 채 뉴스원만을 인용하여 보도하는 형식적 객관주의 신봉

② 상업주의와 관련된 비판
- 대중의 취향에 영합하는 흥미 위주의 보도: 시장의 검열 현상
- 선정주의(*sensationalism*): 인간의 감각을 자극하는 보도, 성의 상품화, 폭력성, 악취미, 갈등 지향적 보도 등
- 요란하게 보도하다가 어느 순간 뚝 그쳐 버리는 '소나기식 보도'
- 필요 이상으로 확대 보도하는 '도배질 보도'

③ 직업윤리와 관련된 비판

- 촌지(寸志 · *reporting on the take*) 및 향응(饗應 · *freebie and junket*)
- 기사를 가장한 광고 선전
- 폭로 대가 지불 취재(*cheque-book journalism*)
- 사생활 침해, 명예훼손 등 인격권 침해
- 직무와 관련해 얻은 정보를 사익(私益)을 위해 이용하는 형태

④ 변화와 지속의 역사적 흐름을 읽는 안목의 부족에 관한 비판

- 사건의 고립화 내지 파편화
- 구조적 요인을 무시한 인물 중심의 극화(劇化) 보도
- 역사적 과정 속에서 특정 사건의 의미를 위치시키지 않고 일과성으로 취급하는 몰역사성
- 문제의 해결책 또는 대안의 제시에서의 고식적 정형화
- 시대 상황의 변화와 지속의 흐름을 통찰하여 새 시대의 비전을 조명하는 심층 보도의 부족 등(이민웅, 2003, 94~96쪽).

언론개혁 방향

열쇳말
- 지방언론 핑계
- 개혁이념 저항
- 불량언론 자초

언론개혁론자들은 언론개혁 지침으로 △언론자본에 대한 소유규제 및 주식의 분산 △언론산업의 재벌·족벌지배 구조 타파 △신문기업의 소유와 경영 분리 △편집권의 독립성 확보 및 사주와 경영진의 일방적 지배 금지 △신문보급의 투명화 담보 △정상적인 임금지급 △광고강매 금지 △계도지 예산의 폐지 △각종 공사 입찰 등에 언론매체를 이용한 불공정하고 부당한 행위 금지 △편집규약 제정 △노사 공동의 편집위원회 구성을 통한 편집권 공유 △허위·과장·왜곡보도 등에 대한 반론권 부여 △유료 발행부수의 공개 및 정확한 재무자료 공개 등을 끊임없이 요구해왔다.

김승수는 시민사회에서 논의되고 있는 언론개혁을 다음과 같이 정리했다.

1. 소유와 경영의 분리
   - 소유와 경영, 경영과 편집의 분리 등 소유구조 개혁으로 공익성 담보
   - 소유규제 및 주식의 분산으로 재벌, 족벌 지배형 기업구조 타파
   - 매각, 상장, 증자, 사원지주제 도입 등을 통한 소유구조 개혁 단행
2. 편집권 독립
   - 편집에 대한 사주와 경영진의 일방적 지배 금지
   - 경영자와 종사자가 대등한 관계에서 민주적 편집규약의 제정 및 편집위원회 구성, 내용의 공개
   - 허위, 과장, 왜곡보도 등에 대한 강력한 반론권 부여
3. 언론윤리의 확립
   - 언론사나, 주주, 기자 등의 주식이나 부동산 투자 정보의 공개 의무화와 보도화
4. 일간지와 방송사의 겸영 금지
   - DMB 사업자로 선정된 신문기업 철수
5. 매체기업의 경영투명화 추구
   - 매체기업의 매출액, 유료발행부수와 지대 판매수입, 광고수입 등에 대한 정확한 재무자료, 경영정보의 공개
   - 매체와 모기업, 계열기업간의 연결재무제표 작성 의무화 등을 통한 내부자 거래 등 부당거래행위 금지
   - 언론사 종사자에 대한 정상적인 임금지불
6. 신문경영 정상화
   - 전국적 공동배달망 구축으로 판매비용 절감
   - 광고 강매 금지
7. 권언유착체제 청산
   - 계도지 예산의 일괄 폐지
   - 각종 공사 입찰 등에 언론매체를 이용한 불공정하고 부당한 행위금지
8. 언론자유 신장
   - 여론 다양화 보장을 위한 새 신문 창간자금 지원(김승수, 2002, 45쪽; 2004, 75~76쪽).

한국언론이 지닌 문제점이 지적됐다. 개혁과제와 당위성도 밝혔다. 개혁의 목적도 주어졌다. 과제도 제시됐다. 바야흐로 자정과 개혁을 게을리하면 존재의 의미가 없는 '불량언론'이라는 비난에서 자유롭

지 못하게 됐다. 한국언론이 불량언론이란 말을 듣지 않으려면 지방언론을 '사이비언론'이라고 매도하는 오만한 자세와 위선부터 버려야 한다.

단언컨대 지방언론이 형법을 위반하는 잡범 수준의 사이비라면, 국민의 알권리를 담보로 권력과 재벌과의 거래를 통해 사익을 챙기는 한국언론은 헌법을 위반하는 악질적인 사이비이다. 생존형·생계형 사이비보다 정치적인 사이비가 국민들에게 더 나쁜 해악을 끼치고 있음은 두말할 나위 없다. 껍데기는 비록 신사복에 넥타이로 위장하고 그럴 듯 해 보이지만, 그 속내는 사이비 지방언론보다 더 썩은 시궁창이다.

지방언론은 중앙지를 보고 배운다. 중앙지는 지방지의 모태이다. 앞에서도 얘기했듯이 서울의 떵떵거리는 언론인들이 정치권력과 유착, 언론계에 위장취업해 있다가 '용비어천가'를 불러 준 대가로 정계로 관계로 진출하거나, 기꺼이 재벌과 벤처기업의 마름머슴을 자청해 홍보성 선전기사를 써 준 대가로 주식을 뇌물로 받아 떼 부자를 추구하면서도, 지방언론에 대해 사이비라는 손가락질을 하는 것은 모순의 극치다. 지방언론은 그럴 능력도, 또 그럴만한 인재도 없으며, 그럴 조건도 갖추지 못하고 있다. 감히 말하거니와 지방언론이 사이비언론이라면, 정경유착을 버젓이 자행하는 한국언론은 불량언론이다.

지역사회에서 시민언론의 창간을 제안하고 있는 이 글이 굳이 별도의 장을 마련, 한국언론을 비판하고 나선 까닭은 이런 연유에서다. 이 글은 위로부터의 자정과 개혁을 주문한다. 지방언론의 개혁이 아래로부터의 혁명이라면 국내 여론시장을 90% 이상 장악하고 있는 서울언론의 개혁은 위로부터의 혁명이다. 개혁은 위에서부터 아래로 흐르는 것이 순리다. 또 그것이 훨씬 자연스럽고, 쉽게 개혁의 목적을 달성할 수 있다.

언론계에 개혁이 요구될 때마다 한국언론은 자신의 개혁은 외면한 채 지방언론만 사이비라 매도하면서 개혁 이데올로기를 유야무야 시켰다. 한국언론이 '지방언론＝사이비언론'이라는 이데올로기를 놓지 않으려는 것은 개혁에 대한 저항을 의미함을 독자들은 간과해서는 안된다. 물론 일부 지방언론 가운데는 분명 사이비언론이 있기도 하다. 그렇다고 해도 그것이 전부는 아니다. 서울언론이 지방언론을 사이비언론이라고 매도하는 이면에는 자신들에 대한 개혁을 실종시키기 위한 작태임을 재삼 지적해 둔다.

❀2005. 1. 19. / 2008. 6. 4. 더함.

노무현 정부의 언론정책 비판

'언론과의 전쟁'을 통해 국가의 최고 권력을 쟁취한 노무현 정권이 언론과 정치를 명확히 구분하지 못해 언론개혁이 출발에서부터 심각하게 왜곡될 수밖에 없는 구조적 한계를 비판한다.

노무현과 언론

✍ *열쇳말*
- 하이에나 언론
- 여론몰이 재판
- 카멜레온 보도

'박연차 리스트'와 관련, 검찰의 수사를 받던 노무현 전대통령이 2009년 5월 23일 새벽 6시 45분께 경남 김해시 진영읍 봉화산 기슭 부엉이 바위에서 투신자살했다. 고 노무현 전대통령의 서거는 국민들에게 엄청난 충격을 줬다. 45m 절벽 아래로 뛰어내려 산산조각이 난 그의 몸은 바로 우리의 몸이었으며, 우리 민주주의가 처한 현주소였다.

대한민국 제16대 대통령을 지낸 사람을 죽음에까지 이르게 한 원인은 무엇일까? 외적으로는 이명박 정부의 치졸한 정치보복과 권력화된 정치검찰의 꿰맞추기식 무리한 수사, 그리고 하이에나 언론의 물어뜯기식 잔인한 소나기보도에 책임이 있다. 반면 내적으로는 노무현 대통령을 대통령답게 보필하지 못한 참모들의 무능과 코드 맞추기로 개인적 영달에만 관심이 많았던 자들을 중용한 인사정책 실패, 사회적 중압감과 스트레스를 견디지 못한 개인적 의지의 박약 등을 들 수 있다.

여기서 주목할 것은 언론의 역할과 그에 대한 책임론이다. 언론은 검찰 앞에 시녀처럼 쪼그리고 앉아 국민의 알권리와 언론의 오보방지를 위해(?) 검찰이 불러주는 피의자공표사실을 하나하나 받아적기에 급급했다. 피의자의 항변권은 철저히 배제된 채 참고인의 진술을 토대로 한 일방적인 검찰 선전물을 아무런 확인도 않은 채 확대재생산해댔다. 검찰과 언론이 주거니 받거니 하면서 혐의를 사실로 둔갑시켜 여론몰이식 인민재판을 서슴지 않았다.

정직한 도덕성을 정치적 명분으로 성립했던 노무현 전대통령은 하루아침에 '상종도 못할 파렴치범', '불법무도한 시정잡배'로 매도되었다. 전직 대통령으로서는 고사하고 한 인간으로서의 인격마저 갈기갈기 찢겨졌다. 하이에나 언론의 인격살인에는 수구언론, 족벌·세습언론은 물론 스스로 '진보언론'이라 자임하며, 참여정부 하에서는 '친노신문' 노선을 걸었던 <한겨레>나 <경향신문>도 오십보백보였다. '국민의 방송'으로 거듭났다던 <KBS> 또한 권력의 주구가 되어 세치 혀로 사람을 죽이는 일을 마다 않았다.

고 노 전대통령은 이런 언론을 어떻게 생각했을까? 아마도 심한 배신감에 잠을 못 이뤘으리라는 것은 쉽게 짐작이 가고도 남는다. 이건 차마 인간적으로도 있을 수 없다. 있어서도 안된다. 고인의 생전에 일관되게 '반노신문', '비노신문'을 표방했던 수구언론, 족벌·세습언론의 광적인 노무현 물어뜯기는 이해할 공간이 있다. 그러나 <한·경>과 공영방송의 '노무현 죽이기' 공작은 언론의 하이에나·해바라기 근성 외는 다른 말로 설명할 길이 없다. 시시각각 자사의 유·불리에 따라 표변하는 카멜레온적인 양면성이 국민성에 뿌리는 해악은 일관된 수구언론, 족벌·세습언론의 해악과는 감히 견줄 수 없다. 더 크고 심대함은 물론이다.

고 노무현 전대통령의 사저가 있는 봉하마을과 전국의 빈소 곳곳에선 기자가 멱살 잡히는 일이 허다하다는 소식이다. <KBS> 중계팀이 마을 현장에 접근하지 못하고 멀찌감치서 방송을 해야 했던 것은 언론에 대한 주민들의 반감이 어디까지 와 있는 지를 상징적으로 보여준다. 그것은 또 국민들의 언론불신을 단적으로 보여주는 사례다. 언론이 국민의 편이 아니라 권력의 뒤에 숨는 순간, 언론으로서의 생명은 끝이다. 한국의 하이에나 언론은 세치 혀로, 펜대로 사람을 죽여 놓고는 고작 한다는 소리가 "검찰 발표를 검증할만한 시스템을 갖추지 못했다"는 무책임하고 궁색하기 그지없는 변명이다.

노 전대통령이 서거하자 살아생전에는 물어뜯기로 일관했던 언론이 이번에는 180도로 태도를 표변해 무분별한 '노비어천가'를 폭포수처럼 쏟아내며 고인을 의인화·성인화하기에 분망하다. 한국언론의 이와 같은 '야누스보도'는 섬뜩하기 그지없다. 언제 어디서 어떻게 흉기로 돌변할지 모르기 때문이다. 따라서 이를 결코 언론이라 이름할 수는 없다. 독자들은 구독절독운동과 광고주철회운동 등 언론수용자운동을 통해 흉기언론의 시장퇴출을 전개해야 한다.

언론을 바로 세우지 못하면 결코 우리 사회를 바로 세울 수 없다. 하루아침에 극과 극을 널뛰기하는 하이에나 언론의 기회주의적인 이중성을 그대로 두고선 우리 사회 환경이 조금도 바뀔 가능성이 없다. 그래서 언론개혁 없이 사회개혁은 없다고 한다. 언론개혁을 모든 개혁 중의 으뜸개혁이라 하는 까닭은 언론이 변하면 사회의 모든 시스템이 변하기 때문이다.

언론으로 인해 최고의 권좌에 올랐고, 언론으로 인해 자신의 목숨을 스스로 내놔야 했던 고 노무현 전대통령은 한국정치사상 최초로 언론을 제도적으로 개혁할 적임자였다. 그러나 무능한 참모진과 대통령 자신의 왜곡된 언론관으로 언론개혁을 일궈내는 데는 실패했다. 그럼에도 그의 참여정부 시절은 대한민국 역사상 언론자유가 가장 만개한 백가쟁명의 시대였음은 부인할 수 없다. 이제 고인을 추모하며 왜 그의 언론개혁이 실패했는지, 노무현 정부의 언론정책을 비판적으로 해부해 보기로 한다. 노 정권의 언론정책은 민주언론화의 기본적 연구자료로서 매우 중요하다.

❶ 언론정책 특성

대통령의 언론관

열쇠말
- 실체 분식 왜곡
- 시민사회와 유착
- 권력다지기 개혁

노무현 정권의 언론정책을 본격적으로 이해하기 위해선 권력적 속성부터 정확히 인식할 필요가 있다. 노 정권은 김대중 정권이 권력을 재창출함으로써 성립했다. 이는 노 정권의 권력적 모태가 DJ 정권이며, 필연적으로 그 성격을 계승할 수밖에 없다는 것을 의미한다. 호남을 지역적 기반으로 한 DJ 정권은 헌정사상 최초로 여야의 수평적 정권교체로 출범한 권력이었다. DJ 정권의 출범은 50여 년 동안 이 땅을 강고하게 지배해왔던 영남 패권주의가 몰락하고, 주류와 비주류 사이의 권력교체가 현실화됐음을 의미한다.

소수 정권이란 한계를 안고 권력을 접수한 김대중 정권은 권력의 정통성과 도덕성을 다지기 위해 이념의 잣대를 들이댔다. 즉 DJ 자신이 보수세력이면서도 실체를 개혁과 진보라고 설정하고, 실제로는 수구세력을 보수의 자리에 앉혀 권력의 헤게모니 장악을 위한 투쟁을 전개했다. 여기에 시민사회세력이 수구세력을 공격하며 급속히 DJ 정권이 설정한 프레임에 동화되었다. 그와 같은 정치적 오류로 역사로부터 퇴출되었어야 할 수구세력이 버젓이 보수의 얼굴로 위장하고 권력의 중추를 장악하고 있으며, 반면 건전한 시민사회세력이 정치권력의 품 안으로 달려가지 못해 안달인 지경을 연출하게 됐다.

아무튼 DJ 정권 이후 정치권력이 정책을 쏟아내면 시민사회세력은 맞장구치며 지지했다. 권력과 시민사회세력이 악어와 악어새처럼 단단한 유착관계를 형성하면서, 시민사회세력은 운동의 순수성과 도덕성을 잃고 급속히 권력의 중추로 편입되어 권력화 되었다. 이 패턴은 노무현 정권에서도 고스란히 답습되었다. 노 정권하에서는 권언, 정언유착은 근절되었으나, 진보와 개혁을 명분으로 권력과 시민사회의 유착이 제도화되었다. 시민사회세력은 기존 정치권의 권력투쟁에 동원됨으로써 그 반대급부로 일부는 권력에 진출하는 특혜와 특권을 누렸지만, 대부분은 '권력의 앞잡이'라는 달갑잖은 불명예만 뒤집어썼다.

<사진 5> 참여정부의 언론정책 평가기사

한겨레 | 언론 기획 | 9

'언론과 5년전쟁' 악순환…국민과 소통 점점 멀어져

'약탈정부' '세금폭탄' '퍼주기' 과장보도 덧칠에
노대통령 민생탐방 거부감 '소통 부재' 부채질

민생탐방 포기

"기자들 죽치고 앉아…" 불신이 '취재선진화'로

청와대 내부 논의 없어
홍보실서 대통령에 직보
총리 훈령 중 '독소조항'
기자들 반발 빌미 제공

참여정부 주요 언론정책

↳ 참여정부의 언론정책을 강력히 지지하고 뒷받침했던 〈한겨레신문〉은 노 정권의 퇴임을 앞두고 언론정책을 회고하는 기사에서 "'언론과 전쟁' 악순환, 국민과 소통 점점 멀어졌다"라고 부정적으로 평가했다. 〈한겨레〉, 2008년

이는 정치뿐 아니라 언론에도 고스란히 이어졌다. 김대중 정권이 언론사 세무조사로 언론개혁을 시도했다면, 노무현 정권은 '신문법' 제정으로 언론개혁을 실천하고자 했다. 역대 어느 정권보다도 언론의 직접적인 피해당사자로서 언론개혁에 남다른 신념과 소신을 지녔던 두 민주대통령이 야심 차게 시도한 언론개혁은 참담한 실패로 끝났다. 전자는 일과성 반짝 이벤트에 그쳤으며, 후자는 입법과정에서 개혁성이 무더기로 실종되어 개혁무늬만 입법한 꼴이 됐다. 따라서 노 정권의 언론개혁 역시 총체적으로 자신의 권력기반을 다지기 위한 교묘한 언론통제술이지, 결코 국민을 위한 언론개혁이었다고는 할 수 없다. 이제 그 실체를 해부해보기로 하자.

노 정권의 언론정책을 이해하기 위해선 노무현 대통령의 언론관부터 살펴보자. 이상열은 노 대통령의 언론관을 다음과 같이 요약했다.

- 언론에 당한 피해와 압박으로 일부 수구언론에 대해 심한 부정적·적대적 감정을 갖고 있다.
- 언론과 정치는 각자의 길을 가는 것이 정도라는 정·언 유착관계 고리를 단절하겠다는 신념을 지녔다.
- 이상적인 정부와 언론의 관계는 약간의 긴장관계를 맺는 것이다. 집권 초기에는 건강한 긴장관계를, 집권 2년 후에는 건강한 협력관계가 바람직하다.
- 오보에 대해서는 철저히 대응한다.
- 언론의 권력화는 안된다.
- 자율적 언론개혁, 국민적 언론개혁을 해야 한다.
- 한국언론은 제 기능을 다하지 못하고 있다.
- 일탈한 언론에 대해서는 법과 원칙에 의해 지속적으로 대응한다(이상열, 2007, 324쪽).

대통령의 이와 같은 언론관을 바탕으로 참여정부의 언론정책은 다음과 같은 골조 아래 건설되었다.

- 기자실 개방, 개방형 브리핑제 도입
- 공무원과 기자의 접촉 제한, 기자의 사무실 무단출입 통제
- 청와대, 정부 부처 가판신문 구독 금지
- 〈국정브리핑〉, 〈청와대 브리핑〉 등 온라인 대응매체 발간
- 신문고시 제정
- 언론사 상대 소송 제기
- 특정 언론사에 대해 취재거부
- 신문법, 지역신문발전지원법, 뉴스통신진흥에관한법률 등 제정
- 정부 부서에 정책홍보관리실 신설(이상열, 2007, 325~326쪽).

편 가르기

열쇳말
- 운동권의 흑백논리
- 이분법적 이념구도
- 자기이익 우선주의

참여정부 언론정책의 특징은 첫째, 편 가르기이다. 일부 수구언론과는 적대적 관계를, 반면 방송과 마이너신문, 지방신문, 인터넷매체와는 우호적 관계를 형성한다. 노 정권은 수구언론, 특히 <조선>·<동아>·<문화일보> 등에 대해서는 배타적 긴장관계를 보인다. <KBS>를 비롯한 방송매체와 <한겨레>·<경향신문> 등 마이너 신문, 지방신문, 인터넷언론은 우군으로 여기고 호의적인 관계를 유지했다.

전남식은 "노 정권은 자신을 지지하는 친언론과 반언론을 갈라 한 편은 우호적으로, 다른 한편은 적대적으로 다루는 전략을 구사한다. 여기에 적용한 기준은 DJ 정권과 마찬가지로 이념이었다. 자신을 스스로 민주정권, 개혁세력, 더 나아가 중도좌파의 색깔로 포장해, 이에 동조하는 언론에는 호감을 드러내며, 경우에 따라 유·무형의 혜

택을 주고 지원했다. 반면 자신의 이념에 반발하는 언론은 적대세력으로 돌려 공세를 펼쳤다. 이 과정에 언론개혁을 표방하는 시민단체를 끌어들여 우군세력화했고, 개혁언론임을 자처한 친언론도 같은 대열에 동참했다"고 말했다(전남식, 2006, 136쪽).

노 정권의 편 가르기 언론정책은 극렬운동권의 이분법적 흑백논리에 맥이 닿아 권력투쟁이라는 결과만 좇는 행태를 빚었다. 그것은 노 정권의 핵심적 권력주체가 어설픈 운동권의 논리에서 벗어나지 못했기 때문이다. 적 아니면 우군이라는 치졸한 논리가 개혁담론을 지배하면서 정책이 전투로 변모했다. 이는 권력의 뜻과는 상관없이 시장에서 수구언론의 권위만 강화시켜, 오히려 독점적·배타적 시장 지배를 공고히 하는 부작용을 초래했다.

본디 언론이라는 상품은 권력과 반목, 대립하면 대립할수록 오히려 독자들로부터 관심을 끌고, 시장을 확대하는 특징이 있다. 정치권력과 시민사회세력이 그처럼 한목소리로 수구언론의 타도를 부르짖었음에도 시장에서 독자가 늘고 있는 것이 이를 증명한다. 수구언론이 자신의 본질을 감추기 위해 '비판언론'을 자임하며 사사건건 노무현 정부와 대립의 각을 세우고 시비를 붙는 것은 신문장사를 하기 위한 속셈에서다.

노 정권과 수구언론이 왜 적대적 관계가 되었는지는 <조선일보>의 경우는 정치인 노무현 씨를 편향적인 안경을 쓰고 보면서부터이다. <동아일보>는 노무현 대통령이 영남 출신인 데 따른 정치적 배경과 지역감정이 복합적으로 작용하여 반대를 위한 반대라는 야당지를 추구한 것으로 해석이 가능하다. 현대그룹과 특수한 관계를 맺고 있는 <문화일보>는 노 대통령과의 후보단일화 파트너였던 현대그룹의 대권후보자인 정몽준 현대중공업회장과의 정치적 라이벌 관계, 김대중 정부하에서 독점적·배타적 특혜를 누렸던 현대그룹의 대북창구 지위를 상실한 것에 따른 반감이 반(反)노무현을 표방하게 했다. 반면 <중앙일보>는 모태였던 삼성그룹이 노무현 정부 들어 재계를 대표하는 기업집단으로 대두되면서 비교적 호의적인 관계를 맺고 있다.

노 정권의 언론 편가르기로 신문과 신문, 신문과 방송, 신문과 인터넷언론, 인터넷언론과 인터넷언론이 자그마한 갈등이나 쟁점이라도 생기면 언제든지 물고 뜯으며 처절한 헤게모니 장악싸움을 벌인다. 친(親)대통령언론과 반(反)대통령언론의 싸움은 겉으론 진보와 보수, 개혁과 실용 등의 이분법적 이념 구도로 전개되고 있지만, 그 속내의 본질은 치열한 자사 이익 우선주의라는 극단적 이기심을 바탕으로 한다(전남식, 2006, 11쪽).

수구언론은 이를 국론 분열 운운하고 매도한다. 얼토당토 않은 얘기다. 족벌언론 중심의 언론시장을 배타적으로 지배한 여론의 획일화에서 일탈한 언론현실이라 하여 결코 갈등이라는 것은 언어도단이다. 비록 서로 다른 목적하에서 다른 소리를 낸다 해도 그것은 여론의 다양화 실험이라는 측면도 있다. <조중동>의 국론분열과 갈등타령은 여론을 독과점적으로 지배한 언론시장에 대한 반기를 사전에 차단하기 위한 속셈에서 전개되는 이데올로기 공세에 불과하다.

인터넷매체 활용

> ✍ 열쇳말
> - 권력창출 도구
> - 정권안보 기둥
> - 정쟁도구 한계

둘째, <오마이뉴스>, <프레시안> 등 인터넷 언론을 권력의 창출은 물론 유지에도 적극 활용했다. 뉴미디어의 총아로 대두하는 인터넷매체를 제도권 언론으로 끌어들여 지지세력화한 것은 온라인 저널리즘이 탄생시킨 정권으로서는 당연했다. 이는 언론의 외연확대라는 시대적 흐름을 간파한 것으로 시장변화를 적절히 이용한 언론정책이었다.

전통적으로 정치권력은 기존 언론을 모태로 한다. <조선일보>를 비롯한 한국의 몇몇 수구언론은 '대통령 만들기'라는 정치공작적 보도로 권력을 창출함으로써 언론권력화와 언론파시즘 체제를 공고히 하고, 강화한다. 노무현 정권은 인터넷 등 뉴미디어를 기반으로 성립됨으로써 기존 언론으로부터는 아무런 부채를 지니지 않아 언론개혁을 상대적으로 자유롭게 추진할 것으로 기대됐다. 그러나 노 정권의 언론개혁 역시 정쟁을 위한 도구라는 한계를 벗어나지 못했다.

'대통령언론' 강화

> ✍ 열쇳말
> - 직영언론 구축
> - 적대언론 제압
> - 언론정책 후퇴

셋째, 대통령이나 정부의 통제하에 있는 국·공영 언론이 <KBS>를 비롯 <MBC>, <EBS> 등 지상파 방송, <KTV(국정홍보처 영상홍보원)>, <아리랑TV(국제방송교류재단)>, <KFN(국방부 국방홍보원)>, <국악방송(문화관광부 국립국악원)>, <OUN(한국방송통신대학)>, <TBN(도로교통안전공단)>, <국회방송> 등 11개나 있는데도 노무현 정권은 '대통령 직영언론'을 갖겠다고 <국정브리핑>,

<청와대 브리핑> 등 대안매체를 창간해 직접 운영했다. 이는 언론의 자유를 근본적으로 부정하는 것에서 버릇된 정책이다. 대통령언론의 창간은 기존 언론의 보도가 대통령이나 정부의 뜻을 제대로 정확하게 반영하지 못한다는 불신을 전제로 한다.

노무현 씨는 대통령에 당선되자마자 <이슈 브리핑>, <청와대 새소식>, <사실과 주장>, <국정일기>, <춘추관 브리핑>, <청와대 브리핑(이메일)> 등을 앞서거니 뒤서거니 창간했다. 그것도 모자라 최근에는 오프라인 <국정홍보신문(주간신문)>의 창간 자금 30억 원을 국회에 요청했다가, 예산안 심의과정에서 전액 삭감되기도 했다.

언론이 대통령의 정치적 의사를 제대로 대변해 주지 않는다는 것은 어불성설이다. 권력의 직접적 영향력 아래 있는 매체만 하더라도 기존 언론으로는 <연합뉴스>, <YTN>, <서울신문> 등 소위 '공영매체'가 있다. 여기에다 최근 뉴스유통의 절대강자로 부상하고 있는 <네이버>, <다음>, <파란>, <네이트> 등 친정부적일 수밖에 없는 인터넷 포털까지 감안하면, 매체가 없어서 권력의 뜻이 바르게 전해지지 않는다는 것은 궁색한 자기변명에 불과하다.

전남식은 "노 정권이 만든 대안언론은 단순히 정부의 정책을 국민들에게 알리는 매체가 아니다. 적극적으로 기존 언론과 의제설정 경쟁을 벌이고, 경우에 따라 적대언론을 비판하며 무력화하는 도구로 기능한다. 정부가 정책을 놓고 여론의 평가나 비판을 받는 게 아니라, 직접 정부 정책을 스스로 평가하고 진단하는 매체로 기능한다. 이들 대안언론은 적대언론을 제압하고 통치기반을 강화하기 위한 수단으로 활용되었다"고 지적했다(전남식, 2006, 143쪽).

댓글정치 공무원 동원

✍ 열쇳말
- 심판겸업 선언
- 일방적 잣대 적용
- 책임의식 전무

넷째, 댓글 정치와 적극적인 언론구제활동이다. 노 정권은 댓글 달기로 언론에 직접 자신의 입장을 적극적으로 전한다. 국정홍보처가 마련하여 외교부, 국가정보원 등 정부 부처 47곳에 보낸 「댓글(부처의견) 달기 지침」이라는 문서를 보면 "오전 중 기사에 대한 대응계획을 1차 의견달기로 올리고, 2차 의견달기에선 부처가 취한 시행결과(정정청구 등)를 명시하라"고 했다. 이어 "부처 입장은 3~4줄 이내로 설명하라. 대응결과는 반드시 취재기자 및 (해당 언론사) 데스크에 이메일로 송부하라"고도 했다. 또 "부처들이 '○○신문의 보도내용은 사실과 다릅니다. 해명자료를 배포했습니다'라는 의견 달기로 가장 많은 오류를 범한다"고 지적하고, "'이 기사는 ○○○ 부분이 사실과 달라 언론사에 정정(또는 반론)을 청구할 예정입니다'라고 해야 한다"며 모범 사례를 소개하기도 했다(김봉기, 조선일보, 2006년 9월 28일자).

홍보처는 공무원들을 기꺼이 '언론과의 전쟁'에 내몰았다. 홍보처는 대응해야 할 기사를 '정정신청' '정정소송' '반론신청' '반론소송' '손해배상' 등으로 구분한 다음, 부처별 진행상황을 실시간 조회할 수 있도록 했으며, 중재신청·조정 건수가 많으면 '우수한 공무원'으로 평가했다. 올 1월부터 8월까지 언론보도에 대한 인터넷 댓글이 2,271건에 이르며, 재정경제부 59건, 산업자원부 52건, 건설교통부 37건, 대통령비서실 32건 등의 중재조정 건수를 기록했다.

물론 '잘못된 보도', '악의적인 기사', '왜곡된 뉴스'는 시정되어야 마땅하고, 정정되어야 한다. 노무현 대통령 또한 헌법이 정한 인격권과 ‘언론의 자유’를 향유할 권리를 지닌다. 그러나 그는 자연인 노무현이기에 앞서 공인으로서 대통령이라는 국가의 최고 권력이다. 그에게는 개인의 천부적인 인권보다는 국민 다수를 위한 언론자유를 신장할 의무가 먼저다. 그런데도 노 대통령은 그 본질은 외면하고 자신의 정파적·정치적 이해 득실관계만 따지기에 급급했다.

권력이 스스로 언론의 공정성과 책임성을 입에 담는 것은 옳지 않다. 이는 선수가 심판 역할을 겸하겠다는 소리와 같다. 정부의 정책을 평가하는 것은 언론의 고유 권리이다. 다만 그 평가가 수구적이냐 보수적이냐 진보적이냐에 대해서는 논할 수 있다. 그러나 “넌 수구적, 혹은 보수적으로 평가했으므로 옳지 않다. 반면 넌 진보적, 혹은 개혁적으로 평가했으므로 옳다”라는 명제는 성립될 수 없다.

<조선>·<동아일보>가 ‘반노신문(反盧新聞)’을, <중앙일보>가 ‘비노신문(非盧新聞)’을 표방하며 노무현 정권에 딴지를 거는 것을 탓할 수는 없다. 그것은 전적으로 그들의 자유이다. 그들이 스스로 소위 ‘비판언론’을 자임하며 노 정권을 두들겨 패는 언론자유를 향유하기 위해선 그에 따른 엄격한 윤리와 책임을 다한다면 아무런 문제가 없다.

노 정권은 자신들의 입맛에 맞지 않다고 수구언론을 직접적으로 매도하는 것을 언론개혁이라 강변한다. 그것은 정쟁일 따름이다. 노 정권의 언론개혁 전위대로 활동하고 있는 <한경서>는 이를 간과해서는 안된다. 국민을 위한 언론개혁을 이끌어내기 위해 <한경서>가 진지하게 고민한다면 노 정권의 언론정책 본질이 지닌 정치공학적인 함수관계를 늘 깨어 있는 눈으로 살펴야 한다. 그렇지 않으면 <조중동>과 다를 바 없는 처지로 전락한다.

시민언론운동 등용

✍ 열쇳말
- 아마추어 이언제언
- '코드' 맞추기 급급
- 정책실종 전투병행

다섯째, 노 정권은 언론정책을 수행하는 인재를 주로 시민언론운동가와 권력추종적인 해바라기 언론인들로 충원했다. 역대 독재정권이 권력지향적인 해바라기 언론인, 소위 말하는 YS장학생, DJ모범생 등 정치언론인을 동원해 이이제이(以夷制夷) 방식으로 이언제언(以言制言)을 기도하고 있는 것과 같다.

노 정권의 언론정책 담당자로 영입된 주요 포스트는 제도권 언론의 변두리에 있었던 언론인들이었다. 이들은 자신의 언론철학이 대통령의 코드와 일치하고 있음을 선명하게 증명하기 위해 모든 걸 '노무현 코드'에 맞추고 '대통령 섬기기'를 하늘처럼 했다. '노비어천가'를 개혁과 진보로 포장하고 정권안보의 충실한 마름이기를 자처한 이들이 노 정권의 언론정책을 기획·집행함으로써, 결과적으로 언론개혁을 편협하게 해석할 수밖에 없었다. 노 정권의 언론정책이 언론개혁의 본질은 실종되고, 쓸데없는 소모적인 논쟁만 불러일으켜 국론분열을 초래하는 원인이 됐다.

권력적 태생이 제도권 정치의 변두리에서 맴돌았던 소수정권이라는 근본적 한계를 안고 출범한 노 정권은 자체의 권력을 강화하고 정통성 위기를 해결하기 위해 제도권 진입을 꾸준히 노린 재야세력과 일부 권력추종적인 시민사회 운동세력을 기반으로 삼았다. 오랫동안 민주화 투쟁에 참여한 시민운동가는 국민들의 암묵적 성원과 지지를 받고 있는 터여서, 노 정권으로서는 권력의 후원세력화에서 무엇보다 구미가 당기는 집단이었다. 우리 사회를 진일보시키기 위해 사익을 희생하고 공익을 좇는 시민사회 운동세력을 자신의 정치

코드에 일치시킴으로써 단숨에 취약하기 그지없었던 정권안보를 공고히 하는 효과를 부수적으로 기대했다.

전남식은 권력의 핵심으로 달려간 시민운동세력에 대해 다음과 같이 비판했다. "권력의 핵심 중추로 영입된 이들은 한마디로 권력을 운용할만한 준비도 되지 않았을 뿐만 아니라 함량과 자질도 미달이었다. 이들은 민주화 이후의 역할에 대해서 방향도 목표도 없었다. 오로지 제도권 밖에서 운동할 때 공유했던 이념이나 코드로 자신의 헤게모니를 유지하고 강화하는 데만 정신이 팔렸다(전남식, 2006, 128쪽)."

시민언론운동은 그 순수성과 정당성, 도덕성에서 명분과 명예를 심각하게 훼손당했고, 곧 국민들로부터 불신을 초래했다. 또한 노무현 정권의 언론정책이 코드로 폄훼되어 정책으로서의 기능은 고사하고, 오히려 개혁의 대상인 수구언론으로부터 정치권력의 본질이 의심받는 처지로까지 내몰리는 원인이 됐다.

<사진 6> 시민언론운동세력의 제도권 진입 비판기사

A10 2007년 10월 10일 수요일 기획 제26813호 동아일보

참여정부 '언론 대못질'

언론정책 요직 진출한 언론단체 인사들

현정부 '코드'와 한몸… 언론 통제 '신 권언유착'

청와대 정부행정기관에 진출한 언론주변단체 출신 인사

민언련, 盧정부 들어 최대 영향력 단체 부상

방송위원장-KBS이사 등 7명 무더기 배출

언론인 정계진출 비판하며 자기식구엔 침묵

미디어오늘 출신들은 언론 정책 입안 선봉에

언론 공격, 기자 출신 실세가 주도

홍보수석-처장 등 핵심라인 모두 전직 언론인

〈동아일보〉는 노무현 정권의 언론정책을 살펴보는 기획기사를 통해 시민언론운동세력과 진보적인 언론학자들의 제도권 진입을 '신 권언유착'이라고 비판했다(동아일보, 2007년 10월 10일자, A10면).

노무현 정권이 운용하는 인재풀이 프로페셔널인가 하면 그것 또한 아니다. 노 정권의 언론정책을 기획하고 생산하는 전위기지는 청와대 홍보수석실과 국정홍보처다. 대통령비서실에 속한 홍보수석실이 핵심적인 기획과 분석, 비판업무를 설계하는 브레인이라면, 국정홍보처는 그 계획을 집행하는 수족과 같은 역할을 한다. 홍보수석실은 대변인팀과 홍보기획, 국정홍보, 국내언론, 해외언론 파트가 있다. 이 중 <청와대 브리핑>을 발간하고 홈페이지를 기획·운영하는 국정홍보와 각종 국내언론을 보도·분석하고 정책업무를 조율하는 국내언론 파트가 노른자위 역할을 한다.

노 정권의 언론정책을 입안하고 집행하는 대통령 언론참모들의 면면을 보면 대개 언론계 경험이 일천하다. 전문적 지식도 없다. 언론에 대한 일반적이고 보편적인 상식 정도만 지닌 인물이 언론을 담당했다. 오로지 대통령과의 정치적 코드만 맞춘 인사가 언론정책 라인을 지배했다.

홍보수석실의 핵심 포스트는 대개 언론을 비평하던 <미디어오늘>과 <기자협회보> 출신들이다. 이들의 본질적 성분은 언론계에 위장취업해 있던 권력지향적인 정치기자들이라 할 수 있다. 이들은 미디어비평 전문지에 근무하면서 일관되게 수구언론을 비판하며 언론개혁을 주창해왔다. 노무현 정부에 출사한 이래 이들로부터 언론개혁에 대한 그때의 소신을 찾아보기 어렵다. 오로지 대통령을 위한 권력의 촉수로서의 역할만 있을 뿐이다. 수구언론의 개혁을 겨냥했던 칼날을 노 정권의 정권안보를 위해 휘두르고 있다.

한마디로 아마추어가 프로언론을 제압하겠다고 나선 꼴이다. 그러니 코뿔소 마냥 무조건 싸움을 걸고 보는 식이다. 수구언론이 이를 받아주어 치고받으면 국민들에게 자신들이 정치적 피해자라고 호소하여 지지를 끌어낼 수 있다는 계산이다. 이 같은 얄팍한 속셈을 눈치 챈 수구언론이 이를 묵살하고, 자신들이 바라는 전선이 형성되지 않으니까, 이번에는 코드에 맞춘 언론인을 대거 정치의 장으로 끌어들이는 행위를 마다치 않는다. 이는 독재정권이 언론을 직접적으로 오염시키는 것과 조금도 다를 바 없다.

중재신청 법적 시비

열쇳말
- 비타협주의 고수
- 이틀에 한 번 시비
- 홍보예산 폭증

여섯째, 언론과의 비타협주의를 들 수 있다. 한나라당 정병국 의원이 배포한 자료에 따르면 노 정권은 출범 이후 지금까지(2003. 2. 25.~2007. 4. 30.) 681건을 언론중재위원회 등에 중재신청을 하거나 소송을 제기했다. 노태우 8건, 김영삼 27건, 김대중 118건인 데 비해 평균 '이틀에 한 번 꼴'로 언론에 시비를 건 꼴이다. 부서별로는 재정경제부 59건, 산업자원부 56건, 청와대 52건(대통령 17건, 비서실 35건), 건설교통부 40건, 국방부 30건 등이다. 매체별로는 <조선일보> 71건, <동아일보> 63건, <문화일보> 50건 등이었다.

<사진 7> 언론중재신청 보도기사

8→27→118→681건

<노태우 정부> <김영삼 정부> <김대중 정부> <노무현 정부>

'언론중재 신청' 盧정부선 이틀에 한 번꼴

조선·동아·문화일보 등 비판신문에 집중

노무현 정부가 출범한 이후 각종 국가기관은 이틀에 한 번꼴로 언론보도에 대해 언론중재위원회에 중재를 신청한 것으로 나타났다. 또 1988년 노태우 정부 이후 최근까지 20여년간 국가기관이 낸 중재 건수의 82%는 노무현 정부 출범 이후 시점에 집중된 것으로 집계됐다.

▶관련기사 A4면

23일 정병국 한나라당 의원에 따르면 현 정부가 출범한 지난 2003년 2월 25일 이후 지난달 30일까지 국가기관이 낸 언론중재조정신청 건수는 모두 681건이다. 1988년 이후 최근까지 국가기관의 총 언론중재 신청건수 834건 가운데 81.7%(681건)가 노무현 정부하에서 신청됐다.

언론중재 신청 주체별로 보면 노무현 정부 부동산 정책의 핵심인 세금정책을 담당한 재정경제부가 59건으로 가장 많았다. 대통령과 대통령비서실도 각각 17건과 35건, 모두 52건의 언론중재를 신청해 '청와대발' 중재신청 건수는 재경부와 어깨를 나란히 했다.

현 정부가 중재신청을 많이 낸 신문은 조선일보가 71건으로 제일 많았고, 이어 동아일보(63건), 문화일보(50건)로 주로 비판신문에 국가기관의 언론중재가 집중됐던 것으로 나타났다.

손태규 단국대 언론영상학부 교수는 "언론중재위는 언론의 오보나 정확하지 않은 보도로 인해 명예훼손 등을 당했지만 언론에 항의할 수단이 없는 사람들을 위해서 만든 기관"이라며 "언론중재위는 정부의 영향력을 받는 기관인데 이를 다른 국가기관이 이용해서 '합법'의 이름으로 언론에 보복적 행위를 하고 있는 것"이라고 말했다.

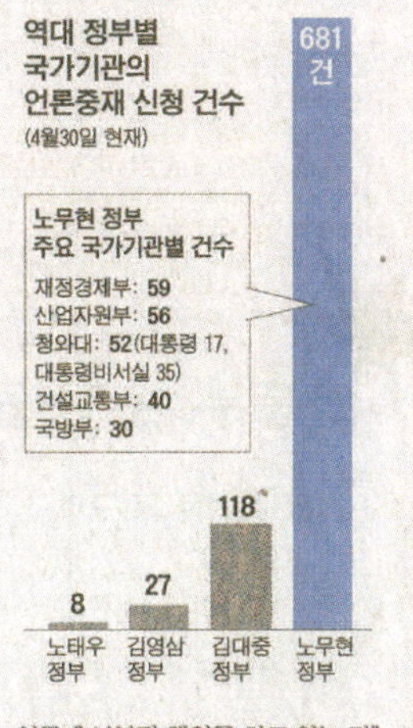

염강수 기자 ksyoum@chosun.com

↳ 조선일보는 한나라당 정병국 의원이 발표한 자료를 빌어 노무현 정권이 이틀에 한 번꼴로 언론이 시비를 걸고 있다며 노 정권의 언론정책을 비판했다(조선일보, 2007년 5월 27일자, A1면).

노 정권이 출범 이후 평균 이틀에 한 번 꼴로 언론에 시비를 걸려다 보니 인력과 예산 또한 급증하기 마련이다. 한나라당 이한구 의원이 밝힌 자료에 의하면 최근 3년간 정부의 홍보관련 예산증가율은 평균 32.0%로 국가예산 증가율 8.7%에 비해 3.7배에 달했다. 홍보관련 예산은 2004년 559억 5,000만 원에서 2006년 738억 6,000만 원으로 증가했다. 또 같은 기간 정부의 홍보관련 공무원 증가율(2004년 625명→2006년 763명)은 22.1%로 같은 기간 국가공무원

증가율 1.2%의 18.1배 수준이었다(김상협 · 김충남, 문화일보, 2006년 9월 18일자).

정언유착 근절

열쇳말
- 공개브리핑제 도입
- 소모적 싸움 일관
- 새 언론매체 창출

일곱째, 정언유착의 근절을 실천했다. 언론과의 밀월기간을 갖지 않는 등 기존 언론과의 관행을 탈피하고, 언론과의 거리두기를 마다 않았다. 언론의 취재환경이 과거에는 취재원과의 느슨한 관계에서 진행되었던 것이 원리원칙이라는 사무적 관계로 돌변해 취재 패러다임이 제자리를 찾게 했다. 이는 취재 선진화 제도의 실시로 나타나 기자실 폐쇄와 공개 브리핑제 도입 등으로 구현됐다.

노무현 정권은 자신들의 언론정책을 언론개혁으로 표방했다. 단호히 결론부터 말하면 결코 언론개혁은 아니다. 대통령의 삐뚤어진 언론관은 언론과의 쓸데없는 소모적인 싸움으로 국론이 분열되고, 국민들로 하여금 갈등의 골만 깊어가게 만들며, 국민을 기만하고, 나아가 언론개혁을 실종케 했다. 노 정권이 주창한 언론정책의 속셈에는 물론 정치권력의 언론장악과 통제라는 변치 않는 권력적 속성을 전제하고 있음을 간과해서는 안된다.

하지만 노 정권의 언론정책은 한 단계 성숙된 정치적 언론관이 투영된 것으로, 언론자유가 대폭 신장되었다는 평가에는 인색할 필요는 없다. 뿐만 아니라 언론과 권력 간에 새로운 언론환경을 정립하는 계기가 됐다는 점에서도 높이 사야 한다. 바야흐로 한국언론은 한 차원 높게 전개되는 언론의 자유를 실험할 단계에 이르렀다. 그것은 정언유착의 탈피를 통한 새로운 언론의 창출이다.

<표 15> 노무현 정권의 주요 언론정책

조치	시기	내용
가판구독금지	2003년 3월	정부 부처의 신문가판 구독을 금지
개방형 브리핑제 도입	〃	출입기자단 폐지, 부처 내 기자출입금지
공정거래위 조사권 강화	2003년 5월	공정거래위가 신문고시 위반사건 직접 조사 처리
정부광고 사전협의제	2004년 6월	정부기관의 신문에 광고 게재시 국정홍보처와 사전협의
신문법 제정	2004년 12월	시장점유율 규제, 신문·방송 겸영 금지 등
언론중재법 개정	〃	고의·과실·위법성 없어도 정정보도 청구 허용 등
정책보도 모니터링제	2005년 4월	언론보도를 건전비판, 정책참고 보도, 오보, 문제성 보도 등으로 분류, 대응
신문고시 강화	〃	불법 경품, 무가지 신고자에 포상금 제공하고 경품관행조사 실시
언론소송지원단	2005년 7월	법무부, 대언론소송 지원 법률공단 설립 추진
신고포상금 강화	2006년 5월	신문불법 포상금을 500만 원에서 1,000만 원으로 상향 조정
시사프로그램 사전 모니터링	2006년 6월	TV 시사프로그램 사전 제작 단계에서 관련 부처가 국정홍보처에 사전 협의토록 지시
취재선진화 제도	2007년 5월	기자실 통·폐합 및 합동 브리핑룸 설치 등

출처: 조선일보, 2007년 5월 24일자, A4면.

❷ 언론전쟁 본질

빗나간 언론정책

열쇠말
- 개혁외면 전쟁선택
- 좌파덤터기 레임덕
- 정체성 확립 실패

노무현 대통령은 역대 대통령 가운데 비교적 균형적인 언론관을 지녔다고 평가된 만큼 언론개혁에 대한 국민적 기대치를 높였다. 그런데 제도적인 언론개혁은 할 생각은 않고 홍보부서의 인력과 예산을 집중적으로 늘리고, 언론중재신청 등 언론정책으로 맞섰다. <조중동>과의 이전투구를 언론개혁으로 포장했다. 그것은 개혁이 아니라 권력투쟁·정치투쟁이었다. 그 결과 언론의 질만 더 낙후된 현실을 초래했다.

노 정권의 언론정책이 무지하고 치졸해 사사건건 수구언론으로부터 무조건 반대라는 덤터기만 뒤집어썼다. 나아가 수구언론은 "빨갱이 정권"이라며, 되레 개혁의 대상으로 낙인찍었다. 노무현 정권의 정치적 실체가 이라크에 파병하고, 친재벌적인 경제정책, 한미FTA 추진 등에서처럼 짝퉁 좌파, 사이비 진보인 보수정권인데도 수구언론의 집요하고도 악의적인 좌파 이데올로기 공세에 걸려 취임과 동시에 레임덕을 맞았다. 그것은 수구언론의 본질을 개혁하는 데 실패한 것에서 비롯된 자업자득이었다.

노무현 정권의 언론정책은 수구언론의 조직적인 이데올로기 공세에 좌초되어 개혁은 고사하고, 권력의 정체성마저 의심받는 처지로까지 내몰렸다. 선출되지 않는 무소불위의 언론권력이 합법적으로 선출된 정치권력을 공공연하게 퇴출하기에 이르렀다.

노 정권의 출범은 '언론과의 전쟁'을 통한 반사이익의 획득에서 기인한다. 노무현 씨는 <조중동>이라는 수구언론, 특히 <조선일보>와의 싸움에서 진보적 정치인이라는 도덕성과 이미지를 얻고, 이를 밑천 삼아 마침내 '대통령'이라는 국가 권력의 최정점에까지 올랐다. 군인이었던 박정희 · 전두환 씨가 총구로 집권했다면, 노무현 씨는 '언론과의 전쟁'으로 권력을 쟁취했다. 이는 정권의 성격을 가늠하는 가장 중요한 키워드다.

노무현 씨는 대통령에 취임한 이래 자신의 권력적 기반을 다지려고 줄곧 수구언론과의 권력투쟁을 멈추지 않았다. 그는 국민들이 직접 선출한 대한민국 최고의 권력자임에도, 자신이 해야 할 정치투쟁을 스스로 포기했다. 그리고는 사사건건 수구언론이 개혁을 가로막아 "대통령 못 해먹겠다"는 막말까지 쏟아냈다. 여기에 이르면 그가 준비된 대통령이 아니라 로또복권 당첨되듯 행운으로 대통령이 된 게 아닌가 하는 의구심을 자아내게 한다.

이는 그의 정치적 인식이 대통령 되기 이전의 상태에 머물러 있는 것을 의미한다. 정치인의 도덕성은 대통령이라는 권력을 쟁취하는 데 있다. 정치인으로서의 노무현 씨 또한 대통령이라는 권력의 실체를 쟁취하기 위해 수구언론과 벌인 권력투쟁을 나무랄 일은 아니다. 오히려 그 과정에서 수구언론의 실체가 낱낱이 폭로됨으로써, 국민들에게 언론개혁의 당위성과 정당성을 환기시켰다는 측면에서 환영해야 할 일이다.

문제는 대통령이 되고 난 이후다. 부처님께서도 이르시기를 "뗏목을 타고 강을 건넌 후에는 뗏목을 버려야 한다"고 했다. 노무현 씨는 대통령이 된 이후에도 '<조중동>과의 전쟁'에만 정치투쟁의 포커스를 맞췄다. 햇볕이 쨍쨍한 사막을 건너면서 뗏목을 지고 가는 우를 범하는 것이다. 그가 단순히 평범한 시민에 불과했다면 그저 어리석은 자의 미련한 행동쯤으로 그칠 것이지만, 문제는 4,700만 국민을 대표하는 대통령이라는 점이다.

분명 정치권력의 실체로서 노무현 정권이 담당해야 할 몫은 현실적으로 미우나 고우나 '한나라당'이라는 정치집단이다. 물론 한나라당류의 세력은 수구적인 훈구세력 집단으로써 우리 역사발전을 위해선 청산되어야 할 수구세력임에는 틀림없다. 그러나 현실에서는 그 수구집단이 아직도 공고한 권력적 기반을 구축하고, 제1 야당으로 건재하고 있는 것 또한 부인할 수 없다. 사정이 이러한데도 노무현 정권이 의도적으로 정치 상대로서의 야당을 외면하고, 수구언론을 정쟁에 끌어들여 이이제이로 한나라당류 세력의 청산을 기도하는 것은 언론을 정치로 오염시키는 결과를 초래하고, 그 과정에서 해바라기 언론과 정치언론인만 양산한 것이다.

'신문전쟁'의 정치학

열쇠말
- 일방적 편가르기
- 조중동 이전투구
- 개혁정책 불신초래

노무현 정부의 정치적 패러다임은 이미지 조작을 통한 권력의 유지와 창출에 있다. 그 방법으로는 언론을 정쟁에 끌어들여 내 편, 네 편 편가르기를 통한 확고한 지지층의 결집을 전략으로 삼는다. 노 정권은 '노무현 정부=민주=선', '조중동=수구=악'이라는 단세포적인 이분법을 인터넷 등 자신을 지지하는 매체를 통해 지속적으로 끊임없이 확대재생산을 해 왔다. 또 '노무현 정권=386=진보세력=시민운동가=인터넷 매체=촛불시위=월드컵 거리응원=젊은 지지층'이라는 이미지를 자신들의 전매특허인양 개념화했다. 반면 역사에서 퇴진하거나 청산되어야 할 주적으로는 '보수세력=기득권층=보수신문=늙은이들'이라는 천박한 '흑백' 잣대를 이데올로기로 제시했다.

그 과정에서 노무현 정부는 한 번도 한나라당류를 권력투쟁의 파트너로 여기지 않고, 대신 <조중동>을 수구세력의 주구라 하여 개혁의 대상으로 규정했다. 반면 <한겨레 · 경향신문 · 서울신문(한경서)>과 <KBS>, <MBC>에 대해서는 일방적으로 자신을 지지하는 우군세력이라 여겼다. 노 정권은 일방적으로, 그것도 자의적으로 <조중동>과 상대적 개념으로 <한경서>를 설정하고, 보수와 진보, 수구와 개혁이라는 이념적 잣대를 흑백논리에 대입, 철저하게 양극화함으로써 언론과 기득권과의 화합적 결합을 인위적으로 막고, 정권안보를 공고히 하려는 속셈을 드러낸다.[*)]

<그림 4> 조중동과 한경서

朝鮮日報 한겨레 THE HANKYOREH

중앙일보 경향신문

東亞日報 서울신문

↳ 한국언론의 모순은 수구언론 〈조중동〉이 보수언론을, 보수언론 〈한경서〉가 진보언론을 자임하는 데서 비롯된다.

족벌언론 <조중동>의 실체는 결코 '보수신문'이 아니라 수구언론이다. <조중동>은 늘 자신들의 정체가 백일하에 낱낱이 드러날까 봐 조마조마한다. 그래서 노 정권을 '빨갱이'라 거칠게 몰아붙임으로써 자신들의 정체성을 위장한다. '진보언론'이란 자랑스러운 훈장을 달고 있는 <한경서>가 진짜 보수신문이다. 이 땅에 진보언론은 없다. 그런데도 노 정권은 인위적으로 언론시장을 보수와 진보로 구분하고 허위 이데올로기를 동원, 편 가르기를 한다. 그 속셈은 취약한 자신의 권력적 기반을 다지는 데 언론을 이용하기 위해서이다(관련기사 ☞24 시민언론 실제 참조).

노무현 정부의 편 가르기식 '미디어 정치'로 언론의 자유가 오염되고 왜곡되었다. 언론이 권력에 비판성을 지니는 것은 기본적 사명이다. <조중동>이 비록 수구적인 목적이라 할지라도 참여정부에

---

*) 이와 같은 그의 편리한 잣대가 얼마나 심각한 오류에 젖어있는가는 후일 그가 '박연차 리스트'와 관련 피의자로 전락했을 때, 스스로 '우군'으로 여겼던 인물이 '하이에나'로 돌변, 그토록 처참하고 잔인하게 자신을 물어 뜯을 줄은 꿈에도 몰랐을 것이다.

비판을 가하는 것은 언론으로서 당연히 자기 할 일을 하는 것이다. 노 정권을 지지하는 매체의 홍위병들은 개혁과 진보라는 이분법적 환상에 젖어 <조중동>이 그르다고 한다. <조중동>이 본질적 목적으로는 그른 것이 맞다. 하지만 언론으로서의 <조중동>은 그르지 않다. 개혁과 진보를 자임하는 세력이 제멋대로 재단한 <조중동>에 대한 오류가 오히려 그르다.

<조중동>이 스스로는 '비판언론' 운운하는 것은 어불성설이다. <조중동>의 비판언론이 정당한 도덕성을 지니려면 그 비판이 '국민을 위한 언론의 사명을 구현'하는 것에서 비롯돼야 한다. <조중동>의 비판은 오로지 자사의 이익확보에 초점을 맞춘다. 그렇다 보니 개혁에 극렬히 저항하고 수구반동성을 띤다. <조중동>이 옳고, 노무현 추종류의 미디어가 그르다고 하여 오해하면 안된다. <조중동>은 언론으로서는 존재가치를 상실한 대표적인 '불량언론'이다. 그 불량품이 한국여론시장을 배타적으로 독과점하고 있다. 한국언론의 비극은 여기서 파생된다.

예컨대 <조선일보>가 얼마나 악랄한 반민중적・반언론적인 매체인가 하는 것을 한 가지만 예를 들자면 노무현 정부가 건강보험료를 3개월 이상 못 낸 저소득층 85만 가구에 보험료를 탕감시켜주겠다는 정책을 발표하자 「"버티면 탕감해 주는데 왜 내?"/건보료 징수액 급감/"85만 가구 탕감" 하루만에 6,000만 원 줄어/"이미 낸 채납액 돌려달라" 도덕적 해이도」라는 제목으로 보도한 2005년 6월 7일자 1면 머리기사에서도 그 악의적인 실체를 극명히 알 수 있다. 이쯤 되면 <조선일보>를 국민을 위해 존재하는 언론이라 할 수 없다. 잔인한 언어를 힘없는 서민들에게 마구잡이 휘둘러 대는 '깡패언론',

'폭력언론'과 다를 바 없다.

<조선일보>가 기득권에 빌붙은 수구언론을 지향하는 것은 전적으로 그들의 자유이다. 따라서 <조선일보>의 악의적인 언론행위에 대해서는 시비를 걸 필요가 없다. 다만 <조선일보>가 수구기득권의 '앞잡이 신문'이라는 사실을 민중들에게 널리 알리면 된다. 언론개혁세력이 할 일은 바로 이것이다.

<조중동>은 한국역사의 전개에서 공보다는 과가 더 많은 청산되어야할 반언론적인 언론이나 언론시장을 장악한 그 실체를 결코 부인할 수는 없다. <조중동>이 언론의 자유와 사상의 자유를 사익을 위해 제멋대로 부정하거나 왜곡해 사용한다 하더라도, 언론개혁세력이 똑같이 할 수는 없다. 마음에 들지 않지만, 그들의 언론의 자유와 사상의 자유를 인정하여야 한다. 이를 부인하면 민주주의를 부정하는 것이다. 노무현 정권의 개혁이 실질적으로는 개혁도 아니면서 <조중동>으로부터 좌파정권의 비판언론 죽이기라고 매도당하고, 정책으로서의 기능을 잃은 것의 원인은 바로 여기에 있다.

<조중동>을 퇴출시키는 것은 권력의 몫이 아니라 독자들의 몫이다. 언론개혁세력이 할 일은 개혁에 저항하는 <조중동>의 본질이 사익을 위해 언론의 자유와 사상의 자유마저 제멋대로 왜곡하고, 때론 부정하기까지 하는 악랄한 매체라는 진실을 독자들에게 바르게 알리면 된다. 그 나머지는 독자들이 알아서 할 일이다. 그런 의미에서 진보적이며 양심적인 언론이 할 일이란 <조중동>의 언론행위가 담고 있는 진실을 국민들에게 낱낱이 밝혀내는 일이다. 노 정권의 언론개혁이 이러한 이념적 투쟁은 외면하고 네거티브 전략으로 '문화대혁명'식 <조중동> 때리기로 일관함으로써 전략적으로 실패한

치졸한 정책이 됐다. 시장에서 권력에 저항하는 <조중동>이라는 인식을 심어 줘, 그 죄악을 응징하기는커녕 오히려 키워주기라는 부작용만을 초래했다. 진보세력이 그르다고 한 것은 그와 같은 수단과 방법이 그른 것이지, 결코 그 목적과 내용이 그르다는 것은 아니다.

모름지기 언론이라면 비판성을 잃어서는 안된다. 언론은 권력에 대해 '감시견' 역할을 해야 한다. 언론이 '애완견'이나 '경호견'·'사냥견'으로 전락하는 순간, 언론으로서의 생명을 잃고 존재 의의를 상실한다. 언론은 보수나 진보로부터도 자유로워야 하며, 언제 어디서든 누구와도 싸움을 마다 않는 '싸움꾼'으로서의 준비가 되어 있어야 한다.

노무현 정부는 <조중동>에 대해 논리적 대응을 하지 못하고 감정적 대응으로 일관해, 이전투구를 벌였다. 그리하여 국민들로부터 노 정권은 야당과도 정쟁을, 언론과도 정쟁을 일삼는 아마추어 권력집단이라는 인식을 심어 줘 개혁정책에 불신을 불러오고, 그러한 불신은 마침내 정권 전체에 대해 '국정을 담당할 능력이 있는가'라는 회의를 일으키게 했다.

그 원인은 앞서도 얘기했지만 졸렬하기 그지없는 언론정책에 있다. 어설픈 언론관으로 무장한 아마추어가 모든 정책 가운데 가장 힘든 언론정책을 수행하는 데서 기인한 오류 때문이라고 진단할 수 있다. 언론정책은 본질적으로 하지 않는 것이 제일 좋다. 국민의 기본권과 민주주의의 신장을 위한 언론정책을 편다면 그것은 상책 중의 최상책이다. 노무현 정부는 최상책을 목표로 언론정책을 폈으나, 언론정책을 담당하는 자의 자질미흡과 언론철학 결여 등 치졸한 언론정책의 실현으로 오히려 아니함만 보다 못한 결과를 초래했다.

진보언론과 코드언론

> ✍ 열쇠말
> - 개혁매개 정언유착
> - 짝퉁진보 사익확보
> - 이념적 정체성 혼란

'노사모'라는 정치적 행동대와 함께 노무현 정권을 지탱하는 양대 축으로 거론되는 이른바 '진보언론'의 실체도 허황하기 그지없다. <한겨레>나 <경향신문>, <서울신문>, <KBS>, <MBC> 등이 진보적 매체임을 자임하는 것은 우리 사회의 전도된 가치관의 극치를 보여준다. 먼저 <경향신문>이 어떤 신문인가. 그동안 권력의 부침과 함께 언제나 권력의 입장을 대변해 왔으며, 기꺼이 그 주구 노릇을 했던 신문이었다. IMF 이전까지만 해도 재벌의 선전선동대로 봉직했던 화려한 이력을 지녔다. 그런 신문이 IMF 이후 재벌자본의 철수와 함께 사원지주화했다고 '독립언론' 운운한다는 것은 어불성설이다. <경향신문>이 진보언론, 민주언론이라는 훈장을 달기 위해선 과거사에 대한 책임 있는 반성이 전제되어야 한다. 따라서 <경향신문>의 진정성은 아직 더 두고 볼 필요가 있다. 여기에다 한술 더 떠 관변기관지・권력대변지라는 이력을 지닌 <서울신문>조차 독립언론 운운하는 마당이라면, 차라리 <경향신문>의 '진보매체' 운운은 애교다.

<한겨레>는 한때 진보언론이었던 적이 있었다. 오늘날 <한겨레>의 정체성은 순수함을 담보하기 어렵다. <한겨레>는 본디 6만여 국민주주에 의한 '국민의 신문'이었다. 그런데 <한겨레>를 실질적으로, 법률적으로 지배하고 있는 것은 <한겨레신문>의 종사자들이다. <한겨레>의 종사자들은 쌈짓돈을 털어 신문사를 차려준 국민들의 뜻도 묻지 않고, 합법성을 가장하여 자신들이 최대 주주의 위치에 올랐다. <한겨레>는 국민주주의 신문에서 사원주주의 신문으로 변질된 것이다(관련기사 ☞ 23 창간자본론 참조). '국민주신문'

에서 '사원주신문'으로 자본이 이동하면서 <한겨레>의 성격 또한 진보언론에서 보수언론으로 바뀌었다.

노무현 정부 들어 언론현상 가운데 또하나의 특징은 TV방송조차 개혁세력의 대변자임을 자임한다는 점이다. 방송이 '권력의 나팔수'라는 사실은 예나 지금이나 불변의 진리다. 한국방송이 언제부터 '국민의 방송'으로 환골탈태했는지는 알 수 없다. 다만 하늘이 두 쪽 나도 명백한 사실은 우리나라 방송의 기본적 속성이 5공의 "땡전뉴스"가 판치던 때나 '문민정부', '국민의 정부', '참여정부' 때나 가릴 것 없이 모조리 권력을 좇는 '해바라기'라는 사실이다.

노무현 정부를 지지하는 소위 '개혁언론'의 실상이 이러한 까닭으로, 개혁의 대상으로 지탄됐던 신문보다 시장에서 더 외면당하는 사실에서 그들의 가짜 정체성이 지닌 비극이 낱낱이 폭로된다. 물론 여기에는 개혁대상 언론이 독자를 상대로 자전거, 비데 등 경품 공세로 독자의 이탈방지와 신규 독자를 유혹한 탓도 있다. 개혁을 부르짖었던 신문은 독야청청했냐 하면 그것 또한 아니다. 이들도 개혁대상 신문 못지않게 물량공세로 독자 잡기를 서슴지 않았다.

이는 무엇을 말하는가. 결국 개혁을 외치는 신문이나, 개혁을 권언유착이라며 저항하는 신문이나 개혁이라는 시대적 이데올로기마저 자사의 이익 확보에 동원했다는 소리다. 독자가 신문에 등을 돌리는 이유는 개혁 이데올로기의 본질이 들통 났기 때문이다. 개혁에 대해 순수한 동기만 담보되었더라면 독자의 이탈은 없었을 것이다. 이것이 솔직한 개혁담론이다.

이데올로기 오류

열쇳말
- 짝퉁진보 탐닉
- 좌파정권 매도
- 수구부활 기여

노무현 정권의 가장 큰 정치적 실패와 패착은 이념 지형도에서 자리 설정을 잘못한 데 있다. 이라크 파병, 친재벌적인 경제정책 등 참여정부의 성격에서 진짜 진보다운 진보란 눈꼽만큼도 찾을 수 없다. 노 정권의 실체는 누가 뭐라 해도 전형적인 보수·우익정권이다. 그런데도 노 정권은 이른바 '보수신문'을 자임하는 수구언론에 의해 '좌파정권'으로 매도되었다.

이에 대해 노 정권은 자신이 좌파가 아님을 적극적으로 해명하지 않았다. 오히려 자신이 진보정권임을 느긋이 암시하기도 했다. 대통령 자신부터 반공개적으로 진보임을 표방함으로써 진짜 진보가 설자리를 잃었다. 이는 보수가 진보의 자릴 꿰차고 앉음으로써 보수의 자리엔 수구가 대신 차지하게 하는 오류를 빚었다.

대한민국 헌정사상 최초로 대통령 탄핵이란 정치테러를 당한 직후 역사에 의해 퇴출될 위기에 몰렸던 수구세력에 손길을 내민 것은 다름 아닌 노무현 정권이었다. 빈사상태에 이르러 죽음의 문턱을 넘나들던 수구세력을 다시 살려낸 것은 노 정권이 진보를 자임하며 진짜 정치적 동반자이어야 할 진보세력을 몰락시킨 데 있다.

수구세력이 부활해 다시 정치권력을 장악하고, 시장에서 퇴출됐어야 할 수구언론이 지배언론·주류언론으로 당당히 군림하는 것은 이념 지형도가 근본적으로 잘못 설정된 탓이다. 우리 사회의 왜곡된 이데올로기 구조는 사회의 진전을 가로막는 가장 큰 원인으로 작용한다. 역사의 발전은 끊임없는 투쟁의 연속이다. 보수에 대한 진보의 도전과 응전이 역사발전을 추동한다. 진보는 보수에 의해 도전하고,

보수는 수구화되어 퇴출되고, 진보가 보수의 자리를 꿰차며, 다시 새로운 진보가 나타나 도전함으로써 사회는 한 단계 한 단계 전진한다.

수구언론은 자신의 실체를 숨기고, 언론장사를 위해 진보의 '진'자만 꺼내도 '빨갱이'로 거세게 몰아붙인다. 노 정권도 수구언론의 딱지공세에 걸려 취임과 동시에 레임덕을 맞았다. 수구언론은 '반노신문', '비노신문'을 표방하며 사사건건 묻지마식 대북 퍼주기와, 세금폭탄, 무능한 경제 살리기 공세 등으로 노 정권의 식물정권화 캠페인에 몰두했다. 노무현 대통령은 '언론과의 전쟁'에만 올인했을 뿐, 정작 역점을 뒀어야 할 수구세력의 역사적 청산이라는 정치행위는 철저히 외면했다. 그로 인해 그의 정치개혁과 언론개혁은 모조리 실패했다. 만일 노 정권과 진보언론이라 자임하는 매체가 스스로 보수정권·보수신문이라 양심고백을 했더라면 수구세력과 수구언론은 그 정체가 만천하에 공개되어 시장퇴출이 기정사실화되었을 것이다.

보수신문이 진보언론임을 표방하며, 수구언론이 보수신문임을 자임하는 모순은 하루빨리 폐기되어야 한다. 현재 이 땅에서 보수신문의 실체는 수구언론이다. 진보언론은 수구언론에 가까운 보수신문이다. 그것은 박연차 리스트와 관련된 노무현 전대통령 보도만 봐도 그 실체를 알 수 있다.

국민들에게 영향력이 큰 방송의 미디어비평 프로그램은 이와 같은 그릇된 왜곡의식을 세뇌하는 첨병으로 활약한다. 그리하여 권력지향적인 해바라기 언론조차 때론 보수와 진보의 영역을 자유롭게 넘나드는 언론 풍토를 초래했다.

문제는 이와 같은 자의적인 이분법이 진실을 크게 왜곡하고, 근본적으로 언론개혁의 발아를 가로막는 이데올로기로 작용한다는 점이다. 즉 수구언론을 보수신문의 반열에 올려놓고 신줏단지 모시듯 하며, 보수언론이 진보신문으로 작용해 진짜 진보신문의 싹을 짓누르는 것이다. 자유민주주의와 자본주의 체제와 제도권 속의 진보신문조차 걸핏하면 '좌파신문'으로 매도당하는 형국에서, 더군다나 국가보안법이 시퍼렇게 살아있는 현실에서 자칫 "김정일언론"이라는 잣대가 적용되는 날엔 철장신세를 면치 못한다. 진보언론은 이처럼 형극의 길이다.

수구언론은 본질적으로 언론이라 할 수 없다. 그것은 근본적으로 언론이란 개념에 부합하지 못하기 때문이다. 한마디로 언론도 아닌 것이 언론 흉내를 내고 있다는 얘기다. 따라서 수구언론이 자신의 정체성을 솔직하게 드러내면 독자에 의해 시장퇴출을 면치 못한다. 때문에 수구언론은 자신의 정체성을 보수신문으로 위장한다. 그러면서 시장에서 자신의 정체가 드러날까 봐 걸핏하면 마구잡이 색깔공세에 나선다. 그 어느 이데올로기에 비해 초강경하다. 더구나 남북이 분단된 냉전 상황을 최대한 악용한다. 수구언론의 색깔공세는 저급하고 너무나 원초적이다. 자신의 의견에 반하면 '아니면 말고'식으로 무조건 앞뒤를 재보지도 않고 일단 매도한다.

반민족적인지, 반민주적인지, 반언론적인지 따지지 않는다. 참으로 개탄스러운 것은 이런 수구언론의 터전을 진보언론임을 자임하는 신문이 앞장서 공고히 다져주고 있다는 사실이다. 무릇 진보언론이라면 진보신문다운 논조와 보도시각을 보여줘야 한다. 무조건 이명박 정부를 반대하고, 한나라당을 반대하고, 수구언론을 반대한다고 진보가 되는 것은 아니다. 진보신문이 확고한 진보의 자리에서 진보다운 언론행위를 전개함으로써 수구언론의 실상을 정확하게 비추는 거울이 돼야 한다. 그래야만 수구언론이 얼마나 반민족적이며 반국가적이고 반사회적인지 그 정체가 낱낱이 밝혀져 역사로부터 퇴출시킬 수 있다.

세상에 수구언론이 여론을 독점한 나라는 우리나라 말고는 없다. 수구언론이 여론의 메인스트림을 장악한 데는 전적으로 자신의 정체성을, 이데올로기를 국민들에게 숨기고 기만한 데 있다. 이제 그 진실을 밝혀야 할 때이다.

언론은 민주주의의 핵심이다. 언론자유가 존재하지 않는 자유는 성립할 수 없다. 국민의 정부와 참여정부 하에서 어느 정도 자리를 잡아가던 언론개혁이 심각하게 후퇴해 대통령의 눈과 입만 쳐다보던 '유신언론 시대'로 급속히 유턴하고 있다. 대한민국을 대표하는 언론사 사주가 신인여배우를 성희롱하고, 불공정 주식거래로 부당이득을 취득했다는 혐의를 받는 도덕성으론 국민의 정당한 의사를 대변할 수 없다. 또한 가짜 미네르바를 내세운 허위 기사로 혹세무민을 자행하는 언론윤리를 이대로 둘 순 없다. 다시 언론개혁의 깃발을 드높이 들어야 할 시점이다. 그 시발점은 다름 아닌 정치와 언론 이념의 바른 문패 찾아주기이다.

③ 신문법 프리즘

개혁성 폐기처분

열쇳말
- 소유지분 상한선
- 시장점유율 완화
- 방송재허가 실질화

이번에는 노무현 정부가 언론개혁의 최대 성과라고 주장하는 신문법을 해부해 본다. 언론개혁국민행동을 비롯한 언론개혁시민연대, 민주언론운동시민연합, 전국언론노동조합 등 언론개혁진영은 노무현 정부가 그래도 대한민국 역사에서 상대적으로 개혁적이며 도덕성을 지닌 민주적 정권이라고 여기고, 개혁 중의 개혁이라는 언론개혁을 주문했다. 기존의 '정기간행물의등록등에관한법률(정간물법)'을 폐기하고, '신문등의자유와기능보장에관한법률(신문법)'을 제정해 달라는 것이다.

국회 문화관광위원회는 이 개정안이 제출된 지 15개월 만인 2003년 5월 29일 소속 의원들과 학계·법조계·언론계 공술인들이 참석한 가운데 정간법 개정안 공청회를 열었다. 공청회는 소유지분 제한, 사외이사제 도입 등 언론의 공익성을 담보하는 개혁적 조항에 대해 심도 깊은 논의는커녕 여야로 패거리 지어 말싸움으로 일관했다. 언론개혁세력은 개정안의 무산을 우려해 개혁정신을 헤치지 않는 범위 내에서 개혁반대세력의 의견을 최대한 수용, 최소한의 개혁적 조항을 담은 신문법안을 2004년 9월 21일 국회에 제출했다.

이 법안은 문화관광부 내에 신문다양성위원회를 설치해 신문시장의 불공정 거래와 독과점 방지, 신문의 전국적 공동배달망 유지 등을 제안했다. 법안은 공적자금으로 신문발전기금을 조성, 신문의 다양성 확보를 위한 지원책을 펼 수 있도록 했다.

<표 16> 신문법 논쟁의 쟁점 사항

쟁점	언개연 청원 04. 9. 24.	한나라당 10. 4. 보도자료	열린우리당 10. 15. 회견	민주노동당 10. 28. 회견
소유지분 분산	1인 30% 이하	반대 (사유재산 침해)	반대 (불필요한 마찰 우려)	1인 10% 이하
시장점유율 상한선강화	1개사 30% 3개사 60%	반대 (재산권 과도침해)	1개사 30% 3개사 60%	1개사 20% 3개사 50%
편집권 독립 법제화	찬성	반대 (자율적 내용)	찬성	찬성
신문유통공사 설립	찬성	반대 (신문통제공사가 될 기능성 농후/대신 자율적으로 유통구조개혁은 필요)	반대 (공사 대신 민간공동배달회사 지원)	찬성 (우체국에 업무위탁도 가능)
신문발전기금 조성	찬성	조건부 찬성 (신문광고의 부가세 3%로 조성해 유통구조 개선사업에 사용)	찬성	찬성
신문발전기금 운영주체	문광부장관 산하 신문다양성위원회 (위원 9인/국회3, NGO2, 기협·언론노조·변협·장관 각 1인)	해당사항 없음 (신문다양성위원회는 언론통제기구가 될 것임)	문광부 산하 한국언론진흥원 (이사 9인/장관3, 국회의장·언론학회·NGO 각2인)	문광부장관 산하 신문다양성위원회 (위원 9인/장관·NGO 각2인, 국회의장·대법원장·기협·언론노조·변협 각1인) 여성3
신문방송 겸영 교차소유	반대	찬성 (신문시장의 과점해소와 신문다양성 확보 위해)	반대	반대
독자위원회 조성	찬성		찬성	찬성

출처: 이정호, 「최근 신문법안에 대한 논쟁」, 『신문개혁입법운동의 성과와 과제』, 커뮤니케이션북스, 2005, 49쪽.

법안은 또 소유지분 상한선을 30%로 정했으며, 편집권 독립과 관련해 신문사는 노사가 함께 참여하는 편집위원회를 구성하고, 편집규약의 제정을 의무화했다. 일간신문을 발행하는 사업자 가운데 1개 사업자의 시장점유율이 30%를 넘거나, 3개 사업자의 시장점유율이 60%를 넘을 경우 시장지배적 사업자로 추정하고 신문발전기금 지원

대상에서 제외하도록 했다. 과점 사업자의 시장점유율을 강제로 끌어내리는 대신, 시장지배력이 미약한 사업자에게 기금을 지원하는 방식을 택했다. 방송법 개정안의 주요 방향은 방송 재허가 제도의 실질화 및 일원화, 민영방송의 공익성 및 사회적 책임성 강화, 시청자 주권 강화 및 방송의 지역적 균형발전 추구 등이었다(강준만, 2005, 475~476쪽).

이 법안은 집권여당인 열린우리당의 입법화 과정에서 언론개혁의 최대 쟁점이자 핵으로 제기됐던 '신문사 소유지분 제한 제도'가 빠지는 등 개혁입법의 취지가 크게 후퇴했다. 여기에다 한나라당과의 국회 심의과정에서 개혁성이 완벽하게 실종돼 무늬만의 개혁으로 전락했다. 여야 국회의원 발의 형식으로 제기된 신문법은 개혁입법이라는 이름으로 지난 2005년 1월 1일 국회를 통과했다.

'누더기'법 통과

열쇠말
- 개혁알맹이 실종
- 진일보한 언론법
- 조동 무조건 반발

노 정권이 개혁입법이라며 요란스럽게 선전해대는 이 신문법은 '애초 입법취지에서 크게 후퇴한 누더기법', '<조중동>의 기득권을 인정하고 면죄부를 준 꼴', '빈사상태의 군소신문사 목을 죄는 악법'이라는 평가와 함께 재개정해야 한다는 목소리가 나돈다. 신문법은 비록 언론개혁세력이 요구했던 주요 핵심정책이 반영되진 못했지만, 그래도 역대 여느 정권의 정기간행물법보다는 한 단계 더 진전된 언론관련법이라 할 수 있다. 지난 1일 임시국회를 통과한 신문법은 신문시장 점유율에 따른 '시장지배적 사업자' 추정 조항, 신문발전위원회와 신문유통원 설립 등을 뼈대로 한다. 또 인터넷언론의 법적 지위를 보장하고 있다.

신문시장 점유율 조항은 열린우리당이 처음 제출한 안과는 달리 일반일간신문과 특수일간신문의 전체 발행 부수를 기준으로 했다. 이 조항에 따르면 일반일간신문 및 특수일간신문(무료로 발행되는 일간신문 제외) 중 1개 사업자의 시장점유율이 전체의 30% 이상이거나 3개 사업자의 시장점유율이 60% 이상인 경우에는 공정거래법에 따라 시장지배적 사업자로 추정 받는다. 발행부수는 신문부수공사제도(ABC · *audit bureau of circulation*)의 의무 가입을 통해 집계할 예정이다.

신문법은 신문발전기금을 관리 · 운영을 주업무로 하는 신문발전위원회 설립도록 했다. 신문발전위원회는 문화부장관의 임명을 받은 총 9인의 위원(한국신문협회 · 전국언론노동조합 · 한국언론학회 · 시민단체 추천 4인, 국회의장 추천 2인, 문화부장관 임명 3인)으로 구성된다. 신문사는 신문발전위원회에 발행부수, 유가 판매부수, 구독수입, 광고수입을 신고해야 한다.

또한 법인형태의 신문유통원을 설립해 신문의 공동배달과 수송을 대행하게 하고, 일부 경비를 국고에서 지원할 수 있게 했다. 인터넷신문을 전통 매체와 대등한 법적인 지위와 권한, 의무를 부여했다. 인터넷신문의 등록을 의무화하고 미등록시는 처벌 조항을 뒀다.

신문법과 함께 임시국회를 통과한 '언론중재및피해구제등에관한법률'은 언론중재위원회의 조정과 중재과정에서 손해배상을 받을 수 있도록 했고, 방송사 · 신문사 · 뉴스통신사 등이 언론피해의 예방 및 구제를 위해 고충처리인을 의무적으로 두도록 했다. 피해자가 아닌 제3자도 피해를 일으킨 언론사에 대해 언론중재위에 시정 권고를 신청할 수 있게 했다(이선민, 미디어오늘, 2005년 1월 5일자, 10면).

새 신문법의 가장 큰 문제는 편집의 자율성 확보를 위한 최소한의 규제장치인 소유지분 제한 문제가 법안에 포함되기는커녕 전혀 논의조차도 되지 않았다는 사실이다. 사주 지배체제의 소유 구조를 언론의 공익적 성격에 맞게 개혁해야 한다는 과제는 지금까지 줄기차게 전개돼온 신문개혁 운동의 핵심 과제였다. 편집권 독립이나 사내 민주주의의 제도적 활성화라는 과제의 필요충분조건에 해당하는 소유구조 개혁이 아예 논의조차 되지 못함에 따라 사주의 절대권력은 그대로 유지될 상황이고 편집권 독립 역시 공허한 구호에 그칠 공산이 커졌다.

시장지배적 사업자 규정도 무료신문을 제외한 전국의 일반일간신문과 특수일간신문으로 범위를 확대함에 따라 법조항의 실효성 자체가 위협받는 상황이 됐다. 다만 당초 매출액 기준에서 발행부수를 기준으로 바꿔 나름대로 진일보한 측면도 있다. 그러나 편집규약 제정, 편집위원회 설치, 독자권익위원회 설치 등은 권고사항으로 둬 아무런 법적 강제력을 가지지 못하게 돼 개혁성이 흐지부지됐고, 광고지면의 비율제한 규정도 빠져 개혁입법취지가 크게 후퇴했다. 신문사 경영 투명성을 확립하기 위한 조치로 제출이 의무화된 경영자료 역시 발행부수, 유가판매 부수, 지대수입(구독료), 광고수입 등 4개 항목으로만 한정하고 재무제표 등은 제외했다(미디어오늘, 2005년 1월 5일자, 10면).

신문법의 국회 통과와 때맞춰 신문법안이 언론개혁세력이 주창하는 요구사항이 포함될까봐에 가슴 졸였던 수구언론은 겉으론 크게 반발했으나, 속으론 안도하면서 생색내기용 반발(?)을 제기했다. <동

아일보>는 이날 「신문시장 점유율 규제는 위헌이다」는 사설에서 "독자의 알 권리를 침해하는 등 위헌소지가 명백한 이 법이 여야 합의로 처리된 것은 유감"이라며, "자유민주주의의 요체인 언론자유를 위협하는 위헌법률을 만든 의원들이 과연 민주주의를 말할 자격이 있는 개탄스럽다"고 비난했다. 사설은 또 "공영방송이 제 역할을 못하는 오늘날 정부 권력에 대한 감시와 견제는 언론정신에 투철한 신문만이 할 수 있다"며 언론으로서의 방송을 부인한 뒤, "신문법의 위헌 및 독소조항은 헌법재판소를 통해서라도 반드시 가려져야 할 것"이라고 덧붙였다.

<사진 8> 신문법 제정 기사

일간지 점유율 1개社30%-3개社60% 넘으면 규제

정권비판紙 겨냥 독소조항 논란

與 신문법안 확정…야당-학계일각 반발

동아-조선-중앙 점유율 '끌어내리기'

발행부수-광고료 등 낱낱이 신고해야

'5共악법' 부활- 언론통제 강화 우려

독자의 신문선택권 축소

新매체와 형평성 안맞아

인터넷언론 - 親與신문 선별지원 의도

野 "비판언론 길들이기" 합의 거부

신문사 고유권한에 획일적 잣대 들이대

新언론기본법… '5共 악법' 되살아나나

당시 독소조항을 상당수 부활- 신고내용 더욱 강화돼

"신문독과점 방지" 명분 시장점유율-광고비율 제한 신설

경영자료 제출의무는 권력의 언론장악 의혹- 위헌논란

열린우리당이 신문법 제정안을 발표하자 〈조중동〉은 기사와 칼럼, 사설 등을 동원해 "정권에 비판적인 신문을 집중 규제하고, 일부 친여 매체를 지원해 신문시장의 재편을 노리는 악법"이라고 비난했다(동아일보, 2004년 10월 16일자, A1면, A4면, A5면 및 10월 25일자, A5면).

<조선일보> 역시 신문법 비난을 거들고 나섰다. 「신문법, 자유민주주의 이해도가 이 정도인가」라는 사설에서 "그 자체로 언론자유를 침해할 뿐 아니라 기존 공정거래법보다 가혹한 기준을 적용해 헌

법이 보장한 평등권과 영업권을 지나치게 침해하는 명백한 위헌 조항으로 지적되고 있다"며, "비판 신문을 제압하기 위해 독자가 자유롭게 신문을 구독할 권리마저 제한하는 것부터가 기네스북 감"이라고 폄하했다.

반대로 <서울신문>은 「신문시장 정상화를 기대한다」는 사설에서 "새 법은 용두사미가 됐다고 해도 좋을 정도로 개혁적 내용은 후퇴했다"며, "일찍이 물 건너간 소유지분 제한조항은 말할 것도 없고 시장지배적 사업자 규정을 전국 일간지 발행부수를 기준으로 1개사 30%, 상위3개사 60%로 대폭 완화함으로써 규제의 실효성 자체가 의심스럽게 됐다. 중앙지, 지방지, 경제지, 스포츠지 등 전국 138개 신문의 발행부수를 어떻게 산출하며 어떻게 검증할 수 있을 것인가"라고 법안의 개혁성 후퇴를 지적했다.

신문법의 한계

> 열쇳말
> - 가짜정론 신봉
> - 첫언론관 회복
> - 해바라기 배척

신문법은 노무현 정권이 추구하고 있는 언론개혁의 한계를 보여준다. 단언컨대 노무현 정권은 결코 '진보세력'이 아니다. 그들은 진보로 위장한 보수집단일 따름이다. 현재 진행되고 있는 정치사회 상황과 언론현상을 '보수 대 진보'라고 구분하는 것은 어용학자나 해바라기 언론인들이 자기합리화를 위한 위장전술이다.

노무현 정부가 책임 있는 정권이 되려면 초심(初心)으로 돌아가야 한다. 대통령이란 권력에 이르기까지 '언론과의 전쟁'을 마다치 않았을 때의 언론관을 되찾는 것이다. 그 언론관은 노무현 개인의 것이 아니라 온 국민을 위한 것이었다. 그러나 대통령이 된 후 오늘날에도 여전히 자신의 것으로 오인, 정치성을 지니게 됐으며, 권력화 되었다.

'<조중동>=보수적 논조', '<한경서>·<KBS>·<MBC>=진보적 논조'라는 왜곡된 인식구조는 일찌감치 쓰레기통에 버려야 한다. 더 이상 언론을 정권안보에 이용하려는 편의주의식 편가르기에 매달려서는 안된다. 노무현 정부의 정치투쟁과 언론관은 냉혹한 현실적 사실에 바탕을 두어야 한다. 그의 말대로 '정치는 정치의 길을, 언론은 언론의 길'을 가면 된다.

노무현 추종류의 미디어가 생산해내는 담론은 많은 부분에서는 정론이 아니다. 그것은 기회주의적 해바라기 언론이 쏟아내는 이데올로그일 따름이다. 이를 진실로 여기는 한 그의 언론정책과 정치관은 본질적으로 왜곡될 수밖에 없다. 해바라기 언론의 아첨에 취한 대통령의 세계관은 필연코 그를 조선의 개혁군주 '정조(正祖)'가 아니라 '자질함량 미달의 대통령'으로 자리매김하게 할 것이다. 또한 그의 시대를 '개혁의 5년'이 아니라 '잃어버린 5년'으로 기록할 것임은 명약관화하다.

노무현 정권은 언론을 언론에 돌려주고, 정치 본연의 자세로 돌아가 언론개혁을 추구해야 한다. 청와대나 국회의원 등을 미끼로 일부 시민언론운동단체 조직원이나 언론계에 위장취업해 있는 권력지향성 해바라기 정치언론인을 차출해 이언제언을 기도한 얄팍한 언론정책으로는 결코 언론개혁을 성공할 수 없다. 노 정권이 국민을 위한 언론정책을 펼 때 자사이기주의에 매몰된 언론권력으로 수구적인 언론은 자연스럽게 퇴출된다.[*)]

❀2005. 3. 2. / 2009. 5. 30. 더함.

---

*) 극우정권인 이명박 정부의 출범이후 신문법은 풍전등화에 처하게 됐다. 국회 문화체육관광방송

붙임: 이명박 정부의 언론정책

열쇳말
- 언론개혁 역주행
- 독재정권 답습회귀
- 권언유착 가속화

독재정권은 통치의 첫 장을 "언론을 장악하여 여론을 입맛대로 왜곡·조작함으로써 국민들을 마음대로 조정, 통제하는 것"에 둔다. 국민의 다양한 여론을 바탕으로 국민을 위한 정치서비스를 하겠다는 것이 아니라, 최고 권력자가 일방적으로 지시하는 일사불란한 획일적인 여론을 강제해 국민 위에 군림하여 국민을 통치하겠다는 발상이다. 이명박 정부의 언론정책 패러다임이 여기에 닿아 있어 언론자유에 빨간불을 켜게 한다.

이명박 정부의 언론정책은 시대를 역주행하고 있다. 대통령에 취임한 지 3개월도 채 되지 않는 사이에 언론의 공공성과 다양성이 심각하게 훼손되고 언론자유가 후퇴한 상황이 전개되고 있다.

대통령에 취임하자마자 미국으로 쪼르르 달려가 책봉 윤허를 받고, 그 대가로 광우병에 무방비인 미국산 쇠고기 수입 전면개방화를 단행한 조공외교에 국민들의 저항이 들끓자 '재협상' 등으로 대안을 마련한 생각은 않고, 미국산 '미친소' 수입개방에 비판적인 논조를 펴는 언론사를 억누를 방안을 찾는 데 골몰했다. 국민의 의사를 살피기보다는 대통령의 심기를 우선시하는 전형적인 독재정권의 통치행태를 드러낸 것이다.

언론자유에 토대를 둔 민주정치의 패러다임을 거부하고 언론통제로 얼마든지 국민들의 여론을 왜곡할 수 있다는 독재시대로 회귀하려 이명박 정부의 언론정책 실상을 〈경향신문〉은 2008년 5월 19일자에서 특집기사를 게재했다. 이 기사를 간추려 독자 여러분께 보고한다.

통신위원회 고흥길 위원장(한나라당)은 2008년 11월 9일 기자간담회를 통해 "올 정기국회 내에서 반드시 신문법과 언론중재법을 개정할 것"을 공언했다. 단독개헌처리가 가능할 정도로 압도적 다수가 된 집권여당인 한나라당이 제17대 국회에 제출한 신문법 개정안 가운데 주요 내용을 보면 신문법에서 핵심적 골간을 형성하는 제15조 신문과 방송의 겸영금지 조치를 전면 해제하였으며, 제16조 신문사업자의 전체발행부수, 유가판매부수, 구독수입, 광고수입 등의 신고 의무, 제17조 1개 신문사의 시장점유율이 전국발행부수의 30%, 3개 사업자가 60%일 경우 시장지배적 사업자로 규정한 조항, 제18조 편집위원회 설치 권고 조항 등을 삭제토록 했다. 이밖에 제27조 신문발전위원회, 제37조 신문유통원은 신문재단(가칭) 등 언론진흥기구로 통폐합조치토록 했다.

❋ 언론자유 억압 및 압력 사례=①청와대는 5월 14일 〈EBS〉에 압력을 행사, 「지식채널e-17년 그후」가 당일 결방하는 사태를 야기했다. 결방된 「17년 그후」는 영국의 존 검머(John Gummer) 농림부장관이 자신의 딸과 함께 〈BBC〉 뉴스에 나와 "저도 아이들과 함께 쇠고기를 먹을 것이다"라며 안전성을 주장했지만, 17년 후 친구의 딸이었던 엘리자베스 스미스가 인간광우병으로 숨지는 것을 목격하는 광우병 쇠고기의 위험을 경고한 내용이다.

<표 17> 이명박 정부 출범이후 언론관련 일지

1월 12일	• 대통령직 인수위, 언론사 간부 성향조사 지시 파문
⇩	
3월 2일	• 이명박 대통령 최시중 방송통신위원장 내정
3월 22일	• 청와대 박미석 사회정책수석 논문표절 의혹 관련 국민일보 기사 누락 외압
3월 27일	• 최시중 방통위원장내정자, 김금수 KBS이사장 만나 정연주 사장 교체를 위한 협조 요구
⇩	
4월 13일	• 백용호 공정거래위원장, 신문고시 전면 재검토 발언
4월 28일	• 청와대 이동관 대변인, 부동산 투기 의혹 관련 국민일보 기사 누락 외압
4월 29일	• 신재민 문화부차관, 언론난입구조 청산, MBC 민영화 발언
4월 30일	• 청와대 출입기자들에 대한 기자등급제 추진하다가 반대 거세지자 철회
⇩	
5월 3일	• 방통위, 포털사이트 다음에 쇠고기 관련 대통령 비난 댓글 삭제 요청
5월 7일	• 유인촌 문화부장관, 조선일보 방문해 사장과 면담 뒤 사내 강연
5월 9일	• 정부대변인·공보관들, 쇠고기 파문 관련 언론논조 분석과 대응방안 논의 • 신재민 문화부차관, "인터넷 매체 통제 강화" 언급
5월 12일	• 최시중 방통위원장, 김금수 KBS이사장 만나 정연주 사장 퇴진 압력 행사
5월 13일	• 농식품부, 광우병 관련 MBC PD수첩에 대한 민·형사상 소송제기 검토 발표 • 교육과학기술부, 신태섭 〈KBS〉 이사가 재직 중인 부산 동의대에 감사 종용 압력 의혹 제기
5월 14일	• 청와대 민정수석실 파견 감사원 직원, 광우병 위험 경고한 EBS 프로그램 결방 압력
5월 15일	• 문화체육관광부, 한국언론재단 이사장에게 사퇴압력 • 부산 동의대, 정연주 KBS사장 퇴진 반대하며 KBS이사직 사퇴를 거부하는 신태섭 교수 징계를 위해 인사위원회 개최
5월 16일	• 한국방송광고공사(KOBACO) 임원추천위 양휘부 이명박대통령후보 방송특보단장 등 3명을 사장후보로 선정
5월 21일	• 감사원, 정권코드에 맞춰 뉴라이트국민연합 등 보수단체의 〈KBS〉에 대한 국민감사 청구를 전격 수용 표적감사 실시
5월 22일	• 국세청, 광우병 쇠고기 관련 촛불집회의 발원지 구실을 한 '아고라' 운영과 관련 포털사이트 다음에 세무조사 착수

↬ 출처: 경향신문, 2008년 5월 19일자 및 2008년 5월 26일자.

②5월 13일에는 농림수산식품부가 검역주권 포기 및 광우병 쇠고기 위험 문제를 제기한 〈MBC〉의 「PD수첩」에 대해 민 · 형사상의 소송을 검토하겠다고 발표했다.

③이동관 청와대 대변인은 4월 28일 〈국민일보〉 편집국장에게 "가짜 농업경영계획서를 대리 제출해 농지를 불법취득함으로써 부동산 투기의혹을 받고 있다"는 자신과 관련된 특종기사를 빼달라고 압력을 행사했다.

④청와대는 3월 22일 당시 박미석 청와대 사회정책수석 비서관의 논문표절 의혹 기사를 빼달라고 〈국민일보〉에 압력을 행사했다.

⑤이밖에 지난 3월 청와대의 비보도 요청에 따라 〈YTN〉 '돌발영상'이 삭제된 데 이어, 4월 18일에는 "힐러리, 오바마가 한미FTA 비준에 반대하는 것은 대선용이다"라고 했던 이 대통령의 발언에 대한 비보도 요청이 이어졌다.

❀ 방송장악 '낙하산' 인사 실태 = 방송정책을 총괄하는 방송통신위원장에는 '대통령의 멘토'로 불리는 최시중 씨를 임명했다. 최 씨는 이명박 대통령의 최측근이자 대통령의 형인 이상득 국회부의장의 친구로서, 대선후보 경선 시절부터 '6인회의' 맴버로 거침없는 정치적 조언을 할 만큼 측근 중의 측근이다.

최 씨는 법률상 정치적 중립을 지켜야 할 방송통신위원장임에도 정연주 〈KBS〉 사장 사퇴를 진두지휘하는 등 위법 · 월권 행보를 일삼았다. 그는 이명박 정부의 언론정책에서 가장 큰 영향력을 발휘하는 권력 핵심이다. 그 아래 신재민 문화부 차관이 5공 때의 '허문도' 역할을 담당, 언론관련 업무를 실질적으로 집행한다.

정치권력의 직접적인 영향력 아래에 있는 방송사 및 방송 유관기관의 사장 자리에 이명박 대통령의 측근들이 대거 포진할 전망이어서 "방송 장악 음모"라는 비판이 제기된다. 디지털방송 〈스카이라이프〉 사장에는 지난 대선 때 이 대통령 방송특보로 활동했던 이몽룡 전 〈KBS〉 부산방송총국장이 지난 3월 취임했다.

정연주 〈KBS〉 사장의 후임으로는 이 대통령 선거 캠프의 방송전략실장, 대통령 당선자 비서실 공보팀장을 지낸 김인규 전 〈KBS〉 이사가 거명된다.

표완수 사장의 사퇴로 후임을 공모 중인 보도전문채널 〈YTN〉에는 이명박 후보 방송특보단 상임특보를 지낸 자타가 공인하는 구본홍 전 〈MBC〉 보도본부장 · 고려대 석좌교수의 내정설이 파다하다.

유인촌 문화체육관광부 장관의 잇따른 사퇴압박으로 물러난 정순균 한국방송광고공사 사장 후임에는 이 대통령 방송특보단장으로 활동했던 양휘부 전 방송위원회 상임위원이 취임했다.

❀ 이명박 정부의 언론정책 문제점＝이명박 정부의 언론정책은 자율과 경쟁 논리를 앞세운 산업과 시장의 철학으로 요약된다. 이명박 정부는 "글로벌 경쟁에서 이기려면 세계적인 경쟁력을 갖춘 미디어 그룹이 탄생해야 한다"고 주장, 자본을 중심으로 한 언론시장 재편 정책을 강행하여 언론을 옥죈다. △신문·방송 겸영 허용 △언론지원기구 통·폐합 등 신문법 재개정 △신문고시 전면 재검토 △〈KBS〉－2TV, 〈MBC〉 민영화 등이 가시권에 들어섰다.

신재민 차관은 〈동아일보〉와의 인터뷰에서 "지난 정부에서는 여론의 다양성을 위해, 죽어가는 매체를 살리는 데 정책의 초점을 맞췄다. 현재 시급한 것은 언론의 난립을 해소하는 문제"라며 "시장에서 선택받지 못한 매체는 퇴출될 수 있는 게 맞다"고 밝혔다. 언론시장을 자본에 의한 약육강식의 정글로 만들겠다는 이야기다. 이는 곧 자본과 권력으로부터 독립한 '비판언론'으로선 생존을 위협하는 환경이다. 자율이란 단어만 빼면 '언론의 난립과 정리'라는 5공화국식 언론 통·폐합 논리와 닮았다.

문제는 그 언론시장이라는 것이 정상적인 시장이 아니라 권언유착 등을 통해 인위적으로 만들어진 시장구조라는 점이다. 신자유주의 시장정책을 명분으로 한 이명박 정부의 언론정책은 수구언론의 요구를 반영한 것으로 "좌파정권"이라 매도했던 전임 DJ·노무현 정권이 구축한 언론의 공공성과 다양성을 근본적으로 부정하고 훼손하는 것으로서 언론자유의 심각한 후퇴라 아니할 수 없다.

이명박 정부와 수구언론은 신문고시 등 법령정비 → 신문개혁 조치 유명무실화 → 자본의 언론독점 강화 → 배타적 시장지배 공고화 → 비판언론의 통제·고사 → 친자본적 환경 조성·언론운동 억압 → 거대 수구언론 자본의 여론 통제·독점화 추구 → 권언유착을 통한 언론지배 → '5공언론'으로의 회귀를 도모한다.

이명박 정부는 집권 초부터 영어몰입교육, 한반도 대운하 추진, 무분별한 교육자율화, 광우병에 취약한 미국 쇠고기 전면 개방, 대일 저자세 굴욕 외교로 일본 문부성의 독도 영유권 교과서 등재 계획 등 국민과 동떨어진 설익은 정책을 남발하고선 "홍보부족" 탓으로 돌린다. 말로는 "머슴론" 운운하면서 입으로는 "프레스 프렌들리(언론친화)"를 외치나, 실제에는 노 정권처럼 우호와 비우호의 이분법적 언론관에 입각해 정권의 입맛에 맞지 않는 언론에 대해서는 통제 위주의 언론정책을 편다.

이명박 정부의 언론정책 요체는 독재정권의 '당근'과 '채찍'을 되살리는 것이다. 프레스 프렌들리(*press friendly*)를 대언론 캠페인으로 내걸고 수구언론과는 압력과 흥정으로 유착관계를 맺고, 비판언론엔 통제의 채찍을 든다. 불리한 기사나 프로그램은 청와대가 직접 나서 삭제를 요청하거나 보도유예, 엠바고 남발 등 순치시키면서 우군화 하려는 행태는 '5공언론'을 빼닮았다. '권력과 기자의 담합', '정보접근권 통제' 등으로 언론을 국가권력기구로 편입시키려는 수구적인 언론정책으로의 회귀성향 때문에 참여정부의 기자실 통폐합, 정보공개 확대, 취재선진화 방안 등 긍정적인 언론정책이 모조리 부정되고, 언론개혁이 후퇴되는 현상을 빚는다.

언론을 언론기관화 하여 제어하겠다는 이명박 정부의 언론관은 군사독재정권의 언론탄압, 언론억압, 언론 길들이기를 답습하는 정책이다. 이명박 정부가 말하는 프레스 프렌들리는 '언론통제 시도 → 진실 폭로 → 여론 악화 → 더 강력한 언론통제 기도'가 그 실체다. 이명박 정부의 언론관이 바뀌지 않으면 양심적인 언론인과 국민들의 저항은 불 보듯 뻔하다. 이명박 정부가 퇴행적인 시장논리를 명분으로 과거회귀식 언론정책을 포기하지 않는 한 언론자유를 지키기 위한 피 튀기는 싸움은 불가피하다.

언론은 통제할 수도 없고 통제해서도 안된다. 인터넷 등 대안미디어의 발달로 언론에 대한 국민의식이 성숙해져서 언론시장에서 발행부수나 매체력이 5공언론 때처럼 영향력을 발휘하던 시대는 지났다. 우리 사회의 중요한 담론과 의제, 여론이 비단 기존 언론이 아니라 할지라도 얼마든지 자유롭게 유통되는 공론장이 다양화된 시대에 기존 언론만 장악하면 여론을 완전히 지배할 것이라는 시대착오적인 발상으로 언론통제를 기도하는 것은 오히려 거센 역풍을 몰고 와 민심이반으로 이어질 가능성이 농후하다.

❀2008. 5. 27.

13 지역신문발전기금 지원논리의 허실

노무현 정부 들어 풀뿌리 민주주의인 지방자치의 정착을 위해선 지방권력을 감시·견제하는 지방언론 살리기가 급선무라는 논의가 봇물이다. 본질에서 크게 빗나간 '담론'이 지방언론 살리기를 왜곡하는 현실을 개탄한다.

이번 회에서는 '지방언론 살리기'의 허구를 꼼꼼히 따진다. 풀뿌리 민주주의인 지방자치의 정착을 위해선 고사증언 지방언론을 살리자는 캠페인은 만시지탄이지만 백 번 환영할 일이다. 그러나 현재 논의되는 '지방언론 살리기'는 본질부터 크게 왜곡되어 있다. 어떤 사안을 육성·발전시키기 위해선 그 원인부터 정확하게 체계화·과학화해야 한다. 그래야만 바른 대책을 수립할 수 있다.

지방언론 살리기 논자들은 지방언론의 고사 원인으로 △중앙일간지의 공격적인 시장 판촉공세 △시장수용능력을 넘는 무분별한 난립 △지역에 뿌리내리지 못한 정체성 등을 든다. 이는 지방언론을 피상적으로 관찰한 데서 기인한 진단이다. 중대한 오류에 사로잡혀 있는 진단은 필연코 오류를 낳을 뿐이다. 그 허구를 하나하나 따져 보자.

오류투성이 원인 진단

열쇠말
- 전국지 침투론
- 과열난립 혼란
- 모호한 정체성

첫째, 중앙일간지, 특히 <조중동> 등 이른바 '공룡신문'의 자전거, 비데 때문에 지방신문의 생존 자체를 위협받고 있다는 논리는 성립되지 않는다. 지방일간지의 시장점유율이 해마다 떨어지고 있는 것은 사실이나 아직도 <부산일보>와 <매일신문>은 자기 지역에서 구독률 수위를 다툴 정도로 건재하다. 반면 중앙일간지의 직접적인 판매 시장권에 편입된 수도권에서는 그 논리가 일면 타당하다. 그럼에도 이 논리는 정당성을 지니기 어렵다. <조중동>은 하나의 계기일 따름이지 지방언론의 숨통을 죄는 직접적인 원인은 아니다.

신문이란 상품은 지면에 게재되는 이데올로기에 따라 상품구매가 이뤄진다. 지방언론이 차별성을 도모해 틈새시장을 겨냥한다면 아무리 혼수품을 장만할 정도의 경품을 준다 해도 흔들리지 않고 독자적인 시장을 확보할 수 있다. <조중동>의 무차별 시장공세 운운은 지방일간지 경영실패와 제작능력 부족을 중앙일간지 탓으로 전가하는 자기변명에 불과하다.

둘째, 한정된 시장에 지방지가 난립해 제 살 뜯어먹기를 하고 있다는 논리 또한 어불성설이다. 이는 점잖게 말하면 정치적인 언어의 수사요, 보다 직설적으로 표현하면 5공언론 때의 1도 1사처럼 지방언론시장에서의 독점적 지위를 부여하자는 주장이다. 이들은 1도 1사와 같은 극단적인 배타적 독점시장이 아니라 기존 언론의 시장을 어느 정도 독점적으로 보장하자고 한다.

신문이 난립해 장사가 안된다는 논리는 지극히 편협하고 옹졸한 반민주적인 발상이다. 민주주의와 시장경제를 근본적으로 부정하고,

신문경영의 실패 책임을 외부로 돌리는 파렴치한 논리이다. 신문이 많다는 것은 국민들의 다양한 여론의 확대를 의미한다. 오히려 좋은 현상이다. 문제는 획일적인 '일란성 쌍둥이' 얼굴과 천편일률적인 목소리에 있지, 그 숫자에 있는 것은 아니다. 신문사의 난립 문제는 시장에서 그 원인을 찾을 것이 아니라 지방언론이 지닌 구조적인 모순에서 해결의 실마리를 찾아야 한다.

셋째, 지방신문의 모호한 정체성을 지역민들의 의식구조가 중앙지향적이라고 하여 독자들 탓으로 돌린다. 이 또한 오진이다. 인간의 사고는 나부터 시작해서 내 가족, 내 이웃, 내 고장, 우리나라, 지구촌, 우주로 점점 확대되기 마련이다. 그런 점에선 지방신문이 중앙지에 비해 오히려 유리한 조건을 지녔다.

단적인 예로 <뉴욕타임스>는 뉴욕의 지방신문임에도, 국제면 기사를 사회면 기사보다 더 많이 싣는다. 그것은 <뉴욕타임스>가 지향하는 신문의 정책과 목표가 뉴욕시민을 대상으로 하는 지역신문이라기보다는 글로벌신문을 지향하기 때문이다. 그렇다고 <뉴욕타임스>가 지방신문이 아니라고는 주장하지 않는다. <뉴욕타임스>는 떳떳하게 자신이 지방신문임을 밝힌다.

지방신문이 전국지도 아니고, 지방지도 아닌 것은 그 원인이 독자에 있는 것이 아니라 신문사의 제작방침에 있다. 독자들 가운데는 순수지방지를 선호하는 사람이 있는가 하면, 전국지를, 혹은 반전국지를 선호하는 사람도 있을 것이다. 지방신문이 어중간한 신문을 만들어 놓고, 신문장사가 되지 않으니까 그 탓을 독자들의 주문과 기호에 맞추다 보니까 그렇다는 식으로 책임회피에 급급한 것은 지방언론인들의 신문제작 능력 한계를 드러내는 것에 불과하다.

<사진 9> 지역신문발전위원회 홈페이지

신문법에 의해 지역신문의 지원을 위한 한시적 기구로 출범한 지역신문발전위원회 홈페이지.

지역신문발전기금 내용

> 열쇠말
> - 6년간 한시법
> - 자금지원 요건
> - 평균임금 척도

대다수의 지방언론은 자본부족 · 열악한 대우 · 기사의 품질 저하라는 '3중고'의 악순환에 시달린다. 지역언론계와 언론학계, 시민운동단체 등은 지방언론 살리기 운동을 전개해 왔다. 이에 화답하듯 노무현 정부는 지난 2004년 3월, 9월부터 발효되어 앞으로 6년간 한시적으로 효력을 지니는 지역신문발전특별법을 제정, 지역신문발전기금을 조성해 지역신문발전기금 사용의 법적 틀을 갖췄다. 지난해 3월 국회에서 통과된 지역신문발전지원특별법 제15조는 지역신문발전기금의 사용 용도를 △지역신문의 경영여건 개선 △유통구조 개선 △지역신문발전을 위한 인력양성 △교육조사연구 △정보화 지원 △경쟁력 강화를 위한 사업 △공익성 제고를 위한 사업 등에 쓰도록 했다.

지난 2004년 7월 최종 확정된 지역신문발전지원특별법시행령을 보면 지원대상은 지방일간지와 지역신문이며, 지원을 받기 위한 자격요건으로는

1. 발행인과 종사자대표가 동등하게 참여하여 편집규약을 제정・시행하는 등 편집자율권을 보장하는 제도를 시행하고 있는 경우
2. 기금을 신청한 날로부터 이전 1년 이내에 해당 신문사 또는 구성원이 광고수주 또는 판매활동과 관련하여 독점규제및공정거래에관한법률을 위반하여 시정조치, 과징금 처분 또는 형사처벌을 받거나 지위를 이용하여 이권개입, 금품수수, 향응 등의 사유로 형사처벌을 받은 사실이 없는 경우
3. 기금을 신청한 날로부터 이전 1년 이내에 해당 신문사 또는 발행인이 임금체불, 부당노동행위 등으로 인하여 노동관계법에 의한 형사처벌을 받지 않은 경우
4. 기금을 신청한 날로부터 이전 1년 이내에 해당 신문사 또는 발행인이 금전을 받고 기자를 채용하여 형사처벌을 받은 사실이 없는 경우
5. 기금을 신청한 날로부터 이전 1년 이내에 종사자에 대한 건강보험, 국민연금보험, 고용보험, 산업재해보상보험의 보험료를 납부하지 않은 사실이 없는 경우
6. 기타 위원회가 정하는 지원기준에 해당하는 경우

등이다(동법 제13조). 이러한 요건을 갖춘 신문사를 대상으로 하여 지방일간지의 경우는 다음과 같은 기준에 합당한 점수를 많이 얻은 신문사를 선정하여 지원한다는 것인데, 이를 보면

1. 최대주주 및 특수관계자의 소유지분 비율의 정도. 다만 공익법인의 설립・운영에 관한 법률에 의하여 설립한 공익법인이 최대주주인 경우에는 소유지분 비율 평가에 있어 위원회가 따로 정하는 기준에 의한다.
2. 부채비율의 정도
3. 위원회의 조사・연구 및 연수사업에의 참여 정도
4. 공익사업을 통하여 지역사회의 발전에의 기여 정도
5. 신문윤리강령 등 자율강령을 준수하는 경우
6. 지방자치단체에서 홍보를 목적으로 지역신문을 지방자치단체 예산으로 구매하여

주민에게 배포하는 행위나 이와 유사한 목적의 행위에 응하여 지역신문을 판매하지 않는 경우

7. 지원신청사업계획의 타당성, 실현가능성, 효과성
8. 시민단체나 지역인사로 구성된 독자위원회 또는 자문위원회를 구성하여 정기적으로 운영하고 있는 경우
9. 주재기자 채용 및 운용방법이 투명하고 민주적인 경우
10. 기타 위원회가 정하는 지원기준에 해당하는 경우

등이다(동법 제13조 1항 관련 별표). 이는 자의적으로 해석될 소지가 너무나 많다. 법이 잘못 운영될 경우는 권력과 코드에 맞는 신문사만 집중적으로 지원하는 결과를 초래한다. 그것은 '지방언론 매수하기'이지, '지방언론 살리기'가 아니다. 따라서 이 정책은 자칫하면 지역언론의 육성이라는 명분 아래 실질적으로는 지역언론의 자생력을 약화시켜 건전한 저널리즘의 성장을 가로막는 요소로 대두될 우려도 다분하다.

근본적으로 정부가 지방언론에 공적자금을 투입하듯이 직접 지원하는 것은 바람직하지 않다. 굳이 지원하겠다면 그 요건을 매우 엄격히 하여야 한다. 이를테면 여론의 다양화를 보장하는 신규매체의 창간자금 지원, 지방언론의 품질 향상을 담보하는 간접적인 제도의 지원 등에 그쳐야 한다. 물론 이에 앞서 사이비 지방언론 경영주를 언론에서 퇴출시키는 작업부터 선행되어야 한다.

지방언론 경영주가 언론사업을 할 사람인가 아닌가 하는 것은 종사자에 대한 임금지불을 척도로 삼으면 된다. 참고로 박정희 정권하에서 지도 받는 자본주의가 언론계에 적용될 때, 그 기준은 중앙일간지의 임금평균 70%가 가이드라인이었다. 이를 준용해 지방언론 경영주가 중앙일간지 임금 70%를 보장하고 있나 아닌가를 살펴보면

과연 지방언론을 언론으로 경영하려고 하는지, 아니면 자신의 이권 확보를 위한 방패막이로 경영하고 있는지 그 속내를 알 수 있다.

돈타령

> ✍ 열쇳말
> - 개혁No 기득권Ok
> - 발행자유 부정
> - 밥그릇 챙기기

노무현 정부의 지방분권과 지방언론 살리기 아젠다를 둘러싸고 지방언론계는 기존 언론의 이익 옹호를 위한 이율배반적인 행태를 보인다. 지방언론인들은 기자실 폐쇄와 기자단 해체 등 기존 언론의 기득권을 포기하는 언론개혁에 저항하는 데는 입맞추어 한목소리를 낸다. 지방언론사는 한걸음 더 나아가 지방언론이 난립되었다며 진입 강화의 목소리까지 낸다. 이처럼 제 밥그릇 챙기기에는 혈안이 되면서 언론개혁에 대해서는 극렬히 거부하는 이중적인 속셈을 공공연히 드러낸다. 자신의 기득권을 놓지 않으려는 수구적인 태도로 일관하면서 다른 한편으로는 '지방언론 살리기'를 강조하여 가치관과 정체성의 혼란을 부채질하는 것이다.

5공의 1도 1사 때 살아남았던 신문사를 중심으로 결성된 한국지방신문협회는 지방의 유력언론사를 집중적으로 지원, 육성해야 한다며 노골적으로 자신들이 지역신문발전기금의 수혜자가 되어야 한다고 주장한다. 한국지방신문협회에서 소외된 전국 26개 지방신문사는 전국지방신문협의회를 구성하고, 시장진입의 강화 목소리를 낸다. 언론의 자유를 근본적으로 부정하는 파렴치한 궤변으로써 언론인으로서의 윤리조차 의심스러운 언론모리배들의 집단적인 자학 행위마저 서슴지 않는다.

특히 설립등록 요건의 강화와 기업인수합병(M&A)을 위한 제도적

장치의 강구 등을 통한 지방언론 살리기 주문은 다시금 비판하고 넘어가지 않을 수 없다. 왜냐하면 그것은 국민들이 87년 6월민주항쟁으로 되찾은 언론자유화에 무임승차했던 지방언론이 자신의 밥그릇을 챙기려는 치졸한 자기 옹호 논리에 불과하기 때문이다. 민주주의의 참뜻은 여론의 다양화를 제도적으로 보장하는 것이다. 그것은 매체의 발행에 대한 자유를 보장하는 것에서부터 비롯된다.

언론자유는 발행의 자유와 표현의 자유를 양대 축으로 한다. 발행의 자유는 언론자유의 근본적인 골간을 이루는 자유이며, 표현의 자유는 발행의 자유를 전제로 성립하는 개념이다. 발행의 자유가 억압되면 표현의 자유는 무의미하다. 표현의 자유는 발행의 자유 위에 성립되는 제2차적인 언론의 자유다.

일부 지방신문과 언론학자 등은 몰지각하게도 발행의 자유를 규제하라고 아우성이다. 민주언론이라면 무엇보다 발행의 자유를 먼저 신장하여야 한다. 그렇다면 오히려 신문법에서 제약하고 있는 시설조항 등을 전면 삭제하고, 누구나 정간물을 자유롭게 발행할 수 있도록 그 등록규정을 대폭 완화하도록 투쟁하여야 한다. 지역신문발전기금 또한 발행의 자유를 진작하는 데 사용하여야 한다는 주장을 펴는 것이 정론이다.

참여정부의 지방언론 육성은 여기에 초점을 맞춰 소수의 다양한 목소리를 내는 대안언론의 발행을 활성화하고, 여론의 다양화를 통한 민주주의의 정착을 진작시키는 것이어야 한다. 그것이 지방언론 육성의 핵심 이데올로기이다.

신 권언유착 기도

> ✍ 열쇳말
> - 지원미끼 유착기도
> - 유력언론 집중지원
> - 대안언론 육성절실

지역언론발전법안시행령과 관련한 보도에 의하면 정부는 지방언론의 육성을 위해 조세감면과 광고지원을 검토하는 것으로 알려지고 있다. 정부의 지방언론 지원책 가운데 직접적인 광고지원은 매우 주목된다. 정부가 집행하는 광고를 현행 균등배분방식에서 탈피해 지방의 유력언론사 1～2곳을 선정, 집중적으로 배정함으로써 간접적인 지방언론 살리기를 계획 중이라 한다.

그 기본방향은 옳다. 지방신문에 비해 상대적으로 재정이 안정된 중앙일간지, 특히 메이저신문인 <조중동>조차 정부 광고를 균등하게 배분 받아 게재하는 것을 시정해, 그 몫을 지방신문에 배정하겠다는 것은 경제정의의 구현이라는 측면에서도 바람직하다.

문제는 정부 광고가 지닌 성격이다. 정부 광고는 계도지와 더불어 본질적으로 권력이 언론에 베푸는 특혜의 일종이다. 정부가 계도지라는 명분 아래 특정 신문을 대량 구독하고 판매대금을 지불함으로써 언론사의 판매를 지원하는 것이라면, 정부 광고는 광고를 통한 언론사의 직접 지원이다. 정부의 직접적인 지원이, 즉 언론특혜가 몇몇 소수의 지방 유력언론사에 집중될 경우, 그 언론은 광고주, 다시 말해 정부로부터 자유로울 것인가 하는 점이다.

자본주의 사회에서 언론의 자유를 침해하는 가장 큰 요소로는 단연 광고주를 든다. 광고를 무기로 한 광고주는 언론의 독립에 걸림돌로 작용한다는 것이 언론인들의 한결같은 호소다. 정부 광고의 집중적인 배정에 선정된 유력언론사는 과연 공정한 비판의 칼날을 광고주, 즉 정부에 갖다 댈 수 있을까? 이처럼 정부 광고의 유수언론

배정은 자칫하면 소수의 유력한 지방신문을 관제화하는 결과를 초래할 개연성이 다분하다.

따라서 정부 광고의 지방 유력언론사 선정 지원은 즉각 백지화되어야 한다. 정부 광고의 지방언론 지원은 지방언론 살리기의 본질적 목적인 여론의 다양화라는 측면에서 고려되어야 한다. 소수의 목소리와 공공의 이익을 옹호하는 대안언론의 육성이 그것이다. 대안언론의 육성에는 기존언론과 다른 목소리를 내는 신문의 창간 지원을 비롯, 시민단체 등에서 발행하는 각종 민중언론 등이 포함된다.

언론의 존재의미는 목소리의 다양화에 있다. 민주주의는 획일적인 하나의 목소리 아래 일로 매진하는 것이 아니라, 다양한 목소리 가운데 하나의 진리를 찾는 제도이다. 언론의 사명과 역할이 그와 같은 기능을 담당한다. 정부 광고의 지방언론 지원은 이러한 목적의식 아래 집행되어야 한다. 그것이 참된 지방언론 살리기의 의미를 담는 것임을 노무현 정부는 명심하여야 한다.*)

❀2005. 2. 16.

---

*) 참고로 지역신문발전지원특별법시행령이 지난 2005년 9월 국회를 통과함에 따라 지역신문발전위원회가 한국언론재단에 설립되었다. 지역신문발전위는 2005년도 지역신문발전기금 우선지원대상사로 〈부산일보〉·〈국제신문〉·〈경남도민일보〉·〈인천일보〉·〈한라일보〉 등 일간지 5개사, 〈구로타임스〉 등 주간지 37개 사를 선정했다. 이를 보면 '눈 먼 돈'으로 노무현 대통령의 출신지 언론에 편향지원된 것을 알 수 있다. 이는 곧 이 지원금의 성격이 어떠한 것인지를 스스로 드러내는 것이라 할 수 있다.

이에 대해 대구경북지역 언론사는 "선정결과는 지역편중성, 지원금액의 미흡 등으로 보아 최악의 결과라고 생각한다. 지역대표 성실언론인들은 어려운 경영환경에도 불구하고 공익성을 지키고자 노력하고 있다. 이러한 지역대표 성실언론사를 선별, 대폭 지원함이 바람직하다. 즉, 이번처럼 어느 지역에 편중되는 것은 배제되어야 하며, 균등 배분을 목표로 건전한 지역언론을 평가, 선정하여 각 지역이 균등하게 발전할 수 있는 선정방식이 합당하다"는 의견을 내놨다(이원섭 외, 2005, 171쪽).

붙임: 지역신문발전지원기금의 성과 분석

열쇳말
- 각기 다른 셈법
- 기금용도 왜곡
- 눈먼 돈 선심행정

지역신문발전위원회가 지역신문발전지원기금을 받은 신문에 대한 성과를 분석한 조사보고서(『지역신문 지원사업의 성과 분석』, 한국언론재단, 2007)를 보면 지역신문발전지원기금이 지닌 한계성을 적나라하게 드러낸다. 이는 글쓴이가 「앞의 글」에서 이미 예상하고 우려했던 바이다. 독자 여러분들은 이 보고서를 통해 필자의 주장이 틀리지 않았음을 확인할 수 있을 것이다.

<사진 10> 지역신문 지원사업의 성과분석 보고서

출처: 『지역신문 지원사업의 성과 분석』, 한국언론재단, 2007.

인천 · 경기지역과 부산 · 경남지역의 지역신문발전지원기금을 지원받은 신문사를 대상으로 수혜자 신문과 그렇지 않은 신문의 보도내용, 지면의 변화, 경영성과, 취재 및 근무환경, 지역신문발전지원기금의 개선점 등에 대해 조사한 보고서에 의하면 총체적으로 지역신문발전지원기금이 제대로 구실을 하지 못하는 것으로 드러났다.

노무현 정부가 지역신문발전지원기금을 한시적으로나마 구상하게 된 것을 이해하려면 정치적 배경을 먼저 주목해야 한다. IMF 이후 지역신문은 초토화 되었다. 언론경영 패러다임이 전혀 없는 지역신문이 변화된 시대적 경제화에 적응하지 못해 생긴 '도태위기'였다. 지역신문은 정부가 일반기업에 공적자금을 투입해 소생시키는 것을 보고, 언론사라는 사실을 망각한 채 "우리도 공적자금을 지원해 달라"고 주문했다. 물론 그 껍데기는 "지방이 살아야 나라가 산다"면서 '지방 살리기'를 내세웠다.

한편 중앙정치에는 권력의 뿌리가 전혀 없었던 노무현 정권은 변방권력이라는 한계를 극복하려고 그 권력의 명분을 '지방분권'에 뒀다. 그것은 선택의 여지가 없었다. 언론에서는 중앙권력, 특히 〈조중동〉과의 날선 이념투쟁을 통해 대권을 쟁취한 전과를 떠올리며, 권력 유지를 지속적인 '언론과의 전쟁'에서 찾았다. 노무현 정권의 이러한 정치적 성격으로 국정 파트너를 마이너언론과 권력주구적인 방송, 그리고 지방언론에서 찾을 수밖에 없었다.

노 정권의 이러한 속사정은 지방분권론자, 지방 살리기에 명분이 실리면서 지역신문발전지원기금이 정당성을 확보했다. 곧 정권의 이해와 지방언론의 득실이 일치했던 것이다. 지역신문발전지원기금은 이와 같은 정치공학을 모태로 탄생했다. 마치 IMF 직후 김대중 정권이 대대적으로 실직한 언론인들을 달래기 위해 '언론고용센터' 등을 설립하고, 연구저술지원 등의 각종 명목으로 언론인들의 불만을 단숨에 잠재웠던 정책의 확대판이었다. 그것은 이 보고서가 그와 같은 성격을 명백하게 증명해준다.

지역신문발전지원기금이 지닌 정치성을 배제하려면 기금은 문자 그대로 지역신문의 발전을 위해 사용되어야 한다. 지역신문발전의 핵심은 지면 내용의 질적 향상이다. 지역신문의 경영은 정부가 감당할 몫이 아니다. 자본가가 책임져야 할 내용이다. 지역신문발전지원기금 수혜자로 선정된 신문이 정작 그 본질이라 할 신문보도 내용의 질적 향상이 미미할 뿐 아니라 경영개선에도 그다지 효과적이지 못한 것으로 조사됐다. 지역신문발전지원기금이 '1회성 반짝 이벤트'로 운영되고 있음과, 경영개선에 기여하기 위해선 지역언론사가 워낙 부실해 지원기금이 '밑 빠진 독에 물 붓기'로 전락한 탓이다.

보고서에 의하면 지역신문발전지원기금은 기획기사 · 오피니언면의 증가, 취재원의 다양화 등에는 일정 부분 기여한 것으로 나타났다. 해외취재나 프리랜서 고용, 편집시스템 업그레이드, 기자재교육 및 연수 프로그램의 활성화 등에도 기여한 것으로 지적했다. 독자들은 지역신문발전지원기금이 신문지면을 개선하고 있구나 하는 착시현상에 빠지기 쉽다. 지역신문발전지원기금이 제 역할을 수행하기 위해선 보도내용의 여론선도기능, 관점의 다양성, 심층성, 객관성, 지역성, 전문성, 선정성, 홍보성 등에서 실질적인 진보와 개선을 가져와야 한다. 이 부분에 대해서는 그다지 발전된 모습을 찾아볼 수 없었다. 지역신문발전지원기금이 장기적으로 사람[言論人]에게 투자하지 않고, 초단기적으로 시스템[言論]에 투자한 데서 나온 결과치이다.

<표 18> 지역신문발전위원회의 우선 지원대상 신문사 현황

연도	종류	언론사명
2005년 (42개사)	일간신문 (5개사)	경남도민일보, 국제신문, 부산일보, 인천일보, 한라일보
	주간신문 (37개사)	강진신문, 고양신문, 구로타임즈, 나주신문, 남해신문, 뉴스서천, 당진뉴스, 당진시대, 목포투데이, 보령신문, 보은신문, 부천자치신문, 부평신문, 새여수신문, 서울동부신문, 설악신문, 성주신문, 송파신문, 순창신문, 순천시민신문, 시흥자치신문, 안양시민신문, 양산시민신문, 옥천신문, 용인시민신문, 용인신문, 울산여성신문, 원주투데이, 자치안성신문, 장성군민신문, 진주신문, 청양신문, 충청리뷰, 태안신문, 평택시민신문, 해남신문, 홍성신문
2006년 (59개사)	일간신문 (18개사)	강원도민일보, 경기일보, 경남도민일보, 경상일보, 경인일보, 국제신문, 매일신문, 무등일보, 부산일보, 새전북일보, 영남일보, 인천일보, 전남일보, 제민일보, 중부매일신문, 충북일보, 충청투데이, 한라일보
	주간신문 (41개사)	강진신문, 경주신문, 고양신문, 광주시민의소리, 구로타임즈, 군포시민신문, 군포신문, 나주신문, 뉴스서천, 담양주간신문, 당진뉴스, 당진시대, 목포투데이, 무진장신문, 보령신문, 부안독립신문, 부평신문, 새여수신문, 서해안신문, 설악신문, 성주신문, 송파신문, 순창신문, 순천시민신문, 안양시민신문, 양산시민신문, 영광신문, 옥천신문, 용인시민신문, 울산여성신문, 원주투데이, 자치안성신문, 장성군민신문, 진주신문, 청양신문, 충청리뷰, 태안신문, 평택시민신문, 해남신문, 홍성신문
2007년 (59개사)	일간신문 (21개사)	강원도민일보, 강원일보, 경기일보, 경남도민일보, 경남신문, 경상일보, 경인일보, 국제신문, 매일신문, 부산일보, 새전북신문, 영남일보, 인천일보, 전남일보, 전북도민일보, 전북일보, 제민일보, 중부매일신문, 충북일보, 충청투데이, 한라일보
	주간신문 (38개사)	강진신문, 경주신문, 고양신문, 고창신문, 구로타임즈, 군포시민신문, 군포신문, 나주신문, 뉴스서천, 담양주간신문, 당진뉴스, 당진시대, 무진장신문, 보령신문, 부안독립신문, 서귀포신문, 서울동부신문, 서천신문, 설악신문, 성주신문, 송파신문, 순창신문, 순천시민신문, 시민의소리, 양산시민신문, 옥천신문, 용인시민신문, 울산여성신문, 원주투데이, 자치안성신문, 장성군민신문, 진주신문, 청양신문, 충청리뷰, 평택시민신문, 한산신문, 해남신문, 홍성신문
2008년 (62개사)	일간신문 (20개사)	강원도민일보, 강원일보, 경남도민일보, 경남신문, 경상일보, 경인일보, 국제신문, 매일신문, 부산일보, 영남일보, 전남일보, 전북도민일보, 전북일보, 제민일보, 중도일보, 중부매일신문, 충북일보, 충청타임즈, 충청투데이, 한라일보
	주간신문 (42개사)	강진신문, 거제신문, 경산신문, 경주신문, 고양신문, 광양신문, 광주시민의소리, 구로타임즈, 군포시민신문, 군포신문, 나주신문, 뉴스서천, 담양주간신문, 당진시대, 목포투데이, 보은신문, 부안독립신문, 부평신문, 서귀포신문, 서울동부신문, 설악신문, 순천시민신문, 시흥자치신문, 안산신문, 안양시민신문, 양산시민신문, 영광신문, 영천시민신문, 옥천신문, 용인시민신문, 원주투데이, 자치안성신문, 장성군민신문, 진안(무진장)신문, 진주신문, 청양신문, 충청리뷰, 태안신문, 평택시민신문, 한산신문, 해남신문, 홍성신문

↳ 위의 표에 의하면 지역신문발전지원기금은 골고루 지원되는 것이 아니라 특정 신문사 몇몇에만 집중 지원되고 있다. 이것이 혹시 '친정부 프레스 프랜들리' 정책 음모에서 나온 결과치가 아닌지 의심스럽다.

↳↳ 출처: 『2008 한국신문방송연감』, 한국언론재단, 2008, 652쪽.

보고서는 이어 경영성과 개선과 관련한 부분에서는 긍정적인 답변을 들을 수 없었다고 고백한다. 언론인들은 지역신문발전특별법이 일반법으로 전환되어 장기적으로 지방언론을 지원해야 지역언론이 살 수 있다고 주장한다. 지금과 같은 한시법 체제하에서는 장기적인 지역신문 발전의 효과를 기대할 수 없다는 것이다. 특히 기금지원의 부수적인 효과가 지금부터 나타나기 시작하는 데, 지원이 한시적으로 이루어진다면 단기적인 반짝 효과에 그칠 것이라는 게 주장의 요지였다.

결국 지역신문발전지원기금정책은 출범부터 무리였으며, 굳이 지원을 하려면 언로의 다양성을 보장하는 대안언론 · 대항언론 등 신규 매체의 창간에 지원하는 것이 바람직하다는 것이 글쓴이의 총체적 결론이었다. 보고서는 글쓴이의 그와 같은 논리가 옳았음을 극명히 보여준다.

❀2007. 11. 28.

14 창간자금 지원과 여론 민주주의

지역신문발전기금은 여론의 다양화와 고용창출로 청년실업의 해소에도 기여하는 신규창간언론에 직접적으로 지원되어야 한다는 글쓴이의 논지를 전개한다.

노무현 정부의 지역신문발전지원특별법에 의한 지역신문발전기금 지원정책이 가시화될 카운트다운에 들어갔다. 기금의 지원방식 등에 대해 각계각층의 의견이 봇물을 이룬다. 법안이 정하는 기금은 언론을 살릴 수도 죽일 수도 있는 극단적인 양면성을 지녔다. 명의가 잘 쓰면 지방언론을 살리는 명약이 될 수도 있지만, 돌팔이가 잘 못 쓰면 언론자유에 치명타를 가하는 독약이 될 수도 있다. 기금이 지닌 의미와 성격을 살펴보자.

지원정책의 양면성

열쇠말
- 법안 이중성격
- 백화쟁명 용도
- 정치목적 주의

지역신문발전기금지원정책을 둘러싸고 일간지와 주간지의 이해당사자, 기자협회, 언론노조, 지역언론개혁연대, 지역언론협의회, 지역언론협회, 한국언론재단 등 유관단체에서 연속적인 토론회, 공청회, 세미나 등으로 집약한 이 기금의 성격을 5점 척도로 구분해보면 △건전한 지역신문을 육성하기 위한 법(4.33) △주류신문의 시장독점을 제한하기 위한 법(3.56) △풀뿌리 민주주의를 실현하기 위한 법(3.55) △사이비 지역신문을 정리하기 위한 법(3.44) △진보언론을 육성하기 위한 법(3.01) △정부가 지역언론에 영향력을 행사하기 위한 법(2.47)이라고 규정해 대체로 긍정적인 평가를 한다(유선영 외, 2004, 23쪽).

지역신문발전지원특별법안은 틀림없이 좋은 법안이다. 그러나 실제 업무에 이르면 얘기가 달라진다. "전국지와 경쟁할 건강한 지역신문을 육성하려는 목적 달성을 위해선 난립과열구조하의 지역신문 시장상황은 (구조)조정해야 하며, 따라서 지원기금은 경쟁력 있는 신문을 골라 '선별 지원'해야 한다"는 논리에 이르러서는 법안이 지닌 의미에 대해 근본적인 의구심을 갖게 한다.

누가 어떤 기준으로 지원 대상을 선정하느냐는 것이 이 법안의 본질적 목적을 규정하는 가장 핵심적인 요소이다. 결론부터 말하면 현재 논의되는 선별 지원은 언론의 자유를 오히려 부정하는 발상이다. 지역신문발전지원특별법의 이론적 토대를 뒷받침하기 위해 발표된 연구보고서가 지역언론인들을 대상으로 설문 조사한 자료를 보면, 지원 대상 선정기준을 다음과 같이 제시한다.

<표 19> 지역언론인들이 꼽은 지원대상 선정기준(복수응답)

선정 기준 및 조건	(%)	선정 기준 및 조건	(%)
편집권 독립	57.3	일정 수준의 유가부수	8.1
경영투명성	55	다른 신문과 차별적 편집정책	7.2
언론윤리와 공익성 준수	55	정치적 진보성	1.9
지역성 반영	37.4	지역주민 입장대변	0.2
건실한 노사관계	25.1	기자의 도덕성	0.2
지역사회에 대한 영향력 평가	23.2	사주의 도덕성	0.2
신문의 역사와 전통	9.7	언론 3단체 가입여부	0.2
일정수준의 발행부수	9.3	직원 복지 여부	0.2
ABC가입 여부	8.1	독립기업의 유무	0.2

출처: 유선영 외, 『신문지원제도』, 한국언론재단, 2004, 105쪽.

대체로 지원 선정대상자를 정함에서는 △편집권 독립을 실현하고 있는 신문사 △경영이 투명한 언론기업 △언론윤리를 잘 준수하고 공익성을 충실히 구현하는 신문사 △지역성을 지면에 반영하는 신문 △건실한 노사관계로 언론산업의 발전에 기여하는 언론사 △지역사회에서 평판이 좋고 실질적으로 영향력을 미치는 신문사 등을 들었다

지역언론인들은 발전기금의 지원 부문에 대해서도 △경영여건 개선(61.2%) △인력양성 및 교육·조사·연구지원(20.7%) △유통구조 개선(12.2%) △시설·설비지원(3.0%) △정보화 및 디지털화 지원(2.9%) 등을 요구했다. 지역신문발전지원기금은 법안의 목적상 언론인 인력양성 및 교육, 언론조사 연구, 유통구조 개선이 주가 돼야 한다. 하지만 언론인들은 경영여건 개선에 압도적으로 무게를 둬 지역신문발전지원기금의 성격을 왜곡했다.

이들은 지역신문발전지원기금이 다음과 같이 사용되길 희망했다.

<표 20> 기금의 세부 지원 내용에 대한 평가

항목	내역	평가
경영 여건 개선 지원	후생복지 지원	4.43
	정부광고 배정	4.39
	조세감면	4.19
	경영자금 저리융자	4.15
	편집/제작시설 보강	4.05
	윤전기 설치자금 저리융자	3.58
	지역미디어센터 건립	3.58
유통 제도 개선 지원	공배제 시스템 구축	4.16
	직접/가정배달 지원	4.11
	우편발송비 감면	4.03
	현 배급소 금융지원	3.75
인력/ 연구 지원	기자 전문교육/연수지원	4.5
	수습기자 교육지원	4.47
	기획/탐사보도 지원	4.44
정보화 지원	컴퓨터 기사입역/편집/제작	4.49
	온라인 기사제공	4.44
	기사검색 기능지원	4.39
	상호작용 가능 게시판 운영	4.37

출처: 유선영 외, 『앞의 책』, 108쪽.

조사대상자들이 압도적으로 경영여건 개선에 지원기금을 사용해야 한다고 응답한 것은 지원기금의 성격이 근본적으로 왜곡될 소지가 다분하다. 자본주의 체제에서 정부가 사기업의 경영내용에 대해 직접 지원하는 것은 모순이다. 기금이 지역신문사의 경영개선에 지원되면 직접 지원에 해당한다. 신문발전기금은 설치목적에 따라 인력양성 및 교육·조사·연구사업 등 간접 지원돼야 한다. 부득이 직접 지원할 경우에는 여론의 다양화를 창출할 수 있는 새 신문의 창간자금 지원이 바람직하다.

지역신문발전지원기금에 대해 광역지 및 지역일간지 대표들은 △지원기금이 주간지보다 일간지 우선으로 배분돼야 한다 △지원기준을 상향조정해서(일례로 창간 후 10년 이상, 종업원 수 수십 명 이상 등) 역사가 있는 일간지(1도 1사 시대의 지방신문) 중심으로 운영해야 한다 △신문의 질을 높이기 위한 독자조사, 기자연수, 취재지원을 통해 전국지 대비 경쟁력을 제고 할수 있어야 한다 △전국지 침투를 저지할 수 있는 신문고시가 강력히 적용돼야 한다고 주장했다.

언론노조 등 기자단체는 △언론인·기자들의 임금·복지·교육문제에 가장 역점을 두고, 근로기준법 준수 여부를 지원조건으로 못박아야 한다 △지원금이 언론인의 복리·후생·임금보조에 사용할 필요가 있다 △경영개선보다는 취재·제작 등 신문의 질을 높이는 용도로 기금이 우선 사용돼야 한다 △기자들의 연수·재교육 지원이 중요하며, 이를 위해 지역의 대학 및 대학원 등록시 학비 지원이 요구된다 △편집권 독립의 보장, 편집규약 제정 등을 지원조건으로 삼아야 한다고 강조했다.

'지역언론개혁연대'는 △지역신문발전위원회의 구성·조직·운영의 독립성을 요구하고 △지원업무를 총괄할 '발전위원회' 산하 사무국을 지방에 별도로 설치해야 한다 △위원회의 주요 업무 중 지역언론에 대한 조사·연구·교육사업의 중요성을 주문했다.

기타 지역의 언론학자, 시민단체 대표들은 역시 △지역신문발전위원회의 구성·조직·운영의 독립성을 강조하고 △사무국을 별도로 설치하기보다는 한국언론재단 같은 기존의 기구 활용으로 지원기금의 효율적, 경제적 활용을 주장하며 △지역언론인들의 연수·재교육기구로 지방대학의 저널리즘관련 학과연구소의 활용을 제안했다(유선영 외, 2004, 27쪽).

이처럼 지역신문발전지원기금은 해당 단체의 이익확보 측면에서 백화제방의 지원안이 속출한다. 그것은 달리 말하면 이 기금이 그만큼 눈먼 돈이라는 것을 뜻한다. 이들은 자금의 확보를 위해 “지원해야한다”며 총론에서는 이구동성으로 한목소리를 내지만, 막상 구체적으로 ‘누구에게 지원할까’라는 각론에서는 제각기 다른 목소리 쏟아낸다.*)

*) 지역신문발전위원회가 설립된 이래 실제적으로 지원한 연도별 사업실적 내용은 다음과 같다.

<표 21> 지역신문발전위원회 연도별 사업 내용

사업명		지원액(단위:백만원)		
		2005년	2006년	2007년
경쟁력 강화 지원	경영컨설팅 지원	126	235	87
	기획취재 지원	1,206	1,999	1,927
	인턴기자 지원	116	624	780
	프리랜서 및 전문가 자문 지원	154	1,181	1,207
	콘텐츠(지면) 개선 지원	–	293	330
	뉴스 콘텐츠 지원	–	–	260
조사 연구 연수 교육	조사 연구 사업	150	220	426
	연수 교육 사업	222	958	790
정보화 지원	통합뉴스 제작 시스템 지원	1,778	1,990	2,000
	지역신문 공동DB화 지원	853	744	1,000
	디지털 취재장비 임대지원	994	300	135
공익성 구현 사업	NIE 시범학교, 소외 계층 구독료 지원	512	2,767	3,404
	공공성 이미지 제고를 위한 공동 캠페인	395	400	400
	지역성 강화를 위한 지면개선에 대한 심사	–	380	380
융자사업	윤전시설 금융 및 리스비용	0	300	400
	인쇄 및 편집장비 시설도입 자금	0	100	0

* 출처: 『2008 한국신문방송연감』, 한국언론재단, 2008, 653쪽.

관제언론과 종속언론

✍ 열쇳말
- 반자본 논리경계
- 직접지원 위험
- 투명성확보 시급

언론기업은 이미 국가로부터 △부가가치세와 특별소비세 면제 △준조세로서의 채권매입 면제 등의 세제 혜택과 △우편, 철도 운송 요금의 할인 △소득세 감면 등 언론과 언론인을 위한 세제 지원 △언론인 교육자금 지원 등 정부로부터 만만찮은 특혜와 혜택을 누리고 있다. 이것도 모자라 지역신문발전지원기금을 요구하는 것은 아무래도 떼쓰기 성격이 더 강하다고 아니할 수 없다.

사유를 원칙으로 하는 자본주의 체제의 언론에서 정부의 언론사 직접지원은 결코 자본의 논리라 할 수 없다. 국가권력이 자본의 지배를 대신할 때 파생하는 폐해는 이미 겪은 바 있다. 굳이 사회주의 언론을 예로 들지 않아도 국가의 언론개입 부작용이 어떠하리라는 것은 쉽게 짐작하고도 남는다. 국가가 언론에 대해 직접적으로 자금을 지원한다면 받는 언론사는 필연적으로 권력의 눈치를 볼 수밖에 없다.

정부의 기금이 언론사에 직접적으로 투입될 때 어느 경영주가 자금, 다시 말해 정부의 입김으로부터 자유로울 것인가 하는 것은 삼척동자도 다 알 수 있는 일이다. 겉만 번지르르한 말로 이를 포장해 사실을 왜곡하는 것은 극단적인 이기주의에 매몰된 자가당착의 사고다. 언론산업을 지원을 하는 서구의 일부 국가의 경우에도 대부분은 간접지원 방식을 추구한다. 국가의 직접적인 언론지원은 곧 관영언론, 종속언론, 예속언론의 길을 갈 위험 때문이다.

노무현 정부가 이 법안과 기금이 내포하고 있는 정치성을 배제하고, 굳이 언론사에 직접 지원하고자 한다면, 그리하여 문자 그대로 건전한 지역언론의 발전에 기여하고자 하는 순수성을 지니려면 '일정한 자격요건을 갖춘 신문사'만을 대상으로 할 것이 아니라, 문화관광부에 등록된 모든 신문사를 대상으로 고르게 지원하여야 한다.

지역신문발전지원정책은 기금의 정치적 목적을 배제한 다음, 추진되고 성립될 때 비로소 도덕적 정당성을 지닌다. 그렇지 않으면 이 기금과 법안의 성격은 결국 아무도 원치 않는 '해바라기 언론'을 양산하는 종자돈 구실밖에 다른 의미가 없다. 지역신문발전지원기금이 명실상부한 지역언론의 발전을 견인하기 위해서는 기금의 성격부터 목적에 이르기까지 명확하게 할 수밖에 없는 이유다.

지역신문발전지원기금은 시장에서 자생력을 지니도록 경쟁력을 갖추는 데 보조하는 간접지원으로 그쳐야 한다. 직접지원은 오로지 새 신문의 창간자금만 지원하는 데서 그쳐야 한다. 그것이 참된 지역신문발전정책의 목표라 할 수 있다. 이를 간과하면 결국 지역신문발전지원특별법은 IMF 직후 김대중 정부가 시행했던 '퇴직언론인을 위한 지원기금'처럼 단발적인 '1회성 나눠 먹기식 기금'밖에 안된다.

비록 6년간에 걸쳐 한시적으로 시행한다고 해도 노무현 정부의 지역신문발전기금지원정책이 지닌 정치적 목적은 '지역신문을 우군화하기 위한 속셈'이라고 아니할 수는 없다. 이 정책이 이와 같은 혐의를 벗고자 한다면 스스로 그 순수성을 증명하여야 한다. 그것은 두말할 나위 없이 기금의 성격이 언론사를 지원하는 것이 아니라, 언론의 자유를 진작시키는 용도로 사용되어야 한다는 것이다. 노무현 정부의 지역언론발전지원기금을 언론사의 경영개선에 직접 지원하면서 언론발전 운운하는 것은 언론자유를 모독하는 것이다. 결국 권력에 유착한 '노무현식 제도언론'만 양산할 따름이다.

권력은 유한하다. 노무현 정부가 지역신문발전지원기금으로 육성한 해바라기 언론이 언제까지나 권력의 편이 될 것이라는 환상은 일찌감치 버리는 게 좋다. 정권의 생명이 다할 때 권력의 홍당무로 자란 해바라기가 하이에나로 둔갑, 힘 빠진 정권을 물어뜯을 것임은 지난 정권의 케이스에서도 경험한 바 있다.

창간지원과 여론 민주화

열쇳말
- 여론다양화 확대
- 경제활성화 기여
- 창간지원 바람직

발전기금지원론자들이 지원의 정당성 근거로 신줏단지처럼 내세우는 것은 스웨덴·프랑스·노르웨이·오스트리아·이탈리아·네덜란드 등에서 시행하는 신문지원제도다. 이들 나라의 신문지원제도를 보면 하나같이 여론의 다양화를 도모하기 위한 소수언론의 발전에 그 초점이 모아져 있다. 결코 우리나라처럼 기득권을 지닌 기존 언론이 당면한 경영난 타개에 그 목적이 있는 것이 아니다.

이들 나라의 신문산업 지원은 언론산업의 발전을 위한 토대 구축의 일환으로 △유통구조 등 배달 개선 지원 △언론인 재교육 및 연수 지원 △언론 조사 및 연구 지원 등 간접적 지원에 그친다. 직접적 지원은 문화의 다양성을 보전하기 위해 소수언어신문 발행과 인종적·종교적 소수자들의 권익옹호를 위한 소수신문의 창간에 자금을 지원한다.

특히 네덜란드는 1997년 이후 신문에 대한 모든 재정적 지원을 폐지했다. 그러나 신규 창간신문에 대해서는 아직도 창간자본금을 지원한다. 그것은 새 신문의 창간이 여론의 다양화에 기여할 뿐만 아니라, 고용창출을 통한 국가의 경제발전에도 기여하기 때문이다.

네덜란드는 신규 창간신문의 지원으로 다양한 여론의 창출과 민주주의의 발전, 경제활성화라는 이중적 효과를 기한다.

노무현 정부가 지역언론발전을 위해 선심 쓰듯 행하려는 지역신문발전기금이 순수한 동기를 지니려면 기존 언론에 대해서는 간접지원을, 신규 창간언론에 자금의 직접지원이 바람직하다. 지방신문의 지원은 여론의 다양화가 보장되도록 소수자의 권익을 주창하는 대안언론, 대항언론 등 작은 신문의 창간에 대해 집중적으로 지원할 필요가 있다. 그래야만 지역신문시장에서 실질적이고 진정한 의미의 다양성(*plurality*)이 확보된다. 이로 인해 제기될 지역신문의 난립 문제는 이미 수차례에 걸쳐 그 논리적 정당성이 없다고 역설한 바 있다. 한국의 신문시장은 보수적이고 수구적인 여론시장에서는 난립, 과열상태를 보이나 여성, 노동자, 농민 등의 여론을 담을 시장은 전무한 실정이다. 한국의 언론산업은 여론의 다양화라는 시장성을 개척할 과제를 안고 있다.

세계 각국이 여론의 독과점 현상을 금하는 것은 그것이 민주주의를 위협하기 때문이다. 여론이 소수의 몇몇에 의해 독과점 될 때 민주주의의 근간은 심각하게 위협받기 마련이다. 노무현 정부의 언론지원제도는 특정신문의 시장독점을 막기 위해 공정한 경쟁이 될 수 있도록 여건을 조성해야 하며, 특히 신문시장의 질서 재편은 새 신문의 창간을 통해 구현되도록 자금을 지원해야 한다.

❀2005. 2. 23.

붙임: 미디어법 개정과 언론개혁 후퇴

열쇳말
- 미디어법 개정
- 수구지배 음모
- 여론다양화 위기

역사가 전진하여야 한다는 것은 인간 삶의 상식이다. 그런데 이명박 정부들어 되레 후퇴하고 있다. 특히 언론개혁에서는 오로지 대통령의 눈과 입만 쳐다보는 '유신언론 시대'로 급속히 유턴했다. 이명박 정부는 야당의원들이 단상을 점거하고 있는 가운데 2009년 7월 22일 집권여당만의 단독국회를 열고 기어코 신문법·방송법 등 이른바 '미디어법'을 날치기로 통과시켰다.

이명박 정부가 재적수 미달로 재투표, 대리투표 등 일사부재의를 무시하면서까지 미디법을 날치기 처리한 데는 우리 사회를 실질적으로 지배하는 권·재·언 삼각동맹의 정치적 목적이 도사리고 있다. 우선 이명박 정부로선 정치적으론 친정부적일 수밖에, 이데올로기적으로는 친한나라당일 수밖에 없는 대자본과 거대 신문사에 방송시장을 개방함으로써 정권안보를 다지고, 나아가 정권재창출 시스템을 공고히 하겠다는 것이다.

반면 재벌은 국민들에게 영향력이 큰 방송시장을 장악함으로써 국민여론의 호도와 왜곡 조작, 사업의 방패막이, 경쟁기업의 견제, 사회적 영향력 확대 등을 도모할 수 있다는 점에서 군침을 삼킨다. 이미 한국의 여론시장을 55% 이상 독과점하고 있는 〈조중동〉 등은 방송시장에 진입함으로써 그 독점적·배타적 지배를 더욱 심화시켜 실질적인 언론권력·언론파시즘으로 기능하겠다는 속셈이었다. 뿐만 아니라 한국판 '베를루스코니(Silvio Berlusconi)'와 '머독(Keith Rupert Murdoch)'의 탄생도 은밀히 꿈꿔볼 수 있게 됐다.

이날 통과된 미디어법의 주요 내용을 보면 쟁점이 이었던 지상파 방송시장 개방의 경우 신문과 대기업은 지분 10%까지 보유를 허용하되, 2012년까지는 겸영을 유예토록 했다. 이는 생색내기용이다. 실제로 기업이 책임경영을 위해선 지분의 30% 정도를 차지해야 한다. 민영화의 대상으로 거론된 〈MBC〉는 자산이 10조 원대이다. 따라서 〈MBC〉의 경영권을 장악하기 위해선 3조 원 가량을 투자해야 한다. 〈조중동〉은 그만큼 투자할 여력이 없다. 재벌은 투자 효율성에서 외면한다. 때문에 이는 현실적으로 유명무실한 얘기다.

문제는 종합편성채널과 보도전문채널이다. 신문과 대기업이 30%까지 지분을 참여할 수 있도록 했다. 종합편성채널은 일반 지상파 방송과 똑같은 방송체제를 말한다. 단지 시청자들이 지상파로 보느냐 케이블로 보느냐의 차이만 있을 따름이다. 설립비용 또한 지상파 방송의 10% 정도만 있으면 된다. 우리나라 전 TV 시청자의 85% 이상이 케이블로 텔레비전을 시청한다. 지상파 방송에 견줘 조금도 손색없는 방송사를 차릴 절호의 기회가 도래한 셈이다. 〈조중동〉이나 재벌이 실질적으로 눈독 들이는 대목이다.

이명박 정부의 미디어법 개정이 지닌 가장 큰 문제는 여론독과점 우려이다. 한나라당 지지자의 66.7%도 이를 문제 삼아 미디어법 개정에 반대한다. 이에 대해 미디어법은 사후규제 보완조치로 매체합산 시청률이 30% 이상이면 신문의 지상파 · 종합편성 · 보도채널 진입을 금지시키겠다고 한다. 이 또한 '공치사'에 불과하다. 예컨대 〈조선일보〉의 가구당 점유율은 11.1%, 〈중앙일보〉는 9.7%, 〈동아일보〉는 6.0%대다. 반면 〈KBS〉-2TV와 〈MBC〉의 가구당 시청점유율은 각각 16.0%대다. 결국 〈조중동〉이 〈KBS〉-2TV나 〈MBC〉를 인수, 겸영해도 최대 점유율이 27.1%에 불과해 여론독점이 아니라는 것이다.

〈조중동방송〉, 재벌방송의 탄생은 카운트다운에 돌입했다. 방송위원회는 미디어법 개정이 정치적 · 사법적 논란의 한가운데에 있는데도 아랑곳하지 않고, 8월 중 종합편성채널사업자 선정 공고, 11월 중 선정 완료를 목표로 정책집행을 부랴부랴 서두르고 있다. 그렇다면 문제는 과연 재벌이나 수구언론, 족벌 · 세습언론이 방송을 경영할만한 능력을 지녔느냐는 것이다.

한국의 신문산업을 둘러싼 내외적 환경은 사면초가의 경영난이란 토네이도(*tornado*) 한가운데 있는 형국이다. 한국의 주류신문은 신문 하나만으로도 벅차다. 독자는 날로 줄어들고, 광고주 또한 하나둘 신문을 떠나는 추세다.

이처럼 살림살이가 날마다 쪼그라들고 있는 데 여기에 방송까지 더한다면 어떨까? 신문 부실에 이어 방송 부실까지 더한다면 '공룡미디어'의 앞날은 불 보듯 뻔하다. 그것은 다름 아닌 시장생존을 도모하기 위해 국민의 알권리를 담보로 한 기득권 체제와의 유착체제 강화는 의심의 여지가 없다. 그 과정에서 국민의 알권리는 실종되고 언론자유는 처참히 유린된다. 이는 한국언론 100년사가 생생히 증명한다.

청와대와 한나라당은 온갖 국가체계를 총동원, 미디어법 개정이 함의한 위험성을 의도적으로 은폐한 채 일자리 창출 등 '경제 살리기'로 이데올로기의 왜곡 조작에 여념이 없다. 문화체육관광부와 지식경제부, 방송통신위원회 등은 모두 5억 여 원의 예산을 긴급 편성, 24일부터 〈KBS〉, 〈SBS〉, 〈YTN〉, 〈MBN〉 등의 방송사에 "미디어 선진국을 향한 대한민국의 도약, 이제 시작입니다"라는 문구가 포함된 40초짜리 미디어법 일방홍보 광고영상물을 내보내기 시작했다.

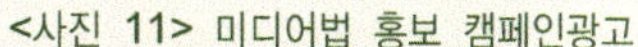
<사진 11> 미디어법 홍보 캠페인광고

문화체육관광부와 지식경제부, 방송통신위원회가 지난 24일부터 〈KBS〉, 〈SBS〉, 〈YTN〉, 〈MBN〉 등을 대상으로 실시한 미디어법 공익광고캠페인 「미디어코리아」. 일방적이고 과장된 법안 홍보 내용을 담고 있다. 출처: 방송통신위원회

이 캠페인광고는 "언론통폐합 29년 만에 방송 통신 신문의 칸막이가 마침내 없어졌습니다." "선진국에 비해 가장 늦었지만 이제 미디어 융합을 통해 세계적인 경쟁력을 갖추게 됩니다." "대기업과 신문사는 지상파 방송을 지배할 수 없도록 법을 만들었습니다." "선택할 수 있는 채널이 늘어나며 볼거리가 많아지고 다양한 일자리가 생겨납니다" 등 사실을 왜곡 과장했다.

〈조중동〉 등 수구언론들도 미디어법을 미화하고, 일방적으로 왜곡 선전하는 보도를 쏟아내기 시작했다. 수구언론은 일제히 5공의 전두환 정권이 채운 사슬이 29년 만에 풀렸다며 환호작약했다. 마치 5공정권이 비판언론에 재갈 물리기를 했던 족쇄가 마침내 풀린 듯 규제개혁 이미지 보도로 독자를 기만하는 것이다.

권력의 홍당무로 자란 5공언론이 제5공화국의 언론정책이 틀렸다며 이제사 '정상화'된 듯한 보도만 봐도 여론독과점 폐해의 실상을 알 수 있다. 악명 높은 전두환 정권의 언론정책 가운데 신문과 방송의 겸영금지 조치는 그나마 긍정적으로 평가할 몇 안되는 부분 가운데 하나이다. 당시 정치군부는 여론 독점에 따른 폐해를 절감했기에 언론개혁(?)의 한 명분으로 삼았다. 아날로그 시대의 미디어집중이 초래한 부정적 기능과 그에 따른 모순이 적잖아 군사정권의 언론정비계획에 포함되었는데, 21세기 디지털 시대에 수구세력과 수구언론이 역사의 수레바퀴를 과거로 되돌려 매스컴 재벌화를 기도하는 것은 시대착오적인 망동이다.

그동안 수구언론, 족벌·세습언론의 일탈을 방송이 견제하면서 언론균형의 추를 잡았다. 그러나 이명박 정부의 신문과 방송 겸영조치 허용으로 그와 같은 사회적 견제장치를 잃게 됐다. 온 국민들은 미구에 눈앞에 들어 닥칠 공룡미디어가 제발 '티라노사우르스(*Tyannosaurus*)'만은 아니길 간절히 빌 처지로 전락했다.

미디어시장이 이처럼 불안해서는 국민들의 삶이 고달프다. 인터넷이 살아있다고는 하나 아직도 현실에선 기존 언론을 견제하기에는 역부족이다. 따라서 대항언론·대안언론의 가치는 더욱 절실하고 간절하다. 신문발전지원기금이 여론의 다양화를 위한 새 신문의 창간자금 지원에 쏠려야 하는 현실적 이유가 이보다 더 절박한 것은 어디에도 없다.*)

❀ 2009. 7. 30.

---

*) 노무현 정권 하에서 신문발전지원기금을 받으려고 정치권력의 눈치보기를 마다 않았던 해바라기 언론이 권력의 수명이 다하자 자신의 본질적인 정체성을 드러내 하이에나 언론으로 둔갑, 전 권력을 잔인하게 물어뜯어 죽이는 사례를 지난 5월에 겪은 바 있다. 이런 언론에 무턱대고 국민의 혈세를 지원하는 것은 도덕적으로 옳지 않다.

이명박 정부가 이를 닮아서는 안 된다. 폭압적인 5공정권이 끝나자 6공화국에 빌붙고, 다시 문민정부에 빌붙어 구정권을 물어뜯는 새 정권의 충견 노릇을 한 한국언론의 카멜레온과 같은 변신에서 교훈을 찾아야 한다.

술친구는 결코 진짜 친구라 할 수 없다. 권력이 돈줄이라는 헤게모니를 쥐고 당근을 줄땐 간도 쓸개도 다 빼줄 친구같지만, 옛 권력으로 전락하는 순간 그 이빨은 바로 언론 자신이 섬기던 주인에게로 향한다. 이는 전형적인 '狂犬言論'이다. 권력자가 자신의 살점을 물어뜯으라고 미친개언론에 돈을 대줘 튼실하게 키우는 것은 자학의 극치이다.

넷째 갈래

사람과 언론

" 기자는 누구인가. 기자가 겨눠야 할 붓끝은 어디인가. 기자는 민중을 대신해 인간을 억압하는 권력과 제도에 맞서 투쟁하는 사람이다. 따라서 기자에게 가장 중요한 것은 바로 기자혼을 지녔느냐는 것이다. 기자혼이 미약하면 언론행위가 굴절되어 나타난다. 기자혼의 정수는 목에 칼이 들어온다 하여도 할 말은 다하는 선비정신에 있다. 정직을 배제한 허위와 기만은 있을 수 없다. 왜곡과 조작 또한 끼어들 틈이 없다. 오로지 자유와 정의와 진리뿐이다. 그리하여 마침내 사람을 자유롭게 하는 데 이른다. 그것은 결국 신문이 인간세상에 존재하는 본질적 이유이다. "

15 기자론

❶ 아날로그 언론인

기자사회 / 기자 정의 / 기자의 사명 / 기자 유형과 덕목

❷ 시민언론 기자론

시민언론 주체 / 뉴스제작 운영 / 21세기 저널리스트

16 지방신문 기자개혁론

❶ 지방지 기자 위상

사주 마름머슴 / 자기합리화 변명

❷ 저임금 소수정예

박봉 실태 / 토호사주의 음모 / 소수정예의 늪

❸ 주재기자론

자영업자 주재기자 / 주재기자 개혁과제

📖 붙임: 부천시청 브리핑룸 오물투척 사건

17 선비정신과 기자정신

❶ 선비와 언관

기자혼 / 반골정신

❷ 선비정신과 언론혼

직간철학 / 조선시대 커뮤니케이션 사상 / 유교언론 사상 / 현대언론 교훈

18 사람경영론

❶ 인사관리론

사람사업 / 리더십

❷ 언론인 인사

인사이동 / 조직관리 / 인사운영

📖 붙임: 언론인 교육론

15 기자론

오늘날 많은 언론인들은 기자가 무엇인지도 모른 채 기자생활을 하고 있다. 특히 지방신문에 종사하는 언론인들은 더더욱 그러하다. 기자의 실체에 대해 명확히 규정함으로써 민주언론인상의 창출을 고민한다.

❶ 아날로그 언론인

기자사회

✍ *열쇳말*
- 직업환경 만족
- 생존경쟁 고민
- 기자평가 유보

월간 <신문과방송>이 한국리서치에 의뢰해 지난 2006년 5월 11일부터 15일까지 전국의 언론인 500명을 대상으로 기자 위상 및 직업만족도에 대한 기자의식조사를 실시한 자료에 따르면 한국의 기자들은 대체로 자신의 직업에 대해 만족(55.8%, 보통 34.0%, 불만족 9.8%)하는 것으로 나타났다. 그 이유는 '사회적 영향력이 크기 때문(35.8%)'이었고, 불만족은 '하는 일에 비해 보수, 복지 등 근무조건이 뒤따라 주지 않기 때문(34.7%)'이라고 대답했다.

기자들은 국민들이 기자를 신뢰할 것이라는 기대도 높은 편(76.4%)이었고, 특히 기자의 사회적 영향력은 여전히 매우 크다고 생각

(96.4%)하고 있었다. 반면 예전에 비해 사회적 영향력은 많이 낮아졌다고 대답한 이유로는 인터넷과 대안미디어의 활성화(37.0%)와 언론의 신뢰도 추락(25.4%) 등을 들었다.

최근 1년 동안 취재나 기사작성시 압력을 받은 경우는 10명 중 2명꼴로 나타났으며('가끔' 혹은 '자주' 20.2%, '거의 없다' 38.6%), 그런 압력이 기사에 미치는 영향력은 큰 편(75.2%)이었다. 압력을 주는 주체는 주로 편집 · 보도국 간부(52.5%), 광고주(39.6%), 사주 및 사장(25.7%)이었다. 편집권 독립, 기자의 독립성 보장을 위한 내적 자유에 대해서는 보장된다(85.4%)는 답변이 많았는데, 신문기자가 방송기자나 통신기자에 비해 보장된다는 응답이 낮게 나왔다(83.2%).

기자들은 업무량이 많으며(67.4%), 급여수준은 만족하지 않는 쪽(56.6%)이었고, 기자직을 그만두거나 이직 · 전직할 의향이 있다(42.6%)고 답해 철밥통 기자사회에 생존 경쟁이 도입되면서 신분보장에 불안을 느끼는 것을 표현했다(양승혜, 신문과방송, 2006년 6월호, 8~9쪽).

한편 국민들은 언론과 언론인에 대체적으로 냉소적인 평가를 하는 것으로 조사됐다. 한국언론재단이 국민들의 뉴스소비 행태를 분석하기 위해 진행한 자료에 따르면 언론이 민주주의 발전에 도움이 되고 있는가 라는 질문에 5점 척도를 기준으로 평균 3.24점(표준편차=0.90)을 주어 약간 긍정적으로 평가했다. "언론이 우리 사회가 당면한 문제해결에서 도움이 되는가"에 대해서는 3.16점(표준편차=0.90)을 주었다.

언론인들을 평가하는 항목에서도 "기자들은 사건의 진실을 보도하는가"는 3.04점(표준편차=0.89), "언론사 기자들은 사건을 공정하게 보도하는가"는 2.97점(표준편차=0.89)을 주어 전반적으로 부정적이지는 않지만, 그렇다고 긍정적이지도 않는 평가를 내렸다(유선영 외, 2006, 289쪽).

기자 정의

열쇳말
- 사회정의 수호
- 행동하는 양심
- 기자윤리 확립

「위의 기사」는 기자사회가 처한 현재의 모습을 압축적으로 보여준다. 기자를 흔히 언론인 또는 저널리스트라 한다. 『국어대사전』에서는 기자란 신문·잡지 등의 기사를 집필하거나 편집을 하는 사람이라고 정의한다. 이상우와 류창하는 "신문사에서는 편집국, 방송사에서는 보도국에 소속된 사람으로서 보도·논평·해설 분야에 종사하는 사람이다. 언론학에서는 게이트키퍼(*gatekeeper*)를 말한다. 편집국 안팎에서 특정 사건 또는 이슈를 취재하거나 편집과정을 거쳐 기사라는 상품을 만들어 밖으로 내보낼 때까지 지켜보는 사람이다. 사건을 기사로 만드는 사람이 기자이다"라고 말했다(이상우·류창하, 1992, 29쪽).

김형진은 "사학자가 역사를 기록한다면 기자는 하루하루 나타난 현상에서 진실을 발굴, 사학자로 하여금 올바른 정사를 기록할 수 있도록 사료를 준비한다. 기자는 자기 고유 영역에서 역사적 흐름을 파악, 독자와 국민의 눈과 귀가 되어 기사라는 사회적인 글을 쓰는 직업을 가진 사람이다. 기자는 사회의 구성인자와 제도, 구성원들인 개별시민, 그리고 그 시민사회의 표피적인 변화와 움직임은 물론 이들이 살아가는 삶의 무게까지 상시로 가늠하는 노력이 담긴 글을 쓴다. 이에 기자를 '사회의 목탁', '무관의 제왕'이라고도 한다"고 규정했다(김형신, 2000, 16쪽).

김동익은 “기자는 커뮤니케이션의 중매자다. 커뮤니케이션이란 인간과 인간 사이에 메시지를 주고받는 것을 의미한다. 커뮤니케이션이 전하는 메시지는 곧 인간의 삶이다. 따라서 기자가 전하는 메시지는 사실에 바탕한 진실한 것이어야 한다. 그것은 ‘사후평가’가 아니라 ‘현재의 변화’이다. 기자는 오늘 일어난 일을 어제의 역사와 미래의 꿈에 연결시키는 사람이다. 그러기에 기자를 진실을 기록하는 그날그날의 역사가라고도 한다. 기자가 쓰는 최초의 뉴스는 반드시 최고로 잘 쓴 뉴스가 아니어도 좋다. 옳지 않은 뉴스를 가장 먼저 전달하기보다는 두 번째 쓰더라도 진실을 전달해야 한다는 언론사상을 지녀야 한다”고 강조했다(김동익, 1993, 14쪽).

기자는 초급기자와 중급기자, 고급기자로 나눈다. 초급기자는 취재·편집·교열 등 기자의 일상적 업무를 두루 수행하는 기자다. 중급기자는 사태의 본질을 명확히 꿰뚫어보는 해설기사와 사회의 각종 부조리를 파헤치는 탐사보도 저널리즘을 수행하는 기자다. 고급기자는 칼럼과 논설을 작성하며, 우리 사회에 아젠다를 제시하는 기획기사의 집필이 가능한 기자를 일컫는다.

기자는 시대의 사관이라는 자긍심을 지녀야 한다. 마음은 호수같이 평온하고 머리와 손과 다리는 진실을 발굴하고, 사태의 본질을 훼손·조작·왜곡시키려는 무리에 맞서야 한다. 그것이 자존심을 생명처럼 알고 매사에 떳떳한 현대사를 찾는 기자의 꾸밈없는 정체성이다. 자존심은 자기가 스스로 지키는 것이지 누가 대신 지켜주는 것이 아니다. 권력보다는 명예, 명예보다는 진실쪽에 서야 하는 기자의 정체성은 더욱 청정하고 아침이슬같이 투명해야 한다. 자존심을 먹고사는 기자라는 직업은 매우 힘들지만, 힘든 만큼 보람도 따른다.

기자는 공적인 지식을 창조하고, 뉴스를 전달하는 동시에 여론을 형성한다. 기자는 사회환경 감시자이며, 민주사회의 교육자이다. 기자는 사회적 윤리와 도덕적 질서의 형성과 전개에 지대한 영향력을 미친다.

언론은 권력을 견제하고 감시하며 부정과 비리를 들춰 내 사회에 고발함으로써 국가와 사회발전에 기여하는 제도이다. 기자는 언론의 기능을 수행하는 과정에서 국민의 알권리라는 큰 힘을 발휘한다. 기자는 사회에서 하나의 권력이며 제도이고, 또 특혜와 특권이다. 모든 권력이 다 그렇듯이 기자의 힘이 정당화되기 위해서는 그 힘에 상응한 높은 직업윤리가 뒤따라야 한다. 언론이 획득한 사회적 권력 또한 마찬가지다.

엄기형은 "기자에게는 엄격한 언론윤리가 요구된다. 윤리란 인간의 행위와 품성에 대한 선·악의 판단을 가치의 원리에 따라 결정하는 것을 말한다. 언론윤리는 언론인들이 직업상 준수해야 할 정신적 지표이며 행동규범이다. 언론기관의 운영정책, 언론종사자들의 직업상 지켜야 할 정신적 지표이자 동시에 행동규범이다. 인간의 생명을 다루는 의사에게 '히포크라테스의 선서'와 같은 직업윤리가 있듯이, 사람의 신분과 인권을 다루는 변호사에게 직업윤리가 있듯이, 인간의 정신생활을 지배하는 언론인에게는 공공의 이익[公益]을 위해서 봉사하겠다는 직업윤리가 있어야 한다"고 역설했다(엄기형, 1982, 22쪽).

기자는 보통사람들보다 훨씬 더 많은 특권을 누리므로 윤리의식이 더 투철해야 한다. 기자가 만나는 사람은 대부분 고위공직자, 고급공무원, 정치인, 기업인, 문화인, 지식인 등 사회 지도층이다. 기자는 자신에게 부여된 권리를 자신의 이익추구를 위해 사용해서는 안된다. 기자는 자신을 윤리적으로 엄격하게 다스려 기자가 지닌 권리를 남용하거나 오용하지 않도록 주의해야 한다. 기자윤리가 실종되면 기자의 보도행위가 굴종되어 나타난다.

이에 언론인들은 신문윤리강령과 실천요강 등을 제정하고, 이를 준수함으로써 독자의 요구에 부응하는 바람직한 신문, 좋은 신문을 만들려고 노력한다. 최근 들어 언론사 간의 치열한 경쟁, 제작시간의 제약, 상업주의의 확산 등으로 언론은 끊임없는 오보시비, 허위·과장보도에 따른 인권침해, 오프 더 레코드 위약 시비, 미흡한 반론권 보장, 출처불명의 인용 등의 시비에 휘말리곤 한다.

더더구나 일부 언론인들의 촌지와 관련된 부패문제, 사이비언론의 비리 등 언론을 둘러싼 외형적 윤리문제가 제기돼 언론의 신뢰를 먹칠하기도 한다. 설상가상으로 언론계에 위장 취업해 있다가 정치인 등으로 변신함으로써 언론의 질적 저하를 초래하는 권력 지향적인 '정치 언론인'들의 윤리성 또한 간과할 수 없는 문제다.

김경근은 "사회규범은 언론인들에게 공인의식을 소유한 사회감시자가 되어 줄 것을 요구하지만 우리 언론계는 소유권의 집중으로 폐쇄적 족벌경영, 편집권에 대한 경영권의 전횡, 과다한 영리추구, 취재원이나 취재대상과의 긴밀한 유착관계 형성 등 본질적인 모순에 빠져 있다. 이러한 구조적 모순 속에서 활동하는 언론인은 건전한 직업의식을 소유하거나 직업윤리를 행사하기 어렵게 돼 결국 폐쇄적 집단 이익을 옹호하는 평범한 직장인으로 전락한다"고 경고했다(김경근, 2000, 228쪽).

언론개혁과 언론자정운동은 일부 부도덕한 언론인에 대한 도덕적 징계, 언론계의 구조적 모순 지양, 대중매체의 폐쇄적인 보도관행 개선, 대중매체에 대한 취재 대상의 새로운 위상 설정과 국민의 능동적인 참여 등을 필요로 하지만, 그 못지않게 현장 취재기자에 대한 취재비 현실화, 언론인의 공인의식 소유와 봉사정신 자각, 언론노조원들의 순수한 노동자 의식 발휘 등으로 언론인으로서의 직업윤리, 즉 언론윤리 · 기자윤리를 스스로 확립하고 다잡아야 한다.

기자의 사명

열쇳말
- 기자지식 요건
- 반골기질 실종
- 비판정신 회복

기자는 기능적으로도 기자로서의 자질과 요건을 지녀야 한다. 기자가 되기 위해서는 기자에게 필요한 재능, 소질, 기질, 성격, 취미, 감각, 센스를 갖추지 않으면 안된다. 기자가 똑똑해지는 것은 당면 과제다. 기자가 돈과 명예에 대한 욕심을 버리면 날카로운 필봉이 다듬어지고, 또 서릿발 같은 필치만큼 곧추세운 자존심을 만날 수 있다. 그러려면 해박한 지식과 예리한 판단을 지녀야 하며, 자기완성을 위해 노력하는 남다른 인내와 용기도 필요하다. 기자는 공부하는 기자가 돼야 사회의 거울을 바르게 비출 수 있고, 독자가 읽고 싶은 신문을 만들 수 있다.

지식은 기자의 원천이다. 지식은 책을 통해 흡수된다. 기자는 책이라는 지식전달 도구로 끊임없이 새로운 지식을 받아들이는 자기개발을 게을리해서는 안된다. 한 달에 최소한 2권 이상의 책을 읽지 않는 기자는 결코 기자가 아니다. 교수가 직업적으로 공부하는 사람이라면, 기자는 부업으로 공부하는 사람이다.

한국언론에서는 기자가 무식하다. 무식하니까 취재원이 아무리 설명해줘도 알아듣지 못하고 제멋대로 엉터리 기사를 써댄다. 이런 현상은 중앙지보다는 지방지가 훨씬 더 심각하다. 기자가 무지몽매하니까 오보를 남발하면서도 오보인지 아닌지도 모른다. 무감각할 수밖에 없다. 기자는 자신의 무지를 가리기 위해 배타적인 권위의식을 지닌다. 그렇다보니 힘이 있는 곳에는 아양을 떨고, 약자에겐 군림하려 든다. 기자의 영향력을, 기자의 사명을 '억강부약'에 쓰는 것이 아니라 '권력의 시녀'로, '출세의 지름길'로 쓴다.

조직 속에서 패거리를 지어 폐쇄적인 집단의식의 힘으로 비호되는 기자, 윗사람의 눈치나 보고 하라는 대로만 하는 기자, 줄이나 잘 서서 이득을 보려는 기자, 뻔히 잘못된 것인 줄 알면서도 입을 다무는 보신형 기자, 타산적이고 자기중심적이며 출세지향적인 관료주의적 공무원형 기자는 기자사회에서 퇴출되어야 한다.

기자로서의 지녀야 할 기본적인 덕목은 상식과 인생관, 역사정신이다. 기자는 지적욕구가 왕성하고 강인해야 하며 성실해야 한다. 편견과 오만을 버리고 독립적이어야 하며, 자기반성과 냉철한 자기 감시에 철저해야 한다. 사실을 통해서나 의견으로 남을 비판하는 언론인으로서의 직업윤리에 충실하고 공평무사해야 하며, 이에 걸맞은 높은 도덕성을 갖추어야 한다. 자기 자신이 거울 위에 놓인 물처럼 깨끗하지 않고서는 남을 비판할 수 없다.

오늘날 우리 사회의 기자상은 어떠한가. 기자가 전문성은 고사하고 무례하며 예의조차 지킬 줄 모른다는 '함량미달'이라는 소리를 듣기 일쑤이다. 민중 위에 군림하는 우월주의에 사로잡혀 '언론인의 특권'만을 향유하려 든다. 언론인의 특권은 회수되어야 한다. 힘이 있는 곳에 권력이 있고, 권력이 있는 곳에 특권이 있다. 특권이 있는 곳에는 귀족이 생기기 마련이다. '언론귀족'은 본질적으로 언론과는 맞지 않다.

사회부조리를 고발하고 끈질기게 물고 늘어지는 반골기질이야 말로 '참 기자'냐 아니냐를 구분하는 척도다. 언론인에게 가장 시급한 것은 언론인으로서의 기본적인 요건이라 할 비판정신의 회복이다. 기자의 출발은 비판정신의 유무에서 비롯된다. 비판정신이 실종된 지면은 언론이 아니다. 언론정신의 핵은 비판정신에 있다. 비판정신이 없으면 단순히 보도자료의 중개상일 뿐이다. 출입처에서 배포하는 보도자료는 문자 그대로 보도에 참고할 자료일 뿐이지 보도 그 자체일 수 없다. 보도자료를 비판적으로 해석하고 취재하는 자세에서부터 언론인으로서의 첫걸음이 시작된다.

취재원이나 출입처에서 배포하는 보도자료를 리카피해서 지면에 게재하는 것은 언론인이 아니라 필경사가 할 일이다. 참 기자의 취재보도란 취재원이 숨기고 싶어 하거나 보여주길 꺼려하는 것을 독자들에게 알려주는 사람과 행위를 말한다. 기자는 비록 소속된 언론사에서 월급을 받는다 해도, 결코 언론사를 위해 일하는 사람이 아니다. 기자의 존재 이유는 사회에서 소외된 민중을 위해, 공공의 이익을 위해 진실을 끝까지 추적, 보도하는 데 있다.

언론인들의 사대주의·패배주의 또한 극복해야 할 과제 중의 하나이다. 언론인들의 사대주의가 뉴스의 게이트키핑(*gatekeeping*) 등을 통해 국익·한국보다는 친미·친일 등 강대국 우대주의로 나타난다. 지방언론인들의 사대주의는 지방보다는 서울 지향적으로 구현된다. 중앙지는 지면제작의 기준 포맷을 서방 선진국의 매체에 두고, 지방지는 다시 중앙지를 리카피하여 결국은 모든 언론을 '일란성 쌍둥이 신문'으로 만들어간다.

기자 유형과 덕목

열쇠말
- 유능한 기자부족
- 개혁의 걸림돌
- 참 언론인 희구

한국언론의 기자사회는 어떤 유형의 기자들로 구성되어 있는지 그 실태를 한 번 보자. 아날로그 저널리즘에서 전통적인 기자는 다양하게 분류된다. 업무별로는 △취재기자 △편집기자 △교열기자 △사진기자, 매체별로는 △신문기자 △방송기자 △통신기자 △잡지기자 △인터넷기자, 전문성별로는 △대기자 △전문기자 △일반기자, 분야별로는 정치・경제・사회・문화 기자 등으로 나뉠 수 있다.

박진용은 기자의 유형에 대해 △취재능력별 △문장작성능력별 △보도활동별 △특성별 유형 △중심행동별 등으로 다음과 같이 구분했다.

"취재유형별로는 △전천후 기자 △공격형 기자 △일상형 기자 △편식형 기자 △열등형 기자 △무능력형 기자로 구분했다. 전천후 기자는 취재에 대한 돌파력과 순발력이 뛰어난 기자를 말한다. 공격형 기자는 정보능력・비판력이 탁월해 유달리 비판적 기사를 잘 쓴다. 일상형 기자는 뚜렷한 특징 없이 관행적인 취재범위에서만 움직이는 기자다. 편식형 기자는 자신의 주의・주장에 맞는 기사만 쓰는 기자다. 열등형 기자는 취재요령이나 기자인식이 부족해 일을 제대로 처리 못하는 유형이다. 무능력형 기자는 기자로서의 자질과 능력이 결여된 기자를 일컫는다.

기자의 ABC인 문장작성 능력별 유형으로는 △범용형 △스트레이트형 △간지형 △연문형 △문치형으로 나뉜다. 범용형은 문장 감각이나 문장 적응력이 우수해 어떤 유형의 기사도 다 소화해낸다. 스트레이트형은 이성적・논리적・조직적 사고의 소유자로서 무난한 기사작성 능력을 보여준다. 간지형은 이야기꾼과 같이 풀어쓰기에 강한 유형이다. 연문형은 정서적 능력에서 강한 면모를 보이는 재능형 기자다. 문치형은 문장구성력이 낙제점 이하인 기자를 일컫는다.

보도활동별 유형을 살펴보면 △다작-대포형 기자 △소작-대포형 기자 △다작-소총형 기자 △소작-소총형 기자로 분류할 수 있다. 다작-대포형 기자가 양이나 질에서 대체로 우수하다. 그러나 소작-대포형 기자들이 문제작, 화제작을 만드는 예가 많다. 다작-소총형 기자는 안정적 제작의 필수 요원이다.

기자의 특성별 유형에서는 지적 능력별로는 기획력·분석력·기억력·상상력·예지력, 행동양식에서는 적극형·중간형·소극형, 성품에 있어서는 단순명쾌형·신중사려형·우유부단형·무식저돌형 등으로 갈라 볼 수 있다. 윤리적 성별 유형으로는 외청내청(外淸內淸)형·외탁내청(外濁內淸)형·외청내탁(外淸內濁)형·외탁내탁(外濁內濁)형이 있다. 부정적 경향별로는 권모술수형·잔인비정형·책임전가형·면종복배형·세밀조잡형 등의 분류가 가능하다. 업무와 직·간접적 영향이 있는 가치관과 윤리성을 기준으로 하면 △업무중심주의자 △생활중심주의자 △실속주의자 △유흥주의자 등으로 대별할 수 있다.

기자의 업무, 비업무상 중심 행동을 기준으로 나누자면 △부지런한 기자 △기사를 잘 쓰는 기자 △머리가 잘 돌아가는 기자 △정보가 많은 기자 △친화력이 높은 기자 △상사를 잘 모시는 기자 △용도가 별로 없는 기자로 분류할 수 있다(박진용, 2002, 499~503쪽)."

이 기자론에서 소위 바람직하다고 생각되는 △전천후 기자 △공격형 기자 △일상형 기자 △범용형 기자 △스트레이트형 기자 △간지형 기자 △연문형 기자 △다작-대포형 기자 △소작-대포형 기자 △다작-소총형 기자, 지적 능력으로 기획력·분석력·기억력·상상력·예지력을 지닌 기자, 행동양식에서는 적극적인 능동성을 지닌 기자, 성품에 있어서는 신중사려형 기자, 윤리적으로는 △외청내청형 기자 △외탁내청형 기자 △업무중심주의 기자 △생활중심주의 기자 △부지런한 기자 △기사를 잘 쓰는 기자 △머리가 잘 돌아가는 기자 △정보가 많은 기자 △친화력이 높은 기자를 얼마나 확보하고 있는지 궁금하지 않을 수 없다. 한 가지 분명한 것은 언론이 언론으로서의 상품성을 잃고 경쟁력을 상실해 시장에서의 퇴출위기에 처한 것으로 보아 그다지 우수하거나 뛰어난 기자를 많이 확보하고 있지는 못한 것 같다.

20세기의 저널리스트는 자신이 맡은 바 업무를 성실히 수행하면 좋은 기자로 평가되었으나, 21세기 저널리즘에서는 고도의 전문성을 바탕으로 다양한 업무를 동시에 수행할 능력을 동시에 지녀야 한다. 기자로서의 재능과 소질, 기질, 성격, 취미, 감각, 센스가 있어야 하고, 여기에 전문성, 즉 지식(학식), 기능(취재력), 경력 등을 갖춰야 한다. 고영신은 기자가 지녀야 할 자질로 △글쓰기 능력 △폭넓은 사고력 △특화된 전문지식 △부지런함과 기민성 △용기와 정의감 △호기심과 모험성 △문제의식과 시대감각 △승부욕과 인내력 △높은 공공성과 윤리의식 등을 들었다(고영신, 2007, 35~40쪽).

그러면 한국언론의 기자들 자세는 어떠한가. 언론인으로서의 기본적인 소양은 물론이고, 기능면에서도 함량미달일 경우가 다반사다. 회사의 조직생활에선 '예스맨'으로 전락, 상사에게 '아부'나 하여 생존을 도모한다. 편당도 짓는다. 패거리 집단을 형성해 사내 세력으로 뿌리 내린다. 취재원과는 적당한 유착관계를 형성, 기자의 특권을 향유하는 데만 관심이 있다. 독자에게는 자기가 무슨 벼슬이라도 하는 양 으쓱대기 일쑤다.

기자로서의 능력도 없는 주제에 민중을 위해 존재해야 한다는 본분을 잊고, 민중 위에 군림하려 든다. 이런 자세로 민중을 위한 언론을 한다고 하니 제대로 될 리 없다. 기자사회의 몰골이 이런 까닭으로 기자가 개혁의 주춧돌이 아니라 걸림돌이라는 말을 듣는다.

언론과 언론인이 지켜야 할 기본적인 요소로는 국민에 대한 봉사이다. 한국신문협회는 '신문윤리강령'과 '실천요강'을 제정했고, 한국기자협회는 '기자윤리강령'에서 언론과 언론인에게 주어진 사명을 다하라고 한다. 강령은 어느 것 하나 버릴 수 없는 금과옥조 같은 문구다. 그 명문이 언론현장에서 살아 숨쉬는 경구가 되지 못하고,

빛바랜 액자 속의 문구로 전락한 것이 문제다. 한국언론이 강령의 30%만 실천했더라면 결코 오늘과 같은 일그러진 모습은 하지 않았을 것이다.

팽원순은 기자가 지녀야 할 덕목과 조건을 종합하면 다음과 같이 요약했다.

"첫째, 기자는 먼저 훌륭한 인간성을 지녀야 한다. 그래야만 보도의 대상이 되는 사람의 문제를 인간적으로 이해하고 보도할 수 있다. 기자는 직업적으로 '기사'를 쓰기보다는 '인간'을 기록할 수 있어야 한다.

둘째, 정의감이 강해야 한다. 기자는 권력이나 금권, 사회생활 등에서 나타나는 부정, 비리, 폭력 등을 예리하게 감시하면서 그것을 고발하는 사람이다. 기자가 정의감을 지니지 못하면 권력의 주구가 되기 십상이다.

셋째, 기자는 민중의 편이어야 한다. 그렇지 않으면 권력에 쉽게 회유되거나 유착될 개연성이 높다. 언제나 민중의 편에 서 있어야만 권력의 독주나 횡포, 미리 등을 용서하지 않고 서슴없이 파헤칠 수 있다.

넷째, 늘 공부하는 노력가이어야 한다. 정보사회의 진전과 함께 취재대상이 급속히 전문화되고 있는 추세다. 기자가 무식하면 취재원의 홍보도구로 전락하기 쉽다. 기자가 늘 깨어 있기 위해선 끊임없이 자기개발 노력을 게을리하지 않아야 한다.

다섯째, 기자는 뉴스에 대한 감각을 익혀야 한다. 그러기 위해서는 주위 현상에 대한 탐구심을 잃지 말아야 한다.

여섯째, 균형잡힌 사고를 할 수 있어야 한다. 사회가 복잡화됨에 따라 어떤 사회현상이든 여러 가지 요소가 얽히게 되고 사람들의 행동이나 발언에 표리가 있을 수 있으므로, 그런 것들을 균형 잡힌 감각으로 제대로 볼 수 있어야만 진실에 접근할 수 있다.

일곱째, 냉정하고 침착해야 한다. 뉴스가 되는 사건은 흔히 극적인 것일 수 있는데, 기자는 그럴수록 사건에 휩쓸리지 않고 냉철하게 객관적인 시각으로 바라볼 수 있어야 한다.

여덟째, 임기응변할 수 있도록 사고가 유연하여야 한다. 뉴스대상으로서의 사건은 생각지도 않은 전개를 보일 수 있는데, 그런 변화에 신속하게 대응해서 능동적으로 보도할 수 있어야 한다.

아홉째, 강한 호기심을 지니고 있어야 한다. 호기심이야말로 뉴스를 개발하는 창구이며, 호기심이 없이는 기자가 될 수 없다 해도 과언이 아니다.

열째, 건강해야 한다. 기자는 노동시간이 길고 언제라도 현장으로 뛰어들어야 하는 만큼 불규칙적인 생활을 하게 되어 과로로 건강을 해칠 수 있으므로 튼튼한 체력을 갖추어야 한다(팽원순, 1990, 200~201쪽)."

❷ 시민언론 기자론

시민언론 주체

열쇳말
- 시민기자 어시스트
- 멀티플레이어 기자
- 전문성 지닌 언론인

시민언론에서 요구하는 구체적인 기자상을 짚고 넘어가자. 시민언론의 특징은 언론인의 역할 변화다. 시민언론에서 기자는 단순히 소극적으로 평면적인 정보를 취재 보도하는 것이 아니다. 시민언론 저널리스트는 수동적인 언론관을 탈피하여 시민저널리즘을 사회변혁의 행동도구로 인식하는 사회관을 지면에 구체화한다. 언론의 존재 이유는 사회적 문제를 나열하는 데 있는 것이 아니라 보다 본질적으로 사람들이 행동하여 개선하는 데 있다. 시민저널리즘은 어디까지나 우리 사회에 제기된 여론이 박제된 표본실의 여론이 아니라, 펄펄 끓는 여론으로 살아 숨 쉬게 한다.

시민언론의 편집국 운영과 관련, 출범 초기에는 시민언론에 종사하는 전문 저널리스트들이 취재보도의 주된 역할을 수행한다. 시민기자·독자주주기자는 댓글 달기, 게시판, 채팅룸 등과 같은 상호기제로 기사 생산에 참여한다. 시민언론이 성숙되면 시민기자와 전문 저널리스트가 동일한 자격으로 뉴스를 생산하고 수용한다. 궁극적으로는 시민기자가 언론행위의 주가 되고, 전문 직업 저널리스트는 기술적으로 독자주주기자를 보좌한다. 시민언론의 편집시스템은 궁극적으로 이와 같은 패턴을 지향한다.

시민언론에서 기사 생산은 저널리스트들의 전유물이 아니다. 시민언론의 뉴스 생산주체는 뉴스 소비자다. 시민언론의 수용자는 뉴스를 소비할 뿐 아니라 뉴스를 생산하는 주체다. 그들은 뉴스의 편집·제작 기능까지 수행함으로써 언론행위의 새로운 패러다임을 창출한다. 기존 언론인이 아니라 시민저널리스트들이 자율적으로, 창조적으로 저널리즘을 만들어 가는 것이 시민언론의 미래상이다. 시민언론은 기존 언론의 패러다임으로부터 해방된 '해방언론'이다.

따라서 시민언론의 기자는 기존언론과는 본질적으로 존재양식을 달리한다. 시민언론은 언론인들에 의해 배타적으로 지배되는 것이 아니라 독자의 지면제작 참여가 실질적으로 보장되는 매체이다. 정치적으로 진보건 보수건 가리지 않고, 경제적으로 있는 자건 없는 자건 구분없이 누구나 다 원하는 사람이면 매체의 소유와 운영, 제작에 직접 참여할 수 있는 언론이 바로 시민언론이다.

<표 22> 전통 언론인과 시민저널리스트의 비교

	전통매체 언론인	시민저널리스트
기자의 자격 및 역할	언론사서 부여(폐쇄적, 소극적, 수동적)	스스로 부여(개방적, 적극적, 능동적)
언론보도 행위	일방적	쌍방향적
전문성	전문 엘리트	전문엘리트+일반대중
보도의 폭	한정적, 제한적이며 좁다	무한정 넓다
보도 태도	규범적, 형식적	비규범적, 자유롭다
취재 대상	관, 기업, 단체	일상생활 전반
뉴스 구분	경성뉴스	연성뉴스
언론보도의 영향력	대의민주주의	참여민주주의
기사 생산의 원천	출입처 보도자료 의존	블로그 등 개인미디어, 인터넷 활용
기자의 기능	문장력, 취재력 구비	캠코더, 인터넷 등 멀티플레이어
기자의 위치	권위주의적 군림형 엘리트 의식의 정치적 야심가	네트워크 소통에 능숙한 전략가, 비즈니스맨
기자의 역할	취재, 편집, 교열, 사진, 자료조사 등 분화	기능통합 멀티플레이어형 기자+기획취재, 탐사보도, CAR기능, 인터넷취재
기자 조직	기자→차장→부장(데스크)→국장 1원 조직	기자→에디터, 데스크 등 2원 조직화
기자권한 근거	게이트키핑	정보서비스맨
기자상 (유능한 기자, 좋은 기자)	• 취재, 보도, 편집 기법에 능한 사람 • 기사 잘 쓰는 사람 • 출입처와 관계가 좋은 사람 • 배경이 탄탄한 사람	• 동반자－시장, 이용자에 대한 이해가 높은 사람 • 소통자－이용자와 쌍방향 커뮤니케이션이 가능한 사람 • 전략가－창의적인 사람 • 멀티플레이어－콘텐츠 기획에 능한 사람

기본적으로 시민언론의 편집국은 시민저널리스트를 토대로 출범한다. 최소한의 저널리즘 전문성을 담보하기 위해 기존의 직업적 언론인들이 결합한다. 시민기자들은 굳이 전통적인 기사작성 문법에 구애받지 않는다. 그들은 기사의 길이나 형식, 표현방식 등에서 자유롭게 글과 사진을 실을 수 있고, 음성과 영상으로도 독자들에게 뉴스를 전달할 수 있다. 시민언론의 직업기자는 시민언론인들의 기사가 '되도록 간결하고 정확하게'라는 언론산업의 특성에 맞도록 서포트

한다.

시민언론에서의 언론인은 단지 시민논객·시민기자·시민언론인들이 언론활동을 원활하게 수행할 수 있도록 저널리즘 기능을 지닌 전문가로서 그 보조적 역할만 수행한다. 시민언론에 종사하는 직업적인 전문언론인은 독자 위에 군림하는 것이 아니라 독자를 상전처럼 모시는 마인드를 지닌다. 기능적으로도 기존언론의 기자가 각기 별도의 전문직업으로 수행으로 하는 기능을 동시에 수행할 수 있어야 한다. 즉, 취재 + 편집 + 교열 + 인터넷 + 사진 + 자료조사는 한 사람이 수행하는 멀티플레이어 기자여야 한다.

시민언론 기자가 수행할 취재 + 편집 + 교열은 아날로그형 저널리스들이 개별적으로 담당했던 업무들이다. 시민언론에서는 한 사람이 맡는다. 여기에다 사진 + 인터넷이라는 디지털형 기자업무를 더 한다. 사진은 스틸촬영은 물론 동영상 취재 + 편집 + 아나운싱 등 제작업무까지 포함하며, 인터넷을 활용한 취재, 자료조사 및 웹용 뉴스제작, 관리까지를 수행할 업무능력을 요구한다. 시민언론 기자의 조건은 이 모든 업무를 감당할 능력을 지닐 때 비로소 저널리스트가 갖춰야 할 첫 번째 조건을 지녔다고 한다.

뿐만 아니라 자신의 전문적인 분야, 가령 정치·행정·경제·노동·산업·민생·인권·도시교통·환경공해·교육·농어촌·농업·예술·과학·학술·방송·연예오락·미디어·여론독자·여성가정·어린이·노인·사회복지·레저·스포츠 등에서 시민독자가 참여한 기사를 완성시킬 수 있는 전문기자·편집위원으로서의 역할을 수행할 수 있어야 한다. 기획취재 + 탐사보도 + CAR취재 기능을 지녀야 함은 새삼 거론할 필요가 없다. 기존언론에서처럼 칼럼과 논설기사를 작성하여야 하는 것도 두말할 나위 없다. 이런 조건을 두루 갖출 때 비로소 시민언론의 기자라 할 수 있다.

뉴스제작 운영

열쇳말
- 전문성 비탕
- 온라인 활용
- 콘텐츠 지향

시민언론 저널리스트는 종이신문 게재용 기사 생산에만 매달려서는 안된다. 포토캐스트, VOD (*video on demand*) 등 방송은 물론 온라인 채팅, 블로그까지 영상미디어와 문자매체를 자유롭게 넘나드는 멀티미디어 제작자로의 변신이 요구된다. 이와 같은 환경에 적응하지 못하면, 미래의 신문기자로 생존할 수 없다.

시민언론의 기자는 연어와 같다. 연어는 얕은 개울물에서 태어나 바다에 나가 성장한다. 일반적으로 물고기는 민물이나 바다 한군데 밖에 살지 못한다. 연어는 민물과 바다를 삶의 터전으로 한다. 시민언론의 저널리스트는 오프라인 저널리즘을 위해 온라인 저널리즘을 꿰뚫어야 한다. 온라인과 오프라인 저널리즘에 두루 융통해야 한다. 보통 물고기처럼 어느 한쪽만 수행할 수 있다면 시민언론에서는 존재할 수 없다.

시민언론의 모든 기사는 오프라인의 텍스트용으로만 작성되는 게 아니다. 텍스트뿐만 아니라 취재현장의 사진, 동영상, 기자의 해설, 취재원과 현장 시민의 목소리 등이 포함된 멀티미디어형 기사로 제작해 온라인용으로도 송출한다. 그렇다고 뉴스의 질이 떨어져서는 안된다. 하나를 생산하더라도 신뢰성이 담보된 정확하고 공정한 뉴스를 제작해야 한다. 업무의 과부하를 핑계로 기사의 질을 소홀히 했다면 시민언론인의 자격이 없다. 시민언론인은 양보다는 질이라는 모토를 염두에 두고 기사 제작에 참여하여야 한다.

시민언론에 게재되는 뉴스의 특성은 재활용을 극대화한다. 기존 언론의 뉴스는 지면에 게재하는 것으로 그 수명을 다했으나, 시민언론은 공유·토론·커뮤니티 등의 다양한 유통망으로 지속적으로 제공하고, 산업적으로도 재가공 판매된다. 시민언론의 뉴스가 보다 많은 사람들에게 자유롭게 유통됨으로써 사회적 공론의 장이라는 역할을 수행할 뿐 아니라 저널리즘으로서의 브랜드 파워(*Brand Power*)를 강화해 사회개혁을 추동하는 데서 그 의의를 찾을 수 있다. 이것이 가능한 것은 시민언론의 뉴스생산 구조가 멀티미디어 저널리즘에 기반하기 때문이다.

시민기자가 참여한 내용에서 심층성과 전문성을 지닌 정보를 주문뉴스화 하려면 온라인에서는 하이퍼링크를, 오프라인에서는 원고은행을 설립하여 활용한다. 오프라인 시민언론의 주요 기사 말미에는 시민언론에서 제작한 고유의 인터넷 로고를 표시한다. 이 로고가 표시된 기사는 인터넷에 관련된 심층기사가 게재되어 있다는 것을 의미한다. 지면에는 단신이나 텍스트만 싣고, 인터넷판에는 사진과 동영상, 통계 데이터 등 관련 자료를 풍부하게 게재한다. 독자는 하이퍼링크 기능으로 보다 충실한 뉴스, 심층적인 뉴스를 서비스 받을 수 있고, 신문사는 정보콘텐츠를 판매함으로써 매출증대를 꾀한다.

시민언론에 게재되는 모든 정보는 체계적이고 과학적인 데이터베이스화로 처리하여 콘텐츠화하고, 정보의 재활용을 통한 수익창출의 모델을 개발해 시행한다. 시민언론은 정보산업의 새로운 유통모델을 제시하는 21세기 종합 지식정보산업을 견인하는 매체이다.

우리가 창간하고자 하는 신문은 이처럼 창의적인 언론이다. 전통적인 신문산업의 환경은 암울하기 그지없다. 뉴미디어의 발달로 독자는 점점 줄어들며, 판매부수는 정체 내지 하락 조짐을 보이고, 광고수입 또한 신장을 기대하기 어렵다. 반면 제작비는 날로 하늘 높은 줄 모르고 오른다.

그럼에도 미디어산업은 21세기 종합 지식정보산업에서 가장 큰 메리트를 지니고 있는 것을 부인할 수는 없다. 신문산업은 정보를 수집하고 가공하는 데 어느 누구보다 풍부한 경험을 지녔다. 이 자산을 최대한 활용하고 극대화함으로써 디지털 사회를 선도할 수 있다. 이 글이 제안하는 시민언론은 20세기 아날로그 사회의 고착화된 화석언론(化石言論)이 아니라 21세기 네트워크 사회에 출현할 생물언론(生物言論)이다.

21세기 저널리스트

> ✍ 열쇳말
> - 디지털미디어 혁명
> - 메타미디어 시대
> - 스페셜리스트 전환

21세기 정보화 사회에 진입하면서 인류는 산업혁명에 이은 디지털혁명을 맞고 있다. 정보통신기술의 발전으로 인쇄매체와 전파매체, 컴퓨터통신 등의 구별이 없어지면서 기자들의 취재방식과 보도방식, 저널리스트로서의 존재방식 등이 급속히 변하고 있다. 상대적으로 좁은 정보망을 이용하는 아날로그 시대의 기자들은 취재원들과 비교적 손쉽게 접촉하여 비록 제한된 정보라 할지라도 정보에의 접근이 용이했던 특권을 향유했다. 위에서 아래로 흐르던 정보체계는 인터넷의 등장으로 다 대 다의 체계로 전환되면서 기자들의 특권은 점차 그 빛을 잃어간다. 때로는 미디어의 손이 닿기도 전에 사건의 전말이 인터넷에 공개된다. 결과적으로 기자나 대중은 동시에 온라인에서 같은 정보를 얻는다. 이런 현상은 언론과 대중 사이의 정보 평준화를 가져왔으며 대중은 더 이상 기자들에게 브레이킹 뉴스(*breaking news*)를 기대하지 않게 되었다(권수미, 2000. 199~220쪽).

컴퓨터 테크놀리지는 전세계 모든 사람을 독자로 만들 수 있는 동시에 그들 모두를 적극적인 참여자로, 어떤 의미에서는 기자로까지 만들 수 있는 환경을 빚었다. 각자 자신의 브랜드로 저널리즘을 행사할 단계에 이른 것이다. 오프라인에서는 기자들이 다방면에 걸쳐 조금씩 알고는 있지만 특정분야에 전문성이 없는 제너럴리스트로서 가능했으나 온라인에서는 경쟁력이 없다. 디지털 시대의 기자들은 스페셜리스트로서의 마인드를 지녀야 한다.

21세기의 언론인은 단순한 지식거간꾼이 아니라 정보에 대한 고급 분석능력과 전문성을 지닌 기사를 쓸 줄 아는 정보가공능력, 여기에다 창의적이고 효율적인 정보전달 능력을 지닌 '콘텐츠 아티스트(*contents artist*)'로 변신하여야 한다. 편집과 디자인이 독자에게 정보와 감동을 함께 주지 못하면 그 미디어의 격은 떨어지기 마련이다. 미디어의 글이며 메시지는 한 줄 한 줄 응축된 힘과 향기를 풍겨야 한다. 정보 콘텐츠의 홍수 속에서 소비자는 눈을 매혹하는 글과 말, 즉 미학의 경지에 이른 콘텐츠를 선택하기 마련이다.

<그림 5> 기자의 통합 패러다임

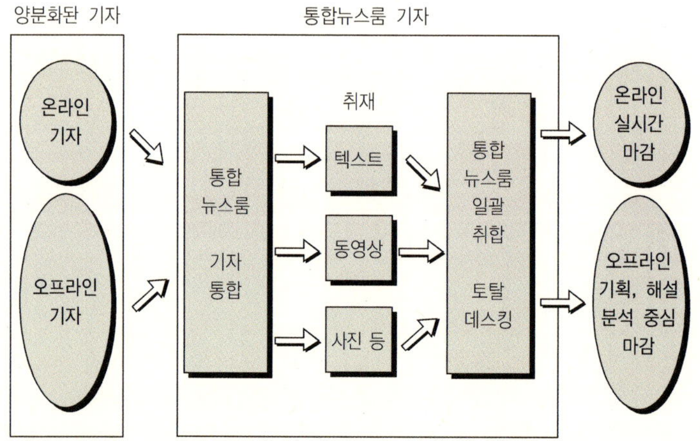

출처: 한국온라인신문협회, 『온라인신문, 경쟁과 생존』, 커뮤니케이션북스, 2006, 158쪽.

21세기의 언론을 흔히 '메타 미디어(*meta media*)' 시대라고 한다. 메타 미디어란 기존 언론에 대한 또 하나의 새로운 언론이란 뜻이다. 메타 미디어는 미디어 수용자가 쌍방향성을 바탕으로 생산자와 미디어 제작과 운영에 일체화하거나 섞여 함께 참여하며, 혹은 제휴나 협업 등으로 지식 컨설팅, 현장 리서치, 각종 통계 데이터베이스 구축, 문화예술 및 교육 등 다양한 비즈니스를 전개하는 서비스 미디어이다. 21세기 언론인에게는 미디어 콘텐츠에 대한 이해와 적응력이 필요하다.

따라서 미래의 저널리스트는 전통적인 의미의 글쓰기 능력뿐만 아니라 온라인 정보검색, 편집, 디자인 등 다방면에 걸쳐 많은 것을 아는 웹 전문 콘텐츠 생산자이자, 특정 뉴스 혹은 정보에 전문적인 식견을 갖고서 정보의 진위를 판단해주거나 정확한 배경을 설명해주는 정보분석가(*information analyst*), 혹은 정보해석자(*information interpreter*)

로서의 역할이 요구된다. 미래의 저널리스트는 전통적인 의미의 기사작성자이면서 동시에 사진기자와 방송리포터, 정보콘텐츠의 프로듀서 혹은 감독의 역할까지 하는 전방위적인 멀티플레이어로서의 자질을 갖춰야 한다.

기자는 제네럴리스트(*generalist*)이면서 동시에 스페셜리스트(*specialist*)이어야 한다. 우주만물의 삼라만상에 두루 능통한 가운데 특정분야에 대해서는 남들이 지니지 못한 전문성을 지녀야 한다. 이에 이르지 못하면 기자로 기능할 수 없다. 사회가 전문화되면서 언론인이 전문성을 지니지 못하면 제대로 언론활동을 할 수 없는 환경에 직면했다. 간판만 번지르한 학력(學歷)은 소용없다. 사회에서, 언론에서 무엇 하나 제대로 책임질 소리를 할 줄 아는 언론인이 그 역할을 감당할 수 있다.

21세기 언론인에게 또 하나 요구되는 덕목은 '콘텍스트(*context*)', 즉 미디어 경영능력이다. 21세기 지식정보산업의 기업적 화두는 단연코 '쌍방향'이다. 구시대의 올드미디어에서는 언론인이 수용자보다 우위에서 정보를 가공하여 일방적으로 전하기만 하면 그만이었다. 뉴미디어 시대에서는 그 역할과 기능이 달라진다. 정보의 의미부여, 정보의 구성, 정보가 처한 사회문화적 정세 및 환경, 정보의 생산배경과 목적, 정보시장의 상황, 고객 수요, 소비자의 행동패턴 등을 감안하여 정보를 생산성을 담보한 콘텐츠로 재가공, 새로운 미디어 상품으로 부가가치를 창출해야 한다.

❀2005. 3. 9. / 2006. 6. 10. 더함.

16 지방신문 기자개혁론

지방신문을 실질적으로 개혁하기 위해서는 지방신문 기자개혁 또한 미룰 수 없는 과제다. 지방언론의 일탈에는 지방신문 언론인들의 책임 또한 적지 않다. 지방신문 기자개혁을 살펴보자.

❶ 지방지 기자 위상

이번 회의 주제는 지방신문을 실질적으로 개혁하기 위해서는 기자개혁 또한 미룰 수 없는 과제라는 사실을 제기하는 데 있다. 그동안 지방언론의 개혁을 말할 때마다 언론사주의 그릇된 언론관을 집중적으로 비판해 왔다.

반면 지방언론인들은 노동자라는 이유로 비판에서 상대적으로 너그러웠다. 지방언론인의 문제는 지방언론 개혁의 본질을 담보하므로 결코 간과할 수 없다. 지방언론인의 개혁은 자신들이 지닌 문제점을 인식하는 데서부터 시작되어야 한다. 지방언론인이 개혁의 주체가 아니라 오히려 개혁의 대상으로 전락한 사실을 자각하지 못한 상태에서는 얘기가 달라진다.

사주 마름머슴

열쇠말
- 사이비 공동종범
- 악덕사주 홍위병
- 매관매직 일상화

지방언론인은 구구한 핑계에도 아랑곳없이 언론사주의 마름머슴, 경호견·사냥견 노릇을 한다는 비난을 면키 어렵다. 많은 언론사주는 겉으로는 지역문화와 언론 발전을 위해 지방언론을 경영한다고 하나, 실제론 "지역사회에서의 영향력 확대와 기업의 방패막이로 활용하기 위해서"라는 것이 보다 솔직한 자기표현이다. 지방신문이 처한 위치를 보면 언론사주의 속내를 확연히 알 수 있다. 지방신문은 신문 그 자체의 사업성에 근거해 조직되어야 한다. 신문경영의 부산물로 얻을 수 있는 신문 외적인 이익이나 영향력 때문에 지방신문을 경영한다면 이는 '사이비 언론사주'다.

장호순은 "'사이비 지방신문'은 독자확대나 경영합리화 같은 시장생존을 위한 신문 본래의 활동에는 관심을 기울이지 않는다. 신문의 경영목적이 오로지 사주를 지역세도가로서의 위상을 높이는 데 기여하고, 때론 기자를 통해 온갖 정보에 쉽게 접근할 수 있는데다가, 사주가 운영하는 다른 기업체에게는 해당 관청에 압력을 행사하거나, 혹은 로비의 창구로 활용될 수 있으면 이미 그 용도를 다했기 때문"이라고 말했다(장호순, 2004, 258~259쪽).

지방신문과 지방언론 사주의 몰골이 언론의 정도를 벗어난 '사이비'라고 하여 지방언론에 종사하는 언론인들 또한 '사이비'라는 굴레로부터 면책되는 것은 아니다. 언론인은 적극적이지는 아닐지언정 사이비 지방신문과 공동종범(共同從犯)으로서의 책임을 면키는 어렵다. 그것은 지방언론인들의 의식구조가 '언론개혁'을 단순히 외면할 정도가 아니라, 오히려 언론개혁을 적대시할 정도로 심각하게 왜곡되고 경도돼 있기 때문이다. 이 글이 지방언론인들을 비판하는 목적은 이를 일깨우기 위해서이다.

청년 실업자가 60여만 명에 이른다는 실업대란 속에서 언론사가 수습기자를 모집하면 경쟁률이 수천 대 일에서 수백 대 일은 가볍게 넘는다. 구름 같은 인재가 언론고시라는 '낙타 바늘'을 뚫기 위해 안간힘이다. 언론고시에 합격하기만 하면 비교적 넉넉한 경제력과 함께, 때에 따라서는 정·관계로의 진출 등 신분 보장이 되어 있다. 더구나 기자는 직업을 통해 사회정의의 실현이라는 간접적 보람을 만끽할 수 있어서 젊은이들을 매료시키기에 충분하다.

기자가 젊은이들로부터 선망의 대상이라는 것은 '메이저신문'과 방송사에 국한된 얘기다. '마이너신문'은 메이저신문과 방송사로 진출하기 위한 교두보로 지망생이 몰려들고, '지방언론'은 서울언론으로 진출하기 위한 전 단계로 인식한다. 기자가 경력을 쌓기 위해서 지방언론을 활용한다면 애정결핍은 불가피하다. 애정이 없는 신문이 품질과 경쟁력을 지닌다는 것은 상식 밖의 일이다. '경력 저널리즘'을 극복하는 일이야 말로 지방언론 살리기의 첫걸음이다. 하지만 현실에서 지방언론은 직장으로서의 매력과 생명력을 잃었다.

열악한 재정을 빌미로 월급이라고는 최저 임금수준을 갓 넘긴 선에서 지불한다. 그나마 체불하지 않고 제때제때 꼬박꼬박 주기만 하면 그것만으로도 감지덕지할 판이다. 설상가상으로 IMF 이후에는 신분보장마저 없어졌다. 걸핏하면 구조조정이라는 미명 아래 잘리기 일쑤다. 사주의 눈 밖에 나면 단 한시라도 베길 수 없다. 언론인의 신분이 사주의 호주머니 속에 들어있어 편집권 독립은 한낱 사치스러운 구호이다. 언론인이 사주의 홍위병으로 전락한 것을 독자들이 곱게 볼 리 만무하다. 독자들로부터 존경은 고사하고, 경멸의 대상으로까지 여겨진다. 정신이 똑바른 젊은이라면 이런 지방언론을 동경할 리 없다. 기자 지망생들이 중앙지로, 메이저신문으로 몰리는 것은 어떻게 보면 순리다.

지방언론인들은 지역언론의 발전에 기여한다는 사명감으로 입사하나, 최저 생존급에도 미치지 못하는 월급 앞에서는 '목구멍이 포도청'이라고, 그 명분과 허울이 쉽게 무너진다. 그 후 남는 것이라곤 생존을 위해 사이비기자로 전락하거나, 자신이 가정경제를 책임지지 않아도 될 자들의 여가용 직업이나, 오도가도 할 곳이 없는 자들의 임시 숙소로 전락한다.

지방언론인의 자리가 결코 이렇게 자리매김 되어선 안된다. 지방언론인은 풀뿌리 민주주의의 초석인 지방자치를 견인하는 책임과 의무를 지닌 지역사회의 공식적인 일꾼이다. 지역민들의 눈과 귀가 되어 시정을 감시하고 비판하는 기능을 수행해야 한다. 다수 시민들의 공익을 대변하는 제도로써 공공에 봉사하는 서비스정신을 지녀야 한다. 지방언론인에게 주어진 사명을 다하려면 자질과 도덕성을 담보하지 않고선 안된다. 지방언론사주는 인재를 유치하기 위해 언론인으로서 최소한 갖추어야 할 경제적 보상과 함께, 신분의 안정 등으로 품위를 약속해야 한다. 이런 조건이 갖춰질 때 젊은이들의 발길이 이어진다.

젊은이들이 지방언론을 외면하는 것은 지방언론이 서서히 고사하고 있음을 의미한다. 그것은 또 지방언론의 미래를 뿌리째 부정하는 요인이 된다. 지방언론은 이를 심도 깊게 자각해야 한다. 지방언론의 미래는 얼마만큼 우수한 자질과 역량을 지닌 젊은 인재가 모여드느냐에 달려 있다. 가령 스포츠에서 정상에 오르는 강팀이 되기 위한 절대적인 전제조건은 우수한 선수가 지속적으로 충원돼 팀의 저변을 얼마만큼 강화하느냐에 달려 있는 것과 같은 이치다.

인재난 속에서 사람을 뽑아 쓰면서 지원자들에 대해 옥석을 가리지도 않고 '자기 사람', '아는 사람' 등 인사를 혈연 · 지연 · 학연 등에 의존한다면 기업은 어떻게 될까? 망한다. 그런데 현실상 망하지 않는 것은 한국사회가 그만큼 투명하지 못하고, 비정상적이기 때문이다. 바로 지방언론 얘기다. 지방언론을 구성하는 정체성은 '낙하산그룹'이다. 사주나 간부 등의 알음알이를 통해 형성된 낙하산그룹은 공채 세력과 더불어 사내에서 쌍벽을 이루나, 그 영향력에서는 타의 추종을 불허한다.

삼고초려로 인재를 초빙해도 살아남기 어려운 판에 사주와의 인연으로, 간부와의 연줄로 사람 뽑기를 해온 것이 지방언론 인사정책이었다. 이쯤 되면 숫제 망하려고 작정한 것이라 할 수 있다. 자고로 청탁과 뇌물에 의한 낙하산인사 · 정실인사가 유능한 인재를 발굴했다는 소리는 동서고금에도 없다. 지방언론의 바로 세우기는 기자직을 매관매직하는 관행의 개혁에서부터 비롯돼야 한다.

자기합리화 변명

> 열쇳말
> • "내 탓 아니오"
> • 본질 흐리기 일색
> • 혁명적인 개혁 요구

대구경북지역 인터넷신문 <평화뉴스(www.pn.or.kr)>는 2004년 4월부터 20개 언론사 40명의 언론인들을 대상으로 취재과정 중에 겪은 일들을 돌아보고 자성하는 의도로 「기자들의 고백」을 게재했다. 이 기사는 지역언론인들의 생생한 의식구조를 직접 엿볼 수 있어 한번 짚어

보고 갈만하다. 비록 대구경북지역에 국한된 한계성을 지니고 있으나 지방사회의 몰골이 대동소이한 점을 감안하면 한 번 반추해볼 계기는 된다. '아름다운 고백', '지역언론 개혁에 한 몫', '기자들의 진솔한 자성록'이라고 자화자찬하는 이 기사에 구교태는 다음과 같이 분석했다.

"이 기사 작성에 참여한 대다수의 언론인들이 잘못된 언론인들의 언론활동을 가장 많이 지적했다. '고백'의 대상이 됐던 언론활동은 취재에서 발생된 일반적 관행, 즉 보도자료 의존, 오보, 폭로성 기사의존 등에 따른 문제점, 구체적 기사선택, 프레임 설정과 관련한 내용이다. 언론인들은 고백의 대상이 되었던 언론활동에 수반된 문제의 원인으로 개인적 차원과 구조적 차원을 들었다. 개인적 측면에서는 희박한 기자정신, 특권의식, 취재편의·적당주의 등이, 구조적인 측면에서는 언론사간 경쟁시스템과 특종에 대한 집착, 언론사의 이해관계와 관련된 이윤추구적인 요인이 언급됐다. 이를 극복할 방안으로 참 언론인을 향한 스스로의 부단한 노력과 기자들 상호간의 견제와 비판을 거론했다. 그리고 시민들의 편에서 눈과 귀가되어 '인간미 묻어나는 기사'를 발굴하고, 그들과 호흡하는 낮은 언론을 추구했다(구교태, 신문과방송, 2005년 4월호, 133쪽)."

구교태는 「위의 기사」에서 '기자들의 고백'이 지닌 의미를 긍정적으로 평가했다. 이는 기자와 기자시스템을 전혀 이해하지 못한 무지에서 나온 무책임한 소리다. 단도직입적으로 말하면 고백은 매우 유감스럽게도 'TK언론인이 왜 TK언론인인가'라는 소리를 듣는지, 그 이유를 스스로 웅변해준다.

고백의 전제조건은 혹독한 자기비판에 있다. 이를 간과하면 고백이 아니라 변명과 해명이 된다. 고백은 △기자정신 부족 △특권의식 △취재편의주의 △적당주의 △노력부족 △공정성 부족 △수동성·보수성 따위의 기자 개인적 차원의 문제점을 △언론사간 경쟁 △업무부담 △신속성 추구 △언론사 이해관계 △출입처 제도 등 구조적인 차원의 원인으로 돌린다. 나아가 실체와 근거가 전혀 없는 △언론인들의 사회적 역할 충실 △기자의식 회복 △기자들 상호간의 견제와 비판 △시민저널리즘 구현 등의 대안을 제시를 통해 문제의 본질을 기만하며, 호도했다.

기자가 자신이 감당해야 할 기자정신의 부족 등을 '잘못된 관행', '출입처 제도' 등 구조적인 문제 탓으로 돌리고, 구체적인 실현성과 대안의 실체가 전혀 없는 언론정화와 언론개혁이라는 구실로 호도하는 고백은 고백이 아니다. 자기합리화를 기도하는 해명이며, 독자들을 기만하는 행위다. 고백에 참여한 지역언론인들이 그 원인을 철저히 구조적인 문제가 아니라 자신들의 개인적인 탓으로 돌리는 것은 너무 비겁한 궤변이다.

언론이 아무리 거대하고 성역화 되었다 하나 그것도 결국 사람이 하는 일이다. 이론상으로는 언론인이 모름지기 각성하여 서로 경쟁하듯 자신들의 잘못을 뼈저리게 고백하고, 자성한 바탕 위에 민주언론투사로 거듭나 부패한 악취로 들끓는 '불량언론'의 개혁과 정화에 나선다면, 지방사회와 지방언론의 미래는 보장될 수 있다. 언론개혁은 지방언론인들의 개인적 차원에서도 얼마든지 가능하다는 얘기다. 하지만 그것이 얼마나 구체적인 실현성이 결여된 넋두리 같은 얘기인지는 누구보다 고백한 언론인 자신들이 더 잘 안다.

현실성이 전혀 없는 넋두리로 언론개혁을 구구절절 늘어놓는 것은 결국 문제의 본질을 호도하는 결과만을 초래한다. 이른바 '물타기'를 통한 '본질 흐리기'다. 그 과정에서 개혁이 철저하게 외면되고 부정되고 실종된다. 지식인이 개혁을 말할 때는 모름지기 사회적 책임과 의무를 전제하고 난 연후에 개혁을 논해야 한다. 이를 간과한 개혁론은 개혁의 본질을 실종시키기 위한 '반개혁'의 목적에서 비롯되는 음모일 따름이다. 따라서 '기자들의 고백'은 결코 진솔한 자기비판이라 할 수 없다.

언론인의 자기비판은 기회주의적으로 처신하는 자세를 탈피할 필요가 있다. 자기들끼리 있을 땐 부조리 척결과 비리 개혁에 게거품을 물다가도 막상 사주 앞에선 꼬리 내리고 아양 떨기에 급급한 현실에서 기자정신의 실종을 단순히 언론인 개개인 탓으로 돌리는 것은 독자를 기만하는 것이다. 지방언론의 문제는 기자와 기자시스템보다는 주재기자 종자돈으로 신문사를 경영하는 언론사주의 문제이며, 지역민의 알권리를 토호세력의 잇속 챙기기에 광분한 언론 자체의 문제이다.

지방언론의 개혁은 쓰레기언론 · 사이비언론 · 토호언론 · 제도언론을 척결한 다음에 권력 추종형 '해바라기 언론인'들을 몰아내는 것이 순서이다. 쓰레기언론 · 사이비언론 · 토호언론 · 제도언론은 성역처럼 건재하면서, 그 부속품에 지나지 않는 언론인들이 자기 고백을 했다하여 개혁을 기대한다는 것은 너무 순진한 발상이다. 언론인들의 진솔한 자기 고백은 자신이 몸담고 있는 지방언론을 향해 처우개선, 지면혁신 등 실질적인 행동투쟁이 전제되어야 한다.

치열한 실천이 따르지 않는 반성이란 무의미하다. 개혁을 치열하게 고민하면서 기자생활을 한다는 외침은 입에 발린 소리다. 제도권 언론인으로서의 기득권을 놓지 않으려는 기회주의적 지식인들의 치졸한 자기변명에 불과하다. 단 한 사람이라도 진실로 자기반성과 고백을 하겠다면 쓰레기언론으로 전락한 지방언론의 현실에 부끄러움을 느껴야 한다. 그와 같은 현실을 초래한 것에 대해 통렬한 책임감은 물론, 현실 변혁을 위한 행동이 구체적으로 동반되어야 한다.

지방언론인들이 쓰레기언론의 타도와 민주언론의 건설을 위한 투쟁에는 나서지 않고, 말로만 자성한다고 개혁이 절로 이뤄지는 것은 아니다. 개혁이라는 외롭고 힘든 투쟁에는 자기희생이 따를 수밖에 없다. 어느 누구하나 흔쾌히 자신을 던지겠다는 의지를 온몸으로, 가슴으로, 행동으로 보여주지 않으면서 머리로만, 입으로만 자성과 개혁을 부르짖는다면, 그게 과연 진실을 담보한 고백이 될 수 있을까? 반짝하는 이벤트성 고백을 한차례 했다고 제도언론인이란 사이비 낙인을 걷어주는 면책의 지렛대로 작용할 수는 없다.

❷ 저임금 소수정예

박봉 실태

열쇳말
- 빗나간 소수정예
- 저비용 저효율
- 저임금 탈피투쟁

지방언론인들은 저임금 · 고생산성 구조라는 불합리한 현실구조부터 타파하기 위해 분기탱천 궐기하여야 한다. 이는 자신의 생존권 확보라는 경제적 투쟁뿐만 아니라, 일탈한 언론을 제자리로 돌리기 위한 정치적 투쟁이라는 측면에서도 결코 소홀히 할 수 없는 명제다. 언론을 언론으로 여기지 않는 토호자본을 축출하는 데는 임금투쟁을 명분으로 지방언론인이 앞장서야 한다. 사이비언론사 · 쓰레기언론의 창궐은 자본이 언론인의 명예와 자존심을 깡그리 무시한 데서 기인한 소치이다.

지방언론의 개혁은 '저임금 소수정예'의 혁파에서 물꼬를 터야 한다. 언론기업이 경영합리화를 달성하기 위한 경영전략으로 소수정예를 표방하는 것을 나무랄 일은 아니다. 기업이 소수정예를 실시하려는 근본적인 까닭은 생산성의 향상을 위해서이다. 생산성의 향상은 자본주의 체제의 기업이 생존을 가늠하는 중요한 요소다. 생산성은 경비 절감을 목표로 한다. 생산성의 극대화를 위한 소수정예의 전제조건은 고임금화에 따른 능력 있는 인재의 확보이다. 한국언론에서 실시하는 소수정예는 저임금을 전제로 하는 무능력자의 동의이다. 한국언론의 소수정예는 생산성을 담보하지 못한다.

생산성을 담보한 소수정예를 구체적으로 예로 들어보자. 신문기업의 취재보도 시스템은 취재기자 + 사진기자 + 편집기자 + 교열기자 등으로 구성된다. 기사 한 꼭지를 취재해서 독자들에게 배달되기까지 최소한 4명이 투입되어야 한다. 단위당 생산비는 기자 인건비만 하더라도 1인당 월급여가 100만 원일 경우 400만 원이 소요된다. 생산성이 담보된 기업은 월 급여 300만 원을 주고 취재 + 사진 + 편집 + 교열 등 보도의 전과정을 수행할 한 사람을 고용한다. 기업의 입장에선 고임금 소수정예로 당장 인건비에서 100만 원을 절감할 뿐 아니라, 업무의 효율성 증대라는 부가적인 이윤까지 창출한다. 고임금 소수정예를 실시하는 연유다.

지방언론에서는 100만 원짜리 한 사람으로 저임금 소수정예를 한다. 300만 원을 받는 사람과 100만 원을 받는 사람의 능력의 차이를 감안하면, 그 결과는 이미 예견되었다. 사람의 능력을 돈으로 계량해서 평가하는 자본주의 체제를 토대로 언론기업이 존립해 있다면, 이는 피해갈 수 없는 현실이다. 곧 언론의 내용이 총체적인 부실화로 치닫는다는 얘기다. 이는 소수정예가 아니다. 소수정예를 표방한 '언론 흉내 내기'일 따름이다.

한국언론재단이 조사한 자료는 지방지 기자들의 삶이 얼마나 곤궁하고 열악한지가 금방 드러난다. 기자사회에서는 한때 기자로 인정해주지도 않았던 방송기자들이 오히려 신문기자를 가엽게 보는 근본 바탕에는 언론인에 대한 처우 문제가 있다. 신문기자의 봉급이 방송기자 급여의 절반 남짓한 실정이다. 언론인들이 월급을 많이 주는 직장으로서 방송기자를 선호하면서부터 우수한 인재가 방송기자에 기웃기웃 몰려들고, 방송기자의 위상에 제고되어 방송의 영향력이 점점 증대되는 현상을 초래한다.

<표 23> 언론사 직급별 임금 비교

단위: 만원

		평기자	차장급	부장급	국장급
유형	전국지	252.3	410.3	446.8	443.5
	지역지	127.3	163.4	197.6	243.7
지역	서울	140.0	190.0	230.0	270.0
	인천/경기	128.7	166.0	203.9	252.8
	부산/울산/경남	162.5	227.1	269.6	322.7
	대구/경북	127.7	173.2	219.2	276.3
	광주/전남	106.2	138.2	168.2	207.8
	전북	102.6	135.2	155.4	198.5
	대전/충남	109.5	153.8	179.8	218.3
	충북	99.3	128.7	154.7	198.3
	강원	135.0	184.0	202.2	223.0
	제주	117.7	147.7	177.0	196.3
전체 평균		133.0	182.1	216.4	258.8

※ 강원지역 자료는 2005년 통계치임.
※※ 출처: 이원섭 외, 『2006 언론경영 실태조사』, 한국언론재단, 2006, 99쪽.

2006년 2월 <기자협회보>가 중앙일간지 기자의 평균임금을 공개한 자료에 따르면 1인당 평균 연봉은 <조선일보> 7,406만 원, <서울신문> 4,877만 원, <동아일보> 4,398만 원, <세계일보> 3,858만 원, <한겨레> 3,575만 원, <문화일보> 3,535만 원, <경향신문> 3,486만 원이었다. <KBS>와 <MBC> 등 공중파 방송은 종합일간지 최고 수준을 약간 웃도는 것으로 알려졌으며, <SBS>가 언론사 임금 가운데 가장 많이 준다.

중앙일간지 10년차 기자들의 임금은 한국사회에서 대학을 졸업한 도시근로자 가구주의 연봉 3,600만 원과 비슷하거나 약간 높다. 이런 현실이 지방지 기자에겐 별천지와 같은 얘기다. 지방지 기자의 임금실태는 60~70년대 쌀 한 가마니 값 정도의 임금을 받던 춥고 배고프던 시절과 비슷하다. 30대 초중반만 되면 대한민국에서 대통령만 빼고 누구나 다 만날 수 있고, 세상사를 논할 수 있는 중앙일간지 기자는 꿈만 같은 존재이다.

기자의 생활조건이 아직도 한겨울에서 이러지도 저러지도 못하고 그 삶을 이어간다. 마음 한구석에는 '지사적 언론인'이란 자리가 아련한 향수처럼 다가온다. 현실적으로 지방지 기자가 '촌지'에 유달리 약한 것은 생활고와 무관하지 않다. 기자의 사명을 간직하면서 경제성을 이겨내기란 범인으로서는 참으로 감내하기 어려운 고통이다.

2006년 3월 현재 대구경북지역 일부 언론사의 임금실태는 지방지 전체 평균보다도 더 비참해 수당과 상여금 등을 포함한 연봉기준으로도 기자 초임이 100만 원이 채 안 될 뿐만 아니라 10년 차가 넘는 차장급이 130만 원, 부장급이 150만 원, 국장급조차 200만 원에 미치지 못하는 것으로 알려지고 있다. 저임금이란 무엇인지 그 실체를 적나라하게 보여줘 충격을 준다.

최저 생계비와 엇비슷한 저임금을 주는 것은 기자들에게 알아서 뜯어먹고 살라는 주문과 진배없다. 그래도 그것은 점잖다. 일부 언론사주는 기자들에게 공갈 갈취하여, 같이 뜯어먹고 살자는 자도 있다. 언론사주가 기자들을 비리의 현장으로 내모는 직접적인 원인이다. 언론개혁 차원에서 반드시 개선되도록 강제해야 한다. 언론인의 극빈 임금은 언론의 자유를 본질적으로 훼손할 심각한 우려가 있는 요소이다.

<표 24> 신문사 그룹별 종업원 1인당 매출액*

단위: 천원

구분	전국지	경제지	스포츠지	지역일간지	신문사 전체
2005년도	301,997	203,162	222,488	102,600	228,811
2006년도	351,768	209,056	257,398	104,319	255,683
2007년도	377,483	213,996	270,779	103,487	269,461

출처: 『2008 언론 경영성과 분석』, 한국언론재단, 2008, 141쪽.

<표 25> 신문사 그룹별 매출액 대비 인건비율

단위: %

구분	전국지	경제지	스포츠지	지역일간지	신문사 전체
2004년 평균	5.46	7.20	7.36	9.95	6.36
2005년 평균	5.26	6.90	6.45	9.57	6.08
2006년 평균	4.49	6.81	5.37	9.87	5.48
2007년 평균	4.23	6.75	5.64	10.28	5.31

출처: 『2008 언론 경영성과 분석』, 한국언론재단, 2008, 146쪽.

---

*) 〈표 24〉, 〈표 25〉 분석 대상 신문사 일람표

- 전국지(11): 경향신문,* 국민일보, 내일신문, 동아일보, 문화일보, 서울신문, 세계일보, 조선일보, 중앙일보, 한겨레신문, 한국일보
- 경제지/IT전문지(8): 디지털타임스, 파이낸셜뉴스,** 매일경제, 머니투데이, 서울경제, 전자신문, 한국경제, 해럴드경제
- 스포츠지(3): 스포츠서울, 스포츠조선,*** 일간스포츠
- 지역일간지(14): 강원도민일보, 강원일보, 경남도민일보,** 경남신문, 경인일보, 광주일보, 국제신문, 대전일보, 매일신문, 부산일보, 영남일보, 인천일보, 전남일보, 제주일보

* 3월말 결산법인 ** 2007년 신규분석대상으로 추가되었음 *** 6월말 결산법인

지방지 기자의 급여가 박봉인 것은 사실이다. 그러나 신문경영자 입장에서 보면 할 말이 없는 것도 아니다. 우선 인력의 효율성이다. 지방지 기자의 1인당 매출액이 전국지의 1/3에 불과하며, 매출액 대비 인건비 비율에서는 지방지가 1/2로 오히려 높다. 이는 지방신문 기자의 생산성이 전국지에 견줘 그만큼 낙후되어 있다는 것을 의미한다. 규모에 비해 적지 않는 인건비를 최대한 부담한다고 해석할 수도 있는 대목이다. 그렇다고 이것이 정당성을 지닌 명제는 아니다. 경영 효율성을 달성해야 할 주체는 어디까지나 언론사 CEO의 몫이다. 자신의 능력 부족으로 사람을 비효율적으로 쓰면서 저임금이 당연하다는 논리는 성립할 수 없다. 생존급 언저리에도 미치지 못하는 지방지 기자의 월급봉투에 대해서는 전적으로 지방신문 CEO가 책임져야 한다.

토호언론 사주의 음모

열쇳말
- 부실언론사 만연
- 급여현실화 시급
- 불량 CEO 퇴출

언론인은 지사다. 자존심이 꼬장꼬장한 남산골 샌님과 같다. 언론인의 삶은 호의호식하며 부귀영화를 떵떵 누리기란 불가능하다. 하늘 우러러 한 점 부끄럼 없이 청렴결백하여야만 정론직필을 서슴없이 펼 수 있다. 조선시대의 저널리스트들은 대개 7~9급 공무원에 불과했지만, 청요직에 종사한다는 자긍심 하나로 위로는 국왕으로부터 아래로는 지방수령에 이르기까지 상하귀천을 가리지 않고 포폄했다. 청렴을 생활화했기에 가능했다. 공자(孔子)는 “군자란 배불리 먹음을 구하지 아니하고 편안히 거처함을 바라지 않는다(『論語』, 學而篇; 君子食無求飽 居無求安)”고 했다. 공자는 또 “선비가 나쁜 옷, 나쁜 음식을 수치스럽게 여긴다면 그와는 더불어 얘기할 필요조차 없다(『論語』, 里仁篇; 士志於道 而恥惡衣惡食者 未足與議也)"라고 했다.

하지만 현대사회에서 선비도, 기자도 사람이다. 사람이 사람답게 살기 위해선 최소한 사람다운 삶은 보장되어야 한다. 그것은 전적으로 언론사와 언론 CEO가 감당해야 한다. 기자가 먹고 살기에 급급하면 언론인으로서의 자긍심을 지닐 수 없다. 자긍심이 없는 언론인은 부패하기 쉽다. 언론인이 부패하면 그 언론사는 곧 썩은 언론사가 되고, 썩은 언론이 내뿜는 여론이 건강하지 않을 것임은 굳이 물어볼 필요도 없다.

언론인이 언론인으로서의 역할과 사명을 수행하려면 그에 걸맞은 품위유지가 전제되어야 한다. 월급여로 최소한 언론으로서의 자존심을 지닐 수 있어야 한다. 삶의 현장에 쪼들려 지치고 주눅이 들면 활발한 언론활동을 왕성하게 할 수 없다. 보편적인 인간의 삶을 영위할 환경을 보장한 연후에 자긍심을 지닌 언론인으로서의 활동을 주문해야 한다.

기업조직에서 사람경영은 오로지 경영자 책임이다. 따라서 지역일간지 기자 급여의 현실화와 그에 따른 경영합리화는 전적으로 지방신문 CEO가 책임져야 할 몫이다. 생존급에도 미치지 못하는 언론인들의 곤궁한 삶과 그에 따라 자의든 타의든 아랑곳없이 사이비언론 현장으로 내몰리는 척박한 현실은 오로지 신문경영에 대해 무지하기 그지없는 CEO 탓이다. 종업원을 저임금으로 내모는 것은 언론경영주의 직무유기이다.

어떠한 명분도 소용없다. 설령 그것이 언론자유라 해도 상관없다. 대한민국 근로자의 평균 최저 임금 수준에 미달하는 급여를 지불하는 언론사는 수단과 방법을 가리지 않고 당장 문을 닫게 해야 한다. 신문법에 이를 명시하여 강제할 필요가 있다. 언론인들에게 최소한 인간다운 삶을 보장하지 않겠다는 것은 지방언론에 진출하는 자본이 언론의 자유를 빌미로 언론을 자신이 의도하는 목적에 이용하겠다는 속셈 외에는 다른 뜻을 찾을 수 없기 때문이다. 이들은 언론의 자유를 핑계로 언론의 자유를 좀먹는 언론사회의 해충들이다.

따라서 이들을 박멸하지 않고 언론의 자유를 운운하는 것은 에이즈(AIDS)에 걸린 피를 수혈하는 것과 다를 바 없다. 언론자유는 언론인들의 삶이 잘 먹고 잘살지는 못할지언정 소박하게나마 안정된 삶을 꾸릴 수 있을 때 비로소 가능한 명제다.

소수정예의 늪

✍ *열쇳말*
- 저임금 소수정예
- 적자경영 악순환
- 적정인원 재배치

기자의 수가 절대적으로 부족하다 보니 인터넷 등에서 무단으로 퍼오기한 기사, 방송뉴스를 받아 적은 기사, 타지를 베낀 기사 등 편법·도용기사로 지면을 메운다. 이는 언론인의 윤리를 논하기 이전에 지방신문의 신뢰도를 저하시켜 언론생명에 치명타를 가하는 것과 같다. 따라서 '저임금 소수정예'는 당장 폐기해야 한다. 적정 인원의 배치는 불가결하다. 소수정예라는 이름하에 능력도 없는 사람에게 과다한 업무를 부여하는 것은 독자를 상대로 기만극을 벌이겠다는 말이다.

예를 들면 아래의 <표>는 저임금 소수정예를 실시하고 있는 대구경북 지방언론이 처한 현주소를 상징적으로 웅변해준다.

<표 26> 대구경북 지방지 편집국 부서별 종사자 현황

부서 / 매체	국장석	편집	정치	경제	사회	사회2	국제	체육	문화	기획/특집	생활/과학	사진	교열	조사	주재기자	인터넷/전산	기타	계
경북매일	1	6(4)	1	2	4	1(1)		1	1(1)			1			35(2)	3		56 (8)
경북일보	1	7(5)		2	3	27(1)		1	1(1)			1		1(1)		2	12(2)	46 (8)
대구신문	1	8(1)	4(1)	4(1)	8(1)	1		1	2(1)			1			19	1		50 (5)
大邱日報	1	8(3)	2(1)	3	4	2			3			1			32		6(1)	62 (5)
每日新聞	3	24(2)	3	6	12(1)	4	3(1)	6	6(1)	3	6(2)	7	2	5(3)	25		4(2)	119 (12)
영남일보	2	15(3)	10 (3)		13 (2)	5		2	7(2)	7(3)		5	4(4)	2(2)	20 (1)		15 (10)	92 (20)

※ 괄호안은 여성숫자.
※※ 출처: 『2007신문방송연감』, 한국언론재단, 2007.

위의 <표>에서 <경북매일>과 <경북일보>, <대구신문>, <대구일보>는 주재기자가 편집국의 중추적인 기능을 하는 신문사다. 주재기자를 제외한 <경북일보>의 본사 편집국 기자는 30명에 불과하며, 취재기자는 22명이다. <대구일보>는 이보다 더 열악해 본사 기자가 24명이며, 취재기자는 고작 15명이다. 이들이 하루 24면의 지면을 메워야 한다.

이들 신문사의 기자는 산술적으로 많고 적다는 것을 근본적으로 논하기 어렵게 한다. 단순하게만 따져 봐도 취재기자 한 사람이 메워야 할 지면이 매일 한 면 이상씩 주어지는 셈이다. 아무리 능력이 뛰어난 기자라 해도 2~3건으로 채워지는 특집기사가 아닌 스포츠, 문화, 중앙정치 뉴스면 등을 혼자 메운다는 것은 불가능하다.

지방신문의 인적 구성은 언론이라 하기에는 턱없이 부족하다. 이를테면 편집부의 경우만 해도 전국지가 평균 1명이 1면을 편집한다면, 지방지는 2~3개면이 예사다. 취재부서 또한 열악해 지방지 편집국 전체 인원이 전국지 1개부서보다 적은 곳이 허다하다. 아무리 지면의 반 이상을 <연합뉴스>로 메운다 해도 이는 언론으로서의 정체성을 의심하게 한다. 편집국의 인원이 적다 보니 지면에 대한 연구 의지나 노력이 부족할 수밖에 없고, 우수한 인재가 충원되지 못하다 보니 기획역량과 취재능력이 떨어지는 악순환 구조 속에서 전국지 흉내 내기는 불가피한 측면이 있다고 십분 이해는 된다(김중석, 2004, 118쪽).

그렇다고 이것이 정당성을 지닐 수 없다. 지방신문은 생산성이 뒷받침되지 못하다 보니 신문품질이 조악하다. 졸렬하기 그지없는 상품을 "우리 지역 신문이니까 봐 달라"는 논리에 의존한다. 그게 한두 번이지 독자들은 이내 고개를 돌린다. 독자가 없으니 광고주가 따라오지 않는 것은 당연하다. 광고수익의 부재는 재정난을 불러와 적자경영의 늪으로 빠져든다. 쥐꼬리마한 봉급마저 체불되기 일쑤며, 언론인들은 자신의 직업에 대해 회의에 젖고 하나 둘 떠나기를 바란다.

❸ 주재기자론

자영업자 주재기자

✍ 열쇳말
- 언론인과는 무관
- 신문세탁 변신중
- 비리 종합백화점

주재기자의 보증금을 종자돈으로 삼아 신문경영을 해오는 '무늬만의 지방신문'은 강제로라도 퇴출시켜야 한다. 이는 언론이 아니라 언론을 가장한 '언론 쓰레기'이다. 이 쓰레기는 제 혼자만 썩는 게 아니라 언론전체를 오염시켜 마침내 독자들로부터 불신을 초래하는 원흉이 된다. 주재기자의 종자돈으로 신문사를 운영하겠다는 지방언론에는 강력히 종량제를 적용해야 한다. 쓰레기언론이 발호하지 못하도록 제도적으로 방안을 강구하는 것 또한 언론개혁에서 빼놓을 수 없다.

지방언론의 지방주재기자 개혁은 발등의 불이다. 지방언론에서 주재기자의 자격 요건은 아무것도 없다. 방범대원하다가도 신문기자가 되고, 여인숙은 물론 식당, 술집주인, 시장상인, 경찰출신 등등 누구나 맘만 먹으면 언제든지 신문기자가 될 수 있다. 지사·지국 보증금만 있으면 하루아침에 합법적으로 신분세탁이 가능하다. 일부 언론사의 경우는 파렴치한 전과범은 물론 심지어는 조폭마저도 주재기자로 채용하는 배짱을 보인다.

지방주재기자 가운데 가장 많은 직업분포는 단연 토건업자들이다. 이들은 기자실을 점령하고 해당 시·군에 영향력 행사, 연간 수의계약할 수 있는 공사에 눈독을 들인다. 차례차례 순번을 정해 돌아가며 공사를 따낸다. 지방일간지 주재기자를 서로 하겠다고 나서는 이유다. 이들에게서 언론인의 사명과 언론윤리를 찾는다는 것은 말간 하늘에 벼락치기를 기다리는 것과 같다. 지방신문의 주재기자제도를 개혁하지 않고 '지방언론 살리기'를 운운한다는 것은 공허한 '말장난'일 뿐이라는 소이는 여기에 있다(관련기사 ☞7 붙임; 건설자본과 지방언론 참조).

지방주재기자의 취재활동을 분석한 자료에 따르면 이들이 주로 작성하는 기사는 해당 시·군청에서 배포하는 행정기사가 48.7%로 가장 많고, 다음은 사건·사고기사(24.7%), 문화·체육·교육기사(15.0%), 정치·경제기사(6.0%), 지역미담기사(3.6%), 지역환경 및 의견기사(각각 1.0%)로 나타났다. 지방주재기자의 본질이라 할 건전한 비판기사나 기획기사는 거의 찾아볼 수 없을 정도로 미미하다. 지방 주재기자의 역할이 지역사회 발전을 위한 감시기능이 유명무실하다는 점을 역설적으로 말해준다(호남언론학회, 2006, 24쪽).

지방신문의 주재기자는 기사작성 등 언론인의 역할보다는 광고영업과 관공서의 홍보비와 계도지를 받아내기 위한 압력 행사 등 언론외적인 일이 주된 업무다. 주재기자는 대개 적게는 300만 원에서 많게는 1,000여만 원의 지국보증금을 납부하는 조건으로 채용된다. 언론은 과외의 일이고, 대부분 해당 지역에서의 별도의 생업을 갖고 있다. 어떤 때에는 언론을 자신의 주된 일을 하기 위한 브로커 역할로 사용하다가 쇠고랑 차기도 한다.

지방지의 주재기자와 일선 시·군이 촌지로 유착돼 있다는 것은 경북도내 시·군이 출입기자와 취재 언론인들에게 격려금과 홍보사례금, 전별금 등의 명목으로 돈을 뿌린 것에서 그 실상을 적나라하게 드러났다. 민주노동당경북도당이 행정정보공개를 통해 경상북도의 '2005년 업무추진비'를 분석한 자료는 도내 23개 시·군 모조리 간담회와 오찬, 격려금, 선물비, 언론홍보비 등의 명목으로 금품을 살포한 것을 증언한다. 촌지를 수수한 명단에는 <매일신문>을 비롯 <영남일보>, <대구신문>, <대구일보>, <경북매일>, <경북일보>, <동남일보>, <경북뉴스>, <KBS>, <MBC>, <TBC>, <연합뉴스> 등 대구경북에 본사를 둔 모든 일간지와 방송이 포함되어 있었다(평화뉴스, 2006년 3월 3일자).

장호순은 "지방신문에서의 주재기자는 '사주의 해결사', 또는 '재산관리인' 역할을 하기도 한다. 건설업과 운수, 유통업을 주로 모기업으로 운영하고 있는 사주들은 일선 시군 사업지구의 허가와 각종 편의를 위해 주재기자를 앞세워 해당 자치단체에 압력을 넣거나 로비를 하는 용도로 활용한다. 주재기자는 회사업무 외에도 가외로 사주의 업무를 대행해주는 실정이다. 주재기자 자신의 이익도 챙겨야 한다. 유흥업소를 운영하거나 건설업 또는 식당업소를 차려놓고 출입처 사람들로 하여금 접대장소로 이용해 달라는 부탁을 일삼는가 하면, 지역에서 발생되는 건설사업에 깊숙이 개입해 이권을 챙기는 사례도 부지기수"라고 증언한다(장호순, 2004, 264~265쪽). 이쯤 되면 좀 극단적이기는 하나 지방지의 주재기자는 '비리의 종합백화점'이라 해도 과언이 아닐 정도다.

주재기자 개혁과제

열쇳말
- 언론흉내 급급
- 관언유착 추구
- 시스템 탈바꿈

요컨대 지방언론은 무늬만 언론이며, 무늬만 언론인인 사람이 신문을 만든다. 지방언론의 인적 구조에서 소수는 있으나 정예는 없다. 소수정예를 어디서 듣기는 했는데 껍데기만 들었다. 고임금과 생산성 향상이라는 본질을 외면하고, 최소한의 인력과 임금으로 신문을 꾸려가겠다는 것이다. 무늬만 소수정예일 뿐이다. 그러니 거대한 부실덩어리로 전락할 수밖에 없다.

지방언론의 살길은 언론인들이 하루빨리 패배주의를 극복하는 것에서 찾을 필요가 있다. 지방언론은 으레 그러려니 하는 사고로는 미래를 담보하지 못한다. 왜 지방지가 중앙지보다 못하라는 법이 어디 있는가. 왜 지방지가 중앙지 뒤만 뒤쫓아 하는가. 지방언론이 중앙언론을 선도하겠다는 용기와 패기, 도전정신 없이는 지방언론의 미래를 개척할 순 없다.

기자개혁의 당면한 실천적 과제는 비판정신의 회복이다. 비판정신을 지니기 위해서는 뭐가 뭔지 알아야만 비판할 수 있다. 지방신문의 지면에서 비판이 사라진 것은 '형님', '동생'으로 다가오는 지역사회의 구조적인 문제도 있지만, 그보다는 본질적으로 기자가 무식하니까 자신 있게 비판할 수 없기 때문이다. 알면서 비판하지 않는 것과, 아예 몰라서 비판할 수 없는 것은 근본적으로 다른 차원의 문제다. 전문성의 향상은 지방언론의 질적 발전을 위해 간과할 수 없다.

촌지수수, 향응, 골프 접대, 공짜여행 등에 만연된 기자윤리 또한 되잡을 필요도 있다. 기자사회의 공짜 근성은 독자로부터 언론불신을 불러들이는 촉매임을 간과해서는 안된다. 기자가 상갓집 개처럼 공짜를 찾아 여기저기를 기웃기웃하는 순간부터 기자정신은 고사하고, 언론인으로서의 기본적인 자격조차 상실함을 잊어서도 안된다.

출입처에 의존하는 취재시스템, 배타적인 기자실에서 기사를 작성하는 취재관행도 혁명적으로 개혁해야 한다. 기자의 취재행위가 출입처에서 제공하는 보도자료에만 의존한다면 진실과는 담을 쌓는다. 관변에서 제공하는 보도자료는 정보를 가장한 홍보일 따름이지, 기자의 언론은 아니다.

마지막으로 참 기자정신은 사회개혁·언론개혁에 대해 보다 실천적인 관심을 지닌다. 항상 공익에 대해 문제의식을 지닌 기자와 사익에만 몰두하는 기자는 엄청난 차이를 보인다. 기자가 개혁의 전도사로 나서는 것은 공익을 행동으로 실천하는 '언론전사'임을 뜻한다. 기자가 내 것, 내 회사만 알 때 그는 사회로부터, 민중들로부터, 독자로부터 멀어질 것임은 믿어 의심치 않는다.

장호순은 "지방신문업계에 만연한 뇌물수수, 이권개입, 광고강요,

채용비리, 임금체불 등 지방언론 경영주와 언론인들의 불법행위가 근절되도록 엄격한 법적 처벌이 이뤄져야 한다"고 주장했다. 그는 "지방언론의 부패구조 속에서는 부실언론의 비언론적인 작태에 참신하고 건실한 지방신문 또한 도매금으로 매도되어 성장할 수 없다. 지방언론이 소생하려면 부패하고 부실한 지방신문을 연명시키는 제도적 장치들이 신속히 제거되어야 한다. 또한 관언유착을 조장하고 지방언론의 경쟁력을 저하시키는 제도들 역시 척결돼야 한다"고 해법을 제시했다(장호순, 2004, 263쪽).

그 핵심적 요체는 사람에 대한 개혁이며, 사람시스템에 대한 발전적 해체이다. 특히 지방언론의 개혁론에서 고루하고 낡은 인습에 사로잡혀 있는 무지몽매한 지방언론인들을 개혁하지 않고서는 그 미래가 없다. 사람을 생각하는 언론시스템을 건설하여야만 언론개혁의 목적을 달성할 수 있다. 기존의 제도언론을 민주언론으로 탈바꿈시키기란 매우 어렵다. 그것은 창간보다 몇 배나 더 많은 경비와 시간과 노력을 요한다. 시민언론 창간론은 구조적인 개혁의 어려움을 일시에 털고, 새롭게 시작하자는 얘기다. 그게 보다 본질적인 큰 개혁이다.

❀2005. 3. 23. / 2009. 2. 16. 더함.

📖 붙임: 부천시청 브리핑룸 오물투척 사건

✍ 열쇳말
- 이권싸움 들통
- 기자홍수 시대
- 광고매개 유착

❀ 사건 발생 = 지난 3월 17일 오후 2시 28분께 경기도 부천시청 3층 브리핑룸에서는 〈부천타임즈〉 양주승 기자가 '2008 총선 부천시민연대' 발족 기자회견이 끝날 무렵 부천시 출입기자들에게 똥물을 뿌린 사건이 발생했다. 사건의 발단은 〈부천타임즈〉 3월 17일자에 일부 기자들의 행태를 비판한 윤병국 부천시의원의 "해바라기 언론"이라는 제목의 칼럼이 게재되자 이를 본 부천시청 출입기자단 회장 박재근 기자가 거칠게 항의한 것이 발단이었다.

<사진 12> 브리핑룸 오물투척사건 보도지면

기자실 오물투척 뒤엔 관-언 유착 고질 있었네

부천시청 브리핑룸 사태 들여다보니

부천타임즈 '해바라기 언론' 칼럼 게재가 충돌 불러
"시와 유착 온갖 이권개입 행태 응징하고 싶었다" 항변
기자단 권력행사-관청의 언론 길들이기가 근본원인
"관언유착, 대부분 지자체서 일어나는 일 자정 절실"

↳ 양주승 〈부천타임즈〉 기자(왼쪽 사진 오른쪽)가 지난 17일 부천시민연대 기자회견 도중 부천시청 출입기자단 기자들을 향해 오물을 뿌린 사건을 보도한 〈한겨레〉, 2008년 3월 26일자, 25면.

동료 기자들에게 오물을 투척한 양 기자는 〈미디어오늘〉 인터넷판에 기고한 글에서 "부천시청 일부 출입기자들의 '조폭언론', '깍두기 기자' 행태에 대해 수차례에 걸쳐 보도 등을 통해 비판하고 개선을 촉구했지만 이들에게서 도덕성과 살아있는 양심, 기자정신을 찾는다는 것은 말머리에서 뿔나기를 기대하는 것과 다를 바 없었다"고 말하고, "개가 사람을 물면 뉴스가 되지 않지만 사람이 개를 물면 뉴스가 된다. 개가 되어 그들을 물면 뉴스가 되어 그들의 만행을 사회에 고발할 수 있을 것 같아 똥물을 투척키로 결심했다"고 밝혔다.

❃ 기자단 실태 = 부천시청 출입기자들은 현재 경기도 지역 일간지를 중심으로 출입기자단을 결성해 회장, 부회장, 총무 등을 두고 있다. 양주승 기자는 "기자들 가운데는 유흥업소 영업부장 출신도 있고, 전자부품업체 사업을 겸하는 이도 있다"면서 "어느 날 갑자기 전직이 의심스러운 사람들이 시청이나 경찰서에 나타나 출입통보서 하나 달랑 내보이며 출입기자라는 사회적 직분을 얻는다"고 폭로했다.

그는 부천시청 출입기자들의 실태에 대해 "대부분 자신들이 몸담고 있는 언론사에서 정상적인 급여나 대우를 제대로 받지 않고 출입처에서나 지역에서 광고수주나 촌지 등으로 생활한다"고 밝히고, "언론인으로서 정상적인 활동을 할 수 없다"고 주장했다. 일부 지방지의 경우 월급은 고사하고 광고유치에 따른 6(신문사): 4(기자)의 '옵션제·수당제'로 생활하고 있는 것으로 알려지고 있다.

양 기자는 기자단의 문제로 이권 개입과 관언유착을 들었다. 시청의 각종 인·허가권 집행 과정에 개입하거나, 지방 의회의 조례안 통과 로비를 하기도 한다는 것이다. 또한 그들에게 동조하지 않는 언론사나 비판적인 기자에게는 행정광고를 주지 않거나 심지어 보도자료도 제공하지 않도록 부천시 공보실에 압력을 넣기도 한다고 폭로했다. 관언유착의 밑바탕에는 '광고'라는 생계수단이 자리잡고 있다. 광고가 언론(인)과 언론(인) 사이의 갈등을 유발하는 촉매제가 되고 있다. 지방신문, 특히 일부 주재기자들의 광고영업 시스템은 대체로 아래와 같은 구조를 지녔다.

일부 지방신문의 광고영업 시스템은 이와 같은 비상식적인 메커니즘에 의해 작동된다. 아래의 〈표〉에서 기자단 회장/총무(간사)는 일방적으로, 임의대로 광고를 배정한다. 뚜렷하거나 명확한 기준이 없다. 사세와 언론사의 영향력 등에 비례하여 골고루 공정하게 배분한다고 주장하지만 실제로는 기자단을 장악한 실권자(회장/총무·간사) 자기 마음대로 배정한다. 사정이 이와 같다보니 기자단은 권력화를 치닫는다.

<그림 6> 광고를 매개로 한 관언유착 관계도

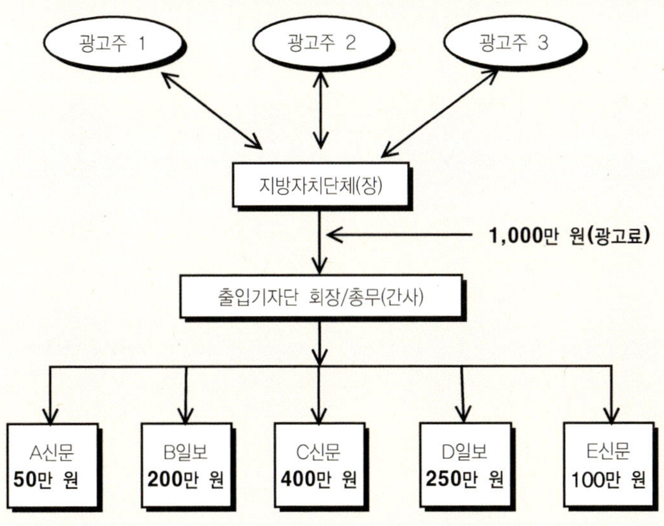

지방자치단체(장)와 언론은 악어와 악어새 같은 공존공생 관계를 형성한다. 지방자치단체의 영향력에서 자유로울 수 없는 광고주(스폰서)는 지방권력의 협조요청 따위를 결코 무시하지 못한다. 자치단체는 그 힘을 미끼로 기꺼이 신문사 광고유치의 촉수 노릇을 마다치 않는다. 광고를 매개로 하여 언론을 우군화 세력으로 회유한다. 광고주(스폰서)와 자치단체, 언론이 '누이 좋고 매부 좋은 관계'를 맺는 순간, 저널리즘의 사명과 역할은 쓰레기통으로 곤두박질한다.

이번 사건의 밑바탕에도 행정광고를 미끼로 한 지방권력의 교묘한 언론통제가 작용했다. 홍건표 부천시장은 행정광고를 개별 언론사에 배정하는 것이 아니라 출입기자단에 주도록 했다. 기자단은 이를 각 언론사에 배분한다. 기자단이 신문사의 광고영업소를 겸하게 되면서 기자단은 이권화되었다. 기자단을 장악하기 위한 헤게모니 싸움이 치열하게 전개되면 기자단은 권력화 되었고, 이는 친시장파와 반시장파로 나뉘게 되었다. 이번 사건은 친시장 언론(인)과 반시장 언론(인) 사이의 반목과 갈등이 도사리고 있었다.

지역 언론의 이런 문제는 비단 부천지역에만 한정되지 않는 것으로 지적된다. 한 경기도 지방지 주재기자는 "지자체마다 정도의 차이는 있지만 대체로 기자단을 통해 광고를 나눠 갖는다"고 말했다. 그는 "주재기자는 지국운영과 광고수주, 취재 등 3가지 일을 한다"며 "광고 수주와 신문 지대 값 조건에 따라 기자들이 신문사 이곳저곳을 옮겨 다니기도 한다"고 증언했다.

❀ 시민단체 및 전문가 의견＝기자가 똥물을 뒤집어 쓴 이번 사건에 대해 "오죽했으면 그랬겠느냐", "터질 게 터졌다"는 지적이 있었다. '똥물 세례'는 한국언론이 뼈아프게 자성하여야 할 '하늘(독자)의 경고'라는 것이다. 이 사건을 현장에서 지켜본 김범용 부천시민연대 언론모니터위원장은 "출입기자단의 부당한 권력행사가 이번 사태의 원인"이라며 "기자단을 해체하고 시청도 행정광고를 이용한 언론 길들이기를 그만둬야 한다"고 지적했다.

장호순 순천향대 교수는 "지방지 주재기자들은 관청을 통해 광고와 신문 배포망을 확보하고 자치단체장은 지방지를 자신의 업적홍보 수단으로 삼는다"며 "이런 관언유착은 230여 개 전국 모든 지자체에서 일어나고 있다"고 설명했다. 그는 "지방지는 고작 10,000부 정도 인쇄해 그 중 7,000～8,000부를 관공서에 배달한다. 관청에 부정적인 기사가 실리면 윗사람에게 질책을 받기 때문에 공무원들이 기자에게 약할 수밖에 없다"며 "해당 지자체의 자정 노력만이 해결책"이라고 말했다(김동훈, 한겨레, 2008년 3월 26일자, 25면; 양주승, 미디어오늘 인터넷판, 2008년 3월 20일자 참조).

❀2008. 3. 27.

17 선비정신과 기자정신

언론정신 · 언론혼이 깃들지 않은 저널리즘은 '생명이 없는 죽은 매체'다. 조선시대의 언론을 통해 21세기 한국사회에서 언론인들과 시민기자가 지녀야 할 언론사상과 언론철학을 정립해보기로 한다.

❶ 선비와 언관

기자혼

열쇠말
- 기자혼 기자정신
- 억강부약 춘추필법
- 현대사회 기록자

모름지기 언론인이라면 언론윤리와 자신만의 언론사상을 다질 필요가 있다. 저널리스트에게 있어서 가장 중요한 것은 기자로서의 기능적 수행능력은 물론, 그에 못지않게 '기자혼'을 지니고 있느냐의 여부이다. 기자혼이 없으면 기자가 아니다. 껍데기만 기자이다. 기자의 형상을 한 무늬만의 기자가 기자의 사명을 옳게 수행할 리 없음은 상식이다. 기자혼이란 기자로서 마땅히 지녀야 할 기자정신이다.

기자정신이란 권력이나 기득권층에 비위를 맞추는 것이 아니라 항상 깨어 있는 의식으로 권력을 비판하며, 정의에 반하는 것에 대한 사회적 분노를 지닌 것을 말한다. 따라서 기자정신은 사람에 대한 사랑을 지니는 것이라 할 수 있으며, 그것은 곧 독자를 위해 봉사하는 마음가짐이라 하겠다.

기자란 뉴스라는 메시지를 미디어 수용자들에게 커뮤니케이션이라는 제도를 통해 일러주는 사람이다. 기자가 전하려는 뉴스란 누군가가 남에게 알리고 싶은 메시지가 아니라, 숨기고자 하는 것을 낱낱이 들춰내 만천하에 밝히는 것이다. 알리고자 하는 것을 알리는 것은 보도의 형식을 빈 홍보이지, 결코 '뉴스'가 아니다.

저널리즘의 속성은 본질적으로 진실과 홍보라는 두 개념으로 구성된다. 현대사회에서 저널리즘이 전하는 메시지는 90% 이상이 정보라는 가면으로 위장한 홍보이다. 단적으로 보도자료를 토대로 기사를 작성하는 것은 홍보이지 언론이 아니다. 보도자료의 리카피(*re-copy*) 행위가 한국언론의 주된 언론행위이다. 언론이란 보도자료 뒤에 숨은 얘기를 취재해 보도하는 것이며, 그것이 기자가 할 일이다.

기자를 흔히 '사회의 목탁'이니, '무관의 제왕'이라고 한다. 기자는 불의나 부정, 권력이나 금권 등 소수의 기득권층에 저항하는 특별한 직업인으로서 국민의 눈과 귀가 되어 사회의 공적기능과 공익의 옹호를 수행한다. 기자는 공인으로서 정보사회에서 불특정 다수인 독자를 위해 객관적이고도 정확한 정보를 제공함으로써 사회에 대한 기대치를 차질없이 수행해야 할 의무가 따른다.

기자는 모름지기 국민을 위해 존재하는 데 의의가 있다. 기자의 존재론적 바탕은 진리와 함께, 민중과 함께, 역사와 함께하는 데 있다. 있는 것을 없는 것처럼, 없는 것을 있는 것처럼 하고서는 기자라 할 수 없다. 언론행위가 정당성을 지니는 것은 민중에 봉사할 때이다. 기자의 언론행위는 당연히 역사에 대해 책임질 줄 알아야 한다.

사관이 춘추필법으로 사실(史實)을 기록하듯이 기자는 오늘의 사실(事實)을 독자에게 알리는 일을 한다. 기자는 현대의 사관이며, 언론은 현대의 역사를 기록하는 사서(史書)이다.

공익을 떠난 기자, 사회정의를 떠난 기자, 진실을 외면한 기자는 이미 기자가 아니다. 기자를 미끼로 출세의 길을 탐내는 사람은 언론계에 위장취업한 사람이다. 이러한 사람에게 기자의 사명을 기대하기란 불가능하다. 기자에게 기자혼 · 기자정신이 절실한 까닭이 여기에 있다. 나보다는 남을 위해, 사익보다는 공익을 위해, 권력보다는 민중을 위해 봉사하는 마음을 지닐 때 기자의 언(言 · 報道)과 론(論 · 論說)은 정당성을 지니며, 인간화 · 민주화 · 사회화에 기여할 수 있다.

반골정신

열쇠말
- 정의옹후 반골정신
- 의리지학 언론철학
- 예의염치 실천궁행

기자정신의 에센스는 반골정신(反骨精神)에 있다. 반골정신이란 세상의 풍조나 권세, 권위 따위를 무작정 좇지 않고 저항하는 기질이다. 지사적 기백이라 하겠다. 반골정신은 부당한 권력이나 정의롭지 못한 세력이 언론이나 언론인을 억압하는 강도가 세면 셀수록 반발하는 계수가 증폭되어 나타난다. 누르면 누를수록 '언론의 자유'를 수호하기 위해 거세게 반발하는 넋이야말로 기자정신을 구성하는 핵심적 뼈대이다.

반골정신을 사람으로 비유하면 관절이나 연골과 같다. 관절이나 연골이 없으면 결코 바로 설 수 없다. 언론 또한 마찬가지다. 반골정신은 언론을 언론답게 하는 요소다. 반골정신은 언론의 사명을 실천

<사진 13> 묵죽도

사시사철 늘 푸르름과 곧음의 품성을 지닌 대나무는 선비정신을 표상한다. 이는 곧 언론이 본받아야 할 소중한 가치이자 덕목이기도 하다. 柳德章, 筆墨竹圖, 종이에 수묵, 178×77.4㎝, 국립중앙박물관 소장.

할 수 있는 에너지원으로써 언론인들에게 가장 중요한 영양소이다.

반골정신의 연원은 선비정신에서 기인한다. 선비정신이란 조선시대의 지성인이었던 선비들의 생각이나 마음 등을 지배하는 철학적 사유를 말한다. 선비정신은 의(義)를 토대로 성립한다. 선비는 유교적 인격체로 부단히 자신을 닦으며, 배운 바는 반드시 현실에서 실천한다. 남에게는 너그럽고 자신에게는 엄격하며, 청빈하고 검약한 생활을 한다. 선공후사·억강부약이 몸에 배어 있으며, 민중을 위해 봉사하는 마음가짐으로 세상을 살아간다.

선비의 언로엔 춘추필법에서 연원하는 반골정신이 올올이 녹아 있다. 그래서 하늘이 두 쪽 나고 목에 칼이 들어와도 할 말은 반드시 다했다(抗雷霆蹈釜鉞而不辭). 선비가 침묵하면 그 사회의 눈과 귀가 마비되어 마침내 동맥경화증이란 중병이 깃든다고 믿었다. 선비는 간언이 비록 권력의 노여움을 사 구족이 멸하거나 귀양을 간다 해도 아랑곳하지 않고 바른말을 주저 없이 했다.

선비는 의리지학(義理之學)을 실천했다. 의롭지 못한 일을 하면서까지 부귀를 탐하지 않았다. 차라리 불의에 항거하여 죽음을 택할지언정 살아서 몸을 욕되게 하지 않는다. 굶어죽었으면 죽었지 결코 곁불은 쬐지 않는다. 예의염치(禮義廉恥)를 생활화했기에 그와 같은 가치관을 목숨줄로 여길 줄 알았다. 선비의 세계에선 청렴과 부끄러움[廉恥]을 모르면 사람으로 대우조차 해주지 않았다. 공자(孔子)는 "도에 뜻을 두어 거친 옷이나 음식을 부끄러워하지 않는 인격을 참된 선비의 모습"이라 했다. 자장(子張)은 "선비란 위태로움을 보면 목숨을 내놓고, 이득을 보게 될 때에는 의로움을 먼저 생각하는 사람이다(『論語』, 子張篇; 士見危致命 見得思義)"라며 선비의 덕목을 역설했다.

선비는 모름지기 자신이 배우고 깨우친 '앎'을 '지식'이라는 형이상학적인 관념의 틀 안에만 가두어 두는 것이 아니라 민중을 위해 실생활에서 쓴다. 앎을 자신만을 위해 쓰지 않고 양심의 거울에 비춰 공익을 위해 현실에 실천함으로써 이웃과 더불어 살아간다. 몸을 닦아 행실을 깨끗이 하고, 구차한 이득을 바라서는 안되며, 의롭지 못한 일을 마음으로 헤아려서도 안되고, 사리에 어긋나는 이득을 가까이 해서도 안된다. 선비는 세태가 어지러워지고 윤리와 도덕이 땅에 떨어지면 선지자처럼 시대의 등불로 홀연히 나타난다.

선비는 지성인이다. 특히 행동하는 지성과 양심으로서 선비정신은 현대언론이 사상의 연못으로 삼을 필요가 있다. 현대 산업사회에서 방송기자를 언관이라 한다면 신문기자는 사관이다. 그렇다면 기자의 정체성은 자기감시와 비판정신에 있다. 그런데 현실은 참다운 기자정신을 지닌 기자상을 찾아보기란 쉽지 않다. 하루가 멀다 하고 기자들의 비리가 속속 폭로된다. 이러한 현실에서 올바른 기자상을 도출하는 것은 그 귀감을 바로 세운다는 면에서 중요한 의미를 지닌다.

❷ 선비정신과 언론혼

직간철학

✍ 열쇳말
- 지부극간
- 삼간불청즉거
- 순지거부

조선시대의 언론은 재조의 대간(臺諫)과 재야의 선비들에 의해 전개됐다. 대간은 사헌부(司憲府)의 대관(臺官)과 사간원(司諫院)의 간관(諫官・言官)을 일컫는 말이다. 조선시대의 제도언론(制度言論)은 사헌부와 사간원, 홍문관(弘文館)을 중심으로 이루어졌다. 사헌부는 신료들을 감찰・탄핵을 주 업무로 하는 오늘날의 언론・검찰・감사기관의 역할을 수행하는 기관이다. 사간원은 언론전문 기관이었으며, 홍문관은 국왕의 경연을 통해 논사를 담당했던 기관이었다(김세철・김영재, 2000, 41쪽).

조선시대의 언론은 왕의 과실을 규간하는 간쟁언론(諫諍言論)과 신료들의 비리를 비판하는 탄핵언론(彈劾言論), 당면한 주요 현안을 논의하는 시정언론(時政言論), 신료들의 인사에 대한 공정성을 논하는 인사언론(人事言論)이 주된 내용이었다. 조선시대의 언론은 본질적으로 관료들에 의해 체제 내에 편입된 제도언론이었다. 그러나 관료에 의해 독점된 것은 아니었다. 산림공론(山林公論)이라 하여 재야의 선비들도 상소를 통해서 제도권의 정치와 언론을 감시하고 비판했다.

선비에 의한 재야언론(在野言論)은 때로는 제도권 언론보다 오히려 더 본질적으로 언론의 사명에 충실했다. 여기에는 조선시대의 지성인이라 할 선비들이 지녔던 이(理 · 이치)와 의(義 · 명분)에 따르는 유교적 이념과 언론사상이 깃들어 있기에 가능했다. 조선시대의 언론에는 관원에 의한 제도언론이건, 산림선비에 의한 상소언론(上疏言論)이었건 간에 현대의 기자들이 본받아야 할 가치관이 스며 있다.

김영주는 조선시대의 언론에 깃든 사상으로 행동윤리로서 지부극간(持斧極諫)과 삼간불청즉거(三諫不聽則去) · 순지거부(順志拒否) 등을 들었다(김영주, 1991, 156쪽). 지부극간은 임금께 간할 때 도끼를 지니고 간하면서 만일 간하는 내용에 잘못이 있거나, 간하는 내용을 들어주지 않으려면 그 도끼로 자신을 죽여도 좋다는 뜻의 극한적인 언론 전개 행위이다. 『명심보감(明心寶鑑)』에는 "충신이란 도끼를 맞는 형벌을 받더라도 올바르게 간하여야 하며, 가마솥에 들어가는 형벌을 받더라도 할 말을 다해야 한다"고 언론인의 자세를 강조한다(『明心寶鑑』, 治政篇; 迎斧鉞而正諫, 據鼎鑊而盡, 此謂忠臣也). 『소학(小學)』에서도 "임금에게 허물이 있는데도 죽음으로써 간쟁하지 않으면 백성은 어떤 허물인가"라고 하여 직간을 역설한다(『小學』 稽古篇; 君有過而不以死爭, 則百姓何辜).

선비들의 간언은 직간(直諫)을 통해 이루어진다. 의를 수호해야 하는 선비의 도리를 다하기 위해선 바른말과 행동으로 직언했다. 이 때문에 선비의 직간은 시대의 어둠을 밝히는 빛이자 소금으로 작용했다.

<사진 14> 권당 간언

조선시대의 대학생인 성균관 유생들은 국왕이나 권신 등이 유교적 윤리강상에 반하는 정책이나 행동을 할 경우 강당을 박차고 데몬스트레이션을 벌인다(출처: KBS 대하드라마 「대왕세종」 자료사진).

명종(明宗)을 대신해 문정왕후(文定王后)가 섭정을 하던 시절. 온 나라는 척신 윤원형(尹元衡)이 휘두르는 권세에 짓눌려 아무 말도 못하고 있을 때, 재야의 선비 남명 조식(南冥 曺植)은 상소 하나로 척족정치의 혁파를 주장, 단숨에 역사의 물줄기를 되돌려 놓았다. 면암 최익현(勉庵 崔益鉉)은 흥선대원군(興宣大院君)의 서슬 퍼런 권력에 정면으로 맞서 광화문에 멍석 한 장을 깔고 앉아 도끼 한 자루를 앞에 놓고 섭정의 종식을 요구했다. 이 지부상소(持斧上疏)에 10년 세도가 하루아침에 무너졌다.

이처럼 선비의 직간은 굳건한 자기 정체성의 확인 행위이므로 신념 같은 덕목이었다. 선비는 옳다고 생각되는 일이라면 서슴없이 간했다. 충간(忠諫)이 지나쳐 때로는 왕의 분노를 자아낼 수도 있으나 아부나 하는 소인배들의 간언보다는 낫다고 생각했다. 정치가 잘 다스려지는 시대에는 간하다가 지나쳐서 죄를 범하더라도 벌하지 않았으며, 그렇지 못한 시대에는 폭군 등의 언론탄압으로 정치가 혼미를 거듭하였다. 때로는 선비들의 정치적인 발언이 국왕의 노여움을 사 목숨이 달아난다 하더라도 아랑곳없이 옳다고 생각되는 일이라면 똑같은 말을 되풀이했다. 이러한 기개야말로 선비정신의 꽃이다.

<표 27> 조선시대의 언론사상 개요

커뮤니케이션요소	조선조의 해당용어	해당 언론사상	언론사상의 중요내용	행위유형에 따른 해당 개인・국가에 미치는 영향
커뮤니케이터	言責者 대간	순지거부・삼간불청 즉거의 사상	대간, 君主耳目之臣. 대간, 一世公議之所主地. 臺諫所言, 皆出公論.	군주의 納諫시(在職) 군주가 동일안건의 세 번 拒諫시(去職)
메시지	간쟁	지부극간의 사상	諫諍, 公論之根柢. 忠言逆耳, 利於行. 兩司之極諫, 其職也.	간쟁시 군주가 청취후 잘못을 고침(國治) 讒言시 군주의 잘못을 고치지 않음(國亡)
채널	언로	광개언로의 사상	언로, 國之血脈也. 언로, 國之血氣也. 言路通塞, 興亡所係.	언로가 열려있을 시(국치) 언로가 닫혀 있을 시(국망)
수용자	군주	종간여류의 사상 등철・비답의 의무	求言納諫, 人主之要道. 求言如渴, 從諫若轉圜. 臺諫不可罪, 不可去.	樂諫者(興・聖) 納諫者(昌・賢) 厭諫者(衰・亂) 怒諫者(亡・亡)
효과기능	공론	공론정치의 사상	공론, 國家之元氣也. 公論之發, 出於國人. 公論之所在, 國是.	조정공론(국치) 산림공론(〃) 閭巷公論(國亂) 공론이 나라에 없으면(국망)
기본전제	민・국	민본・위민의 사상	安民之術, 所以興之. 取之, 所惡勿施爾也. 虛心納諫, 所以養民(爲民).	민본과 위민에 입각한 공론을 군주가 따를 때 천하를 얻는 동시에 나라를 잘 다스릴 수 있다.

출처: 김영주, 「조선조 언론사상에 관한 시론」, ≪언론사회문화≫창간호, 연세대학교 신문방송학과, 1991, 163쪽.

김영주는 “삼간불청즉거는 바른 소리를 세 번이나 아뢰었음에도 이를 받아들이지 않으면 자리에 연연하지 않고 물러난다는 언론정신을 의미한다. 나라의 눈과 귀인 대간이 벼슬에 연연해 바른 소리를 간하지 못했을 때 생기는 부작용의 폐해는 오로지 백성들의 몫으로 돌아간다. 그러기에 선비는 목숨을 다하여 바른 소리를 간하고, 그러다가 임금이 쫓아내면 그 후임자는 당파를 초월하여 전임자가 아뢰던 바를 다시 아뢰었다. 더욱 놀랄 일은 그것으로 목숨이 달아날 것을 뻔히 알면서도 선비들은 대간의 길을 주저 없이 갔다. 그래서 결국 정론은 기어코 실천했다. ‘삼간불청즉거 · 순지거부의 사상’은 언관이 최고통치자의 뜻에 영합하기를 거부하고 시시비비를 엄격하게 분간하여 올바르게 간하는 언책(言責)을 맡은 자로서 그 직책을 다하지 못한 책임을 지고 언관직을 사임해야 한다는 언관의 직업윤리였다”고 말했다(김영주, 1991, 156쪽).

이를 현대언론의 커뮤니케이션 구조에서는 문제의 제기에 그치지 않고 사태의 본질이 해결될 때까지 끝까지 추적보도하는 기자정신이라 할 수 있다. 현대언론은 대개 문제의 제기만 요란하다. 한 번 ‘회오리 보도’ 이후에는 언제 그랬냐는 듯이 입을 싹 닦는다. 부정부패와 비리에 연관된 고관대작과 사회지도층은 “소나기만 피하면 된다”는 믿음으로 파르르 들끓는 ‘냄비언론’의 보도를 무심히 지켜만 본다.

반면 조선시대의 언론은 그렇지 않다. 문제의 근원이 뿌리 뽑힐 때까지 커뮤니케이션이 계속 이어진다. 현안이 근본적으로 해결되어야만 저널리즘 행위가 막을 내린다. 결코 1회용이 아니다. ‘무한책임언론’을 구현한다. 현대언론은 한 번 물면 끝을 보고야 마는 조선시대의 투견언론을 수용하여야 한다. 사건이 해결될 때까지 끊임없이 문제를 제기하고, 후속보도를 이어가는 정신이야말로 언론정신의 정수 가운데 정수이다.

조선시대의 언론이 끊이질 않고 면면히 이어져 500년 종사를 굳건히 지탱할 수 있었던 것은 최종 수용자인 국왕에게 박순채납(博詢採納)·광문수의(廣問收議)·종간여류(從諫如流)라는 언론윤리가 있었기에 가능했다. 조선시대의 언론이 활성화되기 위해선 국왕 커뮤니케이션이 닫혀있으면 근본적으로 불가능하다. 따라서 국왕에게는 대간의 직언에 대해 죄를 물어서는 안된다는 불문율이 있었다. 이른바 대간불가죄(臺諫不可罪)이다. 대간의 언론행위란 본디 미묘한 것이어서 대개는 긍정적이라기보다는 부정적·비판적이기 마련이다. 대간이 한 말을 두고 처벌을 운운한다면, 대간의 언론은 원천적으로 봉쇄될 수밖에 없다(이규완, 2009, 402쪽).

조선은 또 언론탄압을 막기 위해 제도적으로 불문언근(不問言根)이라 하여 대간에게 말의 뿌리(言根), 즉 간쟁의 정보원을 물어서도 안된다는 윤리적 장치도 마련했다. 오늘날의 기준으로는 취재원 보호 조항이다. 권력자가 취재원에 대해 꼬치꼬치 캐물으면 대간에게 정보를 제공할 사람이 없게 되고, 그것은 곧 언론의 위축으로 나타난다. 조선시대의 언론은 대체로 이와 같은 언론환경이 제도적으로 잘 보전되었다. 대간과 선비들은 이러한 언론문화를 배경으로 건강한 말길을 지켜 나라를 보전할 수 있었다.

조선시대 커뮤니케이션 사상

✍ 열쇳말
- 신언사상 윤리
- 교화언론 전개
- 왕도언론 구현

공자(孔子)는 『논어』에서 "말이란 실천이 어렵기 때문에 무겁고 신중하며 어눌하게 해야 한다"고 했다. 말을 경계한 공자의 언어는 다음과 같다.

- 옛사람들이 말을 삼간 것은 그 행함이 못 미칠까를 두려워했기 때문이다(里仁篇; 古者言之不出 恥躬之逮也).
- 군자는 그 말이 행동보다 앞선 것을 경계해야 한다(憲問篇; 君子恥其言而過其行).
- 말이란 실천이 어렵기 때문에 먼저 말하고자 하는 것을 행하고, 그 후에 말이 뒤따라야 한다(爲政篇; 先行其言 而後從之).

공자는 이른바 신언사상(愼言思想)에서 말이 앞선 것을 경계했다. 공자의 언론관은 간사상(諫思想)으로 구체화됐다. 공자는 "부모나 임금, 또는 동료의 행동이 도리에 어긋날 때에는 슬기롭게 살펴서 간하라"고 했다. 즉 간하는 내용에 못지않게 그 형식도 중요하다는 것이다. 이를 현대식으로 해석한다면 언론이 법도와 질서, 예에 어긋나지 않아야 한다는 것을 뜻한다. 언론이 법도와 질서, 예에 어긋나지 않다는 것은 언론내용이 공적인 사회성을 담보하고 있어야 하며, 공공의 이익을 다투고 있어야 하고, 무엇보다 사실에 입각해 정확해야 한다는 것을 의미한다.

맹자(孟子)는 "모름지기 선비가 말할 만하지 않은데 말하면 말로써 이익을 꾀하려는 것이요, 가히 말을 해야 하는데 말하지 않으면 말하지 않는 것으로 이익을 취하려는 것이니, 이는 모두 도적질하는 것과 다를 바 없다"고 함으로써 언론의 정도를 강조했다(『孟子』, 盡

心章句 下; 士未可以言而言, 是以言餂之也. 可以言而不言, 是以不言餂之也, 是皆穿踰之類也). 맹자는 또 "벼슬하는 자가 그 직책을 다하지 못하면 직책을 떠나고, 말을 맡은 신하가 할 말을 다하지 못하면 맡은 바 직책을 떠나는 것이 예의"라고 했다(『孟子』, 公孫丑章句 下; 有官守者, 不得其職則去, 有責言者, 不得其言則去). 즉, "임금이 잘못을 범하거든 서슴없이 간하고, 만약 거듭 간해도 듣지 않거든 벼슬을 버리고 물러나라는 것(『孟子』, 萬章章句 下; 君有過則諫反復之而不聽 則去)"이다. 이것이 언론을 맡은 선비가 취할 바른 태도라는 것이었다. 그것은 "왕에게 간하는 것이 행해지고 받아들여져서 그 혜택이 백성에게 돌아가기 위함 때문"이었다(『孟子』 離婁章句 上; 諫行言聽, 膏澤下於民).

맹자에 의해 형성된 이 언론사상은 언관들이 언론활동의 비상수단으로 왕의 윤허를 받아내는 강력한 위협수단으로 활용되었으나, 때론 왕권을 강화하고 신권을 약화시키기 위해 언관언론(言官言論)을 효율적으로 통제하는 수단이 되기도 했다. 이러한 가르침을 종합하면 조선시대 언론철학의 알맹이는 순지거부에서 찾을 수 있다. 언론이 시시비비를 따져 보기도 전에 임금의 뜻이라 해서 무조건 받든다면 언론이라 할 수 없다. 그것은 권력의 나팔수에 불과하다.

순지거부의 정신이란 오늘날 비판정신, 저항정신, 반골정신을 일컫는다. 대간이 위[上・國王]의 뜻이나 받드는 존재라면 이미 대간이라 할 수 없으며, 언론이 집권자나 권력의 뜻에나 영합하는 존재라면 이미 언론이 아니라는 것이 순지거부이다.

결국 조선시대 선비들의 언론관과 언론정신은 다음의 말로 요약할 수 있다.

"무릇 충신이 임금을 섬기는 데는 간언보다 더 앞서는 것은 없다. 아랫사람으로서 그것을 말할 수 있고, 윗사람으로서 그것을 들어줄 수 있다면 바른 도가 밝혀질 것이다. 일이 발생하기 이전에 간언하는 것이 가장 좋고, 이미 밝혀진 다음에 간언하는 것이 그 다음이요, 이미 행해진 다음에 간언하는 것은 가장 못한 것이다. 대개 간언은 순한 말로 시작되고, (그래도 안되면) 항의하는 말로 이어지며, 절개를 지키며 죽음으로써 마치는 것이며, (그렇게 해서) 임금의 (아름다운 덕을) 이루게 하고, 사직을 편안케 하는 것이다. 『서경』에 이르기를 '나무가 먹줄을 따라 잘라지면 반듯해지고, 임금이 간언하는 말을 따르면 성스러워진다'고 하였다(『忠經』, 忠諫條; "忠臣之事君也 莫先於諫. 下能言之 上能聽之 則王道光矣. 諫於未形者 上也 諫於已彰者 次也 諫於旣行者 下也. 違而不諫 則非忠臣. 夫諫始於順辭 中於抗議 終於死節 以成君休 以寧社稷. 書云 木從繩則正 后從諫則聖")".

위의 글을 현대어로 풀어내면 언론은 민주사회를 구현하기 위해선 무엇보다 중요한 제도이다. 따라서 언론자유는 제도적으로 보장되어야 한다. 언론에게서 가장 중요한 것은 환경감시기능이다. 기자는 자신의 양심에 비춰 보도할만한 것이면 반드시 보도해야 한다. 그것이 바로 기자정신이다. 언론인의 언론행위는 언론윤리에 적합하여야 하며, 취재보도는 정직하고 정확해야 한다. 민의수렴에 바탕한 정치야말로 지도자의 자세이고, 언론자유가 존중되는 사회야말로 진정 민주사회라는 것이 조선시대 언론사상의 내용이다.

유교언론 사상

> *열쇳말*
> - 공론정치 사상
> - 민유방본 실천
> - 자아성찰 비판

조선시대의 언론주체들은 언론을 전개함에 있어 사사로이 사용치 않았다. 대간[言論人]은 나라의 눈과 귀[耳目]이므로 국가전체의 입장, 즉 국익을 수호한다는 입장에서 논설이 이루어져 정치에 반영되어야 한다고 보았다. 이를 공론정치사상(公論政治思想)이라 한다. 또한 민심은 천심이므로 백성들의 소리는 말길을 통해 거침없이 도도히 흘러야 한다는 민유방본(民惟邦本)을 실천했다. 여기에는 공익의 구현이라는 현대언론의 자유주의적 언론사상이 스며 있다.

조선시대의 언론사상은 부정과 불의에 대한 저항정신과 권력과 금력, 기득권에 대한 반골정신으로 이어져 온다. 그것은 성리학이 가르치는 유교적 이념에 따라 의의 실천을 바탕으로 한 선비정신에 의해 면면히 표출된다. 예컨대 구한말 국권이 풍전등화에 이른 때 잇따라 창간한 <독립신문>, <황성신문(皇城新聞)>, <대한매일신보(大韓每日申報)> 등 민족언론은 조선조 언론의 기본철학과 조선시대의 언로과정을 주도했던 대간들의 언론사상을 고스란히 드러낸다.

이들 민족언론의 주체는 근대화 된 유교적인 선비이자 지조 있는 지사(志士)였다. 그들의 언론행위는 백성들의 눈높이에서 바라보았으며, 그 논조는 항상 비판적이었을 뿐 아니라 진보적이었으며, 자주적이었다. 권력이나 금력에는 조금도 아부하지 않았다. 당시 만연했던 탐관오리의 부정부패와 곳곳에서 자행됐던 국민 수탈 등의 죄악상을 폭로함에 있어서는 조금도 굴함이 없었다.

한국언론의 정신적 골조는 유학의 가치지향적이고 규범적인 가치관을 바탕으로 개인의 영달보다는 공공의 이익을 위해 헌신했던 조선시대 언론주체들의 '저항정신'과 '반골사상'에서 찾아야 한다. 조선시대의 제도언론이 바른 정치를 위해 죽음을 무릅쓰고 간했던 간쟁언론, 부정부패를 응징하기 위해 당대의 권력자·실권자를 서슴없이 탄핵했던 탄핵언론, 백성들을 위한 행정이 되도록 감시하고 비판했던 시정언론, 깨끗한 공직자·목민관이 되도록 충고했던 인사언론은 유교사상의 이념적 특수성을 반영하는 커뮤니케이션 행위였다.

이를 굳이 현대적으로 해석한다면 비판정신의 회복이다. 김영재는 "비판정신이란 어떤 사실이나 사상 또는 행동의 진위·우열·가부·시비·선악·미추 등을 판정하여 그 가치를 밝히고 평가하는 인간 고유의 고등적인 평가활동을 의미한다. 맹자는 사단설(四端說)에서 옳고 그름을 따지는 마음이 슬기라는 인간본성의 실마리가 된다(『孟子』, 「公孫丑篇」; 是非之心 智之端也)고 했다. 이때의 시비지심이 곧 비판정신이다"고 주장했다(김영재, 1997, 84쪽).

비판은 자신을 돌아보게 하며 발전을 추동한다. 그러므로 비판은 비판 그 자체만으로도 매우 값지고 소중하다. 미국과 더불어 세계의 두 극을 구축됐던 소련이 붕괴된 으뜸가는 이유로는 공산주의 언론이 비판성을 잃고 '찬양언론'으로만 기능한 데서도 찾을 수 있다. 반면 조선은 비록 전제주의 제도권 언론이라 할지라도 대간들이 철저하게 비판정신을 지니고 있어 500년 종사를 유지할 수 있었다. 이에 이르면 비판정신이 얼마나 소중한 가치인지를 금방 알 수 있다. 'Yes 언론'으로만 기능하는 제도언론의 밝고 긍정적인 보도자세가 얼마나 위험한 행위인지는 새삼 왈가왈부할 필요가 없다. 비판정신이 실종된 '긍정언론'의 폐해를 경계해야 하는 이유다.

최민지는 "비판정신은 언론의 본질적 존재 이유다. 비판이 결여되면 역사발전은 정체되고 무사안일주의, 관료주의, 권위주의와 퇴폐주의가 풍미하게 되고, 진부하고 부패하여 마침내 괴멸된다. 오늘날 한국언론이 끊임없는 가치추구를 외면하고 대중모멸적인 관료적 권위주의로 민중에게 군림하고 여론을 궁박하며 오도하고, 대중의 말초신경이나 자극하며 돈벌이에 급급한 나머지 저질의 상업지로 전락하게 된 것은 비판정신이 실종되었기 때문이다"고 비판정신의 중요성을 역설했다(최민지, 1978, 17～18쪽).

현대언론 교훈

열쇠말
- 언정논치 이념
- 정언정론 실현
- 민본정치 견인

언론이란 원래 언정논치(言政論治)의 준말이다. 이 말은 올바른 정치란 수시로 언급하고 토론하는 데서 비롯된다는 의미를 담고 있다. 우리 옛 선비들은 올바른 정치를 논하는 제도로 인식하고 언론활동을 전개했다. 권력과 시세에 아부하지 않았던 대쪽 선비들의 상징이었던 사간원의 간관들은 죽음을 두려워하지 않는 기개로 정언정론(正言正論)을 폈다. 지성의 상징이면서 청렴지사들인 홍문관 선비들은 백성의 뜻은 곧 하늘의 뜻이라는 유교적 이념의 전개로 정도정학(正道正學)이 무엇인지를 제시했다. 자신에게마저 엄격하기가 추상같았던 사헌부의 대관들은 권세에 흔들리지 않는 엄격한 법 적용으로 정법정률(正法正律)을 실천함으로써 백성을 위한 언론제도를 구현했다. 권력의 탄압으로 언론이 제구실을 하지 못했을 때 춘추관의 사관들은 이실직서의 춘추필법(春秋筆法)으로 흔들리는 언론제도의 든든한 버팀목이 됐다.

선비가 왕조시대의 지성인의 표상이라면 기자는 현대사회에서 앞서가는 엘리트의 표상이다. 선비는 의리사상의 실천자로서 백성을 머리에 이고, 목에 칼이 들어와도 할 말을 다하는 언론정신을 구현했다. 현대사회의 언론인들은 이를 본받아 비판정신으로 권력과 사회의 부조리에 대해 감시를 함으로써 민주정치의 파수꾼으로서의 역할과 사명을 다해야 한다. 이는 시대를 살아가는 언론인에게 지워진 멍에이다. 그것이 아무리 무겁고 힘든 것이라 할지라도 피할 수 없다.

21세기 디지털 시대 우리가 조선시대의 언론사상을 되살려보는 것은 그 시대의 윤리상을 오늘에 재현하자는 것은 아니다. 유교적 윤리 하나만 사회의 가치규범으로 인식되었던 조선시대의 가치관이 현대사회에서 지도적인 표준으로 제시되기에는 무리가 있다. 이미 현대사회는 다양한 세계관이 사회의 이데올로기로 기능하는 시대이다.

하지만 언론인으로서 지켜야 할 정신적·도덕적 가치관에서 조선시대의 언론이 지녔던 유·무형의 자산을 간과할 수 없다. 특히 정체성의 결여로 언론인들의 비리가 끊이지 않고 있는 현실을 극복하기 위해선 조선시대의 언론윤리와 언론시스템을 궁구(窮究)할 필요가 있다. 그 가운데 기자정신을 고찰함에 있어서는 '의(義)'라는 옳음과 바름을 이(理)라는 잣대로 언론행위의 준거의 틀로 삼았던 언론행위는 오늘날에도 여전히 유효한 가치관을 지닌다. 이러한 가치관 위에 21세기 디지털 시대를 선도하는 직업언론인으로서의 윤리를 쌓아야 한다.

❀2005. 3. 16. / 2007. 12. 15. 더함.

18 사람경영론

신문산업은 사람사업이 그 전부다. 신문의 속성은 본질적으로 사람에 의존한다. 따라서 사람경영은 신문기업의 성패를 구정짓는 요소다. 이를 실무적으로 고찰한다.

❶ 인사관리론

사람사업

열쇠말
- 시험선수 채용
- 연고주의 인사
- 자기개발 시급

자본과 기술, 인적자원은 기업구성의 3대 요소이다. 신문기업은 인적자원의 사업적 결합체이다. 신문 제작과정은 사람의 두뇌와 손발에 의존한다. 사람사업이 전부라 할 신문기업에서 사람을 관리하는 인사관리는 일반기업에서보다 더 중요한 의미를 지닌다. 그것은 신문이 지닌 특성 때문이다. 기사의 가치판단, 제작과정 등은 필연적으로 사람에 의존할 수밖에 없는 구조적 한계를 지녔다. 사람에 따라 경쟁력을 지닐 수도, 또 그렇지 않은 상품이 제작될 수도 있으므로 유능한 인재의 육성과 관리는 신문기업의 경영 본질을 좌우한다.

기업경영이란 물질을 관리하는 것이 아니라 인간을 관리하는 것이다. 인사관리는 채용에서부터 퇴직 때까지 종업원의 노동력을 지속적·능률적으로 이용하기 위해 이루어지는 경영관리의 한 분야로서 주로 직무분석, 직책평가, 급여급제도, 채용관리, 교육훈련, 안전위생 및 복리후생 등을 관리의 대상으로 한다. 인사관리는 조직의 목표달성을 위한 인적자원의 조달과 유지·개발·활용·보상 등을 여러 가지 환경적 여건과 관련하여 효과적으로 관리하기 위한 계획적이고 조직적인 관리활동의 체계다. 인사관리란 조직이 필요로 하는 인적자원을 조달하고 이들의 기업적 활동을 조직·통제하는 관리기법이다.

신문기업은 일반기업에 비해 복잡하고 다양한 직종과 인적자원으로 구성된다. 편집부문은 고도의 숙련된 전문노동이, 공무인쇄는 기술과 기능이, 판매와 광고는 영업적 센스와 관리력이, 총무관리는 기획력과 행정력이 요구된다. 신문사를 구성하는 인적 조직원들의 직종성분이나 인적자원의 환경이 각각 다르기 때문에 통일된 규격으로 일사불란하게 하기란 매우 어렵다. 신문기업의 인사관리는 상호모순을 어떻게 제도적으로 보완하여 경영합리화를 구현하려는가를 궁구하는 게 요체다.

인사관리는 복무관리와 인사고과, 임금관리로 나뉠 수 있다. 복무관리는 종업원들의 근무 실제를 관리하는 기법으로 채용에서부터 교육훈련·배치·승진·인사이동·정원관리·퇴직·정년문제 등을 대상으로 한다. 인사고과를 통해서는 종업원 개개인이 지닌 능력을 객관적으로 평가해 적재적소에 배체하고, 개개인의 잠재적인 능력개발을 최대한 이끌어냄으로써 경영의 효율성을 높이는 데 그 목적이 있다. 임금관리는 신문산업 종사자들로 하여금 적절한 임금을 보장함으로써 생산성의 향상을 도모한다.

이환의는 “신문기업에서 인사관리의 초점은 ①어떻게 하면 우수한 인재를 확보하고, 그 인적 구성을 효율적으로 할 것인가 ②인적자원을 어떻게 합리적·과학적으로 관리할 것인가 ③생산성 향상을 위해 제도적으로 인간적 유대관계를 어떻게 할 것인가 하는 것으로 집약할 수 있다”고 설명했다(이환의, 1975, 95쪽).

혜강 최한기(惠岡 崔漢綺·1803년[純祖3]~1877년[高宗16])는 인사관리의 고전인 『인정(人政)』에서 “인사관리란 사람을 어떻게 헤아리고[測人], 가르치고[敎人], 선발하고[選人], 써야하는가[用人]”라고 했다. 그는 “사람을 선발할 때에는 사무를 위해 인물을 선택하지, 인물을 위해 사무를 선택하는 것이 아니다”라고 하여 인재선발에서의 실제적이고 객관적인 기준을 제시했다(崔漢綺, 『人政』 卷14, 以事爲準). 신문기업 인사관리의 첫 단추라 할 언론인 채용 문제부터 개괄해보면 많은 문제점을 지닌다.

신문기업의 인력채용에는 △공개채용 △연고자의 추천 △스카우트 등이 있다. 대부분의 신문기업은 인사권자의 선택의 폭과 우수한 인재의 선발이 가능하다는 점을 들어 공채를 원칙으로 한다. 공채제도는 엘리트 의식에 사로잡힌 기회주의적인 시험기능공을 양산하는 제도로 진정한 언론인 선발에는 미흡하다는 평가가 지배적이다.

공채 제도의 가장 큰 문제점은 입사제도의 고시화와 언론기수별로 사내에서 이익집단화하는 기수 이기주의이다. 각 언론사의 입사제도는 언론사마다 약간의 차이가 있으나 일반적으로 서류전형→필기시험→면접의 절차를 거친다. 입사 성적이 최고인 사람이 취재능력이나 기사작성 등 여러 면에서 진정한 최고의 기자로 인정받지 못하는 점을 볼 때 이러한 절차가 저널리스트로서의 자질을 충분히 평가하지 못한다는 것을 확인할 수 있다(안경숙, 미디어오늘, 2000년 7월 20일자, 6면).

이는 그나마 메이저신문일 경우다. 일부 지방지의 경우는 소위 말하는 '언론고시'와는 거리가 멀다. 아는 사람, 즉 신문사내의 유력인사를 통한 줄대기 인사, 낙하산 인사가 대종을 이룬다. 연고주의에 의한 폐쇄적인 인사가 유능한 언론인을 선발했다는 얘기는 들어본 적 없다. 사람을 뽑는 단계에서부터 지방지는 취약점을 지녔다. 인적 자원 자체의 자질이 떨어지는 선수로 경기에 나서는 까닭으로 언론시장에서 승리하기란 구조적으로 불가능하다.*)

도제식 수습제도는 지면의 획일화와 언론인의 특권의식을 조장하는 원흉이다. 일그러진 한국언론의 자화상은 양심적인 언론인을 배출하는 데 실패한 언론인 양성제도에서도 그 한 원인이 있다. 권력지향적인 해바라기 언론인, 민중 위에 군림하려는 특권의식, 언론을 출세의 수단으로 여기는 사이비 언론인 제조공장 같은 언론인 양성제도는 마땅히 개혁되어야 한다.

언론인은 모름지기 민중의 이익에 봉사함을 천직으로 알고, 언론기업은 사회의 정의를 지키는 파수꾼으로서의 가치관을 지닌 자를 양성하는 제도의 확립이 시급하다. 최한기는 "사람은 태어나면서부터 모든 지식과 기능을 갖추는 것이 아니므로, 사람을 가르쳐서 쓴다면 버릴 인물이 드물고, 가르치지 않고 쓴다면 흠이 없는 사람을 얻기 어렵다며 가르쳐서 쓰라"고 하였다(崔漢綺, 『人政』, 凡例).

공자(孔子)는 태어나면서부터 물미를 아는 사람을 으뜸이라고 했

*) 사람을 뽑을 때는 가려서 뽑아야 한다. 특히 지방언론에서 명문대생은 '계륵'과도 같다. 머리 좋고 뛰어난 능력을 지닌 인재를 채용하기를 꺼려하는 것이 현실이다. 기껏 채용해 돈 들여 언론인으로 만들어 놓으면 중앙지나 방송사로 이직하거나 지방신문을 떠나기 때문이다.

다. 그런 사람은 현실적으로 매우 드물다. 대부분은 어릴 적부터 교육을 통해 배워서 안다. 일부는 성인이 됐어야 비로소 철이 들어 배움으로 깨달음을 추구한다. 하지만 모르면서도 배울 생각이 없는 사람은 참으로 어리석은 사람이라고 했다(『論語』, 季氏篇; 生而知之者 上也. 學而知之者 次也. 困而學之者 又其次也. 困而不學 民斯爲下矣). 타고난 언론인을 만나기란 참으로 어렵다. 그렇다면 현실적으로 교육훈련을 통해 한 사람의 언론인을 만들 수밖에 없다.

언론인이란 직업은 끝없이 자기를 소모하는 직업이다. 따라서 체계적이고도 정기적인 교육훈련은 물론 직업재교육이 절실하다. 급변하는 현대 지식정보사회에 대비하여 신문기업은 사내외의 교육훈련을 실시함으로써 언론인의 지적재충전을 기하고, 보다 높은 사회성과 품격, 권위를 지닌 질 좋은 상품으로 독자에게 봉사하도록 하여야 한다.

리더십

열쇳말
- 인치인사 망조
- 리더육성 인사
- 인적자원 극대화

기자의 인사는 언론사 간부의 뜻에 따라 임의로 이뤄져서는 안된다. 객관적이고 합리적인 기준에 따라 제도적으로 시행되어 누구나 다 흔쾌히 수긍할 수 있어야 한다. 신문사 고위 간부의 부침에 따라 인사가 좌우된다면 능력보다는 권력에 줄을 잘 대는 기회주의적인 해바라기 언론인이 득세한다. 인치인사(人治人事)는 신문이 망할 전조이다.

인사관리의 핵심은 용인(用人)에 있다. 용인이란 쓰는 사람[用人者]과 쓰이는 사람[所用者], 그리고 일의 시기[事機]와의 상호관계에서 파생되는 것으로 인사관리의 실무론이다. 여기에는 배치와 승진, 인사이동, 정원관리, 퇴직, 정년제 등이 포함된다. 최한기는 "내가 남을 위해 쓰인 다음에 비로소 남을 쓰는 것이요, 남을 위해 쓰이지 않으면 남을 쓸 수 없다"고 하여 인사권자의 자세를 강조했다(崔漢綺, 『人政』 卷20, 用人序).

인사운용의 핵심은 부하를 "어떻게 다스리느냐"보다 "어떻게 부리느냐"이다. 부하를 다스리는 것은 최하급의 관리능력이며, 부리는 것은 능동적인 인사관리이다. 유능한 경영자는 결코 다스리지 않는다. 부하를 다스리게 되면 주어진 임무에 소심할 뿐 아니라 창의성을 발휘하지 않는다. 사원능력의 극대화를 추구하려면 부하를 유연하게 부려야 한다.

경영학에서는 매니저(*manager*)와 리더(*leader*)의 차이로 본다. 매니저는 지시하고 통제하면서 사람들을 관리하는 관리자, 혹은 책임자이지만, 리더는 사람들이 자율적으로 일하도록 만드는 능력을 지닌 사람을 뜻한다. 리더 아래서는 스스로 일하지만 매니저 아래서는 주어진 일만 한다. 사람은 통제받으며 일하는 것보다 자발적으로 일하는 것을 더 좋아하며, 또 자율적으로 일할 때 그 능률이 배가된다. 간부가 매니저를 지양하고, 리더가 되는 것은 경영효율화의 첫 단계이다. 공자(孔子)는 "곧은 사람을 발탁하여 굽은 사람 위에 놓으면 복종하겠지만, 굽은 사람을 발탁하여 곧은 사람 위에 놓으면 사람들은 진심으로 따르지 않는다(『論語』, 爲政篇; 擧直錯諸枉 則民服. 擧枉錯諸直 則民不服)"고 리더의 중요성을 얘기했다.

리더라 하여 반드시 조직의 위계질서에서 높은 지위에 있는 사람만 아니다. 보편적으로는 리더가 간부일 수도 있지만, 리더십은 지위에서 기인하지 않는다. 리더는 수직적 조직체계가 아니라 수평적 조직에서도 나온다. 심지어는 아랫사람이 윗사람에게도 발휘할 수도 있다. 리더십은 그룹이나 조직에서 여러 사람들이 효과적으로 함께 일하게 만드는 대인관계의 기술이자 기능의 문제다. 리더십을 지닌 리더를 발굴하여 업무에 배치하는 일이야 말로 인사경영의 전부라 해도 과언이 아니다.

한국언론재단은 신문산업 내부의 문제를 들여다보고, 그 대안을 모색하기 위해 신문사 종사자와 언론학자, 경영학자 등이 참여하는 '미디어경영실행위원회'를 구성하고, 지난 2008년 10월 중앙일간지 10개사 395명의 언론인을 대상으로 신문산업 활성화 프로젝트를 수행하기 위한 설문조사를 실시했다. 위원회는 이 자료를 바탕으로 신문산업의 조직문화와 리더십 현황을 진단하고 개선방향을 제시한 2008/2009 활동보고서 『신문산업의 조직문화와 리더십 연구』를 펴냈다(송은아, 2009년 4월호, 23쪽).

<그림 7> 신문사 팀장 · 국 · 실 · 본부장의 리더십 분석

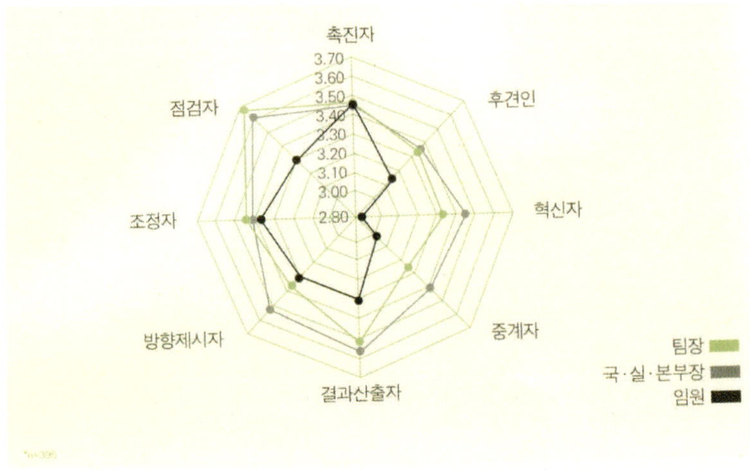

출처: 송은아, 「언론경영 위기, 어떻게 풀 것인가」, ≪월간 신문과방송≫, 제460호, 서울: 한국언론재단, 2009년 4월호, 23쪽.

이 보고서가 신문사 간부들의 리더십을 분석한 결과를 보면 초급 간부인 팀장과 중간간부급인 국 · 실 · 본부장 등은 모두 점검자로서의 리더십 역할을 가장 많이 수행하고 있었으며, 그 다음으로는 결과산출자 역할인 것으로 나타났다. 조직경영에서 가장 중요한 역할을 수행하는 임원의 리더십은 촉진자 역할에 치중하는 것으로 드러났다. 임원은 최고 경영자이기 때문에 조직의 지속가능경영을 위해 필요한 변화와 혁신을 주도해야 한다. 혁신자와 중재자의 역할이 그것이다. 한국언론을 지배하는 간부들의 리더십은 정작 가장 절실하고 필요한 리더십은 실종되었고, 임원은 중간간부가 할 일을, 중간간부는 초급간부가 할 일을 대신하는 형태를 보였다(송은아, 2009년 4월호, 25쪽).*)

*) 간부들의 리더십 진단을 위해 기준으로 삼은 리더십의 역할과 특징

신문기업에 채용된 종업원은 교육훈련으로 본인의 능력과 자질, 직무소요조건, 업무부담이나 동기유인 등을 고려하여 적재적소에 배치함으로써 효율적인 인력의 능률을 극대화한다. 신문기업은 적재적소의 배치에 총력을 경주하여야 한다. 좋은 인재를 제대로 활용하지 못하면 낭비다. 언론인으로서는 자신의 뛰어난 능력이나 잠재력을 발휘하지 못해서 손해이고, 조직으로서도 조직원의 잠재력을 제대로 활용하지 못해서 손해다.**)

❷ 언론인 인사

인사이동

열쇳말
- 전문성 집중배양
- 적재적소 배치
- 언론경쟁력 제고

언론인의 인사이동은 신중하게 진행하여야 한다. 신문기업의 경우, 특히 편집국 내의 잦은 인사이동은 신문의 전문성 제고라는 측면에서 보

- 촉진자: 부하 직원의 이해와 합의를 이끌어내기 위해 노력
- 후견인: 직원에게 진정한 관심을 보이고 자상한 지도와 조언을 줌
- 혁신자: 업무개선을 위한 창의적 방안을 끊임없이 강구
- 중개자: 상부, 유관부서 등에서 필요한 자원과 지원의 확보
- 결과산출자: 리더의 솔선수범
- 방향제시자: 구성원들의 업무목표와 책임범위를 명확하게 정해준다.
- 조정자: 시급성, 중요도에 따라 업무를 조절, 통제
- 점검자: 일의 계획, 일정, 보고 등을 중시

**) 큰 신문사는 인사업무를 전담할 전문관리자가 필요하겠지만, 소규모의 작은 신문사에선 대개 편집국장석에서 그 업무를 대신한다. 언론사 인사관리의 요체는 언론인으로서의 주어진 역할과 사명을 얼마나 잘 수행하느냐를 평가하는 것도 중요하지만, 그보다는 직원 개개인의 가정사는 물론 사생활 영역에까지 세심한 배려가 필요하다. 사람은 자신의 생활부터 안정되지 않으면 공적 영역의 업무를 수행하는 데 지장을 초래할 수 있다. 개인의 삶이 번다하고 복잡하면 업무에 전력투구할 수 없다. 직원이 아무 걱정 없이 오로지 회사 일에 최선을 다할 수 있는 환경의 조성은 인사관리 업무의 궁극적 목표이다.

면 그다지 바람직하지 않다. 기자의 출입처가 오랫동안 고착되면 부패와 비능률에 유착하기 쉬운 한국적 언론환경도 엄연한 사실이다. 이는 교육훈련으로 윤리도덕성의 고양으로 극복할 수 있는 문제이다. 언론의 전문성은 학구적 이론과 오랜 현장경험의 접목에서 나오는 것인 만큼 소홀히 해서는 안된다.

언론인은 지식을 축적하는 전문직종이다. 전문성 있는 취재기자와 데스크를 확보하는 것이 뉴스의 경쟁력을 좌우한다. 언론사가 고민해야 할 것은 전문성 있는 취재기자와 데스크를 얼마나 확보하느냐와, 어떻게 이들의 전문성을 제고할 수 있느냐는 문제이다. 기자전문화는 부가가치가 높은 지식을 전달할 수 있어 매출을 증대시킬 수 있다는 점에서 각 언론사들은 기자의 전문화에 상당한 총력을 기울인다(허행량, 미디어오늘, 2000년 8월 10일자, 6면).

언론사의 경쟁력을 좌우하는 것은 세계 최고의 최첨단 시설이나 건물이 아니라 언론인의 전문지식이다. 전문성은 언론의 경쟁력을 좌우하는 알파이자 오메가이다. 언론은 노동집약형 산업이 아니라 지식집약형 산업이다. 지식집약형 산업은 경륜이 쌓이면서 전문성이 늘어난다. 그런데도 현실은 노동집약형 산업으로 대우받는다. 이는 자기개발을 게을리 한 언론인과 언론사의 언론인 육성시스템에 무엇인가 문제가 있다는 것을 뜻한다.

언론인들이 지식집약형 산업에 종사하면서도 노동근로자 형태로 전락한 이유는 언론계의 고질적인 인사제도에서 기인한다. 언론인의 인사이동은 최소한 5년차 이하의 기자를 상대로 하되, 5년차 이상의 기자는 전문성을 지닐 수 있도록 배려하는 것이 바람직하다. 대부분의 기자들은 출입처를 1년이 멀다하고 바꾼다. 본인이 원해서가 아니라, 본인의 의지와는 상관없이 특정 부서에서 다른 부서로, 동일한 부서 내에서도 다른 출입처로 너무 쉽게 옮긴다. 언론인들이 다양한 출입처를 섭렵하지만 "구르는 돌에는 이끼가 끼지 않는다"는 말처럼 구르는 기자에게는 전문성이 따라붙지 않는다.

한국언론의 잦은 인사이동은 언론인의 전문화는 고사하고 업무파악도 제대로 못한 채 새로운 취재분야를 맡게 한다. 그것은 부패방지와 다양한 경험을 위해서라고 하나 부패방지가 되지 않을뿐더러, 기자를 지식의 잡상인, 보부상으로 전락하게 하는 부작용이 더 크다. 기자의 지식거간꾼 역할은 산업화 시대의 패러다임이지 21세기 정보사회 패러다임이 아니다. 현대사회는 분중사회로서 커뮤니케이션의 영역 또한 극히 전문화된 극소수의 맞춤정보를 요구하는 시대이다. 이러한 시대적 소명에 부응하기 위해서는 언론인의 전문성은 필수조건이다.

언론인이 특정 언론사에 소속된 샐러리맨이 아니라 전문직종에 종사하는 언론인으로 성장하는 것은 본인뿐 아니라 언론 전체를 위해서도 바람직한 일이다. 언론사는 언론인에게 비전을 제시해야 한다. 언론인에 대한 근본적인 비전 제시는 임금에 있는 것이 아니라 전문성 배양을 통한 개별언론인의 경쟁력 제고에 있다. 언론인의 전문성은 단순히 특정 주제에 대한 전문성뿐만 아니라, 독자에게 잘 전달할 수 있는 커뮤니케이션 능력과 분석력까지 포함한다. 많이 아는 것도 중요하지만 설득력 있게 분석해서 전달하는 것이 기자의 전문성을 구성하는 중요한 요소이다.[*)]

---

*) 언론에서 전문성은 '선택'이 아니라 '필수'다. 이에 한국언론에서도 너도나도 의사・변호사 등 전문적 자격을 지닌 사람들과 석・박사학위를 소유한 사람들을 대상으로 전문기자제의 도입을 경쟁적으로 한다. 한국언론에서 시행하고 있는 전문기자제는 당위성을 지녔음에도 언론현장에

조직관리

> ✍ 열쇳말
> - 관료화 언론조직
> - 사람자르기 만연
> - 사람장사 요체

신문기업의 조직이 위인설관화·연공서열식을, 인사행정이 관료화를 지향하는 시스템은 반드시 개혁되어야 한다. 차장, 부장, 국장 등 경직화된 수직적 직위시스템과 직무조직에도 없는 부국장, 대리, 대우, 직무대행 따위의 감투만을 위한 직무시스템은 신문기업의 경영합리화를 저해하는 요인이다. 신문사의 조직은 전문성과 창의성을 강화함으로써 언론상품의 질적 내용을 향상시키는 데 기여하는 시스템으로 개혁돼야 한다.

신문사의 조직시스템을 데스크와 전문기자로 이원화하는 방안을 강구할 필요가 있다. 한국언론에서는 기자가 전문기자를 향해 성장해 가는 것이 아니라, 데스크 등 간부화를 지향하는 구조다. 이는 신문의 질적 성장을 가로막는 요인이다. 유능한 언론인은 신문의 본질인 전문기자·대기자로 성장하여야 한다. 언론인의 네임밸류가 독자를 확보하는 '스타기자' 없이 신문이 시장에서 생존을 기도하는 것은 무지의 극치이다.

연착륙하지 못했다. 그것은 전문기자제가 '學力'이 아니라 '學歷' 위주로 흘렀기 때문이다.

한국언론에 전문기자로 초빙된 이들은 자신이 기자라는 사실을 망각하고 편집국에서의 생존방식을 어설픈 자기과시용 학력에 두었다. 기자 입장에서 보면 기사 한 줄 제대로 쓸 줄 모르는 사람이라고 우습게보고, 반면 전문기자는 자신의 학력으로 무식한 기자를 짓뭉개려고 했다. 이들 전문기자의 지나친 자의식은 자신의 전문분야 지식을 침소봉대하여 상대방의 의견듣기를 소홀히 할 뿐 아니라, 매사에 자신 위주의 사고로 해석하는 편협하기 그지없는 언론활동으로 일관했다. 여기에다 대부분의 한국사회 지식인이 그러하듯이 사회정의구현에도 무관심했다.

이런 연유로 한국언론이 초빙한 전문기자는 언론인으로서 편집국에 뿌리를 내리지 못하고 물 위의 기름처럼 동동 떠다니다가 언론사를 나오기 일쑤이다. 전문기자에서 가장 중요한 것은 학력이나 학위가 아니라 그 분야의 '매니아'이다. 전문기자는 해당 분야의 전문적인 이론가이기에 앞서 대중적인 저널리스트여야 한다. 그렇다면 전문기자는 외부의 전문가를 초빙할 것이 아니라, 언론사 내부에서 언론인을 대상으로 육성하는 것이 훨씬 성공률이 높다(관련기사 ☞ 21 뉴저널리즘과 탐사보도 참조).

중견언론인으로서 한창 꽃피울 나이에 취재현장을 떠나 데스크로 물러나 앉는 것은 기자 개인으로서는 나이 마흔에 조기퇴직을 해야 하는 것을 의미한다. 신문기업으로서는 고임금자 대신 저임금자로 인건비 절감이라는 경영개선을 이루는 것이 아니라, 지면의 질적 저하를 초래해 독자를 내쫓는 결과를 빚어 스스로 경영난을 불러들이는 첫 관문이다.

정원관리와 관련, 앞에서도 얘기했지만 소수정예가 지닌 문제점이다. 고임금 시대를 맞고 있는 오늘날 신문기업은 과다한 인건비의 지출이 경영난의 한 부분이라 여기고 소수정예주의를 표방한다. 사람이 많다는 것이다. 그러나 진실은 그렇지 않다. 오히려 사람이 적어 기사의 완성도가 떨어진다. 인적자원을 효율적으로 배분, 운용하고 있느냐 하면 그것 또한 아니다. 특히 편집국 조직이 아날로그 시대의 언론조직에 맞춰져 있으며, 저널리즘의 본령보다는 판매나 광고, 사업 등 관리조직이 기형적으로 비대하다. <KBS>의 경우 전직원의 3분의 2가 간부사원이며, 중앙일간지의 경우도 3분의 1이 간부다. 이 같은 비만형 기형조직은 필연적으로 인건비라는 '당뇨병'을 유발한다.

언론인을 단순히 부품화·소모품화 시키는 풍토에서 언론의 미래를 운운한다는 것은 넌센스다. 생산성이 담보된 합리적인 소수정예라면 얼마든지 환영하나 현실에서의 소수정예는 중앙지 지방지 가릴 것 없이 대부분 그 본질에서 크게 어긋나 있다. 저임금이 목적인 소수정예는 절대 부족한 인력현상을 초래하고 급기야 열악한 근무환경, 강도 높은 노동조건 등으로 신문의 질적 저하로 이어진다. 결국 언론자유의 신장과 국민의 알권리 저해라는 손실을 초래한다. 언론기업은 결코 방만하지는 않으면서, 언론의 사명에 충실할 수 있는 적정의 노동력을 확보하여야 한다.

툭하면 사람 자르기로 조직의 슬림화를 추구하는 경영을 진지하게 되돌아 봐야 한다. '오륙도'니, '사오정', '삼팔선'이니 하는 말이 언론계에 아무런 저항 없이 받아들여짐으로써 한국언론은 깊이가 없다는 소리를 듣는다. 원숙한 언론인의 폭넓은 경륜에서 나오는 기사가 지면에서 사라짐으로써 언론은 '정보 찌라시'로 전락했다. 물론 시대의 변화에 뒤진 무능한 언론인은 신문기업의 유연성 확보를 위해서라도 퇴출되어야 한다. 이를 왈가왈부할 필요는 없다. 다만 언론인의 해고를 단순히 인건비 절감 차원에서 자행하는 것은 반언론적이라는 것이다.

언론인들이 지식집약형 산업에 종사하면서도 노동근로자 형태로 전락한 이유는 뭐니뭐니해도 경영진의 이해부족이다. 과다한 업무량으로 언론인들은 자신이 취재한 데이터나 정보를 가공할 기회가 절대 부족하다. 평균 3명이 하루 1개면을 제작하는 꼴이다 보니 정보 전달에 급급해 보도자료를 신문용으로 전달하는 필경사·속기사가 될 수밖에 없는 처지다. 일부 마이너 중앙일간지와 메이저 지방지는 평균 1.5명이 1개면을 맡고 있으며, 심지어 일부 마이너 지방지의 경우는 기자 1명이 1.5개면에서 2개면까지 지면을 채워야 한다.

<연합뉴스>와 인터넷에서 무단 퍼오기 한 기사, 방송뉴스를 재가공한 기사를 짜깁기하여 지면의 반 이상을 메운다 하지만, 그래도 이는 기자의 '신(神)'조차 감당하기 어려운 업무량이다. 기자의 신은 고사하고, 기본적인 소양조차 갖추지 못한 일부 지방지 기자들에 부과된 이러한 업무는 결코 언론행위라 할 수 없다. 업무량이 취재원

이 제공하는 보도자료를 리카피하기에도 벅찰 정도여서는 곤란하다.

언론인은 기회가 있을 때마다 지역언론계를 떠난다. 비전이 없기 때문이다. 언론계의 비전부재를 가져온 근본적인 이유는 언론이 지식집약형 산업으로 '사람장사'라는 것을 이해하지 못한 데 있다. 지난 수십 년간의 언론사의 부침을 보면 언론사의 경영진 내지 언론인들이 언론사의 경쟁력을 좌우해왔다. 경영난을 맞아 사람에 투자한 기업은 성장한 반면, 사람을 잘라낸 언론사는 틀림없이 망해갔다는 것이 OECD 언론사의 경영사례이다. 언론이 사람장사이면서도 언론인에 대한 투자가 부족한 것이 언론에 대한 비전을 없앤 기본적인 원인이다.

인사운영

열쇠말
- 과학적 인사운용
- 사람대우 필연적
- 언론인 배출요람

언론인에 대한 인사고과는 공정해야 하며, 신뢰성을 지녀야 한다. 최한기는 인사고과를 측인(測人)이라 했다. 그는 "측인이란 사람을 헤아려 살펴보는 것이다. 사람을 헤아려 살펴볼 때에는 형식적 개념으로 고정화시켜 판단하는 것이 아니라, 살아 움직이는 변화 속에서 판단하여야 한다"고 했다(崔漢綺, 『人政』, 凡例). 언론인에 대한 인사고과는 언론인을 입체적으로 평가함으로써, 보다 성숙한 언론인 될 수 있도록 하여야 한다.

신문기업은 언론인들에게 정당한 노동의 대가를 지불함으로써 언론인들이 마음 놓고 언론활동에 전념할 수 있도록 해야 한다. 신문기업이 저임금을 지불해 언론인들의 기본적인 생활조차 보장해주지 못하면 언론인이 일탈하기 쉽다. 언론귀족으로 대우하라는 것이 아니다. 현대사회의 언론인으로서의 최소한의 품위유지가 가능할 정도의 급여를 지불하라는 것이다. 그것이 여의치 않을 때 '목구멍이 포도청'이라고 생존을 위한 부패에의 유혹은 누구나 떨치기 어려운 법이다. 언론인에게만 유독 청렴윤리를 강조하는 것은 지나친 처사다.

회사가 종업원에게 임금을 지급하지 않는다면 기업의 존립은 원천적으로 불가능하다. 또 종업원에게 지급하는 급여에는 객관적이고도 명확한 기준에 의해 지급돼야 한다. 종업원은 자신의 존재가치를 임금이라는 가치수단에 의해 평가받는다. 급여의 가치체계를 확립하는 것은 그래서 중요하다.

언론인의 인사관리가 사주나 최고 경영자의 말 한마디에 좌지우지되어서는 안된다. 객관성을 담보한 '규정'에 의해 엄격히 운영되어야 한다. 언론사는 근로기준법이 정하는 바에 따라 회사의 질서를 유지하고 업무의 원활한 운영을 기하기 위하여 사원이 준수하여야 할 복무규율과 근무조건의 기준, 기타 필요한 사항 등을 정한 규정을 제정해야 한다.

또한 회사는 인사관리 업무를 수동적·소극적인 자세가 아니라 능률적·적극적인 마음가짐으로 수행하기 위하여 사원의 채용, 배치, 이동, 승진과 교육훈련 등에 관한 업무관리 기준을 명확히 함으로써 CEO 1인의 '인치'에 의한 회사운영이 아니라, 공정성을 확보한 규정에 의해 회사를 운영해야 한다. 그래야만 언론의 공익성을 제도적으로 담보할 수 있다.

인사규정의 목적은 인사관리에 관한 기본 기준을 확립함으로써 합리적이며 공정하고 균형 있는 인사관리를 도모하는 데 있다. 인사관리 사규는 인사규정을 비롯해 인사위원회에 관한 규정, 취업·복무·급여·퇴직금 등에 관한 규정 등을 제정할 필요가 있다. 그 가운데 가장 기본적인 것이 인사규정이다.

인사규정의 제정 이념은 △경영권과 편집권을 분리하고 △인사권의 행사를 인사권자의 독단에 의해서가 아니라 인사위원회의 민주적인 협의로 시행토록 할 필요가 있으며 △직군변경의 금지와 신분보장 등을 통해 부당한 인사횡포를 제도적으로 방지하는 것이 이상적이다.

인사규정은 크게 협의의 인사규정과 취업 및 복무규정을 일컫는다. 취업 및 복무규정은 복무규율, 근무시간 및 휴식시간, 출근 및 결근, 출장·휴일 및 휴가, 휴직 및 복직, 퇴직 및 해고, 보건 및 재해보상, 교육훈련 및 연수 등에 대해 근무수칙을 정하고 있으며, 협의의 인사규정은 임용, 보직, 승진, 면직, 복무 및 휴직·복직, 포상 및 징계, 인사명령, 사원재채용 등으로 이뤄진다.

인사위원회 규정은 직원의 인사를 공정하고 합리적인 방법으로 수행하여 인사관리의 객관성 확보와 과학화를 확립하는 데 기여하기 위해 제정한다. 인사위원회 규정은 인사의 공정성 확보를 위해 민주적인 인사위원회를 노동자·경영인·자본주로 구성하고, 경영권·자본, 편집권·경영권, 자본·편집권의 분리에 따른 인사권을 규정하여 합리적인 인사관리를 운용토록 하는 데 그 목적을 둔다.

❀2005. 4. 6. / 2009. 4. 13. 더함.

📖 붙임: 언론인 교육론

✍ 열쇳말
- 신방과 효용성 의문
- 대학언론 유명무실
- 언론인 육성 고민

한국언론의 언론인 충원 방식은 대체로 공개모집채용 형식을 취한다. 공채는 대부분 국어, 영어, 상식 등의 필기시험과 작문, 논문 등의 시험성적으로 인재를 선발하는 방식이다. 최근에는 변호사, 의사 등 전문직종 종사자와 석·박사 등을 대상으로 전문기자를 선발하기도 한다. 4년제 대학을 졸업한 사람이면 누구나 전공을 불문하고 응시가 가능하다. 한국언론의 이러한 언론인 충원제도는 시험 선수만 뽑을 뿐, 언론자질이 풍부한 인재의 선발과는 거리가 멀다.

세계의 언론인 채용제도와 연수제도를 보면 독일에서 언론인이 되기 위해서는 고등학교 졸업정도의 학력을 지닌 평균적인 교양인이면 된다. 이들은 저널리스트학교에서 2년 정도의 수습과정을 거친다. 커뮤니케이션대학과 일반대학 출신에게는 12~18개월의 수습과정을 거친 후 기자로 채용된다.

저널리스트학교의 수습과정은 철저히 언론에 대한 기본적 이해가 주된 과정을 이룬다. 커뮤니케이션 기초수업과 저널리즘 실무교육이 반반씩 행해진다. 반면 저널리스트가 지녀야 할 교양과 상식, 인문적 소양은 철저히 각 개개인의 자유에 맡긴다. 수습과정에서 언론인으로서의 자질과 품성이 철저히 검증된다. 따라서 독일의 저널리스트학교 출신이라면 기본적으로 언론인으로서의 요건은 갖췄다고 봐도 무방하다.

한편 미국의 언론인 충원제도는 대학에서 저널리즘을 전공했거나 대학언론에서 경력을 쌓은 자를 지역의 소규모 언론사가 채용한다. 기자의 학력 중 반드시 대학졸업이 전제되는 것은 아니다. 의무교육인 고등학교만 졸업하고도 얼마든지 기자가 될 수 있다. 문제는 대졸이건 고졸이건 상관없이 그 능력이다. 지역 소규모 언론사에서 발굴의 능력을 보인 자를 큰 언론사에서 스카우트한다. 메이저신문사는 결코 수습기자를 뽑지 않는다.

한국의 언론인학교는 4년제 대학에 설치된 신문방송학과(新放科)라 할 수 있다. 신방과의 설치목적은 언론인 양성에 있다. 그런데 현실에서는 신방과가 왜 필요한지 근본적인 회의를 품게 한다. 커뮤니케이션 이론분야는 논외로 하고, 적어도 저널리즘 실무쪽에서는 그렇다는 얘기다. 학과 설치 목적을 제대로 수행하지 못한다. 언론인이 국회의원·장관 등 '권력으로 달려가는 지름길'로 인식되면서 입학경쟁률은 해마다 치솟는다. 소위 잘나가는 인기학과로 부상되면서 우수한 인재가 몰린다. 하지만 졸업 때면 천재가 범재로 퇴보한 채 배출된다. 범재가 들어가 천재가 되어서 나와야 할 대학이 오히려 정반대 현상을 빚는다.

우수한 언론인 가운데 신방과 출신은 거의 없다. 그렇다고 언론사회의 주류를 형성하고 있느냐 하면 그것도 아니다. 이는 신방과가 언론인 육성은커녕 그 언저리에도 다가가지 못하고 있음을 의미한다. 그 원인은 신방과의 교육과정이 언론현실에서 요구하는 인재상과 동떨어져 있는 엉터리이기 때문이다. 그 가운데 하나만 예를 들면 최근에는 "언론사" 과목을 폐지하는 붐이 일고 있다고 한다. 언론사는 언론인들에게 언론인을 언론인답게 하는 언론혼과 언론정신을 되새겨 언론철학과 언론사상의 완성에 기여하는 매우 중요한 기초학문이다. 따라서 언론사에 문외한인 언론인은 뿌리가 없는 부초와 같은 무늬만의 언론인이라 할 수 있다.

신방과가 이런 엉터리 언론인을 배출하면서 고작한다는 소리를 들어보면 더욱 한심하기 그지없다. 즉 "디지털 시대 미디어 환경이 급변하고 있는 데 케케묵은 신문사를 배울 시간이 없다"는 것이다. 미래를 살피기도 바쁜데 과거를 돌아볼 틈이 없는 말에는 기가 막힌다. 과거가 없는 인간이 어디 있으며, 지난날이 없이 오늘이 존재할 수 없음은 상식이다. 인간의 삶은 어제로부터 시작되어 오늘을 거쳐 내일로 나아간다. 과거는 현재의 오늘이며 내일의 거울이다. 역사는 인간이 자나온 발자취의 정수가 고스란히 간직된 타임캡슐이다. 이를 등한시하고 미래를 얘기하겠다는 신방과의 커리큘럼이 신방과 무용론을 단적으로 드러낸다.

신방과의 부실은 그 뿐이 아니다. 언론사를 케케묵은 학문이라 하여 버렸다면, 디지털 혁명에 걸맞은 뉴미디어라도 교육해야 한다. 현실은 이마저 부실하기 짝이 없다. 물론 신방과의 커리큘럼은 변화하는 시대에 따라 적합하게 바뀌는 것이 타당하다. 신문방송학이 현대사회의 저널리즘 교육을 위해 성립된 학문이므로, 시대의 조류에 맞게 적절히 개폐하는 것을 나무랄 수는 없다. 그러나 그것은 어디까지나 튼실한 토대 위에서의 변화이지, 뿌리를 잘라낸 변혁일 수는 없다.

<사진 15> ≪미디어월드와이드≫

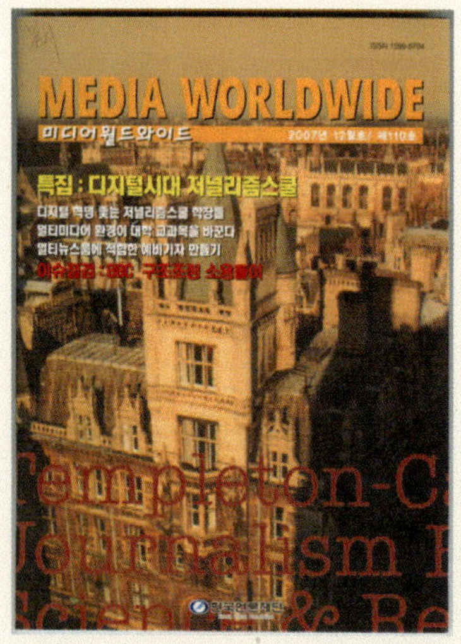

출처: ≪미디어월드와이드≫, 통권 제110호, 한국언론재단, 2007년 12월호.

≪미디어월드와이드≫ 2007년 12월호 「디지털 시대 저널리즘 스쿨」이라는 특집 기사에 의하면 미국의 저널리즘 대학은 저널리즘의 취재와 편집, 윤리 및 역사와 같은 기초과목을 강화하면서 다른 한편으로는 뉴미디어와 디지털 미디어혁명에 대응하기 위해 멀티미디어 등과 관련한 뉴미디어 과목을 개설하는 등 웹2.0 시대에 적응하기 위한 미디어2.0 교육에 힘을 쓰고 있다고 한다.

일간 〈데일리 텔레그래프(The Daily Telegraph)〉를 발간하는 영국의 텔레그래프 미디어그룹도 제61회 세계신문협회 총회에서 발표한 자료에서 기자교육은 전통적인 저널리즘 교육은 물론 △미디어 지형변화에 대한 언론산업 환경 △통합뉴스룸의 구조와 운영시스템 △인터넷 기자 취재와 작성, 표제달기, 지면 디자인 △비디오 및 오디오 등 각종 방송용 프로그램의 제작 △기타 멀티미디어 스토리텔링과 실습 등 뉴미디어 교육을 함께 실시한다고 발표했다. 언론인들이 종이신문은 물론 온라인 뉴스 서비스, TV 및 라디오 방송 등에도 기사를 제공할 수 있는 전천후 기자가 되어야 한다는 것이다(김영욱, 2008, 31쪽).

이러한 미국과 영국의 언론인 교육이 절대 옳고 한국의 교육이 절대 틀렸다는 것은 아니다. 다만 미국의 저널리즘 대학 졸업생들은 언론현장에 곧바로 투입이 가능하지만, 한국의 언론대학 졸업생을 그다지 쓸모가 없다는 데에서 한국의 대학교육이 미국의 대학교육으로부터 한 수 배울 가치는 있다고 본다. "언론사"를 한낱 고리타분한 옛날 얘기로 취급해 언론혼이 없는 '깡통 언론인'을 배출해내면서, 교육 또한 언론현장과는 동떨어진 쓰잘데기 없는 학문을 주입시켜 사회로 배출한다면, 그것은 교육이 아니라 '교육공해'라 하면 어떨까?

신방과는 사회와 인간을 따뜻한 가슴으로 바르게 보는 언론인을 배출하는 데 존재의의를 둬야 한다. 그러기 위해서는 교과과정이 정치 · 경제 · 사회를 궁구하는 사회과학과 역사와 철학 · 사상, 문화를 천착하는 인문과학, 그리고 저널리즘 현장에서 곧바로 사용할 수 있는 언론실무교육으로 개편되어야 한다. 현행 커뮤니케이션 이론 위주의 교육은 사회현상을 인간적인 마음으로 관조할 수 있는 교양이 2/3, 저널리즘 실무교육이 1/3로 바뀌어야 한다. 그리고 빼놓지 않아야 할 것은 언론환경이 쌍방향 커뮤니케이션 시대의 도래, 온·오프라인 통합 미디어 시스템으로 전환하고 있는 데 적합한 언론인의 육성이라는 목표이다.

그렇다고 대학언론이 제기능을 수행하여 예비언론인을 배출하고 있느냐 하면 그것 또한 아니다. 결국 한국에서는 수습기자를 모집해 교육훈련으로 기자를 양성하는 수밖에 없다. 한국의 언론인들은 언론사 입사후 비로소 언론인 교육을 받는다. 대개 6개월 정도 소요되는 수습기간이 언론인 교육의 처음이자 마지막이다. 이 기간 동안 언론인들은 선배로부터 도제식 훈련을 받는다. 취재부문의 수습기자들은 기사쓰기를 비롯 기존 기자들의 출입처를 따라 나가 취재현장을 경험한다. 반면 내근기자들은 선배들의 어깨너머로 현업에 필요한 실무지식을 습득한다. 수습교육은 기존 기자의 경험을 간접적으로 취득하는 것으로 일관한다.

이밖에 간헐적으로 한국언론재단에서 언론인 예비학교를 운영, 저널리즘에 대한 기본 소양교육을 담당해 예비언론인을 배출한다. 또한 언론시민운동단체 등에서 기자학교 등을 통해 언론계 지망생을 교육하고 있으나, 언론계에서 요구하는 인재를 배출하기에는 한계를 지닌다. 그 가운데 가장 심각한 것은 대학의 신문방송학과 교육이 현실성을 결여한다는 점이다. 이들은 현학적인 커뮤니케이션 이론 위주로 학제가 조직돼 저널리즘의 실무와 현업에 겉돈다.

한국의 언론인 교육은 총체적 부실을 면치 못한다. 신문의 질적 저하는 물론, 언론사는 언론인 육성을 위해 2중 3중으로 교육비를 부담해야 하는 등 많은 문제를 지닌다. 교육은 결코 액세서리가 아니다. 교육은 언론의 생존을 가름하는 필요불가결한 요소다. 교육을 통해 투철한 직업정신과 양심에 입각한 비판정신, 사회를 조망하는 능력과 공공성 · 공익성을 구현하는 이상을 지닌 언론인, 현대사회에 걸맞은 전문성을 지닌 언론인을 육성하는 것은 한국언론이 당면한 현안이다.

신문산업은 사람사업이다. 신문산업에서 사람에 대한 투자는 아무리 강조해도 틀린 말이 아니다. 대개 사람의 능력이란 고만고만하기 마련이다. 그렇다면 기업이 이를 담금질해 훌륭한 재원으로 키워서 쓸 수밖에 없다. 인재의 육성은 경영자의 목적이다. 요컨대 경영인은 둔재를 인재로 만들어 우수한 상품을 만들어 내도록 해야 하는 것이 그 의무이다.

교육훈련은 그 첫걸음이다. 끊임없이 체계적인 교육훈련을 통해 담금질을 하고, 엄정하고 공정한 평가를 통해 소정의 목표·목적을 달성한 자를 우대하며, 낙오자에 대해서는 필벌의 불이익을 가해야 한다. 살아있는 자, 노력하는 자, 깨어있는 자는 반드시 성취할 것이며 그렇지 못할 때는 도태가 불가피하다. 낙오자 · 패잔병 집단이 만드는 상품의 질이 어떠하리라는 것은 굳이 말하지 않아도 알만한 상식이다.

기자교육은 대학의 산학협동과정과 연계할 필요가 있다. 언론사나 대학 모두에게 윈윈 전략이 될 수 있다. 언론사는 교육비 절감과 함께 대학의 선진이론을 수용할 수 있고, 대학은 교육생의 안정적 확보와 함께 언론 현업의 실무지식을 습득할 기회를 제공한다. 기자교육은 반짝 1회용 교육으로 그쳐서는 안된다. 수습기자는 물론 기존의 경력기자 또한 정기적으로 재교육을 받아야 하며, 언론사는 이에 대한 예산을 수립, 집행해야 한다. 그것이 결국 시장에서 경쟁력 있는 신문으로 가는 지름길이다.

❀2007. 6. 22. / 2007. 12. 12. 더함.

다섯째 갈래

언론제도 개혁론

" 언론산업을 둘러싼 세상이 변했다. 아니 지금도 광속도로 아날로그에서 디지털로 변하는 중이다. 그런데 세상의 변혁을 선도해야 할 언론은 아직도 변하지 않고 있다. 아니 스스로 변할 생각은 않고, 변화를 거부한다. 그러니 시대에 뒤질 수밖에 없다. 언론산업의 위기는 여기서 비롯된다. 언론이 지향해야 할 변혁의 이데올로기는 차가운 디지털에 인간의 따뜻한 마음을 불어넣는 것이어야 한다. 구체적으로는 신문기업의 심장인 편집국을 개혁하고, 그에 앞서 언론인 스스로도 뉴저널리즘 시대의 저널리스트로서의 기능과 역량을 지녀야 한다. 21세기의 미디어에서도 인간의 가치인 언론자유가 훼손되거나 망실된 저널리즘은 존재할 이유가 없다. "

19 편집국 개혁론

개혁 당위성

❶ 출입처 개혁

통조림 뉴스 공장 / 기자단 해체

❷ 통합뉴스룸 도입

멀티미디어 뉴스 공급 / 언론개혁의 핵심 진원지 / 통합뉴스룸의 목표

❸ 선진조직 건설

📖 붙임: 취재지원시스템 선진화 방안 파동

20 편집권 독립과 언론자유

❶ 편집권 논란

사주언론 해체 / 개념 확대왜곡

❷ 편집권 현장

편집권 독립 유명무실 / 언론자유 전제 조건

21 뉴저널리즘과 탐사보도

❶ 기사쓰기 개혁

객관주의 저널리즘 / 이야기 기사론

❷ 탐사보도 활성화

진실보도 / 기자 전문성

22 컴퓨터 취재보도론

❶ CAR

CAR의 의미 / CAR와 기자 / CAR의 과제

❷ 인터넷취재

취재범주 확장 / 인터넷취재 기법 / 정보신뢰와 확인

19 편집국 개혁론

한국사회에서 개혁을 선도해야 할 기자가 오히려 개혁의 걸림돌로 작용하는 현실을 개탄한다. 기자는 입으로는 개혁을 운운하면서 기자단 해체와 편집국 개혁에는 머리를 싸매고 반대한다.

개혁 당위성

열쇳말
- 내부서 개혁거부
- 교육훈련 변신기도
- 상호작용 계기마련

이번 회에서는 편집국 개혁론을 논하기에 앞서 한국언론이 지닌 구조적 현실에 대해 현직 언론인들은 어떻게 인식하고 있는지 그 자화상부터 먼저 일별해보기로 한다. 언론인을 대상으로 언론조직문화를 점검한 자료에 의하면 언론인들은 조직의 개선을 위해 반드시 형성하여야 할 조직문화로 ①혁신의 추구 ②무사안일 극복 ③열정, 패기, 도전의식 ④전문가 정신과 프로정신 ⑤상하간 원활한 의사소통 ⑥매사에서의 최고 추구 등을 들었다(송은아, 2009년 4월호, 24쪽).

언론인들은 또 스스로 인식하는 조직문화의 특성으로 공동체형 문화를 지향하고 있다고 봤다. 즉 사람을 우선시하고 배려하고 헌신하는 문화, 전형적인 인간관계에 기반을 둔 조직문화가 강하게 자리잡고 있었다. 이는 사람을 우선시하기 때문에 가능한 한 다수를 의

사결정에 참여시키고, 조직에 전념케 할 수 있는 장점이 있다. 반면 이러한 문화가 성행할 경우, 지나친 용인으로 인한 통제 불가능의 개인주의가 만연하고, 무엇보다도 획일적 행동주의로 인해 개인들의 성과에 대한 평가를 기피하는 문제점을 보인다.

한국신문사의 조직문화도 공동체형 조직문화의 장점보다는 단점이 더 강하게 작용한다. 혁신지향의 유기체형 조직문화가 설 자리를 잠식당해 신문사가 창의적인 아이디어 개발이나 외부환경에 대한 적극적 대응에 둔감한 조직문화에 만연돼 있다(송은아, 2009년 4월호, 23쪽). 이것이 현직 언론인들이 직접 진술한 신문사 시스템의 현주소다. 그러면 왜 이 시점에서 편집국 개혁이 불가피한지 그 당위성을 살펴보자.

21세기의 신문산업은 디지털 멀티미디어 체제를 추구하지 않으면 생존 자체가 어렵다. 과거에 향유했던 인쇄매체의 지배적 우월성을 완전히 떨쳐버리고, 과감한 이노베이션으로 질적 전환을 하지 않으면 신문이 살아남을 길은 없다. 이런 개편과 쇄신에는 편집국의 문화적 풍토를 바꿔야 한다는 난제가 도사리고 있다. 그 가운데 편집국 개혁은 현실적으로 당장 개혁에 착수해야 할 과제다(미디어월드와이드, 2008년 2월호, 4쪽).

편집국 개혁은 현실적으로 당면한 과제다. 편집국 개혁을 가로막는 최대의 요인은 다름 아닌 언론인들이다. CEO로부터 핵심 간부급, 중간관리층, 기자에 이르기까지 하나같이 개혁에 대한 두려움으로 선뜻 받아들이지 못한다. 언론인들은 미래 지향적인 미디어 구조에 실패할지 모른다는 막연한 두려움에 떤다. 언론경영자들은 편집국의 개혁으로 신문이 흔들리지 않을까를 우려한다. 일선 언론인들은 지위 고하를 막론하고 자신의 밥그릇이 어떻게 되지 않을까를 먼저 생각한다. 언론인들이 디지털 저널리스트로의 변신을 외면하고 다짜고짜 편집국 개혁에 저항하는 심사에는 이와 같은 심리적 구조가 저변에 깔려 있다.

따라서 편집국 개혁은 교육과 훈련에서부터 비롯될 수밖에 없다. 아날로그 언론인을 디지털 저널리스트로 변신시키기 위해서는 디지털 미디어문화에 대한 이해를 깊게 인식시키고, 독자와의 쌍방향 커뮤니케이션을 활성화하도록 유도해야 한다. 예컨대 기자들은 블로그 등으로 출입처나 취재에 관한 내용을 놓고 편집국에서 나눈 대화나 의견, 취재배경 등을 정리해 독자들에게 알릴 필요가 있다. 독자와 상호작용하는 계기로 삼아야 하는 것이다.

저널리스트가 일방통행하는 뉴스 유통이 독자와의 대화하는 형태로 전환되지 않고선 신문의 미래가 없다. 독자와 상호작용하는 뉴스를 생산하려면 제도적인 편집국 개혁이 앞서야 한다. 편집국 개혁은 언론인들의 의식구조를 어떻게 바꾸는가가 요체다. 아날로그적인 마인드를 고집하는 언론인은 결코 21세기의 저널리스트가 될 수 없다. 도전과 패기, 변화에 대한 모험정신이 충만한 언론인들만이 디지털 저널리스트가 될 수 있다.

❶ 출입처 개혁

통조림 뉴스 공장

✍ 열쇳말
- 출입처 홍보요원
- 보도자료 리카피
- 발표언론 보편화

언론의 심장부는 편집국이다. 편집국은 신문산업의 두뇌로서 언론의 핵심적 공정을 수행한다. 따라서 편집국의 시스템과 인적 자원은 신문의 품질을 담보하는 키워드다. 한국신문의 편집국은 빈약한 기자인력, 출입처 위주의 취재관행, 전무한 전문기자 및 대기자, 정형화된 편집, 주먹구구식 행정 등 평면적인 조직의 틀에서 벗어나지 못한다. 신문이 변혁의 시대를 앞서가지 못하고 오히려 뒤쫓아가기에도 바쁘다. 시대에 뒤진 편집국 시스템은 출입처와 보도자료에 근거한 스트레오타입 기사를 지면에 옮기는 데 급급하다. 이는 신문의 품질저하를 초래하고, 소비자의 불신을 불러와 언론의 미래를 암울하게 한다.

편집국은 개혁의 대상이다. 편집국을 그대로 두고서 신문개혁을 운운한다는 것은 '말장난'이다. 편집국 개혁을 위해선 첫째, 과학적인 인력구조와 직무분석을 정기적으로 실시해야 한다. 조직의 활성화는 부패와 무사안일을 방지하고 탄력을 붙여준다. 둘째, 프리랜서 제도를 도입할 필요성이 있다. 지면을 반드시 자기회사 소속 기자만이 메워야 한다는 고정관념에서 벗어나야 한다. 지면 경쟁력을 위해 필요한 경우에는 외부필자를 적극 활용해야 한다. 이는 인력난을 해소하는 효과도 동시에 볼 수 있는 방안이다. 셋째, 능력과 기여도에 따른 메리트 시스템을 도입해야 한다. 기사의 작성 비율에 따라 임금을 받는 스트링어(囑託記者)를 채용하는 방안도 강구한다. 넷째,

전문자격증, 면허증을 지닌 자를 기자로 채용, 기사의 전문성을 높인다. 다섯째, 인턴기자제 도입을 상례화 하여 우수한 인재를 선발, 육성하는 과제 또한 소홀히 할 수 없다. 여섯째, 기자의 전문성 제고는 원칙적으로 기자 자신의 몫임을 확고히 한다. 다만 회사는 기자의 전문성을 높일 수 있도록 최선의 방안을 뒷받침해야 한다. 일곱째, 편집국 행정의 전문화, 과학화가 필요하다, 기자관리, 국내외 출장, 평가, 인사배치, 근태관리, 특파원지원, 교육, 상벌관리 등 관리업무를 담당할 행정요원을 양성해야 한다. 여덟째, 신문의 권위주의를 벗어 던지고 독자와 함께 하는 가치관을 확고히 해야 한다.

출입처 중심의 취재행위와 시대에 뒤진 편집국 시스템으로는 21세기 독자가 요구하는 언론상품을 생산할 수 없다. 언론산업에서 편집국은 신문을 생산하는 공장이며, 기자의 출입처는 생산공정에서 원료와 같다. 보도행위의 골간을 이루는 이 두 문제가 구시대적 패러다임(*paradigm*)을 벗어나지 못하는 한 기자개혁은 상상도 할 수 없다.

기자들의 언론행위는 출입처의 기자단을 중심으로 이뤄진다. 출입처란 기자가 취재하기 위해 상시적으로 들리는 곳이다. 출입처는 기자들이 중요한 정보가 모이는 길목을 지킴으로써 정보수집의 효율성을 기하기 위해 생긴 제도이다. 언론사로서는 믿을 만한 정보를 적은 비용으로 정기적으로 확보할 수 있고, 취재원은 보도자료 등으로 홍보성 보도의 확산과 비판적 보도의 축소 등 여론조작이 용이하다는 점에서 공생 공간이다. 현실에서 출입처는 언론과 취재원의 유착 온실로 작용하곤 한다. 언론과 취재원의 결탁이라는 양면적 성격은 경남도청이 출입기자들을 '당연직 홍보위원'으로 규정한 데서도 극명히 드러난다(기자협회보, 2006년 11월 1일자).

출입처는 대개 공공단체나 각종 사회단체, 정부기관 및 주요 기업체 등에서 제공하는 기자실을 일컫는다. 출입처에서는 기자실을 두고 보도자료로 뉴스의 소스를 제공한다. 보도자료는 출입처에서 알리고자 하는 내용을 기자가 이용하기 쉽게 육하원칙에 따라 작성한 것이다. 보도자료는 기사작성에 필요한 정보들, 즉 누가, 언제, 어디서, 무엇을, 어떻게, 왜에 대한 정보 위주로 되어 있다. 보도자료는 짧은 시간 내에 취재에 필요한 정보를 체계적으로 입수할 수 있는 가장 편리한 제도이다. 대부분의 기자들은 보도자료 그 자체를 기사화함에 주저하지 않는다.

한국언론을 '발표 저널리즘'이라고도 부르는 연유는 보도자료의 의존성에 근거한다. 발표 저널리즘이란 언론인이 사실확인과 사실에 대한 분석 및 해석의 기능을 스스로 포기하고 취재원이 제공한 정보의 분석 및 해석, 취재원이 규정한 현실을 그대로 보도하는 형태를 말한다. 이 경우 기자는 단순 전달자의 구실을 한다. 발표 저널리즘은 언론매체의 현실규정 역할은 포기한 채 취재원, 특히 고위관료·대기업 및 유력기관의 전문가들이 현실규정 과정에서 주도적 역할을 하게 되어 언론인과 취재원의 역할전도현상이 일어나게 된다(한국언론2000년위원회, 2000, 167쪽).

언론은 경제적인 필요와 서로의 이익 때문에 강력한 정보제공자[取材源]와 협력관계를 유지한다. 매일 기사를 내보내야 하는 정해진 일정을 소화하려면 꾸준하고 믿을만한 뉴스자료를 지속적으로 확보하여야 한다. 그런 의미에서 뉴스를 가장 많이 생산하고, 또 그에 따른 자료를 챙겨주는 정부나 관료, 대기업, 사회단체 등은 취재를 위한 최적의 장소다. 언론인들은 이런 구조에서 생산된 뉴스를 객관적인 보도로 위장하고 있어, 일반인들은 뉴스가 지닌 속성을 제대로 파악하기란 매우 어렵다.

기자정신에 불타는 기자는 보도자료를 문자 그대로 보도의 참고자료로만 사용할 뿐, 보도자료 자체를 기사화하지 않는다. 보도자료는 어디까지나 출입처가 홍보를 목적으로 작성한 홍보물이므로 그대로 사용하는 것은 십중팔구 홍보에 노출될 개연성이 다분하다. 보도자료는 논란의 여지가 있는 쟁점 등에서 출입처의 일방적인 주장만을 담고 있어 편파적이거나 축소·확대·왜곡·조작 등의 소지가 많다. 기자는 보도자료의 내용을 비판적으로 선별, 해석하고, 반드시 보충 취재를 통해 확인해야 한다.

한국언론은 '통조림 뉴스(*canned news*)'라 하여, 취재원이 제공한 세트 그대로 기사화하는 관행을 상식처럼 여긴다. 통조림 뉴스란 언론이 직접 밭에서 채집한 재료로 만든 기사가 아니라, 취재원이 마련해준 재료를 단순히 전자레인지에 데워서 먹는 기사를 말한다. 기자의 전문성 부족, 취재시스템의 문제, 인력부족, 기자들의 직업의식 해이, 관료와 기업 등 기성 권력의 홍보 강화 등의 요인이 복합적으로 작용한 결과다. 그 가운데 출입처 제도와 기자단이라는 취재시스템의 문제는 발표 저널리즘을 구조적으로 뿌리내리게 하는 원인이다.

기자단 해체

> ✍ 열쇳말
> - 취재원 유착창구
> - 배타적 밀실운영
> - 권위주의 산실

남재일은 "한국언론의 취재체계는 출입처 제도와 부서 중심제다. 이 제도는 조직의 폐쇄성을 초래해 취재가 효율성을 지닐 수 없게 한다. 출입처 제도는 담당 영역을 커버하는 것이 아니라 길목을 지키는 체제다. 적은 인력이 많은 양의 1차적 정보를 단순 전달하는 데는 효율적이지만 분석하고 전망하는 기사를 쓰기에는 좋은 제도가 아니다. 부서 중심제 또한 심층적 인력 운용과 정보교류를 방해하는 등 취재의 유연성을 담보하지 못해 고품질의 기사생산을 가로막는 요인이 된다"고 지적했다(남재일, 2006, 56쪽).

기존의 부서 중심제 취재시스템은 변화하는 현실사회를 역동적으로 취재하는 데는 역부족이다. 따라서 기존의 취재시스템을 기자들이 하나의 소집단을 구성하여 사회의 주요한 주제나 이슈별로 취재하는 시스템으로 전환해야 한다. 그 가운데 현실적으로 가장 심각한 것은 기자단 제도이다. 기자들은 출입처를 중심으로 배타적인 기자단을 결성해 취재보도 시스템을 구축하고 있다. 기자단은 원래 기자실을 함께 쓰는 출입기자들의 친목단체였다. 기자단은 출입처의 취재원들이 취재보도에 대해 폐쇄적일 때, 뉴스원의 횡포에 맞서 기자들이 힘을 합쳐 압력을 행사함으로써 국민의 알권리를 넓혀주는 기능을 한다. 또 기자들끼리 불필요한 경쟁을 피하고 효율적인 취재와 편의를 도모할 수도 있다.

그러나 기자단은 긍정적인 면보다는 부정적인 면이 더 크게 드러나 개선이 요구되고 있다. 기자단은 그동안 기자들의 촌지를 뜯는 공식창구로 활용되는 등 관언유착의 창구, 부패의 온상으로 나타나

기도 했다. 기자단이 취재원과의 촌지를 매개로 기사를 흥정하는 부패의 연계고리로 작용해온 것은 한국언론의 수치다. 기자단이 언론인의 윤리를 단체로 내다 파는 창구 역할을 마다 않은 죗과를 부정할 순 없다.

세상이 점차 투명해지면서 오늘날 기자단의 부패는 많이 사라졌다. 하지만 아직도 어두운 어느 한 곳에선 기자단과 취재원이 언론윤리를 거래하려는 유혹이 꿈틀거리고 있을지도 모를 일이다. 한국신문이 진정으로 시장퇴출을 면하고 21세기에도 언론기업으로서 여전히 생존하기 위해선 단연코 기자단부터 해체하여야 한다.

출입처 기자들은 기자단의 운영을 지나치게 폐쇄적이고 배타적으로 운영, 기존 언론사의 기득권을 옹호하는 창구로 활용한다. 기자단은 취재 시스템에서의 자유 경쟁에 따른 취재환경의 변화, 취재원과의 유착 시스템 붕괴가 몰고 올 물적 피해의식과 업무 스트레스 등 기자단 해체에 따른 기득권의 상실을 두려워 한다. 따라서 어떤 출입처에서는 회원들이 임의로 정한 기준에 미치지 못하는 언론사 기자들은 기자단에 가입을 못 하게 하고, 이들이 취재원에 접근하는 것을 제한하기도 한다. 정보의 유통을 원활하게 해야 할 기자가 오히려 정보의 유통을 저해하는 것이다.

기자실을 점령한 기자단은 취재원을 대신하여 배타적인 권력을 행사한다. 원칙적으로 취재원이 결정해야 할 기자의 출입문제에 대해 기자단이 대신해 "누구는 들어오고, 누구는 들어오지 마라"고 기자의 자격 유무를 심사, 판단한다. 취재원이 배포한 보도자료의 기사화 여부에 대해서도 기자단이 일일이 간섭한다. 취재원이 제기한 '엠바고'는 전적으로 취재기자 각자가 판단할 몫이다. 기자단은 친절하게도 사적인 판단영역까지 침범, 공적으로 판단을 대행한다. 기자가 엠바고를 파기하면 정작 분노해야 할 취재원은 가만히 있는데도, "상주보다는 곡쟁이가 더 서럽게 울듯이" 기자단이 분기탱천해 기자의 출입을 가로막고 나선다. 뿐만 아니라 취재원에게 보도자료의 배포중지를 종용하며, 취재원이 주관하는 공식행사에 참여를 하지 못하도록 중징계를 내린다. 기자가 기자의 언론행위를 직접적으로 조정·통제하는 것이다. 이처럼 기자단은 언론의 자유를 진흥하는 것이 아니라, 대개는 언론의 자유를 억압하는 첨병 구실을 한다.

기자단이 지닌 또다른 해악은 기본적으로 기자들의 취재경쟁을 유발하기보다는 서로 협력한다는 의미에서 담합을 강요한다는 점이다. 기자단은 취재원이 제공하는 획일적인 보도자료를 충실히 지면에 반영함으로써 특정 언론사 기자가 정보를 독점 취재하여 특종 하는 일을 원천적으로 견제한다. 특종은 못하더라도 최소한 낙종의 위험성을 사전에 제거할 수 있다. 실제로 기자들은 아침부터 출입처 기자실로 출근하여 취재원이 제공하는 통조림 뉴스를 가공하기에 바쁘다. 기자들은 자신들의 담합과 자율검열을 정당화시키기 위해 소위 '떼거리 저널리즘'을 유도하기도 한다(한국언론2000년위원회, 2000, 171쪽).

출입처 중심의 취재는 기자들의 시야를 제한하고 신문마다 판에 박은 듯한 똑같은 기사를 풀빵기계에서 찍어내듯 한다. 기자가 출입처의 시각에 동화되어 그들의 선전선동대로 전락할 우려도 낳는다. 그것은 기자들이 출입처의 시각에서 나온 편향된 정보를 주로 접하기 때문이다. 기자들은 공식적인 발표 이외에 심층적인 취재를 위해서 불가피하게 출입처와 가까운 관계를 맺는다. 자칫 기자로서의 중립적인 위치에서 벗어나 출입처의 시각에 물들 수도 있다.

기자단의 해체는 시대적 요구이다. 독점적이고 배타적인 기자단의 폐쇄성은 기사의 획일화, 촌지와 부패의 만연, 취재원에 의한 여론의 왜곡·조작, 국민 세금의 탕진 등 그 패악의 원흉이다. 언론인이 조직한 언론조직이 언론자유를 진흥하는 것이 아니라 가로막기가 다반사다. 한마디로 득보다는 실이 더 많다. 기자단을 해체하는 대신 정보공개의 제도화를 실시하여야 한다. 정보사회의 도래와 함께 정보는 소수의 기득권이 독점할 것이 아니라 누구에게나 열린 제도여야 한다. 정보의 자유로운 흐름을 보장하는 정보공개의 제도화는 국민의 알권리를 실현하는 지름길이다.

90년대 중반 이후 취재영역과 출입처 간의 엄격한 장벽을 점점 완화하려는 시도가 일부에서 제기되기도 했으나, 현실은 여전히 기자단을 해체할 조짐을 보이지 않는다. 아직도 일선 현장에서 기자단은 기득권이라는 특혜를 철옹성처럼 주려 끼고 놓아줄 기미가 없다. 기자단의 전면적인 해체 없이 권·재·언 유착을 타파한다는 것은 어불성설이다. 한국언론의 아킬레스건인 권·재·언 유착을 깨뜨리지 못하는 한 언론민주화는 없다.

장점보다는 단점이 더 많은 기자단을 해체하지 않으려는 저변에는 언론인들의 천박한 밥그릇 의식과 정보를 독점적으로 소유하겠다는 오만한 특권의식, 정보를 무기로 민중 위에 군림하겠다는 언론기관으로서의 소임이라는 왜곡된 의식구조가 자리 잡고 있다. 인터넷 등 뉴미디어의 발달은 더 이상 언론이 정보를 독점한 특권의식을 용납하지 않는다. 그런데도 썩고 낡은 구시대적 언론관에서 헤어나지 못하는 왜곡된 의식구조로 인해 독자들로부터 점점 멀어져간다.

신문기자들은 단신위주의 지면제작과 출입처 기자실 관행을 과감히 버리고, 다양한 취재원과 다각도의 취재경로를 통해 정보사회에 필요한 고급 심층기사, 민주사회에 필요한 여론수렴형 기사를 제공함으로써 언론보도의 정확성과 공정성을 높여 독자의 신뢰를 회복하여야 할 의무가 있다.

❷ 통합뉴스룸 도입

멀티미디어 뉴스 공급

> ✍ *열쇳말*
> • 기사재활용 증대
> • 멀티풀뉴스 확장
> • 부가가치 극대화

아날로그 저널리즘이 인터넷에 기반하지 않으면 시장생존을 도모할 수 없는 것이 냉혹한 언론 현실이다. 이에 각 언론사는 종이신문에 게재되었던 기사를 다시 인터넷에 적합하도록 개작하는 등 뉴스의 재가공에 이중삼중의 인력을 투입한다. 대부분의 신문사는 연중무휴 멀티미디어 뉴스 공급체계로 개편하는 등 쌍방향 미디어 체제로의 전환을 서두른다. 그러나 언론사 종사자들이 이와 같은 시스템에 얼마만큼 적응할 수 있으며, 또한 얼마만큼 효율적인 디지로그 신문조직을 제도적으로 뒷받침 할 수 있느냐는 문제점에 봉착했다.

오늘날 뉴스는 단순히 종이신문에 게재하는 것만으로는 생산성을 지니지 못한다. '원 소스 멀티풀 유즈(*one source multiple use*)'라 하여 인터넷은 물론 모바일, DMB, IPTV 등 다른 뉴미디어에서도 사용이 가능하여야 생산성을 지닌다. 다음의 기사는 기존 언론에서 기자의 역할과 언론이 어떻게 변해가고 있는지를 보여준다.

"〈워싱턴포스트〉의 야구전문기자인 배리 스브루가(Barry Svrluga)는 어느 날 이발소에 가는 길에 '워싱턴 내셔널즈'가 팀내 부진한 투수 2명을 마이너리그로 보낸다는 내용의 이메일을 PDA로 접했다. 그는 차를 세워 '스타벅스'에 들어가 노트북으로 짧은 논평을 작성, 블로그에 올렸다. 스브루가는 이발을 마치고 편집국으로 돌아가 '실시간 질문과 답변'이라는 온라인 공간을 열어 야구팬들과 토론을 진행했다. 토론을 마치고 블로그에 달린 댓글과 온라인 채팅으로 접한 팬들의 반응 등을 묶어 내일자 종이신문에 실을 기사를 완성했다. 끝으로 잠들기 전 10분 길이의 짤막한 포드캐스트를 녹음했다(마크 건더, 이상헌 옮김, 미디어월드와이드, 2007년 9월호, 76쪽)."

이는 먼 미래의 얘기가 아니다. 2007년 7월 현재 한 미국 신문기자의 진행형 얘기다. 오프라인 신문기자가 종이신문뿐만 아니라 블로그, 포털, 인터넷신문, 잡지, 방송기사, DMB까지 다양한 플랫폼의 기사를 생산하고 있으며, 취재환경 또한 텍스트는 물론 이메일, 채팅룸, 오디오, 동영상 등 다양한 멀티미디어 소스를 활용하는 것을 엿볼 수 있다. 바야흐로 인터넷에 기반하지 않고서는 신문이 설 자리가 없음을 보여주는 사례다.

21세기 저널리즘의 경쟁력을 확보하기 위해선 뉴스가 정보 콘텐츠로 진화되어야 한다. 콘텐츠(*contents*)란 문자 · 영상 · 음성 등의 정보를 제작 가공하고, 소비자에게 전달하는 정보상품을 일컫는다. 커뮤니케이션 매체가 뉴스를 단순히 지면에만 게재하고, 기껏해서 나아가 인터넷에 텍스트 게재용으로만 활용한다면 생산성을 담보할 수 없다. 이른바 '원 소스 멀티풀 유즈'를 달성하지 않고선 뉴스산업의 경쟁력을 얘기할 수 없다.

<그림 8> 뉴스콘텐츠의 다매체 활용

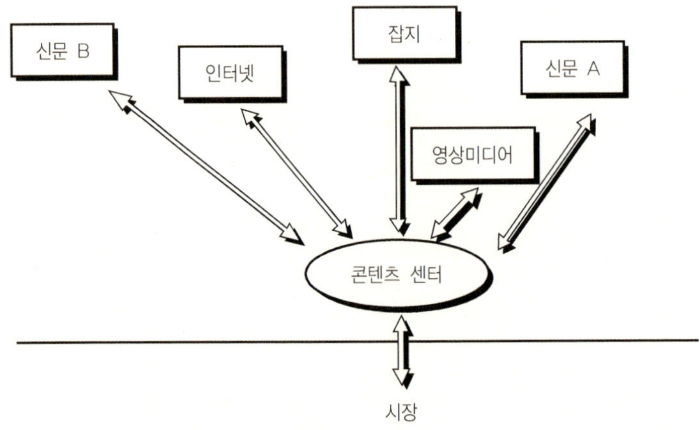

출처: 한국온라인신문협회, 『온라인신문, 경쟁과 생존』, 커뮤니케이션북스, 2006, 147쪽.

신문기사가 오프라인 매체로만 존재하던 시대는 이미 지났다. 미디어와 미디어가 결합하는 크로스 미디어(*cross media*) 시대가 도래했다. 신문과 방송, 통신, 인터넷, 모바일 미디어 등 모든 매체가 콘텐츠를 주고받는다. 소위 '원 소스 멀티풀 유즈'로 뉴스 생산의 부가가치를 극대화해야 한다. 이제 신문이 취재한 기사는 오프라인 매체뿐만 아니라 뉴미디어 매체에도 적합한 정보콘텐츠로 재가공, 활용돼야 하는 시대다. 뉴스의 생산성을 담보하지 않고서는 신문산업의 경쟁력을 논할 수 없다.

언론개혁의 핵심 진원지

열쇳말
- 디지털미디어 체계
- 편집국시스템 전환
- 뉴스콘텐츠화 추진

오늘날 독자들은 또 뉴스의 수용을 전통적 매체인 신문, TV, 라디오, 잡지 등 매스미디어뿐만 아니라 인터넷, PDA, DMB, 노트북, 휴대폰 등 다양한 기술과 플랫폼을 이용한다. 따라서 뉴스 또한 텍스트를 비롯 그래픽, 사진, 애니메이션, 동영상, 음성 등 독자들의 수용환경에 적합한 포맷으로 전달할 필요가 있다. 독자들은 뉴스의 소비에서 문자, 사진, 동영상 등이 결합된 멀티미디어를 선호하고, 쌍방향성 참여 커뮤니티를 중요시 한다. 또한 더 많은 종류의 매체를 접하는 대신 매체별로 더 작은 시간을 소비하며, 기사를 읽기보다는 보는 편이다. 독자들의 뉴스소비 형태는 언론인들의 취재보도 행위가 종래의 저널리즘 기능 수행에 더하여 정보콘텐츠의 생산으로 확대되어야 한다는 의미다.

디지털 미디어 시대에 신문이 시장에서 경쟁을 지니고 생존을 도모하려면 편집국이 하루에 한 번씩만 신문을 발간하는 것이 아니라, 24시간 내내 뉴스와 정보를 생산하는 체제로 전환해야 한다. 동시에 편집국을 멀티미디어화로 개편하여야 하며, 기자들도 새로운 테크놀리지를 활용하는 기능을 지녀야 한다. 리얼타임으로 뉴스와 정보를 체크하는 데 익숙한 독자들의 요구에 부응하기 위해선 이런 변화가 필수적이다. 또한 멀티 플랫폼에 걸쳐 다양한 미디어들과 제대로 경쟁을 벌이기 위해서도 기자와 편집국의 역할과 기능이 바뀌어야 한다(미디어월드와이드, 2007년 6월호, 13쪽).

뉴스를 생산하고 가공하는 공장인 편집국을 디지털미디어 체계로 전환하는 작업은 미룰 수 없다. 단순히 정보만을 가공해 뉴스생산을 도모하는 아날로그식 개념으로는 경쟁력을 지닐 수 없다. 텍스트는 물론 영상과 음성, 데이터 등 멀티미디어화된 뉴스콘텐츠가 시장을 주도하는 시대이다. 이런 시장의 수요에 부응하지 못하면 언론기업의 시장퇴출은 상식이 될 전망이다.

미국의 경우 편집국을 '통합뉴스룸(*convergence newsroom*)'으로 개편하고, 신문조직을 에디터(*Editor*)제로 개혁하는 한편 지면쇄신 등으로 살아남기에 부심한다. 그 요체는 지면개혁과 취재관행의 개편이다. 심층성을 보장하는 해설성 스트레이트와 피처스토리 중심의 지면, 이를 조직적으로 뒷받침하기 위한 출입처 제도의 수정, 이를 유지하기 위한 편집국 조직 차원의 에디터 제도와 팀제의 구축 등이다. 또 이러한 체계를 문화적 수준에서 보완하기 위해 전문기자, 대기자의 양성, 스카우트 중심의 기자채용 실시, 지속적인 재교육 기회 제공 등 다양한 노력을 기울여 왔다(남재일, 2006, 10～11쪽).

편집국은 단순히 오프라인상의 편집국만을 의미해서는 안된다. 24시간 뉴스를 서비스하는 편집시스템을 구축하지 않으면 편집국의 소임을 제대로 수행할 수 없다. 오프라인 편집국 모델을 기본으로 하되, 그 운영방식은 온라인 저널리즘 형태를 취하는 것이 가장 현실적이다. 온·오프라인 편집국이 동시에 가동되는 것이 21세기 저널리즘의 편집국 시스템이다.

통합뉴스룸은 '원 소스 멀티플 유즈'에 기반한 뉴스 송출 시스템이다. 통합뉴스룸에서는 기존 언론에서의 주요 가치였던 기사 내용, 마감시간 따위가 존재할 수 없다. 통합뉴스룸은 24시간 내내 기사를 생산하고 소비하는 체제다(관련기사 ☞ ⑲ 편집국 개혁론 참조).

그러면 선진언론에서 실제로 기능하는 통합뉴스룸은 어떤 모습일까. 김영욱은 지난 2008년 6월 1일부터 4일까지 스웨덴 예테보리(Göteborg)에서 열린 제61회 세계신문협회(WAN) 총회 및 제15회 세계편집인 포럼(WEF) 을 다녀온 한국참가단의 보고서를 요약한 《미디어 인사이트》 2008년 7·8월호 기사에서 통합뉴스룸의 현장을 다음과 같이 소개했다.

<사진 16> 통합뉴스룸 배치도

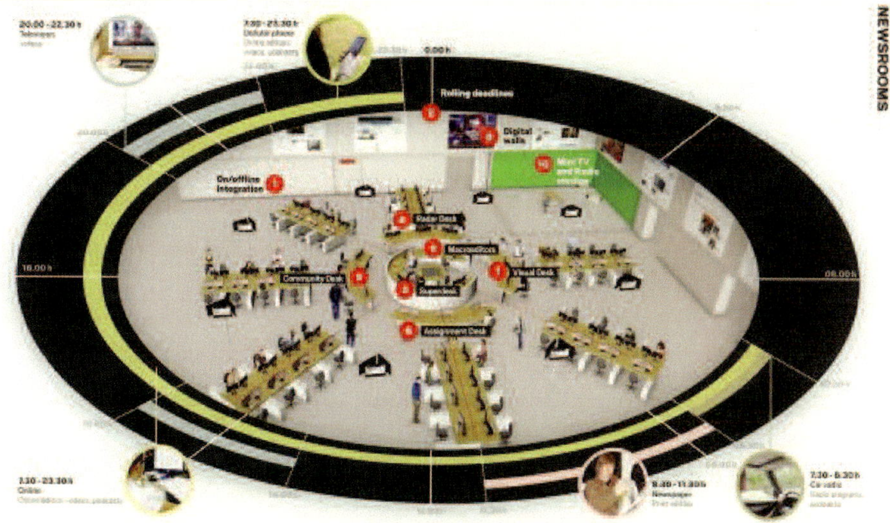

↳출처: Innovations in Newspapers 2008. World Report, 12-13쪽(김영욱, 「2008 WAN총회 보고서」, 《미디어 인사이트》 통권 제5호, 한국언론재단, 2008년 7·8월호, 29쪽 재인용).

"WAN의 의뢰로 매년 신문 업계의 주요 혁신 사례를 조사해 발표하는 미디어 컨설팅 기업인 이노베이션(The Innovation)사는 이상적인 뉴스룸의 운영 사례로 그리스의 <엘레프테어 티포스(Elefther Typos)>를 들었다. 한 때 부도 위기에 몰렸던 이 신문은 뉴스룸의 변화 등 신문개혁의 추진으로, 부수는 3배, 매출은 2배를 늘렸다. 이 신문은 오프라인 신문과 온라인 사이트, 라디오 방송의 뉴스룸을 통합하고, 이를 관장하는 슈퍼데스크를 중앙에 두었다.

이 신문사가 구축한 통합뉴스룸은 각 플랫폼의 편집책임자들이 모여서 의사결정을 하는 슈퍼데스크(❸)를 중심으로 각 부서가 방사형으로 배치되어 있다(❶). 데스크는 오프라인과 온라인이 통합되어 있다. 그림 바깥의 시각과 구간표시(❷)는 '회전하는 마감시간(rolling deadlines)'을 나타내는 것으로 시간대에 따라 어떤 미디어의 뉴스가 제공되는가를 나타낸다. 세계에서 벌어지는 갖가지 변화를 체크하는 데스크(❹), 독자와 이용자들이 보내오는 콘텐츠와 의견을 담당하는 데스크(❺), 가용한 인력 현황을 파악하고 그들에게 적절한 업무를 배분하기 위한 데스크(❻), 인포그래픽과 영상을 담당하는 데스크(❼)가 슈퍼데스크를 둘러싸고 있다. '디지털 벽(digital walls)'으로 불리는 벽면에는 대형 모니터가 설치되어 시시각각 변하는 뉴스를 볼 수 있도록 했다(❽). 이 외에도 특정한 영역 없이 팀 취재와 거리 취재를 담당하는 에디터(❾)와 미니 TV와 라디오 스튜디오(❿)가 있다(김영욱, 2008, 29쪽)."

이처럼 통합뉴스룸은 독자들의 요구에 부응하려는 뉴스생산 시스템이다 아날로그 정보를 디지털 콘텐츠로의 변신을 꽤하지 않고서는 신문기업의 미래를 얘기할 수 없다. WAN총회 보고서는 이를 생생하게 증언한다.

통합뉴스룸의 목표

✍ 열쇳말
- 이용자 중심 뉴스
- 기사생산 효율화
- 언론마인드 결여

통합뉴스룸은 매체사 중심의 뉴스텍스트 생산방식에서 탈피하여 이용자 중심의 뉴스콘텐츠를 생산한다. 통합뉴스룸은 단순히 서로 다른 매체의 기자가 모여 뉴스를 생산한다는 의미만 있는 게 아니다. 미디어가 급속히 디지털화로 전환되면서 대두되는 새로운 시대사조에 따른 저널리즘 산업의 생산조직이다. 통합뉴스룸에서 생산된 기사는 텍스트에 기반한 정보만이 아니라, 멀티미디어에 토대를 둔 '뉴스콘텐츠'라는 데서 그 의의를 찾을 수 있다.

<표 28> 뉴스룸 비교

	낡은 뉴스룸(기존 편집국)	혁신 뉴스룸(통합뉴스룸)
편집국 구성 형태	아날로그 조직	디지털 조직
뉴스의 진화	읽는 뉴스 듣는 뉴스	보는 뉴스 찾아가는 뉴스
온라인 비중	0~10%	30~50%
멀티미디어 콘텐츠 비중	0~10%	20~40%
온·오프 뉴스룸 관계	비통합적/오프라인 주도적, 일방적	통합지향/온·오프간 대등적, 쌍방향적
소통의 성격	독자소통 전담부서 없음/UCC채널 형식화	독자소통 전담부서 있음/UCC의 크로스미디어화
생산 지속성	주요 업무에 종속됨/심야 새벽시간대 공백.	21시간 지속됨/뉴스생산 공백 없음
뉴스 생산 이데올로기	매체사 중심	이용자 중심

↳ 출처: 김명기·최진순, 『뉴스의 혁명 News ML』, 박문각, 2008, 19쪽.

뉴스 생산의 기반여건이 다각화·다변화되면서 아날로그 정보가 퇴조하고, 디지털 뉴스로 재편이 가속화된다. 그동안 언론산업은 기계적인 대량생산과 뉴스유통의 독점화로 뉴스산업을 배타적으로 지배해 왔으나, 정보유통제도의 급속한 변화와 함께 더 이상 그러한 권위를 지닐 수 없게 되었다. 뉴스가 개인화·전문화를 치닫고 있는 시대에 적응하기 위해선 기존 언론사의 시스템은 철갑옷을 입은 듯 무겁고 힘겹다. 이는 솜이불 누비옷을 겹겹이 입고 에베레스트를 오르는 것과 다를 바 없다. 언론산업이 21세기에도 여전히 존재하기 위해서는 방습·방수·방풍이 완벽한 '코어텍스 등산복'을 입을 필요가 있다. 이를 간과하고선 에베레스트에 오를 수 없다는 것은 상식이다.

뉴스콘텐츠의 표현 양식이 텍스트는 물론 사진, 동영상, 음성, 그래픽 등 인간이 표현할 수 있는 모든 영역의 양식이 다 포함된다.

기자가 기사를 쓴다는 개념이 아니라, 제작하고 생산하여 송출한다는 개념이 바로 통합뉴스룸의 목적이다.

통합뉴스룸은 이름만으로 존재하는 조직이어서는 안된다. 통합뉴스룸은 신문의 위기를 맞아 현재 국내외 언론에서도 활발히 조직되고 있는 뉴스 생산시스템이다. <뉴욕타임스>는 지난 2005년 8월 초 10년 넘게 준비해왔던 통합뉴스룸 구축을 거쳐 드디어 2007년께 완료한다고 발표했다. <한겨레신문>도 2005년 9월 초 온라인 뉴스 조직을 종이신문 편집국에 통합하고, 편집국 각 부서별로 온라인 데스크를 두어 온라인뉴스 생산을 전담토록 했다. 그러나 온·오프라인 기자들의 문화적 차이로 당초 기대했던 만큼 목표를 이루지 못했다. 그것은 오프라인 언론인들의 낡은 패러다임과 디지털 저널리즘에 대한 소양부족, 언론 마인드의 결여가 가장 큰 원인이었다.

뉴스의 생산성과 효율성을 담보하려면 통합뉴스룸은 비켜갈 수 없다. 뉴스경영에서도 지식경영(*knowledge management*)을 도입하여야 한다. 파편적이었던 정보가 종합적인 콘텐츠화 되어, 다매체 다채널에 적합한 용도로 확대재생산, 부가가치의 창출을 극대화하는 데 기여해야 한다. 뉴스산업의 활성화는 뉴스의 생산조직부터 21세기 종합 지식정보산업에 걸맞은 형태로 조직되고 관리되는 데서 비롯된다.

❸ 선진조직 건설

열쇳말
- 에디터제 도입
- 전문기자제 시행
- 대기자 육성시급

편집국 개혁에서 가장 중요한 것은 인적 조직에 대한 권한과 그에 따른 운용방법이다. 시민언론의 뉴스 생산조직을 어떻게 운영할지 미리 그

대강을 살펴보면 편집국장은 전체 지면 제작과 인력 운용에 대한 최종적 의사결정과 행정적 결정권을 지닌다. 편집국의 실질적인 운영은 에디터(*editor*)를 중심으로 한다. 편집국장은 에디터를 조정하는 역할을 맡는다. 에디터는 국장을 보좌하며 자신이 맡은 지면의 제작과 인력운용, 예산 등을 총괄하는 '소편집국장'과 같은 임무를 수행한다.

편집국 개혁은 사람시스템에 개혁이 그 요체이다. 기자 → 차장 → 부장 → 부국장 → 국장으로 이어지는 연공서열식 관료주의적 체계를 능력과 업무 중심의 팀제·에디터제로 전환하여야 한다. 변화하는 시대에 능동적으로 대처하고, 지면혁신을 위해서는 전문성을 중심으로 기자 → 에디터라는 조직으로의 전환이 불가피하다.

남재일은 "에디터는 막강한 야전사령관으로 신문제작을 총괄했던 편집국장의 업무를 전문성을 담보한 전문가에게로 분권화하자는 제도"라고 소개했다. 그는 "에디터제는 뉴스의 공급구조를 속보성 위주의 정보 중심에서 심층정보 중심으로 뉴스상품의 질적 패러다임을 전환하는 뉴스 생산조직의 종합적 전환이라는 것이다"라고 말했다(남재일, 2006, 178쪽).

기존의 편집국은 편집국장 1인 중심으로 수직적 계층의 위계질서 문화가 지배해왔다. 출입처에서 제공한 발표기사에 의존해 기사를 생산했다. 에디터제는 편집국이 전문성을 중심으로 편제되며, 조직이 수평적 관계에서 능력에 기초한 인사시스템으로 전환이 된다. 기자의 취재양식 또한 이슈 및 창의성 중심으로 그 패러다임이 옮아감으로써 독자가 요구하는 생활밀착형 기사, 심층 및 분석기사로 차별화가 가능하다. 뉴스의 생산구조를 공급자 중심에서 소비자 중심으로 전환할 수 있다는 것은 에디터제를 도입해야 하는 근본적인 이유이다(남재일, 2006, 82～84쪽).

따라서 시민언론은 국장→부장→차장→기자 등으로 이어지는 평면적인 조직을 해체한다. 대신 국장→에디터→기자 등 직무를 중심으로 한 제도를 도입한다. 에디터는 부국장·부장·차장의 직무를 동시에 수행하는 '담당분야의 편집국장'이라 할 수 있다. "金榮在의 市民言論 創刊論"이 설계하는 시민언론의 에디터는 편집제작 에디터와 독자뉴스 에디터, 시민생활 에디터, 민권사회 에디터, 디지털 뉴스 에디터로 편집국을 조직한다.

<그림 9> 시민언론 편집국 체계도(예)

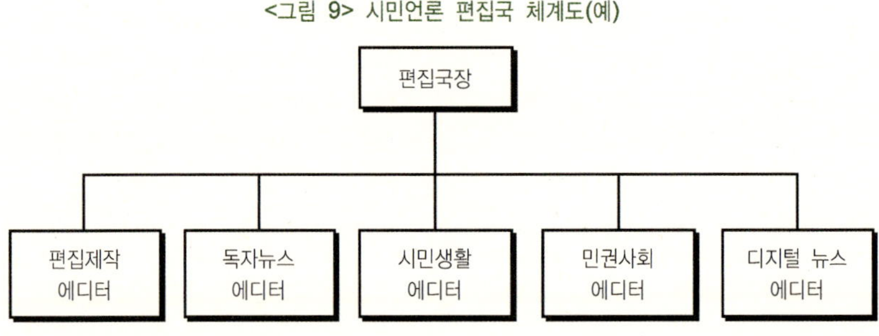

각 에디터의 팀은 1차적으로 취재/편집/교열/사진/디자인 등의 업무를 일괄적으로 수행할 수 있는 영역별 기능통합 시스템으로 구성한다.

편집제작 에디터는 오프라인 매체의 편집·교열 및 디자인, 사진부 업무 및 온라인 매체의 정보콘텐츠 제작 업무를 담당한다. 독자뉴스 에디터는 시민기자의 제보와 공동취재 업무를 비롯 탐사보도·기획취재·공공저널리즘 등 기획취재부문을 담당한다. 시민생활 에디터는 정치·행정·경제·문화·생활·여성·과학·체육부서의 업무를 담당한다. 민권사회 에디터는 사회복지·환경·공해·도시교통·빈민·교육·노동·농업·법조·사건·인권 등의 업무를 담당한다. 디지털 뉴스 에디터는 동영상 뉴스, 방송용 정보콘텐츠, 데이터베이스 뉴스 등 멀티미디어 뉴스 업무를 담당한다.

기존 언론의 기자가 취재, 편집, 교열, 사진 등 직무를 중심으로 업무를 수행하였다면 시민언론에서는 한사람이 수행한다. 시민언론의 기자는 신문제작은 물론 동영상 뉴스의 생산에까지 혼자 하는 멀티미디어형 기자다. 데스크 또한 기존 언론에서는 취재와 기사작성에만 관여했다면 시민언론의 에디터는 언론의 모든 영역을 책임 있게 총괄하여야 한다. 그러므로 시민언론에 종사하는 저널리스트는 사회의 각 분야에서 먼저 전문가가 되어야 한다.

신문기업이 지식산업을 선도하는 최첨단의 정보문화콘텐츠기업화를 추구하려면 전문기자제 · 대기자제 도입 등 취재시스템의 개편이 선행되어야 한다. 때가 되면 차장 · 부장이 되고, 또 20~30대는 현장취재, 40~50대는 데스크라는 기자들의 뿌리 깊은 의식구조는 신문산업의 경쟁력을 떨어뜨리는 주범이다. 기자의 본질은 지적으로 책임 있는 정보를 생산해내는 전문인으로서, 취재현장을 중심으로 활동을 전개하여야 한다.

시민언론 종사자는 오프라인 저널리스트로서의 사명뿐 아니라 윤리의식을 지닌 온라인 저널리스트로서의 역할도 수행하여야 한다. 온 · 오프라인의 커뮤니케이션 방식과 구조, 기능 등은 물론 자신만의 철학을 지녀야 한다. 아날로그 시대의 고착화된 마인드를 지닌 언론인은 필요 없다. 온라인뉴스 생산리듬에 적응하여 디지털 뉴스콘텐츠를 제작할 수 있는 능력을 지니고, 또한 이념적으로 시민언론이 지향하는 이데올로기를 구현할 기자정신 · 언론정신을 지닌 사람이 시민언론 저널리스트이다.

여기에다 21세기 지식정보사회를 선도하는 전문성을 동시에 지니지 않으면 안된다. 기자의 전문성은 책임 있는 대안을 제시할 근거가 된다. 시민언론은 정보를 단순히 나열하고 전시하여 소개만 하는 신문이 아니다. 시민사회에서 논의되는 담론을 정책화되도록 유도하고 견인하는 매체이다. 시민언론의 기자가 전문성을 지니지 못하면 또 하나의 신문에 그치고 만다. 네트워크 사회와 쌍방향 커뮤니케이션의 구현이라는 시민언론의 창간 목적을 달성하기 위해선 전문성은 결코 양보할 수 없는 필수요건이다.

❀2005. 3. 30. / 2009. 4. 12. 더함.

📖 붙임: 취재지원시스템 선진화 방안 파동

✍ *열쇳말*

- 언론정책 정치공방
- 이적투구 개혁실종
- 참뜻실종 본질왜곡

이 글의 본론에서 제기한 기자단 해체와 기자실 폐쇄, 브리핑룸의 정착 등에 대해 독자들은 오해서는 안된다. 현직언론인들은 글쓴이의 기자실 폐쇄와 기자단 해체에 대해 "80년대 얘기"며, "기자에 대한 모독"이라고 주장한다. 또한 "사실과도 맞질 않고, 기자사회를 정확하게 그리지도 못하고 있다"고 반박한다. 과연 그럴까? 노무현 정부 출범이래 2003년 7월부터 개방형 브리핑제의 도입으로 형식상 기자실이 폐쇄된 것은 사실이다. 몇몇 출입처에서는 기자단도 해체되었다.

그러나 출입처를 중심으로 한 홍보성 기사가 여전하고, 유력언론사의 언론인들을 대상으로 한 유람성 해외 공짜 취재여행이 빈번히 말썽을 빚고 있다. 이는 무엇을 말하는가? 아직도 기자단이 생생하게 살아있음을 보여주는 증좌이다. 급기야 노무현 대통령은 2007년 1월 국무회의에서 "몇몇의 기자가 기자실에 죽치고 앉아 기사의 흐름을 주도하고 있다"며 기자실 운영실태를 전면적으로 조사하라고 지시하기에 이르렀다.

국정홍보처는 2007년 5월 22일 일부 기관의 기사송고실이 사실상 출입기자들의 기자실로 운영됨으로써 당초 개방형 브리핑룸 제도 도입 취지가 크게 훼손되었다며 다음과 같은 "취재지원시스템 선진화 방안"을 마련했다.

<표 29> 취재지원시스템 선진화 방안의 주요 내용

	이전 관행	취재지원선진화방안
브리핑룸/ 송고실	부처별 브리핑룸 운영 -출입부처 중심의 취재 치중: 경쟁적 취재환경 위축 -신규매체 취재접근 차단 -단편적 보도 양산 -폐쇄적 기자실 형태로 회귀	합동브리핑센터 운영 -브리핑실 완전 개방: 신규, 군소매체 취재기회 확대 -연관부처 종합취재 가능: 다양하고 심층적인 보도 지원 -부처별 취재대신 전문분야별 취재문화: 경쟁을 통한 기사품질 향상 -폐쇄적 출입기자단 폐해 해소 -신생매체 송고실 개방 확대
방문취재/ 전화취재	구체적 절차 규정 없음 -사무실 무단 출입관행 일부 존속 -개인의 비공식 견해와 추측성 보도 양산	일정한 절차와 틀에 의한 취재원칙 규정 -책임 있고 정확한 정보제공과 보도 -합리적 절차에 의한 취재관행 유도
대변인 제도	출입기자단 위주 취재편의 제공 -대언론 공식창구 부재 -일선 부서별 취재 회피 -신규매체 취재응대 부실	대변인제 신설 -취재창구 일원화로 책임 있는 정부입장 전달 -취재요청 책임회피 방지
전자브리핑		전자브리핑시스템 신설 -온라인 질의답변 등 전국 어디서나 실시간 브리핑 취재 가능 -지방, 인터넷매체 등 취재편의 제공 강화
정보공개/ 브리핑 내실화	정보공개 미비, 브리핑 회수에 비해 내용 빈약 -소극적인 정보 공개 -브리핑 실질 내역 부실 지적	
취재지원 총리훈령		신설, 취재지원기준(안) 총리훈령 제정 -취재지원 의무와 신속응대 원칙 규정 -공무원의 적극적 취재지원 의무화

자료: 국정홍보처, 『국정운영백서』, 2008, 378~452쪽(미디어인사이트, 통권3호, 한국언론재단, 2008년 5월호 38쪽 재인용).

〈조중동〉을 비롯한 수구언론은 물론 지방의 유령언론, 심지어 친여권 매체로 각인된 〈한경서〉까지도 "취재통제", "언론자유 억압", "언론탄압", "자유언론 말살"이라며 거친 목소리로 반대했다. 한국신문협회와 한국신문방송편집인협회 등 기존의 제도권 언론기관단체는 물론 전국언론노동조합, 민주언론시민연합 등 시민사회언론운동단체 등도 "국민의 알권리를 막는 독재적 발상으로 행정에 대한 감시를 방해하고 받아쓰기 저널리즘을 양산할 우려가 있다"며 일제히 반대성명 · 논평을 발표했다.

그러나 노무현 대통령은 꿋꿋하게 "언론이 객관적 보도를 하지 않고, 진실을 회피하고 숨기는 비양심적 보도로 일관하고 있다"며, "계속 터무니없는 특권을 주장한다면 원리원칙대로 할 수밖에 없다"면서 기자실 통폐합과 실질적인 기자단 해체 등에 대해 결코 후퇴할 조짐을 보이지 않았다.

이번 파동의 본질은 출입처 중심의 보도관행을 어떻게 볼 것인가에 달려 있다. 노정권은 현행 취재시스템이 정부와 언론 간의 유착관계를 포장하고 다양한 내용과 시각을 제공하지 못해 국민의 알권리를 침해하고 있어 부처별 브리핑룸을 합동브리핑센터로 확대 개편하는 것이라고 주장했다. 따라서 언론자유와는 무관한 사항이라는 것이다. 반면 수구적인 기존 언론과 언론단체는 물론 자칭 진보적이라며 권력과의 유착도 서슴지 않았던 언론과 단체들도 한목소리로 반대의 소리를 드높였다. 취재지원 시스템 선진화 방안이 발표된 5월 22일부터 5월 26일까지 〈조중동〉과 〈한경서〉가 이와 관련 1면에 게재한 기사와 사설·칼럼 등은 다음 〈표 30〉과 같다.

<표 30> 취재지원시스템 선진화 방안관련 1면 기사 및 사설·칼럼

날짜	매체명	구분	내용
5월 22일	조선일보	기사	• 5개 정당 "신종 언론탄압 중단하라" / '부처 브리핑룸 통폐합' 일제히 비판 • 이명박·박근혜 측 "국민 알권리 제한" • 신문협 편집인협 "반민주적 취재봉쇄" / 언론노조 등도 비판성명
		의견	• [시론] 브리핑룸은 정부 것 아닌 국민 것(강경근 숭실대 교수)
	중앙일보	기사	• 부처 기자실 통폐합 "언론통제 위헌발상"
	동아일보	〃	• "기자실 폐쇄, 국민기본권 박탈행위"
	한겨레	〃	• 인권침해 밀실행정 감시기능 위축
	경향신문	〃	• 브리핑룸 폐쇄 강행 언론통제 비판 확산
		의견	• [칼럼 여적] 기자실
	서울신문	-	-
5월 23일	조선일보	기사	• 정부, 부처 브리핑룸 3곳으로 총폐합 확정 / 부처 사무실 출입도 엄격 통제키로 • "브리핑룸 통폐합 저지위해 입법" / 정치권, 정부 '취재통제'에 강력반발
		의견	• [사설] 대통령 화풀이가 언론정책 되는 나라
	중앙일보	기사	• 기자 밀어내고 장막에 숨는 정부
		의견	• [사설] 언론자유 뿌리 뽑겠다는 건가 • [사설] 국정홍보처는 폐지되어야 마땅하다

날짜	매체명	구분	내용
5월 23일	동아일보	기사	• 8월부터 합동브리핑룸 3곳만 운용 • '기자실 통폐합'에 공직사회 반발 / "국민 눈-귀 막을건가"
		의견	• [황호택칼럼] 대통령의 PTSD적 언론관 • [사설] 언론봉쇄, 반민주 정권의 폭거다
	한겨레	기사	• 기자길 통폐합 확정 • 대통령 뜻 받아적기 …… 고장난 참여시스템
		의견	• [사설] 비판과 토론 외면하는 노무현 정부
	경향신문	기사	• 5공의 악몽 떠오른다
		의견	• [사설] '브리핑룬 통폐합' 강행한 정부의 오만과 독선
	서울신문	기사	• 부처 '가지실 통폐합' 거센 논란 • 알권리 제한 언론 개갈물려 • 참여정부 정보공개 '시늉'만
		의견	• [사설] 언론자유 훼손하지 말라
5월 24일	조선일보	기사	• 8(노태우정부) → 27(김영삼정부) → 118(김대중정부) → 681 (노무현정부) '언론중재신청' / 노 정부선 이틀에 한번꼴 • "브리핑룸 통폐합 헌법소원" / 변호사단체 내주 제기
		의견	• [시론] 국민의 눈과 귀를 막으려는가(남시욱 언론인) • [사설] 이성잃은 대통령, 설설기는 장관들
	중앙일보	기사	• 한나라, "홍보처 폐지법안 내달 처리"
		의견	• [사설] 반민주적인 통폐합 즉각 철회하라 • [사설] 기자실 통폐합은 '소탐대실'
	동아일보	기사	• 정부, "공기업 기자실까지 실태조사" …… 해당 산하기관 당혹 • 한나라, "홍보처 폐지 추진"
	한겨레		
	경향신문	기사	• 정치권 취재제한 저지 입법
		의견	• [사설] 이런 식이라면 국정홍보처는 폐지해야
	서울신문	기사	• 한나라 "홍보처 폐지 추진" • 법조계 "위헌 소송" • 언론학자 8명 중 7명 "기자실 통폐합 반대"
		의견	• [사설] 언론에 빗장 걸고도 참여정부인가

날짜	매체명	구분	내용
5월 25일	조선일보	기사	• 신문–방송법 재개정 내달 국회서 검토 / 한나라 강대표 "문제 조항 투성이 …… 대수술해야"
		의견	• [강천석칼럼] 대통령이 문제다 • [사설] 열린우리당의 홍보처 폐지협의 결과 지켜볼 것
	중앙일보	기사	• 열린우리당 장영달 원내대표 "국정홍보처 폐지방안 한나라와 협의하겠다"
	동아일보	기사	• 열린우리 "홍보처 폐지 협의 가능"
		의견	• [사설] 대통령의 품질, 과연 향상될까
	한겨레	–	–
	경향신문	기사	• 홍보처 없애거나 개편 • 우리당 취재제한 보류 요구
	서울신문	기사	• 의회–정부 전면대립 조짐
		의견	• [시론] '받아쓰기 저널리즘' 확산을 경계한다(김춘식 한국외대 언론정보학 교수) • [사설] 친노 주자들 취재제한에 입장 밝혀라
5월 26일	조선일보	의견	• [사설] 정권 잡았어도 맘대로 할 수 없는 게 있다
	중앙일보	–	–
	동아일보	–	–
	한겨레	의견	• [삶의 창] 기자실의 추억(임범 기자) • [사설] 청와대 혼자 옳다고 강변해서는 안된다 • [사설] 한나라당 "언론법 재개정" 주장, 속셈이 뭔가
	경향신문	–	–
	서울신문	–	–

이번 파동의 원인제공자는 한국언론의 부적절한 취재관행이었다. 한국언론이 언론으로서 정상적인 취재시스템을 가동했다면 기자실 통폐합 문제는 아예 일어날 수 없는 사안이었다. 따라서 언론은 정부의 '언론탄압(?)'을 비판하기 이전에 자신부터 겸허하게 되돌아 봐야 했다. 그런데도 자신에게 묻은 흠은 보지 않고 일방적으로 정부의 대책을 비난만 해댔다.

언론의 기본인 객관성과 중립성도 상실했다. 자신들의 이해관계가 담긴 사안을 일방적으로 자신들의 주장만 확대재생산해 유통시켰다. 정치적 목적을 지닌 수구야당의 입을 빌어 "언론탄압·비판언론 재갈물리기" 등으로 본질을 왜곡·조작해 보도했다. 이는 결코 언론의 보도라 할 수 없다. 언론이기를 스스로 포기한 프로파간다의 '소나기 홍보'였을 따름이다.

기자실은 폐쇄되어야 하고, 기자단은 해체되어야 한다. 이때 말하는 기자실과 기자단은 겉으로 드러난 물리적 요소로서의 기자실과 기자단만 말하는 것이 아니다. 기자가 기자를 심사하는 기자단과 기사 담합을 마다치 않는 취재시스템을 제거하라는 소리다. 그런데도 참여정부 언론참모들의 무능한 언론관이 또 사고를 쳤다. 이들은 그 본질은 외면하고 기자가 취재를 위해 머무를 공간인 기자실을 없애고, 공무원들에 대한 접근을 가로막으려 했다. 이는 언론활동의 토대를 봉쇄하는 것과 다를 바 없다.

기자실 폐쇄와 기자단 해체는 하나같이 한목소리를 내는 획일적 담합 기사 생산시스템을 해체하고, 기자가 개개인의 성향에 따라 자유롭게 취재하여 다양한 의견을 지면에 보도해야 한다는 의미다. 참여정부 언론참모들이 이를 견강부회하게 해석하고 기자실 폐쇄에 달려드는 것은 참으로 무책임하기 그지없는 짓이었다.

기존의 기자실을 폐쇄하고 기자단을 해체하려면 물리적 공간의 봉쇄에 몰입할 것이 아니라, 취재시스템부터 전면적으로 개혁해야 한다. 정보공개의 활성화가 그것이다. 국민을 대신한 기자들에게 취재원이 정보를 숨기면서 '모르쇠'로 일관한다면 사실상 취재는 불가능하다. 이는 취재거부와 마찬가지다. 언론인들의 법률적 · 제도적 절차에 따른 정당한 정보공개에는 숨김이 없어야 한다. 정보를 생산하는 취재원이 정보의 자유로운 유통을 실질적으로 보장한 연후에 '패거리 저널리즘'의 해악을 지탄하여야 한다. 정보공개정책을 외면한 기자실 폐쇄는 "언론자유 억압"이라는 비난에서 자유로울 수 없다.

한 해 동안 정부에 정보공개를 요구하는 건수는 평균 13만여 건에 이른다. 이 가운데 90%는 갖가지 구실로 공개가 되지 않고, 10여 %만이 겨우 공개 된다. 이런 현실에서 기자실을 통폐합하겠다는 것은 곧 취재를 봉쇄하겠다는 소리다. 따라서 정보공개의 활성화가 먼저다. 이를 외면하고 불쑥 기자실부터 대폭 감축하겠다는 것은 아무래도 "정부 발표만 받아 적으라"는 비판을 면키 어렵다.

민주주의를 국시로 하는 나라에서 취재공간을 물리적으로 보장하지 않는 나라는 없다. 그 공간이 담합카르텔과 부정부패로 변질되는 것은 사적인 일이다. 정부가 나서서 이를 걱정해 줄 일은 아니다. 그것은 기자와 언론이 알아서 해야 할 언론윤리적인 영역이다.

노 정권의 언론개혁 정책이 그럴듯한 명분에도 사사건건 변죽만 올리다가 흐지부지되는 것은 어설픈 아마추어가 현실과 동떨어진 것을 언론개혁으로 포장해 내 놓기 때문이다. 이번 기자실 파동도 마찬가지다. 노무현 대통령이야 정치적인 속셈에 따라 문제를 제기했다 하더라도, 그 뒷수습은 전문 테크노라트인 언론홍보정책 담당자들의 몫이다. 그들이 어떻게 하느냐에 따라 정책이 제도적으로 뿌리 내릴 수도 있고, 아니면 정치적 구호로 끝날 수도 있음을 명심하여야 한다.[*)]

❀2007. 5. 31.

---

*) 이명박 정부의 출범으로 기자실을 복원하자마자 일부 기자단의 폐쇄적인 움직임이 곳곳에서 나타나고 있다. 〈미디어오늘〉이 보도한 바에 따르면 보건복지가족부 기자단은 △얼마나 오래 출입했느냐(5점) △기자생활을 얼마나 했느냐(5점) △복지부만 출입하느냐(3점) △기자단 행사에 얼마나 기여했느냐(5점) 등으로 18점 만점으로 평가했다. 이에 따라 〈연합뉴스〉, 〈동아일보〉, 〈내일신문〉, 〈KBS〉 등 21개 주요 언론사에 고정석 21개석을, 〈머니투데이〉, 〈MBN〉 등 8개사에 비고정석 3개석을 배정하기로 했다가 소속 기자들의 반발을 사 철회했다.

국방부의 경우도 지난 2003년부터 도입한 출입규정에 따라 새로 국방부를 출입하려는 기자에게 2개월 간 매주 4회 이상 브리핑에 참석해야 상시출입기자증을 발급하는 제도를 여전히 유지하고 있다. 최근 〈통일뉴스〉와 〈뉴시스〉가 이 조건에 충족해 출입증을 받았고, 지난달 31일부터 〈파이낸셜뉴스〉가 절차를 진행 중이다. 비상주 기자들 사이에선 "비효율적인 조건", "군이 기자의 취재활동을 일일이 체크하겠다는 통제적 발상" 등의 목소리가 나온다.

또한 노동부는 지난달 28일 장관 기자간담회에 기자단(29개사) 소속 기자에게만 연락을 하고 신생사 및 인터넷매체사엔 초청을 하지 않았다(미디어오늘 인터넷판, 2008년 4월 4일자).

편집권 독립과 언론자유

편집권 독립이라는 실천적 과제를 통해 사주언론으로서의 지방언론개혁을 실천하고, 소유와 경영의 분리, 경영으로부터의 편집의 독립을 실천하는 시민언론의 건설방안을 제시한다.

❶ 편집권 논란

사주언론 해체

열쇳말
- 족벌세습 언론
- 무소불위의 권력
- 편집권독립 요원

<조중동>을 비롯한 한국의 주요언론은 사주1인을 위한 족벌·세습언론으로 기능한다. 사주언론·족벌언론·세습언론을 혁파하기 위해서는 소유구조의 개혁을 일궈내야 한다. 언론의 소유지분 구조개혁은 언론민주화의 핵심적 이데올로기이다. 『한비자』는 「망징편」에서 군주가 독단에 빠져 전횡을 일삼는다면 그런 나라는 망한다고 했다. 공익적 제도인 언론을 사주가 농단한다면 그 신문기업 또한 틀림없이 망한다.

김승수는 "족벌언론은 사주가 언론사를 자손 대대로 세습하여 운영하고, 경영과 편집의 전권을 장악하여 여론을 왜곡시키는 후진적

인 언론지배구조다. <조선일보>는 방씨 가문이, <중앙일보>는 홍씨 가문이, <동아일보>는 김씨 가문이 지배하며, 자자손손 대대로 세습된다. 여론시장을 장악한 족벌언론은 결코 사회여론을 대표하지도 않고, 국민을 대표하지도 않는데도, 마치 객관적인 여론의 형성자이자 국정의 개입자로서 정당성을 가진 것처럼 행세한다. 권력과 자본에 유착한 족벌언론은 우리 사회의 주요 여론조성 기구를 장악하고, 자신의 이익 극대화를 위해 여론의 왜곡조작을 서슴지 않는다"고 그 폐해를 지적했다(김승수, 2002, 131~134쪽).

김창룡은 "족벌언론은 외형상 주식회사 형태를 취하고 있지만 실질적으로는 소유와 경영지배권이 사주 1인에게 집중되어 있다. 편집의 자율성이나 독립성은 부정된다. 사주의 이익이 편집의 방향을 결정한다. 사주 일가의 세습경영으로 경영 효율성은 떨어진다. 사주의 권력은 신격화·절대화된다. 사주나 그 대리인이 회장, 사장 등 주요 직책을 장악할 뿐 아니라 편집과정에도 직접 개입하여 신문을 통제하기도 한다. '밤의 대통령'으로 마치 황제처럼 군림하는 족벌언론 사주가 굳이 편집방향이나 논조를 직접 통제하지 않아도 자신의 이익을 대변하는 편집국장만 컨트롤하면 사주의 시각이나 이익과 배치되는 기사가 나오기란 원천적으로 불가능하다. 사주는 지분이라는 재산권을 배경으로 인사권과 편집권을 장악해 무소불위의 권력으로 군림한다"고 비판했다(김창룡, 2001, 7쪽).

김승수는 또 "족벌언론은 또 세습언론이다. 사주가 아들에게, 다시 그 손자에게 대물림해준다. <조선일보>와 <동아일보>는 4세에까지 대물림했다. 신문사가 공적 기능을 하는데도 별다른 검증도 받지 않는 사주 친족이 경영지배권을 갖는다. 논밭 물려주듯이 아버지가 자식에게, 또 손자에게 세습하면 사주의 이익, 자본의 언론자유는 극대화되는 반면, 상대적으로 시민 다수의 이익과 사회적 언론자유는 통제된다. 언론세습은 가장 나쁜 형태의 언론독점이므로, 적절히 제어하는 법적 규제장치의 마련이 시급하다. 자유민주주의를 표방하면서 전체주의 왕정국가에서나 있을 법한 언론집중과 세습이 허용되어서는 안된다"고 강조했다(김승수, 2002, 133쪽).

공익에 봉사하여야 할 신문이 사익을 극대화하는 도구로 변질되는 것을 제도적으로 막기 위해선 사주에게 집중된 족벌언론의 해체가 불가피하다. 소유구조 개혁으로 사주권력을 혁파하지 않고서는 족벌언론의 타파는 제도적으로 요원하다. 족벌언론의 해체를 위해서는 소유의 분산, 시장 점유율 규제, 소유－경영－편집의 분리가 절실하다. 여론의 유통이라는 사회성을 지닌 언로구조가 족벌언론에 의해 자손 대대로 지배된다면 그것은 사회의 공적인 여론의 유통이 아니라, 언론을 지배한 특정 가문의 여론이 공론을 위장한 채 떠돌아다니는 '유령여론'이라 할 수 있다.

언론개혁의 첫머리는 실천적으로 소유와 경영의 분리를 법적으로나 제도적으로 강제해야 한다. 법적·제도적으로 소유지분을 제한하여 소유와 경영의 분리, 경영과 편집의 독립을 구현해내는 것이다. 이 첫 단추를 꿰지 못하는 한 언론의 공익성 담보는 요원할 뿐 아니라, 언론개혁의 알맹이인 '편집권의 독립'을 구현할 수 없다. 편집권의 독립은 언론의 자유를 실현하기 위한 현실적 개혁의 목표이고, 당면 과제다. 언론개혁을 표방하는 노무현 정부가 신문법을 개정하면서 소유지분의 한도규제 등 핵심적 개혁사항에 대해 후퇴를 한 것은 참으로 유감이라 아니할 수 없다. 그러면 편집권의 개념에 대한 정의부터 살펴보자.

개념 확대왜곡

열쇳말
- 경영권으로 해석
- 공익 이데올로기
- 사적 영역 세뇌

임근수는 "편집권이라 함은 1948년 3월 16일 일본신문협회가 '신문편집권 확보에 관한 성명'을 발표하면서 처음으로 만들어낸 용어이다. 제2차 세계대전의 전범국으로 언론이 제국주의 침략의 주구 노릇을 한 것에 대한 책임을 제기하는 과정에서 당시 일본의 신문노동자들이 편집권을 명분으로 경영진의 퇴진 등을 요구하며 노동쟁의를 벌였다. 경영진측은 미군정과 서로 결탁, 언론노동자들의 노동조합운동과 언론민주화운동을 억압하고, 경영진의 이익옹호를 위한 이데올로기 장치로서 편집권 개념을 형성, 전언론계를 장악하는 계기로 활용했다"고 소개했다(임근수, 1964, 17~19쪽).

일본신문협회는 이 성명에서 "편집권이란 신문의 편집방침을 결정, 시행하고 보도의 진실, 평론의 공정 및 공표 방법의 적정을 유지하는 등 신문편집에 필요한 일체의 관리를 행하는 권능이다. 편집방침이란 기본적인 편집강령 이외에 수시로 발생하는 뉴스의 취급에 관한 개별적 구체적 방침을 포함한다"고 규정하였다. 성명은 또 편집권의 행사에 관해 "편집내용에 대한 최종적 책임은 경영, 편집관리자에 귀속되기 때문에 편집권을 행사하는 자는 경영관리자 및 그 위탁을 받은 편집관리자에 한한다. 신문기업이 법인조직인 경우에는 중역회, 이사회 등이 경영관리자로서 편집권 행사의 주체가 된다"고 명시하였다.

류한호는 "언론인이 수행하는 편집업무의 고유성을 인정 않으며,

경영측의 일방적 지배와 공격적 통제를 지향하는 이 편집권 개념은 미군정의 지지로 쉽게 개념화되었으며, 우리나라에도 고스란히 수입되었다. 언론인을 독립적인 정신적 생산자로 인정하지 않고, 경영자의 하위범주로서, 경영자의 지시를 받아 상품을 생산하는 기술직 노동자처럼 규정한 편집권 개념은 독재정권과 유착된 경영진측의 언론통제수단으로 활용되었다"고 지적했다(류한호, 2004, 114쪽).

편집권은 경영권에 대한 상대적 개념으로 탄생되었다. 경영진측은 경영인들이 신문기업을 설립하고, 언론인들을 고용하여 상품을 생산케 하며, 영업활동을 통해 수익창출을 도모하는 일체의 권리를 경영권이라 규정했다. 편집권은 경영권에 속한 하부개념이라는 것이다. 이는 제2차 대전 종료 후 미국의 자본가와 경영자들이 노사협력을 중시한 전시노동관계의 속박을 제거하고, 사용자의 전권을 확립하기 위해 도입된 논리에 기여했다(류한호, 2004, 117쪽).

언론이란 본디 사적 이익을 추구하는 기업과 동시에 공익성의 추구라는 공적 이데올로기를 추구하는 사회적 제도라는 성격을 지닌다. 신문기업에서 사적 이익과 공적 영역이 충돌할 때에는 마땅히 공적 영역이 우선시 되어야 한다. 경영권이 사적 영역이라면, 편집권은 공적 영역의 이데올로기이다. 신문기업에서 공적인 영역의 업무는 편집제작자들이 수행한다. 신문제작자들은 그 업무를 수행함에 있어서 독립적이어야 하고, 그들의 업무는 전문성과 고유성을 인정받아야 하며, 주체적으로 아무런 간섭도 받지 않고 업무를 수행할 수 있어야 한다. 바로 편집권의 독립이다.

편집권이란 신문제작에 종사하는 언론인들이 업무의 전문성 · 고유성 아래 주체적으로 신문을 제작할 권리를 뜻한다. 신문편집권은 국민의 여론을 담아야 한다는 고도의 사회적 성격을 지녔다. 언론이 국민의 알권리를 대변하지 못하고 사적 이윤추구의 도구로만 전락한다면 그 존재의의를 상실한다. 언론은 사회적 공기로서 편집권의 자율성을 통해 편집의 자유를 실현하여야 한다. 신문기업은 분명 재산소유권으로서 언론사주나 경영진의 것이지만, 신문기업이 생산해내는 상품을 만들 권리는 사회적 제도로서 편집제작부문 종사자들의 고유한 권리이다.

❷ 편집권 현장

편집권 독립 유명무실

열쇳말
- 편집국장 직선제
- 편집권 독립 토대
- 편집의 자유 쟁취

우리나라에서는 지난 1988년 7월 11일 부산일보노동조합이 편집국장 추천제 등을 요구하며 한국언론사상 최초로 파업에 돌입해 본격적인 편집권 독립 논쟁에 불을 당겼다. 한국신문협회는 즉각 "편집권은 경영권에 속한다"는 성명을 발표했다. 이에 맞서 언론사노동조합협의회는 "편집권은 편집제작자의 권리"라는 반박성명을 냈다.

<표 31> 1988년 편집권에 대한 발행인과 일선기자간의 논쟁

주장자 편집권	발행인	일선기자
입장공표	신문협회, 1988. 7. 11. 성명	언론노협, 1988. 7. 12. 성명
개념규정	편집의 방침, 결정 시행 및 보도와 논평의 적정선 유지 등 편집제작에 관련된 일체의 권능	보도할 가치가 있는 대상의 선정에서부터 취재, 기사작성, 편집에 이르기까지 뉴스 창출의 전과정에 존재
귀속 또는 행사자	최종적으로는 신문발행인에, 구체적으로는 편집을 위임받은 편집인에 귀속	뉴스 창출에 참여하는 모든 편집제작진이 공유(또는 분담)
편집책임자 선출	편집국장 직선제, 추천제, 임명동의제 등은 편집권 침해일 뿐만 아니라 인사권, 경영권에 대한 간섭	인사권은 편집의 자율성과 독립을 확보, 보장하는 선에서 이루어져야 하며, 이를 위해 편집책임자의 선출에 편집제작진들의 의견이 우선적으로 반영되는 게 중요

출처: 장지태, 『우리나라 신문기업의 종업원 지주제도와 편집권 독립에 대한 연구』, 부산대학교 경영대학원 석사학위논문, 1989, 25쪽.

이후 사회민주화의 바람을 타고 편집국장 직선제를 도입하거나 임명동의제, 임기중간평가제, 공정보도위원회 설치 등 다양한 편집권 독립 방안이 일부에서는 제도적으로 시행되기에 이르렀다. 그러나 90년대 이후 언론사간 시장경쟁이 치열하게 전개되었고, IMF 이후에는 거품경제의 붕괴와 함께 주먹구구경영으로 일관하던 언론산업에 금융위기가 도래해 심화되었으며, 2000년대 들어선 인터넷 등 대안미디어의 활성화로 신문산업에 닥친 잇단 경영 위기와 함께 편집권 독립은 점차 구호로 명맥을 이어가는 처지가 됐다.

2001년 현재 전국언론노동조합이 작성한 편집권 독립을 위해 각 언론사가 편집책임자(編輯局長)를 어떻게 임면하는 가를 조사한 자료에 의하면 언론조동조합 활동이 활발한 몇몇 언론사만 편집권 독립을 위해 애쓰고 있는 것으로 나타났다.

<표 32> 언론사별 편집책임자 임면방식

임면에 관한 규정방식	언론사
직선제	한겨레 경향신문
추천제	부산일보
임면동의제	동아일보 서울신문(대한매일) 중도일보 연합뉴스 제민일보 한국경제 KH·내외경제
조건부 임면동의제	광주일보 국제신문 매일경제
사전의견 수렴제	중도일보
중간평가제	경인일보 경향신문 국제신문 매일경제 스포츠조선 경남일보 인천일보 제민일보 조선일보 중앙일보 KH·내외경제

출처: 전국언론노동조합 단체협약안, 2001(류한호, 『언론의 자유와 민주주의』, 커뮤니케이션북스, 2004, 270쪽 재인용).

경영권이 편집책임자를 임면하는 과정에서 언론노동자와 함께 머리를 맞대고 고민하는 것은 편집권 독립의 전초단계로써 매우 중요하다. 그런 의미에서 편집책임자의 △직선제 △추천제 △임면동의제 △조건부 임면동의제 △사전의견 수렴제 등은 편집권 독립을 위한 강력한 제도적 장치라 할 수 있다.

반면 중간평가제는 사실상 실효성이 거의 없는 유명무실한 제도다. 책임자 임면 과정에서 회사측과 노동조합측이 서로 충돌을 회피하는 수단으로 선택되는 경향이다. 그것은 실제로 편집책임자에 대한 중간평가가 이루어지는 경우도 거의 없고, 중간평가를 한다는 생각마저도 없는 경우가 대부분이다. 이 방안은 실질적 효과가 의문시되는 면피용 규정이라는 지적에서 자유로울 수 없다(류한호, 2004, 269쪽).

비록 형식적이라 할지라도 있는 것이 없는 것보다 나을까. 시장퇴출위기와 무한시장경쟁이라는 양날의 칼날아래 처한 오늘날 편집권의 독립은 호사스런 잠꼬대로 들리는 형국이다. 이는 본말이 크게 전도된 현상이다. 한국의 신문산업 위기는 경제사회적 요인보다는 언론 내적인 모순에서 기인하는 바가 더 크다. 편집권 독립을 추구해 족벌언론을 청산하고, 경영과 소유를 분리해 언론을 언론인에게 돌려주는 것에서 위기해법을 찾을 필요가 있다. 그것이 한국언론에 당면한 위기탈출의 지름길이다. 한국언론산업에 불어닥친 경영위기는 전적으로 언론경영에 무지한 족벌언론 사주들 탓이다. 그렇다면 편집권을 언론인들에게 되돌려 주는 언론개혁을 처음부터 다시 논의할 시점이다.

편집권의 독립은 '편집의 자유'를 구현하기 위한 전제조건이다. 편집의 자유란 언론의 자유를 구성하는 핵심적 골간으로서 편집제작부문에 종사하는 언론인들의 언론제작 권리이다. 편집의 자유가 확보되지 않아 사익 추구를 본질적으로 하는 경영권이 신문제작에 관여하여 간섭하는 순간, 언론은 언론으로서의 생명력을 잃는다. 경영권은 사시를 통해 신문이 지향할 바를 개괄적으로 제시해주고, 편집권은 신문이 추구하는 이념을 구체적으로 지면에 구현하면 된다.

편집의 자유가 전제되지 않는 언론의 자유는 허구의 자유이다. 언론의 자유가 박제된 자유가 아닌 언론현장에 살아있는 자유가 되려면 편집의 자유가 전제되어야 한다. 편집의 자유는 편집권의 독립으로 구현될 수 있다. 편집권의 독립은 모든 자유를 자유롭게 언론의 자유를 자유롭게 한다.

언론자유 전제 조건

> 열쇠말
> - 사주 편집주사
> - 소유구조 개혁
> - 독단방지 대안

자본주의 체제의 언론기업에서 언론소유주의 편집권 침해나 간섭은 현실적으로 막을 수 없다. 아무리 편집위원회를 구성하고, 공정보도운동을 하고, 편집규약을 제정한다 해도 궁극적으로 언론을 최종적으로 지배하는 하는 것은 자본이다. 다만 그것이 <뉴욕타임스>, <워싱턴 포스트>식이냐, 아니면 뉴스 코퍼레이션(News Corporation)의 루퍼드 머독(Rupert Murdoch)식이냐의 차이일 따름이다.

편집권의 독립이라는 언론개혁 목소리가 나올 때마다 수구·족벌 언론은 미국도 족벌·사주언론이라며 아무런 문제가 없는 듯 기만하고 호도한다. 그렇다. <뉴욕타임스>나 <워싱턴 포스트>가 족벌·사주언론임에는 분명하다. <뉴욕타임스>를 지배한 아서 설즈버그(Arthur Hays Sulzberger)나 <워싱턴 포스트>의 사주인 캐서린 마이어 그레이엄(Katharine Meyer Graham)도 편집인 인사권으로 편집방향과 관련한 주요 결정에 참여한다. 여기서 중요한 것은 이들의 언론 참여는 신문소유주로서 자신들의 입장과 관심을 표명하는 것이지, 한국의 족벌언론 사주처럼 결코 편집내용에 대해 세세하게 간섭하지는 않는다. 어디까지나 편집권을 존중하며, 끝까지 편집권을 지지하는 가운데 언론에 참여한다.

머독은 다르다. 언론을 개인의 사적 이윤추구를 위한 도구로 여기고, 무소불위의 황제처럼 군림해 쥐락펴락하기를 서슴지 않는다. 한국의 족벌언론과 다름없이 파시즘으로 군림한다. 아무런 책임도 지지 않고 무한권력만 향유하려 든다. 사정이 이와 같은 곳에서는 편집권 침해나 훼손이 예사이며, 편집권 독립 개념이 존재할 리 없다.

편집권 독립과 관련, 현실적으로 가장 바람직한 것은 <뉴욕타임스>나 <워싱턴 포스트>의 사례를 사규로 제정, 제도화하자는 것이다. 대주주, 혹은 언론 소유주의 기업지배권은 기꺼이 인정하되, 그에 따른 발언권을 충분히 보장하고, 상호신뢰하에 편집권은 신문인들에게 맡겨 달라는 얘기다. 대주주가 신문에 직접적으로 간섭하는 '신문주사' 노릇을 방치하고선 언론의 자유는 없다.

신문사는 누가 소유했느냐 하는 것 보다, 어떻게 경영하느냐가 더 중요하다. 한국언론은 사주가 지나치게 편집권에 간여함으로써 언론이 상업적 이윤추구의 도구로 전락했다. 그것은 또 언론의 자유를 훼손하면서 동시에 그 반대급부 챙기기에 급급한 언론이 되게 했다. 자본주의의 기회주의적 상업언론화가 그것이다. 그로 인해 신문의 공적기능이 떨어 땅바닥으로 곤두박질 쳤다.

이는 독자들로부터 불신을 초래해 신문의 위기를 가속화한다. 사주의 독단적인 언론지배를 방지하기 위해선 △언론사주의 재산공개를 통한 자본의 투명화 △언론사주의 경영시스템 검증 △족벌 세습에 대한 사회적 감시 강화 △언론사에 대한 정기적인 세무조사 △주식신탁제도 등을 통한 소유와 경영의 분리 △사원지주제의 도입과 확대 △엄격한 부수공사제도의 정착화 △언론사와 언론인에 대한 특혜·특권의 폐지 등을 실시하여야 한다.

모름지기 자유롭고 정의로운 언론이라면 편집권의 독립으로 언론의 사명을 실현하고, 신문기업의 경영효율성을 제고하는 매체를 지향하여야 한다. 소유와 경영의 분리로 전문경영인의 경영능력을 극대화하고, 경영과 편집의 분리를 통해 언론자유의 신장을 견인해야 한다. 국민의 알권리와 언론의 알릴 권리를 온전히 구현함으로써 언론에 주어진 책임과 의무를 다하는 국민의 기업으로 정착할 것을 목적으로 삼아야 한다.

언론의 존재양식은 국민과 함께하는 것이다. 한국언론은 결코 존경스럽지 않다. 상식보다는 비상식이, 정의보다는 불의가, 공익보다는 사익이 언론을 지배하는 이데올로기로 기능했다. 그것은 한국언론이 사주언론·족벌언론이라는 구조적 한계에서 벗어나지 못한 데 그 원인이 있다. 한국언론이 건설하고 개척해야 할 미래상은 소유구조개혁으로 소유와 경영의 분리를 이뤄내고, 편집권의 독립을 제도적으로 구축해야 한다. 이는 자유언론을 담보하는 첫걸음이다. 우리 시대 언론인에게 주어진 이러한 과제를 외면하면, 그는 언론인이 아니다.

❀2005. 4. 13.

뉴저널리즘과 탐사보도

뉴저널리즘 시대의 언론은 '정보의 신문'에서 '읽을거리 신문'으로 편제를 달리해야 한다. 정보를 단순히 나열하는 기존 언론의 패러다임으로는 설 자리가 없다. 읽을거리 기사의 꽃은 탐사보도다. 탐사보도는 언론의 정수이다.

신문에서 뉴스의 기본 꼴은 사건·사고 등을 정보를 전하는 일반적인 취재보도기사이다. 그동안 신문은 이를 토대로 뉴스장사를 해왔다. 그러나 언론환경의 변화와 함께 신문의 보도양식이 오프라인 취재에서 온라인 취재로 무게중심을 옮겨가면서 일반적인 뉴스의 취재보도는 인터넷이 대신하고, 탐사보도와 기획기사, 해설기사 및 심층보도와 피처기사가 뉴스의 메인 프레임으로 떠오르고 있다.

설상가상으로 신문산업이 백척간두의 위기에 처하면서 매체개혁이 현실적 과제로 제기된다. 거시적으로는 인터넷에 바탕을 둔 매체로의 전환이 그것이며, 미시적으로는 뉴미디어 환경에 적응하는 신문개혁이다. 신문개혁의 골자는 뉴저널리즘 시대에 걸맞은 기사쓰기의 도입과 기획취재기사와 탐사보도의 강화 등이다. 이번 회에서는 기사쓰기의 개혁과 언론보도의 새로운 좌표로 대두되는 탐사보도를 상술한다.

❶ 기사쓰기 개혁

객관주의 저널리즘

> *열쇳말*
> - 역삼각형 기사체
> - 객관주의 극복
> - 뉴저널리즘 도입

한국언론에서의 기본적인 기사 꼴은 역삼각형 기사체이다. 작은 공간에 가장 많은 정보를 압축적으로 수용할 수 있는 역삼각형 기사는 신문이 정보를 독점생산하던 아날로그 시대의 기사체이다. 역삼각형 기사는 정보를 수평적으로 나열할 뿐 독자와 호흡을 함께하기에는 역부족이다. 정보의 표피적인 전달체계에서는 뛰어나지만 독자의 마음을 사로잡는 가독성이 떨어진다. 역삼각형 기사는 사안의 해석과 맥락의 이해를 어렵게 해 독자들로 하여금 신문으로부터 점점 멀어지게 하는 요인으로도 작용한다.

<그림 10> 역삼각형 기사 꼴

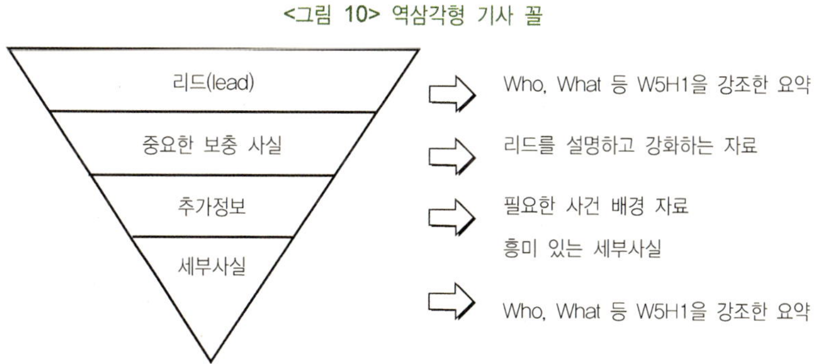

역삼각형 기사는 속보성을 염두에 둔 기사쓰기이다. 오늘날 신문기사가 속보성을 무기로 시장경쟁을 하겠다면 난센스다. 속보성은 이미 인터넷과 방송에 의해 잠식당한지 오래다. 따라서 역삼각형 기

사는 이미 그 효용성을 다했다. 그럼에도 한국언론에 게재되는 기사 가운데 약 75%는 역삼각형 기사체이다. 그것은 언론이 '객관주의 저널리즘'이란 이데올로기에서 해방되지 못했다.

김영재는 "객관주의 저널리즘 자체가 나쁜 것은 아니다. 문제는 언론에서 표방하는 객관주의 저널리즘이 내용에서의 객관적 중립성이 아니라 형식에서의 불편부당성을 추구하는 데 있다. 한국언론에서 객관주의 저널리즘은 실제에서는 지극히 편향적인 당파성으로 나타난다. 언론은 역삼각형 기사체로 이를 정당화시킨다. 역삼각형 기사체는 언론의 책임을 회피하기 위한 겉으로 드러난 사실만을 중계방송하듯 한다"고 문제점을 제기했다(김영재, 2008, 115~117쪽).

신문은 원래 글 읽는 즐거움을 제공하는 매체이다. 독자로 하여금 재미있는 글을 읽도록 하는 것은 독자서비스의 첫걸음이다(2020미디어위원회, 2006, 177~178쪽). 그런데 언론이 읽을거리 기사조차 역삼각형 기사체에서 해방되지 못해 대부분 주제 요약형 리드 → 케이스 모음 → [통계 일반화] → 원인진단 → 대안제시와 같은 천편일률적 도식을 지닌다. 즉 실태 → 원인 → 대안의 3단계 구조다. 여기서 리드가 과도하게 초점화되는 특성을 띤다. 이로 인해 독자들의 열독율이 떨어져 궁극적으로 사람들이 신문을 외면하는 요인으로 작용한다(남재일, 2006, 117쪽).

여기에다 논리전개 과정에서 무리한 논리의 일반화·보편화·단순화 규정과 비약, 전문가 인터뷰의 과도한 신뢰성 부여, 가해자 공격 중심의 취재원 접근방식, 정형화된 기사구조에 사실만 파편적으로 취재하는 짜맞추기식 취재 경향, 취재시간 부족 및 취재시스템과 취재조건 열악 등으로 왜곡기사를 내보내거나 오보를 양산하기도 한다.

한국의 기획기사와 미국의 피처스토리를 비교한 남재일과 박재영의 연구서는 "미국의 피처스토리는 한국 기획기사의 역삼각형꼴 기사와는 달리 흡사 소설과도 같은 서사체가 대부분이다. 취재 현장 역시 통계수치나 문헌자료 이용도 거의 찾아볼 수 없고, 전문가를 등장시켜 권위의 일반화를 규정하는 인터뷰 역시 드물다. 기사의 내용 또한 '개인을 입구로 해서 사회적 현상을 은유한다'는 피처스토리 작법의 취지와 대체로 일치하는 인간적 관심사가 높은 비중을 차지했다"고 비교한다(남재일 · 박재영, 2007, 197~198쪽).

신문은 정확성과 다양성, 전문성, 그리고 심층정보와 해설기능을 담보할 새 시장을 찾을 필요가 있다. 그렇다면 그에 적합한 새로운 스타일의 기사체가 불가피하다. 독자들이 판사의 판결문이나, 의사의 처방전, 교수들의 논문처럼 이해하기 어려운 글로 작성된 역삼각형 기사체를 외면하면서부터 신문시장에서도 변화의 조짐이 일고 있다(2020미디어위원회, 2006, 60~61쪽). 이미 독자들은 자신들의 매체를 통해 생활언어로 표현한 독자매체를 유통시키기 시작했다. 곧 문어체보다는 구어체로 전환한 서사적 저널리즘(*narrative journalism*)의 도입과 피처기사의 강화가 그것이다.

최근에는 객관주의 보도에 대한 대안으로 조사 저널리즘(*investigative journalism*), 뉴저널리즘(*new journalism*), 평가 저널리즘(*evaluative journalism*), 공공저널리즘(*public journalism*) 등 주관성의 개입을 전제로 한 취재보도 방식이 각광 받는다. 취재보도에 기자의 주관적인 눈이 개입한다고 하여 오해해서는 안될 것이 있다. 그것은 진실에 대한 저널리스트로서의 확고한 신념과 저널리즘으로서의 공익적 가치관 수호라는 점이다. 이를 전제하지 않는 주관성의 개입은 자칫 언론의 신뢰를 밑에서부터 근본적으로 뒤흔들 수 있다. 따라서 주관성을 용인하는 새로운 취재보도 방식은 어디까지나 취재원의 발표 저널리즘을 극복하자는 것이다.

이야기 기사론

✍ 열쇳말
- 글쓰기 언론혁명
- 일상언어 사용
- 독자서비스 첫걸음

현재의 신문시장은 분명 레드오션임에는 부인할 수 없다. 다채널 다매체 시장환경에서 언론이 살아남기 위해선 신문이 지닌 장점의 극대화 전략이 가장 현명하다. 그것은 기사를 만드는 재료에서부터 요리하는 방법, 담는 그릇에 이르기까지 모조리 시대의 변화에 맞게 새로 정해야 한다는 얘기다. 신문기사가 시대에 뒤진 형식과 내용으론 시장위기를 극복할 수 없다. 블루오션 시장으로 나아가기 위해선 신문의 편집, 기사개념, 저널리즘의 패러다임에서의 변혁이 불가피하다. 이를 간과한 신문위기 극복 논의는 실질적인 방안이 될 수 없다. 끊임없는 자기성찰로 창조적인 혁신(*innovation*)하는 신문만이 시장에서 살아남는다.

언론인들은 독자의 눈길을 잡기 위해 기사작성에 소설쓰기 방식을 도입하는 등 기사체의 변환을 시도한다. 이를 뉴저널리즘(*new journalism*)이라 한다. 안수찬은 '이야기 기사'라고 했다. 그는 "기사를 누구나 알아듣기 쉬운 언어로 곁에서 조근 조근 얘기해 주듯이 써야 한다. 스트레이트 기사의 도입이 제1의 신문혁명을 도출했듯이 이야기 기사는 21세기의 언론혁명을 일궈낼 변혁의 씨앗이다. 독자들의 외면으로 스트레이트 기사가 오로지 기자들만의 글로 전락함으로써 신문산업의 골간이 뿌리째 흔들리고 있다. 독자를 신문에 끌어들이기 위해 기사체가 구술체로 바뀔 필요가 있다. 이야기 기사는 언론인의 글이 아니라 독자들의 말을 지면에 옮긴 글이다. 즉 이야기 기사는 픽션의 기법을 빌린 논픽션, 사실을 이야기로 담은 기사, 서사적 기사라 정의할 수 있다"고 했다(안수찬, 2007).

신문기사도 우리의 삶에, 생활 속에 녹아든 언어로 작성하여야 한다는 것이다. 이야기 기사를 작성하려면 우선 뉴스의 대상을 선정해야 한다. 뉴스의 대상은 유명인 · 유력자 · 권력자 · 명망가가 아니라 특정 주제, 의제, 사건 등을 표상하는 대표적 인물이 바람직하다. 등장인물이 많으면 다양한 인물의 관점을 통해 얘기를 풍부하게 전개할 수 있으나 자칫 보도의 초점이 산만하게 흩어질 우려가 있다. 독자들에게 인물을 소개할 때에는 단순한 이력보다는 왜 그 인물이 이야기에 등장하는지 필연적인 경력을 얘기해주어야 독자들의 거부반응이 없다.

<표 33> 스트레이트 기사와 이야기 기사의 비교

구분 / 비교	스트레이트 기사	이야기 기사
기사 구조	사건(case) 구조	인물(character) 구조
기사의 시각	취재원의 감성과 주관성 배제	드라마틱한 인물중심 보도. 자유로운 감정이입.
기사 서술 방법	서술보도: 주요 사실 순으로 정돈 보도	묘사보도: 인물, 공간, 시간, 상황 등을 최대한 현실과 가깝게 상황재현
기사의 초점	사건의 발생	사건의 전개
기사 형태	읽는 기사	보는 기사(픽션 영상화 기법 도입)
기사 차이점	취재원과 거리를 둔다. 사실과 거리를 두고 객관적 관찰자로서 실체를 파악한다.	취재원의 내면세계에까지 침투해 사실의 당사자가 되는 체험을 통해 진실을 이해한다.

출처: 안수찬, 『스트레이트를 넘어 네러티브로: 한국형 이야기 기사쓰기』, 한국언론재단, 2007, 29~31쪽.

<그림 11> 이야기 기사 구조의 다섯가지 단계

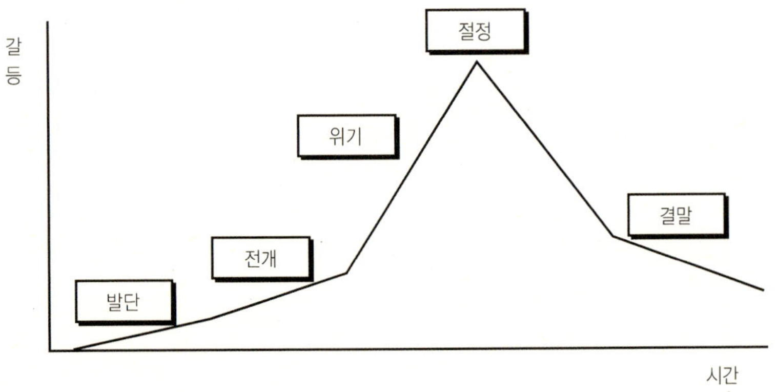

두 번째는 사건·사고의 이면을 들여다보는 혜안이다. 그 핵심적 요체는 바로 휴머니즘이다. 사람 냄새가 물씬 나는 기사는 사람을 사랑하고 이해하는 마음에서 나온다. 사건·사고의 겉모습만 봐서는 인간적인 이야기를 쓸 수 없다. 사람에 대한 애정과 철학적인 가치관을 확고히 할 때 비로소 사건·사고를 재해석 할 수 있고, 그래야만 휴머니즘에 바탕한 이야기 기사를 쓸 수 있다.

세 번째는 기사작성의 노하우를 재무장하는 것이다. 스트레이트 기사는 리드가 사실상 기사의 전부이다. 이야기 기사의 도입부는 은근하면서도 강렬한 인상을 주는 것으로 충분하다. 암시적·함축적 도입을 많이 활용한다. 본문은 기승전결의 구조로 엮는다. 이때 중요한 것은 사건의 바탕을 이루는 갈등을 점증시키는 기술이다. 독자들이 처음부터 끝까지 호기심과 긴장을 놓치지 않게 하는 것이 요체다. 갈등의 점증구조에 독자를 빠져들게 하기 위해 사람의 말을 인용하지 말고, 대화의 한 복판으로 끌어들여야 한다. 어떤 장면을 선택해 묘사하고 어떤 말을 대화로 재현할지에 대해서는 전략적으로 골라야 한다. 기사의 흐름에 비춰 독자의 몰입 또는 공감이 가장 절실한 대목을 선택하는 것이다. 이는 이야기 기사의 품질을 결정짓는 요소이며, 동시에 기자의 노하우와 능력을 가늠하는 요소다. 이야기 기사는 픽션이 아니다. 비록 픽션의 기법을 차용하나, 그 본질은 어디까지나 철저히 사실만을 기술해야 한다는 점을 잊어서는 안된다.

네 번째는 이야기 기사의 발굴방법이다. 이야기 기사가 다룰 수 있는 소재의 선택은 공공의 의제에 주목할 필요가 있다. 이야기 기사는 속보경쟁용이 아니다. 기존 스트레이트 기사에 보도된 내용도 재가공하기에 따라 얼마든지 진실 발굴이 가능하다. 정보의 객관성, 공정성을 입증하기 위해 취재원에게 어떻게 접근해 어떤 과정을 거쳐 어떤 이야기를 들었는지를 반드시 밝혀야 한다. 기사쓰기는 철저하게 건조하고 간결한 문장만 쓴다. 함부로 형용해서는 안된다. 기사는 결코 수필이나 소설이 아니다. 따라서 기자의 가치판단도 개입해서는 안된다. 어떻게 판단할 것인가 하는 것은 전적으로 독자의 몫이다. 기자는 담담하게 정보를 성실히 독자에게 전달하면 된다. 독자를 섣불리 흥분시키거나 감동시키려 해서도 안된다. 이는 저널리즘 글의 기본이다.

남재일은 “기사체의 질적 전환을 위해선 기자들의 필력 향상과 자기개발, 취재관행 및 편집국 조직 구조의 개혁과 기자들에 대한 교육을 게을리해서는 안된다. 기사체의 변환은 문장 꼴만 바꾼다고 되는 것이 아니다. 기사체를 바꾸기 위해서는 취재관행이나 신문의 본질을 바꾸지 않고는 불가능하다. 기사체의 질적 전환은 기사의 전반적인 고급화를 의미하므로, 정론을 지향하는 21세기의 신문이라면 단 하루도 미룰 수 없는 과제다”고 지적했다(남재일, 2006, 175쪽).

기사쓰기의 개혁은 탄탄한 저널리즘 문장의 기본기를 토대로 한다. 저널리즘 문장은 무엇보다 군더더기가 없고, 간결, 명료해야 한다. 또 누구나 쉽게 읽을 수 있고, 이해할 수 있는 평이한 문장이어야 하며, 정확하고 공정하든 점도 빼놓을 수 없다. 가독성을 저해해서도 안된다. 모름지기 저널리즘 문장은 심플하고 날씬해야 한다. 복부비만형인 현행 저널리즘 문장은 슬림하게 다이어트할 필요가 있다는 점이 기사쓰기 개혁의 요체다.

❷ 탐사보도 활성화

진실보도

✍ *열쇳말*
- 기획기사의 정수
- 정보거간꾼 탈피
- 사회적 얘기꾼

탐사보도는 기획기사의 꽃이다. 탐사보도(探査報道 · *investigative reporting*)란 일명 조사보도(調査報道) · 발굴보도(發掘報道)라고도 한다. 탐사보도는 심층보도의 한 방법으로 누군가가 비밀을 지키려는 것을 파헤쳐, 그와 관련된 진실을 보도하는 것을 일컫는다. 즉 탐사보도는 사회의 부조리와 부도덕한 행위를 심층적으로 탐사하여 잘잘못을 따지는 보도다.

『매스컴용어사전』에서는 "사실은 진실과 동일한 것이 아니라는 명제하에 사건 자체보다는 그 사건의 이면을 적극적으로 파헤치는 언론보도방식, 특히 정부나 관리 또는 기업 등의 부정부패를 언론이 독자적으로 조사 · 취재하여 깊이 파헤쳐서 폭로하는 것"이라고 규정한다. 미국탐사기자 및 편집인협회(IRE · Investigative Reporters and

Editors)는 "특정 개인이나 집단이 숨기고자 하는 중요한 사건이나 정보를 파헤쳐 보도하는 것"이라고 정의했다(박현수, 2005, 2쪽).

탐사보도를 수행하려면 기능적으로 통계분석기법, 네트워크분석, 사회연결망분석(SNA), 지리정보시스템(GIS)와 같은 첨단보도기법을 숙지해야 한다. 여기에다 기자 개인의 진실을 추구하는 끈질긴 기자정신과 방대한 자료분석 능력에 더하여 신문사의 조직적인 지원이 없으면 탐사보도는 성립할 수 없다.

미국에서는 탐사보도를 언론이 사회개혁을 위해 앞장서서 부정을 폭로한다고 하여 공공봉사언론(*public service journalism*), 또는 깊숙한 곳까지 파헤치는 취재방식이어서 심층취재(*in deths reporting*)라고도 한다(남시욱, 2001, 479쪽). 자유언론에서는 탐사보도를 가장 빛나는 명품기사다. 수준 높은 심층보도는 사회의 부조리를 광정해 사회정의를 실현하는 데 기여하는 고급기사이다.

김형진은 "탐사보도의 영역을 협소하게 규정하여 정의·분노·폭로 저널리즘만이 전부라고 생각해서는 안된다. 사회적 이슈뿐만 아니라 인간의 삶을 윤택하기 위한 생활밀착형의 기사에까지 확대한다. 탐사보도는 언론이 사회환경 감시기능을 수행함에 있어서 가장 유용한 보도방식으로서 민주사회의 뼈대다"고 주장했다(김형진, 2000, 106쪽).

정상태는 "탐사보도는 사실보도, 객관적 보도와 맥을 같이 한다. 다만 알려진 사실, 발표된 사실 뒤에 숨겨진 은폐·조작된 사실들을 밝혀내는 것을 목적으로 한다. 사회의 문제점을 개선하고, 밝은 내일을 이루기 위해 탐사보도는 강조되어야 하며, 그 기능은 활성화되어야 한다"고 강조했다(정상태, 1997, 232~233쪽).

언론과 정(政), 경(經)간의 유착이 기자들의 개인적 차원에서도 심각하다는 우려가 있고, 실제로 사건화한 경험도 있는 우리 현실에서 탐사보도는 현실적으로 절실한 과제다. 그런데 한국언론에서 탐사보도는 유명무실하다. 그것은 전문기자·대기자의 부족과 취재비용의 고비용화로 언론사가 기피하며, 경영주의 인식결여와 언론인들의 자질미흡 등이 그 원인이다. 비용 문제는 탐사보도의 발목을 잡는 1차적 원인이다. 언론계는 탐사보도가 많은 인력과 경비를 투자하는 데 비해 생산성이 그다지 높지 않다고 인식한다. 이는 눈앞의 나무만 보고 숲 전체는 보지 못한 안목이다.

여기에다 언론인 또한 탐사보도를 제대로 수행할만한 자질과 기능을 지니지 못한 것 또한 탐사보도의 장애요인이다. 무릇 언론이라면 누구나 탐사보도를 수행할 수 있어야 한다. 언론인들은 언론활동에서의 과부담을 들어 탐사보도를 외면한다. 아예 탐사보도를 할 엄두조차 내지 않는다. 언론인 스스로 언론활동을 사무적인 절차의 진행과정에서 컨베이어벨트에 지나지 않는 존재로 전락시키고 있는 것이다. 기자가 아니라 속기사처럼 행동하면서 그것을 언론행위로 착각한다.

그나마 어렵게 용기를 내어 의욕적으로 탐사보도·심층보도를 하다보면 이를 가로막는 언론사의 벽에 자주 부딪힌다. CEO나 간부들, 광고국 등 신문사 내부에서 파생되는 압력 또한 만만찮다. 편집국장의 소임과 인품은 이때 적나라하게 드러난다. 무릇 신념 있고 지조 있는 언론인이라면 마땅히 탐사보도의 관철을 위해 기꺼이 투쟁하여야 한다. 그것이 멀리 보면 신문도 살고, 신문사도 살고, 편집국장 자신도 사는 일이다. 우선 눈앞의 자그마한 이익을 위해, 권력의 부당한 압력에 굴복하면 신문에 대해 독자의 신뢰도가 떨어지고, 독자의 불신은 곧 신문의 위기를 초래하는 원인이 된다.

한국신문산업의 불황과 퇴조는 저널리즘이 변화된 환경에 적응하지 못한데서 그 원인이 있다. 미디어 환경은 인터넷 등 정보혁명의 폭발로 아날로그에서 디지털로, 다시 유비쿼터스화 되어가고 있는데, 한국의 신문산업은 아직도 20세기의 굴뚝산업처럼 육하원칙이라는 정보의 보도 패러다임에서 헤어나지 못한다.

한국언론이 진실인양 전가의 보도처럼 휘두르는 육하원칙에 기반한 팩트라는 사실기사는 단지 하나의 정보조각일 따름이다. 21세기의 누리꾼·유티즌들은 진실이라는 숲 전체 정보를 원하지, 숲 속의 한 나무에 불과한 정보를 원하는 것이 아니다. 탐사보도는 숲 전체를 그리는 보도이다.

기자 전문성

열쇳말
- 전문성 부재
- 관급여론 생산
- 언론한계 원인

기자가 탐사보도를 원활하게 수행하려면 반드시 전문성을 전제로 한다. 전문성이 결여된 탐사보도란 모래 위에 쌓은 성처럼 빈약하기 그지없는 기사로 전락하기 십상이다. 전문성이란 어느 한 분야에 대해 넓고 깊은 지식을 배경으로 하고, 윤리적으로는 국민의 알권리를 대신한다는 자긍심을 지니는 것을 말한다. 기자가 무식하면 수준 높은 기사를 쓸 수 없으며, 기자가 부패하면 좋은 취재를 할 수 없다는 것은 상식이다. 전문성은 탐사보도에 있어서의 필수적인 전제조건이다(관련기사 ☞ 18 사람관리론 참조).

한국언론이 전문성이 없어 무지하고 오만하며 방자하다는 것은 널리 알려진 사실이다. 전문성 부족이 초래하는 병폐는 첫째, 자신이 무슨 일을 하고 있으며 그 일이 지닌 의미가 무엇인지 통찰할 수 없다. 충실한 배경지식을 가지고 취재에 나서고, 또 취재한 내용을 심사숙고하는 행위 없이는 어떤 문제의 실상, 원인, 전망 등에 확신을 갖기 힘들다. 둘째, 전문성을 가진 취재원에게 농락당하기 쉽다. 취재원은 점점 다양해지며 전문화되었다. 취재기자가 전문성을 지니지 못하면 취재원이 제공하는 보도자료를 확인, 검토할 수 없을 뿐 아니라 내포되어 있는 문제가 무엇인지도 알지 못해 결국은 취재원이 제공한 일방적인 논리에 놀아날 수밖에 없다.

전문성의 부재는 언론윤리의 문제, 전문기자 부족, 표절, 독창성 부재, 언론인의 무지함 등으로 나타난다. 구체적으론 촌지를 받거나, 타사의 기사 베끼기, 신문간 기사의 중복 등이 그것이다. 취재분야의 비전문성뿐 아니라 구태의연한 비윤리적 행태들, 예컨대 촌지수수나 표절 등도 언론인의 전문성을 저해하는 요인이다.

언론인의 비전문성은 관급 정보원에 대한 지나친 의존도, 기사표절 등으로 취재를 왜곡한다. 출입처에 대한 의존도가 높다는 것은 비록 정보의 수집 시간과 비용면에서 이점이 있다고 하나 근본적으로는 출입처가 제공한 보도자료를 능가하는 기사를 쓸 수 없다는 한계성을 지닌다.

권·재·언 유착이라는 비정상적인 언론구조를 가진 나라에서는 그 유착관계가 탐사보도를 원천적으로 불가능하게 한다. 지배권력·기득권 세력의 비호를 받는 언론이 사회정의의 구현을 위해 권력이나 기득권의 부정부패·비리를 폭로한다는 것은 구조적으로 불가능하다. 따라서 기회주의적 상업언론을 지향하고 있는 한국의 대중언론이 탐사보도를 구현하기란 매우 어려울 전망이다.

그래도 뜻있는 언론인들은 지금도 탐사보도를 계획한다. 그것은 탐사보도가 객관성에 입각한 전통적인 저널리즘을 보완하고, 언론의 영역을 확대해나가는 동력을 제공하고 있을 뿐 아니라 21세기 뉴저널리즘 시대의 언론전형이기 때문에 결코 포기할 수 없는 가치다. 탐사보도는 우리 시대 언론인에게 주어진 명에다.

❀2004. 8. 18.

컴퓨터 취재보도론

오늘날 언론이 아날로그식 취재방식을 고집하는 한 뉴스산업의 경쟁력은 물론, 언론으로서의 존재기반마저 붕괴될 위기에 처하게 됐다. 컴퓨터를 활용한 취재로의 전환이 불가피한 현실을 조감한다.

미디어가 인터넷에 기반한 매체로 진화되면서 취재환경 또한 대전환이 불가피하다. 그동안 기존 언론의 취재보도는 기자가 출입처에 들러 취재원이 배포한 보도자료를 토대로 홍보 관계자에게 질문을 하거나, 또는 관련이 있는 사람, 사건 현장 등을 찾아다니는 면대면의 대인취재 시스템으로 기사를 작성해왔다. 여기에다 전화취재가 보편적이고 상식적인 보도행위였다.

21세기 언론에서는 컴퓨터를 활용한 취재보도가 언론보도의 메인 프레임으로 대두된다. '컴퓨터를 활용한 취재보도(CAR · *computer assisted reporting*)'를 이해하지 못하면 언론인으로 생존할 수 없는 환경이다. 그런데 언론인들은 CAR가 무엇인지도, 또 굳이 알려고 하지도 않는다. 세상은 디지털로 급변하고 있는 데 최첨단의 정보를 취급하는 언론인들은 구석기 시대의 시스템을 고집하는 것이다. 이번 회에서는 21세기 디지털 시대 언론이 반드시 갖춰야 할 취재보도 기법인 CAR와 인터넷취재보도에 대해 상술한다.

❶ CAR

CAR의 의미

✍ 열쇳말
- DB 저널리즘
- 사람중심 취재
- 과학활용 보도

기자가 CAR를 할 수 없다면, 취재원이나 정보원의 '애완견 언론'으로 전락하기 십상이다. CAR는 취재원이 제공하는 보도자료나 데이터 분석에 의존하지 않고, 기자가 직접 기초적인 원본 데이터를 검색, 분석함으로써 기존의 상투적인 발표 저널리즘·관변 저널리즘을 탈피, 좀 더 과학적이고 객관적인 보도다. CAR는 전통적인 기사발굴 방법으로는 찾기 어려운 특종기사나 기획기사를 생산할 수 있는 기반이다(김병철, 2005, 80~ 81쪽).

CAR는 컴퓨터를 활용한 취재보도이다. 컴퓨터로 정보와 자료를 입수하고, 데이터를 컴퓨터 통신망을 이용해 정리하고 분석하여 보도다. CAR는 특정사건이나 정보를 컴퓨터로 검색(*search*), 검사(*examination*), 조사(*investigation*)하여 결과를 보도하거나 그와 관련된 활동에 컴퓨터를 활용하는 기법이라고 정의할 수 있다.

김병철은 "CAR는 좁은 의미에서는 컴퓨터와 정보통신의 발달로 인터넷이나 데이터베이스 등 각종 온라인 서비스를 활용하여 취재한 것을 보도하는 것이다. CAR는 취재를 위해 수집한 아날로그 데이터를 데이터베이스화해서 분석자료로 만들어 기사를 작성하는 것에서부터, 각종 데이터베이스나 인터넷 등으로 온라인 데이터를 수집하고, 조사, 분석하는 일체의 행위까지를 의미한다. 따라서 CAR의 본질은 컴퓨터를 활용해 무의미한 것처럼 보이는 통계나 데이터에서

의미 있는 기사를 찾아내 보도하는 데 있다”고 설명한다(김병철, 2006, 5쪽).

CAR는 취재방식이 전통적인 취재보도와 판이하게 다르다. 전통적으로 오프라인에서의 취재는 취재원의 제보에 의하거나 뉴스의 보도자료, 기획기사의 경우는 과거의 취재자료 및 전문가의 인터뷰 등 사람 중심에서 이뤄졌다. CAR는 사람을 통하지 않고 컴퓨터가 쏟아내는 정보의 조합에 의해서도 취재가 가능한 새로운 보도영역을 내보인다.

남시욱은 “기자가 취재보도를 위해 수행하는 CAR을 단계적으로 나누어 보면 자료검색과 자료수집, 자료분석, 기사작성, 기사송고 및 기사편집 등이다. 취재에 필요한 단계는 자료의 검색과 수집 및 자료분석의 두 가지이다. 기사작성은 취재는 아니지만 본

<그림 12> CAR의 작업과정

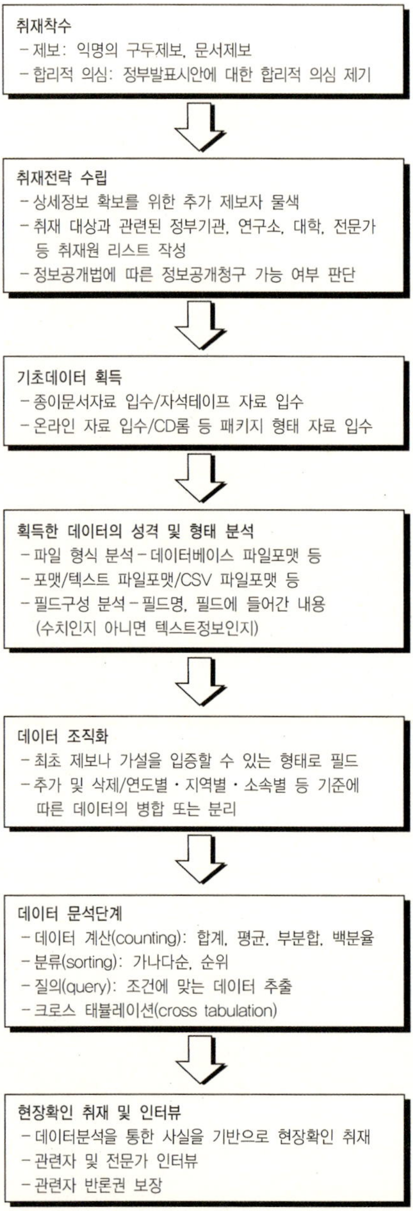

취재착수
- 제보: 익명의 구두제보, 문서제보
- 합리적 의심: 정부발표시안에 대한 합리적 의심 제기

취재전략 수립
- 상세정보 확보를 위한 추가 제보자 물색
- 취재 대상과 관련된 정부기관, 연구소, 대학, 전문가 등 취재원 리스트 작성
- 정보공개법에 따른 정보공개청구 가능 여부 판단

기초데이터 획득
- 종이문서자료 입수/자석테이프 자료 입수
- 온라인 자료 입수/CD롬 등 패키지 형태 자료 입수

획득한 데이터의 성격 및 형태 분석
- 파일 형식 분석 - 데이터베이스 파일포맷 등
- 포맷/텍스트 파일포맷/CSV 파일포맷 등
- 필드구성 분석 - 필드명, 필드에 들어간 내용 (수치인지 아니면 텍스트정보인지)

데이터 조직화
- 최초 제보나 가설을 입증할 수 있는 형태로 필드
- 추가 및 삭제/연도별 · 지역별 · 소속별 등 기준에 따른 데이터의 병합 또는 분리

데이터 문석단계
- 데이터 계산(counting): 합계, 평균, 부분합, 백분율
- 분류(sorting): 가나다순, 순위
- 질의(query): 조건에 맞는 데이터 추출
- 크로스 태뷸레이션(cross tabulation)

현장확인 취재 및 인터뷰
- 데이터분석을 통한 사실을 기반으로 현장확인 취재
- 관련자 및 전문가 인터뷰
- 관련자 반론권 보장

출처: 우병현, 『디지털 미디어와 저널리즘』, 파주: 한국학술정보, 2001, 162쪽.

문기사를 쓸 때 필요한 도표작성에 컴퓨터를 이용한다. 수집된 자료에 관한 보충취재와 다른 취재원과의 이메일을 통한 인터뷰도 CAR의 한 방법이다"고 소개한다(남시욱, 2001, 64~67쪽 참조).

CAR는 자료수집과 자료분석이라는 두 가지 측면에서 중요한 취재방법으로 인식된다. 즉 기자가 CAR를 취재에 활용함으로써 △취재아이템 발굴 △기사의 배경상황 이해 △언론사 내부자료 검색 △다른 매체 정보 검색 △전문가 취재원 발굴 △취재대상 검색 등에서 많은 이점을 지닐 수 있다.

CAR와 기자

열쇳말
- 하이테크 취재
- 보도영역 확대
- 정밀 저널리즘

CAR의 도입으로 인한 취재보도의 변화는 단순한 자료수집의 방법이 달라진 것 이상이다. CAR는 하이테크 취재방식이다. 기자 세계에 CAR가 도입됨으로써 기자들의 취재보도 활동영역이 현실공간에서 사이버공간까지 확대됐다. 많은 정보를 효율적으로 검색할 수 있게 됨으로써 정보 속에 숨겨진 이야기를 발견하거나 독자들이 정보를 이해할 수 있는 내용을 추가할 수 있다. 때문에 기자가 CAR를 이해하지 못하면 언론인으로서의 능력을 제한 받는다는 사실이 점차 공식화되고 있다. 신문경영의 효율화와 경쟁력을 담보하기 위해선 CAR에 대한 능력을 결여한 기자의 시장퇴출이 불가피한 시점이 다가오고 있는 것이다.

추광영은 "기자가 CAR의 내용을 속속들이 아는 고급사용자나 전문가는 못되더라도 CAR의 가능성 정도는 꿰뚫고 있어야 시대에 뒤지지 않는 언론인이 될 수 있다. 더욱이 독자들은 이미 인터넷으로

지구촌 곳곳의 정보를 직접 접하고 있다. 언론인이 온라인 정보의 검색과 활용에 익숙하지 못하여 독자보다 늦은 정보를 제공한다면 언론으로서의 역할을 제대로 수행하지 못하고 있다는 비판에서 자유로울 수는 없는 노릇이다"라고 하여 CAR의 중요성을 역설했다(추광영, 1998, 20～21쪽).

언론인이 CAR를 수행하기 위해서는 데이터분석용 소프트웨어에 대한 이해와 숙지가 필수이다. 수치나 표 계산용인 스프레드시트(*spreadsheet*) 계열과 데이터베이스 구축 및 관리 도구인 DBMS(*database management system*) 계열이 그것이다. 이들 프로그램은 마이크로소프트사의 엑셀(Excel)과 액세스(Access)가 널리 쓰인다. 엑셀은 표로 데이터를 정리하거나 수치계산, 회계, 통계, 재무관리 등에 사용하는 프로그램이고, 액세스는 많은 양의 정보를 정리, 검색, 추출, 계산하는데 사용하는 데이터베이스 프로그램이다.

언론인들이 효율적인 CAR를 수행하기 위해서는 컴퓨터 활용 능력 못지않게 사회과학적인 마인드를 갖는 것도 중요하다. 통계방법과 과학적인 해석 등이 취약하면 CAR에 의한 탐사보도는 불가능하다. 따라서 단순히 CAR를 위한 컴퓨터 활용 기술만 습득할 것이 아니라 주어진 데이터를 어떻게 분석하고 해석할 것인가 하는 과학적인 분석 마인드를 지닐 수 있도록 연마하여야 한다. CAR라는 정밀 저널리즘이 유명무실한 것은 자료분석능력의 결여가 그 첫 번째 원인이다.

CAR의 과제

> ✍ 열쇳말
> - CAR 마인드부재
> - 조사부문 강화
> - 비용 투자확대

오늘날 CAR는 선택의 여지가 없는 취재기법이다. 그러나 현실에서선 CAR가 유명무실하다. 그것은 첫째, 언론사가 CAR에 대한 개념이 없기 때문이다. 한국언론은 그동안 굳이 CAR와 같은 취재비용이 많이 소요되는 기획탐사보도가 그다지 필요치 않았다. 권·재·언 유착을 통해 뉴스를 지면에 단순 배열하는 것만으로도 신문장사를 할 수 있었다. 이러한 환경은 언론민주화와 인터넷 시대의 도래로 급변했다. 정보의 단순 중개업으로는 생존할 수 없는 처지다. 기획보도·탐사보도라는 정밀 저널리즘의 구현이 불가피한 시점이다.

둘째, CAR에 대한 언론인들의 마인드가 전혀 없었다. 언론사 내에 체계적인 교육시스템 부재와 외부 전문기관과 연계된 연수부족 프로그램의 부족에 더하여 언론인 스스로도 CAR를 위한 전문적인 컴퓨터 능력을 스스로 배양할 생각도 없었다. 오로지 관공서나 기업, 기관·단체 등 출입처에서 배포하는 보도자료에 의존해 이를 적당히 재가공하는 것으로 뉴스의 취재보도를 대신해왔다. 이와 같은 구시대적인 낡은 취재 시스템과 취재력으로는 21세기 디지털 시대의 언론시장에서 퇴출되는 것은 자연스러운 결과치이다.

셋째, CAR의 실행에 따른 기자들의 업무과중도 문제다. 박현수는 "CAR의 근간인 조사기자의 역할이 편집국의 자료정리원으로 전락된 것도 CAR의 활성화를 저해하는 요소다. 속보 위주의 취재보도 관행이 언론의 주된 패러다임으로 작용하며, 외적으로 온라인 취재정보의 부족과 언론사에 데이터베이스가 부족해 탐사보도를 제대로 뒷받침하고 있지 못하다. 이밖에 정보공개 범위와 요건이 제한적인 정보공개법과 그나마 기관 · 단체 · 기업 등의 정보공개 기피현상이 CAR의 발목을 잡고 있다"고 진단했다(박현수, 2005, 154쪽).

넷째, CAR의 활성화와 관련 현실상 또 하나 간과할 수 없는 것은 비용 문제이다. CAR를 활용한 분석은 수작업으로 한 것보다도 비용이 적게 들지만 연수비용과 교육을 위해 현업에서 빠지는 시간 등을 합산하면, 언론사에 부담이 되는 것은 사실이다.

CAR는 거스를 수 없는 시대적 대세다. 언론의 패러다임은 아날로그식 오프라인에서 디지털식 온라인으로 넘어갔다. 온라인에는 수많은 공공정보와 상업용 정보가 넘쳐난다. 누구나 원하면 손쉽게 정보에 접근할 수 있는 저널리즘 환경이 도래했다. 언론이 정보의 중개만으로 존재할 수 있는 시대는 아니다. 독자가 원하는 정보를 제공하여야만 시장에서의 생존을 얘기할 수 있다. 바야흐로 보도의 개념을 데이터베이스 저널리즘(*database journalism*)에서 네트워크 저널리즘(*network journalism*)으로 확대시켜야 할 때이다.

❷ 인터넷취재

인터넷은 언론의 취재환경에도 직접적인 변화를 요구한다. 즉 인터넷을 활용한 취재로의 전환이 그것이다. 이는 저널리즘이 디지털 취재로 변환해야 함을 의미한다. 21세기 저널리즘 활동의 공간은 인터넷을 활용한 취재보도이다. 그러면 그 취재기법을 고찰해보기로 하자.

취재범주 확장

> ✍ 열쇳말
> - 취재시각 다변화
> - 뉴스생산성 보장
> - 보도다양성 가능

김병철은 "인터넷취재가 지닌 의미는 취재원과 취재의 시각을 다양화라는 것에서부터 찾을 수 있다. 종래의 언론은 관변·대기업 위주의 홍보 관계자를 주로 취재원으로 했으나, 인터넷에서는 이들을 포함해 수많은 누리꾼들의 커뮤니티를 통해 생생한 현장여론을 동시에 취재할 수 있다. 인터넷취재는 경비와 시간을 절감해준다. 기존 언론은 보도자료를 확인하기 위해선 사람과 사람이 만나고, 취재원과의 면담을 위해 시간을 할애해야 하는 등 뉴스생산성에서 저효율 고비용이 불가피했다. 인터넷은 이를 생략할 수 있어 저비용에 따른 고효율성을 보장하므로 뉴스산업의 경쟁력을 제고한다. 또한 인터넷을 이용한 취재는 데이터베이스(DB)가 가능해 뉴스의 재이용과 재판매에 따른 부가가치의 극대화를 가능케 한다. 종래의 뉴스는 지면에 한번 게재되는 것으로 그 수명이 다했으나 인터넷에서의 뉴스는 독자 개개인의 요구에 부응하는 맞춤뉴스를 생산할 수 있다. 이러한 이유 등으로 인터넷을 통한 취재보도는 우리 시대 저널리즘이 피할 수 없는 과제가 되었다"고 설명한다(김병철, 2005, 8쪽).

인터넷취재는 전문 저널리스트가 인터넷에서 참 정보를 찾아내 독자들에게 전하는 취재기법이다. 인터넷취재는 △기삿거리 아이템을 찾을 때 △전문가와 접촉할 때 △취재원과 인터뷰할 때 △기사작성에 필요한 정보를 수집할 때 △추세분석이나 기획기사를 쓸 때 △독자들의 피드백을 받을 때 매우 유용하게 활용할 수 있다.

인터넷취재는 크게 △이메일(e-*Mail*)을 활용한 취재 △웹사이트(*web site*) 취재 △인터넷을 통한 여론조사 보도 △각종 통계자료의 분석을 통한 기획기사의 발굴 등으로 나뉜다. 이메일 취재는 이메일을 매개로 활용하여 취재하는 기법으로 현재 널리 이용된다. 취재원과의 인터뷰뿐만 아니라 설문조사, 오프라인 기사에 대한 독자의 피드백 등 여론을 탐지하는 적극적인 취재수단으로 많은 언론인들이 활용한다.

웹사이트 취재는 정부기관이나 기업, 시민단체 등 취재원의 사이트에 접근하여 취재하는 것을 말한다. 웹사이트 취재시에는 특히 웹사이트 운영주체에 대한 성격을 심도 있게 분석하지 않으면 자칫 '홍보성기사'만 남발할 우려가 많다. 취재 주체가 취재할 내용의 아이템에 대해 독자의 의견을 직접 구하는 방식의 인터넷 여론조사 보도도 현재 널리 이용되는 취재방식이다.

통계자료 분석 취재는 CAR의 일종으로 인터넷에 공개된 정보를 취합, 심층적인 분석으로 기획기사를 발굴해내는 심층 조사보도 기법이다. 이를 성공적으로 수행하려면 기본적인 데이터베이스에 대한 이해와 '엑셀'과 '액세스' 등의 소프트웨어 활용 능력이 전제되어야 한다.

인터넷취재 기법

열쇳말
- 상식적인 생각
- 주기적인 점검
- 기자역량 배양

성공적인 인터넷취재를 위해선 무엇보다 먼저 무엇을 취재할 것인가 하는 것을 명확히 해야 한다. 기자가 알고자 하는 것은 무엇이며, 또 취재의 목적과 그 효과는 어떠한지, 기사의 성격은 어떤 것인지 등에 대한 개괄적인 밑그림을 명확히 한 후에 취재를 시작하여야만 일관성 있는 취재를 할 수 있다.

다음으로 취재원, 또는 가용자료에 어떻게 접근할 것인가를 염두에 둬야 한다. 기자가 자유롭게 취재원 또는 가용자료에 접근할 수 없다면 인터넷취재는 근본적으로 성립할 수 없다. 인터넷취재에 소용되는 자료의 2차적인 가공과 활용에 대해 미리 염두에 두고 취재에 임하면 보다 풍성한 기삿거리와 함께 생산성을 뒷받침한 기사 작성이 가능하다.

인터넷에서의 기삿거리를 찾기 위해선 기자가 건전한 상식의 눈이 필요하다. 새로운 현상을 식별하는 능력과 자질을 지녀야 하며, 경직적인 사고의 틀을 벗어나 자유롭고 창의적인 생각을 해야 한다. 취재의 밑바탕에는 늘 사람을 생각하는 휴머니즘이 있어야 감동을 주는 기사를 발굴할 수 있다. 외국어 구사능력, 탐색도구의 활용 능력 등도 인터넷취재에서 빼놓을 수 없다.

인터넷은 정보의 흐름이 오뉴월의 홍수처럼 빠르게 흐르는 곳이다. 기자가 정보의 흐름을 놓치면 시대에 뒤진 기사를 생산하기 십상이다. 기자는 담당분야에서 권위 있는 뉴스레터 서비스에 가입해 관련 뉴스의 흐름을 주기적으로 추적해야 한다. 온라인·오프라인 조사를 통해 정기적으로 추적이 필요한 인터넷 사이트의 리스트를 만들어 주기적으로 점검할 것을 게을리해서는 안된다.

둘째, 취재가 시작되면 취재할 주제와 관련된 지식을 획득하고, 다른 매체에서 다룬 내용을 파악한 다음, 그 주제의 전문가를 접촉하고 인터뷰 준비를 한다. 취재할 사안과 관련된 주제를 검색사이트에 입력하여 필요한 정보를 차근차근 찾는 것을 비롯해 다양한 방법으로 정보를 좁혀가면서 추가 취재에 필요한 곳, 취재원 등에 접근할 수 있는 방법 등을 동시에 강구해야 한다. 관련분야의 신문 및 잡지

기사가 있는지 www를 검색해보고, 유즈넷 그룹에 전문가 의뢰 및 질문을 한다. 정부의 보고서나 통계를 www에서 찾아본다. 검색엔진을 활용해 필요한 정보를 효과적으로 빠른 시간에 찾아내는 방법을 익혀야 한다.

셋째, 취재 도중에는 인터뷰 내용을 확인한다든지, 취재대상에 관한 정보를 얻는다든지, 취재시에 생각하지 못했던 관점에 대한 자료를 얻는 데 활용한다. 취재 아이디어 구하기는 도서관이나 자료실을 찾는 자세로 인터넷서비스를 활용하면 된다. 참고자료 사이트에서 통계, 사실 등을 확인한다. 인터넷의 사람찾기 사이트 등에서 취재대상을 의뢰하기도 하고, 배경을 확인해 보기도 한다. 취재시에 얻은 자료를 정부의 웹사이트에서 얻은 자료와 대조해 본다.

넷째, 기사작성시에는 기사의 흥미를 돋을 수 있는 사실들을 찾아보아야 하고, 취재시에 얻은 자료를 해석하고, 그 후의 전개상황에 관해 조언을 줄 전문가를 찾는 데 활용한다. 데이터베이스에서 인용문을 찾아 쓴다. 참고자료 사이트 중에서 재미있는 통계 등을 찾아 쓴다. 또 이메일을 통해 전문가의 조언을 듣는다. 완성된 기사를 보완해줄 사진이나 그림 등 멀티미디어 자료 등을 찾아본다(이영음, 2001, 625쪽).

정보신뢰와 확인

✍ 열쇳말
- 확인에 또 확인
- 정보신뢰 검증
- 인터넷 윤리준수

인터넷을 취재보도에 활용할 때는 정보의 질적 차원에서 발생하는 문제점을 유의할 필요가 있다. 즉, 선진국에만 몰려 있는 정보의 편중 및 게재된 정보의 신뢰성, 또한 인터넷을 활용하는 과정에서 발생할 저작권을 포함하는 네티켓의 등의 문제는 가볍게 간과할 수 없는 문제다.

기자가 취재할 때 항상 육하원칙(5W1H)을 따지듯이 인터넷을 취재할 때도 정보가 과연 유용한지 여부를 신중히 해야 한다. 인터넷 정보의 감별법으로 미국 위드너대학(Widenr University)의 사서 잰 알랙산더(Jan Alexander)와 마샤 앤 테이트(Marsha Ann Tate)는 체크리스트를 다음과 같은 다섯 가지로 제시하고 있다.

<표 34> 온라인 정보의 평가기준 체크리스트

공신력(authority)	- 누가 웹사이트를 만들었는가 - 공식 사이트인가 - 웹페이지를 만든 사람의 연락처는 있는가 - 웹페이지에 자료를 게시한 사람은 누구이며, 그들의 자격은 어떠한가
정확성(accuracy)	- 웹페이지의 모든 정보가 사실임을 별도로 확인해 볼 수 있도록 정보의 출처가 제시돼 있는가 - 웹페이지의 편집이 잘 돼 있는가
객관성(objectivity)	- 편견이 분명하게 드러나는가 - 광고와 정보가 명확하게 구분되어 있는가
시의성(currency)	- 웹페이지가 언제 작성되었고, 언제 웹페이지에 게재됐는지, 그리고 언제 갱신됐는지 알 수 있는가
범위(coverage)	- 웹페이지가 말하고자 하는 것이 명확하게 나타나 있는가 - 해당 분야의 정보를 제대로 잘 다루고 있는가 - 혹 중요한 이슈들이 생략돼 있지는 않은가

출처: N. Paul(1999), 『*Computer Assisted Research: a Guide to Tapping Online Information*』, Chicago, Illinois: Bonus Books Inc. and The Poynter Institute for Media Studies.; 김병철(2006), 『온라인 취재보도』, 서울:한국외국어대학교 출판부, 73쪽 재인용).

인터넷의 정보는 또 출처가 불분명한 익명성을 특징으로 한다. 오보를 방지하려면 기자가 한 번이라도 더 확인하고 또 확인하는 방법밖에 없다. 기자가 정보의 출처를 확인하고, 기사에서 출처를 밝히는 습관은 표절의 가능성을 막기 위해서라도 반드시 지켜야 할 취재기자의 윤리다.

기자는 또 균형 있게 보도하여야 한다. 파당적이며 편향적인 것 또한 인터넷의 특성이다. 인터넷은 본질적으로 동호인 커뮤니티를 기반으로 하는 매체이다. 이들에 의해 생산되는 정보는 필연적으로 공정성을 기대할 수 없다. 무릇 기자는 찬성과 반대가 극렬한 대립을 이루는 곳에서 냉철한 아웃사이더로서 이성적인 판단을 기초로 취재하여야 한다.

이 밖에도 인터넷취재 기자는 오프라인에서와 마찬가지로 △명예훼손 △프라이버시 침해 △저작권 침해 문제 등과 같은 취재윤리를 엄격히 준수해야 한다. 특히 인터넷에서는 복제가 쉬워 저작권을 침해할 가능성이 매우 높다. 인터넷취재에서는 각별히 주의할 필요가 있다. 기자가 윤리규정을 지키지 않는다면, 그는 이미 기자가 아니다.

❀2005. 2. 15.

여섯째 갈래

시민언론 창간경영론

“신문창간에서 가장 중요한 것은 언론자본주나 혹은 언론 CEO이다. 현실적으로 이들이 저널리즘을 어떻게 보고 생각하느냐에 따라 신문의 성격이 결정된다. 언론자본주나 CEO의 언론철학은 직접적으로 지면에 투영된다. 따라서 언론자본주나 CEO는 언론에 대해 확고하고 투철한 자기신념이 없으면 결코 언론산업에 진입해서는 안된다. 언론자본주나 언론 CEO의 삐딱한 언론관이 언론자유를 심대하게 갉아먹어 결국은 우리 모두의 민주주의에 돌이킬 수 없는 피해를 입히기 때문이다.”

창간자본론

이 글에서는 국민주를 표방하는 공익적 성격의 자본, 즉 시도민주를 표방하는 지방신문의 창간론이 지닌 실체를 〈한겨레신문〉과 〈우리신문〉의 케이스 연구를 통해 살펴본다.

자본성격 구조

> 열쇳말
> - 사영매체
> - 종업원 지주
> - 국민주 성격

매체의 성격을 본질적으로 규정짓는 것은 자본이다. 자본이 어떠냐에 따라 매체가 지향하는 이데올로기가 결정된다. 자본은 누가 어떤 목적으로 매체를 창간·경영하는가를 일컫는다. 자본주의 체제의 매체기업은 다양한 자본의 얼굴을 지녔다. 사영매체, 종교자본매체, 종업원지주매체, 공영매체, 국민주주매체 등이다. 한국사회에서는 사영매체인 사주언론·족벌언론이 대종을 이룬다. <조중동>을 비롯한 <SBS>, 대부분의 지방신문이 사영매체다(관련기사 ☞ 7 지방신문 자본론 참조).

시민언론은 시민들이 누구나 다 원하기만 한다면 언제 어디서나 지분을 소유할 수 있고, 또 공식적 통로를 거쳐 경영과 편집에 참여하여 의견을 전달할 수 있는 매체다. "金榮在의 市民言論 創刊論"

이 글이 제안하는 시민언론은 사영매체 + 종업원 지주매체 + 국민주주매체의 성격을 지닌다. 본질적으로는 사영매체를 지향하되, 공익성이 제도적으로 담보된 자본형태를 추구한다. 소유와 경영의 분리로 경영합리화·과학화를 달성하고, 경영과 편집의 독립을 실천함으로써 언론자유의 확대를 구현한다.

보다 구체적으로 설명하면 소유권을 보유하기 위해 전체 발행주식의 40%를 사영매체 지분으로 배정하고, 양심적인 언론자본가를 초빙한다. 또한 책임경영의 확립을 위해 전문경영인이 10%를, 종업원이 20%를, 시민주주가 30%의 지분을 출자한다. 60%의 공익적인 성격의 자본 + 40%의 사영매체가 시민언론의 기본적인 자본구조이다.

이는 고착된 형식은 아니다. 창간과정과 지역의 형편에 따라 유연하게 대처한다. 다만 자본의 성격이 어떠한 경우에도 시민언론의 창간정신을 훼손해서는 안된다는 점은 양보할 수 없다. 자본이 미주알고주알 일방적으로 통제하면 그것은 무늬만 시민언론일 뿐이지 결국은 사영매체·족벌언론과 다를 바 없게 된다. 시민언론은 시민들의 의견을 반영하는 통로를 제도적으로 보장할 뿐만 아니라, 편집권의 독립을 실현해 공익성에 기초한 수익극대화를 도모한다.

언론기업은 사기업이라 할지라도 업무가 공익적인 성격을 지닌다. 언론기업의 공공성을 제도적으로 보장하려면 공익적인 자본의 소유구조가 불가피하다. 자본이 투여되지 않는 공익성은 허구이다. 공공주언론이나, 국민주언론, 종업원지주언론 등의 채택은 의심할 여지가 없다. 이들 매체의 가장 큰 약점은 자본의 실체가 추상적이어서 '온 국민의 신문'을 마치 '주인이 없는 신문'으로 오인해 무책임한 경영, 방만한 운영에 빠지기 쉽다. 이 글에서는 <한겨레신문>의 사례를 통해 명실상부한 시도민주 신문의 자본이 지닌 성격을 해부해보기로 한다.

❶ 한겨레신문 연구

국민주 신문사

> 열쇳말
> - 6만주주 열망
> - 확대경영 추진
> - 진보언론 포기

<한겨레신문>은 70~80년대 민주언론을 펴다가 언론으로부터 쫓겨났던 해직언론인들이 주축되어 87년 6월민중항쟁 이후 이 땅에 고조되기 시작한 민주화의 열풍을 틈타 진보적 대안언론으로 창간된 신문이다. <한겨레>가 창간될 당시 우리 사회는 군사독재정권의 폭압에 소시민으로 전락했던 중산층들이 정치사회적으로 자각하던 시기였다. <한겨레>는 창간 과정에서 언론의 이념적 좌표를 재야 민주운동세력이 표방했던 민주・민족・민중언론에 두었다.

<한겨레>는 보수・반동・수구・기득권층적인 제도언론의 타파를 소구점으로 하고, 진보적인 대중매체, 대안언론의 건설을 주장했다. 특히 제도언론의 반언론성에 대한 대대적인 캠페인은 창간을 주도했던 해직언론인들의 도덕적 정당성과 맞물려 폭발적인 시너지 효과를 불러일으키는 촉매제가 됐다.

<한겨레신문>은 6만여 주주의 종자돈으로 출범했다. <한겨레>의 주주들은 참 언론의 구현을 통한 반민주적 사회구조의 타파와 개혁에 기꺼이 동의해 자본을 출자했다. <한겨레> 임직원 또한 신문기업의 경영관리・편집제작 등 업무전반을 국민주주의 뜻에 따라

'국민의 신문'으로 운영하겠다고 다짐했다. 민주화에 대한 6만여 주주들의 열망이 참 언론인들의 의지와 결합됨으로써 <한겨레>가 창간될 수 있었다.

<한겨레>에 출자한 6만여 주주는 결코 경제적 이윤의 획득이라는 자본의 논리로만 투자한 것은 아니다. 그것은 <한겨레>가 우리 사회의 민주화를 담보하는 환경감시기능으로서의 '언론'에 대해 동의하여 기꺼이 투자했다. <한겨레> 주주들의 자본은 주식의 성격과 민주언론이라는 공익적 사명을 동시에 지닌다. 때문에 <한겨레>는 신문사의 물적 토대를 제공해 준 6만여 주주들의 이와 같은 뜻을 언론의 지표로 삼아야 할 의무가 있다.

<한겨레>는 창간 초기 비교적 성실하게 진보적 대안언론으로서의 기능을 충실히 했다. 그러나 90년대 들어 정치권이 민주와 반민주의 구도가 깨지고, 특히 3당 합당을 계기로 전통 보수야당세력이 분열됨으로써 <한겨레>는 급속히 정체성의 혼란과 모순에 빠졌다. YS와 DJ를 중립적으로 지원했던 <한겨레>는 이후 '친DJ' 노선으로 보도의 방향을 전환했다. 이 때문에 <한겨레>는 영남권에서는 '전라도 신문'이라 낙인찍혔고, 보수언론에 의해서는 '빨갱이 신문'이라는 마타도어 공세에 직면했다.

뿐만 아니라 <한겨레>는 질적 성장을 외면하고 외형적인 양적 확대 경영으로 선회했다. 교육 · 농어촌 · 도시빈민 · 여론매체 · 경제 · 문화 등에서 진보성은 퇴조되었고, 정치적으로는 제도권에서는 친DJ를, 재야 민족민중운동세력권에서는 당시 우리 사회의 시민운동 주도세력이었던 '친광주'로 급속히 편입되었다.

신맹순 등은 "<한겨레>는 창간 이후 겉으로는 편집국의 수장을 스스로 뽑고, 경영과 소유를 분리하는 등 한국언론사에서는 획기적인 제도를 취하고 있으나, 속으로는 확대경영을 추구한 결과 창간정신이 훼절되고, 경영전술 또한 제도언론의 상업주의적 경영방식을 추종함으로써 총체적 위기로 내달았다. <한겨레>는 경영이 아마추어적 경영전략에서 벗어나지 못하고, 보도경향 또한 민주 · 민족 · 민중언론으로서는 고사하고, 진보언론이란 사이비 가면아래 관급보도 중심의 제도권 매체로 전락했다"고 비판했다(김영재, 1997, 207~213쪽).

'주인없는 신문사'

✍ 열쇳말
- 광고수입 증대
- 축소경영 포기
- 신문성격 변질

진보적 대안언론의 경영요체는 '축소경영'에 있다. 그러나 <한겨레>는 그 반대편으로 치달았다. 그것은 먼저 종사자들의 급여 때문이었다. <한겨레>의 초기 3년 간 임금구조는 기존언론에 비해선 1/2 수준이었다. 대졸자를 기준으로 한 타직종의 임금에 비해서는 그다지 뒤지지 않는 수준이었다. <한겨레> 종사자들은 국내 최고 임금수준인 기존 언론에 견주어 급여와 복지를 현실화하여 줄 것을 요구했다.

창간위원회와 노동조합 등 각종 사내 여론기구로부터 자유롭지 못한 <한겨레> 경영진이 자신의 직위와 직책을 보전하려면 이들의 요구를 외면할 수 없었다. 그들이 결정한 <한겨레>의 확대경영은 민중들이 <한겨레>를 만들어 준 의미 등을 되새기기보다는, <한겨레>를 또 하나의 언론기관으로 전락게 하는 요인이 됐다.

즉, 더 많은 급여와 복지를 위해선 지면의 증면이 불가피 했고, 증면은 더 많은 인력이 요구되었으며, 이는 광고수입의 증액이 전제되어야 했다. 그러기 위해서는 <한겨레>의 논조는 필연적으로 광고주의 영향력하에 놓일 수밖에 없었고, 그럴수록 <한겨레>의 창간 정신은 지면에서 점점 빛바랠 수밖에 없었다.

<한겨레>의 창간정신은 당초 독자 중심의 신문이었다. 독자 중심의 신문은 그 수익원의 원천을 광고영업에 두는 것이 아니라, 판매에 둔다. 판매 중심의 신문은 '축소경영'이 그 요체이며 본질이다. 그러나 <한겨레>는 창간이후 증면과 설비투자 등 신문사의 덩치 키우기를 추구했다. 하루빨리 시장에서의 안착을 도모했다. 그 결과 더 많은 인력과 임금 현실화 등이 불가피했다. 이는 필연적으로 수입의 증대가 지속적으로 뒷받침되어야 가능한 것이었다. 곧 광고수입의 증대가 그것이다. <한겨레>는 신문사의 주된 수입원을 광고주에 의존하면서 여타 매체와 마찬가지로 광고주가 실질적으로 지배했다. 이로 인해 진보의 이념이 지면에서 사라졌다. 그와 동시에 <한겨레>를 낳고, 키워주었던 독자주주들도 <한겨레>를 떠났다. 한때 44만 부를 발행해 4대 일간지에 들었던 <한겨레>가 오늘날에는 20만 부를 밑도는 군소신문으로 전락한데서 실패한 <한겨레>의 초라한 위상을 볼 수 있다.

<한겨레>의 가장 큰 실패 요인은 6만여 주주가 주인인 국민의 신문사를 임직원의 신문사, 주인 없는 신문사로 오인한 데 있다. 경영은 방만하기 그지없었으며 무책임한 풍토가 지배했다. <한겨레>는 현재 사내 임직원 주식이 신문사를 독점적·배타적으로 지배하는 체제로 변질됐다. 그들은 자신들의 밥그릇을 만들어 준 6만여 주주들을 언론을 간섭하려는 '불순세력', 혹은 '적'으로 여기고, 다만 발전기금 모금 때 돈이나 대주는 '사금고' 정도로 여겼다.

<사진 17> 한겨레신문 창간호

한겨레신문

창간사

국민 대변하는 참된 신문 다짐

6천만의 그리움 풀이자 희망의 시작 백두산 천지

창간호 36면 내용

↳ 〈한겨레신문〉의 창간은 〈독립신문〉, 〈대한매일신보〉의 창간과 더불어 한국언론의 3대 기념비적인 의미를 지닌다. 6만여 주주가 십시일반 추렴해 제도언론의 반언론성을 극복하는 자신들의 표현기관을 갖겠다는 열망에 의해 창간된 〈한겨레신문〉은 세계언론사상 유례가 없는 민중언론운동의 집적물이다(〈한겨레신문〉 창간호, 1988년 5월 15일자).

이는 <한겨레>의 장점을 스스로 내친 것으로서 언론의 신뢰를 저하해, 국민주 신문의 생명을 잃었다. 오늘날 <한겨레>는 기존의 제도언론과 다를 바 없는 신문으로 전락해, 또 하나의 신문일 따름이다. 언론학계 등에서 <한겨레>를 진보언론 운운하는 것은 진보언론의 본질을 왜곡하는 배부른 자들의 한가로운 공치사이다.

<한겨레신문>의 창간정신 훼절은 독자와 주주를 스스로 거둬 찬꼴이 됐다. <한겨레>를 누구보다 헌신적으로 지지하고 사랑하던 주주들이 '한겨레신문전국독자주주모임'을 결성하고, 무책임 · 불성

실하게 운영되어 온 파행적인 경영에 대해 시정을 촉구하자, <한겨레>는 독자주주들의 정당한 목소리를 파렴치하게도 "불순세력의 지령에 의한 음모"로 매도하면서 배척했다. <한겨레> 임직원들의 독자주주 배척은 독점적이고 배타적인 <한겨레> 경영권의 향유 야욕에서 기인한다.

종업원주 신문사

열쇳말
- 독자주주 배척
- 임직원들 장악
- 난관봉착 초래

온갖 유인물과 지면 등을 동원해 주주들을 기만하고 배척한 결과 <한겨레>는 임직원들이 전체 발행주식의 30.26%를 차지한 '종업원 언론사'로 변질시키는 데는 성공했다. 2005년 4월 말 현재 <한겨레> 주주는 61,472명이며 622만 7,591주의 주식을 소유하고 있다. 납입주금은 311억 3,795만 5,000원이다. 창간 당시 2%도 채 안되던 지분이었던 임직원들은 우리사주조합을 결성, 2005년 4월 말 기준으로 447명의 조합원이 전체 발행주식의 30.26%인 188만 4,724주, 금액으로는 94억 2,362만 원어치를 소유, 최대 주주가 됐다. 이들은 2002년 11월 30일 퇴직금 등을 출자금으로 전환 <한겨레>를 지배했으며, 최학래·고희범·윤유석·김명걸 등 전·현직 이사들이 5,000만~6,000만 원어치의 주식을 소유하는 대주주다(김규원, 한겨레, 2005년 5월 16일자, 75면). '온 국민의 신문'이 바야흐로 껍데기뿐인 '국민주신문사'로 전락한 것이다. <한겨레> 임직원들은 <한겨레>의 소유권과 경영권은 확보했으나, 언론의 생명인 <한겨레> 창간정신과, 도덕성, 정체성, 그리고 참 독자와 주주를 잃었다.

엎친 데 덮친 격으로 IMF 이후 자본의 논리가 본격적으로 도입,

강화되면서 <한겨레>의 방만하고 무책임한 무능경영이 직격탄을 맞았다. <한겨레>는 소위 말하는 개혁과 진보를 팔아 먹고사는 정치사회 세력과의 동거 없이는 홀로서기가 불가능한 상황을 맞게 됐다. 그리하여 본격적으로 'DJ' 품 안에 달려들어 권력에 연착륙 할 수밖에 없었다. 정치 · 경제 · 사회 · 문화 등 언론을 간섭하는 모든 세력으로부터 자주적으로 독립된 신문을 건설하겠다며 출범한 국민의 신문이 어느덧 기존의 제도언론과 다를 바 없는 특정 권력의 정파지로 전락한 것이다.

신문기업으로서 <한겨레>의 경영조건은 여느 족벌언론 · 제도언론과는 비교할 수 없을 정도로 호조건이다. <한겨레>에는 세계언론사상 유례가 없는 6만여 주주가 있다. <한겨레> 임직원들이 창간발의 때의 마음가짐을 늘 간직하고, 독자주주모임을 존경하며, 그들의 다짐대로 '온 국민의 신문'으로 가꿔갔다면, <한겨레>의 경영위기는 상상조차 할 수 없다. 6만여 주주가 수백억 원의 자금도 대주는 판국에 1부 확장운동, 1주 사주기 운동은 그다지 어렵지 않다. 이는 기존의 족벌언론 · 제도언론이 상상조차 하지 못할 자산이다.

그러나 <한겨레> 임직원들은 독자주주들이 요구하는 신문을 만들지도 않았고, 또 독자주주들을 독자배가운동원이나 신문사 운영자금을 대주는 후원자로만 인식했다. <한겨레> 임직원들이 주주들을 독자배가운동원이나 기금모금시 사금고 정도로 여기던 오만과 국민주 신문을 자신들의 사원주주 신문화하고자 했던 사리사욕이 파국을 자초했다. 독자주주들에 대한 이와 같은 인식은 아직도 여전하다. <한겨레> 임직원들이 독자주주들을 신문사의 주인으로 여기지 않고, 자신들을 맹목적으로 지지하는 바지저고리로 여기는 한 <한겨

레>에 닥친 위기를 극복할 수는 없다.

한겨레의 미래

열쇳말
- 사금고 인식
- 무책임 경영
- 국민 기만극

<한겨레>는 창간 17주년을 맞아 창간 당시 주도적으로 새 신문의 창간을 기획했던 인사를 새 사장으로 뽑고, '제2 창간'을 선언하면서 읽을거리 신문으로의 지면개혁, 심층기사 중심의 편집체제 도입, 지면 글꼴의 전면적 교체, 제호 디자인 국민 공모 등등의 환상적인 캐치프레이즈로 경영난 타개를 도모했다. 다른 한편에서는 여전히 본사의 무능하고도 무책임한 경영에 대해 질타를 했던 '참 독자주주모임'을 배제한 채, '어용 가족모임'을 서울 · 부산 · 대전 · 인천 등지에 결성하고, 이들을 초청 제2 창간에 따른 독자배가운동 · 주주배가운동 등의 캠페인을 전개했다.

그와 같은 구호성 캠페인이 독자주주들에게 얼마나 먹혀들지는 의문이다. 어설픈 진보와 개혁을 팔아먹던 패러다임은 인터넷 등의 발달로 역사의 유물이 되었다. 박물관의 전시대에 박제된 진보언론 · 개혁언론이라는 허구의 이데올로그가 더 이상 독자주주들에게 먹혀들던 시대는 아니다.

<한겨레> 임직원들이 계속 독자주주를 허수아비로 여기고 겉만 번지르르한 말로 개혁언론, 진보언론 운운하며 발전기금 200억 원 모금운동을 전개하는 것은 국민을 홀려 돈을 뜯어내겠다는 야바위꾼들과 다를 바 없다. 필요할 때만, 그것도 말로만 개혁과 진보를 팔아 독자주주들을 기만하려는 것은 너무 속 보이는 짓이다. 그 얄팍한 속셈으로 경영난을 탈출하고자 한다면 뭘 몰라도 한참 모르는 얘기

다. <한겨레>의 주주는 1년에 한 번씩 열리는 주주총회에서 손만 들어주는 '거수기'가 결코 아니다. 더더구나 신문경영에 실패한 임직원들의 뒷치닥거리나 하는 보모는 더더욱 아니다. <한겨레> 주주들은 어느 누구에 못지않은 실천적인 민주언론 의사이다.

따라서 <한겨레>가 경영위기를 딛고 언론시장에서 생존하기 위해서는 독자주주에 대한 창간 당시의 순수했던 그 마음을 회복해야 한다. 30.26%라는 <한겨레> 임직원들의 지분은 전량 아무 조건 없이 무상 소각되어야 하며, 창간 당시와 같은 지분으로 축소되어야 한다. 신문사를 정직하게 독자주주들에게 돌려줘야 한다. 그 연후에 '국민주 신문'을 살려달라고 호소해야 한다. 그것이 바른 순서다.

<한겨레>가 총체적인 경영난을 해소하고 언론시장에서 살아남기 위해서는 기댈 곳이라고는 아무리 둘러봐도 독자주주들 밖에 없다. <한겨레>를 살릴 핵심적인 키워드는 결코 민주를 가장한 정치권력도 아니며, 광고라는 미끼를 던지는 재벌도 아니다. 또한 신문사를 내 것으로 만들어 경영권을 향유하겠다는 <한겨레> 임직원들은 더더구나 아니다. 오로지 독자주주들만이 <한겨레>의 미래를 결정할 수 있다.

독자주주들을 하늘처럼 여겼던 <한겨레> 창간당시의 마음을 갖지 않는 한 <한겨레>의 경영난 타개 처방책은 백약이 무효이다. 독자주주들을 불순세력 운운하며 매도하고 비판했던 죄악을 겸허히 자성하고, 진실한 마음으로 사죄해야 한다.

독자주주들을 우습게 여기고 창간정신이 뭔지도 모르는 임직원들과 창간정신을 훼절한 사람들을 내 쫓아야 한다. <한겨레>를 자신들의 철밥통으로 여기는 위장 언론인이 존재하는 한 <한겨레>는 독자주주들에게 사과할 수 없으며, 설사 사과한다 하더라도 진지한 마음에서 우러나오는 뼈아픈 자기반성의 결과가 아니라, 독자배가운동이나 주주배가운동으로 당면한 경영난이나 타개해보자는 속셈에서 비롯된 위장 사과이므로 진실을 담지 못한다.

<한겨레>라는 신문조직이 21세기 언론시장에서 살아남기 위해선 '사이비 한겨레인'을 모조리 색출하여 잘라내야 한다. 이들은 진짜 한겨레인이 아니다. 그저 신문사에 빌붙어 밥 먹고살려는 '언론인'들에 불과하다. <한겨레>엔 이런 언론인들이 필요 없다. 창간 당시의 민주언론인들이 발기했던 민주화를 구현하겠다는 '언론전사'가 필요하다.

<한겨레>는 1988년 5월 15일 이전의 순수했던 창간정신을 지닌 인력으로 재구성해야만 그 미래를 논할 수 있다. 이것이 현실상 불가능한 얘기라면 <한겨레>의 미래는 새삼 얘기할 가치조차 없다. 그런 의미에서도 <한겨레> 지분을 독자주주들에게 돌려주는 구체적인 방안을 제시하지는 않고, 독자주주들을 상대로 독자배가운동, 200억 발전기금모금운동을 전개하겠다는 <한겨레> 임직원들의 제2창간 운운 사고방식에는 고소를 금치 못할 따름이다.

요컨대 <한겨레>의 명백한 미래는 수구초심의 창간정신으로 되돌아가는 데 있다. <한겨레> 임직원들이 제2 창간 운운하는 것은 대국민 기만 사기극의 극치이다. <한겨레>에 피와 땀과 같은 종자돈을 대줬던 6만여 주주들을 모독하는 행위이다. <한겨레> 임직원들은 당장 제2 창간 운운하는 '굿판'을 거둬 치워야 한다. 그리고 국민들에게 솔직한 고해성사를 하여야 한다. <한겨레>의 치열하고 혹독한 자아비판 없이는 단연코 그 미래가 없다. <한겨레>가 시장

퇴출을 면치 않으려면 그 방법밖에 없다.

물론 정치권력의 품 안으로 쪼르르 달려가 안긴다면 기꺼이 그 살 길이 열리겠지만 말이다. 그러기 위해서는 국민주주라는 6만여 주주의 원초적인 눈이 시퍼렇게 살아 있어, 그마저도 쉽지 않은 노릇이다. 그나마 정치권력이 스스로, 혹은 억지로라도 진보정권, 민주정권을 자임하며, 표방하여 <한겨레>로 하여금 품 안으로 달려들 '무드'라도 조성해주면 모를까, 그렇지 않고선 그 마저도 선택의 여지가 없다. 더구나 세상이 점점 진보적으로 나아가 투명하게 맑아지면서, 언론시장에서 자신의 힘과 노력으로 자력갱생하여야 하는 시대적 환경이 도래하고 있어, 6만여 주주를 배신한 <한겨레>의 앞날을 더욱 암울하게 한다.

❷ 시도민주 신문론

이 글이 <한겨레>를 혹독하게 비판하는 것은 <한겨레>가 시도민주 신문의 반면교사기 때문이다. <한겨레> 이후 우리 사회에는 국민주를 모방한 시도민주 신문 창간이 붐을 이룬다. 시도민주를 표방하는 대개의 신문이 무늬만 시도민주이지, 실제는 공익성이 전혀 담보되지 않는 사영매체·족벌언론과 다를 바 없다. 그러면 여기서 말하는 시도민주란 솔직하게 말하자면 공공을 빌미로 시도민들에게 신문창간자금이나 좀 뜯자는 소리다. 시도민주의 허와 실을 짚어보자.

신문창간 요체

> ✍ 열쇳말
> - 공익적 명분
> - 건전한 도덕성
> - 창간 노하우

<한겨레>를 벤치마킹해 <한겨레>식 신문을 창간하겠다는 언론인들은 모름지기 현재의 <한겨레>말고, <한겨레> 출범 당시의 민주 · 민족 · 민중언론을 지향했던 언론철학 · 언론내용을 먼저 본받아야 한다.

시도민주 신문을 창간하려면 창간주체들이 새 신문을 창간할 언론인으로서의 도덕성과 정체성을 지녀야 한다. 이러한 명분과 함께 시의적절한 능동적인 전술과 전략이 뒤따라야 한다. 무조건 민주언론을 구현하겠다며 새 신문을 표방한다고 해서 시도민주가 모이는 것은 아니다. 알음알이로 시도민주를 확보하는 것은 한계가 있다. 시도민주를 효율적으로 모으기 위해선 치밀한 과학적 전략이 뒷받침되어야 한다.

다음의 <표>는 <한겨레신문>의 국민주가 성공할 수밖에 없는 사실을 극단적으로 압축하여 설명한다. 우선 <한겨레> 창간 주체들의 시대를 읽는 눈을 들 수 있다. 이들은 "민주화"라는 거스를 수 없는 시대적 소명을 전제로 국민주 신문의 전술을 수립했다. 주주의 대상을 노동자 · 농민 등 기층민중세력은 물론 회사원 · 교사 · 학생 등 진보적 지식인까지 아우르는 전략을 도입함으로써 170여억 원이라는 거금을 확보할 수 있었다.

<표 35> 한겨레신문 주식모금 분석

단위: 원

캠페인 내용	A: 설립기금 모금		B: 발전기금 모금	
기간	87. 10. 17.~88. 2. 25. (137일간)		B: 88. 9. 2.~89. 6. 10. (237일간)	
목표액	50억		100억	
다수 중산계급의 정치 성향	진보적(반독재 민주화 중심)		보수적(친정부적, 노동운동 및 급진화 되어가던 진보운동에 반대)	
모금액	50억		119억2,000만	
1일 평균 모금액	36,496,350		50,295,359	
하위 기간	87. 10. 12.~87. 12. 15. (65일간)	87. 12. 16.~88. 2. 25. (72일간)	88. 9. 20.~89. 4. 16. (218일간)	89. 4. 17.~89. 6. 10. (55일간)
캠페인 이전과 기간 중의 정치사회적 상황과 사건	이전: 6월민주화운동/7. 8월 노사분규 기간 중: 대선	이전: 야당 대선 패배 기간 중: 야당 총선 승리	이전: 노사분규/학생폭력 시위 이전 및 기간 중: 경제위기/정치불안	기간 중: 노사분규 및 학생폭력시위, 경제위기, 정치불안 심화/리영희방북취재 기획사건 발생
진보운동의 내용	반군부 독재운동 중심		반군부 독재운동/반미운동/통일운동/노동운동	
모금액	12억5,000만	37억5,000만	45억	74억2,000만
1일 평균 모금액	19,230,769	52,083,333	20,642,201	134,909,090
참여 주주수 및 1인당 출자 평균금액	27,223명/183,601		31,167명/388,527	

출처: 한동섭, 『한겨레신문과 미디어 정치경제학』, 커뮤니케이션북스, 2000, 43쪽.

위의 <표>는 시도민주 자금 모금에 많은 시사점을 제시한다. 우선은 사회적 환경·분위기를 새 신문 창간전략에 녹여들게 한 슬기이다. 절묘한 모금전략 지혜도 빼놓을 수 없다. 여기에 새 신문의 명분이 더해져야 한다. 언론에서의 도덕성과 정체성은 언론의 존재가치를 가늠하는 잣대다. 언론이 도덕성과 자기 정체성을 상실하면 존재의 기반을 잃고 실체가 없는 유령언론이 된다.

<한겨레신문>과 같은 공익성을 지닌 대중신문을 창간하기 위해선 시도민주 창간추진세력의 민주·민족·민중언론에 대한 도덕성과 치열한 언론철학·신념 따위가 없으면 불가능하다. <한겨레>가

국민주를 표방하며 돈을 모았던 것만 본받아 시도민주를 표방하며 시도민들에게 돈 뜯을 궁리만 하는 것은 주객이 전도된 사고다. 정작 배워야 할 것은 배우지 않고 배우지 않아야 할 것만 골라가면서 배우는 꼴이다.

창간추진세력은 창간업무에 대한 노하우도 지녀야 한다. 대구경북 지역에서 <한겨레>를 벤치마킹해 4,000여 주주로부터 돈을 모아 시도민주 신문의 창간을 시도했던 <우리신문>이 좌절한 가장 큰 이유는 창간주체, 특히 창간지도부의 시도민주 신문자본과 성격에 대한 무지, 언론정신 · 언론철학의 결여, 신문경영의 무능이 그 원인이다. 그들은 신문경영에서 아마추어였으며, 실제적인 업무의 집행에 있어서도 유치하고 졸렬했다. 언론기업에 대한 기업적인 마인드도 고루하였으며, 새 신문에 대한 민주 · 민족 · 민중언론인으로서의 자각은 고사하고 운동역량조차 결여돼 있었다. <우리신문>은 창간과정에서 무늬만 <한겨레>를 닮으려 했을 뿐 알맹이는 전혀 닮으려하지 않았다. 그와 같은 얄팍함이 현실에서 무산됨은 사필귀정이었다.

<한겨레>를 벤치마킹해 <한겨레>식 신문을 창간하겠다는 창간주체들이 또 하나 궁리하는 것은 <한겨레>식 소수정예다. 신문경영에서 <한겨레>식 소수정예는 얼마든지 좋다. 그런데 종사자들의 급여 줄 때만 <한겨레>식이고, 지면은 제도언론이라면 이미 볼 장 다 본 신문사다. 저임금에 바탕한 소수만 있고, 정예가 없을 때 그 신문은 필연적으로 '쓰레기언론'으로 전락할 수밖에 없는 심각한 자기모순에 귀결된다.

이와 같은 점을 감안하면 장삼이사 아무나 시도민주 신문을 표방해서는 안된다. 오늘날 언론은 독자들로부터 마치 사이비 사기꾼 ·

야바위꾼 집단쯤으로 오인 받는 등 곱지 않은 시선을 받는 처지다. 이러한 때 언론을 가장해 시도민들로부터 돈 뜯을 궁리나 하는 것은 자칫 언론의 신뢰를 공멸로 몰고 갈 개연성이 다분하다. 시도민주 신문은 언론시장에서 아직까지는 언론모리배·정상배·행상배들로부터 오염이 덜된 청정언론자본 지역이다.

시도민주 신문은 독자들에게 건강한 언론의 도덕성을 보여줄 마지막으로 남은 언론제도다. 이런 자본이 일부 언론모리배들의 농간에 의해 오염된다면 그것은 단순히 한 신문의 몰락이 아니라, 그 사회의 총체적인 몰락을 의미한다. 따라서 시도민주 신문을 표방하기 위해서는 창간 추진세력이 공익성과 도덕성을 담보할 수 있는지 스스로 점검한 연후에 신문사업에 뛰어들어야 한다. 공익성이 전제되는 시도민주 신문마저 무늬만의 위장언론인들에 의해 훼손되면, 언론에 덧씌워진 '지방신문 = 사이비언론 = 쓰레기언론'이라는 굴레는 영원히 벗어날 수 없게 된다.

개혁언론 창조

> 열쇳말
> - 민중언론 목표
> - 부르주아 언론
> - 블루오션 신문

시민언론은 노동자, 농민, 도시빈민 등 사회적 약자나 여성, 청소년, 노인 등 소수자의 목소리에 귀 기울이는 진보언론·개혁언론·민중언론이다. 인권과 환경, 사회복지, 교육 등 삶의 질을 생각하는 열린 매체이다. 우리 사회의 부정을 광정하며, 비리를 척결하는 데는 조금도 망설임이 없는 언론투사이다.

시민언론은 기득권 옹호에 경도된 기존의 제도언론에 맞서 정치적으로 민족민주운동·시민사회 세력의 입장을 대변하거나 지지한다.

기존의 제도언론·부르주아 언론이 지배계급의 이념을 공공연히 유포하면서 대중을 수동적이고 비합리적인 존재, 쾌락적 존재로 만들어 체제 내에 안착시키려는 음모를 분쇄한다. 대항 이데올로기의 창출과 확산을 적극 저지시키려는 수단으로 사용되는 왜곡현상에 대해서도 기꺼이 투쟁한다.

시민언론은 진보적인 선진사상을 옹호하고 전파하며 민중에게 복무하는 것을 주요 목적으로 삼고, 허구적이고 왜곡된 진실을 바로 세운다. 부르주아 언론과는 달리 이념의 유포로 끝나는 것이 아니라 조직된 단결력까지 이뤄내 인간을 자주적이고 창조적인 존재로 만들어 나가는 데 목적을 둔다(지양사, 1989, 199쪽).

이와 같은 시민언론은 현실상의 사업성에서도 밝은 전망을 지녔다. 시장전략을 매체가 지닌 가치에 의해 새 시장을 창조하는 블루오션에 기반하기 때문이다. 시민언론은 시장에서 경쟁력을 지닌 차별화 된 매체라는 자긍심을 갖는다.

❀2005. 4. 27. / 2005. 5. 15. 더함.

24 시민언론 실제

이 시리즈에서 제시하는 시민언론을 어떻게 구체적으로 현실화할까를 고민한다. 시민언론은 사람을 위하는 사람의 언론이다. 이 글에서 말하는 시민언론은 어떤 언론인지 그 모습의 실체를 그려본다.

뉴미디어와 시민언론

열쇳말
- 길거리 저널리즘
- 시민언론의 발아
- 폭발적 독자성원

알게 모르게 우리는 이미 시민언론이라는 변혁의 물결 한가운데에 서 있다. 인쇄매체에 비해 영상미디어 쪽에서는 시민언론의 발아와 태동이 자연스러운 일상이 되어가고 있다. 바로 UCC(*User Created Contents*)다. UCC는 사용자가 상업적 의도 없이 직접 제작한 콘텐츠를 일컫는다. 언론수용자들은 이 영상콘텐츠를 온라인상에서 공유, 개방함으로써 참여와 소통이라는 웹2.0을 구현한다.

도덕성이라곤 털끝만큼도 없는 이명박 정부가 국민의 건강권·생존권을 미국에 헌납한 조공외교로 광우병에 취약한 미국산 쇠고기의 전면적인 수입자유화조치를 단행하자 누리꾼들이 벌떼처럼 들고일어나 촛불집회로 "협상철회", "고시철폐" 등을 주장했다.

'이명박 구하기'에 동원된 제도언론은 배후설 제기, 인터넷 괴담,

TV의 선동에 이은 불법시위의 폭력성 부각, 미국산 쇠고기 홍보선전원 노릇 등을 통해 촛불집회의 본질을 폄하 훼손했다. 진실을 허위로 왜곡조작하는 제도언론에 대해 누리꾼들은 분개했다. 집회현장에선 "'미친 언론'은 간판 내려라", "조중동 '찌라시' 폐간하라", "'불량언론' 취재거부한다"는 등의 언론불신이 봇물을 이뤘다. 한국언론사상 최초로 독자들이 자발적으로 <조중동> 평생절독운동과 광고주철회운동을 전개했다.

독자들은 블로그나 UCC, 인터넷TV 등 1인 미디어로 집회현장을 직접 취재보도했다. USB 모뎀을 와이브로(WiBro)에 접속, 디지털 캠코더, 디지털 카메라, PDA(*Personal Digital Assistants*), 노트북, DMB폰 등 모바일 기기로 집회현장을 실시간 중계했다. 또한 누리꾼들은 휴대전화 문자 메시지로 활발한 토론과 정보를 유통시키면서 촛불집회의 의미를 전파했다. 독자들은 메신저 등 채팅, 알림방, 댓글 등으로 방송현장팀과도 직접 접속 '무엇이 사태의 본질인가', '실체적 진실은 무엇인가'를 실시간 상호작용으로 언론행위를 펼쳤다.

이런 현상은 새로운 언론이 저 멀리서부터 태동되고 있음을 보여준다. 소위 '길거리 저널리즘(*street journalism*)'이다. 길거리 저널리즘은 최첨단 IT기술이라는 물적 토대위에 언론수용자가 뉴스 생산의 주체가 되어 뉴스를 생산, 유통시키는 것을 말한다. 길거리 저널리즘의 활성화는 미디어 주권이 언론과 언론인으로부터 언론수용자에게로 넘어갔음을 단적으로 보여준다.

지난 1999년 미국 시애틀에서 WTO 반대시위 때 태동한 길거리 저널리즘은 2002년 '효순이 · 미선이 사건'에서 휴대전화를 활용한 단문메시지(SMS) 저널리즘의 활성화로 발전했고, 2005년 영국 런던

지하철테러 때 휴대전화 카메라로 촬영한 현장화면이 방송전파를 탔다. 2008년에는 티베트 독립시위와 미얀마 민주화 투쟁 때 시민들이 기록한 메시지가 방송과 인터넷에 게재돼 길거리 저널리즘의 가능성을 열었다. 그리고 2008년 5월 대한민국 서울에서 전개된 촛불집회의 현장 중계는 세계언론사상 최초로 시민에 의한 시민의 언론, 즉 길거리 저널리즘의 본격적 탄생을 예고하는 것이다.

이는 독자들의 성원으로 이어졌다. 촛불집회를 현장중계하는 <아프리카>라는 사이트에는 10만여 명이 동시에 접속, 현장중계를 실시간으로 봤으며, 2008년 6월 1일 현장 중계엔 120만 명이 시청을 기록했고, 지난 5월 25일부터 6월 1일까지 1주일 동안 420여만 명의 누리꾼들이 동영상을 시청했다. 이 밖에도 6월 3일 현재 촛불집회를 현장 생중계하는 사이트가 <오마이뉴스TV>, <판도라TV>, <다음 아고라> 등 2,500여 개가 넘는 것으로 조사됐다. 기존 언론이 취재 현상에서 불신을 받는 것과 비례하여 촛불집회 현장 중계 매체가 하루가 다르게 폭발적으로 증가하고 있는 현상이 전개되는 것이다.

이와 같은 미디어의 지형도 변화는 기존 언론의 불신이 초래한 자연스러운 현상이다. 그럼에도 주류언론은 시민언론이 불법시위·폭력시위의 배후라며 강력한 단속을 주문하고 나섰다. '분서갱유'와 같은 공론장의 폐쇄를 정치권력에게 공공연히 요구했다. 언론의 수용자이면서 동시에 생산자 역할을 담당하는 시민언론의 발아와 태동에 기존 언론은 '인터넷을 통한 선전·선동'이라는 무책임한 배후설로 자신들의 언론불신을 모면하고자 했다.

이는 스스로 자기무덤을 파는 꼴이다. 기존 언론이 불신을 받는 원인이 무엇인지, 그것을 제거할 생각은 않고, 오히려 그 책임을 독자에게 돌리는 파렴치함은 그 불신을 더욱 깊게 했다. 결국 독자가 언론을 떠나게 하는 독자이탈을 가속화시킬 뿐 다른 의미를 찾을 수 없다. 기존 언론이 자신의 탓을 독자의 탓으로 돌리는 무책임한 언론행위를 자각하고 고치지 않는 한 독자들로부터의 신뢰회복은 요원할 것이며, 그것은 신문의 위기를 더욱 심화시킬 뿐이다. 이쯤 되면 시민언론이 왜 필요한지 새삼 설명할 필요는 없다.

이번 회에서는 인쇄매체에서의 시민언론의 실제를 생각해보기로 하자. 지금까지 우리는 시민언론을 창간하기 위해 21세기형 언론의 개념과 조건, 그리고 지방신문의 환경 등을 살펴봤다. 이하에서는 구체적으로 어떤 신문을 창간할 것인가에 초점을 맞추고 논제를 풀어가려고 한다. 특히 신문창간에서 가장 중요한 지면을 미리 설계해보고, 그에 따른 편집제작 지표를 제시한다.

❶ 이념적 좌표

시민언론은 기존 언론이 언론으로서의 기능과 역할, 사명을 다하지 못해 언론으로서의 자격을 상실했다는 것을 전제로 한다. 시민언론은 기존 언론이 공공생활과 관련한 문제를 보도할 때 일회적이고 대안 없는 비판, 문제제기 수준의 보도에 그치는 사건 중심의 이벤트식 보도를 배척하고, 관련정보, 배경정보 등을 충실히 제공해 다양한 해결책을 모색한다. 시민언론은 기존 언론이 지배계급에 복무하는 언론으로 전락한 데 대항하여 사회적으로 소외된 계층을 위해 발간되는 언론이다. 따라서 언론의 이데올로기는 물론 그 형식과 내용 등에서 기존 언론과는 존재의 양식을 달리한다. 기존 언론이 일정한 규제의 틀 속에서 존재하는 언론이라면 시민언론은 민중의 삶 속에 존재하는 언론이다.

시민언론은 송신자와 수신자 간의 쌍방향 커뮤니케이션을 추구하며, 언론상품의 생산에도 독자와 언론인 사이의 수평적 관계를 유지하고, 실천적 저널리즘을 추구하는 등의 대안언론이 지향하는 기본적 속성을 외면하지 않는다. 시민언론은 다양한 언론의 틀 속에 구속되지 아니하고, 자유롭고 창의적인 패러다임을 창출하는 뉴미디어이다. 그러면 시민언론이 어떤 이데올로기를 지향하고 있는지 그 좌표부터 알아보자.

언론 분류

> 열쇳말
> - 정체성 위장혼란
> - 수구←보수→신수
> - 새 언론질서 모색

먼저 매체가 지향하는 이데올로기에 따라 미디어를 구분하면 대체로 수구언론, 보수언론, 진보언론, 개혁언론, 혁신언론, 혁명언론의 범주로 나뉠 수 있다. 시민언론은 최소한 민중에 바탕을 둔 혁신언론이거나 혁명언론이다.

<그림 13> 언론의 이데올로기 지형도

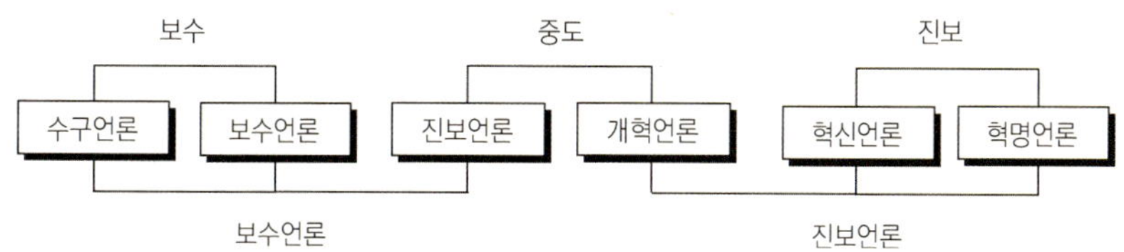

위의 <표>를 보면 용어와 개념의 혼동을 빚기 십상이다. 우리가 흔히 말하는 보수와 진보의 개념 설정에서 기존의 인식과는 상당한 거리가 있다. 그것은 우리 사회의 수구세력이 자신들의 기득권을 지키기 위해 개념의 혼란을 조작한 의식화에 세뇌된 탓이다. 수구세력은 역사에 의한 퇴출을 미리 방지키 위해 자신들의 실체를 보수로 위장하고, 제도권의 보수세력은 겉모습의 포장을 위해 스스로 진보라 자임함으로써 진짜 보수와 진보가 자리매김하는 데 방해했다. 그 결과 수구세력이 보수의 자리를 꿰찼다.

진보와 보수의 바른 개념에 의하면 수구언론(守舊言論)은 기득권에 편입되어 현체제를 옹호하며 강고히 지키려는 언론을 말한다. 이들은 사회나 언론시장의 변동에 대해 극히 알레르기적인 거부반응을 보인다. "더도 말고 덜도 말고 영원히 오늘만 같아라"는 언론이다.

보수언론(*Conservativeness Journalism*)은 현체제나 언론시장의 현상유지를 통해 안정을 꾀하고 변화를 기피하는 언론을 일컫는다. 내부적으로는 흔히 자립경영을 표방하며, 무사안일 복지부동을 추구한다. 대체적으로 기득권을 인정하면서 동시에 기득권에의 편입을 통해 안정성장을 도모한다.

수구언론과 보수언론은 이 땅의 언론구조에서 백해무익하다. 하루빨리 타도되어야 한다. 이들은 우리 사회의 여론시스템을 배타적으로 지배하여 극소수 기득권층의 퇴영적인 사적 여론을 마치 나라 전체의 공론인양 퍼뜨린다. 조선조 말 강고히 이 땅을 지배했던 수구세력 '노론(老論)'이 국가의 언로시스템을 장악하여 자신들의 파벌여론을, 가문여론을 사회의 여론으로 둔갑시킴으로써 나라를 망하게 했던 것에서 역사의 거울을 찾아야 한다. 현재 한국사회에서 수구언론과 보수언론의 작태를 더 이상 방기할 수 없는 이유다.*)

진보언론(*Progress Journalism*)은 스스로의 변화를 추동하지 않는데도 사회적 여건이나 언론산업의 환경변화에 무임승차해 발전되어가는 언론을 지칭한다. 스스로는 체제나 언론시장의 변혁을 이끌어낼 능력도 의지도 없다. 그래서 권력이나 시장의 눈치 보기로 처신한다. 부표처럼 떠가는 대로, 바람 부는 대로 흘러가다가 누군가가 잡아주기만을 기다리는 언론이다.

개혁언론(*Reformation Journalism*)이란 자의적인 의지로 현체제와 언론시장의 변혁을 소극적으로 추구하는 언론을 말한다. 기업이란 본디 현상유지란 있을 수 없다. 따라서 보수나 중도란 말은 아무런 의미가 없다. 기업은 생리적으로 성장이냐 퇴보냐만 있다. 기업이 현상유지로 안위와 풍요를 누리고 있는 사이 경쟁기업이 성장한다면, 그것은 곧 퇴보를 뜻한다. 때문에 기업은 늘 혁신을 추구한다. 자본주의란 시장에서의 지배자가 곧 정의로 기능하는 메커니즘이다. 언론기업 또한 마찬가지다. 언론이 정치적으로나 경제적으로 독립한 자주언론화를 추구하기 위해선 보수와 중도란 말은 결코 입에 담아선 안될 말이다. 개혁언론은 시장생존을 도모하기 위해 소극적으로나마 일신일신또일신(日新日新又日新)을 형식적으로라도 흉내 내는 언론이다.

---

*) 한국언론을 흔히 보수언론과 진보언론으로 구분한다. 이는 거짓이다. 독자를 기만하기 위한 정치적 언어다. 한국언론에서 진보언론은 존재하지 않는다. 보수언론이라는 언론의 정체성은 수구언론이 그 본질이다. 진보언론이라 회자되는 언론의 이념은 보수언론이 그 속성이다. 이때 보수와 진보라는 개념 또한 정치철학적인 신념에 의해서거나, 저널리즘이 지향하는 가치 추구에 의한 구분이 아니다. 단순히 특정 정파와의 현실적 이해관계에 따른 편의적 구분일 따름이다. 정파성에 의한 이데올로기로 인해 언론의 논조가 이해득실에 따라 표변하기 일쑤다. 자사에 이익이 되면 보수건, 진보건 가리지 않고, 서슴없이 특정 정파를 대변하는 프로파간다로서의 역할을 마다치 않는다. 언론이 정파성의 선전지로 전락하는 순간이다. 보수언론이나 진보언론이냐 논쟁은 철저히 정치적 신념과 철학적 가치추구에 의해 분별되어야 한다.

진보언론과 개혁언론이라 하여 잠재적으로 흔히 인식하는 진보적 언론이라 생각해서는 안된다. 굳이 따지자면 이 글에서 말하는 진보 언론은 보수언론 범주에 가깝고, 개혁언론이 자기 스스로 능동적인 변혁을 시도한다는 의미에서 진보언론의 카테고리에 들 수 있다. 친보수냐 친진보냐에 따라 신문의 성격을 구분하는 데 수구언론은 역시 자신들을 스스로 보수언론이라 규정하고, 진보언론과 개혁언론에 대해서는 "좌파언론", "빨갱이언론"이라 매도함으로써 언론의 개념을 왜곡했다. 이로 인해 언론시장에서 사상의 자유가 분화되어 피어나지 못하고, 모든 언론이 폐쇄적으로 움츠러들어 수구적인 여론으로 나타난다. 곧 수구언론이나 진보언론 가릴 것 없이 획일적인 여론이 정론으로 둔갑하여 언론의 자유를 근본적으로 부정하는 세태를 초래하게 된 것이다.

혁신언론(*Innovation Journalism*)이란 적극적인 의지로 현체제와 언론시장의 변혁을 통해 새판 짜기를 기도하는 언론을 일컫는다. 기존 언론이 이대로 가면 반드시 망한다는 사실을 냉혹히 인식하고, 체제의 근본적인 리모델링을 통해 시장생존을 모색한다. 기존의 체제를 인정하는 가운데 최대한의 변혁을 모색하는 언론이다.

혁명언론(*Revolution Journalism*)이란 기존 언론의 패러다임을 근본적으로 부정하는 언론이다. 즉 기존의 체제와 시장을 전면적으로 부정하면서 패러다임이 전혀 다른 새로운 언론의 건설을 통해 새로운 언론질서를 도모한다. 기존 언론의 대안언론으로 기능하며, 우리가 창간하고자 하는 시민언론이 바로 혁명언론이다.

행동주의 실천언론

열쇳말
- 사주이익 옹호
- 권력안보 수호
- 투견언론 지향

시민언론은 언론의 사명을 실천하는 행동언론이다. 언론이 존재하는 이유는 사회의 부조리와 권력의 비리를 낱낱이 파헤쳐 독자들에게 고발하고, 사회시스템이 부정과 비리에 물들지 않도록 감시하는 데 있다. 이에 언론을 감시견(監視犬 · *watch dog*)이라 한다. 한국언론은 충성을 다해 주인[言論社主]을 보호해주는 경호견(警護犬 · *guard dog*)이다. 기득권으로 지배세력을 형성한 그들의 명령이 떨어지면 앞뒤 물불을 가리지 않고 임무를 수행하는 사냥견 역할을 한다. 어디 그 뿐인가. 한국언론은 민중은 억압하고 업신여기며, 권력 · 재벌 · 지식인층 사회의 기득권층에 대해서는 한없이 약하고 아양을 떠는 애완견(愛玩犬 · *lap dog*) 역할도 마다 않는다.

한국언론은 경호견 · 사냥견 · 애완견 노릇을 기꺼이 수행함으로써 사익(社益 · 私益)의 확보를 도모한다. 사익을 위해선 때론 국익마저 서슴없이 저버린다. 방송을 비롯한 이른바 공공성 매체는 국민의 이익보다는 권력의 품 안에서 아양과 재롱을 떨기에 급급하다. 지방언론은 이러한 서울언론을 벤치마팅해 지역사회를 지배하고 군림하려든다.

시민언론은 이들 사냥견언론 · 경호견언론 · 애완견언론과는 결코 동업자 노릇을 하지 않는다. 기꺼이 제도언론과 싸움을 사양치 않는 투견언론을 지향한다. 개혁에 저항하는 정치사회의 수구적이고 반동적인 세력이 보수로 위장해 국민을 기만하고 있는 현실을 낱낱이 폭로한다. 반개혁적인 기층 권력의 해체를 위해 투쟁하는 개혁언론이 바로 시민언론이다.

❷ 지면 설계

인간화 매체 건설

> ✍ 열쇳말
> - 신문인의 신문
> - 휴머니즘 언론
> - 자주언론 달성

시민언론의 자본은 중소자본이 포함된 언론경영주를 영입함과 동시에 독자공모주에 의한 민중자본으로서 조달하는 것이 좋다. 여기에다 종업원의 급여와 상여금 일부로 신문기업의 자본운용에 참여하여 신문인의 신문이며, 민중의 기업이라는 이상을 실현하는 방안을 강구한다. 시민언론이 신문창간의 목적을 구현하자면 자본의 성격 또한 제도적으로 공공성을 지녀야 한다(관련기사 ☞ 23 창간자본론 참조).

기업조직은 소수정예 · 고임금을 실천함으로써 생산성 향상과 경영합리화에 기여해야 한다. 인력의 실질적 운용에 있어서는 편집시스템의 자동화와 더불어 편집국의 완전 전산화를 꾀한다. 고임금과 기술혁명으로 급변하는 기업환경에 적응하는 기업만이 살아남는다는 전제하에 제작과정의 자동화 · 컴퓨터화를 추진한다. 시민언론에서는 취재기자가 단말기를 이용, 자신의 기사를 입력하고 교열하며, 데스크는 이를 통합하고 편집을 하는 시스템을 미리 구축한다.

'진리와 함께', '민중과 함께', '역사와 함께'라는 경영방침에 따라 편집부문에서는 보도논평의 '인간화', '민주화', '자주화'를 추구한다. 언론이 사실과 진실을 보도함에 있어서 그 기본적인 바탕은 인간이 인간을 사랑하는 휴머니즘에 둬야 한다. 휴머니즘을 실천함에 있어서는 지배자의 배타적인 이익이 아니라 대다수 민중의 진솔한 삶을 제대로 대변해야 한다. 언론은 비록 단편적인 하루의 잡사를 보도하는 것이나 후일 역사의 기록자로 남아 한시대의 변혁을 기록했던 사관으로 심판을 받는다.

시민언론은 기존의 제도언론을 타파하는 데 그 창간 목적을 둔다. 제도언론이 편집권을, 다시 말해 민중의 알권리, 언론의 알릴 권리, 언론의 자유, 국민의 기본권을 권력에 맡기고 그 대가로 이권과 특혜를 받아 치부해 왔고, 또 현재에도 진행 중임은 공지의 사실이다. 언론은 무릇 자유로워야 한다. 자유롭고 책임 있는 언론의 실현은 편집권의 독립에서부터 비롯된다. 편집권의 독립은 자유언론을 실천하는 주춧돌이다.

편집권이라 함은 신문지면의 제작을 위한 제반권리를 일컫는다. 편집권은 자본・광고주・권력 등 이를 제약하는 모든 요소로부터 자주적으로 독립되어야 한다. 편집권의 독립 없이 민주언론의 구현이란 있을 수 없고, 자주언론의 의미 없이 시민언론의 창간은 무의미하다. 다만 또 하나의 제도언론을 닮은 사생아언론만 낳을 뿐이다.

시민언론의 성격과 편집의 방향은 첫째, 이 땅에 참다운 민주주의적 제 가치와 자유 및 정의를 실현하려는 자유언론의 기본적 사명을 구현하고, 민중의 생존권 확보와 생활수준의 향상에 앞장서야 한다. 둘째, 자본과 권력으로부터 편집권의 독립을 제도적으로 확보하기 위해 시민언론의 주식 가운데 20% 이상은 종사자들이 인수해야 한다. 셋째, 지방화 시대를 맞아 시민언론은 철저히 지역의 언론으로서의 그 소임을 다하여야 한다. 상업적・선정적・기회주의적 편집태도를 지양하고, 보도할 가치가 있는 진실만을 중점적으로 깊이 있게 보도한다. 넷째, 편집자나 기자의 특권의식과 독단주의를 철저히 배격하고, 독자의 반론권을 최대한 보장할 것이며 권력과 자본으로부터의 모든 압력이나 간섭을 배제하고 사실과 진실을 성실하게 보도해야 한다는 것으로 요약할 수 있다.

판형 변경

열쇳말
- 퀄리티 페이퍼
- 일석삼조 원가절감
- 신문 본질 개혁

시민언론은 이와 같은 목표를 근거로 지면을 설계한다. 그러면 그에 앞서 구체적으로 세계의 선진신문은 어떻게 제작되는지 신문제작의 변화를 먼저 알아보고, 시민언론의 지면 설계 철학을 얘기하려고 한다.

21세기 디지털 시대 오프라인 신문시장에서 살아남기 위해 세계의 유력지는 신문의 껍데기부터 바꾸기를 마다치 않는다. 퀄리티 페이퍼(*quality paper*)의 대명사였던 대판형(394㎜×546㎜)은 가독성과 휴대성에 불편하다는 이유로 신문판형 변경이 상식화되고 있다. 베를리너판형(315㎜×470㎜)과 타블로이드판형(254㎜×374㎜)으로 축소지향이 대종을 이룬다. 신문사는 판형변경으로 독자들에게 보다 친근하게 다가갈 수 있도록 독자서비스를 강화함으로써 판매의 활성화와 함께 광고수입의 확대, 제작비 절감이라는 일석삼조의 효과를 창출했다. 세계신문협회(WAN)가 발표한 자료에 따르면 2001년 이후 미국의 <뉴욕타임스(The New York Times)>, 영국의 <가디언(The Guardian)>, <더 타임스(The Times)>, 프랑스의 <르몽드(Le Monde)> 등 전세계적으로 100여 개가 넘는 권위지가 신문판형을 줄였다.*)

---

*) 신문 1톤당 40면을 기준으로 신문을 발행할 경우 대판형은 5,040부를, 베를리너판형은 28.4%가 증가한 7,141부를, 타블로이드판형은 10,080부를 발행할 수 있다. 신문판형 축소로 인한 연간 원가절감액은 2008년을 기준으로 48면짜리 100만부를 발행할 경우 베를리너판형은 173억 8천여만 원을, 타블로이드판형은 50여억 원 가량으로 추정됐다. 신문판형 축소

신문의 판형변화는 단순한 성형수술이어서는 안된다. 신문에 내재된 철학과 콘텐츠가 변혁의 핵심이어야 한다. 대판형의 신문기사 스타일, 편집디자인 형태, 지면배치 등이 변형된 판형에 조화를 이루도록 신문에 담는 내용이 바뀌어야 한다. 알맹이는 아날로그 저널리즘의 패러다임에 그대로 두고, 껍데기만 뜯어고친다고 디지털 시대의 21세기 저널리즘으로 바뀌는 것이 아니다. 판형변화의 핵심은 아날로그 신문을 디지로그 신문으로 본질을 개혁하자는 것이다. 따라서 신문에 대한 인식의 개선 없이는 판형변화의 진정한 의미를 되살릴 수 없다.

박명식 등은 세계의 신문은 판형변경 전략과 함께 제작에서도 다음과 같은 변화를 추동하고 있다고 소개한다.

① 시각화: 그래픽과 사진 등을 크게 처리하는 등 '읽는 신문'에서 '보는 신문'으로 변신을 꾀하는 중이다.
② 간결화: 지면당 기사게재 건수와 기사당 단어의 수도 줄여 가독성과 이해력 증진에 더 힘쓴다.
③ 연성화: 내러티브 기사작성법 도입 등으로 쉽게, 편안하게 전달하려고 한다. 피처물, 대담, 휴먼스토리 등 독자가 실제로 필요로 하는 구체적인 정보제공에 부응하려고 노력한다.
④ 국제화: 해당신문의 발향지역, 국가를 벗어나 세계 곳곳의 뉴스 전달을 강화하는 추세다.
⑤ 섹션화: 기사를 관련 분야별로 지면배치함으로써 독자와 광고주의 세분화, 전문화에 대응하고, 기사의 전문성을 도모한다.
⑥ 인덱스화: 신문의 1면 또는 2면에 주요 기사의 제목과 위치를 표기함으로써 독자들이 필요로 하는 정보를 손쉽게 찾을 수 있도록 한다.

는 또 광고비의 상승효과(베를리너판형은 43.9%, 타블로이드판형은 100.0%)를 가져왔으며, 신문독자는 평균 20~30%대의 증가했다. 제도권 언론 가운데 가장 먼저 전면 가로쓰기 편집, 섹션 발행 등을 도입했던 〈중앙일보〉는 2009년 3월 16일자부터 베를리너판형을 도입한다고 발표했다.

⑦ 요약화: 주로 신문의 2면에 주요 기사의 요약문을 게재함으로써 독자의 편의를 돕는다(박명식 외, 2009, 12쪽).

시민언론은 세계적인 신문의 변화를 수용하는 데 망설이지 않는다. 합리성과 경영효율성을 달성하기 위해선 유연하게 수용한다. 이는 새 신문만이 지닌 장점이다. 무에서 시작하는 새 신문이 굳이 버려야 할 기존 언론의 낡은 습성을 따라하는 것은 어리석기 그지없다. 기존 언론은 디지로그 신문으로 변신을 하고 싶어도 하지 못한다. 고착화된 시스템과 수구적인 생각이 저항의 첨병이다. 아울러 개혁을 뒷받침할 자본의 여력도 없을 뿐 아니라, 그럴 능력도 없다. 이런 사유로 기존 언론은 구체제를 안고 갈 수밖에 없는 구조다. 시민언론은 새 신문의 장점을 살려 기꺼이 새 틀의 신문을 창조한다.

오피니언면 강화

열쇳말
- 뉴스체계 재확립
- 신문디자인 도입
- 오피니언면 강화

한국신문의 일반적인 페이지네이션(*pagenation* · 지면 배열)은 대체로 종합 → 해설 → 특집 → 기획 → 사회(+ 제2사회/지방) → (경제) → 국제 → 문화 → 스포츠 → 인물 → 오피니언 순으로 배열되고, 전국지의 경우 경제는 대개 섹션으로 발행한다.

전통적인 정론시대의 신문은 신문사의 주장을 강조하기 위해 사설과 칼럼 등 오피니언면을 앞쪽에 배치했다. 그러나 1970년 전후 사실 전달을 강조하는 객관보도를 추구하면서 현재와 같은 스트레이트 뉴스를 먼저 배치하고, 끝부분에 사설과 오피니언면이 고착화되는 제작 관행이 확립되었다.

그러나 이것이 과연 시대상을 반영하고 있는지 되묻지 않을 수 없다. 언론학에서는 이미 객관주의 보도에 대해 사형을 내린지 오래다. 정보전달이란 신문의 기능 또한 용도폐기된지 오래다. 뉴스의 전달이라는 신문의 역할은, 특히 속보성은 완전히 퇴화됐다고 봐야 한다. 방송이나 인터넷 등 실시간 정보전달 체계에서 스트레이트 뉴스는 최소한 신문에서는 존재의 가치를 상실한 것이다.

현재 신문의 페이지네이션은 전적으로 경성뉴스의 전달에 초점을 맞춘 뉴스전달체계이다. 신문뉴스는 연성뉴스로 채워져 가고 있으며, 이는 정보의 전달체계 또한 바뀌어야 한다는 것을 의미한다. 따라서 현행 페이지네이션은 디지로그 신문 체계에 적합하도록 재조정할 필요가 있다. 바로 정론시대의 신문지향을 디지털 시대의 저널리즘 포맷에 맞게 재디자인하는 것이다.

시민언론은 신문의 편집과 디자인에서도 세계 오프라인 신문 사상 최초로 온라인 저널리즘의 표현 속성을 도입한 지면을 제작한다. 신문이 더 이상 도그마에 빠져 변혁을 시도하지 않으면 정체의 현상에서 벗어날 수 없다. 시민언론은 디지털 시대의 매체답게 내용에서뿐만 아니라 형식에서도 독자들에게 시대에 걸맞은 형태로 다가간다.

시민언론은 선진의 신문디자인 철학을 도입한다. 신문디자인(*Design*)은 기사작성(*Writing*), 편집(*Editing*)과 더불어 신문제작의 3대 축이다. 신문이 비주얼 커뮤니케이션(*visual communcation*)을 지향하면서 신문디자인에 대한 인식의 제고가 증폭되고 있다. 신문디자인은 단순히 신문지면을 장식하는 액세서리 도구가 아니다. 신문디자인은 시각 저널리즘의 일부로서 전체 신문편집, 경영전략, 기술적 가능성, 문화적 취향 등과 긴밀하게 연관된 총체적 분야이다. 신문디자인은 신문제작의 보조수단이 아니라 취재, 편집과 대등한 수단이다(박명식 외, 2009, 378쪽).

신문지면은 단순히 사건과 정보를 나열하는 평면적 보도중심에서 해설기사나 기획보도 중심으로 전환한다. 해설기사는 사건의 나열이 아닌 사건이 일어나게 된 원인이나 동기 등을 알기 쉽게 설명하고, 그 사건에 대한 전망 등을 실은 기사를 뜻한다. 해설기사는 정치·경제·사회·문화기사 등의 미진한 부분을 보충해 주는 역할을 한다. 정보의 고급화를 추동하고 있는 해설기사는 미래사회에서 더욱 더 많이 요구되는 비중을 차지할 것이 틀림없다.

오피니언면의 강화 또한 소홀히 할 수 없다. 그 대표적인 것이 열독율 2%대에서 벗어나지 못하고 있는 사설면의 개혁이다. 사설과 독자투고가 활성화되지 않으면 언론의 의미는 반감될 수밖에 없다. 본디 신문이란 언론인에 의해 만들어지나 완성은 독자에 의해서이다. 어떠한 형태로든 다양한 독자의 참여를 제도적으로 보장하는 것이 바람직하다. 신문은 독자를 위해 인간의 존엄과 자유·정의·진리를 펴는 기본적인 사상을 지면에 구현하여야 한다. 그러기 위해선 오피니언면의 개혁이 불가피하다.

사설은 신문사의 의견을 논리적으로 내세운 글로서 무엇보다도 개념 규정이 정확한 명료성을 지녀야 한다. 진실을 표현하거나 증거를 보충하는 객관성을 지녀야 하며 감정이 개입해서도 안된다. 논설의 내용에 관해 진위의 판별이 가능해야 하며, 누구나 쉽게 읽고 이해할 수 있도록 써야 한다. 정확성·객관성·불편성·검증성·평이성은 사설이 지녀야 할 5대 요소이다. 사설작성자는 이를 바탕으로 '읽히는 사설'을 쓰도록 명심하여야 한다.

독자면의 활성화 없이 시민언론이 지향하는 목표를 달성하기란 불가능하다. 독자의 글은 사설에 버금할 만큼 소중하다. 독자가 신문제작에 참여함은 판매와 광고 등 신문경영에서 유리한 점이 하나 둘 아니다. 따라서 21세기 신문은 독자의 참여권, 반론권을 체계적으로 보장하지 않으면 존재의 바탕을 통째로 상실할지 모른다.

1면 전략

✍ 열쇳말
- 공익성 제고지면
- 광고도 선별게재
- 반론권 보장확대

명실상부한 독자의 신문임을 표방하는 시민언론은 기존 언론과는 1면부터 그 패러다임을 달리한다. 시민언론의 1면은 톱기사와 그날의 대표 사설, 독자의 편지, 기사 안내 및 정정보도란으로 구성된다.

1면은 신문의 간판이자 얼굴이다. 1면은 독자들에게 그날의 뉴스 가운데 어떤 것을 가장 중요하게 생각하는가를 시각적으로 제시한다. 1면은 신문과 신문사의 이념과 성격을 압축한다. 각 신문사가 편집목표가 내용과 시각적으로 응축되어 구현되는 첫 장이다. 1면에서 그 신문과 신문기업이 지향하는 가치관과 세계관을 알 수 있다. 1면은 신문 전체의 내용을 안내하는 창(窓) 역할을 한다. 한국언론의 1면은 대개 자사 PR기사와 선전기사, 관에서 발표한 기사가 주류를 이룬다. 신문사의 사고(社告)는 1면의 주요 지면을 차지하며, 자사 주최의 선전용 기사가 어김없이 1면을 장식하기 일쑤다. 1면이 사회의 공기로서 기능하기보다는 자사의 상업적 광고란으로 더 많이 사용(私用·使用)된다.

1면에 게재되는 기사도 문제가 많다. 정부나 관에서 발표하는 행정기사가 아무런 여과장치도 거치지 않은 채 버젓이 게재된다. 1면의 선정성 또한 지적하지 않을 수 없다. 증면과 컬러화 이후 1면은 비주얼 편집이란 명분 아래 과다한 그래픽을 사용한다. 아무런 의미를 지니지도 못한 사진이 1면에 대문짝만하게 게재되는가 하면, 제목과 부제목이 지나치게 넓은 지면을 차지해 독자의 눈길 잡기에 나선다. 본말이 전도된 처사다. 1면이 디테일한 기사라는 본질은 실종되고, 사진과 그래픽, 제목으로 훑어보는 독자만 양산하는 셈이다.

1면 하단의 광고 또한 문제다 대부분의 신문이 5단에서 4단으로 광고의 크기를 줄였으나 돈만 주면 무슨 광고든지 가리지 않고 게재한다. 1면 기사는 공익성을 표방하면서도 아랫도리는 자본에 대해 발가벗고 있는 꼴이다. 이로 인해 때로는 기사와 광고가 서로 상반된 극렬한 주장이 동시에 실리기도 한다. 아무리 상업성을 무시할 수 없는 언론환경이라 할지라도 1면 광고가 자본의 지배에 무방비로 노출된 것은 문제가 아닐 수 없다.

1면은 공익적인 성격을 지닌 신문 원래의 패러다임으로 복귀하여야 한다. 시민언론은 1면의 가치를 독자의 지면이라는 사실에 둔다. 독자가 제시하는 아젠다와 기사로 1면을 채울 것이다. 공공성을 지닌 지면 안내(*index*)로 그날그날의 중요 뉴스를 소개할 예정이다. 지면 안내는 독자가 필요한 기사를 효율적으로 찾을 수 있도록 하는 독자서비스 정신의 구현할 뿐만 아니라 기사에 대한 광고의 역할로 독자의 흥미를 유발할 수 있다. 지면 안내는 지면 내용을 맛보기로 보여줌으로써 친절한 신문이라는 인식을 심어줘, 신문의 이미지 제고에 기여한다. 지면 안내 기사는 기사의 내용을 단순히 소개하는 것이 아니라 전문형식이나 관심유발형으로 작성한다.

시민언론 1면에 그래픽이나 사진을 게재한다면 정보성을 최우선적 가치로 판단하여 신중히 게재할 것이다. 신문사를 대표하는 사설과 독자의 소리를 나란히 1면에 게재함으로써 독자가 만들과 독자의 신문이라는 창간이념을 구현한다. “바로 잡습니다”라는 정정보도란과 독자의 반론권 또한 1면에 게재한다. 시민언론은 어떠한 형태의 오류나 오보도 감추기보다는 철저하게 바로잡고, 이를 공개하여야 한다. 독자들의 불평불만을 차별 없이 수용하며, 그것이 정당한 사유와 근거를 지녔다면 솔직하게 수용한다. 정정보도는 결코 형식적이어서는 안된다. 진정성과 성실성을 내포하여야 하며, 언론으로부터 피해를 입은 독자에게 그 피해의 원상복구에 최선을 다하여야 한다.

1면 하단의 광고는 공익적·공공적 광고 외에는 게재하지 않음을 원칙으로 하고, 절대 ‘대포광고(무료광고)’는 싣지 않는다. 유료광고가 없으면 기사로 지면을 채운다. 이는 1면을 신문기업으로부터 독자에게로 되돌리려는 시민언론의 창간 의지다. 물론 시민언론 또한 자본주의 체제하의 매체이다. 특히 신문기업 수익에서 절대치를 점하고 있는 1면의 광고영업 전략과 관련하여 공익적·공공적 광고 외에는 게재하지 않는다고 하여 시민언론의 앞날을 우울하게 예측하는 것은 신문경영에 대한 무지의 소치이다. 가령 책 광고만 하나 예로 들어보자.

책 광고는 공익성과 상업성을 동시에 만족시키는 요소를 지녔다. 신문은 책 광고를 통해 지적 수준이나 교육 수준이 높은 독자를 끌어들이는 고급지 전략을 구사할 수 있는 매개가 된다. 책 광고의 1면 게재 전략은 또 급변하는 언론환경 변화에 조응하는 신문의 차별화 전략에도 부합한다. 동시에 신문은 출판사를 광고 고객으로 확보할 수 있어 영업수익을 도모할 수 있다. 독자에게는 교육적 기능의 정보를 제공하고, 신문기업은 수익을 챙길 수 있으며, 고급 독자를 유인할 수 있어 일석삼조의 효과를 기대할 수 있다.

시민언론은 책 광고를 정책적으로 우대하고 유치하는 데 사력을 다한다. 책 광고에 할인율을 적용하고, 활발한 유치활동으로 출판시장의 활성화에 기여한다. 기존 언론처럼 거품이 낀 과대 광고료를 책정하고, 유치과정에서 70%까지 깎아주는 것이 아니라 과학적 데이터에 근거해 합리적으로 책정된 가격을 적용한다. 기존 언론에 비해 약 50% 정도의 가격이면 시민언론 1면 광고가 가능할 것이다. 이런 메리트라면 영세 출판사라 할지라도 광고료 부담은 그다지 크지 않을 것이다.

가령 대구권은 고등교육기관이 20여 개나 집중된 교육문화도시이다. 대학교수란 직업을 가진 사람만 해도 2만여 명에 이른다. 이런 사회적 배경을 활용하면 책 광고에 대한 광고효과는 집중적으로 기대할 수 있다. 따라서 시민언론의 1면 광고전략은 한국언론사에서 언론의 양심을 회복한 매우 의미심장한 쾌거로 다가올 것이다.

시민언론은 형태에서도 여러 면에 걸쳐 싣는 기사가 없다. 모든 기사는 할당된 공간에서 시작되어 완결된다. 시민언론의 지면디자인 정신은 근본적으로는 종이신문과 인터넷판을 비슷하게 하되, 장기적으로는 그 역할을 분담케 한다. 압축적인 지면구성을 통해 독자의 알권리에 더욱 충실히 하자는 것이다.

편집 기준

> ✍ 열쇳말
> - 사회정의 구현
> - 바른 공론장 건설
> - 자기비판 철저

시민언론의 편집기준은 사회정의의 구현에 둔다. 사회적 특권층·기득권 세력의 감시와 고발, 노동자·농민·도시서민 등 사회적 약자나 소외계층의 집중적 조명, 일반 시민들의 생생한 삶을 반영하고, 시대적 흐름을 견인하는 진보적 언론행위를 전개한다. 표현에 있어서 사실보도와 의견기사를 엄격히 구분한다. 의견과 사실이 뒤섞인 기사는 게재하지 않는다.

시민언론은 진실만을 기록하는 매체이다. 뉴스는 사회적 관심사이다. 뉴스는 진실을 지향해야 하며, 최대한 객관적이어야 하고, 공정해야 한다. 어떠한 이유에서건 사실을 벗어난 기사는 있을 수 없다. 시민언론은 독자의 알권리에 부응하는 뉴스를 게재한다. 그것은 다름 아닌 뉴스 속에 감춰진 진실을 추적해 보도하는 것이다.

시민언론에 게재되는 모든 기사는 책임 있는 실명성을 전제로 한다. 온라인에서의 시민언론처럼 익명성은 보장하지 않는다. 모든 정보는 정직한 근거를 지녀야 한다. 출처가 의심되는 정보는 직업기자의 게이트키핑에 의해 사전에 제거된다. 신뢰성이 떨어지는 거짓 정보가 유통될 까닭은 없다. 기존 언론에 못지않은 정확성을 담보한다.

만에 하나 잘못된 기사가 유통되었을 경우 오보와 정정, 독자의 반론권 등을 제도적으로 보장해 자신의 잘못을 크게 질책하고, 독자의 책임추궁에 성실히 응답한다. 기존 언론은 독자가 불만을 제기하기도 힘들고, 설령 제기해도 진솔한 사과를 받기란 거의 불가능하다. 언론이 스스로 치외법권의 지대에 위치하기 때문이다. 시민언론은 독자에게 사과하기를 주저하지 않는다. 실수를 범했으면 그 피해복구에 최선을 다하고, 사실을 바르게 고쳐 잡는다. 그래야만 독자의 신뢰를 얻을 수 있다. 언론이 독자로부터 신뢰성을 잃어버리면 언론으로서의 존재가치를 상실한다. 자신의 잘잘못을 결코 숨기거나 해명하지 않는다. 아니 더 혹독하고 가혹하게 질책한다. 있는 사실을 그대로 밝혀 인정할 것은 겸허하게 인정하고, 사과할 것은 사과하는 신문을 지향한다.

무엇보다 가장 빛나는 것은 자기 자신에 대한 비판을 아끼지 않는다는 점이다. 시민언론이 우리 사회의 모든 영역에 대해 '성역 없는 비판'을 하는 만큼 그 자신 또한 여기에서 예외일 수 없다. 보도가 정확했는지, 언론으로서의 사명을 다했는지 최소한 1주일에 1회 이상 공개적으로 독자와 사회의 검증을 받는다. 자기비판에는 잘잘못을 따진다는 명분하에서 체면치레의 공치사나 자화자찬은 있을 수 없다. 자격 있는 제3자의 전문가에 의해 제기되는 엄격한 자아비판을 겸허히 수용한다.

시민언론에서의 기사는 직업기자와 독자기자가 함께 제작한 공동작업의 결과물이다. 시민기자가 취재한 내용이 정확한지, 언론윤리에 저촉되고 있지는 않은지, 신뢰성은 결여하고 있지 않은지 등에 대해 전문적인 직업기자가 새삼 확인·보충 취재한 후 완성된 기사를 지면에 게재한다. 한발 늦게 보도할지언정 결코 정확성과 신뢰성에서 만큼은 양보하지 않는다.

❸ 편집제작 지표

편집운영 목표

> ✍ 열쇳말
> - 사내민주화 달성
> - 인력활용 극대화
> - 독자기자 제도화

시민언론의 지면에 무엇을 어떻게 담을 것인가 하는 것은 시민언론 창간의 목적을 실질적으로 구현하는 행위이다. 이는 편집국의 조직을 어떻게 구성하고 운용할 것인가라는 문제에 봉착한다. 편집국은 신문기업에서 정보가 집중되는 곳이다. 편집국은 신문기업의 중추적인 핵심부서로서 신문이란 상품을 생산하는 곳이다. 편집이념을 어떻게 설정할까와 편집국의 업무내용, 조직 구성에 따라 신문기업의 내용이 결정된다 해도 과언이 아니다.

시민언론은 편집국의 운용방침을 첫째, 제도언론의 엘리트주의, 자만심, 권위의식, 자사 이기주의를 철저히 배제하고 고임금 소수정예로 민주적 신념을 가진 유능한 인재를 확보한다. 둘째, 외부필자를 조직화한다. 분야별 전문가를 위촉하여 전문성을 확보하고 이들을 신문편집 · 경영 등에 활용한다. 셋째, 편집국의 조직을 민주형으로 개혁하여 사내 민주주의를 확립한다. 데스크가 신문을 제작하는 것이 아니라 기자가 지면을 제작하는 시스템을 확보한다. 넷째, 정보의 부가가치 재생산을 위해 각종 데이터의 전면적인 전산화를 구축도록 했다.

논설 · 편집 · 기획 · 심의위원회 등 특별위원회의 운영을 활성화해 다양한 여론을 지면에 담아 신문의 질적 향상을 꾀한다. 특별위원회의 운영방안은 이들을 사외위원으로 위촉한다. 이는 종사자의 인원을 최소화함으로써 효율적인 운용을 기할 수 있고, 또한 전문영역을 편집에서 활용함과 동시에 전문가 그룹과의 유기적인 연결로 신문내용에 충실화를 기할 수 있는 이점이 있다. 아울러 시민언론의 이미지 메이킹, 판매, 광고수주활동 등에 자연스럽게 활용할 수 있어 그 효과를 경영에까지 확대할 수 있다.

논설위원회는 시민언론의 고정칼럼 집필에 참여한다. 편집위원회는 논조와 보도의 기본방향을 정하고, 편집인이 창간정신을 구현할 수 있도록 자문하며, 외부로부터 예상되는 편집권의 간섭과 영향력의 행사를 배제하여 편집권의 독립이 그 순수성을 지켜갈 수 있도록 지원한다. 기획위원회는 편집을 비롯하여 제작 · 판매 · 광고 · 경영 등 분야별 전문위원회를 구성하여 회사업무에 대해 자문하고, 참 언론의 실천과 언론기업의 발전에 중점을 둔 활동을 전개한다. 심의위원회는 지면 전반을 분석 · 비판함으로써 바른 언론의 정립, 공정한 보도의 유지, 품격을 지닌 신문을 제작하도록 하는데 기여한다.

대기자 · 전문기자 제도의 운영은 편집국내의 승진에 따른 인사문제를 해소하여 기자의 조로를 방지하고, 폭넓은 경륜과 고도의 전문성을 지닌 대기자 · 전문기자를 중심으로 편집국을 운영함으로써 무게 있고 책임 있는 기사를 발굴하여 취재기사의 질적 향상을 꾀할 수 있어 언론의 신뢰성을 높이는 데 기여한다. 이 같은 제도의 목적을 달성하기 위해서는 무엇보다 편집국이 종래의 관료적이고 행정적인 조직 시스템에서 취재와 업무를 중심으로 한 이원 시스템으로 개편되어야 한다. 대기자를 부장급 이상으로, 전문기자를 차장급 이상으로 대우하여 취재에 자율성을 부여하고 그 명예와 취재원을 보호, 확대하는 데 인색하지 않아야 한다.[*)]

시민기자 제도는 독자에게 지면을 개방함으로써 '독자가 만드는 신문'이라는 시민언론의 설립취지에 따라 읍면동별, 주요 기업・단체마다 1명씩 선발한다. 또한 정치・행정・경제・문화・생활・여성・과학・체육・사회복지・환경・공해・도시교통・빈민・교육・노동・농업・법조・사건・인권 등 전문분야별로 시민기자를 선발해 신문보도요원으로 활용한다. 시민기자의 대상은 가정주부・농어민・노동자・학생・자원봉사자・기타 활동력 있는 자 가운데 선발한다. 시민기자에 위촉된 자는 기사에 참여할 의무와 권리를 부여한다. 시민기자는 취재원 역할과 기사제보의 의무를 수행한다. 이 제도의 실질적인 운용에 있어서는 매우 깊은 주의력이 요구된다. 그것은 시민기자의 신분을 철저히 관리하고 언론윤리교육을 엄격히 실시해 공갈・금품수수행위 등을 사전에 미리 방지하여 부정부패에 물들지 않도록 해야 한다. 특히 시민기자가 언론을 빙자하여 이권에 개입할 여지를 없애지 않고 이 제도를 실시했다가는 자칫하면 사회적 물의를 일으켜 '빈대를 잡으려다 초가삼간을 태우는 격'이 되기 쉽다. 시민기자 제도는 지역별 주주모임 등과 함께 사려 깊은 연구가 따른 후 조심스럽게 실시할 것을 주문한다.

그러면 구체적으로 어떤 시민언론을 창간할지 시민언론의 기본적인 제작이념과 편집국의 목적, 경영합리화를 당성하기 위한 수익창출전략 등을 예시한다. 우리가 이 글을 통해 창출하고자 하는 시민언론의 기본적인 제작이념은 다음과 같다.

---

*) 전문기자는 신문사의 '간판기자'다. 달리 말하면 '스타기자'다. 스타기자는 자신이 보도한 기사로 독자를 끌어 들일 수 있는 네임밸류를 지닌 기자다. 스타기자는 신문사를 먹여 살리는 실질적인 일꾼으로서 신문기업 경쟁력의 원천이다. 스타기자의 전제 조건은 '전문성'의 유무이다. 기사에 대해 100% 책임질 수 있는 기사를 쓰기 위해선 전문성이 불가피하다.

첫째, 정치・행정에서는 지방화 시대에 대비하여 지역여론을 적극 수용할 것이다. 특히 그 감시기능을 강화하여 견실한 정치적 발전을 도모하고 또 향토민들의 건전한 정치적 의식과 사고를 함양케 하는 참다운 지역지를 추구한다. 독자대중의 관심을 중앙정치무대로부터 지방정치의 장으로 유도하며, 사계 권위자들의 기고와 정치현안에 대한 심층보도 등을 통해 지방정치의 활성화 방안을 제시하고, 정치의 민주화와 도덕성을 견인한다.

둘째, 왜곡된 경제구조를 개선하고 낙후된 지역경제의 활성화를 촉진하며, 지역경제 정보를 정확하게 전달함으로써 경제의 중앙집중화를 극복, 자주적인 경제의 틀을 확립한다. 관념적인 경제정책이나 비현실적인 각종 지수・통계에 편중된 기존의 보도성향에서 탈피, 취업문제나 소비자 물가동향, 각종 거래정보, 이재나 여가선용을 위한 부업 등 실생활과 밀접한 생활경제의 보도에 중점을 둔다. 나아가 소득재분배 문제, 부동산 투기, 주식투기 등의 근절 등을 통해 경제정의의 실천을 도모한다.

셋째, 상업성이 짙은 선정적인 기사를 배제하고 산업노동・농어촌・교육・환경공해 및 도시문제 등 위민을 근간으로 하는 민생문제와 기층민중의 생활과 밀접한 기사를 집중, 발굴하여 올바른 사회정의구현에 기여한다. 실종된 인권을 되찾아 인간의 존엄성과 고귀함을 일깨워 건전한 휴머니티가 충만한 밝은 사회를 선도한다. 이를 위해 무비판적인 관급자료의 기사화를 지양하고 사회전반의 근원적인 현상을 지면에 고루 반영한다.

넷째, 문화는 지역사회의 공동체적 의식을 심어주고, 여성의 사회적 지위향상과 청소년, 노인문제 및 사회복지, 생활환경 등을 폭넓게 수용하여 개선토록 한다. 지역문화의 독자성을 확보하기 위하여 학술・교양・문화예술・전래민속 등의 활성화를 도모하고, 서구식 문화양식과 중앙문화에 대한 종속성을 극복하여 토착문화・향토문화의 창조적 발전에 기여한다.

편집제작 지침

열쇳말
- 위민민본 실천
- 대승정신 구현
- 창간목적 실현

편집국 구성의 요체는 진부한 얘기지만 뭐니 뭐니 해도 사명감을 지닌 우수한 인재이어야 한다. 그리고 그 인재가 위민(爲民)・민본(民本)이라는 대승정신(大乘精神)을 구현해야 한다. 이를 위해 편집국 각 업무별 내역과 업무의 기본방향은 시민언론의 창간목적을 제도적으로 실현할 수 있도록 다음과 같이 정했다.

- 편집: 선정주의와 상업주의를 철저히 배척하고 민중이 처한 현실의 삶을 충실히 보도하며, 보기 좋은 지면과 우리말 가꾸기에도 게을리 않는다.
- 교열: 언어의 정확한 표현과 사용은 언론의 신뢰성과 품위를 향상케 할 뿐만 아니라 사회적 교과서 기능도 하게 된다. 교열은 사회교육의 첨병이라는 인식아래 이러한 기능의 수행에 앞장선다.
- 통신: 국내외 통신을 기존 언론사처럼 단순히 수동적으로 전재하는데 그치지 않고, 이를 철저히 주체적인 시각에서 능동적, 적극적으로 재해석하고 분석한 다음 게재한다.
- 정치: 제도언론은 정치를 기득권층 논리 확산에 급급하고 있어 참된 민중의 목소리가 없다. 민중의 참된 삶을 보도하는 데 최선을 다한다.
- 경제: 제도언론은 형이상학적인 숫자로 민중의 삶을 왜곡한다. 민중의 현실적인 삶에 바탕을 둔 삶의 경제, 정의의 경제, 자주의 경제를 중점적으로 보도한다.
- 행정: 행정은 권력이 국민에게 봉사하는 첫 문턱이다. 기존 언론이 사회부의 한 귀퉁이에서만 생색내는 보도태도를 배격하고, 취재면모를 확대함으로써 명실상부한 국민을 위한 행정이 되도록 감시, 비판한다.
- 민생: 민생분야는 환경공해, 도시문제, 산업노동, 농어민문제, 교육, 법조담당을 포함한다. 인간은 누구나 인간다운 삶과 쾌적한 환경에서 행복하게 살 권리가 있다. 독재권력과 제도언론의 '중산층' 논리의 본질을 파헤치고, 압도적 다수인 민중의 생존권 확보를 위해 지면을 할애한다.
- 인권: 흔히 경찰출입기자, 사건사고담당기자, 법조기자의 업무를 일컫는다. 인신매매단, 마약, 떼강도, 조직폭력범죄 집단이 활개를 치고 있는 생활치안을 중점적으로 보도한다. 민중의 삶을 왜곡하려는 사회현상의 본질적 문제를 시정키 위해 노력한다.
- 지역: 구색을 갖추기 위한 기사에서 탈피한다. 기존 언론이 판매와 광고정책과 연관하여 지면을 운용하고 있는 현실을 철저히 반성하고, 오로지 기사만을 위한 지면이 되어 내 이웃의 목소리를 담는다.
- 여론매체: 제도언론의 해악을 감시・비판하고, 자기비판을 게을리 하지 않으며, 독자의 의견과 반론권을 겸허하게 수렴하여 보도한다.
- 문화: 문화, 예술, 학문 등 문화 제 분야에서 홀대받고 학대받는 민족문화를 진작케 하여 민족정기를 되살리고, 향토문화의 보존・발굴에 보도 역점을 둔다.
- 여성・가정: 일반적으로 여성・가정・사회복지 업무를 말한다. 현대 핵가족이 겪

는 가정의 위기는 곧 사회의 위기이다. 여기에 더하여 우리나라 사회복지정책은 무대책이다. 사회는 사치와 향락으로 흐르고, 여성은 상품화되어 성적 노리개로 전락한다. 사회현실의 대안제시에 중점을 둔다.

- 생활: 기존 언론은 독자들에게 평면적 입장에서 정보를 나열하는 데 그친다. 독자의 삶의 질을 보다 풍요롭고 윤택하게 하는 데 기여할 수 있도록 적극적인 정보를 발굴·보도한다.
- 과학: 과학의 생활화를 추구함으로써 과학기술 진흥에 앞장서며, 생활정보를 게재하여 편리한 생활을 영위하는 데 길잡이 구실을 한다.
- 방송·연예: 현대사회에서 방송은 공기와 같으며 국민의 것이다. 따라서 방송을 권력의 것에서 국민의 품으로 되돌려 환경을 감시하는 깨끗한 방송, 밝은 방송이 되도록 한다.
- 인터넷: '정보의 바다'이자 '여론의 창고'인 인터넷을 지면에 적극 활용함으로써 신문의 질적 향상을 꾀하고, 명실상부한 독자와의 쌍방향 커뮤니케이션을 구현한다.
- 레포츠: 정치에 오염된 스포츠, 상업성에 찌든 레저문화를 배격하여 국민의 건강을 생각하는 레저·스포츠가 되도록 한다.
- 사진: 지면 장식용 사진, 구색용 사진이라는 오명을 극복하고 진솔한 메시지가 담긴 영상을 취재 보도한다.
- 조사자료: 조사 및 연구기능을 지닌 편집국의 두뇌로서 언론의 흐름을 분석, 비판하고 장기적으로는 데이터베이스의 구축기반을 다지도록 한다.

❹ 제작시스템 건설

신문산업과 윤전기

> ✍ 열쇳말
> - 자동화 추구
> - 효율성 담보
> - 생산성 향상

제작부문에서는 공정의 자동화를 염두에 둔다. 이를 실천하는 데는 엄청난 자본이 소요된다. 윤전설비를 외주, 활용토록 함으로써 자본운용의 효율화를 기한다. 판매 및 광고부문은 신문기업간의 경쟁이 치열해짐에 따라 비용의 증대가 확대됐다. 시민언론은 이 같은 현실을 직시하고 그 비용의 최소화에 주력해야 한다. 그리하여 최대의 이윤을 창출함으로써 언론의 공익적 사명을 실천할 예정이다.

신문제작과 관련, 새 신문은 완전 전산화를 추구한다. 신문산업에서 가장 많은 물적 투자가 요구되는 부분은 윤전분야이다. 대체로 윤전기는 초고가다. 반면 윤전기에 투자한 자본에 비해 경제성과 효율성은 그다지 높지 않다. 그런 까닭에서 신문산업을 장치산업이라 하기도 한다.

윤전기는 또다른 의미를 지녔다. 기존 언론이 독재정권과 유착, 시장진입장벽을 쌓음으로써 자신들의 기득권을 폐쇄적으로, 지속적으로 향유하고자 할 때 내세우는 명분에 윤전기가 동원된다. 즉 "신문산업에 진출할 자는 대통령령과 그 시행령 등에서 정하는 윤전기를 구비하여야 한다"는 것 따위이다. 신생 언론사가 윤전기를 장만하려면 막대한 자본이 일시에 소요된다. 따라서 이는 신생 언론사에 자금부담을 줘 신문시장 진입을 스스로 포기케 하려는 것이 그 솔직한 노림수이다. 이때 윤전기는 언론민주화의 걸림돌이었으며, 언론자유를 부정하는 족쇄로 기능했다.

민주언론의 현장에선 윤전기를 구실로 발행의 자유를 억압할 수 없다. 인쇄산업의 활성화로 윤전기가 보편화된 오늘날 새 신문은 윤전기에 대한 직접적 투자보다는 리스나 임대해서 사용하는 게 보다 더 효율적이다. 그러나 신문제작 시스템은 완전 자동화 · 컴퓨터화를 추구할 필요가 있다. 그것이 보다 생산성을 높게 향상한다.

CTS 전자동화

> ✍ 열쇳말
> - 시스템 활용 극대화
> - 통합 DB시스템
> - NewsML 구축

대체로 신문제작과정은 기사 입력 → 조판 → 교정 및 교열 → IP(*Raster Image Processing*)과정 후 필름 출력 → 교정 인쇄 → 교열심의 → 지방판은 파일(*file*)로 전송 → 알루미늄판 제작 → 오프셋 인쇄 → 자동 절지 및 접지 포장 → 발송 순으로 이뤄진다. 인쇄에서 발송까지는 윤전공장에서의 작업이며, 그 나머지는 신문사 사무실에서 진행된다. 신문사 내에서 행하는 CTS(*Computerized Typesetting System*) 공정은 경제성을 지녀야 한다.

원고의 작성과 조판은 물론 사진촬영과 처리, 지면 레이아웃과 전송 등이 완전 전산화를 갖춰야 한다. 완성된 지면은 PDF 파일이 자동적으로 생성되어 인터넷으로 송출되어야 하고, 신문제작과 동시에 데이터베이스에 자동적으로 분류, 저장되어 주문자 뉴스생산 등 기사의 제2차적 가공에 활용할 수 있어야 한다. 신문에 게재한 모든 정보 콘텐츠는 인터넷과 데이터베이스 사업 등에 활용되어야 한다. 신문사 CTS 전문업체인 서울시스템은 다음과 같은 신문제작공정을 제안한다.

<그림 14> 신문제작시스템 구성도

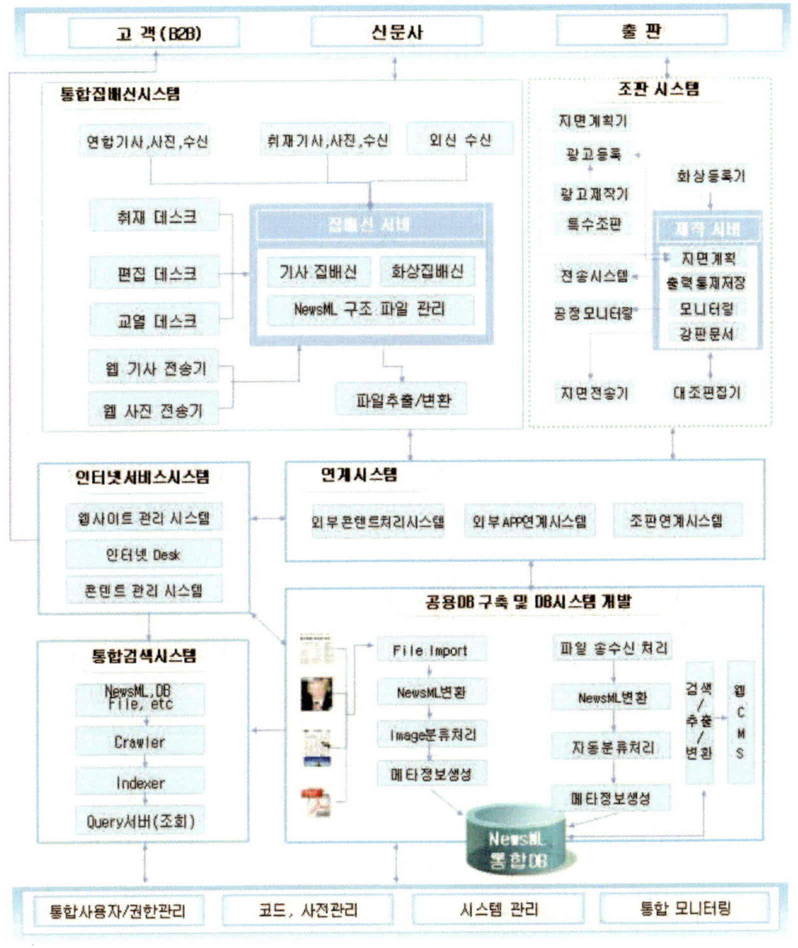

출처: http://www.ssc.co.kr/cts/cts.asp

통합 집배신 시스템은 신문사에서 발생되는 모든 콘텐츠(기사, 사진, 동영상 등)를 전송받아 데스크가 기사·사진의 선별 작업을 통해 신문, 인터넷, 데이터베이스에 활용될 수 있도록 수집 및 분배를 편리하게 처리해 주는 시스템이다. 이는 기사 콘텐츠 입력기와 재,

편집, 교열, 제작, 인터넷, 속보, 외부 데스크 등 신문사의 각 부서별 실정에 맞게 활용할 시스템으로 구성된다.

편집조판 시스템은 지면과 광고제작기를 비롯 광고배정기, 광고결합기, 지면계획기, 지면 모니터링 및 출력통제 단말기 등으로 구성한다. 특수조판 시스템에는 안내광고 제작기를 비롯 결산공고, 주식시세표, 바둑입력기, 퍼즐입력기, 경기 기록표 작성기 등이 따른다.

지면 제작과 검색엔진 등과 연계할 통합 데이터베이스 시스템(*database system*)은 신문에 사용된 기사, 사진, 인물, 광고, 지면 데이터베이스는 물론 각 부문별 연관성을 지닌 구체적이고도 상세한 데이터베이스를 세밀히 갖출수록 독자 서비스의 활성화를 담보할 수 있다.

인터넷 솔루션은 신문사에서 웹을 운영하면서 필요한 동영상관리나 행사관리, 날씨정보, 특집관리, 시리즈 물, 회원관리, 배너광고, 화보관리, 블로그 관리, 설문조사, 입사원서 등의 처리를 웹 브라우저 상에서 종합 관리되어야 한다. 뉴스국제표준규격(*NewsML*)화도 빼놓을 수 없다. 신문사에서 발생되는 콘텐츠는 모두 집배신 부분에서 발생하므로 집배신 시스템 개발시부터 NewsML 기반의 시스템을 만들어 집배신의 필요한 시점에서 바로 NewsML을 생성, 서비스가 가능하게 해야 한다. NewsML 기반으로 모든 콘텐츠를 관리하는 경우에 향후 표준화가 이루어지면 간편하게 특정 업체에 귀속되지 않고 자유롭게 인터넷에 표현이 가능하고 신문사에서 보유한 콘텐츠를 포탈이나 그 외 업체에 판매시에도 간단하게 연계가 가능하므로 뉴스 이용의 극대화에 기여한다.

MIS 시스템 구축

> ✍ 열쇳말
> • 통합경영 전산화
> • 관리인원 최소화
> • 경영합리화 달성

편집제작부문의 이와 같은 성력화 구축과 함께 경영부문에서도 완전 전산화를 달성해야 한다. 그동안 신문사 업무는 각 부서별로 전산화가 별도로 구성돼 효율성을 전혀 담보하고 있지 못할 뿐 아니라 정확하고 신속한 데이터 처리가 불가능한 상태로 운영을 하는 실정이다. 그로 인해 관리부문의 인원이 과도하게 배치돼 있다. 이는 신문사가 거대한 관료조직화로 치닫게 할 뿐 아니라 신문경영에서도 인건비의 압박으로 나타난다.

<그림 15> 신문기업의 MIS(예)

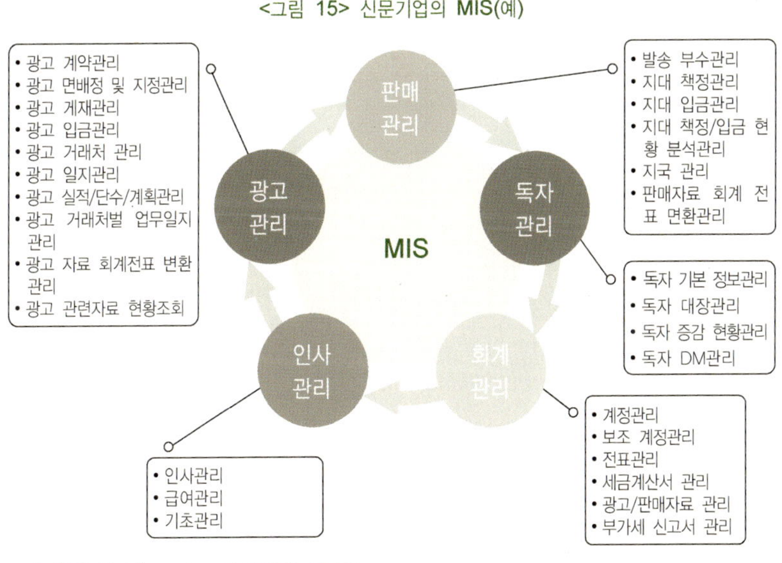

출처: http://www.ssc.co.kr/cts/cts mis.asp

신문사의 업무통합관리(MIS) 시스템은 신문사 업무의 능률화와 투명화에 기여하며 전진적으로 업무개선을 일궈내 관리원가의 절감과 부서 간의 업무효율을 증진한다. MIS는 또 신문사의 구조 슬림화에 밑거름이 될 뿐만 아니라 제작 시스템과 연계해 제도적으로 신문기업의 경영합리화를 구축한다. 다음은 서울시스템의 신문기업의 MIS 제안도이다.

신문산업은 정보산업의 핵이다. 지식산업의 최전선에서 신문사가 보유한 인적 자원은 결코 어느 전문가 집단에도 뒤지지 않는다. 신문산업이 지식경영에서 비교 우위를 구축하고, 또 향유하기 위해서는 정보 콘텐츠의 재활용을 통한 부가가치의 극대화를 추구해야 한다. 이는 비단 신문산업의 경제성을 확보하는 의미뿐 아니라 신문의 경쟁력 강화를 통한 신문 본질의 의미 확대라는 사회적 측면에서도 결코 소홀히 할 수 없는 가치이다.

❀2005. 1. 12. / 2009. 4. 14. 더함.

광고운영 전략

광고는 현대언론의 생명줄이다. 광고가 없는 언론은 현실에선 존재할 수 없다. 광고는 언론에 있어서 '공기'이며 동시에 '신'이기도 하다. 새 신문의 광고철학과 영업전략을 살펴본다.

현실에 연착륙한 성공적인 시민언론을 창간하기 위해선 무엇보다 광고에 대한 철학적 대안이 전제되어야 한다. 그렇지 않으면 새 신문을 창간하는 목적을 달성할 수 없다. 이번 회에서는 지역경제의 만성적이고도 구조적인 불황으로 "기존 신문도 광고가 없어 적자운영을 면치 못하고 있는데 과연 새 신문이 될까"하는 문제를 짚어본다.

단도직입적으로 말하면 새 신문을 둘러싼 광고 현안은 신문산업에 대해 기본적인 상식조차 없는 사람들의 기우다. 신문산업은 독자들에게 사상과 의식을 파는 이데올로기 판매산업이면서 동시에 물질적 재화의 획득을 추구하는 커뮤니케이션 유통산업이라는 특성을 지녔다. 전자는 문화산업적인 성격으로, 후자는 경제성이라는 특성으로 나타난다.

❶ 광고영업 방침

광고 이데올로기

✍ 열쇳말
- 광고개념 대전환
- 광고과학성 도입
- 생활광고 대개발

언론산업에서 아무리 기업적 이념이 고상하고 품위가 있다 하여도 그것이 현실에서 사업성을 결여하면 아무런 의미가 없다. 언론산업이 이른바 문화사업이라 하여 '밑 빠진 독에 물 붓기'라면 언론의 목적은 흐트러지고 만다. 자본주의 사회에서 밑도 끝도 없이 투자만해야 한다면 자본주는 반드시 언론외적인 가외에서 그 반대급부를 찾는다. 이때 아무리 양심적인 자본주라 할지라도 투자된 만큼의 반대급부는 필연적이다. 그 반대급부는 두말할 나위 없이 수용자의 이익이 희생된 몫이다. 따라서 언론산업은 시장에서 독자적인 생존의 경제성을 지닐 필요가 있다.

언론산업의 생존토대는 수익의 발생이 가능해야 현실성을 지닌다. 언론기업의 수익은 대부분 광고에 의해 조직된다. 시민언론이 언론기업으로써 시장에서 독자적인 경쟁을 지닌 매체로 자리매김할 설계를 소홀히 할 수 없다. 시민언론의 광고경영 이념과 원칙을 미리 세우는 것은 경영과학화의 달성이라는 현실적 목표에서뿐만 아니라 전체적인 틀 속에서도 편집이념을 천명하는 것 못지않게 중요한 의미를 지닌다(관련기사 ☞ ㉖ 언론기업 CEO론 참조).

누구든 미디어 수용자는 광고에 대해서 신물내기 마련이다. 그러나 미디어에서 광고는 뗄래야 뗄 수 없다. 광고를 도외시하거나 배제하면 미디어는 생존할 수 없다. 광고가 없으면 엄청난 제작비를 소비자가 직접적으로 떠안아야 한다. 때문에 현대사회의 미디어에서 광고는 '제2의 공기'와 같다. 그렇다면 신문의 질 향상을 위해 광고를 어떻게 할까를 고민하지 않을 수 없게 됐다.

대체로 우리나라 신문기업의 광고수입은 전체 수입의 평균 82% 이상을 차지한다. 일본 60%, 프랑스 53%, 독일 43%에 비하면 광고수입의존도가 너무 높다. 상업주의 저널리즘이 처음 시작된 미국도 판매수입이 평균 20%선은 유지한다. 미국의 고급지들은 대개 30% 내외의 판매수입을 기록하고 있다. <뉴욕타임스>의 경우를 보면 광고수입이 60.7%, 판매수입 31.5%, 기타 수입이 7.8%의 매출구성비를 보이고 있다. 한국언론의 광고수입 의존도는 OECD 가입 국가 중 가장 높다(박재영, 2003, 43쪽). 지방지의 경우는 그 비중이 더욱 편중되어 90%가 넘는다. 심지어 광고수입이 전체 수입의 100%를 차지해 독자가 없는 유령신문사도 허다하다.

이처럼 광고는 미디어에 절대적인 영향력을 미친다. 광고는 언론의 내용을 통제하려는 속성을 지녔다. 광고주는 광고게재료라는 자본을 무기로 자신들과 비우호적인 사고를 지닌 기사와 언론기업에 때때로 거부권을 행사한다. 이럴 때 대부분의 미디어기업은 광고주에게 굴복, 언론의 내용을 변질시킨다.

광고 덕분에 신문이라는 매체가 경영된다 해도 뉴스콘텐츠(*news contents*)는 재정적 영향으로부터 독립되어야 한다. 광고주의 압력이 개입되면 돈으로 신문기사를 살 수 있다는 인식이 팽배해지고, 그럴 때 언론의 신뢰성은 구멍이 난다. 저널리즘이 신뢰성을 상실하면 존재의 가치도 잃는다. 광고를 싣는 기업이 신문의 뉴스를 조정한다고 독자들이 믿게 되면, 그 신문은 틀림없이 경영위기를 맞는다(Jock

Lauterer, 2006, 408쪽). 시민언론은 광고로부터의 독립을 쟁취해 발간되므로 이런 현상이 결코 있을 수 없다.

시민언론의 광고전략은 총체적으로 합리성과 효율성을 지향한다. 먼저 광고에 메리트를 부여하는 전략을 도입한다. 시민들의 생활과 밀접한 광고주를 초빙하여 할인권과 쿠폰, 초대권 등을 발행, 독자에게 광고의 생활화를 유도한다. 또한 광고에도 쌍방향 커뮤니케이션을 실현하여 독자의 의견을 직접 반영함으로써 대량전달 위주에서 1:1 맞춤광고로, 도달률과 주목률을 획기적으로 개선, 소비자가 주도하는 광고가 되도록 한다.

21세기의 신문은 틀에 얽매여서는 존재할 수 없다. 시민언론은 광고시장에서도 블루오션을 지향한다. 가령 지역 단위의 새로운 유통시장으로 떠오르고 있는 대형 마켓을 비롯한 시장, 슈퍼 등의 광고를 개발한다. 유통광고의 경우 기존 언론이 두세 군데밖에 안되는 백화점 광고를 두고 피 튀기는 유치경쟁을 한다. 시민언론은 시민생활에 바탕을 둔 생활광고시장을 개발한다. 그것이 가능한 것은 시민언론의 시스템이 제도적으로 뒷받침되기 때문이다.

시민언론은 광고 또한 편집과 같은 정보라는 개념에서 본다. 광고가 신문기업의 자본이익을 보장하는 물적 도구가 아니라, 독자들의 실생활에 대해 실질적인 영향을 미치는 정보라는 개념으로 접근한다. 기존 언론에 비해 획기적인 패러다임의 전환이다. 시민언론의 사업계획은 광고에 대한 이러한 개념의 대전환에서부터 신문경영의 합리화를 도모한다.

생활광고의 지면화를 정책적으로 추진한다. 매일 아침 신문에 삽지된 전단광고는 투자에 비해 효과가 의심된다. 어떤 때에는 신문본

지보다 더 묵직하게 들어온다. 대부분 쓰레기통으로 직행한다. 고가의 제작비가 고스란히 공중으로 사라지는 순간이다. 투자에 비례하여 효과가 심히 의심스러운 전단광고 시장을 지면에 흡수함으로써 시민언론은 지방 살리기를 도모한다.

새로운 광고 개발

> ✍ 열쇳말
> - 정보전달 강화
> - 공익성 제고초석
> - 맞춤광고 제공

전단광고는 대개 지역광고이며 생활밀착형 광고이다. 지역주민을 위한 지역민의 삶에 기초한 광고이다. 자영업자, 소상공인, 학원, 서비스업이 대종을 이룬다. 전단광고주가 매체의 문턱을 넘기란 녹녹치 않다. 높은 광고료가 가로막는다. 시민언론은 신문광고에 내재된 거품을 제거함으로써 전단광고주를 지면으로 유도하는 정책을 편다. 지역민들에게는 맞춤광고를 제공함으로써 생활에 유익한 광고정보를 제공하고, 전단광고주에겐 광고를 통해 마케팅의 과학화를 수립할 토대를 제공한다. 시민언론은 경영의 합리화를 달성함으로써 광고시장의 조기 연착륙과 광고산업의 육성이라는 토끼를 동시에 잡는다.

버스정류장이나 전신주, 공공 지정 게시판을 제외한 거리의 곳곳에 덕지덕지 붙은 광고, 귀청이 찢어질 듯한 소음공해를 일으키는 길거리 이벤트 마케팅 또한 마찬가지다. 이들은 도시의 미관을 저해하고 '광고공해'를 유발하는 주범이다. 광고지면을 이들에게 개방함으로써 시민들에게 쾌적한 삶의 질을 담보하는 환경을 제공하겠다는 것은 시민언론의 창간정신이기도 하다.

시민언론의 광고전략은 중소기업중심, 중소형 소비자에게 알맞은 광고를 개발, 대기업 광고 이외에 시민주주의 작은 광고 중심체제가 되도록 한다. 특히 광고의 정보전달 기능과 공익성 제고를 게을리하지 않는다. 광고에 대한 공익성의 제고라는 개념을 담은 시민언론의 구체적인 광고영업 철학은 다음과 같다.

첫째, 공익을 추구하는 기업임을 자부한다. 따라서 광고영업도 이익을 위한 광고유치가 아닌 정보를 위한 광고영업 방침을 확정하고 이에 따른다. 신문기업의 경영에 필요한 적정한 이익, 즉 신문의 발간과 지속적인 발전에 필요한 이익 이상을 무한정 추구하지는 않는다. 그와 같은 잉여이익이 발생하면 광고료 단가를 낮추든지, 신문대금을 인하하여 기업과 소비자의 부담을 덜어줄 것이다. 독자들에게 대한 최대한의 서비스는 모름지기 품위 있는 기사로 공익성에 대해 봉사한다.

둘째, 광고영업은 어렵다. 그러나 시민언론은 '또 하나의 신문'이 아니라 기존 언론과는 전혀 다른 신문이므로 낙관한다. 먼저 발행부수를 정직하게 공개한다. 광고료의 고가화를 위해 기존 언론이 관행처럼 굳혀온 발행부수 뻥튀기는 절대하지 않는다. 독자의 사회 인구학적인 특성을 면밀하게 조사하여 광고주의 마케팅 활동을 과학화·경제화 하는 데 최선을 다한다.

셋째, 지역의 광고산업을 선도하고 또 합리화·과학화하는 데 이바지한다. 물론 광고주의 의견은 최대한 존중하겠으나 광고대행사의 역할 또한 충분히 인정할 예정이다. 아무리 적은 금액이라 할지라도 소정의 대행수수료를 지불하는 거래관행을 확립한다.

넷째, 광고의 높은 수익성에 대해 깊은 책임의식을 갖겠다. 이는 자본과 경영의 분리, 편집권의 독립 등 기본취지와도 통하는 것이며, 전문 직업인으로서의 자부심을 갖겠다는 것과도 일치한다. 일부에서 운용하고 있는 기사를 매개로 한 광고, 광고를 위한 기사는 철저히 배격한다. 그것은 곧 언론이 스스로 타락하는 길이며, 빈대를 잡기 위해 초가삼간을 태우는 격이다.

다섯째, 민주언론으로서 자유언론의 바른길을 가는 언론인 동시에 매스마케팅하는 광고주들이 가장 편하게, 그리고 효율적으로 이용할 수 있는 광고전달자가 되고자 한다. 광고의 규격화를 탈피하고 자유로운 스페이스를 제공한다. 신문광고 하면 으레 5단통을 생각하고, 돌출광고는 2단×55㎝ 규격을 생각한다. 물론 규격의 표준화란 점에서 일리는 있다. 광고주가 엄청난 광고료를 지불하면서 자기가 원하는 위치에 필요한 스페이스만큼 제공하고, 또 매체업무 담당자들이 무언가 창의력 있는 매체집행 계획을 구상해 볼 수 있는 자유를 보장한다. 광고는 오로지 광고주의 자유로운 의견에 따라 그 지면이 제공된다.

여섯째, 우리 경제에서 소외된 중소기업에게도 광고의 문을 활짝 열 것이다. 이는 시민언론이 지향하는 과제이기도 하다. 중소기업은 우리 경제의 신경이며 동맥이다. 한국경제에서 더군다나 지역경제에서 중소기업은 그 주역으로서의 대접은 고사하고 기존 언론에서 소외되고 외면받는다. 중소기업에 유리한 제도를 창안하여 시행함으로써 중소기업이 부담 없이 이용할 수 있는 광고지면을 제공하고, 중소기업의 활성화를 도모한다.

광고 패러다임

열쇳말
- 광고의 정보화
- 광고마인드 재정립
- 독자광고주 원원

매체기술의 발달은 광고 트렌드에도 변혁을 초래하고 있다. 광고에 대한 개념의 전환이 그것이다. 광고는 원래 광의의 설득 커뮤니케이션 가운데 하나로서 제품홍보와 기업선전이라는 일방적인 판촉마케팅의 도구로 기능했다. 이와 같은 광고에 대해 독자들이 외면하는 것은 너무나 당연하다.

시민언론은 광고의 패러다임을 정보화와 쌍방향성을 지향한다. 광고주의 일방통행으로는 더 이상 시장에서 어필하기 어렵게 됐다. 독자와의 교감이라는 마인드가 요구된다. 광고는 독자에게 유익한 정보를 제공하여야 한다. 독자가 광고에서 소비가 아닌 정보를 획득할 수 있을 때 광고의 집중도가 높아진다. 시민언론의 광고정책은 변화하는 시대에 걸맞은 광고전략을 전개하는 것을 목표로 한다.

시민언론이 시장에서 조기정착하려면 신문광고 또한 언론산업의 변화에 능동적으로 적응할 필요가 있다. 이를 간과하면 자생력을 지닌 자주적 언론으로서의 홀로서기가 불가능하다. 21세기 언론산업이 온라인과 모바일에 이어 UCC, 웹2.0, 와이브로(WiBro) 등 최첨단 u

-미디어(*ubiquitos media*)로 재편되고 있다. 신문광고 메커니즘이 이를 따라가지 못하면 광고영업이 성사되지 않는 것은 당연하고 시장퇴출은 자연스러운 현상이다.

신문기업이 광고를 여전히 젖과 꿀로 여기려면 신문광고에 대한 패러다임부터 바꿔야 한다. 즉 종래의 신문광고는 오로지 신문사의 배를 불리기 위한 독점적 수혜구조였다. 21세기 저널리즘에서는 독자와 광고주, 신문사가 사이좋게 파이를 나눠 먹는 마인드를 지녀야 한다. 신문광고는 광고주와 독자에게 신문의 신뢰를 제공하여야 한다. 소비자와 고객은 질 좋은 상품을 값싸고 편리하고 안전하게 구매할 수 있어야 하며, 광고주는 실질적인 판매증대의 효과를 기대할 수 있어야 비로소 광고영업의 활성화를 기대할 수 있다.

❷ 수익창출 방안

신문광고론

열쇳말
- 안면광고 탈피
- 과학경영 달성
- 광고전략 수립

지방신문의 위기 극복 가운데 가장 간단명료한 것은 광고 활성화이다. 광고는 지방신문의 목숨줄이다. 따라서 광고 활성화 없이 지방신문의 미래를 얘기한다는 것은 애시당초 성립할 수 없는 명제다. 문자 그대로 '공론(空論)'이다. 그런데 문제는 지방신문의 광고시장이 점점 축소되어가고 있고, 광고주가 하나둘 지방신문을 떠난다는 사실이다. 그렇다면 어떻게 이를 극복할까 라는 과제가 대두된다.

광고를 제대로 유치하기 위해서는 신문광고의 특징과 본질에 대해 먼저 숙지할 필요가 있다. 광고는 신문사에 직접적인 수입원이 될 뿐 아니라 독자로 하여금 저렴한 가격에 신문을 볼 수 있게 하는 순기능도 있다. 신문에 광고가 없다면 신문가격은 몇 배가 오를지 모른다. 독자가 신문을 싼값에 볼 수 있는 것은 지면에 광고가 게재되기 때문이다. 신문광고가 지닌 장점은 다음과 같다.

① 방송광고보다 훨씬 자세하게 상품의 특성을 설명할 수 있다.
② 신문은 오래 두고 볼 수 있어 광고의 효과도 지속성이 강하다.
③ 신문은 특정지역에 국한하여 광고를 전파할 수 있어 적은 비용으로도 광고효과를 높일 수 있다.
④ 백화점이나 할인매장광고 등과 같은 지역광고에 적합하다.
⑤ 1단짜리에서부터 전단까지 다양한 크기로 광고를 할 수 있다.
⑥ 신문독자는 상대적으로 소득수준이나 교육수준이 높다.

신문광고 영업자는 신문광고의 특성과 함께, 광고료가 책정되는 시스템에 대한 소양도 필요하다. 대체로 신문광고료는 △광고의 종류와 형태 △신문제작비용 △광고도달효과 △신문의 질 △광고 구매량과 빈도 △독자층의 인구학적 특성 △시장침투율 △경쟁의 정도 △지역경제의 상황 등을 종합해 결정한다.

오늘날 신문광고는 하향추세이다. 감소추세에서 반전하기란 거의 불가능하다. 그렇다고 신문광고가 100% 다 죽는 것은 아니다. 광고주의 맞춤 타깃 확대로 이른바 '부익부 빈익빈'의 시장쏠림 현상이 심화될 전망이다. 신문이 광고시장에서 퇴출당하지 않으려면 신문이 지닌 고유한 시장경쟁력의 강화가 불가피하다.

신문사의 광고수입은 호황과 불황이라는 경기의 흐름과 매우 밀접한 관계를 맺는다. 따라서 매체산업이 광고를 유치하려면 경기를 면밀히 분석하고, 적절한 전략과 방법을 세워야 한다. 한국언론은 광고유치 전략에서도 경영합리화·경영과학화와는 거리가 멀다. 언론사의 힘만 내세우는 원시적인 행태로 일관하기 일쑤다. 신문기업의 광고불황은 상당 부분이 이와 같은 구조적인 모순에서 기인한다.

한국의 매체산업이 광고영업에서 간과하는 것은 첫째, 광고의 산업적 특성을 제대로 이해하지 못한다는 점이다. 광고는 경기가 호황일 때와 불황일 때의 집행전략이 서로 달라야 한다. 경기가 호황이면 광고주는 직접적인 제품선전을 많이 하여 브랜드에 대한 인지도를 제고시키고, 불황일 때는 기업PR을 많이 함으로써 기업에 대한 이미지를 높여 전체적인 신뢰도 구축에 주력한다. 경기가 호황이면 TV광고가, 불황땐 신문광고가 유리하다. 요즘과 같은 불황기에는 하기에 따라 신문광고가 오히려 성장 잠재성을 지녔다.

한국언론은 신문광고에 대한 과학적인 분석과 효율적인 유치전략을 외면한 채 주먹구구로 영업에 나선다. 그러니 광고가 제대로 될리 없다. 신문기업은 무턱대고 경기불황으로 광고가 안된다는 탓만 늘어놓는다. 이는 신문산업이 광고산업에 대해 무지한 탓에서 기인한 시스템적 불황이다.

둘째, 광고주에게 있어서 광고가 지향하고자 하는 타깃시장은 매우 중요하다. 타깃시장이 유명무실하거나 실체가 없을 때 광고를 집행하는 것은 허공에다 돈을 뿌리는 것과 같다. 광고주가 '어떤 시장을 목표로 광고를 집행할 것인가'하는 것은 광고집행에서 가장 큰 영향을 미치는 요소이다. 매체사는 당연히 광고주에게 매체가 지닌 광고시장으로서의 타깃을 분명히 해 줄 필요가 있다. 매체사가 지닌 시장으로서의 매력이 광고주의 타깃시장과 일치할 때 광고는 집행되기 마련이다.

한국의 언론기업이 광고주에게 매체사로서의 시장 특징을 친절하게 설명해주고 있느냐 하면, 아니다. 매체사는 언론의 힘만 믿고 무턱대고 "광고를 게재하라"고 윽박질러댄다. 그래서 광고가 없다. 신문기업은 신문광고가 경제성이 전혀 없는 데 광고주가 있을 리 없다는 것을 새삼 자각할 필요가 있다. 그래야만 광고불황에 대비하여 과학적이고 실질적인 대안을 마련할 수 있다. 현재 언론기업이 당면하고 있는 광고불황은 자본주의의 심화와 함께 보다 진전된 광고주의 인식변화에 매체기업이 따라가지 못해 초래되고 있다고 봐도 무방하다.

셋째, 광고주가 광고를 집행하기 위해서는 매체가 광고매체로서의 메리트를 지녀야 한다. 한국의 신문은 제호만 가리면 하나 같은 '일란성 쌍둥이'다. 매체의 차별화가 전혀 이뤄지지 않아 광고의 목표 타깃이 동일한 시장을 형성한다. 광고주는 어느 한 신문에만 광고를 게재하면 광고주가 원하는 소기의 목적을 달성할 수 있다. 이때 광고가 게재될 신문사는 1위 기업일 가능성이 농후하다. 이런 메커니즘 때문에 신문기업은 자원의 낭비라는 비난에도 아랑곳하지 않고 발행부수 부풀리기, 유령독자 확보 등 외형 확장에 혈안이다. 신문의 질적 경쟁보다는 양적 경쟁에 치중하는 이유는 기꺼이 광고시장을 확보하기 위해서이다.

광고를 게재하지 못한 신문사는 경영난을 겪는다. 광고의 편중현상은 본질적으로 신문의 내용이 동일한 것에서 비롯된다. 광고수입이 신문기업 전체 수입의 절대적 몫을 차지하고 있는 현실에서 광고의 편중현상은 자연스럽게 매체기업을 메이저와 마이너로 양극화시키면서 군소언론의 도태를 가속화시킨다. 광고주에게 새로운 타깃시장이라는 확신만 준다면 새로운 시장은 얼마든지 있다. 요체는 경쟁력을 지닌 광고매체로서의 새 신문은 '과연 어떤 신문을 만드느냐'가 관건이다. 기존 언론의 아류라면 새 신문은 아무리 잘해도 2등이고, 2등에게는 돌아올 광고가 없다.

넷째, 새 신문이 매체로서의 자생력을 확보하기 위해선 판매수입을 강화해야 한다. 현재 한국의 신문기업에서 판매수입은 중앙지건 지방지건 가릴 것 없이 전체 수입의 20%도 채 안된다. 심지어 독자가 전혀 없는 유령신문도 즐비하다. 이는 신문기업의 본질을 훼손할 뿐 아니라 존립 자체에 의미를 없게 한다. 광고수입이 광고주에게 독자와 지면을 팔아 수입을 올리는 간접수입이라면, 판매수입은 독자에게 신문이라는 상품을 판 대가로 획득하는 직접수입이다.

판매수입은 신문기업의 수입구조에서 가장 토대가 되는 근본적인 수입이라는 성격을 지닌다. 판매수입 없이 광고수입은 없다. 판매수입이 없다는 것은 독자가 없다는 뜻이고, 독자가 없는 유령신문에 광고주가 광고를 집행할 리 없다는 것은 상식이다. 판매수입을 창출하기 위한 투자와 연구는 아무리 강조해도 모자람이 없다.

신문의 위기는 신문판매의 위기에서 비롯된다. 뉴미디어와 인터넷이라는 경쟁매체의 등장, 정치·사회적 환경과 독자들의 라이프스타일 변화 등으로 인한 언론산업에서의 독자 감소추세는 시대적 사조이다. 인위적으로 되돌리기란 매우 어렵다. 이러한 외적 요인은 어쩔 수 없다 하더라도 언론의 신뢰성과 공정성의 위기에서 기인하는 내적 요인은 신문이 하기에 달렸다. 신문지면의 개혁과 독자 서비스의 강화로 얼마든지 신문판매시장을 확대할 수 있는 여지가 있다는 얘기다. 신문시장의 성장률이 감소한다 하더라도 과점적 시장을 장악하고 있는 소수 사업자들은 여전히 광고주를 끌어들이고 뉴스를 확대 생산할 수 있는 기반을 단단히 한다. 반면 어정쩡한 신문의 도태는 가속화될 것이며, 이를 막을 방법은 없다.

다섯째, 지방신문은 광고를 개발할 생각조차 않고 있다. 신문사가 매체기업으로서의 특징을 살려 적극적·능동적으로 광고를 만들어 게재하기보다는 광고주가 만들어 놓은 광고만을 앉아서 가져오기만을 기대한다. 광고영업의 폭이 스스로 좁아 들고, 가뜩이나 없는 광고시장에서 더욱 움츠러들게 한다.

지방언론은 기존의 신문광고 개념을 확대할 필요가 있다. 지방언론이 지닌 장점을 활용하여 지역에 밀착한 생활형 광고와 중소기업 광고, 소비자 광고 등 신규 광고시장을 개발하여야 한다. 전단지 광고, 동네 '전신주광고'를 신문광고로 흡수하여야 한다. 신규 생활광고시장의 개척은 중앙지에 비해 지방신문이 지닌 장점을 극대화할 수 있는 기회라 할 수 있다. 지방지는 이를 간과해서는 안된다.

광고난 극복해법

> *열쇳말*
> - 구체적 효과 측정
> - 합리적 영업 추구
> - 발상전환 선과제

이은주는 지역신문의 광고 실태를 조사한 보고서에서 "지방신문 경영인·광고인들은 신문사 수익의 바탕인 광고수입의 감소현상에 대해 첫째, 지방경제의 침체와 몰락이 광고매출 하락' 원인의 근본적인 이유라고 들었다. 둘째, 광고매체 집행 환경의 변화와 중앙지의 시장침투, 무료신문 및 생활정보지, 인터넷, 교통광고 등 타매체의 경쟁력 강화다. 셋째, 동일매체 지역신문간의 과당경쟁도 문제다. 넷째, 높은 광고대행 수수료도 지방신문 광고수입 감소의 주원인"이라고 지적했다(이은주, 2007, 61~67쪽).

지역신문 광고인들은 광고영업 현장에서 가장 첨예하게 부딪히는 문제점으로 지역신문사 난립으로 인한 동종 매체 간의 과당경쟁과 중앙지의 시장 잠식 및 독자지배를 들었다. 이들에 의하면 해당 지역의 인구수나 경제, 산업규모는 고려하지 않고 지방지가 난립하는 것은 지방언론의 구조적 취약성을 야기하고, 판매여건의 약화, 광고유치의 출혈경쟁, 경영압박으로 이어져 지방지의 위기를 초래한다는 것이다(이은주, 2007, 120~126쪽).

이는 지극히 공무원들의 행정편의주의적인 발상과 다를 바 없는 논리다. 지방지가 신문의 차별성을 바탕으로 독자의 정보욕구 충족, 상호경쟁을 통한 질적 향상 등을 통해 신규 지역 시장을 적극적·능동적으로 개척하겠다는 의지를 외면한 소리다. 지방지의 시장규모는 중앙지가 곳에 따라 5:5, 6:4, 7:3, 8:2, 9:1 정도로 우위를 점한다. 또 신문을 보는 독자와 보지 않는 독자, 특히 지방지를 보지 않는 독자가 월등히 많다. 지방지가 하기에 따라 얼마든지 독자가 있다는 소리와 같다. 발상의 전환에 따라 지방지는 레드오션에서 블루오션으로의 가능성을 내포하고 있는 것이다.

지방신문의 광고난은 지방신문이 지닌 구조적인 면에서 해결점을 찾아야 한다. 자꾸 신문 외적인 사회탓, 제도탓으로 돌리는 것은 바람직하지 않다. 그래선 지방신문의 광고난 탈출구를 찾을 수 없다. 지방신문은 상품이 지닌 낮은 경쟁력이 가장 큰 문제다. 열악한 인력으로 지면을 꾸리려다 보니 양과 질적인 면에서 조악한 수준을 벗어나기 어렵다. 신문이 공신력을 지니지 못하는 것은 어찌 보면 당연하다.

독자로부터 신뢰를 받지 못하는 신문에 게재된 광고가 효과를 낸다면 그게 오히려 이상하다. 광고효과도 의문시 되는 터에 광고요금과 광고영업도 제멋대로다. 엿장수 맘대로처럼 일관된 정책도 없다. 기준도 없다. 주먹구구식 안면광고가 현실이다. 이런 시장이 정상적이라면 그게 바로 비정상이다. 그 원인은 바로 지방신문의 낮은 매체력을 극복하는 것에서 찾아야 한다. 그것이 지방신문이 당면한 광고난을 극복하는 바른 해법이다.

광고경쟁력 확보

열쇳말
- 고객 서비스 강화
- 통합 마케팅 도입
- 차별화 전략실시

지방신문이 광고시장에서 경쟁력을 지속적으로 담보하려면 첫째, 지방신문을 신문답게 매력적으로 만드는 마케팅 전략을 도입해야 한다. 신문이 독자의 요구에 부응하지 못하면 결코 광고주가 따라오지 않는다. 독자가 있는 곳에 광고주가 있지, 광고주가 있는 곳에 독자가 있는 것은 아니다. 지방신문은 독자와 광고주가 원하는 것을 지면에 반영하는 시장지향적인 신문을 만들어야 한다.

둘째, 타깃마케팅이다. 현대산업사회가 발전되면 발전될수록 시장은 세분화된다. 지방신문이 두루두루 만족하는 포괄적 시장으로 나아가겠다는 것은 현실적으로 불가능하다. 중앙지의 거대자본에 맞서 시장경쟁을 도모하겠다는 것은 난센스다. 지방지는 중앙지가 구조적으로 침투할 수 없는 틈새시장을 파고드는 것이 보다 현실적이다. 독자전략과도 맞물려 있다. 지역성을 극대화해 지방신문만이 지니는 장점으로 활용해야 한다. 이는 중앙지가 죽었다 깨어나도 지방지를 따라올 수 없는 독보적인 분야다.

셋째, 통합마케팅의 전개다. 통합마케팅이란 지방지가 지방지뿐만 아니라 연관된 지역상품, 소규모 자영업자 등과의 업무제휴 등을 통한 공동마케팅을 일컫는다. 지역경제의 활성화라는 명분을 얻을 수 있어 신문판촉과 광고시장 개척에 시너지 효과를 기대할 수 있는 매우 중요한 개념이다.

넷째, 전국지와의 차별화 전략이다. 지방신문의 존재 근거는 지역성이다. 지방지는 지역성을 외면하고 중앙지 흉내 내기에 급급하다. '짝퉁 중앙지'로 독자를 현혹하고 기만하려 드는 것이다. 매체의 발달로 독자들은 더 이상 짝퉁에 속지 않는다. 판매와 광고에서 지방지가 고전하는 근본적인 이유는 정체성을 상실한 것에 있다.

다섯째, 광고주 서비스를 제도화해야 한다. 광고주는 신문기업에 수익을 안겨주는 사람이다. 그만큼 대우를 받아야 한다. 지방신문에서 광고주는 대우는 고사하고 '봉'으로 취급받고 있다. 가령 지방신문에 광고를 내면 말로만 "커다란 효과가 있다"고 하지, 구체적인 광고효과 측정치라든지, 마케팅 소구대상자들에 대한 정보 등 광고조사 자료가 하나도 없다. 말로만 40만 부를 발행한다고 할 것이 아니라 40만 부를 구독하는 독자 프로파일을 광고주에게 서비스해야 제도적인 광고활성화를 꾀할 수 있다. 광고주 서비스, 합리적인 영업방식을 외면하면 1회성 안면광고 신세를 벗어나지 못한다.

여섯째, 불합리한 광고요금 체계도 바로 잡아야 한다. 지방지의 광고요금 체계는 오만한 매체사의 횡포이다. 예컨대 대구경북지역이 부산경남지역 신문의 광고보다 요금이 약 40%나 비싼 것은 광고주에 대한 매체사의 요금강탈이며 자본착취다. 지방신문에 광고를 내면 뭔가 찜찜하다. 속은 기분이다. 좀 심하게 말하면 강도를 만나 호주머니를 털린 기분이다. 그것은 지방신문의 광고영업이 투명하지 않기 때문이다. 엿장수 가위처럼 제멋대로다. 이런 상태에서 지속적으로 광고영업이 이뤄지리라고 기대하는 것은 너무나 순진한 발상이다.

박주연 등은 "현직 신문광고인들은 신문광고시장 발전의 장애 요인으로 △신문사의 비합리적 광고거래 관행 △인맥에 의존하는 광고영업 방식 △주관적이고 불합리한 광고단가 책정 △ABC의 미정착에 따른 발행부수 미공개 △과학적인 광고료와 자료의 부재 △신문사의 구시대적 마케팅 방식 △신문기업의 보수적인 조직구조 △신문기사를 활용한 광고유치 △구독자 열독률 감소 △차별화된 퀄리티 신문의 부족 △구시대적인 매체 이미지 △신문매체에 대한 이해부족 등을 들었다"고 증언한다(박주연 외, 2006, 134쪽).

신문광고인들은 신문광고시장이 장기적으로 활성화되기 위해서는 실질적인 데이터를 이용한 객관적인 광고영업부터 이뤄져야 한다고 강조했다. 신문의 영향력을 객관적으로 평가할 수 있는 개량화 방법 연구와 함께 합리적인 신문광고단가 체계가 세워져야 한다는 것이다. 또한 방송이나 인터넷 등 다른 매체사의 연계노력이 불가피하며, 독자 서비스를 개선하고 신문 브랜드의 전문성·신뢰성을 강화하는 것 또한 게을리해서는 안된다. 아울러 과학적인 경영마인드를 확보하고, 새로운 유형의 광고형식을 개발하여 광고주를 유치하기 위한 다양한 시도를 해야 한다고 역설했다(박주연 외, 2006, 63~64쪽).

김영재는 광고시장의 활성화를 하기 위한 방안을 다음과 같이 제안했다(김영재, 1997, 166~167쪽).

① 광고수급체제의 정상화(부수공사제도의 정착)

광고시장의 활성화를 위해서는 무엇보다도 현재의 광고수급체제를 정상화해야 한다. 그러기 위해 발행부수가 객관적으로 측정되어야 하며, ABC를 하루 속히 시행해야 한다.

② 과학적인 구독시장 분석(전담부서의 활성화)

- 광고시장의 다변화 추세에 대응하여 총량적인 발행부수에 못지 않게 주요 구독자층의 성향에 대한 분석이 매우 중요하다.
- 이를 위해 지역별·계층별·연령별·성향별로 구독자층의 구매력과 구매성향을 평가할 수 있는 과학적인 구독시장 분석이 필요하다.
- 신문사 내에 독자관리 및 시장분석 전담기구를 설치, 또는 확대 개편할 필요가 있다.

③ 광고채널의 다양화

광고주의 다양한 수요에 부응하기 위해 다양한 형태의 광고채널을 개발할 필요가 있다. 광고전문의 별지제작, 쿠폰광고제 따위의 도입을 검토해야 한다. 아울러 지역단위의 광고수요를 확장하기 위해 전담광고를 체계적으로 관리 운용할 필요가 있다.

신문광고와 판매에 대해 구구절절 말이 길었다. 그것은 신문창간 이후 당장 맞닥뜨릴 수입원의 창출이라는 현실적인 현안이어서 결코 소홀히 할 수 없다. 따지고 보면 신문광고와 판매보다 더 심각한 것은 어떤 신문을 창간할 것인가 하는 철학적인 문제다. 이는 시장에서 생존의 근원을 결정하는 문제이다. 이 시리즈는 바로 이와 같은 패러다임을 위한 글쓴이의 언론철학이 집대성된 제안서이다.

❀2008. 6. 4.

언론기업 CEO론

사주언론·족벌언론이 주류언론인 한국사회에서 CEO는 언론기업의 본질, 그 자체이다. CEO의 언론철학과 경영마인드는 신문경영의 핵심이다. CEO와 언론과의 상관관계를 알아본다.

❶ 창간환경 점검

우리는 이제 "金榮在의 市民言論 創刊論"이라는 대장정의 막바지에 이르렀다. 이번 회에서는 시민언론 창간을 구체화하기 위해 언론기업 CEO의 자질과 역할, 기능 등을 살펴보고, 경영전망에 대한 회의론을 논하고자 한다. 아울러 시민언론의 창간에 따른 자본조달의 문제로서 경영환경에 대한 외부적인 여건을 조명해본다.

CEO와 언론철학

✍ *열쇳말*
- CEO 언론지배
- 모리배청산 시급
- 마에스트로 역할

시민언론의 창간을 제시하는 이 글은 언론의 소비자·수용자와 생산자를 대상으로 구구하게 긴 사설을 늘어놓았다. 사실 따지고 보면 그것은 모두 객소리일 수 있다. 독자와 언론인이 신문의 참 주인된 매체의 건설이란 꿈같은 일이다. 현실세계에서 우리 모두가 꿈꾸는 이상이라고 말하는 것이 보다 솔직한 고백일 것이다. 그렇다면 실제적으로 언론자본주·CEO가 주체인 매체를 생각하지 않을 수 없다. 그런 의미에서 언론자본주·CEO에게 다시 한 번 간곡한 말씀을 드리고자 한다.

앞에서 신문산업의 요체는 사람사업이라고 했다. 사람을 어떻게 운용하고 조직하느냐에 따라 사업적 성패가 가늠되는 것이 신문산업이다. 그 정점에 CEO가 있다. 신문창간 경영론을 설파하는 이 글은 예비 언론자본주·CEO가 과연 어떠한 신념과 철학을 갖고 신문창간에 임하느냐를 전제하지 않을 수 없다. CEO의 의식구조가 경영주로서의 역량과 자질이 미달이라면 그 기업의 미래는 새삼 왈가왈부할 필요가 없다. 뿐만 아니라 그 불량언론이 쏟아낼 반언론적인 메시지의 범람을 우려하지 않을 수 없다.

현실은 언제나 참으로 서글프고 고단하다. 지방언론인의 몰골은 지방사회의 기자실·브리핑룸을 장악한 기존 언론인들이 "어중이떠중이 아무나 들어오는 도떼기시장이 될 수 없다"며 출입을 강력히 통제하고, 공개화에 완강히 저항하는 데서 그 폐쇄성을 짐작할 수 있다. 지방언론 사주는 한 술 더 뜬다. 신문산업이 사양산업이건 말건 아랑곳하지 않는다. 부실상품을 쏟아 내건 말건 상관 않는다. 오로지 신문사 간판만 쥐고 있으면 된다. 언론사 사주로 군림하면서 지역사회의 유지로 이권을 챙기고, 사업의 방패막이로, 영향력 확대의 수단으로 활용할 수만 있으면 그만이다는 인식아래 너도나도 신문산업에 뛰어든다.

이는 언론사 CEO라 할 수 없다. 언론모리배·정상배·행상배이다. 이 책의 머리말에서도 말했듯이 제발 이런 사람들은 언론에 가까이 오지 말라. 언론은 결코 그대들이 함부로 더럽혀서는 안되는 사회적 제도이다. 언론은 정직한 인간의 양심과 정신을 직업적으로 유통시키는 사업이다. 돈만 있다고 아무나 언론사업을 할 수 없다는 얘기는 여기서 근거한다. 성실한 마음가짐으로 진실하게 출범하여야 한다. 창의적인 열정과 지혜로운 마음을 지닌 정직한 CEO만이 21세기의 미디어시장에서 생존할 수 있는 언론기업을 창출할 수 있다.

웹2.0 시대에 미디어기업이 살아남기 위해선 CEO의 역할이 가장 중요하다. 김택환은 세계적인 미디어 컨퍼런스에서 전문가들은 "CEO가 기술혁신과 조직개혁으로 멀티미디어 환경을 선도해야 한다"는 패러다임을 소개하고, 21세기 언론CEO가 지녀야 할 덕목과 역할을 다음과 같이 정리했다.

"첫째, 새로운 비즈니스 모델을 창출하라. 광고시장의 변화와 이에 대한 전략을 확고히 하지 않으면 기업생존이 불가능하다.

둘째, 기술에 대해 정확히 이해하라. CEO가 언론산업을 둘러싼 급변하는 기술변화에 무감각하면 미디어기업의 미래는 절벽 그 자체다.

셋째, 국내외 멀티미디어 변화 트렌드를 파악하라. 미디어기업의 미래는 CEO가 얼마만큼 변화의 트렌드를 정확히 이해하고 효율적으로 대처하느냐에 달려 있다.

넷째, 뉴스 가치의 변화를 읽어라. 타깃 수용자들의 니즈를 파악해 뉴스 서비스를 하지 않고선 시장생존을 입에 담을 수 없게 된 세상이다.

다섯째, 기업의 브랜드 가치를 높여라. 미디어 기업의 최고 가치는 독자들의 신뢰도이다. 신뢰는 정직한 도덕성에서 나온다. 건강한 언론의 첫걸음은 CEO의 마음에서 비롯된다.

여섯째, 주목 끌기 전략이다. CEO는 늘 창의적이고 혁신적인 경영 아이디어로 신규 서비스나 새로운 비즈니스 전략을 참신하게 전개하여야 한다(김택환, 2008, 60~62쪽)."

언론사 CEO는 이와 같은 경영마인드 못지않게 편집에 대한 확고한 철학도 지녀야 한다. 신문기업이 정보와 여론을 유통시키는 사회적 제도이므로, 언론기업이 어떤 뉴스를 왜 전파하는가에 대한 자신만의 뚜렷한 신념아래 언론활동을 전개해야 한다. 각 언론사가 표방하는 백가쟁명의 여론이 시장에 다양하게 유통되어 독자의 취사선택이 자유로울 때 비로소 언론자유는 만개한다. 언론사 CEO의 언론관은 그 밑바탕이다.

세계신문협회는 21세기 미디어기업 CEO가 갖춰야 할 편집전략으로 다음과 같은 7가지 전술을 발표했다.

1. 브레이킹 뉴스(*breaking news*)를 확보하라.
2. 지역 및 생활밀착형 콘텐츠를 확대하라.
3. 데이터베이스를 구축하고, 검색기능을 강화하라.
4. 뉴스의 멀티미디어를 개발하고 확대하라.
5. 상용 콘텐츠(*evergreen contents*)를 만들어라.
6. '원 소스 멀티 유즈(*one source multi use*)' 전략을 구축하라
7. 독자와 쌍방향 소통을 강화하라(김택환, 2008, 63~64쪽).

시민언론 창간은 언론자본주·CEO가 최소한 이 두 가지 측면에서 소양을 갖췄다고 전제한 연후에 전개되는 이론이다. CEO가 이를 결여하고 있으면 앞서 얘기한 그 모든 것이 허언(虛言)이며, 공론(空論)에 지나지 않는 담론임을 상기할 필요가 있다. "金榮在의 市民言論 創刊論"이 마감을 앞두고 특별히 언론사 CEO에게 메시지를 전하는 이유는 언론기업의 꼭대기에 CEO가 있으며, CEO가 가리키는 손가락에 따라 사람과 조직이 움직이기 때문이다. 신문기업 CEO는 조직 커뮤니케이션의 활성화로 언론자유의 신장을 위해 투쟁하여야 한다.

신문은 교향악단과 같다. 현악기, 금관악기, 목관악기, 타악기, 건반악기 등이 화음의 조화를 이뤄 아름다운 선율을 빚어낸다. 현악기가 중요하고 금관악기가 덜 중요하다는 따위의 유치한 논리는 성립되지 않는다. 훌륭한 음을 만들기 위해선 어느 악기 하나하나 소중하지 않은 것이 없다. 신문사 또한 마찬가지다. 흔히 편집국만이 신문사의 전부인양 인식하는 것은 그릇된 사고다. 논설실, 제작국, 판매국, 광고국, 관리국 모두가 편집국 못지않게 중요하다. CEO는 교향악단의 마에스트로처럼 각기 서로 다른 개성을 지닌 신문조직을 유연하게 지휘, 예술성이 우러나는 음악을 창출하여야 한다.

최고 경영자는 미디어기업의 발전전략을 수립할 때 먼저 자신의 언론관·언론철학을 확고히 할 필요가 있다. CEO의 언론관·언론철학은 기업 발전의 나침반이다. 기업이 나아가야 할 먼 미래의 비전을 제시하지 않고, 발전전략을 운운하는 것은 어불성설이다. 미디어기업의 발전전략은 사주나 CEO의 언론신념이라는 토대 위에 미디어산업을 둘러싼 사회적·정치적 환경과 기업이 추구하는 가치의 경제성을 바탕으로 수립해야 한다. 그래야만 생산적이고도 실질적인 발전전략을 구체화할 수 있다.

<그림 16> 미디어기업 발전전략 수립과 실행에 영향을 미치는 요인

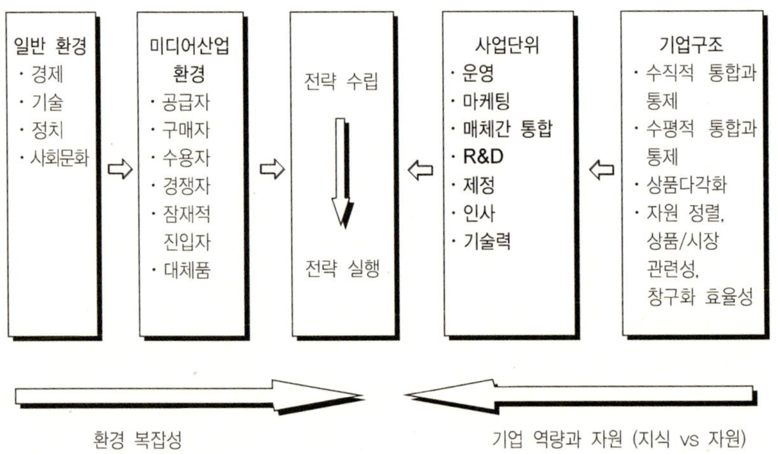

출처: Alan B. Albarran, Sylvia M. Chan-Olmsted, Michael O. Wirth 함께 엮음(2006), "*Handbook of Media Management and Economics*", Lawrence Erlbaum Associates, Inc., , a part of Taylor & Francis Group, USA; 김동규 · 정재민 · 서상호 함께 옮김(2009), 『미디어 경제경영론; 이론과 방법』, 나남, 297쪽.

CEO의 경쟁력

열쇳말
- 인간존중 실천
- 창조적 지식경영
- 사회통합 기여

'현대 경영학의 아버지'로 칭송되는 피터 드러커(Peter F. Drucker)는 "CEO의 경쟁력이 곧 기업의 경쟁력"이라 했다. CEO는 기업의 생명을 좌우한다. CEO는 구성원 개개인의 능력을 최대한 이끌어내 기업의 모습을 결정하고, 새로운 기회와 현실을 정의하고 창출하며, 기업조직을 좀 더 민첩하고 경쟁력 있게 만든다. CEO는 조직의 목적과 가치, 원칙을 실현함으로써 기업문화를 창조한다.

CEO의 영향력은 기업의 조직과 인적자원 등에서 절대적이다. 심지어는 고객에까지도 미친다. CEO는 기업활동에서의 '여왕벌'과 같다. 기업이란 조직은 CEO를 중심으로 일사불란하게 움직이는 조직체이다. 따라서 CEO가 어떤 비전을 갖는가 하는 것은 매우 중요하고도 본질적인 문제다.

신문기업 CEO로서 지녀야 할 몇 가지 덕목을 얘기하자면 신문산업은 무엇보다 사람경영이라는 점이다. 사람에 대한 가치를 소홀히 하고선 신문경영이 이뤄질 수 없다. 신문을 만드는 것은 사람이며, 소비하는 것도 사람이다. 사람만이 신문이 지향해야 할 최고의 가치다. 인사가 만사라 할 신문기업에서 '인간존중경영'을 외면하거나 소홀히 하면 그 신문사는 틀림없이 망한다. 내부적으론 우수한 언론과 언론인이 성장할 수 있도록 인재제일주의를 구현하여야 하며, 외부적으론 사람의 가치를 존중하고 옹호하는 지면제작으로 휴먼 저널리즘을 실천하여야 한다.

신문산업은 또한 지식경영이라는 특성이 있다. 신문이 전하는 정보가 고객만족이라는 가치를 상실하면 신문으로서의 존재 의의를 상실한다. 지식은 공공의 서비스에 복무할 때 참된 지식으로서의 가치를 지닌다. 신문이 생산하는 지식이 특정 소수의 이익에 기반하고, 공공을 외면한다면 결코 창조적 지식이라 할 수 없다. 그것은 언론이 아니라 프로파간다(*propaganda*)이다. 신문기업 CEO는 창조경영·지식경영으로 공익에 봉사하는 언론을 구현하여야 한다.

신문기업 CEO는 화합경영을 외면해서도 안된다. 신문의 목적은 분열과 대립이 아니라 평화를 실현하는 데 있다. 인간의 자유를 널리 옹호하며, 인간의 가치를 소중히 하여, 나와 내 이웃이 정의롭고 진실하게 사는 데 이바지 하여야 한다. 이는 신문의 본질론적 존재 목적이다. 그러기 위해서는 사회의 부정과 부패, 비리를 광정하여야 하며, 깨끗한 사회환경 저널리즘을 추구하여야 한다.

CEO가 지녀야 할 경영목표로는 혁신경영을 들지 않을 수 없다. 혁신을 하기 위해선 먼저 버릴 줄 알아야 한다. 버리지 않으면 결코 채울 수 없다. 채우기 위해선 버려야 한다. 불교에서는 '공(空)'이라 하고, 노자(老子)는 '빔(虛)'이라 했다. 무엇을 버리고 비움으로써 채울 것인가는 CEO가 선택할 몫이다. CEO의 지혜에 따라 채울 수도, 채우지 못할 수도 있다. 오늘날 일부 신문기업은 죽지 못해 억지로 산다. 마치 산소 호흡기에 의존해 목숨을 연명하는 식물환자와 같다. 그것은 언론의 뱃속이 온통 기득권의 옹호라는 오물로 가득하기 때문이다. 기득권을 버리고 민중으로 채우면 금방 살아난다.

신문기업 CEO는 언론산업이 자기경영임을 잊지 말아야 한다. 신문이라는 기업적 특성, 언론인이라는 조직적 특성은 원래 개체가 독립적이라는 사실에 있다. 언론인은 비록 신문사라는 조직에 매여 있으나, 그 활동 내역은 기업을 위해 존재하는 것이 아니다. 신문사 또한 마찬가지다. 신문사는 이윤추구를 목적으로 하는 사적 기업이라 할지라도 공익적 여론을 대변함으로써 자기 존재의 정체성을 갖는다. 따라서 스스로 자존을 지닐 필요가 있다. 그래야만 부패를 방지하며 윤리경영을 달성할 수 있다.

❷ 신문경영 요체

주먹구구 경영

✍ 열쇳말
- 수익창출 능력
- 광고특성 이해
- 좋은신문 제작

CEO의 경영 요체는 수익의 창출에 있다. CEO가 '기업'이라는 조직을 운영하여 수익을 창출하지 못하는 것은 '죄악'이다. CEO가 지녀야 할 자질중의 기본적인 자질은 수익창출 능력이다. 신문기업 CEO가 수익을 창출하기 위해선 무엇보다 신문광고에 대한 기존적인 소양과 철학을 지녀야 한다. 광고는 신문기업을 먹여 살리는 젖줄이다. 따라서 CEO는 신문광고가 지닌 의미를 깊게 인식하지 못하면 신문경영을 실패하기 쉽다(관련기사 ☞ 25 광고운영 전략 참조).

신문은 일반 공산품과는 다르다. 신문은 비록 상품이지만 이윤만을 추구할 수 없는 한계를 지닌 사업이다. 그렇다고 현대 자본주의 사회에서 기업의 이윤을 도외시할 수 없다. 신문은 여타 상품에 비해 공익성과 공공성이라는 사회적 · 정치적 책임을 지고 있으나, 경제성도 추구해야 할 지극히 이중적인 성격을 지닌 사업이다. 신문산업의 수입구조는 독자에게 신문의 내용, 즉 신문기사와 논조 등 보도내용이 지닌 이데올로기를 상품으로 하여 독자에게 파는 판매수입과, 독자와 신문지면을 광고주에게 파는 광고수입, 그리고 부대사업수입으로 구성되어 있다.

이 가운데 가장 큰 비중을 차지하고 있는 것은 단연 광고수입이다. CEO는 신문광고를 통한 수익창출 방안을 도출할 수 있어야 한다. 그런데 문제는 신문기업 CEO가 신문광고에 무지하다는 점이다.

특히 지방언론에선 CEO는 물론 편집국 종사자, 심지어는 신문광고 영업 담당자들조차 신문광고에 문외한인 경우가 다반사다. 그래서는 합리적이고 효율적인 광고계획을 수립할 수 없다. 신문기업 CEO는 신문광고에 대한 기본적인 소양을 지녀야 한다.

신문기업 CEO는 거시적인 경제를 예측할 수 있는 혜안과 신문경영의 틀에서의 신문광고가 지닌 미시적인 안목을 지닐 필요가 있다. 그리고 무엇보다 품질 좋은 신문, 경쟁력 있는 신문을 만들 신념을 지녀야 한다. 신문기업 CEO는 '신문'이라는 오케스트라의 지휘자이다. 지휘자가 엉터리라면 그가 빚어내는 음악이 졸렬할 것임은 두말할 나위 없다. 마에스트로가 음악을 어떻게 해석하고, 또 연주자 개개인의 능력을 극대화하도록 이끌어내는 능력 여하에 따라 음악의 성격이 자리매김되는 것과 마찬가지다. 지휘자가 음악의 구성과 조직이라는 본연을 외면하고, 팸플릿에 광고가 몇 개 게재되었느냐에 신경을 쓰는 것은 분명 본말이 전도된 처사다.

신문기업 CEO는 신문인과 신문조직을 효율적으로 운영하여 신문이 시장경쟁력을 지닐 수 있도록 만들 때 신문광고는 절로 따라온다. 가령 신문의 특성과 시장 마켓 지향점을 틈새시장에 두는 것은 자본력이 약한 마이너기업과 신생 신문이 전략적으로 고려할 가치가 있다. 신문이란 상품을 특정 독자층의 니즈(*needs*)에 부응하도록 신문조직의 역량을 총동원함으로써 판매와 광고에서 독자적인 시장을 확보하는 따위이다. 그런 연후 역량이 무르익었을 때 비로소 공세적인 마케팅 전략에 나서는 것이 보다 현명하다.

CEO와 과학경영

✍ 열쇳말
- CEO의 신념
- 사람투자 최적기
- 법등명 자등명

세계경제의 '신용위기'로 신문시장의 앞날이 지극히 불투명하다. 심리적으로 매우 움츠려든 시계 제로에서 희망의 무지개를 얘기하기란 여간 조심스러운 게 아니다. 그러나 CEO는 절망할 수 없다. 미래에 대한 확신과 신념은 리더가 지녀야 할 덕목이다. 선장이 좌절하면 그 배는 좌초한다. 태풍을 이겨내겠다는 의지가 강인하면 강인할수록 폭풍의 바다를 헤쳐 나올 가능성이 많다. 그것은 곧 내일에의 희망이다.

경영학에 '위기 이후의 레인보우'라는 말이 있다. 스포츠에서는 '공격이 최선의 방어'라 한다. 위기라고, 불황이라고 가만히 앉아 있으면 호황기에 아무것도 수확하지 못한다. 불황은 투자의 최적기다. 미국 펜실바니아대학(University of Pennsylvania) 와튼경영대학원(Wharton Business School)이 지난 2007년 조사 발표한 자료에 따르면 "불황기 때 광고를 확대한 기업이 경기회복 때 256%의 매출신장을 기록했다"고 한다.

불황일수록 투자를 해야 한다. 경쟁력은 투자에 비례한다. 불황이라고 구조조정 핑계로 사람 자르기를 하는 것은 매우 신중할 필요가 있다. 사람에 대한 가치를 소홀히 하는 기업은 절대 살아남을 수 없다. 더구나 신문산업은 인력의존도가 절대적이다. 구성원의 면면을 보면 그 신문사의 앞날을 알 수 있다. 불황은 인재 스카우트의 최적기이다. 사람은 미래 성장의 동력이다. 우수한 인재를 얼마만큼 확보하느냐에 따라 기업의 내일이 결정된다.

기업경영은 타이밍의 예술이다. 리더가, 조직 구성원이 매순간순간 어떤 선택을 하느냐에 따라 기업의 성패가 가늠된다. CEO나 리더의 혜안이 중요한 것은 선택에 대한 결정권을 지녔기 때문이다. 자신의 능력을 정확히 인식하고, 자신이 가장 잘 할 수 있는 것을 선택해 집중하는 것이 경쟁력이다. 선택과 집중은 불확실성 시대를 극복할 가장 유용한 경영기법이다.

오늘보다는 내일을 내다보고 준비하고 열어가는 사람이 바로 CEO이다. 아무도 가보지 않는 길을 갈 수 있는 용기도 빼놓을 수 없다. 두려워 말라. 스스로에 의지하고 무소의 뿔처럼 혼자서 가라. 부처님께서는 '남에게 의지하지 말라. 오로지 스스로와 지혜를 믿어라(法燈明 自燈明)'고 하셨다. 남들이 다가는 길을, 편안한 길을 구하면 발전과 진보는 없다. 발전과 진보는 가시밭 넝쿨에서 나온다. 때론 실패와 고난이 앞을 가로막는다 할지라도 그것을 두려워 말고 온 몸으로 부딪혀 극복하는 '맷집'이 있어야 시장경쟁력을 지닌다.

포기하지 않는 것이 희망이다. 괴롭고 힘들다 하여 제자리에 주저앉으면 결코 일어설 수 없다. 쓰러지면 쓰러질수록 더욱 강한 의지로, CEO는 도전하고 버텨야 한다. 그것이 진정한 리더의 정신이요 CEO의 자질이자 덕목이다. 조직 구성원들이 리더가 가리키는 손가락에 의존해 칠흑 같은 망망대해를 흔들림 없이 나아갈 수 있는 원천은 어떠한 경우에도 결코 포기하지 않는 리더의 강인한 의지를 알고 있기 때문이다.

❀2004. 12. 8. / 2009. 4. 24. 더함.

닫는 글

오늘날 '신문의 위기'와 '인터넷언론의 활성화'는 아날로그 언론으로 하여금 변혁을 강제한다. 그 요체는 웹2.0에 기반한 미디어2.0, 즉 '디지로그 신문'의 건설이다. 그 당위성을 생각해본다.

유비미디어 도래

✍ 열쇳말
- 올드미디어 퇴조
- 차세대 언론지표
- 언론의 미래전략

시민언론의 존재기반은 시민이다. 시민언론에서 기자는 시민이며, 신문자본주 또한 시민이다. 따라서 시민언론에서 시민이 지향하는 가치의 변동은 있을 수 없다. 이는 시민언론의 존재 이유다. 시민이 만들고 시민이 소비한다. 시민이 창조하는 시민사회의 건설은 시민언론이 추구하는 이념적 목표이다. 시민언론은 구호로서가 아니라 행동으로 시민과 함께하는 신문이다. 시민언론은 인터랙티브 저널리즘(*interactive journalism*)이다.

시민과의 원활한 유통을 위해 시민언론은 상호작용 저널리즘 포맷을 구축한다. 인터넷과 정보통신기술이 융합한 이후 속속 이종매체가 태어난다. IPTV, UCC, DMB 등 뉴미디어의 잇단 출현은 기존 언론시장에 도도한 변혁의 물결을 일으킨다. 이 거대한 시대사적 흐름에 올드미디어는 서서히 역사의 무대에서 하나 둘 사라지거나, 변혁을 위해 몸부림한다. 그 사이에 새로운 매체가 터를 잡기 위해 궁둥이를 들이민다.

신문의 퇴조현상과 인터넷언론의 활성화는 이런 현상을 극명히 보여준다. 문제는 현재진행형인 미디어의 세대교체가 눈 깜짝할 사이라는 사실이다. 21세기 지식정보사회의 초엽 인터넷언론이 미처 제자리를 잡기도 전에 어느덧 웹2.0 시대의 '유비미디어(*Ubi Media*)'가 고고한 소리를 내기 시작했다. 참여와 공유, 개방이라는 웹2.0 시대의 미디어는 분중화된 '퍼스널 미디어(*personal media*)'이다.

이 시리즈에서 제안하는 시민언론은 차세대 언론 패러다임을 현재화하는 신문이다. 미래의 신문은 디지털에 바탕을 두지 않고는 존재할 수 없다. 시민언론은 온라인형 오프라인 신문을 전세계에서 최초로 보여주는 매체이다. 감히 단언하거니와 이와 같은 신문을 창간하려면 기존 언론의 패러다임에서 벗어나야 한다. 그렇지 않으면 새 신문의 창간 의의가 없다. 그저 또 하나의 아류만 낳아 시장질서를 어지럽히는 것 외에는 다른 의미를 찾을 수 없다.

"金榮在의 市民言論 創刊論"은 지방신문으로 존재하는 오프라인 시민언론을 제안했다. 그것은 지방판 시민언론이 무엇보다 상대적으로 작은 자본으로도 창간이 용이하고, 또 세계에서 유일하게 창조적으로 첫 시도하는 실험언론이므로 시장규모가 상대적으로 열악한 지방에서 창간을 시도한다. 만일 여기서 시민언론의 출범에 따른 부작용을 최소화하고 시장연착륙에 성공하면 세계 어느 곳에서나 뿌리내릴 수 있다.

지방신문 시장에서 새 신문의 창간은 활발하다. 망해가는 사업임에도 지방언론 육성이라는 명분 아래 끊임없이 새 신문이 창간된다. 참으로 불가사의한 것은 하나 같이 망해가는 신문을 모델로 본 따 새 신문을 창간한다는 사실이다. 왜 그럴까? 그것은 새로 창간되는 매체가 언론으로서 보다는 언론외적인 메리트에 의해 창간되기 때문이다. 언론이 언론답게 시장에서 경쟁력을 지닌 프로패셔널한 신문이라면 결코 망해가는 신문을 벤치마킹할 이유가 하등 없다.

이 시리즈가 제안하는 시민언론이 타 매체와 다른 점은 분명하다. 그것은 시민언론이 언론 그 자체로서 시장생존을 도모하는 신문이라는 점이다. 그러므로 기존 언론과 같은 얼굴을 하고서는 존재할 수 없음은 수차례 언급하였고, 또 증명했다.

현재 기존 신문의 퇴출현상과 뉴미디어의 활성화는 첨예하다. 그럼에도 언론은 여전히 '호랑이 담배 피우던 아날로그 시절'에 안주해 한 치도 앞으로 나아갈 줄 모른다. 이것이 언론산업의 목을 죄고 있다. 따라서 신문은 뭔가 변하긴 변해야 하는 데, 실질적으로 막상 변화를 추구하려니까 그 앞이 너무 막막한 실정이다.

신문이 살고자 한다면 스스로 변해야 한다. 변하지 않으면 도태된다. 『주역(周易)』에는 "궁하면 변해라. 변하면 형통한다. 형통하면 영원하다(『周易』, 繫辭傳 下: 窮則變 變則通 通則久)"고 했다. 신문산업을 지탱하던 독자가 인터넷 등 뉴미디어로 옮겨가고, 그에 따라 광고수입 또한 격감하고 있다. 막말로 변하지 않고 가만히 앉아 있다간 틀림없이 쫄딱 망하는 추세다. 그렇다면 무언가 변할 궁리를 하지 않으면 안될 시점이다.

"△웹2.0 시대의 미디어2.0 언론상을 제안 △'사람의 향기'가 나는 휴먼 저널리즘 구현 △21세기형 '디지로그 신문'의 창조와 건설 △

세계 최초의 창의적인 오프라인 시민언론 창간 △언론산업의 위기극복 대안을 현실적으로 제시"라는 주제를 설파해왔던 "金榮在의 市民言論 創刊論"은 언론산업의 미래와 발전전략을 위해 이제 그 최종회를 맞아 다시 한 번 이를 강조하는 바이다.

신문 마인드 개혁

열쇳말
- 권위주의 청산
- 환경번화 적응
- 새언론상 정립

신문변화의 핵심에는 사람이 있다. 신문인이 변하지 않으면 신문은 결코 변하지 않는다. 신문인은 시대의 변화를 주도하는 사람이다. 신문인의 언론행위는 직업적으로 대중을 선도하여 여론을 창출하는 것이므로, 언제나 대중들보다 반 발짝 앞서가야 한다. 대중들보다 앞서가기는커녕 함께 가거나, 오히려 뒤쳐져 가면서 언론을 만들어낸다면 그 상품이 어떠할까? 시대의 조류에 뒤진 낡은 구닥다리임은 분명하다. 이는 시장 경쟁력을 지니지 못한다. 오늘의 신문불황은 신문인들이 대중들보다 사고의 폭에서 답보된 상태이거나 뒤쳐진 까닭에서 기인하는 것도 한 원인이다.

신문인이 언론산업의 환경변화에 둔감하면 신문의 정체 내지 퇴보가 불가피하다. 신문인이 뉴미디어와의 치열한 생존경쟁에서 살아남으려면 신문인의 의식구조 변화에서 그 단초를 찾아야 한다. 아직도 케케묵은 권위주의적인 엘리티즘에 사로잡혀 있는 한 신문의 퇴조는 의심의 여지가 없다. 독자를 위한 서비스가 신문보다 월등한 이종미디어가 난무하는 시대에 어느 미친놈이 제 돈 주고, 그것도 하인 대접을 받으며 신문을 볼 것인가는 상식이다.

이제 결론을 단언한다. 현재의 신문인들에겐 이런 변화를 기대하기 어렵다. 신문과 신문인이 20세기적 마인드를 철옹성처럼 주려 끼고 놓아줄 기미를 보이지 않기 때문이다. 모름지기 독자를 위한 서비스 개념은 '언론'이라는 낡은 권위주의의 잔재를 털어 내는 데서부터 비롯된다. 새 술은 새 부대에 담으라 했다. 광주리 속의 썩은 사과 한 알이 전체를 썩게 하는 것은 삽시간의 일이다. 시민언론은 '독자를 위한, 독자에 의한, 독자의 신문'이라는 최첨단의 언론정신을 가슴에 새긴 신지식인들이 창출하는 21세기의 민주적 언론제도이다.

신문산업이 몰락하고 있는 산업임에도 우리가 희망의 단초를 얘기하는 것은 왕성한 창조정신과 능동적이고 적극적인 실험정신이 있기 때문이다. 시민언론은 시장에서 블루오션을 추구하는 매체다. 이 세상에서 어느 누구도 시도하지 않았던 온라인과 오프라인 저널리즘을 수용하는 과도기적 매체이다. 이를 달리 말하면 기존 언론과 인터넷 언론 사이에 존재하는 시장의 발굴이라는 소리다. 시민언론을 둘러싼 경영여건과 그에 대한 회의는 기우에 불과하다는 자신감은 여기서 표출된다.

이와 같은 점을 종합하면 결국 신문이라고 무조건 안되는 것이 아니다. 신문사주가 어떤 이념으로 신문을 만들며, CEO가 얼마만큼 능력을 발휘하느냐에 따라 경영난을 맞을 수도, 아니면 성장할 수도 있는 사업이다. 분명히 말하건대 기존 언론의 패러다임을 답습할 양이면 그 미래는 밑 빠진 독에 물 붓기나 다름없다. 그럴 바에는 사업을 시작하지 않는 것이 오히려 지역사회를 위하는 길이다.

신문산업을 21세기 첨단사회의 창조적인 지식정보산업으로 인식한다면 그 미래는 밝다. 정보사회가 심화되면 심화될수록 더 많은 정보가 요구된다. 한국언론계에 드리워진 불황의 골은 아날로그와 디지털 시대의 교차점에서 기인하는 과도기적 현상이다. 신문시장이 도태될 신문은 도태되고, 살아남을 신문은 살아날 때 여론의 자유로운 유통은 더욱 활발할 것이며, 언론의 자유는 만개할 것이다.

시민언론은 이런 맹점을 극복한 신문사다. "새 신문은 경쟁력이 없다", "경기가 불황이어서 기존 신문사도 잘 안된다"는 말은 설득력을 지니기 어렵다. 물론 지역경제가 불황이면 기업의 여건이 힘든 건 사실이다. 이는 어디까지나 종속변수이지 주된 요인은 아니다. 앞서도 얘기했듯이 매체산업이 지닌 구조적 특성만 제대로 이해한다면 돌파구는 얼마든지 열려 있다. 자본주의를 포기하지 않는 한 현대사회에서 광고는 공기처럼 필수 불가결한 것이기 때문이다.

시민언론이라는 창간사업이 성공하기 위해서는 제호만 가리면 천편일률 똑같은 얼굴에 똑같은 목소리를 내는 획일성에서 탈피하여 다양한 목소리와 시각을 담아 전달해야 한다. 기존 매체와 다를 바 없다면 틈새시장 또한 확보할 수 없을 뿐더러 시장경쟁에서 승리한다 하더라도 결국은 '2등'에 머무르고 만다.

열악한 시장환경에서 출범하는 시민언론이 기존 언론처럼 갖출 것 다 갖추고 출범하기란 무리다. 경쟁사회에서 남이 하는 대로 따라하다가는 망하기 십상이다. 시민언론은 축소경영과 병독지 지향이 바람직하다. 독자들의 추세 또한 '중앙지 + 지방지' 형태로 급속히 재편되고 있다. 이는 IMF 이후의 언론시장 패러다임이기도 하다. 시민언론이 축소경영과 병독지를 지향한다면 그것은 한국 최초의 독점적인 시장을 확보하는 것을 의미한다. 그만큼 사업적 기회가 보장된다는 얘기다.

언론활동의 핵심적 주체인 편집국 또한 기존 언론의 편제에서 벗어나, 21세기 지식정보화 사회에 걸맞은 시스템으로 혁신되어야 한다. 이를테면 언론의 자유와 기업적 능률의 극대화를 위한 조처가 그것이다. 전자는 대기자 · 전문기자제의 도입으로 데스크와 분리하여 기자의 직무를 확대 · 강화하는 등 언론제도를 개혁하는 것이며, 후자는 편집부가 없는 미국식 편집시스템을 도입하는 등 편집시스템의 개혁 따위이다.

신문의 내용과 형식 또한 기존 언론과는 전혀 다른 새로운 패러다임에 입각하여야 한다. 세상은 이미 아날로그의 시대를 지나 디지털 시대로 전환되었다. 본격적인 웹2.0 시대의 도래와 함께 언론 또한 미디어2.0 시대로의 전환 추세다. 미디어2.0 언론을 지향하는 시민언론은 스스로 뉴스의 생산과 소비를 하는 시스템을 수용하여야 한다. 기존의 특권화된 소수의 언론인들이 배타적 · 독점적으로 생산해 내는 담론이 사회의 정론으로 기능하던 시대는 지났다. 도도히 밀려오는 새 밀레니엄 시대에는 독자가 정보의 생산자이면서 동시에 소비자이다. 시민언론은 이와 같은 언론 패러다임을 현실에서 구현한 매체이다.

이상으로 시민언론의 가능성에 따른 기능론적 관점을 돌아보았다. 요약하자면 현실적으로 시민언론의 성격은 이념적으로 진보적인 언론을 지향해야 한다. 경영측면에서는 축소경영과 병독지로 틈새시장을 겨냥하는 것이 현실적이다. 기존언론 시장에 매체로서의 경쟁력을 지니기 위해서는 최단시일 내에 시장에 진입할 수 있는 '송곳이론'을 도입해야 한다. 호주머니 속에 든 송곳은 아무리 눌러도 튀어나오기 마련이다. 이를 효율적으로 달성하기 위해서는 시민언론의 종사자가 단순히 언론인이 아니라, 언론전사여야만 기존의 언론구도를 뚫을 수 있다.

실천적 대안찾기

열쇳말
- 신세계의 언론
- 참언론인 동참
- 현자출현 기대

"金榮在의 市民言論 創刊論"을 음악에 비유하면 드보르작(*Antonin Leopold Dvořák*)의 제9번 교향곡(*Symphony No. 9 in E minor op.95*) 「신세계로부터(*From the New World*)」와 같다. 자신이 태어난 고향의 토착 음악과 민요를 바탕으로 신세계에서 목격한 율동과 음률을 가미하여 장엄하면서도 유려한 선율을 들려준다. 이 글도 이 교향곡처럼 올드미디어인 신문을 디지털 저널리즘과 융합한 뉴미디어로 엮어내고 있다. 독자들은 이 시리즈를 통해 한편의 웅장한 신문산업론이라는 대서사시를 접할 수 있었다.

시민언론의 창간은 미래의 미디어 세계, 즉 신세계 언론으로부터의 메시지이다. 비록 몸은 신세계인 아메리카에 와 있지만 마음만은 고향인 체코의 보헤미안에 두었던 이 교향곡처럼, 시민언론은 온라인이라는 외투를 걸치고 있지만 그 본질은 어디까지나 아날로그 시대의 오프라인 언론을 지향한다. 더구나 나는 아직도 "언론"이란 말만 들어도 가슴 설레는 회한을 지니고 있으므로, '시민언론'은 내 인생에서 결코 포기할 수 없는 덕목이다.

이제 시민언론 창간의 대장정은 첫걸음을 뗐다. 거대한 변혁의 물결에 내가 작은 돌 하나를 던졌다. 그 물결의 파문이 큰 파형을 그리며 일파만파 번져나갈 것임은 의심의 여지가 없다. 다만 한 가지 지식 사대주의만 경계하면 된다. 한국언론이 댄 길모어(Dan Gilmor)와 자이 로센(Jay Rosen)에만 열광하고, 한국언론학계가 위르겐 하버마스(Jurgen Habermas)의 '공론장'은 하느님의 복음처럼 신봉하면서 율곡(栗谷 李珥)의 '공론'을 외면하는 것은 모순 중의 모순이다.

“金榮在의 市民言論 創刊論”은 언론산업의 발전과 미래전략을 제시한 언론혁명선언서이다. 세상 그 어느 누구도 이 혁명의 파고를 막을 순 없다. 천지자연의 운행이 이미 그렇게 정해졌다. 하늘의 명에 순응하는 자는 흥할 것이며, 하늘의 뜻에 거슬리는 자는 망할 수밖에 없다(順天子興, 逆天者亡). 그에 대한 평가는 오로지 독자의 몫이다.

시민언론의 건설은 단순한 프로젝트가 아니다. 여기에는 무수히 많은 난제가 도사리고 있다. 그 모든 것을 나 혼자 담당할 수 없다. 한비자(韓非子)는 아무리 뛰어난 사람이라 할지라도 혼자서는 아무것도 하지 못한다고 했다. 시민언론의 건설은 지역사회의 언론 일꾼과 함께 고민하여야 할 과제다.

나는 이 기사를 계기로 시민언론을 건설할 언론투사・언론전사・언론혁명가와의 만남을 설레는 마음으로 기대한다. 내가 제안하는 시민언론에 대한 철학과 이념의 틀을 뛰어넘는 참 언론인이 나타나 이 사업에 동참하고, 또 언론외길을 함께 가는 동지로 엮어지기를 간절히 기원한다. 나는 이들과 함께 민주언론운동체를 결성할 것이며, 창간 스터디그룹의 모임일 일궈내 시민언론의 실현에 온힘을 기울일 것이다.

시민언론의 구현은 개혁 중의 개혁이라는 언론개혁을 일거에 실체화하는 일이다. 나는 겸허하게 마음을 가다듬고 언론지사와의 해후를 학수고대한다. 아울러 이 사업에 청재(淸財)를 투자할 현자(賢者)의 출현도 기대한다. 시민언론이 현실에서 구체화되기 위해서는 자본은 충족요건이 아니라 필수요건으로 전제되어야 한다.

이는 지역의 재계가 담당할 수밖에 없다. IMF 이후 지역경제계가 구조조정이라는 미명하에 제조업을 정리하고, 부동산업에 눈을 돌리고 있는 마당에 지역사회의 건전한 여론을 담을 공기를 창출하자는 이 제안에 대해 얼마나 공감하고, 또 설득시킬 수 있을지는 미지수다.

시민언론에 대한 투자는 나와 내 가족뿐만 아니라 내 이웃이 사람대접 받으며, 사람답게 살아갈 수 있는 사회적 제도에 대한 투자이다. 나와 내 가족이라는 지극히 편협하고도 폐쇄적인 개인주의와 황금만능주의가 만연된 지역사회에서 내 이웃과 내 지역을 생각하자는 공론주의·공익정신을 포기할 수 없는 것은, 그것이 나락으로 떨어진 지역사회의 명예를 회복할 키워드일 뿐 아니라 인간의 행복을 담보하고 있기 때문이다. 세상은 꿈꾸는 자의 것이라 했다. 내가 비록 부족하나마 시민언론이라는 끄트머리를 잡고 있는 것도 지역 언론인에게 주어진 최소한의 소명의식 때문이다.

나는 기꺼이 그들에게 삼고초려(三顧草廬)를 마다 않을 작정이다. 독자 여러분의 큰 성원을 기대한다.

❀2005. 5. 25. / 2008. 4. 25. 더함.

딸림

신문창간론 연구

“ 신문창간 실무론을 소개한다. 신문기업이란 구체적으로 무엇이며, 어떤 특징을 지니고 있는지, 신문경영의 토대는 무엇인지를 살펴본다. 또한 신문사업의 수지구성 예측과 분석을 통해 경제성에 대한 검토를 다시 한 번 생각해보게 한다. 독자들은 이 글로 신문기업의 실체를 파악할 수 있으며, 언론학도나 신문종사자는 신문경영의 이해를 드높일 수 있다. 신문자본주나 경영자는 과학경영을 도출 할 수 있을 것이다. ”

제1장 서론

1. 문제의 제기
2. 신문창간의 정치공학
3. 신문기업의 특성
   1) 신문기업과 경제성
   2) 신문기업과 정치성

제2장 신문경영과 신문창간

1. CEO의 언론철학과 경영방침
2. 신문기업과 편집권
3. 언론자본과 경영권

제3장 사업성의 분석과 전개

1. 사업계획서와 사업환경 분석
2. 신문의 수지구성과 신문경영

제4장 창간실무론

1. 창간준비위원회의 구성 및 업무
   1) 창간준비위원회 조직구성
   2) 업무일정
   3) 창간준비위원회의 주요 업무
   4) 주요 계획안의 작성 지침
   5) 창간 홍보
   6) 재정
2. 등록신청 실무
3. 창간계획 단계에서 주의할 점
4. 창간요원 관리
5. 각종 사규의 제정

제5장 결론

제1장 서론

1. 문제의 제기

신문산업을 둘러싼 기업적 전망이 그다지 밝지 않다. 대체로 '흐림'이다. 신문산업은 성장 한계산업 내지 사양길로 접어들었다. 전통적인 유료신문 시장이 축소되고 있으며, 그나마 무료신문이 성장세를 보여 신문시장을 지탱하고 있다. 아날로그 정보콘텐츠 또한 뚜렷하게 퇴조하고 있으며, 디지털 콘텐츠가 정보유통의 새로운 주역으로 떠오른다.

수용자의 미디어 소비형태도 다양한 정보매체로 확산되는 추세다. 신문독자는 인터넷 등 대안미디어로 대이동 중이다. 과거의 신문독자는 오로지 뉴스의 텍스트에 의존해 정보를 수집했지만, 오늘날의 디지털 뉴스 수용자들은 정보를 다양한 플랫폼으로 실시간 유통되는 멀티미디어 형태로 받아들인다. 뉴스가 신문이라는 매체의 한계를 벗어나 정보콘텐츠로 진화한 것이다.

독자가 신문을 떠남과 동시에 광고시장의 위축 → 축소 → 매체환경의 악화를 가져왔다. 신문이 적절한 수익을 창출하지 못함으로써 기사의 질적 저하가 불가피했고, 이는 다시 독자의 불신을 초래해 독자를 내쫓는 결과를 빚었다. 신문은 이 악순환의 순환고리에서 탈피하지 못한다.

하지만 시장은 늘 확대지향적이다. 1999년부터 2008년까지 문화관광체육부에 등록된 정기간행물 수 현황을 보면 1999년 5,927개에서 2008년 9,641개로 지난 9년 사이 약 3,700여 개가 늘었다. 매년 평균 442개씩 증가한 셈이다.

<표 36> 정기간행물 종별 등록 수 변화 추이

연도	일간 신문	통신	기타 일간	주간	월간	격월간	계간	연2회간	인터넷 신문	계	매체수 증감율
1999	113	1	333	1,956	2,271	372	669	212		5,927	
2000	119	1	368	2,166	2,468	389	696	226		6,433	8.5
2001	123	2	409	2,354	2,644	398	710	242		6,882	7.0
2002	125	2	431	2,437	2,637	390	748	255		7,025	2.1
2003	134	2	423	2,335	2,434	361	745	255		6,689	－4.8
2004	139	2	426	2,316	2,505	369	794	261		6,812	1.8
2005	168	2	395	2,426	2,744	410	838	267	286	7,536	10.6
2006	193	2	372	2,697	3,028	431	904	298	626	8,551	13.5
2007	281	3	360	2,887	3,257	453	974	322	927	9,464	10.7
2008	288	3	356	2,896	3,293	459	981	325	1,040	9,641	1.9

* 자료: 문화관광체육부, 2008년 4월 30일 현재.
* 출처: 『2008 언론 경영성과 분석』, 한국언론재단, 2008, 21쪽.

위의 <표>에서 언론이라 할 일간신문, 지역종합주간신문, 인터넷신문 등은 총 1,945개 사이다. 한국언론재단이 등록됨 매체사를 대상으로 2008년 3월 현재 발간 여부를 조사한 자료에 따르면 일간신문 135개 사, 지역주간신문 414개 사, 인터넷신문 514개 사 등 54.7%인 1,063개의 신문사만이 실제로 발행되고 있었다.

<표 37> 정기간행물 등록 신문 수 및 발행확인 신문 수

	등록 매체 수	발행 확인 매체 수	실 발행 비율(%)
전국종합일간신문	12	12	100.0
지역종합일간신문	173	92	53.2
경제일간신문	7	7	100.0
외국어일간신문	4	4	100.0
스포츠신문	5	5	100.0
전문신문	5	5	100.0
무료신문	10	10	100.0
지역종합주간신문	769	414	53.8
인터넷신문	960	514	53.5
계	1,945	1,063	54.7

자료: 『2008 한국신문방송연감』, 한국언론재단, 2008년 3월 기준.
출처: 『2008 언론 경영성과 분석』, 한국언론재단, 2008, 22쪽.

언론의 시장환경이 언제 비를 뿌릴지 모를 먹구름을 머리에 잔뜩 이고 있는 형국임에도 신문 등록이 해마다 증가하는 것은 경제성만으로는 설명할 수 없다. 여기에는 고도의 정치성이 개입되어 있다고 해석할 수 있다. 그것은 다름 아닌 '신문 영향력 = 사회적 권력'이라는 인식이다. 그렇지 않고는 이를 제대로 설명할 수 없는 현상이다.

2008년 2월 현재 일간신문 등록사 일람은 다음과 같다.

<표 38> 전국 일간신문 등록사 일람표

등록청	종별	매체명	계
문화부	일반일간	경향신문, 동아일보, 서울신문, 조선일보, 한국일보, 중앙일보, 매일경재, 일간스포츠, 한겨레, 세계일보, 국민일보, 문화일보, 수도권일보, 환경일보, 현대일보, 내외대한뉴스, 전국매일, 목포일보, 시대일보, 내일신문, 아시아일보, 매트로, 경기도민일보, 더데일리포커스, 신아일보, AM7, 굿모닝서울, 제주타임스, 투데이뉴스, 법률일보, 매일노동뉴스, 국민복지일보, 한반도일보, 운하일보, 통일일보, 시사법률일보, 내외일보, 한국경제, 한국국정일보, 일간투데이, 선경신문, 한국매일, 민주일보, 전국일보, 환경시사일보, 수도권신문, 서울일보, 시티, 시사환경일보, 서울경제, 해동일보, 헤럴드경제, 선경일보, 아시아투데이, 시사일보, 연합매일, 글로벌타임즈, 매일신보, 한민족일보, e환경일보, 한민일보, 일간아침신문	62

등록청	종별	매체명	계
서울	일반 일간	시민일보, 해공일보, 극동경제, 데일리줌, UT피플, 서울매일신문, 데일리노컷뉴스, 뉴스페이스, 국제일보	9
	특수 일간	소년한국일보, 소년조선일보, 어린이동아, 스포츠서울, 무역일보, 일간건설신문, 전자신문, 일간보사, 스포츠조선, 농민신문, 파이낸셜뉴스, 디지털타임스, 파이낸셜데일리, 한국경찰일보, 머니투데이, 스포츠한국, 스포츠칸, HK환경일보, GG옥션, 매일환경일보, 건설일보, 데일리스포츠월드, 한국건설일보, 식품의약일보, 스포츠서울플러스, 법률경찰일보, 일간한국경찰, 서울여성신문, 에너지일보, 아시아경제, 일일경제, 일간한국검찰, 아시아환경일보, 민족일보	34
	외국 일간	화인상보, 아주일보, The Korea Times, ,FINANCIAL TIMES, JoongAng Daily, International Herald Tribune, The Korea Herald, 한중일보, THE WALL STREET JOURNAL ASIA	9
인천		기호일보, 인천일보, 우리일보, 한양일보, 인천신문, 경도신문, 민생일보, 행정일보(특)	8
경기		굿모닝일보, 경인일보, 경기일보, 중부일보, 경기신문, 평화일보, 일간경기, 경인매일, 양평엔, 수도일보, 오늘신문, 경기매일, 경인경제, 데일리타운, 경기머니투데이	15
강원		강원일보, 일간강원뉴스, 강원도민일보	3
충북		충청일보, 중부매일, 동양일보, 충청매일, 충북일보, 충청타임스, 충청데일리, 충청포스트, 충청도민일보	9
대전		대전일보, 충청투데이, 충도일보, 충남일보, 충청신문, 중앙매일, 대전매일, 서해일보, 세종투데이, 세종일보, 세종매일신문, 대전투데이, 충청매일경제	13
충남		세종문화일보	1
전북		전북일보, 전북도민일보, 전라일보, 새전북신문, 전북매일신문, 전북중앙신문, 전북일간, 전민일보, 전북연합신문, 전주일보, 전북대중일보, 전일신문	12
광주		광주일보, 전남매일, 남도일보, 대한타임스, 대한일보, 광주드림, 광암일보, 진도일보, 호남신문, 광주매일신문, 전남일보, 무등일보, 전남도민일보, 호남매일, 호남일보	15
전남		동부사랑방신문, 전광일보	2
제주		제주일보, 한라일보, 제민일보	3
대구		매일신문, 영남일보, 대구신문, 대구일보, 대구시민일보, 동남일보	6
경북		경북매일신문, 경북일보, 경북도민일보, 일간경북신문, 일간대구경북, 경상매일신문, 경북문화신보	7
부산		부산일보, 국제신문, 부산경제신문(특)	3
울산		경상일보, 울산매일, 울산일보, 울산신문, 광역일보	4
경남		경남도민일보, 경남매일, 경남신문, 경남일보, 경남연합일보, 뉴스플러스경남, 경상신문, 가야시민일보, 영남매일, 경남제일신문	10
계			225

✎ 문화체육관광부에 등록된 매체의 지역별 분류는 서울 46, 경기 11, 인천 1, 강원 1, 광주 1, 전남 1, 제주 1개사임.
✎✎ 자료: 문화체육관광부, 2008년 2월 14일 현재.
✎✎✎ 출처: 『2008 한국신문방송연감』, 한국언론재단, 2008, 648쪽.

2. 신문창간의 정치공학

언론의 자유는 발행의 자유와 표현의 자유를 골간으로 한다. 한국 언론사에서는 이 개념이 표리부동한 관계를 보인다. 독재정권은 발행의 자유를 억압함으로써 언론으로 하여금 독점적 지위를 보장했고, 권력에 유착·편입된 언론은 표현의 자유를 헌납함으로써 언론기업의 특권적 이익을 극대화했다. 이것이 우리나라 신문기업의 경영, 그 전부였다.

언론의 사명을 스스로 포기한 언론을 언론이라 할 수 없고, 그것을 신문기업의 경영이라 할 수 없다. 그것은 통치권자의 지배이데올로기를 확대재생산하는 언론정상배들의 언론농간일 따름이다. 많은 신문기업이 권력과 재벌 등에 유착·야합한 시스템을 신문경영의 전부인양 착각하면서 신문을 창간한다. 유착경영·야합경영의 패러다임은 신문경영에서 폐기되어야 할 개념이다. 더구나 2000년대 들어 인터넷 등 정보통신기술의 급속한 발달은 미디어산업 환경에도 큰 변혁의 파고를 몰아오고 있다.

하지만 현실에서 한국의 신문기업은 아직도 보수성의 환상에서 깨어나지 못한다. 기업이 산업사회의 변혁에 적절히 변신, 대응하지 못하면 도태되는 것이 상식이다. 제도권 매체의 보수성에 매료되어 창간했던 신생언론 또한 뿌리내리지 못하고 경영난으로 몰락하는 원인은 신문기업이 족벌·세습경영 등 후진적 낙후성에 안주하기 때문이다.

언론에 대한 몽환적인 특권의식은 사이비언론을 양산한다. 현대사회에서 한국언론은 겉으론 민주·민족·민중언론임을 표방하나 실제에서는 반민주적 언론이며 반민족적, 반민중적이다. 더욱이 언론인 마저 입으로는 부정과 불의를 배척하는 사회정의의 실천자인척하나 실제 행동은 권력과 힘에 아부하는 기회주의자, 지식거간꾼일 때가 더 많다. 언론·언론인의 야누스적 두 얼굴에 민중이 불신을 갖는 것은 당연하다.

신문기업은 신문이란 상품을 생산·판매한다. 기업활동은 이윤추구가 그 목적이다. 그러나 신문은 언론의 사명이란 사회적 공익성을 실현하여야하는 특성을 지녔다. 이는 신문기업이 적절한 이윤을 확보할 때 가능한 일이다.

따라서 신문기업이 이윤의 극대화를 위해 노력하는 것을 무조건 비난할 성질이 아니다. 다만 독자를 현혹·기만·왜곡·날조하여 국민의 기본권을 희생하는 대가로 자신의 이권을 챙기는 그릇된 언론관은 하루빨리 시정, 배척되어야 한다. 신문기업은 권력과 기득권에 유착한 특권·특혜로서가 아니라 경영합리화를 통해 건실한 기업으로 성장함으로써 이를 달성해야 한다.

신문사업은 아무나, 누구나 하는 것이 아니다. 신문은 사회적 권력이라는 막연한 특권의식으로 시작할 사업은 더더욱 아니다. 신문사업을 전개함에 있어서는 신문기업 창업주(社主)의 올바른 언론철학이 요구된다. 신문이란 비록 사기업이라 할지라도 공익적 성격을 지니고 있다는 인식 없이는 언론사업에 뛰어들지 말아야 한다.

많은 신문기업 창업주들이 이를 간과한다. 언론을 여전히 언론기관으로 인식하고, 언론권력으로 여겨 신문을 창간한다. 출범부터 신문기업의 목적과 언론철학이 사이비성을 띠는 것이다. 제대로 된 신문이 나올 리 만무하다. 신문의 수는 많은 데도 독자들로부터 '볼 것이 없다', '그게 그거다'라는 불신의 대상으로 전락하는 근본적인 이유다.

한국언론은 외형상으로는 언론활동을 제한하는 정부의 압력이나 법률적 조치가 줄어들어 얼핏 언론의 자유가 신장된 것처럼 보인다. 그러나 광고주의 압력, 독자확보를 위한 매체간의 경쟁 따위에서 비롯되는 언론 내부의 경제적 · 조직적 · 문화적 · 사회적 · 자율적 통제는 확대일로다.

이에 더하여 한국언론은 △정의롭지 못한 현실세력에 대한 동조주의 △사물화 된 자사 이기주의 △언론관료화 된 보신 · 무관심 · 무비판주의 △권력 · 금권 등에 대한 맹신주의 △배타적 이기주의와 언론권력주의 △서구 강대국 위주의 언론사대주의 △보수성에서 기인한 반동주의와 선정적 쾌락, 상업성에 젖어있는 탈역사주의 등에 매몰되어 있어 부패 이데올로기로 작용한다.

그로 인해 언론자유는 거창한 구호에 그친다. 언론은 광고를 매개로 한 정경유착의 심화에 따른 재벌의 언론지배, 독점언론자본에 의한 배타적 상업주의 언론 및 맹목주의에 물든 족벌 · 세습언론으로 나타난다. 이를 제도언론이라 할 수 있으며, 이 같은 언론은 의도적인 목적을 가진 정보를 수용자의 의사와는 무관하게 일방적으로 왜곡 · 조작해 내보낸다. 그 메시지는 대개 체제 유지적이며, 기득권을 옹호하는 보수 반동에 기인한다. 한국의 주요 언론이 수구언론이란 사실은 이와 무관하지 않다.

언론의 기능은 수용자에게 올바른 정보를 공정하게 전달하는 데 있다. 언론을 제4부라고 일컫는 것은 그만큼 국민의 생활에 영향을 깊숙이 미치기 때문이다. 그래서 언론을 흔히 공기에 비유한다. 언론은 현대사회에서 국민의 생활과 밀접하다. 오염된 공기에서 행복한 삶을 살 수 없듯이 부패한 언론 아래서 국민의 알권리를 제대로 구현하기란 어렵다.

한국의 신문산업은 지난 100년간의 변화보다 더 많은 변화를 1년 내에 겪고 있다. 신문기업을 어떻게 경영할 것인가 하는 것은 현실적으로 매우 중요하고, 또 소홀히 할 수 없다. 특히 아무리 뽑아도 우후죽순처럼 음지에서 밑도 끝도 없이 생겨나는 사이비언론 · 쓰레기언론의 발호와 언론정상배 · 언론모리배의 준동을 척결하기 위해서라도 신문기업 경영의 첫걸음이라 할 신문창간의 중요성이 제기된다.

한국 신문산업에서 그동안 언론현장과 경영이론을 간간이 부분적으로 접목한 시도는 더러 있었으나, 신문경영 측면에서 본격적으로 신문창간을 천착한 사례는 없었다. 이를 계기로 언론학계나 현업계에서 신문창간, 나아가 신문기업경영에 관한 논의가 활성화되어 신문산업의 발전에 기여하였으면 한다. 또한 무엇보다 먼저 당부할 것은 부디 신문창간에 뛰어드는 신규언론 기업주는 제발 자신의 확고한 언론관 · 언론기업관을 정립한 다음 신문업에 진출할 것을 다시 한 번 간곡히 당부한다.

3. 신문기업의 특성

신문기업은 영리성을 추구하는 경제적 활동과 공공성을 바탕으로 한 정치적 활동이라는 상대적 개념을 지닌다. 매스미디어 학자들은 신문기업의 특성으로 사회적 공익성에 충실하여야 한다고 충고한다.

반면 언론 현업계에서는 경제적 기업성에 관심을 둔다.

자본주의 체제에서 신문기업의 본질은 이윤을 추구하는 기업적 활동이다. 신문은 재정적 자립기반 없이 공공의 이익에 성실하게 봉사할 수 없다. 하지만 신문기업의 활동이 인간의 의식적 구조를 지배·조작하는 사업이므로 높은 윤리적 도덕성이 동시에 요구된다.

신문경영은 이와 같은 양면적인 개념의 본질적인 조화와 균형에서 찾아야 한다. 그러기 위해선 과학적 경영이 요구된다. 신문경영에 관한 지식과 관리기술을 체계적으로 정립·연구하는 신문경영론이 필요하다. 신문경영론은 신문기업의 경영합리화에 기여하고, 유능한 신문경영인의 양성에 이바지하는 학문이다.

신문창간은 신문경영의 인식을 바탕으로 전개된다. 그러나 실제에 있어서 대부분은 그렇지 못하다. 신문기업의 특성조차 제대로 이해하지 못한 무늬만의 신문경영인과 언론정상배·언론모리배가 신문창간을 주도한다. 그로 인해 새 신문은 그 명분과 도덕성에서, 당위성에서 존재의 의미를 의심받는 처지로 전락하기 일쑤다.

이들에 의해 창간된 새 신문의 언론적 의미와 품질 또한 상식 이하의 것이 다반사이다. 이는 신문창간의 의미를 모르고 신문산업에 진출한 탓이다. 신문창간에 앞서 신문기업이 지닌 정치적·경제적 특성을 이해하는 것은 신문경영의 철학적·사상적 토대가 된다. 그러면 그 특성부터 살펴보자.

1) 신문기업과 경제성

신문기업의 상품 생산공정은 편집·제작공정, 영업공정, 운수공정 등으로 이루어져 있다. 신문기업은 지면에 담을 정보나 자료를 수집하여 편집하는 공정과 이를 제작·인쇄하는 공정, 광고를 게재하고 생산된 상품을 판매하는 공정 및 배달하는 수송공정이 유기적으로 결합된 사업체이다.

신문기업에 의해 생산된 신문은 상품성을 지닌다. 신문이란 상품은 생산자인 신문기업과 소비자인 독자·광고주 사이에 유통과 영리관계를 형성하고 수용자의 평가와 가치관 때문에 시장경쟁을 한다. 자본주의 체제아래 시장경쟁은 이윤 추구라는 목적하에서 전개된다.

건실한 기업이 좋은 제품을 생산하듯이 신문기업 또한 경영이 충실하여야만 외부로부터의 압력에 구애받지 않고 독립된 신문을 제작할 수 있다. 신문은 문화적 활동으로만 이루어질 수 없으며, 경제적 활동으로 적정이윤을 추구하는 이데올로기의 전제 아래 비로소 가능하다.

신문기업의 또다른 기업적 특성은 지식수준이 높은 인력집단이 정신노동을 강도 있게 수행하는 인적사업이며, 투자한 자본이 일반기업에 비해 수익성이 낮다는 점이다. 신문기업의 수익성은 사회적 변화와 경제구조 변화에 매우 예민하고 정교하다.

정상적인 신문경영, 즉 신문이 기업의 상품으로서 사회적 공익성에 충실히 봉사하며, 또 기업적 이윤을 적절히 추구한다고 할 때 신문기업 경영에서 과당이윤, 거대한 자본의 축적은 사실상 불가능하다. 반대로 신문이란 상품이 언론의 사명이라는 공공성을 포기하고 상업적 이윤을 추구할 때는 전혀 그렇지만도 않았다. 이는 한국언론이 독재정권과 유착한 대가로 독점적 지위를 구축·악용하여 거대한 자본을 축적하고 언론을 성역화·권력기관화 하고, 마침내 민중

위에 군림하는 폭압적 기구로 나타나는 것으로도 실증된다.[1)]

2) 신문기업과 정치성

신문기업이 생산한 제품, 다시 말해 신문은 사회적 작용에 커다란 영향력을 미친다. 신문 지면에 제공된 각종 정보는 사회의 여론형성과 대중의 의사결정에 직접적 작용을 한다. 정보전달 매체로서의 신문의 정치성은 이를 근거로 한다. 신문기업이 사회적 공기로서의 활동을 제쳐두고 영리추구에 중점을 둔 기업경제적 활동에 국한하는 것은 신문의 본질적 특성상 옳지 않다. 신문기업이 적자운영을 면치 못하여 언론자유를 오용하는 행위 또한 간과할 수 없다.

신문의 정치적 특성은 사회성, 공공성, 문화성 등으로 표현할 수 있다. 이는 신문활동의 계도성을 강조하는 말이며, 신문기업이 생산[제작]한 상품[지면]의 내용[정보의 질]에 관한 논의에서 비롯된 논리이다. 신문의 본질은 공공의 이익을 위해 대중의 여론과 의견을 공정하게 양성화하여 민중과 정부사이에 전달하는 매개체 역할을 하는데 있다. 신문기업은 공공의 사명을 전제로 기업활동을 하여야 함은 두말할 나위 없다.

신문기업에서의 정치성 또한 경제성과 마찬가지로 왜곡·변질되어 있다. 한국의 신문기업은 권력에의 편입에 의한 반대급부로 보호와 특혜라는 경제성을 추구한다. 신문의 경직된 정치성은 전제·독재 체제에서 민중의 자유로운 의사결정이나 판단은 유보되고, 오로지 국가의 목적이나 집권자의 정치활동을 홍보하거나 대중의 여론을

1) 예컨대 언론독점자본으로 성장한 〈조중동〉은 언론파시즘을 구축한 언론권력이면서 동시에 물질적으로는 언론재벌이라 할 수 있다.

왜곡 · 조작하는 데 신문의 사명을 둔다.

따라서 올바른 정치적 공공성의 확립은 신문기업이 당면한 과제다. 그것은 신문기업이 본질적으로 존재해야 할 가치이기도 하다. 민주주의의 수호를 위해 신문의 기업성은 건전한 비판과 다양한 견해의 표명으로 공공의 이익을 확보하는 정치성을 발휘해야 한다.

제2장 신문경영과 신문창간

1. CEO의 언론철학과 경영방침

기업은 인적 조직체이다. 특히 언론산업은 '사람사업'이라 할 만큼 사람에 의존하는 산업이다. 정보를 취사선택하고 가공하는 데는 사람의 판단이 절대적이다. 더구나 커뮤니케이션의 목적이 인간과 인간의 사고를 연결시켜 마음과 마음을 이어주는 매개산업임을 감안하면 언론산업에서의 인적 구성은 신문경영의 본질을 규정한다고 해도 과언이 아니다.

최고 경영자(CEO)란 기업에 있어서의 의사결정과 기업정책을 최종적으로 판단하고 집행할 권한과 책임을 지닌 사람이다. 그것은 대개 기업을 창설한 설립자나 가장 많은 지분을 소유한 자본주 등을 가리킨다. 언론기업에서는 보통 언론사주를 일컫는다. 최고 경영자의 언론에 대한 철학적 비전과 경영마인드는 언론산업의 성격과 본질을 좌우할 만큼 절대적인 영향력을 미친다.

언론기업의 산업적 특성은 자본에 의해 지배된다. 사회주의나 공산주의 체제의 언론은 대부분 국영이거나 공영의 얼굴을 한다. 자본주의 언론산업은 민영을 기조로 하되, 유력 언론 가운데는 특정 가문이 지배하는 족벌체제가 많다. 미국의 <뉴욕타임스>와 <워싱턴포스트>를 비롯 우리나라의 <조선일보>, <중앙일보>, <동아일보> 등이 그것이다.

족벌언론의 사주는 미디어 기업에서 황제처럼 군림한다. 그들은 무한권력을 향유하나, 결코 책임은 지지 않는다. 무소불위의 권력을 휘두르기만 할 뿐, 언론의 책임과 의무에 대해서는 '나 몰라라'한다. 이에 비해 <뉴욕타임스>나 <워싱턴포스트>의 사주는 비록 족벌이기는 하되, 앞장서서 언론의 자유를 수호한다. 한국의 언론사주가 국민의 알권리를 언론기업의 이익을 위해 사용하는 데 비해, 미국의 언론사주는 언론자유를 위해 쓰고 있다. 이것이 한국과 미국의 족벌언론이 지닌 차이점이다.

미국에서 족벌언론은 그다지 문제가 되지 않는다. 그러나 언론파시즘 체제를 구축한 이 땅의 족벌언론사주가 휘두르는 언론권력의 폐단은 간과할 수 없다. 최고 경영자의 언론에 대한 기본적인 철학과 경영마인드가 중요시되는 까닭이다. 최고 경영자의 경영방침은 언론기업으로 하여금 나아갈 바를 명확히 제시하여 창간정신을 구현하는 척도로 삼을 수 있다. 최고 경영자의 경영방침은 언론창업주의 언론철학을 실현하는 나침반이 된다.

언론산업에 첫발을 내딛는 언론기업주가 처음부터 "나 사이비언론을 하겠소"하면서 신문산업을 시작하는 사람은 아무도 없다. 언론기업에 대한 이상[言論哲學]을 현실에 구체화하는 과정에서 발생하는 오차 때문에 결국은 사이비언론으로 전락한다. 최고 경영자의 경영방침 설정에 오류가 그 원인이다.

최고경영방침의 오류는 기업을 '난파'의 위험 속으로 몰아넣기도 한다. 최고경영방침의 목적은 기업의 경영방침을 명확히 정립함으로써 제분야의 사업기능을 체계화·과학화하고, 기업을 경제적이고도 능률적으로 경영함으로써 기업이 추구하는 목적을 효율적으로 달성하는 데 있다. 언론기업에서의 최고경영방침은 사시·사훈을 비롯, 기본방침, 인사방침, 재무방침, 편집·제작방침, 판매·광고방침으로 나눌 수 있다. 예로 들면 다음과 같다.

① 사시·사훈

사시나 사훈은 최고 경영자가 기업경영에 대하여 갖는 기본적인 가치관, 태도, 신념과 행동기준 등 경영이념을 명문화시킨 것을 말한다. 사시나 사훈은 기업경영의 윤리와 목표를 구체화한 것이다. 사시나 사훈은 기업이 나아갈 바를 총괄적으로 제시한다.[2]

② 기본방침

언론기업은 비록 사기업이라 할지라도 국민으로부터 알권리를 보도하는 책임과 의무를 위임받은 공익적인 기업이다. 언론기업이 사익에 앞서 공공의 이익에 봉사하여야 함은 지극히 당연한 명제이다. 언론기업은 편집권의 독립과 경영권의 자주적인 확립으로 민주언론의 사명을 실현하여야 한다.

③ 인사방침

공정한 인사관리와 합리적인 노무관리에 유의하여야 한다. 언론기업 종사자는 스스로 민주언론을 선도하는 역사의 첨병임을 자각하여야 한다. 언론인이 자긍심을 갖지 못하면 부패하기 쉽다. 언론인은 스스로 언론윤리를 확립하여 언론발전의 역군이 되어야 한다.

④ 재무방침

건전한 언론자본을 형성하고, 자금을 효율적으로 관리·통제함으로써 기업경영의 원활을 기한다. 효율적인 자금관리로 회사의 대외 공신력을 높인다. 경쟁력을 지닌 분야에 자원을 집중함으로써 효율적인 자본운용의 극대화를 기해 언론의 자립적 토대를

2) 언론사주의 신문발행 목적은 사시에서 명시화된다. 사시는 신문사의 신문제작에 대한 기본지침을 철학적으로 표현하는 말이다. 따라서 언론인들은 신문기업의 사시에 입각해 신문을 생산해낸다. 사시는 언론사주의 언론관·세계관을 압축적으로 상징하는 경영언어이다.

구축함으로써 민주언론의 실질적인 토대를 마련한다.

⑤ 편집 · 제작방침

사시에 따라 뉴스보도의 인간화 · 민주화 · 향토화를 달성할 수 있도록 편집 · 제작의 역량을 결집한다. 인재육성에 최선을 다하고, 제작의 자동화 추구로 원가절감을 통한 수익성의 극대화와 생산성의 향상에 만전을 기한다.

⑥ 판매 · 광고방침

과학적인 시장조사에 근거하여 시장점유율을 향상시키며, 수익성 확보에 만전을 기한다. 정직과 신용을 바탕으로 거래선 관리에 최선을 다하여, 독자와 함께 성장하는 언론기업이 되도록 한다.

최고경영방침은 경영권을 집행하는 조직에서 실행한다. 경영권을 집행할 기구로는 경영층과 중간 관리층, 실무 감독층으로 구분한다. 경영층은 사장, 전무, 이사 등으로 구성하고, 중간 관리층은 국장으로 하며, 실무 감독층은 각 부서장으로 한다. 경영층은 회사의 최고 경영자로서 회사운영 전반에 대하여 총괄, 지휘, 통솔한다. 중간 관리층은 각 부서를 지휘 · 감독하여 경영층을 보좌한다. 실무 감독층은 각 부서 및 현장 종업원을 감독하여 중간 관리층을 보좌하는 임무와 권한을 지니고 최고경영방침이 지시하는 경영이념을 수행한다.

기업의 경영이념이나 창립목적을 달성함에 있어서는 일정한 방침을 토대로 하여 조직전체가 융합, 일사불란하게 통일된 경영활동을 펴나가는 것은 매우 긴요하다. 최고 경영자의 경영이념을 방침관리에 의해 제도적으로 관리하는 것은 경영의 효율성 제고를 위해서이다. 언론기업이란 기업이 지닌 특수성을 감안하면 더더욱 그러하다.[3)]

경영방침은 사시나 사훈 · 경영이념 등의 명칭으로 나타나는 경우

---

3) 방침관리란 기업의 목적 · 경영이념 · 경영정책 · 중장기 경영계획 등을 토대로 해서 수립된 연도 경영방침(사장방침)을 달성하기 위하여 계층별로 방침을 전개 · 책정, 즉 실행계획을 세워서 이를 실시한 다음, 그 결과를 검토하여 필요한 조치를 취하는 조직적인 관리활동이다.

가 많다. 실질적인 경영활동을 전개하려면 기업의 장(중)기경영계획, 단기경영방침 등도 정해놓을 필요가 있다. 장기경영계획은 보통 3~10년간으로, 단기경영방침은 1년이나 6개월 사이로 수립한다. 장기경영계획에서는 경영자원의 실태파악 및 경영환경의 변화와 예측을 행하여, 고객만족을 지향하는 경영전략을 수립한다.

단기경영방침은 구체적인 경영목표와 이를 달성하기 위한 중점시책을 제시한다. 단기경영방침에 따른 실행계획을 세울 때에는 목표의 세분화만이 아닌, 목표달성을 위한 중점시책의 전개도 행할 필요가 있다. 실행계획에 근거하여 실시상황 및 그 결과에 대한 검토는 기말 외에 필요에 따라서는 월차 내지 미리 정한 시점에서 행한다. 이들 검토에서는 결과만이 아닌 요인계통에 대해서도 행하여 그 과정에 대해서 조처를 취할 필요가 있다.

신문창간에 앞서 최고 경영자의 경영방침을 명확히 하는 것은 과학적인 신문경영을 위한 기본적인 자료가 된다는 점에서 큰 의미를 지닌다. 과학적인 신문경영을 위해서는 언론기업 내에 경영합리화위원회를 둘 것을 제안한다. 경영합리화위원회는 신문기업의 경영 및 업무의 전반과 개별적인 합리화 개선의 촉진을 꾀함으로써 판매의 증진, 생산성의 향상, 사무 및 작업의 능률화, 업무운영의 원활화를 기하고, 업무의 향상을 도모함을 목적으로 사장 직속 기구로 설치·운영한다. 경영합리화위원회는 경영 목적 달성을 위해 참가위원의 예지를 결집하고, 보다 알찬 합리화 대책, 개선안을 기획하고 그 철저한 실시를 도모한다. 위원회를 구성하는 위원은 입장의 중요성과 책무를 충분히 자각하고 항상 적극적, 건설적으로 행위하며 소기의 목적달성을 도모할 책무를 지닌다.[4]

신문기업은 또 참 언론의 실천이라는 창간정신을 구현하기 위해 창간위원회를 제도적으로 운영할 필요가 있다. 창간위원회는 △창간정신의 구현을 위하여 필요하다고 판단되는 의견을 제시하는 일 △이사와 감사의 후보를 추천하거나 해임을 요구하는 일 △회사의 주식지분에 관한 일 △기타 위원회에서 결의한 일 등을 수행하는 최고의 의결기구라 할 수 있다.[5)]

2. 신문기업과 편집권

신문기업은 공공성을 지닌 경제적 조직체로서 합리적 경영으로 적정한 이윤을 추구하고, 그것을 바탕으로 모든 압력을 배제한 자주적인 언론활동으로 사회적 책임을 다하여야 한다. 이는 신문기업의 경영요체이다.[6)]

---

4) 경영합리화위원회는 위원장과 간사 및 위원으로 구성하며, △경영방침, 경영계획 및 업무별 계획의 확립과 실시사항 △경영 및 업무별 조직, 인사의 합리화에 관한 사항 △사무의 원활 운영에 따르는 제규정, 제제도의 제정, 개폐, 운용에 관한 사항 △생산성 향상, 사기 앙양에 관한 사항 △판매, 생산, 개발, 구매, 경리, 인사 기타 운영상의 기획에 관한 사항 △전각호에 준하여 업무향상에 따르는 모든 합리화의 추진사항 등의 업무를 수행한다.

5) 창간위원회는 사내위원 10명, 사외위원 10명으로 구성한다. 사외위원은 이사회에서 선임하고 사내위원은 사원총회에서 선임한다. 그러나 사내위원의 과반수는 편집부문에 종사하는 자로 하고, 편집부문에 소속하는 위원은 기자총회에서 선임한다. 창간위원회는 위원장과 간사, 위원으로 구성하며, 위원은 무보수 명예직으로 한다. 창간위원의 임기는 2년으로 한다. 다만, 임기중 위원이 결원인 때에는 민주적인 방식에 따라 보선위원을 호선하며, 그 임기는 전임자의 잔여기간으로 한다. 그러나 위원이 △회사의 이사와 감사로 취임한 때 △사임한 때 △정당에 가입하거나 회사와 경업관계에 있는 사업체의 임직원으로 취임하는 때 △창간정신 또는 회사의 이익을 위하여 부적당한 기관 또는 단체에 가입하거나 취임한 사실을 위원회가 그 결의에 의하여 확인하는 때 △회사의 징계, 기타 사유로 해임 또는 권고사직되는 때 △회사내의 특별기구 위원으로 취임한 때 △주주의 신분을 상실한 때는 위원의 자격을 상실하고, 해당 후임위원을 선출한다.

6) 〈옥천신문〉은 사내외 인사로 지면평가위원회를 구성하고 일반기사, 사설, 고정칼럼,

언론의 공공성은 언론기업의 경제성에 앞선다. 그동안 언론자본가는 경제성 논리를 내세워 국민의 기본권이라 할 언론의 공공성을 독재권력에 담보하고, 그 대가로 이권과 특혜를 챙기는 데 골몰해왔다. 또한 언론이 지닌 사회적 권력을 자신의 영향력 확대와 사적 이윤추구의 도구로 활용해 왔다. 경영권과 편집권에 대한 개념과 목적을 재정립으로 이제는 제자리에 돌려놓을 때이다.

편집권이란 신문이 사회적 공익성을 실현하기 위한 제도적 권리이다. 편집활동은 신문기업의 생산공정에서 그 알맹이를 담는 핵심적 노동이다. 편집권은 편집노동을 어떻게 할 것이며, 또 무엇을 담을 것인가, 누가 그 일을 책임 있게 할 것인가를 규정한 권리이다.

편집권은 마땅히 편집노동을 주체적으로 담당하고 있는 노동자의 권리이다. 편집노동자는 단순하게 신문기업에 고용된 월급쟁이가 아니다. 사회정의를 실현하고 진실과 양심을 밝히는 사회적 공인이다. 따라서 편집권은 편집노동자를 대표하는 편집인에게 귀속되고, 신문 안팎의 간섭과 압력을 배제한 채 스스로의 판단에 의해 행사되어야 한다.

언론자본가는 편집권을 경영권의 일부로 해석하여, 일상업무의 편의를 위해 편집인에게 그 권한의 일부를 적절히 위임한 권리라 주장

고정 타이틀기사, 일반 박스기사, 만화·만평, 독자투고, 특별피처기사 등에 대해 평가하고 있다. 〈옥천신문〉의 기사평가기준은 상당히 세련되어 있는데 그 내용은 ① 취재보도의 독립성(부당한 압력과 회유가 배제된 기사/사사로운 감정이나 사사로운 이용이 배제된 기사) ②기사의 공정성(이해당사자의 입장이 충분히 반영된 기사/사안에 대한 평가가 정당한 기사) ③기사의 정확성(기사거리의 실제가 확인된 기사/기사내용이 기사거리를 정확하게 반영하는 기사) ④기사의 완전성(사안의 전모를 충분히 반영하는 기사) ⑤기사의 진보성(지역사회와 시민의 민주적 발전을 지향하는 기사) ⑥신문사 방침 반영성(신문사의 논조방침을 반영하는 기사/주요 구독층의 의견과 관심을 반영하는 기사) 등을 점검한다. 〈옥천신문〉은 특히 기자는 양심에 따라 취재·보도할 자유를 가지며, 기자를 둘러싼 내·외부의 압력에 의한 축소·왜곡·은폐를 거부한다. 특정 세력의 이익을 위한 것으로 판단할 상당한 이유가 있는 상관의 지시에 대해서는 불응할 의무가 있다는 윤리강령을 시행하고 있어 '편집권 독립'을 가장 전향적으로 실천하고 있는 모범사례로 꼽힌다(www.okinews.com).

한다. 신문지면의 제작과 판매, 광고활동 등은 모두 경영활동이며, 이에 대한 최종적 의사결정을 할 수 있는 사람은 발행인이므로 편집권도 당연히 경영권에 속한다는 것이다.

언론기업주는 회사의 최종적 경영권은 이사회에 있고, 신문은 그 회사의 정책과 주장에 따라 보도·논평하게 되며, 판매·광고활동을 해서 일정한 지면을 대중에게 제공하기 때문에 그 내용에 대한 법률적·도덕적 책임은 당연히 그 기업주[經營人] 몫이라는 주장이다. 한국언론계에서 편집권은 경영권의 일부라는 것이 상식화된 것은 1964년 언론윤리위원회법 파동 이후부터이다. 5·16군사쿠데타 이전의 편집권은 대체로 신문인의 고유한 권리이며, 신문기업은 공공문화사업기관이라는 인식이 언론기업주나 언론인들에게 일반화된 사실이었다.

박정희 정권의 본격적인 개발독재와 함께 언론기업이 현대화·기업화를 치달으면서 신문편집권은 편집인의 손을 떠나 신문기업주·경영주에게 귀속되었다. 물론 여기에는 언론을 손쉽게 장악하려는 권력의 숨은 의도도 개입돼 있었다. 신문사도 이윤을 추구하는 사기업이라는 논리를 형식상 내세워 이를 강조했다.

언론기업주의 손아귀로 넘어간 편집권은 즉시 권력에 저당 잡혔고, 이에 대한 보상의 반대급부로 특혜와 이권이 보장됐다. 권언유착은 서로가 필요했기에 가능했다. 권력은 언론을 자신의 편으로 끌어들임으로써 체제와 정권안보의 기반을 구축하고자 유혹했으며, 언론은 권력이 쥐어주는 특혜와 특권을 통한 자본축적을 위해서 적극 호응했다. 물론 국민의 기본권인 알권리, 언론의 알릴 권리가 심각하게 저해·침해되었음은 다시 거론할 필요조차 없다.

편집권을 실질적으로 담보하기 위해서는 언론기업은 민주언론실천공정보도위원회(민실위)와 독자위원회를 구성, 제도적으로 보장할 필요가 있다. 사내 편집·논설부문의 사원으로 구성할 민실위는 신문의 보도내용을 분석, 비판, 감시함으로써 바람직한 편집 제작방향을 제시하는 등 민주언론 구현에 관한 제반사항을 연구 심의하는 것을 그 목적으로 한다. 민실위는 △지면의 개선을 위한 기사 및 논조의 심의 분석 △공정보도 및 언론자유의 수호운동 △연례보고서 및 자료집의 발간 △편집권의 독립수호 △보도 논평의 공정성 확보 △편집 및 제작의 방향 설정 △기타 민주언론의 정착을 위한 사업 등을 행한다.[7)]

민실위가 사내 중간 간부 이하 사원들로 구성되는 편집권 독립을 위한 기구라면, 편집위원회는 사내 취재편집·논설 부분의 중간 간부급 이상으로 구성되는 실질적인 편집권 독립을 위한 기구이다. 편집위는 사내외에서 제기되는 편집권 독립을 위한 각종 의견을 수렴, 편집국장으로 하여금 적절히 집행할 수 있도록 편집국장을 보좌한다.

민주언론을 구현하기 위해서는 최고의 자문기구로 독자위원회의

---

7) 노무현 정부 들어 언론개혁 일환으로 제정한 '신문 등의 자유와 기능보장에 관한 법률(신문법)'은 자문기구로 독자권익위원회와 편집위원회의 설치를 권고하고 있다. 신문법 제19조는 독자의 권익보호를 위해 매달 1회 이상 회의를 열고, 이를 지면에 반영하는 독자위원회를, 제18조에서는 정기간행물 사업자를 대표로 하는 편집위원과 취재 및 제작에 종사하는 근로자를 대표로 하는 편집위원으로 편집위원회를 설치하라고 규정하고 있다. 신문법은 또 제작의 자율성을 보장하기 위해 편집규약의 제정을 권고하고 있는데 편집규약에는 △편집위원회의 구성·권한·조직·위원의 임기·신분보장 및 운영에 관한 사항 △편집위원회의 자율성·독립성 및 공정성의 보장에 관한 사항 △편집위원회의 규칙 제정 등에 관한 사항 △편집의 공공성과 자율성 보장에 관한 사항 △편집의 기본적인 원칙 및 지침에 관한 사항 △편집의 기본원칙에 위배되는 내용으로서 양심에 반하는 취재 또는 제작에 대한 거부권에 대한 사항 △편집·취재와 관련한 윤리지침에 관한 사항 △편집책임자의 임면에 관한 사항 △편집방향의 심의·결정 및 변경에 관한 사항 △독자권익위원회의 구성 및 운영, 독자의 권익보호, 독자의견의 반영에 관한 사항 등을 반드시 포함할 것을 주문하고 있다.

설치를 검토해야 한다. 독자위원회는 신문의 공정성을 담보하고 독자의 권익을 보호하기 위해 독자·주주를 대상으로 구성한다. 독자위원회는 매월 1회 독자주주의 입장에서 지면과 경영 내용을 심의평가한다. 회사는 독자위의 평가·비평 내용을 가감하거나 수정 없이 지면에 게재하여 공표한다. 독자위원은 당회사의 업무와는 무관한 순수의 주주 겸 독자이어야 하고 보수는 무보수로 한다.

독자위원회는 △창간정신의 구현을 위하여 필요하다고 판단되는 의견을 제시하는 일 △이사와 감사의 후보를 추천하거나 해임을 요구하는 일 △기타 위원회에서 결의한 일 등을 담당한다. 이 위원회는 사내 타기구에 대하여 상호권한을 침해하거나 관여치 아니하고, 호혜평등의 정신에 입각하여 신뢰하고 존중하여야 한다. 또한 위원회는 신문에 대한 독자의 참여를 제도적으로 보장하는 배타적인 대표성을 지닌다. 회사는 위원회의 활동을 재정적, 업무적으로 지원한다.[8)]

---

8) 독자위원의 과반수는 사원총회에서, 또 다른 과반수는 기자평의회에서 선출한다. 위원의 임기는 2년으로 한다. 다만, 임기 중 위원이 결원인 때에는 민주적인 방식에 따라 보선위원을 호선하며, 그 임기는 전임자의 잔여임기로 한다. 그러나 위원이 △회사의 이사와 감사로 취임한 때 △사임한 때 △정당에 가입하거나 회사와 경업관계에 있는 사업체의 임직원으로 취임하는 때 △창간정신 또는 회사의 이익을 위하여 부적당한 기관 또는 단체에 가입하거나 취임한 사실을 위원회가 그 결의에 의하여 확인하는 때 △회사의 징계, 기타 사유로 해임 또는 권고사직되는 때 △회사내 특별기구 위원으로 취임하는 때 △주주의 신분을 상실하는 때는 위원의 자격을 상실한다. 독자위원회에는 위원장 1명과 간사 1명을 둔다. 위원장은 위원 중 민주적 방식으로 호선하고 간사는 위원 중 위원장이 지명한다. 위원장은 위원회 회의를 소집하고 그 의장이 된다. 위원장 유고시는 간사 또는 연장자 위원 순으로 그 직무를 대행한다. 간사는 실무를 담당한다.

3. 언론자본과 경영권

기업의 대규모화, 사회의 다기능화 시대에 있어서 현대기업이 원활한 기업경영 활동을 합리적으로 수행하려면 여러모로 전문적인 경영능력과 지식을 갖춘 전문경영인이 필요하다. 자본가 1인에 의한 경영은 격변하는 사회적 환경에 적응하면서 원만히 경영하기란 불가능하다. 인간적인 능력의 한계성을 지닌 자본가는 전문적 지식과 능력을 지닌 외부의 보조를 필요로 한다. 이를 전문경영인이라 하고, 기업은 점차 전문경영인에 의해 지배받게 된다.

기업자본가는 기업이 필요로 하는 자본의 출자기능과 위험부담기능만을 담당하여 기업을 소유하는 소유자가 되고, 기업경영은 경영자로 하여금 출자된 자본을 기업테두리 안에서 경영 또는 관리기능을 전담하게 한다. 이를 자본과 경영의 분리라 한다.

사회적 공기라는 특수성을 지닌 언론기업은 무엇보다도 자본과 경영의 분리가 필요하다. 언론이 특정재벌이나 개인, 집단의 이익에 봉사하는 '마름' 신세를 벗어나지 못하는 것은 소유구조의 왜곡이 그 주된 이유다. 자본과 경영이 분리되어야만 편집권이 온전하게 수호되고, 언론기업은 그 본연의 임무와 자세를 갖춘 기반을 갖는다.

경영권이라 함은 기업자본주로부터 전문경영인이 기업을 소신 있게 경영할 권리를 순수하게 관리위탁 받거나, 경영을 제도적으로 위임받은 것을 일컫는다. 초기의 기업에 있어서 자본가는 기업에 자본을 투자하는 출자기능과 보다 능률적인 경영성과를 이루게 하는 혁신기능, 기업에 미칠 손실이나 위험을 부담하는 위험부담기능, 실제로 노동을 투입하여 생산에 종사하는 작업기능 및 종업원이 일을 보다 더 잘 수행할 수 있도록 하는 경영 또는 관리기능을 모두 수행해 왔다.

예컨대 구한말의 신문기업가는 언론자본가로서 사장[경영인]으로서 대개는 주필직[언론노동자]을 겸직하여 신문의 제작과 신문기업 경영에 주체적인 역할을 수행했다. 이 당시는 신문의 자본과 경영권, 편집권이 언론기업주 한사람에게 집중돼 있었다. 그런데도 편집권과 경영권이 문제시되지 않았던 것은 언론에 대한 인식 때문이었다. 즉 당시 언론기업주는 언론을 사회적 공익성에 바탕을 둔 문화사업기관으로 보았고, 언론사업은 선각자적인 계몽사업, 독립사업, 교육사업이라 생각했다.

이러한 사고는 조선민중의 절대적인 염원을 담은 것으로서, 그 정서에 반하지 않았다. 따라서 경영권과 편집권이 문제될 까닭이 없었다. 언론에 대한 박해 또한 언론기업주를 주된 대상으로 했다. 언론기업주가 타도되면 그 언론은 곧 유명무실해지곤 했다.

그후 기업이 발전함에 따라 기업주는 공장을 세우고, 기계를 설치하고, 원재료를 구매하고, 노동자를 고용하여 생산을 하게 됨으로써 자본과 노동의 분리가 이루어졌다. 한국언론은 일제하 민간지의 창간과 더불어 기업적 형태를 갖추었다. 이 당시 신문기업은 편집제작, 판매광고, 관리경영의 권리(임무)가 혼재된 상태였으나 신문기업주는 자본과 경영권을 행하였고, 편집노동자는 고유한 편집권을 분리 받아 행사하는 추세였다.

권력의 탄압이 거듭될수록 언론기업주의 편집권에 대한 간섭이 점차 노골화되었다. 기업규모가 점차 성장·확대되고 사회의 구성원도 복잡·다기화 함에 기업경영 활동의 내용 또한 기업주 혼자로서는 제대로 수행할 수 없게 되었다. 종래에는 기업주가 전적으로 담당·수행해 왔던 관리기능의 일부분을 경영인에게 위탁하기 시작했다.

한국신문기업은 이 같은 전근대적인 모습이다. 언론은 몇몇 개인이나 특정집단, 재벌에 의해 철저하게 지배되고 있으며 언론기업주의 영향력은 절대적이다. 이는 언론의 건실한 발전을 저해하는 요소이다. 자본과 경영권의 독립, 경영권과 편집권의 위상 재정립은 한국언론기업이 풀어야 할 시급한 현안이다.

언론기업은 소유권으로부터 경영권을 보호하고 확립하기 위해 사장의 스탭기관으로 자주언론위원회를 운영할 필요가 있다. 자주언론위는 자본주, 경영자, 임직원의 공통된 수익성과 민주언론의 터전으로써의 회사를 유지, 발전시키는 데 기여함을 목적으로 한다. 자주언론위는 업무집행에 관하여는 관여하지 아니하며, 다음의 사항을 심의 검토하고 그 의견을 이사회에 제시한다.

① 경영방침 및 경영계획에 관한 사항

가. 경영방침의 작성, 수정에 있어서의 원안의 검토

나. 경영방침에 의한 각부서의 경영계획(개별계획을 포함)의 검토와 종합조정안의 작성

다. 계획에 대한 연도별, 기별, 월별 경과 및 실적검토와 수정안, 중요 대책안의 작성

② 설비에 관한 사항

중요설비에 대한 투자와 보유하고 있는 설비의 개체, 변경 등에 관한 종합 검토와 실행안의 작성

③ 조직에 관한 사항

가. 중요한 업무조직의 개혁에 대한 검토 또는 개선안의 검토와 시비 및 조치에 대한 상신

나. 중요한 외부거래조직의 확립, 변경 등에 대한 검토와 상신

④ 중요 인사에 관한 사항

인원계획, 채용, 해고, 상벌, 급여, 고과, 교육, 승진, 징계, 복리후생 등에 관한 중요사항의 조치안의 상신

⑤ 중요한 재무에 관한 사항

증자, 감자, 차입, 융자, 세무, 결산 기타에 관한 검토와 조치안에 대한 상신

⑥ 신규사업에 관한 사항

관련산업의 확대 또는 신규사업에 대한 검토 및 상신

⑦ 중요한 사규, 사칙, 제도에 관한 사항

각 부문에서 작성한 사규, 제도안 또는 수정 변경에 대한 검토와 상신

⑧ 조사, 연구, 개발에 관한 사항

경영전반에 걸치는 중요한 내외의 조사, 견학, 연구, 개발에 관한 실시방법과 실시결과의 분석·검토 및 문제점의 추출과 상신

⑨ 경영간부의 능력향상에 관한 연구, 토의에 관한 사항

⑩ 기타 전각호에 준하는 경영 및 중요사항의 토의, 연구, 협의와 상신에 관한 사항

이사회는 자주언론위원회의 의견을 신문기업의 경영에 적극적·능동적으로 반영하여 신문의 자존을 도모하여야 한다.

이와 더불어 변호사·회계사·세무사 등 사회의 전문가로 구성된 기획위원회를 설치 운영한다. 기획위는 경영의 투명성 확보, 과학경영의 수립으로 건전한 언론기업으로 성장할 수 있도록 회사의 경영권에 자문한다. 기획위는 사외이사를 선출하며, 나아가 회사의 각종 경영계획을 심의하여 회사의 창간정신이 실현될 수 있도록 기여하는데 그 목적을 둔다.

제3장 사업성의 분석과 전개

1. 사업계획서와 사업환경 분석

『중용(中庸)』에서는 "모든 일을 대비하면 이루어지고, 대비하지 않으면 실패한다. 일을 하기 전에 그 일을 할 만한 준비를 하여 두면 곤란을 당하는 일이 없다"고 하였다.[9] 사업은 단순히 아이디어나 콘텐츠만으로 시작할 수 없다. 사업을 하려면 사업의 방향과 목적, 콘텐츠 생산계획과 제작 전략, 마케팅 계획과 조직구성, 운용안과 자본확보 및 투자유치계획, 중장기 마스터플랜 등을 먼저 체계적으로 정리하여야 한다.

이를 사업계획서라 한다. 사업계획서는 사업을 전개하는 데 과학적이고 단계적인 접근을 쉽게 해준다. 아울러 투자유치에서도 투자자를 설득시킬 매개로 작용한다. 따라서 사업계획서의 완성도에 따라 사업의 성패가 달려있다. 사업계획서는 사업 전개의 네비게이터와 같다. 사업계획서에서 가장 중요한 것은 사업환경을 과학적으로 분석하는 일이다. 이를 소홀히 한 신문창간은 반드시 '사생아언론'을 낳는다.

---

9) 『中庸』, 「誠論」: "凡事 豫則立 不豫則廢 事前定則 不困."

사업계획서의 형식은 틀이 정해진 것이 아니다. 업종에 따라 고유한 특성에 맞게 작성하면 된다. 그러나 일반적으로 사업계획서는 투자유치 및 사업목표 설정 등에서 중요한 역할을 수행하므로, 사업분야와 비즈니스 모델, 마케팅 전략과 시장분석, 운영계획 및 추진일정 등은 반드시 포함되어야 한다.

창업과정에서 사업계획서는 계획사업의 내용, 제품시장의 구조적 특성, 독자의 성격규정, 시장확보의 가능성과 마케팅 전략, 계획제품에 대한 이념적 특성, 광고 및 사업 전략, 향후 수익전망, 투자의 경제성, 계획사업에 대한 소요자금 규모 및 조달계획, 자본운용계획, 조직 및 인력계획, 설비투자계획 등 창업에 관련된 제반 사항을 객관적으로 체계화한 매우 중요한 자료이다.

대체로 사업계획서는 전체를 요약한 뒤 앞머리에 △회사개요 △주주구성 △연혁 등을 담아 회사를 소개한다. 이어 △사업목표 △사업분야 △비즈니스 모델 등을 중심으로 사업개요를 기술하고 시장환경 분석을 기술한다. 여기에는 △시장의 일반적 현황과 특성 △주요 경쟁업체의 분석 △시장진입 및 성장전략을 담는다. 마케팅 계획에서는 △마케팅 전략 △가격전략 △판매전략 △홍보전략을 중심으로 살펴보고, 온라인 운영계획에는 △콘텐츠 생산계획 △사이트 운영계획 △시스템 운영계획 △수익모델 개발계획 등을 정리한다. 재무계획은 △채산성과 생산성 분석 △추정 재무계획 △자금조달 및 운영계획을 상술하고, 조직구성에서는 △조직 구성 및 관리계획 △CEO 및 경영진 구상 방안 △외부 자문 및 지원인력 활용계획을 서술한다. 설비계획에서는 △도입예상 및 설비운영계획 △시설 및 투자 계획 △위험요소 및 비상대책 등을 중심으로 기술하고, 마지막

향후 추진일정에는 △단기 추진일정 △중·장기 추진일정 △계획지연 또는 차질시 대책 등을 담는다.

사업계획서는 객관성과 타당성을 기준으로 작성해야 하며, 전문가의 의견 및 공신력 있는 자료를 덧붙여 내용의 신뢰도를 높이는 것이 필요하다. 사업계획서 작성시 가장 먼저 고려할 사항은 투명성이다. 실제로 사업계획서를 바탕으로 투자를 유치하고, 앞으로의 마스터플랜을 구성하므로, 해당 사업계획서가 객관성을 담보하지 못하고 감정(의욕)에 치우쳐 확실성과 투명성 없이 주관적 논리에 의해 작성되면 실제 사업을 매우 위험에 처할 수 있다.

사업계획서는 정확성이 유지되어야 하며, 전문성과 독창성을 갖춘 보편타당성을 지니지 않으면 안된다. 또한 사업계획서는 종합결론으로서 설득력 있는 내용으로 간단·명료하여야 하며, 특히 근거가 불충분한 자료, 또는 비논리적인 추정은 피하여야 한다. 사업계획서는 특히 계획 사업의 잠재된 문제점과 향후 발생 가능한 위험요소를 기술하고 그 대안을 제시하여야 한다.

사업계획서는 해당 사업의 최적화된 접근방법을 공유하고, 투자를 유치해 해당 사업을 원활하게 전개함으로써 성공적인 결과를 이끌어내는 것이 관건이다. 실천력이 떨어지는 화려한 사업계획서보다는 현실 세계에 구체화시킬 수 있는 사업계획서가 훨씬 중요하다. 무릇 사업계획서는 현실에서의 실천력을 지녀야 하는 것이다. 사업계획서를 작성하는 사람은 투자자와 조직구성원, 회사 등에 사업가로서의 신의를 지켜낼 준비가 되어 있어야 한다.

신문기업은 막연한 환상으로 시작하는 사업이 아니다. 구체적인 자료에 의해 과학적으로, 합리적으로, 치밀하게 계획된 기획이 선행되어야 한다. 언론자본가가 효율성이 담보된 신문기업을 경영하려면 신문창간에 앞서 사업계획서를 작성, 도상 시뮬레이션을 통해 경영을 점검한 다음 본격적인 사업을 전개하는 것이 사업 리스크를 줄일 수 있는 가장 좋은 방법이다.

한편 사업계획서를 작성함에 앞서 사업적 환경을 둘러싼 현실에 대한 분석을 게을리할 수 없다. 왜냐하면 그것을 토대로 사업의 기본 골격이 정해지기 때문이다. 사업환경 부분은 언론기업을 둘러싼 사업적 환경에 대한 조사·분석은 언론기업의 사업적 타당성과 새 신문의 창간에 대한 도덕적 정당성의 확보라는 관점에서 살펴봐야 한다.

신문을 창간하려면 준비단계에서 무엇보다 언론시장을 둘러싼 경제적 환경은 물론 정치·사회적 환경도 충실하게 분석한 후 사업을 전개해야 실패할 위험성이 준다. 오늘날 언론은 다수 매체의 출현과 더불어 외형상 활성화되었으나 제도언론의 뿌리 깊은 불신의 벽은 아직 넘지 못한다. 기존 언론은 독점적 지위를 악용하여 무한 상업경쟁으로 치닫고 있으며, 신규 창·복간된 언론은 대항언론으로서의 역할은 고사하고 오히려 "안정"란 미명하에 급속히 제도권 언론에 편입된다. 특히 일부언론은 언론을 빙자한 언론정상배, 언론모리배로 전락하여 언론불신과 빈축의 대상이 되는 실정이다.[10)]

---

10) 기존 언론의 문제점을 개괄한다면 편집에서는 내용과 체제의 획일화를 지적할 수 있다. 제도언론은 무사안일한 매너리즘과 타성을 보수로 위장하고, 카멜레온적인 변절과 해바라기성 논조로 체제유지적인 기득권 보호와 지배이데올로기의 확대재생산에 혈안이 된다. 두 번째는 상업적 기회주의에 물들어 있다. 언론기업의 자본구성이 지나치게 영리추구화 일변도로 되어있어 상업적 이해관계에 따라 기사의 분식·왜곡·조작 등을 공공연히 자행하며, 언론의 공정성을 저버린 제도언론의 이러한 작태에 독자들의 정당한 반론권 쟁취투쟁이 일고 있다. 세 번째, 기존 언론은 불신을 조장한다. 편집종사자들의 특권신분화로 인해 제도언론은 국민이 주인된 민변취재체계를 포기하고 관변위주로 보도함으로써 언론의 기본적인 사명을 상실함은 물론 기득권의 선전도구화로 전락했다.

이러한 가운데 그동안 무한성장을 구가했던 언론시장에 균열의 조짐이 보인다. 국민의 사업계획서는 사업전개지의 지역사회와 지역경제에 대한 분석과 사업적 환경을 고려한 바탕 위에서 작성되어야 하며, 최고 경영주의 경영이념과 경영철학, 경영방침을 담아야 한다. 설립회사명 및 제호에서는 새 신문이 지향하는 언론의 이념을 담아야 한다. 예컨대 자주·민주언론의 이념 따위이다.

사시와 사훈은 기업의 경영이념과 경영철학, 경영방침을 집약한 말이다. 사시와 사훈은 기업의 나아갈 방향을 극명하게 제시한다. 흔히 언론을 사회권력의 요체이며, 제4부라 한다. 현대사회에 미치는 언론의 영향력을 우회적으로 표현한 말이다. 언론에 주어진 그 사명을 다하는 것이야말로 언론의 존재적 가치다. 사시는 언론과 언론기업의 편집과 논조를 나타내는 이념이며 지향하는 목표이다. 언론은 모름지기 진실해야 한다. 정직해야 한다. 사실을 있는 그대로 국민들에게 양심적으로 솔직하게 전해야 한다. 그러기 위해선 그 무게중심을 항상 민중에게 둬야 한다. 왜냐하면 그들이 언론의 주인이기 때문이다. 언론 종사자들은 언론의 사명을 다하기 위해 하루살이가 아니라 먼 훗날의 역사를 기록하는 매체임을 자각하여야 한다. 그래야만 참 언론정신이 나온다.

신문기업의 자본구성은 무엇보다 중요한 요소이다. 어느 특정자본이 언론자본을 독점적으로 지배하면 언론은 배타적인 독점자본에 봉사할 수밖에 없다. 언론의 공익성을 헤치는 가장 원초적인 요소다. 바람직한 신문기업의 자본구성은 공익성을 제도적으로 담보하는 것

알권리를 담보로 상업적 이윤확대에만 급급하던 언론은 퇴출되어야 한다. 그것은 또한 민주주의를 위협하는 요소다. 민주주의적 가치를 지키기 위해 언론의 자유를 수호해야함은 언론인의 의무이다. 기존 신문들이 바른 보도와 비판을 외면한 채 획일화되어 특정계층의 이익에 봉사했던 언론풍토를 자성을 바탕으로 권력과 자본의 지배로부터 독립하여 참신문인의 신문이자 독자가 주인인 신문의 창간은 필연적이다.

이다. 사업계획서는 신문기업을 구성하는 데 있어서 가장 실질적이며 핵심적인 관건은 자본의 문제를 어떻게 할 것인가에 대해 고민할 필요가 있다.[11)]

2. 신문의 수지구성과 신문창간

신문경영은 아무나 덤벙덤벙 뛰어 들 만큼 그다지 녹녹치 않는 사업이다. 중구난방 '어물전 꼴뚜기가 뛰니까 나도 뛴다'는 식은 곤란하다. 그것은 언론의 자유가 아니라 언론자유의 남용이며, 방종이다. 신문기업에 참여하기 위해서는 최소한 수지구성을 맞춰본 후에 참여하길 바란다. 신문기업은 본질적으로 정보전달의 대가로 독자로부터 요금을 징수하는 것과, 그에 따른 광고판매를 통한 수익확보라는 이중적 구조를 지녔다.

신문기업의 비용은 크게 △인건비 △재료비 △제작비 △판매경비 △광고경비 등으로 구분한다. 이상적인 신문기업에서 인건비는 대략 25~36% 사이에서 지출된다. 이는 일반 제조업 평균치에 비해 10~15%포인트 이상 높은 편이다. 신문제작에 필요한 소모품비로 구성된 재료비는 전체 경비의 약 35% 정도를 차지한다. 취재비·제작시스템의 감가상각비 등이 포함된 제작비는 약 15%의 비중을 지닌다.

11) 새 신문은 지역민과 참 언론인 그리고 건강한 언론자본이란 이상적인 결합이 바람직하다. 가령 시도민주 신문 창간을 계획하였다면 주식청약을 통한 자본모금은 금액 면에서는 양심적인 자본이 주류이어야 하고, 그 대상에는 민주화를 염원하는 건전한 민주시민이어야 한다. 중소자본과의 결합가능성 및 결합 형태에 대해서는 중소자본이 30~40%를 넘지 않는 선에서 투자가 이뤄져야 한다. 신문기업에 투입된 자본이 전체의 50~80%선에 미치면 편집권에 간섭할 수 있다. 이를 제도적으로 방지하기 위해서는 시도민주 30~40%, 종업원 주주 30%, 중소언론자본 30~40%의 비율이 철저하게 지켜져야 한다는 것이 그것이다.

지사 · 지국관리 등 신문판매에 소용되는 판매비는 약 15~20%가 소요되고 있으며, 광고경비를 포함한 기타 경비는 전체 매출의 약 5% 내외를 요구한다.

대략적으로 이러한 기본 모형을 토대로 신문기업의 손익관계를 예시해볼 기본 모형을 다음과 같다.

<그림 17> 신문기업의 수지계산서[12]

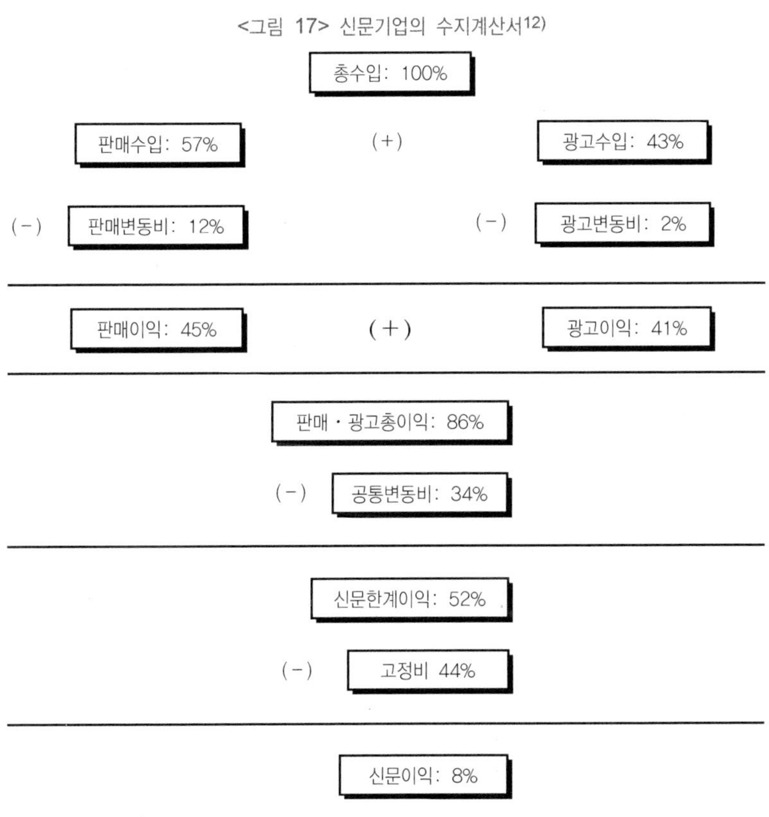

출처: 박무승, 『신문경영론』, 탐구당, 1972, 203쪽.

12) 산출근거는 다음과 같다.
판매수입=발행부수(유가부수)×부당단가(월정구독료)
광고수입=광고단가×지면수×월발행일수
판매변동비=판매경비+기타경비

위의 <표>에 있는 수지계산서는 그나마 신문기업을 가장 합리적으로 경영했을 때의 얘기다. 신문기업의 경영이익은 잘해야 고작 8%포인트에 불과하다. 일반기업에서 이상적으로 여기는 이익률이 약 20%인 점을 감안하면, 신문기업의 수익성은 그 절반에도 미치지 못한다.[13] 신문기업은 분명 경영합리화라는 측면에서는 많은 문제점을 지녔다. 신문은 자체적으로 재화를 창출하는 기업이라는 점에선 그다지 큰 메리트가 없다.

그럼에도 왜 많은 사람들이 막대한 돈을 투자해 신문기업에 뛰어드는 것일까. 이에 대한 해답은 아무래도 기업경영 이외의 분야에서 그 실마리를 구하는 것이 옳다. 그것은 일차적으로 신문기업이 사회적 권력을 행사한다는 기관으로 인식이다. 사회의 민주화와 함께 여론에 의한 정치는 불가피하다. 신문은 여론을 창출하고 형성하며 유통시키는 제도이다. 신문이라는 사회적 여론을 창출하는 매체를 지배한다는 것은 곧 사회적 헤게모니의 장악을 의미한다. 이에 자본가들은 언론진흥이라는 명분하에 너도나도 신문에 뛰어든다.

신문경영의 동기가 자칫하면 사이비언론의 출발점으로 작용할지도 모른다. 신문은 철저히 경제적 목적에서 출범하여야 한다. 신문이 시장에서의 자생력을 지니지 못하고, 신문외적인 요소에 의존해 명맥을 유지해 갈 때 필연적으로 언론의 자유를 갉아먹으며 기생할 수밖에 없다. 막대한 자본이 소요되는 장치산업인 신문에 대한 투자는 시장에서의 경쟁력을 확신할 수 있을 때 투자하는 것이 바람직하다.

광고변동비＝수수료(광고유치비)＋제작재료비
공통변동비＝신문용지대＋인쇄비 외 기타 제작경비
고정비＝인건비＋감가상각비＋조세공과금＋지급이자＋각부문 고정비

13) 박무승, 『신문경영론』, 탐구당, 1972, 202쪽.

신문창업주의 언론에 대한 사상과 신념이 왜 필요하고, 또 절실한 전제조건인지 이 대목에서도 알 수 있다.

한국의 신문산업은 권위주의 시대처럼 수구 지향적인 언론 일색이면서, 다른 한편으로는 시장경쟁의 폐해가 극심한 기현상을 보인다. 새 신문을 창간하려는 사람, 특히 언론사주나 최고경영자는 과연 내가 어떤 신문을 창간할 것인가에 자신의 철학적 사고를 명확히 정립한 다음 신문창간에 착수하여야 한다. 최고경영자의 논리적 사상이 결여된 채 신문을 창간하면 십중팔구 있으나마나한 언론, 언론을 흉내 낸 신문 만들기에 급급하게 된다,

새 신문에 대한 최고 경영자의 신념은 신문의 본질을 이해하는 데서 비롯된다. 신문의 본질은 형식상으로는 진보성을 말하며, 내용적으로는 공익성의 실현을 의미한다. 신문이란 소박하게 말하면 새로운 소식을 전하는 매체다. 새로운 것이란 지난 것이 아니라 진보적이다.

현실에서의 신눈은 내개 보수성에 안주한다. 신문기업의 숫자는 날로 증가하나 언론시장의 규모는 늘 제자리다. 그것은 신문이 똑같은 독자시장의 극대화 전략을 펴고 있어 신문내용에 차별성이 없는데서 기인하는 현상이다. 보수적인 특정신문이 해당 지역시장에 자리 잡아 협소한 시장자원을 고갈시키면 새로운 시장이 성공하기 어렵고, 질적인 다양성 확보도 어려울 수밖에 없다. 새로 창간된 신문은 어떻게 하든 하루빨리 시장정착을 하겠다는 욕심으로 기존 언론의 보도형식과 보도내용, 지면을 고스란히 리카피(*re－copy*)한다. 시장에서의 안정성을 위해 기존 언론과 일란성 쌍둥이 꼴로 하는 것이다. 그래야만 비로소 신문 같고, 또 신문으로 대접받으며, 기업적으

로도 실패하지 않는다. 한국의 언론시장에서 신규언론이 기존 언론의 획일적인 시장질서에 편입됨으로써 기업적 모험정신이 실종된다. 신문경영의 사정이 보수성으로 일관하다보니 기존 언론은 1중대언론, 신규 언론은 2중대언론이라는 속박의 굴레에서 벗어나지 못한다.

이는 새 신문의 창간의의와 존재 가치를 상실하는 원인으로 작용한다. 새 신문의 존재론적 가치는 언론의 다양성 확보와 언론자유의 확대에 기여하는 것이다. 한국언론은 새 매체건 기존 언론이건 간에 제호만 다를 뿐 내용과 형식에서 구분이 없으니 새 매체의 창간으로 언론기업의 숫자만 하나 늘었을 뿐 다른 의미를 지니기 어렵다.

모든 사업은 창의성과 모험정신이 동기의 바탕을 이루고, 성취의 핵심 이데올로기가 된다. 신문기업도 마찬가지다. 새 신문이 도전적인 패기를 잃고 창간과 동시에 기존의 체제에 편입되어 획일화에 편승한다면 기업적으로도 존재의 기반을 잃을 위험성이 다분하다. 새 매체가 신문시장 진입에 실패하는 이유는 기존 언론과 닮은꼴을 지향하기 때문이다. 즉 기존 언론이 그동안 시장에서 구축한 독점적인 자본의 벽과 인적 시스템, 언론체제를 벤치마킹에도 급급한 새 매체가 기존 매체와 경쟁하겠다는 자체가 비상식적이며, 난센스이다.

새 신문이 언론시장에서 기업적인 자생력을 갖기 위해선 기존 언론과의 차별화는 불가피하다. 그 전제 조건은 진보성의 실현이다. 언론기업에서의 진보성이란 내용과 형식을 포함한다. 다시 말해 새 신문은 기존 언론처럼 구닥다리 패러다임에 매달릴 것이 아니라 미래를 창조하는 뉴트렌드를 지면에 담아야 한다. 또한 신문이란 상품의 제작에 있어서도 기존 언론과 같은 닮은꼴에서 탈피하여 독창적인 창의성이 요구된다. 새 신문이 그렇게 될 때 비로소 기존 언론에 식상한 독자들이 찾게 되고, 기존 매체의 틈새시장이 열리게 된다.

신문을 창간하고자 하는 언론사주나 최고 경영자는 신문기업의 특질에 대해서도 이해하여야 한다. 곧 신문사는 사주의 것이지만 지면은 독자의 것이라는 공익성이다. 공익성에 대한 언론사주의 인식부족은 지면의 사유화를 초래한다. 한국언론은 대개 공익보다는 사주의 사익(社益·私益) 극대화에 복무한다. 사주는 신문이라는 그 본질보다는 신문이 지닌 영향력에 더 많은 관심을 기울인다. 신문 외적인 이권에만 관심이 있다. 한국언론의 부정부패와 역기능은 여기서부터 시작된다.

신문사라는 사옥과 신문제작설비, 용지, 윤전장치 등 물적 토대는 분명 사주의 것이다. 사적 재산이라고 할 수 있다. 그러나 신문기업이 생산해 낸 신문이라는 상품은 소비자 개개인의 생활에 절대적인 영향을 미친다. 신문이 조성하는 여론은 국가와 사회 전체에 영향을 미쳐 국가정책을 좌우한다. 그래서 국가는 공공기관에의 출입보장 등 국민의 알권리를 위해 신문기업에 특혜를 보장한다. 따라서 신문은 결코 사주 개인의 것이 될 수 없다.

신문은 공공재이다. 신문이 사주의 이익에 복무하는 것은 어불성설이다. 신문은 각종 정보를 수집하고 보도함으로써 국정, 대외관계는 물론 개인에게까지 상당한 영향을 줌으로써 여론시장과 국민의식을 통제하고 지배한다. 신문사는 공공재를 만들어내는 공적기구이므로 신문과 신문사를 분리해서 생각해야 한다. 신문사가 사유재산이라고 해서 신문까지 사유물로 취급해서는 안된다. 신문의 물리적 요소는 사적 재산으로 보호되어야 할 사안이지만 신문내용은 공공재이다.[14)]

---

14) 김승수, 『국민을 위한 언론개혁』, 세계사, 2002, 169쪽.

언론사주가 황제처럼 군림하면서 책임지지 않는 무한권력을 향유하는 것은 언론의 자유를 침탈할 개연성이 매우 크다. 언론은 결코 어느 누구의 것이 될 수 없다. 언론사주가 일방적·독점적·배타적으로 지배하는 언론파시즘 체제는 해체되어야 한다. 언론이 권력화되어 무소불위의 횡포를 부리며 국민들 위에 군림할 때 자유와 민주주의는 시궁창으로 떨어진다. 그것은 언론사주가 지면을 사유화하고, 언론인을 홍위병으로 사병화 하는 것이 가장 큰 원인이다.

신문창간을 준비하는 언론사주나 최고 경영자는 신문이 공공의 이익을 위한 것임을 자각할 때 비로소 언론시장에 진입할 수 있다. 신문지면이 공공을 위해 존재한다면 그런 신문은 독자로부터 환영받을 것임은 두말할 나위 없다. 언론시장에서 독자의 성원이 있는 신문은 기업적으로도 망할 리 없음은 상식이다. 신문경영은 이처럼 간단하고 단순하다.

무릇 진리란 단순하다. 경영이 복잡하고 어려운 것은 계산을 해야하기 때문이다. 진리를 호도하고 상대방을 인위적으로 설득하기 위해서는 치밀한 계산이 요구된다. 치밀한 계산을 위해서는 복잡할 수밖에 없다. 언론사주나 최고 경영자가 진보성과 공익성의 실천이라는 두 가지만 자신의 신념으로 각인시킨다면, 한국사회에서의 신문경영은 이미 보장되어 있다고 할 것이다.

제4장 창간실무론

1. 창간준비위원회의 구성 및 업무

1) 창간준비위원회 조직구성

새 신문 창간업무를 담당할 창간준비위원회(창준위)를 조직한다. 창준위는 창간정신의 구현을 위해 회사의 중요 정책을 기획, 심의, 의결하며, 또한 창간업무에 있어서의 주요한 업무를 조정, 통제, 집행한다. 창간준비에서부터 창간일까지 활동하는 창준위는 기업조직에서 활동범위가 정해진 한시적인 조직이다.

창준위는 신문창간에 대한 설계자이며, 건축가이다. 따라서 창준위의 인적 구성은 신문업에 실무경협을 지닌 팀 중심으로 하되, 핵심적인 요소는 마케팅력을 최우선으로 한다. 편집・제작・판매・광고 등의 업무에 있어 과학적이고 합리적인 마케팅력을 바탕으로 한 기획・조정이 그 중심업무를 이뤄야만 신문창간의 효율화를 달성할 수 있게 된다.

창간준비위원회의 주요업무는 새 신문 창간 발의자총회에서부터 발기인대회, 등록 및 실사, 창간사원 모집 및 교육, 지사・지국 모집,

신문제작시스템 도입 및 모의 운영, 신문제작 실습, 주요 계획안 작성 등이다. 위원회는 조직의 효율성과 능력의 극대화라는 목표아래 아래의 <그림>과 같이 확정하고, 각 부서별로 업무를 분장한다.

<그림 18> 창간준비위원회 조직도(예)

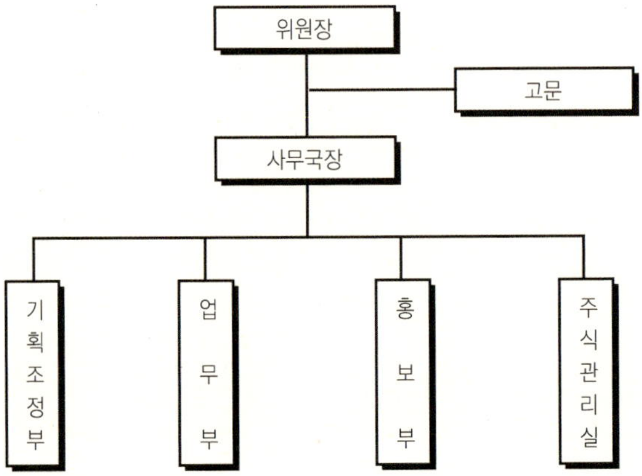

창간준비위원회는 △발기인 △창간추진위원회 △위원장 △사무국으로 구성한다. 발기인은 새 신문의 발행취지를 외부에서 적극 지원하는 건강한 시민이며, 창간추진위원회는 창간준비위원회가 결정한 주요 정책을 자문, 심의하는 기관이다. 창간추진위원회는 새 신문의 창간주체 중에서 선임된 약간 명의 대표자와 발기인 가운데 선임된 약간 명의 인사로 구성한다.

위원장과 사무국은 신문창간 업무를 실질적으로 수행하는 기관이다. 위원장은 위원회를 대표하며 업무전반을 통할한다. 사무국장은 위원장을 보좌하며 위원회 업무를 실질적으로 기획, 집행한다. 사무국에는 창간준비를 총괄하는 기획과 실무업무를 집행·수행하는 업무부, 그리고 이를 홍보하는 홍보파트 및 주식모금을 담당하는 주식관리부분 등 크게 네 파트로 구분해, 업무의 집중적 효율성을 기한다.

기획조정부(장)는 신문(사) 기획 및 조정업무를 담당하며 편집·제작·광고·판매·경영 및 관리분야의 기획·조정팀을 구성, 운용한다.

업무부(장)는 창간준비위원회의 총무 및 경리업무를 담당하며 △인사·교육 △경리·회계 △사규제정 △서무업무 담당팀을 조직, 운영한다.

홍보부(장)는 창간준비위원회의 대변인으로서 대외협력을 담당하며 △홍보지의 편집·제작·배포업무 △홍보물을 이용한 수익사업 △각종 자료의 조사, 수집 및 분석업무를 담당하는 팀을 운영한다.

주식관리실(장)은 주식관리 및 자금조달업무를 담당하며, 후원회 운영업무를 분장한다.

이밖에 창간준비위원회는 업무의 원활한 수행을 위해 변호사, 공인회계사, 학계, 원로 등을 고문으로 위촉, 활용한다.

2) 업무일정

창간준비위원회는 조직을 구성하고 각기 고유의 업무를 분장한 다음 창간작업을 효율성 있게 추진하기 위해 책 말미에 게재한 <표>와 같은 전반적인 창간일정계획을 잠정적으로 확정한다. 창간업무를 일목요연하게 볼 수 있는 스케줄을 확정한 후 업무를 수행하면 집행과정에서 발생하는 오류를 최소화할 수 있을 뿐만 아니라 일의 중요도에 따른 우선 순위를 바로 잡을 수 있다. 따라서 전반적인 창간일정계획은 매우 중요하며 여기서 주요한 내용은 대체로 다음과 같다(관련기사 ☞ 권말: <표39> 창간일정계획표(예) 참조).

발의자 총회는 △새 신문이 지향하는 이념의 정립 △발기인 선정 △발의기금 출자 및 창간동의서 확정 업무 등을 수행한다.

발기인 대회는 △창간선언문 확정 △창간준비위원회 결성 △발기인 확정 및 출자금 납입업무 등을 추진한다.

창간준비위원회는 창간 실무를 담당할 사무국을 개소하고 △사업계획서 및 정관 등의 확정 △창간업무일정 수립 △소요자금 조달 △창간준비위원회 조직 및 인원구성 등의 업무를 처리한다.

법인 설립에 앞서 창간준비위원회는 △투자자 및 경영진 선임 △사옥 확정 △사업자등록 등의 업무를 집행한다.

신문제작에 필요한 기자재를 확정, 도입하고, 실사요원의 확보와 함께 일부 제작요원의 기술연수 교육을 실시한다.

창간사원을 모집, 교육한다. 이때 교육기간을 충분히 두어 양질의 사원을 배출하도록 한다. 교육의 충실도 여부에 따라 새 신문의 앞날이 결정됨을 잊지 말아야 한다.

등록필증을 교부받음과 동시에 실제적인 모의제작훈련을 통해 신문발행 체제를 갖춘다.

창간과 동시에 창간준비위원회 체제를 해산하고, 정상적인 체제로 전환한다.

3) 창간준비위원회의 주요 업무

① 관리분야

△사명, 제호, 로고 확정 및 도안

△창간에 따른 여론조사 실시 및 분석

△홍보소식지 발간 및 사업전개

△주식공모 및 자금조달, 재정관리업무 개시

△사옥확정

△제작설비 의견서 접수 및 도입, 설치

△경력·수습사원 선발 및 교육실시

△실사요원 확보 및 업무 처리

△광고주 개발, 광고수주 및 관리업무 개시

△지국모집 업무 확정 및 지국장 교육 실시

△창간호 특집 기획기사 취재

△서울지사 및 지방지사 개설

△기타 각종 자료조사 및 서식, 규정 등 준비

② 기획 및 조정분야

-기획

△각 팀별 수행해야할 업무의 기획 및 관리 감독, 지시

-조정

△각 팀별 업무 분석 및 조정

-경영 및 관리

△신문사 조직 및 인력수급에 관한 방안 확정

△창간자본의 조달계획 및 운영안 마련

△신문사 시설 및 설비계획, 도입계획 수립

△신문발행 면수, 부수에 따른 경영효율성 예상연구

△인사 및 교육훈련에 관한 계획 마련

△각종 사규 제정

-편집

△편집권 독립에 관한 제도적 방안 마련

△경쟁지의 논조 및 보도 방향에 관한 분석자료집 제작
△기자 운영에 관한 시스템 확정
△각 직종별 특별위원, 통신원 등 외부인력 활용방안 마련
△새 신문 디자인 및 지면구성안 확정
△새 신문의 성격 및 지향이념 구현방안 마련
△정치·경제·사회·문화 부문의 보도기본방향 확정
△경력기자 및 관련 인재발굴 기준자료 조사 및 교육계획안 수립
△편집국 보조인력 운용방안 수립
△새 신문 창간에 따른 독자여론조사 실시
△새 신문의 고정란, 기획시스템에 관한 연구(안) 확정
△기자 스타일북 제작
△신문서체 및 기본배수 확정
△통신 및 전송사진 송·수신기, 주식시세표 등 신문제작 시스템 시험가동
△창간호 특집기사 취재
△기타 편집국 서식 및 자료 수집
－인터넷
△인터넷신문의 콘텐츠 구성 및 제작기획안
△인터넷신문을 활용한 수익창출방안 연구
△온라인신문과 오프라인신문의 멀티미디어화 계획수립
△온라인신문의 편집 및 지면구성안
－제작
△국내외 신문사 제작설비 현황 조사 및 활용실태 분석

△제작 자동화 방안 수립

△원가절감 및 효율성 제고에 역점을 둔 독자적인 공무시스템 연구

△제작설비 연간 이용계획서 수립

△제작설비 활용 수익사업 계획서 작성

△제작시스템 운영 및 직무분석, 매뉴얼 제작

△기타 각종 자료조사 및 서식 준비

－판매

△지국업무(관리)분석 및 경영지도안 마련

△신문수송도 연구

△신문판매 확대안 연구

△판촉, 마케팅 계획 수립

△지사・지국 설치 계획(안) 확정

△경쟁지의 판매 및 판촉활동 조사 분석

△지역내 판매시장 특성 연구

△외부 판촉인력 활용방안 마련

△월간, 연간 판매추진 계획서 작성

△대량 구독처 조사 및 개발

△지사・지국장 교육계획(안) 확정

△기타 각종 자료조사 및 서식 준비

－광고

△주요 광고주 대상자 선정, 광고량 조사 및 광고성향 분석

△경쟁지의 광고활동 조사 및 광고지면 분석

△지역 광고시장(업종별 및 매체별 구성비율, 광고료, 지역광

고에 대한 여론조사)의 조사와 연구

△광고영업소 및 광고대행사 활용방안 강구

△광고주 대상 매체설명회 계획수립, 시행

△월간, 연간 광고영업 및 광고판촉 계획안 수립

△광고인력 운용방안 마련

△광고영업활동 지원시스템 확정

△광고주 대상 매체설명회 개최

△기타 각종 자료조사 및 서식 준비

③ 현업실무

△사무국 개소(사무집기 및 비품 구입)

△창간준비 위원 확정 및 업무개시(투자자 및 경영진 선임, 경력 및 수습사원 확보 대책 수립)

△제호, 로고 확정 및 도안

△전산 · 제판 · 조판 · 윤전설비의 도입

△사옥 확정(윤전실, 용지보관창고, 하수도, 주차장 등의 각종 공사)

△등록 준비 및 실사(실사제작팀 구성)

△판매조직 및 각종 납품계약 체결 완료

△각종 통신설비 운용

△창간호 제작 및 광고수주활동 개시

△홍보소식지 발간

△모의제작지 발간, 분석 및 평가(격일간⇒일간)

△수습사원 및 경력사원 교육프로그램 확정

△신문사 장단기 발전계획안 수립

△신문의 경영다각화 방안 마련

△사규 연구 및 확정

△기타 각종 자료조사 및 서식 준비

4) 주요 계획안의 작성 지침

① 신문사 장단기 발전계획(안)

발전계획안은 장기·단기로 구분하여 수립한다. 단기 계획안에서는 사옥건설계획, 예산편성지침서 확정, 사원 후생복지 등을 계획·수립한다. 장기경영계획에서는 자본의 조달 및 운영, 시설 및 설비투자, 인력조정, 판매 및 광고시장의 확대·점유방안, 신문제작방향 등을 세운다.

② 신문기업의 경영합리화 연구

이 연구안은 인사관리, 재무회계관리, 기술관리 측면을 중심으로 연구를 진행한다. 인사관리부문은 직원의 신규채용에 관한 계획안, 직무연구 및 배치에 관한 문제, 인사고과 및 종사자 재교육 문제, 인력관리안, 언론노동권 문제 등을 연구한다.

재무회계관리부문은 첫째, 회계관리제도를 경영목적에 적합하도록 수립하여 자금의 조달, 사용, 수급균형 유지방안 등에 대해서 연구하고 둘째, 각 부서에 책임성을 부여한 관리회계를 수립하여 예산의 통제, 경영분석, 재투자 및 이익관리 계획 등을 통한 비용의 절감안을 연구한다.

기술관리부문은 물자절약과 원가의식의 제고로 원가절감방안, 업무의 자동화추진방안, 효율성 제고안 등을 중점적으로 연구한다.

③ 신문기업의 수지구성에 관한 연구

이 연구안은 신문의 발행부수·면수와 예상수익에 관한 부문과 신문기업의 자금조정에 관한 부문으로 나눠서 계획안을 수립한다. 첫째, 신문의 발행부수·면수와 예상수익에 관한 부문은 신문경영에 있어서 판매부수, 발행면수와 지대수입, 제작원가, 판매부수와 광고수입과의 상관관계를 효과적으로 연구하여 경영기반이 안정성을 지니며, 극대화한 수익비율을 유지할 수 있는 방안을 강구한다. 둘째, 신문기업의 자금조정에 관한 부문에서는 신문기업의 자금순환, 자본의 운용에 관한 연구안을 수립하여 신문기업의 자금의 효율성을 제고토록 한다.

④ 문화정보산업에 관한 조사

이 계획안에서는 먼저 국내외 및 지역의 문화산업정보에 대한 현황을 살펴보고 뉴미디어산업, 출판매체, 전자신문, 전파매체, 컴퓨터통신, 인터넷 등 지식산업의 전반을 개괄함으로써 언론산업이 나아갈 비전을 제시하도록 한다.

⑤ 온라인저널리즘 구현에 관한 연구

21세기 지식정보화사회를 선도하는 선진적인 기간매체로서 수행해야할 온라인 저널리즘의 현황 및 실태분석 등을 바탕으로 정보콘텐츠 활용의 극대화 방안, 지식산업의 수익창출 등에 관한 기초연구를 수행하여 신문산업의 변신 이데올로기를 제공토록 한다.

⑥ 경쟁지의 논조 및 보도방향에 관한 분석

기존 언론은 편집이념을 보수·우익·반공이데올로기의 실현에 두고 있다. 제도언론의 이 같은 언론이념은 그것이 진정한 보수·우익·반공이 아니라는 데 문제가 있다. 그것은 일제에 협력했던 민족반역자들이 친일의 전력을 숨기고 민족해방투사로 위장하면서 기득권 유지와 체제옹호를 위해 내세운 논리이다. 새 신문은 기존 언론의 반통일성, 반언론성, 반민주성을 극복하는 매체를 지향하도록 한다.

⑦ 취재보도의 기본방향에 관한 연구(안)

새 신문의 논조 및 보도의 기본방향에 맞춰 편집국 기자요원을 부문별 전문기자·대기자로 육성토록 했다.

⑧ 제작설비 이용계획(안)

제작국의 각종 설비는 흑자경영기조의 유지라는 대전제 아래 인력, 자재구매, 공정관리, 제조설비관리 등 제작운영시스템이 설계되어야 한다. 또한 본사의 설비 및 업계 공동의 설비 운용 계획안을 마련해 시행함으로써 경영합리화를 달성하도록 한다.

⑨ 판매촉진 계획(안) 연구

판매·판촉에 대한 여론조사를 실시하고, 이를 분석하여 대량 구독처를 개발, 지역별·기간별·대상별 판매계획서의 수립·실천 등을 연구하고, 장기적으로는 신문판매전담공동회사 설립안을 마련한다.

⑩ 광고영업계획안 연구

광고수입의 극대화를 위한 업무라는 전제아래 효율적인 광고영업의 운영관리 방안, 광고업무내규 제정, 광고판촉계획안 작성 등을 담당한다. 계획서(안)는 광고수주활동의 효율화를 달성하는데 초점을 두고, 월간·분기별·년간 등 기간별, 지역별로 분리해서 작성한다.

5) 창간 홍보

① 소식지 발행

－체제

△성격: 새 신문 창간 홍보지

△규격: 대판 2절, 4면, 전15호 발행

△발행부수: 10만부, 무가지

△광고: 5단광고, 전면광고로 구성

－기본 편집 포맷

△1면: 기사 및 주장

△2면~3면: 기획특집

△4면: 전면광고

－기획특집 내용

△제1호: 왜 새 신문이어야 하는가(창간의 당위성 및 도덕성 점검)

△제2호: 한국언론 및 지역언론의 현황과 문제점 실태(창간명분 확보)

△제3호: 새 신문 경영관리 방침 소개

△제4호: 후원회 결성

△제5호: 주금모금 보고

△제6호: 새 신문 판매정책 소개

△제7호: 새 신문 창간에 따른 여론조사

△제8호: 새 신문 광고정책 소개

△제9호: 주금모금 중간보고

△제10호: 새 신문 이렇게 만든다(편집국 부서별 보도방향)

△제11호: 〃 (제작)

△제12호: 〃 (면별 소개)

△제13호: 새 신문에 바란다

△제14호: 기획토론(새 신문 창간발의에서 창간호 발행까지)

△제15호: 주금모금 최종보고, 창간일지

– 배포

△금융기관, 주금청약 창구, 종교단체 등에 무인 배포

△대학교 학생회 및 후원회 가두 배포

△주요 시가지 직접 홍보 및 가두 배포

△지역별 설명회 및 직접배포, 우송

② 매스컴 홍보

– 대외협력(보도자료)에 의한 홍보기사 게재

– TV상업 광고

– 신문창간 이미지 및 주금모금, 사원모집 광고

– 팸플릿 제작 우송(창간홍보, 지역설명회, 후원회, 매체계획서 등)

③ 직접홍보

– 현수막, 선전탑, 포스터 등 이용

6) 재정

① 소요자금

– 법인등록비 및 준비금

– 사무비(전화가입, 집기구입, 사무기기 및 사무용품 소모품비 등)

- 제작경비(전산개발비 및 제작비, 모의제작경비)
- 실사준비자금
- 홍보비(제호 및 각종 도안, 사원 및 주금모금 이미지 광고, 팸플릿 제작비, TV광고, 창간홍보 부대비용 등)
- 교육 및 인건비(위탁교육비, 강사료, 교재대금, 인건비, 업무 추진 소요자금 등)
- 창간호 경비(원고료, 창간기념 리셉션 및 기념품비, 광고활동비 등)
- 기타 경비(자료구입비, 일반경비 등)

② 조달방안

- 창간발의인
- 발기인
- 창간홍보지 수익사업
- 본지 평생 독자화 캠페인 전개

2. 등록신청 실무

신문을 창간하려면 2005년 1월 27일 법률 7369호로 제정된 신문등의자유와기능보장에관한법률 제12조와 2005년 7월 27일 대통령령 18975호로 공포된 신문등의자유와기능보장에관한법률시행령 제4조에 따라 <서식 1>과 같은 등록신청서를 전국을 보급지역으로 일반일간신문을 등록하고자 할 때에는 문화체육관광부 장관에게, 그 밖의 정기간행물 등을 등록하고자 할 경우는 주된 사무소의 소재지를 관할하는 특별시장·광역시장·도지사에게 등록신청 한다.

<서식 1> 정기간행물등록신청서

<table>
<tr><td colspan="5" rowspan="2">정기간행물등 사업 등록신청서</td><td colspan="2">처 리 기 간</td></tr>
<tr><td colspan="2">25일</td></tr>
<tr><td colspan="2">① 제 호(간행물명)</td><td colspan="2">② 간별(종별)</td><td>③ 인터넷 주소</td><td colspan="2">④ 법인 명칭</td></tr>
<tr><td colspan="2"></td><td colspan="2"></td><td></td><td colspan="2"></td></tr>
<tr><td rowspan="2">⑤발행소</td><td>소 재 지 주 소</td><td colspan="5"></td></tr>
<tr><td>전 화 번 호</td><td colspan="5"></td></tr>
<tr><td rowspan="2">⑥발행인</td><td>성 명</td><td colspan="2"></td><td>주 민 등 록 번 호</td><td colspan="2"></td></tr>
<tr><td>주 소(전화번호)</td><td colspan="5"></td></tr>
<tr><td rowspan="2">⑦편집인</td><td>성 명</td><td colspan="2"></td><td>주 민 등 록 번 호</td><td colspan="2"></td></tr>
<tr><td>주 소(전화번호)</td><td colspan="5"></td></tr>
<tr><td rowspan="4">⑧
인
쇄
인</td><td>인 쇄 소 명 칭</td><td colspan="2"></td><td>전 화 번 호</td><td colspan="2">( )</td></tr>
<tr><td>인 쇄 소 주 소</td><td colspan="5">해당없음(인터넷신문)</td></tr>
<tr><td>대 표 자 성 명</td><td colspan="2"></td><td>주 민 등 록 번 호</td><td colspan="2"></td></tr>
<tr><td>대 표 자 주 소</td><td colspan="5"></td></tr>
<tr><td>⑨발행목적
(40자이내)</td><td colspan="6"></td></tr>
<tr><td>⑩발행내용</td><td colspan="6"></td></tr>
<tr><td colspan="3">⑪ 보 급 지 역</td><td colspan="3">⑫ 주 된 보 급 대 상</td><td>수 수 료</td></tr>
<tr><td colspan="3">해당없음(인터넷신문)</td><td colspan="3"></td><td rowspan="3">없음</td></tr>
<tr><td colspan="6">⑬ 유 · 무가</td></tr>
<tr><td colspan="6"></td></tr>
<tr><td colspan="7">위와 같이 「신문 등의 자유와 기능보장에 관한 법률」 제12조제1항 및 동법 시행령 제4조의 규정에 의하여 정기간행물등의 등록을 신청합니다.

년 월 일

신청인(발행인) (인)

문화체육관광부장관
특 별 시 장 귀하
광 역 시 장
도 지 사</td></tr>
<tr><td colspan="7">구비서류 및 참고사항은 뒷면을 참조하시기 바라며, 이 신청서는 복사하여 사용할 수 있습니다.</td></tr>
</table>

210㎜×297㎜
신문용지 54g/㎡

등록신청시 갖춰야 할 서류는 일간신문 및 일반주간신문일 경우는

가. 발행인 및 편집인의 호적등본

나. 법인의 정관 및 법인등기부등본

다. 당해 정기간행물을 발간하는 인쇄사에 대한 '출판 및 인쇄진흥법'에 의한 인쇄사 신고필증 각 1통을 갖춰야 한다.[15)]

등록신청을 접수한 문화체육관광부와 각 시도는 등록신청 이후 실사에 나서, 법률에서 정하는 규정에 결격사유가 없으면 법적 처리기간인 25일 이내에 등록증을 교부하여야 한다.

등록신청서에는 대통령령이 정하는 바에 따라 △제호 △종별 및 간별 △발행·편집·인쇄인의 성명·생년월일·주소 △발행소의 소재지 △발행목적과 발행내용 △주된 보급대상 및 보급지역 △인쇄시설 현황 등을 반드시 기재하여야 한다.

신문법 시행령은 일간신문을 발행하고자 하는 자는 타블로이드 2배판 4면 기준의 신문지를 시간당 20,000부 이상 인쇄할 수 있는 능력을 지닌 윤전기와 대통령령이 정하는 인쇄시설이 자기소유이거나, 타인 소유일 경우는 시설을 임대차 또는 사용대차를 증명하는 서류를 갖출 것을 요구한다.

등록증을 교부받았다 할지라도 등록과정이 사위 기타 부정한 방법으로 등록했거나, 정기간행물의 내용이 등록된 발행목적이나 발행내용을 현저하게 반복하여 위반한 때, 혹은 공중도덕이나 사회윤리를

15) 특수주간신문, 잡지 및 기타 간행물의 경우는 △발행인 및 편집인의 호적등본 △당해 정기간행물을 발간하는 인쇄사에 대한 '출판 및 인쇄진흥법'에 의한 인쇄사 신고필증 △발행주체가 법인인 경우에는 정관 및 법인등기부등본 △발행주체가 단체인 경우에는 규약 및 그 설립을 증명하는 서류 △발행주체가 개인인 경우에는 발행소 입증서류(건물이 자기소유일 경우에는 건물등기부등본, 임차일 경우에는 임대차계약서사본) 등을 제출하면 된다.

현저하게 침해할 때 등은 등록취소의 심판 청구 등 법원의 판결에 의해 등록취소를 할 수 있다. 또한 정당한 사유 없이 등록 후 6개월 이내에 당해 정기간행물을 발행하지 아니하거나, 1년 이상 정기간행물의 발행을 중단할 때에는 직권등록취소의 사유가 된다.

3. 창간계획 단계에서 주의할 점

사업을 구상하고 계획하는 단계에서 점검해야 할 사항은 수없이 많다. 예를 들면 사업을 시작하기 전에 미리 자금조달 규모를 결정해야 한다. 그리고 자금목표를 설정할 때는 소요예상자금의 1.5～2배 정도를 통상 확보해야 한다. 사업을 실제로 경영하다가 보면 의외의 자금소요가 생기게 되고 그때 당시에 여유자금을 확보하려다가 사업에 치명적인 부담을 줄 수도 있으므로 계획단계에서부터 여유있는 자금조달계획이 필요하다.

또한 신문판매와 광고영업계획 또한 소홀히 할 수 없다. 특히 언론산업 시장에서의 경쟁사의 신문과 비교하여 언론시장에서의 점유비율, 판매촉진방법 등을 파악하여 영업전략을 치밀히 수립해야 한다. 신문제작에 소요되는 잉크, 종이, 필름 등 원재료를 어디서 어떤 조건으로 구입할지, 신문제작에 있어서 경영합리화와 지면의 품질을 담보하기 위한 아웃소싱 방법은 없지, 제작설비의 효율적인 이용방법은 무엇일지, 설비투자에 대한 경제성은 있는지 등에 대한 마인드를 중점적으로 체크하여야 한다.

뿐만 아니라 언론사업이 인재사업임을 감안하면 신문기업 종사자들의 자질은 어떠한지, 그들의 이념적 목적의식은 확고한지, 언론철학에 대한 신념을 지녔는지, 자신이 맡은 바 분야에 대해 전문적 지식과 그 지식을 전달할 능력, 사태를 바르게 보고 분석해낼지 등과 함께 우수 인재의 확보와 양성 방법 등을 점검하고 충분히 강구하여야 한다. 이는 신문창간계획 단계에서 가장 중요하고도 핵심적인 문제이다. 무릇 신문을 창간하고자 하는 사람은 이 문제에 대해 가장 많은 고심을 하여야 한다.

4. 창간요원 관리

창간요원은 신문창간을 계획하고 집행하는 건축가이자 동시에 시공자이다. 이들의 능력 여하에 따라 반듯한 집이 되기도 하고, '삼풍백화점'처럼 하루아침에 무너지는 부실공사가 되기도 한다. 창간요원의 자질은 매우 중요하다. 신문을 창간하고자 하는 예비경영인은 신문사업에 발을 들여놓기 이전에 자신의 언론경영철학을 확고히 한 다음, 그 언론경영이념을 누구와 함께, 어떻게 구현할지를 살펴야 한다.

창간요원은 언론창업주의 분신이 되지 않으면 안되는 이유가 여기에 있다. 인간이란 본디 자신에게 주어진 업에 따라 직분을 나누고, 또 거기에 맞춰 살아가기 마련이다. 창간요원은 언론기업주의 언론경영신념을 현실화하고, 구체화시키는 존재로 작용한다. 그러므로 창간요원은 신문창간에서 그 자체가 권력기구화이며, 동시에 기득권이 된다.

기업의 정체 혹은 부패는 권력을 유지하고 향유하려는 기득권에서 비롯된다. 창간요원에게 기득권을 보장한다는 것은 역으로 말하면 신문기업에는 부메랑이 되어 짐을 안기는 부담이 되기 쉽다. 신문경영주는 이를 간과해서는 안된다. 창간요원의 기득권은 신문창간과 함께 창간준비위원회의 해산으로 깨끗하게 백지화되고, 일반 사원과 마찬가지로 인사규정에 의해 관리되어야 한다.

창간준비위원회 조직원들이나 언론시스템을 장악한 언론경영자들은 비록 내가 창조한 언론이라 할지라도 나의 것이 아니라는 사실을 새삼 상기할 필요가 있다. 누누이 얘기하고 강조하는 바이지만 언론기업은 언론사주의 것이나 언론의 내용, 곧 지면은 독자의 것이다. 언론사주가 이를 망각하면 언론은 그 순간부터 생명력을 잃고 존재의 의미가 없게 된다. 언론은 공공의 것이기에 존재의 가치를 지닌다.

조직에 있어서의 기득권은 늘 경계하여야 한다. 권력의 기득권화는 필연적으로 진보와 발전을 저해한다. 조직이란 항상 새 피와 새 기운이 수혈되고 넘쳐흘러야 생명력을 잃지 않는다. 권력이 정체되면 기득권화·훈구화 되고, 이는 마침내 썩고 부패하게 된다. 일부 국민주·시도민주를 표방하는 언론사가 실패하게 되는 것은 창간을 주도했던 창준위가 기득권을 놓지 않고 권력화되었기 때문이다.

대부분의 많은 신문기업들이 창간과 동시에 부실화되는 것은 언론기업주의 신문철학이 날림이었거나, 아니면 창간요원들의 능력이 부실화된 데 따른 결과치이다. 신문이란 매체는 본질적으로 사람에 의존할 수밖에 없는 한계를 지녔다. 신문을 만드는 사람의 능력·마음가짐 여하에 따라 그 결과물은 결정된다. 내가 어떠한 신문을 만들겠다는 의지가 신문의 내용과 품질을 담보한다.

신문경영은 신문기업 오너의 건전한 언론철학과 신문인으로서의 양심을 지닌 기자만 있으면 된다. 자본과 원자재는 부차적인 문제다. 새로 창간되는 신문의 미래를 보려면 '신문기업주의 얼굴과 창간요원의 면면만 보면 된다'는 말은 그래서 정당성을 지닌다. 즉 '누가, 왜, 신문을 창간하려는 가'만 짚어보면 그 신문의 미래는 자명하다는 것이다.

신문은 거대한 자본이 소요되는 장치산업이다. 막대한 자본을 투자하고, 부담하는 신문기업주가 창간요원을 아무나 쓸 수 없는 이유가 여기에 있다.

5. 각종 사규의 제정

오늘날 사회에서 기업은 개인 이상으로 중요한 존재다. 기업을 배제하고 현대사회를 말하는 것은 불가능하다. 각 개인의 삶은 기업과 유기적인 관계를 맺고 있으며, 국가의 발전도 활발한 기업의 창설과 발전에 의존한다. 개인은 기업을 통해 사회적 지위와 생계를 이어가고, 기업소유를 통해 사회적 부를 증대시킨다. 국가는 국내에 건전한 기업을 창설·육성하도록 각종 제도와 법률을 마련함으로써 국제적 위상과 경제력을 신장시킨다.

경영학에서는 기업을 재화와 용역의 생산과 유통을 행하는 조직적 조직체라고 정의한다. 이는 최대한의 재산증식을 목적으로 하는 경제적 조직체임을 뜻한다. 반면에 법학에서는 자본과 노력을 유기적으로 결합하여 계속적으로 영리를 추구하는 경제단위로 파악한다. 기업을 자본·노력의 참여과정과 형태 그리고 그에 따른 참가자 등 이해관계자들의 법률관계에 중점을 둔다.

기업은 법인이다. 법인이란 전형적인 권리의무의 주체인 자연인 이외의 존재에게 법률상 권리능력이 인정되는 것을 말한다. 회사는 그 구성원이나 업무담당자와 상관없이 법률에 의해 독립된 인격체로 인정되어 단체의 영속성과 법률관계의 간이화가 이루어진다. 따라서 모든 회사는 법인이므로 자연인과 마찬가지로 권리의무의 주체가 될 수 있다.

이는 기업이라는 조직은 모름지기 법에 의해 지배되고, 법의 기준에 의해 운영되어야 함을 뜻한다. 기업은 조직체로 구성된 집단이다. 기업은 많은 사람이 저마다의 임무에 따라 업무를 집행하는 조직체이다. 서로 다른 임무를 띤 각자가 공동의 목표를 달성하기 위해서는 일정한 질서에 따라 합리적으로 행동할 수 있는 매우 현실적인 기업활동의 기준이 되는 어떤 약속이 있어야 한다. 그 약속이 곧 사규이다.

『한비자(韓非子)』는 "법은 귀한 사람만 봐주지 않으니 먹줄에 굽음이 없는 것과 같다. 법이 행하여짐에는 이 세상 어느 누구도 예외가 없다. 법은 만인 앞에 공평하며 사람들의 잘못을 바로잡아 주고, 사악함을 꾸짖어 주며, 어지러움을 다스리고 그릇됨을 결단해주며, 지나침을 견제하고 옳지 못함을 가지런히 해준다"고 하여 사규경영을 중요성을 일깨워 준다.[16)]

한국의 언론기업에서는 사주가 황제처럼 군림하여 사주의 말 한마디에 신문경영이 좌지우지된다. 언론기업의 경영권을 독점적·배타

16) 『韓非子』 有道篇; "法不可貴 繩不撓曲. 法之所加 智者不能辭 勇者不敢爭. 刑過不避大臣 賞善不遺匹夫. 故矯上之失 詰下之邪 治亂決繆 絀羨齊非 一民之軌 莫如法. 屬官威民 退淫殆 止詐僞 莫如刑. 刑重則不敢以貴易賤."

적으로 소유한 언론기업 사주는 기업을 마치 개인 소유의 재산권처럼 취급하여 공기적인 성격을 사적으로 운영하고, 나아가 자자손손 대를 이어 가내기업을 물려주듯이 한다. 이 과정에서 국민의 알권리는 사주의 이익(私益·社益)에 동원되며, 그럼으로써 그 반대급부로 민주주의의 후퇴라는 덤터기를 남긴다.

신문은 정관을 비롯한 사규와 규정·규칙·규약 등에 의해 운영되어야 한다. 언론사주의 독단을 방지하고 주먹구구식 신문경영에 경영의 표준화·전문화·투명성을 확보함으로써 결국은 언론기업의 건전한 발전뿐 아니라 국민의 알권리를 신장하는 효과를 얻을 수 있다. 더구나 시도민이나 국민의 자본이 투자된 신문사는 특정인 몇몇의 신문사도 아니요 명실공히 시·도민과 국민들, 그리고 참 언론인이 주인인 신문사라는 좌표를 공고히 하기 위해서라도 각종 사규에 의해 회사가 운영됨은 상식이다. 이는 또한 온 국민이 주인인 기업은 흔히 주인이 없는 회사로 오인해 너도나도, 중구난방, 흥청망청하는 졸속 경영을 방지하는 첩경이기도 하다.

사규는 객관성과 공정성·안전성·명료성을 담보하여야 한다. 사규의 표현방법은 일반적으로 법조문의 표기방식을 준용한다. 법조문은 보통 조항별로 조목조목 쓰며, "……이다", "……한다" 체를 기본으로 하고, 말의 원형을 쓰며, 내용은 제목과 본칙, 부칙이 대종을 이루는 데 본칙은 표제에서는 목적을, 조는 "제1조"로, 항은 "①"로, 호는 "1."로 표기한다. 본칙에서는 총칙적 규정을 먼저 적고 이어서 중요한 사항으로부터 경미한 사항으로 업무의 흐름을 따라 적는다. 또한 부칙에서는 규정의 제정·개정·폐지 등 부속적 내용을 담는다.

신문기업이 준비할 사규의 목록은 경영기획 분야에서는 △정관

△독자위원회 규정 △경영위원회 규정 △자주언론위원회 규정 △이사회 규정 △사원 윤리강령 △윤리강령 실천요강 △윤리위원회 규정을 제정해야 한다. 독자위원회는 신문기업이 공익성을 실질적으로 담보하기 위해 독자들의 참여를 제도적으로 보장하기 위한 것이며, 경영위원회는 민주적인 기업경영을 보장하기 위한 제도이다. 자주언론위원회는 신문기업의 경영권을 확보하기 위한 것이었다.

조직 분야에서는 △직제규정 △업무분장규정 △문서위임 전결규정 △각종 위원회 관리규정 △사원총회 규정 △기자평의회 규정 △조직규정 △문서관리규정 등을 제정하는 데, 각종 위원회 관리규정 및 사원총회 규정, 기자평의회 규정 등은 사내 민주화를 기하기 위한 규정이다.

인사 분야에서는 △인사규정[17] △인사위원회 규정 △취업 및 복무규정 △경영인 및 편집인 선임규정 △급여규정 △퇴직금 규정 △노동조합 규약 △노사협의회 규정 △공제회 규약 등을 제정한다. 특히 경영인 및 편집인 선임규정은 신문기업의 경영과 편집을 유능한 인재에게 개방하는 것이 좋다.

재무 분야서는 △재무회계규정 △경리규정 △주식관리규정 △감사규정 △여비규정 △자재관리규정 △구매업무규정 등을 제정해 경영의 합리화 달성에 기여하도록 했고, 관리 분야에서는 △경영방침 관리규정 △제안제도 운영규정 등을 제정토록 한다.

편집 분야에서는 △민주언론실천 공정보도위원회 규정 △편집위원회 규정 △시민기자 관리규정 등을 제정하여 효율적인 사외인력

---

17) 인사규정은 공정한 인사로 직무수행 능률의 극대화를 기하고 직원의 잠재능력을 최대한 개발함으로써 회사의 경영합리화에 기여할 것을 목적으로 한다.

의 활용방안을 강구함과 동시에 언론의 생명이라 할 공정보도를 제도적으로 담보한다. 이밖에 제작 분야에서는 △제작설비 관리규정 △제작공정 관리규정 등을 통해 제작설비의 효율적인 운영을 도모하고, 판매 분야에서는 △지사 및 지국 운영규정을, 광고 분야에서는 △광고영업소 관리규정을, 사업 분야에서는 △사업시행규정 등을 제정해 경영효율화 달성을 꾀한다.

제5장 결론

신문경영의 첫걸음은 신문창간에서부터 비롯된다. 따라서 어떤 신문을 창간할 것인가 하는 것은 신문의 성격과 경영의 미래를 담보하는 요소다. 신문창간에서는 "누가 왜 창간하는가"가 무엇보다 중요하다. 언론사주가 어떤 철학과 비전을 가지고 신문을 창간하는가 하는 것이다. 최고 경영자의 언론철학과 경영방침은 신문기업경영의 성패를 가름하는 이데올로기로 작용한다.

이에 비하면 "언제 어디서 무엇을 어떻게"는 종속적인 변수다. 그러나 실제적인 신문창간에서는 대부분 언제 어디서 무엇을 어떻게에 매달리고 있다. 주객이 전도된 꼴이다. 어떻게든 신문창간을 위해서는 수단과 방법을 가리지 않는다. 자본이 건강하건 말건, 언론경영주의 언론철학이 있건 말건, 우선 신문만 창간해 놓고 보자는 주의다.

이러한 사고방식에 따라 언론모리배·언론정상배가 주도하는 쓰레기언론·사생아언론이 우후죽순 발호한다. 유령언론사 설립을 통해 신문을 창간하는 방법은 대개 이러하다. 우선 법원 브로커에게 수수료를 떼 주기로 하고, 빌린 자본금 5,000만 원으로 법인을 설립한다. 이 유령회사를 기반으로 신문사 등록을 하고, 기자와 지사·지국을 모집하면서 수천 만 원에 달하는 매관매직과 수백 만 원짜리 보증금으로 창간자금을 확보한다. 신문이 창간되면 광고강매 등을 통해 운영자금을 마련한다. 그러다가 원매자가 나타나면 적당한 값에 신문기업을 매각한다.

한국의 신문기업, 특히 지방신문의 일각에서는 이와 같은 신문창간이 비일비재하다. 따라서 '어떻게'만 생각하는 현재의 신문창간은 '사이비언론 양산시스템'이라 아니할 수 없다. 경영합리화 · 과학화를 염두에 둔 신문창간은 최고 경영자의 언론에 대한 언론철학과 경영마인드를 확립하는 것부터 비롯된다고 할 수 있다. 여기에 언론기업 종사자들의 윤리의식이 더해져야 한다.

언론기업에 대한 본질적인 경영은 편집권과 경영권에 대한 기본적인 이해부터 시작된다. 신문인들이 이를 자각함으로써 언론기업은 공익에 봉사하는 기업으로서의 사적 이윤창출이라는 이율배반적인 과제를 원만히 달성할 수 있다. 신문기업이 이윤을 창출하지 못하면 언론에 주어진 사명을 달성할 수 없다. 신문의 편집권 독립과 경영권 확립은 언론민주화를 견인하는 요소일 뿐 아니라 경영합리화를 추동하는 중요한 인자다.

실제적인 신문창간의 실무에 있어서는 사업환경 분석을 철저히 하여야 한다. 이를 부실하게 하면 어렵게 마련한 사업계획이 죄다 공염불에 그친다. 사업계획서가 기업경영의 살아있는 지침서가 되게 하려면 정확한 현실을 바탕으로 한 사업성의 분석으로 기업의 좌표를 설정하여야 한다. 사업환경의 분석이 치밀성과 현실성을 결여하면 기업은 나침반을 잃은 채 폭풍우 속을 항해하는 것과 다를 바 없다.

신문창간의 기본적인 계획이 수립되면 구체적으로 "어떤 신문을 만들 것인가" 하는 것을 독자와 신문기업 종사자들에게 주지시킬 필요가 있다. 최고 경영자가 지향하는 언론철학과 비전이 공개적인 약속화 과정을 거침으로써 시장에서의 평가를 받는 것이다. 이는 일반적으로 창간소식지를 통해 알려진다. 대개의 창간소식지는 막연한 구호를 조잡스럽게 짜깁기하여 늘어놓는 것이 다반사다. 언론에 대한 철학과 비전은 조금도 찾아 볼 수 없다. 그와 같은 신문이 창간 후 독자에게 환영받을 수 없음은 상식이다. 또 하나의 쓰레기언론이 창출될 뿐이다.

신문을 창간하고자 하는 사람은 신문기업을 경영함에 있어서 공정한 인사원칙과 투명한 재무관리를 독자들에게 약속하여야 한다. 사람과 돈은 신문기업이 지닌 공익성과 이윤의 창출이라는 원칙을 좌우하는 두 가지 핵심적인 요소이다. 신문기업이 신문창간에 앞서 이를 독자들에게 공표하는 것은 언론의 도덕성을 담보하기 위한 하나의 공약과 같은 의미이다.

신문창간에서 독자에 대한 약속은 제도에 의해 규정될 필요가 있다. 사규의 제정이 그것이다. 사규는 어느 개개인의 사사로운 감정에 의해 기업이 운영되는 것이 아니라, 공적인 제도와 틀에 의해 경영되는 것임을 의미한다. 현실에서는 이를 도외시하고 있다. 한국의 신문기업에서 언론사주는 무소불위의 황제로 군림한다. 사주의 말 한마디에 기업정책이 오락가락하는 것은 언론의 자유를 침해할 위험성이 다분하다. 사규에 의한 법의 지배는 사주의 독단을 방지하는 첩경이다.

신문기업은 최신의 정보를 사고파는 기업체로써 최첨단 정보산업이다. 그런 기업이 가장 낙후된 주먹구구 경영으로 일관한다면 어떻게 될까. 오늘날 한국의 언론기업이 당면한 경영난은 여기서 비롯된다. 언론기업이 21세기 지식정보사회의 패러다임에 적응하지 못한 데서 기인한 것이다. www라는 인터넷을 통해 뉴스와 정보가 빛의 속도로 유통되는 디지털 시대에 '호랑이 담배 피던 시절의 장삿술'로 정보장사를 하겠다는 것은 난센스다.

새 신문을 창간하고자 하는 예비경영주는 이를 깨달아야 한다. 초등학생도 결코 수긍하지 못할 구태의연한 사고로 신문을 창간하겠다는 주먹구구는 즉각 중단되어야 한다. 아무리 무식하면 용감하다지만 그 사이비언론이 뿌릴 언론불신이라는 언론해악을 감안하면 이는 결코 웃어넘길 일이 아니다.

언론은 민주주의를 담보하는 우리 사회에서 가장 중요한 사회적 제도이자 시스템이다. 언론이 일부 쓰레기언론의 발호로 불신의 대상으로 전락되는 것은 결국 우리 사회의 민주주의를 갉아먹고 기생하려는 암세포와 다름없다. 새 신문 창간에 나선 언론기업주는 모름지기 이점을 명심해 사업계획서를 작성하고, 신문창간에 나서길 간곡히 빈다. 그리하여 새 신문이 우리 사회에서 민주주의를 견인하는 힘찬 공적 매체가 되길 바란다.

참고문헌

강준만(2005), 『한국인을 위한 교양사전』, 서울; 인물과사상사.

______(2008), 『지방은 식민지다』, 서울; 개마고원.

고경민(2005), 『지역신문의 위기와 구조개혁』, 경기도 파주; 한국학술정보.

고승우(2004), 『한겨레 창간과 언론민주화』, 경기도 파주; 나남출판.

고영신(2007), 『디지털 시대의 취재보도론』, 경기도 파주; 나남출판.

구교태(2005), 「'기자들의 고백'을 통해 본 대구지역 언론과 기자」, ≪신문과방송≫, 제412호, 서울; 한국언론재단, 2005년 4월호.

권수미(2000), 『디지털언론, 디지털 포토그래피』, 서울; 나남출판.

김경근(2000), 『저널리즘의 이상과 현실』, 서울; 법문사.

김경희 · 이재경 · 임영호(2003), 『인터넷 취재보도』, 서울; 한울아카데미.

김경호 외(2005), 『사라지는 신문독자』, 서울; 커뮤니케이션북스.

김규원(2005), 「국민 6만1472명이 주인/우리사주조합 30.26% 최대주주」, 한겨레, 2005년 5월 16일자, 75면.

김대호 외(2008), 『미디어의 미래』, 서울; 커뮤니케이션북스.

김동률(2005), 『신문경영론: MBA 저널리즘과 한국언론』, 경기도 파주; 나남출판.

김동익(1993), 『정오의 기자』, 서울; 고려원.

김동훈(2008), 「기자실 오물투척 뒤엔 관-언 유착 고질 있었네/부천시청 브리핑룸 사태 들여다보니」, 한겨레, 2008년 3월 26일자, 25면.

김민남(1998), 『공공저널리즘과 한국언론』, 서울; 커뮤니케이션북스.

______(2003), 『지역공동체와 공공저널리즘』, 서울; 커뮤니케이션북스

김병철(2006a),『시민사회와 시민언론』, 서울; 한국외국어대학교 출판부.
_____(2006b),『온라인 취재보도』, 서울; 한국외국어대학교 출판부.
_____(2005),『온라인 저널리즘의 이해』, 서울; 한국외국어대학교 출판부.
김봉기(2006),「댓글 '강요하는' 홍보처」, 조선일보, 2006년 9월 28일자
김사승(2008),『디지털 테크놀리지와 저널리즘』, 서울; 커뮤니케이션북스.
김상협 · 김충남(2006),「숫자로 본 참여정부 언론정책 실태」, 문화일보, 2006년 9월 18일자.
김성완(2006),「지역언론인 비리 현황」, 서울; 미디어오늘, 2006년 4월 12일자.
김세은(2004),『신문산업의 경쟁과 변화: 영국을 중심으로』, 서울; 미디어연구소.
김세철 · 김영재(2000),『조선시대의 언론문화』, 서울; 커뮤니케이션북스.
김승수(1995),『한국언론산업론』, 서울; 나남출판.
_____(1998),『매체경제분석』, 서울; 커뮤니케이션북스.
_____(2002),『국민을 위한 언론개혁』, 서울; 세계사.
_____(2004),『언론산업의 정치경제학』, 서울; 개마고원.
김영욱(2000),『지역공동체와 저널리즘』, 서울; 한국언론재단.
_____(2001),『한국 지방일간지의 지역성』, 서울; 한국언론재단.
_____(2008),「2008 WAN총회 보고서」, ≪미디어 인사이트≫ 통권 제5호, 서울; 한국언론재단, 2008년 7 · 8월호.
김영재(1997),『현대사회와 민주언론』, 대구; 사람.
_____(2003),『대구경북언론사』, 서울; 커뮤니케이션북스.
_____(2008),『웹2.0과 미디어2.0』, 경기도 파주; 한국학술정보(주).
김영주(1991),「조선조 언론사상에 관한 시론」, ≪언론사회문화≫창간호, 서울; 연세대학교 신문방송학과.
김영주(2007),『미디어산업의 지형변화 2007: 현황과 전망』, 서울; 한국언론재단.
김영찬(2003),『미디어산업 발전추세에 관한 연구』, 서울; 한국언론재단.
김왕석 · 임동욱 외(1990),『한국언론의 정치경제학』, 서울; 아침.
김원수(1975),『경영학원론』, 서울; 경문사.
김은규(2003),『미디어와 시민참여: 시민미디어론』, 서울; 커뮤니케이션

북TM.
김재윤 외(2001), 『신문의 북리뷰, 무엇이 문제인가』, 서울; 한국언론재단.
김중석(2004), 『지방분권과 지방언론』, 강원도 춘천; 금강출판사.
김창룡(2001), 「족벌경영의 실태와 편집권의 독립」, NCC교회와 사회언론분과 세미나 자료집.
김택환(1997), 『신문경영기획매뉴얼』, 서울; 삼성언론재단.
______(2004), 「한국신문은 지금 변화준비 됐나?」, 중앙일보, 2004년 2월 12일자.
______(2008), 『웹2.0 시대의 미디어 경영학』, 서울; 중앙북스.
김해식(1994), 『한국언론의 사회학』, 서울; 나남출판.
김형진(2000), 『현장 취재보도론』, 부산; 금샘미디어.
남시욱(2001), 『인터넷 시대의 취재와 보도』, 서울; 나남.
남재일(2006), 『신문뉴스 생산조직 합리화 방안: 한국신문의 에디터제 현황과 과제』, 서울; 한국언론재단.
______(2007), 『지역신문 뉴스 생산조직 합리화 방안』, 서울; 한국언론재단.
류한호(2004), 『언론의 자유와 민주주의』, 서울; 커뮤니케이션북스.
______(2005), 『지방분권과 지역언론』, 서울; 미디어집.
문종대(2004), 『지역언론의 발전과 개혁』, 서울; 커뮤니케이션북스.
박경만(2005), 『조작의 폭력』, 서울; 개마고원.
박명식 · 박선홍 · 배은미 · 이창환(2009), 『신문, 콘텐츠 제국』, 경기도 파주; 나남.
박무승(1972), 『신문경영론』, 서울; 탐구당.
박소라 · 오수정 · 장윤희(2007), 『미디어기업의 사업다각화 성과와 전망』, 서울; 한국언론재단.
박영상 외(1999), 『새로운 시대의 신문』, 서울; 한국언론재단.
박유봉 · 서정우 · 차배근 · 한태열 공저(1974), 『신문학이론』, 서울; 박영사.
박주연 외(2006), 『신문광고시장의 미래: 장 · 단기 추이 변화와 전략』, 서울; 한국언론재단.
박진용(2002), 『실전기자론』, 서울; 나남출판.
박현수(2005), 『탐사보도와 CAR실무』, 서울; 커뮤니케이션북스.
반현(2005), 「독자들이 바라보는 신문위기」, 미디어오늘, 제497호, 2005

년 6월 1일자.
방정배(1991), 『한국언론개혁론』, 서울; 나남출판.
배병화(2003), 『지방신문 해법 개혁이냐 지원이냐』, 서울; 21세기북스.
서울대학교 경영연구소 편(1994), 『경영학 핸드북』, 서울; 서울대학교 출판부.
송건호 외(1984), 『민중과 자유언론』, 서울; 아침.
송은아, 「언론경영 위기, 어떻게 풀 것인가」, ≪월간 신문과방송≫, 제460호, 서울; 한국언론재단, 2009년 4월호.
신동훈(2006), 「인터넷시대 미국신문의 변신」, 조선일보, 2006년 3월 4일자.
안병길(2003), 『시민속의 언론 공공저널리즘』, 서울; 커뮤니케이션북스.
안병찬(1999), 『신문발행인의 권력과 리더십』, 서울; 나남출판.
안수찬(2007), 『스트레이트를 넘어 네러티브로: 한국형 이야기 기사쓰기』, 서울; 한국언론재단.
양문석(2003), 「지역신문의 관언유착 단절 방안 모색」, 『지역사회의 관언유착 어떻게 끊을 것인가』, 서울; 지역언론개혁연대, 2003년 9월.
양주승(2008), 「나는 왜 부천시 출입기자들에게 똥물을 뿌렸나」, 미디어오늘 인터넷판, 2008년 3월 20일자.
엄기형(1982), 『신문윤리론』, 서울; 일지사.
오수정(2008), 『2008 언론 경영성과 분석』, 서울; 한국언론재단.
우병현(2001), 『디지털 미디어와 저널리즘』, 경기도 파주; 한국학술정보.
__________, 권만우(2002), 『멀티미디어 취재보도론』, 경기도 파주; 한국학술정보.
유선영 외(2004), 『신문지원제도: 한국형 모델』, 서울; 한국언론재단.
유선영 외(2006), 『2006 국민의 뉴스소비』, 서울; 한국언론재단.
윤영태(2005), 「시민미디어 개념의 다원성과 이데올로기에 대한 연구」, ≪언론과학연구≫ 제5권2호, 대구; 한국지역언론학연합회.
윤정주(2008), 『2008 해외 미디어경영; 미디어기업의 생존전략』, 서울; 한국언론재단.
이규완(2009), 「조선왕조의 언론윤리 체계에 관한 시론」, ≪한국언론학보≫, 통권53권1호, 서울; 한국언론학회, 2009년 2월.

이민웅(2003), 『저널리즘: 위기・변화・지속』, 서울; 나남출판.
이상열(2007), 『유비쿼터스 혁명과 방송보도』, 서울; 박영사.
이상우・류창하(1992), 『현대신문제작론』, 서울; 나남출판.
이영음(2001), 「인터넷과 취재」, 『한국언론의 쟁점』, 서울; 법문사.
이원섭 외(2006), 『2006 언론경영 실태분석』, 서울; 한국언론재단.
이은주 외(2005), 『위기의 한국신문: 현황, 문제점, 지원방안』, 서울; 한국언론재단.
이은주(2007), 『지역신문의 경영구조 개선 방안』, 서울; 한국언론재단.
이종수(2008), 『웹2.0시대 포토저널리즘의 변화와 전망』, 서울; 삼성언론재단.
이창훈 외(2007), 『2007 언론 경영실태 분석』, 서울;한국언론재단.
이환의(1975), 『매스컴경영론』, 서울; 열화당.
임근수(1964), 「편집권의 독립」, ≪신문평론≫, 제2호, 서울; 한국신문연구소.
임영섭(2003), 『벼랑끝 지방언론, 활로는 없나』, 광주; 이재.
임영호(2000), 『신문원론』, 서울; 연암사.
______(2002), 『전환기의 신문산업과 민주주의』, 서울; 한나래.
장명석 외(1996), 『한국 지방언론의 발전방안』, 서울; 한국언론연구원.
장현철(1996), 「‘영세 일간신문 창간에서 폐간까지’ 실태」, 미디어오늘, 제48호, 1996년 5월 1일자.
장호순(2001), 『작은 언론이 희망이다』, 서울; 개마고원.
______(2004), 『언론의 자유와 책임』, 서울; 한울아카데미.
전남식(2006), 『대통령과 언론통제』, 서울; 나남출판.
정기현(2007), 『지역신문 광고시장 구조 분석』, 서울; 한국언론재단.
정상태(1997), 『언론실무총람』, 서울; 신원문화사.
정태철(1999), 『미국신문 연구』, 서울; 커뮤니케이션북스.
주동황 외(2005), 『신문개혁입법운동의 성과와 과제』, 서울; 커뮤니케이션북스.
차재영・강미은(2004), 『지방신문 특화전략』, 서울; 한국신문협회.
최민지(1978), 『일제하 민족언론사론』, 서울; 일월서각.
최성환(2005), 「보물이 숨어있는 신시장을 개척하라」, 조선일보, 2005년

4월 23일자.
최영묵(2005), 『시민미디어론』, 서울; 아르케.
최진순(2006), 「온 · 오프라인 통합뉴스룸의 현재와 미래」, 『온라인신문, 생존과 경쟁』, 서울; 커뮤니케이션북스.
_____(2008), 『한국신문의 뉴미디어 혁신』, 서울; 박문각.
추광영(1998), 『컴퓨터 활용 보도』, 서울; LG상남언론재단.
팽원순(1990), 「일본의 기자채용과 연수제도」, 『기자채용과 연수제도』, 서울; 한국언론연구원.
편집부 편(1989), 『선전선동론』, 서울; 지양사.
한국언론2000년위원회(2000), 『한국언론의 좌표』, 서울; 관훈클럽.
한국언론재단(2004), 『2004/2005연판 한국신문방송연감』, 서울; 한국언론재단.
__________(2006), 『2006 언론사 경영실태 조사』, 서울; 한국언론재단.
한국언론정보학회(2000), 『현대사회와 매스커뮤니케이션』, 서울; 한울아카데미.
한국언론학회 편(1995), 『언론학원론』, 서울; 범우사.
한국언론학회 · 한국사회학회(1998), 『정보화 시대의 미디어와 문화』, 서울; 세계사.
한동섭(2000), 『한겨레신문과 미디어 정치경제학』, 서울; 커뮤니케이션북스.
허행량(2000a), 『디지털 시대의 언론사 인사모델』, 서울; 한국언론재단.
_____(2000b), 「위기의 기자」, <미디어오늘> 제227호, 2000년 1월 20일자.
홍창의 · 유승관 · 이제영(2009), 『신문산업진흥론』, 서울; 시간의 물레.
≪미디어월드와이드≫, 제93호, 서울; 한국언론재단, 2006년 7월호.
≪미디어월드와이드≫, 제107호, 서울; 한국언론재단, 2007년 9월호.
김위찬 · Renée Mauborgne(2005), "*Blue Ocean Strategy*", Harvard Business School Puplishing Corporation, Boston, MA. USA; 강혜구 옮김(2005), 『블루오션전략』, 서울; 교보문고.
Alan B. Albarran, Sylvia M. Chan-Olmsted, Michael O. Wirth 함께 엮음(2006), "*Handbook of Media Management and Economics*", Lawrence

Erlbaum Associates, Inc., , a part of Taylor & Francis Group, USA; 김동규 · 정재민 · 서상호 함께 옮김(2009), 『미디어 경제경영론; 이론과 방법』, 경기도 파주; 나남

Bill Kovach & Tom Rosenstiel(2001), "*The Elements of Journalism*", New York, Three Rivers Press, USA; 이종욱 옮김(2002), 『언론의 기본요소』, 서울; 한국언론재단.

Dan Gilmor(2006), "*We the Media: Grassroots Journalism by the People for the People*", O'Reilly Media Inc., USA: 김승진 옮김(2008), 『우리가 미디어다』, 서울; 이후.

Edward S. Herman · Noam Chomsky(2002), "*Manufacturing Consent: The Political Economy of the Mass Media*", Pentheon Books; 정경옥 옮김(2006), 『여론조작: 매스미디어의 정치경제학』, 서울; 에코리브르.

Ellis Ccse(1989), "*The Press*", Don Congdon Associates Inc., USA; 정명진 · 민훈기 옮김(1992), 『미국 4대 신문의 성장사』, 서울; 한국언론자료간행회.

Jock Lauterer(2006), "*Community Journalism: Relentlessly Local*", University of North Carolina Press, Chaple Hill, North Carolina, USA; 장호순 옮김(2008), 『지역공동체 신문』, 서울; 커뮤니케이션북스.

John M. Lavine · Daniel B. Wackman(1989), "*Managing Media Organizations: Effective Leadership of the Media*", Longman Inc., USA; 김재범 · 한균태 옮김(1995), 『매스미디어 경영론』, 서울; 나남출판.

Peter J. Andweson · Geoff Ward(2007), "*The Future of Journalism in the Advanced Democracies*", Ashgate Publishing Limited, London, UK; 반현 · 노보경 옮김(2008), 『저널리즘과 선진민주주의』, 서울; 커뮤니케이션북스.

Peter Prichard(1987), "*The Making of McPaper: the inside story of USA Today*", Andrew & MeMeel, Kansas City, USA; 기우탁 옮김(1993), 『USA투데이』, 서울; 김영사.

Philip Meyer(2004), "*The Vanishing Newspaper: Saving Journalism in the Information Age*", University of Missouri Press, USA; 성동규 · 김광

협 옮김(2008), 『디지털시대 저널리즘 구하기』, 서울; 커뮤니케이션북스.

Rob Anderson, Robert Dardenne & George M. Killenberg(1996), "*The Conversation of Journalism*", Greenwood Publishing Group, Inc., Westport, CT, USA.; 차재영 옮김(2006), 『저널리즘은 어떻게 민주주의를 만드는가』, 서울; 커뮤니케이션북스.

Robert G. Picard(1989), "*Media Economics: Concept and Issues*", Newbury Park, CA. SAGE Publications, Inc., USA; 정회경 · 김지운 공편(1999), 『미디어 경제학의 이해』, 서울; 나남출판.

______________(2002), "*The Economics and Financing of Media Companies*", Fordham University Press, USA; 전범수 옮김(2008), 『미디어기업의 경영과 자금조달』, 서울; 커뮤니케이션북스.

Robert W. McChesney(1999), "*Rich Media, Poor Democracy: Communication Politics in Dubious Times*", University of Illinois, Illinois, USA.; 한국언론재단(2006), 『부자 미디어 가난한 민주주의』, 서울; 한국언론재단.

Stephen Lacy · Ardyth B. Sohn · Jan LeBlanc Wicks(1993), "*Media Management: A Casebook Approach*", Lawrence Erlbaum Associates Inc., Hillsdale, New Jersey, USA; 한균태 · 김재번 옮김(1999), 『미디어경영』, 서울; 한울아카데미.

Tanni Hass(2007), "*The Pursait of Public Journalism Theory, Practice, and Criticism*", Routledge, Inc., a part of Taylor & Francis Group, LLC, USA: 김성혜 옮김(2008), 『공공저널리즘을 쏘다』, 서울; 한국언론재단.

Honoré de Balzac, "*Les Journalistes: Monographie de la Presse Parisienne*"; 지수희 옮김(1999), 『기자의 본성에 관한 연구』, 서울; 서해문집.

日本新聞協會(1995), "今新聞の講ける", 日本 東京:日本新聞協會; 김욱 옮김(2005), 『오늘의 신문을 말한다』, 서울; 한언.

2020미디어위원회(2006), 『한국의 뉴스미디어 2006:한국 저널리즘과 뉴스미디어에 대한 연차보고서』, 서울; 한국언론재단.

<끝.>

찾아보기

▣ 인명 색인

■ 매체명 색인

▣ 사항 색인

<표 39> 창간일정계획표(예)

김영재

지은이는 大邱新聞研究院을 운영하는 재야언론인이다. <유통경제신문>과 <하나일보>의 기자, <신라일보> 논설위원으로 일천한 언론인 생활을 했다. <한겨레신문> 대구지사 자료조사실장, 우리신문 창간준비위원, 월간 <대구예술> 편집장을 지냈고, 한겨레신문전국독자주주모임 공동대표를 맡았었다.

펴낸 책으로는 『웹2.0과 미디어2.0』, 『해바라기 言論의 龍飛御天歌』, 『言論自由와 言論改革』, 『佛敎言論의 理解』, 『大邱慶北言論史』, 『朝鮮時代의 言論文化』, 『現代社會와 民主言論』 외 다수가 있다.

大邱新聞研究院은 언론의 민주화 · 지방화 · 사회화라는 지표아래 진리와 함께, 민중과 함께, 역사와 함께를 추구한다. 大邱新聞研究院은 언론산입에 관한 자료의 연구와 조사, 교육사입 등으로 지역인론개혁과 인론민주화운동을 지원하고, 낙후한 언론문화의 창달로 지역사회의 발전에 기여한다.

이를 위해 지은이는 '大邱新聞研究院의 커뮤니케이션 & 저널리즘 블로그(blog.naver.com/tgpress)'라는 창에서 "사람의 언론"이라는 드높은 이상을 추구한다. 전자우편 tgpress@naver.com으로는 "시민언론"을 구현하기 위해 독자와 활발한 의사소통을 도모한다.

시민언론 창간론

; 언론의 미래와 전략

초판인쇄 | 2009년 10월 5일
초판발행 | 2009년 10월 5일

지은이 | 김영재
펴낸이 | 채종준
펴낸곳 | 한국학술정보㈜
주 소 | 경기도 파주시 교하읍 문발리 파주출판문화정보산업단지 513-5
전 화 | 031) 908-3181(대표)
팩 스 | 031) 908-3189
홈페이지 | http://www.kstudy.com
E-mail | 출판사업부 publish@kstudy.com
등 록 | 제일산-115호(2000. 6. 19)

ISBN 978-89-268-0337-0 13070 (Paper Book)
978-89-268-0338-7 18070 (e-Book)

이담 Books 는 한국학술정보(주)의 지식실용서 브랜드입니다.

책에 대한 더 나은 생각, 끊임없는 고민, 독자를 생각하는 마음으로 보다 좋은 책을 만들어갑니다.